树优良学风
育一流人才

1954年，国家建设行政主管部门开始承担高等学校管理职能，建设部在不同时期陆续建立和管理了重庆建筑大学、哈尔滨建筑大学、沈阳建筑工程学院、西北建筑工程学院、南京建筑工程学院、武汉城市建设学院、苏州城市建设环境保护学院等七所高校。2000年，高校管理体制改革后，七所高校不再隶属建设部管理。

1954年，重庆土木建筑学院更名为重庆建筑工程学院，由建筑工程部直接管理。1994年更名为重庆建筑大学。2000年与原重庆大学、重庆建筑高等专科学校合并，组建为新的重庆大学。

1959年，在哈尔滨工业大学土木系的基础上，扩大组建成为哈尔滨建筑工程学院，由建筑工程部直接管理。1994年更名为哈尔滨建筑大学。2000年与哈尔滨工业大学合并，组建为新的哈尔滨工业大学。

1977年，沈阳城市建设工程学校和辽宁省建筑工程学校合并组建辽宁建工学院。1978年，划归国家基本建设委员会领导。1984年，学校更名为沈阳建筑工程学院。2004年，学校更名为沈阳建筑大学。

1978年，在西北建筑工程局西安建筑工程学校基础上，成立西北建筑工程学院，由国家基本建设委员会主管。2000年与西安公路交通大学、西安工程学院合并组建长安大学。

1980年，在南京建筑工程学校的基础上，成立南京建筑工程学院，由国家建筑工程总局主管。2001年与南京化工大学合并组建南京工业大学。

1981年，在中南建筑工程学校基础上，成立武汉城市建设学院，由国家城市建设总局和湖北省双重领导，以国家城市建设总局为主。2000年，与华中理工大学、同济医科大学合并组建华中科技大学。

1985年，苏州城市建设环境保护学院成立，由城乡建设环境保护部主管。2001年与苏州丝绸工学院、苏州铁道师范学院合并组建苏州科技学院。2016年更名为苏州科技大学。

1988年，建设部召开直属高校领导班子工作会议，会后部领导（林汉雄、干志坚、叶如棠、杨慎、谭庆琏）和高校主要负责人合影

1988年8月，建设部直属高校毕业生分配工作总结研讨会合影（哈尔滨）

1993 年 8 月，部领导与参加建设部直属高校优秀大学生夏令营代表合影

1993 年 11 月，部属高校学风建设工作会议与会代表合影（哈尔滨）

1998年，建设部直属高校党建工作座谈会代表合影（哈尔滨）

1999年5月，全国高等学校建筑学专业教育评估委员会全体会议合影（武汉）

2000 年，原部属七校主要负责人合影

2008 年，建筑学专业评估国际互认《堪培拉协议》签署仪式（堪培拉）

重庆建筑大学

团结 勤奋 求实 创新

重庆建筑工程学院行政楼

20 世纪 90 年代初，由学校自筹资金和校友捐款修建的科学会堂，是科学会议、文艺演出的重要场所。"科学会堂"四字由建设部叶如棠部长题名

1994 年 1 月，重庆建筑工程学院更名为重庆建筑大学，图为重庆建筑大学授牌

1994 年 6 月，建设部侯捷部长、谭庆琏副部长来校视察

1996 年 1 月，建设部与四川省人民政府共建重庆建筑大学签字仪式

1998 年，重庆建筑大学博士硕士授位典礼

哈尔滨建筑大学

Harbin Univ. of Civil Eng. & Arch.

1920

志诚 进取
求实 创新

哈尔滨建筑工程学院主楼

1959年4月30日，哈尔滨建筑工程学院正式成立

1994 年 3 月 4 日，哈尔滨建筑工程学院更名为哈尔滨建筑大学庆典

1994 年 3 月，哈尔滨建筑大学揭牌庆典举行。建设部毛如柏副部长与参会嘉宾在学校主楼门前合影

1995 年 8 月，建设部侯捷部长考察哈尔滨建筑大学教学工作，与学校部分中层以上干部合影

1996 年 1 月，建设部与黑龙江省人民政府共建哈尔滨建筑大学签字仪式

沈阳建筑工程学院

博学善建
厚德大成

沈阳建筑大学研祥图书馆

1984 年 12 月，沈阳建筑工程学院召开第一次党员代表大会

沈阳建筑工程学院西院教学楼

2004 年 6 月 27 日，沈阳建筑大学更名庆典隆重举行

2008 年 8 月，全国人大环境与资源保护委员会主任、建设部原副部长毛如柏（左一）视察沈阳建筑大学雷锋庭院

2010 年 3 月 12 日，辽宁省人民政府与住房和城乡建设部共建沈阳建筑大学签字仪式

西北建筑工程学院

团结 敬业
求实 创新

1981 年 12 月，中共西北建筑工程学院首届党员大会

1983 年 7 月，西北建筑工程学院首届部分毕业生毕业留念

1993 年，西北建筑工程学院建校四十周年庆祝大会

1999 年，西北建筑工程学院青年教师学术论文交流周开幕式上院领导与青年教师合影

1999 年 12 月 25 日，建设部与西安市人民政府共建西北建筑工程学院签字仪式

俯瞰西北建筑工程学院老校园

南京建筑工程学院

团结 求实 严谨 创新

1992 年 5 月，建设部侯捷部长视察南京建筑工程学院时与部分干部合影

1993 年 9 月，建设部毛如柏副部长与南京建筑工程学院时任班子新老成员合影

1995年，南京建筑工程学院举行办学80周年建院15周年庆典

1997年，建设部副部长叶如棠出席南京建筑工程学院图书馆奠基仪式

1997 年 11 月，学院接受国家教委本科教学工作评价

学院办公楼（民国建筑）

武汉城市建设学院

严谨　勤奋
求实　创新

20世纪50年代新建的大礼堂、行政楼

1983年，建设部戴念慈副部长和湖北、武汉地方领导勘察新校址

1986 年，城乡建设环境保护部萧桐副部长在时任代院长吴江等校领导陪同下视察校园

1997 年，建设部毛如柏副部长来学院视察

1997 年，建设部郑一军副部长视察学生食堂并与大学生共进午餐

1999 年 9 月，武汉城建学院最后一级新生开学典礼

团结 勤奋
求实 创新

苏州城市建设环境保护学院

1985年建成的第一教学楼（左，建筑面积7089平方米）和1987年建成的第二教学楼（右，建筑面积9435平方米）

1996年建成竣工时的图书馆楼，建筑面积10710平方米

1984 年 4 月，城乡建设环境保护部戴念慈副部长（左一）视察学院

1985 年 9 月 25 日，苏州城建环保学院正式成立暨首届新生开学典礼

1990 年夏，建设部干志坚副部长（左三）视察学院

1991 年 9 月，建设部谭庆琏副部长（右三）视察学院

中国共产党苏州城建环保学院第一次党员大会

1992 年 5 月 22—24 日，苏州城建环保学院隆重召开第一次党员大会

1995 年，建设部李振东副部长（左二）视察学院

2001 年 9 月 1 日，苏州城建环保学院与苏州铁道师范学院合并组建苏州科技学院大会

部属建筑业高校发展与变迁

部属建筑类高校发展与变迁编写委员会　组织编写

中国建筑工业出版社

《部属建筑类高校发展与变迁》

编写委员会

顾　问：毛如柏　郑一军　齐　骥

主　任：刘　杰

副主任：沈元勤　李竹成

委　员（按学校归属建设部的先后顺序排列）：

重庆建筑大学	祝家麟　肖铁岩　吕　屏　王　琰
哈尔滨建筑大学	景　瑞　王要武　王玉银
沈阳建筑工程学院	董玉宽　阎卫东　吴玉厚　石铁矛
西北建筑工程学院	刘伯权　樊笃涛　刘　伟
南京建筑工程学院	马天鑑　孙伟民　蒋留兆
武汉城市建设学院	丁烈云　袁汉桥　丁士道　孙　峻
苏州城市建设环境保护学院	姚炎祥　黄　勇　朱明珠
中国建设教育协会	王凤君
中国建筑工业出版社	高延伟

秘书长：王凤君（兼）

执行秘书长：高延伟（兼）

秘书处成员：傅　钰　邢　正　吉万旺　赵　莉

序言

20世纪90年代，我在建设部工作期间（1993.4—1997.8），曾分管过建设教育工作，同所属的建筑类高校接触的比较多，至今有些事情还历历在目，如校园建设（教学、工作条件改善）、学科建设、学校更名、211高校申报等，颇有感情。去年底，齐骥同志说起一些老同志想编写一本《部属建筑类高校发展与变迁》，把原部属七校（重庆建筑大学、哈尔滨建筑大学、沈阳建筑工程学院、西北建筑工程学院、南京建筑工程学院、武汉城市建设学院和苏州城市建设环境保护学院）在建设部管理时期的发展情况做一回顾，整理出书，以留后人，并邀我为此书作序。

今年，正值中国共产党100周年华诞，全国都在开展党史、新中国史、改革开放史、社会主义发展史学习教育。中华人民共和国成立以来，尤其是改革开放以来，我国城镇化快速发展，城乡面貌焕然一新。建筑业作为启动改革开放最早的行业之一，为我国其他行业改革探索了经验，对我国国民经济快速发展和居民住房条件改善起到了举足轻重的作用，包括城市和村镇建设、高铁、高速公路、机场建设等方面都取得了惊人业绩和奇迹。中国建造持续改变着中国面貌。这都离不开大量的建设人才，离不开战斗在建设一线的建筑人的辛勤付出。建设部主管的七所建筑类高校，为建设行业的人才培养作出了重要贡献。住房和城乡建设部结合党史学习教育，正在组织编写住房和城乡建设部简史。这本记载部属高校发展史的书也是行业发展史的一部分，且史料翔实，对行业史是有益补充。回顾那段时期的发展历程和变迁，总结建设行业部属高校办学的特色和经验，对建筑类高校未来的发展还是很有意义和必要的。

新中国成立之初，百废待兴。国家成立建设行政主管部门，负责国家的基础设施、城乡和居民住房建设，大规模建设急需大量的建设人才，如何解决人才问题，成为建设行政主管部门考虑的重要工作。尤其在恢复高考和改革开放之后，建设人才的培养得以迅速发展。建设部重点抓建筑类高校的规划建设，加强学校领导班子建设和专业设置，加强教学指导和教材的规划与编写，开展专业教学评估，对学生就业进行指导。一批又一批学子成为我国工程建设的生力军。

建设部主管的七所建筑类高校具有鲜明的特点。一是七所高校的布局分别在华东、华中、西南、西北、东北几个地区，覆盖地域广，有利于服务全国建设事业；二是部里重视各学校规划和班子建设，部领导经常到学校考察、调研、指导工作；三是加大对学校办学设施的投入，扩建教学楼，建设实验室等；四是根据建设行业发展的需要设置新专业，适应建设科技进步和行业的发展；五是重视教师队伍建设，办校历史比较久的重庆建筑大学和哈尔滨建筑大学，为其他高校培养输送了大批优秀青年教师或举办师资培训，各学校自身优秀人才也不断涌现，这些教师后来成为所在学校的教学科研骨干以及学院和学校领导，为学校的发展发挥了重要作用。

七所建筑类高校在建设部主管期间，培养出20余万毕业生，涌现了一大批优秀教师，成就了一大批教研成果。培养的学生成为建设行业发展的重要力量。他们当中涌现出一大批优秀人才，有的成为院士、勘察设计大师以及各类项目负责人和技术骨干，有的成为行政管理的领导，有的成为设计、施工企业的董事长、总经理等高管，有的成为高校的书记、校长、院长，有的成为科研等单位的负责人。这些建设行业各条战线上的主力军，为我国建设事业的发展作出了重要贡献。

此书由中国建设教育协会和中国建筑工业出版社联合组织编写，得到了七所建筑类高校的大力支持。七所高校的现任领导也很重视，尤其是承办编审工作会议的学校，精心组织、周密安排，使编写工作得以顺利推进。七所高校时任的老领导积极参与组织这项工作，组织学校档案、党办、校办等部门，查阅了大量资料，这些资料呈现了七所高校在建设部的领导下开展的一系列工作及取得的卓有成效的教学和科研成果。中国建设教育协会作为建设行业人才教育服务的社会团体，一直关注建筑类高校的发展，积极开展相关研究，为写好此书，联系住房和城乡建设部人事司，深入到档案馆查阅资料，总结建设部在主管高校期间所做的工作，以及行业发展与高校建设的关系，行业指导对高校培养人才的重要作用。中国建筑工业出版社在建社之初，就承担出版建筑类教材的任务，与建筑类高校保持着密切联系，在建设部人事教育司的领导下开展教材的规划与编撰工作，出版了一系列精品教材，为培养高质量建设人才发挥了积极作用。由这两个单位组织七所高校共同编写那段时期的发展历史与变迁，增进了友谊、加强了交流与合作。

回顾历史与变迁，是为了总结经验，更好地传承创新与发展。随着我国教育事业的改革发展，自2000年起七所高校不再隶属住房和城乡建设部管理，但仍保持着密切联系，包括专业教育评估认证、教材规划建设、省部共建学校等。除沈阳建筑大学外，其他高校都已合并重组。七所高校均扩建了新校区，有的进入了"985""211""2011"建设高校，有的增设了博士点，校名全部变成了"大学"，每个学校都有了进一步的发展。

此书出版之际，适逢中国共产党十九届六中全会胜利召开，党中央总结了党的百年奋斗重大成就和历史经验，号召全党全军全国各族人民为实现第二个百年奋斗目标、实现中华民族伟大复兴的中国梦而不懈奋斗。在全面建成小康社会的新起点上，为了满足人民对美好生活的向往，拥有更好的工作和生活环境，需要建设者以史为鉴、不断创新、勇毅前行，从建造大国迈向建造强国。建筑类高校在习近平新时代中国特色社会主义思想指引下，努力培养适应新时代要求的高质量建设人才。原部属七所建筑类高校具有优良的办学传统，在全面建设社会主义现代化国家的新征程中将不断续写新的辉煌。

毛如柏

2021年12月20日

前　言

中华人民共和国成立后，为加快培养建设行业所需专业人才，从1954年开始，国家建设行政主管部门开始承担高等学校管理职能。建设部在不同时期陆续建立和管理了包括重庆建筑大学、哈尔滨建筑大学、沈阳建筑工程学院、西北建筑工程学院、南京建筑工程学院、武汉城市建设学院、苏州城市建设环境保护学院等七所建筑类高等学校，一直到2000年我国高校管理体制改革。据不完全统计，七所高校在建设部管理期间累计培养20余万专门人才，为建设行业发展和国家基础设施建设提供了人才保障。七所院校的毕业生在不同的岗位发光发热，为我国基建事业作出了重要贡献，完成了许多高难度、复杂的大型工程，推动中国建造享誉世界。

进入新世纪，经过20多年的发展，在新的管理体制下，原部属高校开启了新的发展阶段，均取得了较大发展。随着时间的流逝，原部属高校发展与变迁的历史也渐渐湮没在历史的长河中，特别是一大批这段历史的亲历者逐渐年老，有些人已经离世，还原那段难忘的、珍贵的办学历史越来越困难。如何记录下这段历史，给后人以启迪和借鉴，显得十分紧迫。恰逢中国共产党成立100周年，全国都在开展党史学习教育，从学习党史中悟思想、办实事、开新局。建设部原副部长齐骥和几位相关老同志商议，作为那段历史的亲历者，记录下建设部管理七所学校期间的办学历史，总结办学过程中的重要经验，或许对后人办学有所借鉴和启发。这一倡议得到相关学校前任和现任领导的积极响应和大力支持，为此，中国建设教育协会和中国建筑工业出版社组织成立了部属建筑类高校发展与变迁编写委员会，邀请建设部原副部长毛如柏、郑一军、齐骥同志为顾问，中国建设教育协会理事长刘杰为主任，副主任及委员会成员由相关学校、部人事司老领导、教育协会和出版社相关人员组成，并专门成立编写秘书处，负责日常协调工作。

为推动本书的编纂，编委会先后召开了四次会议，并得到了各承办院校领导的高度重视和相关职能部门的大力支持。2020年10月，第一次编审工作会议在沈阳建筑大学召开，会议确定了编写原则和编写大纲，拉开了编写的序幕。齐部长、刘杰理事长、住房和城乡建设部人事司原副司长李竹成等莅临指导。沈阳建筑大学原党委书记吴玉厚、原校长石铁矛、党委书记董玉宽、校长阎卫东、副校长张珂等领导出席会议。2021年4月，第二次编审工作会议在南京工业大学召开，会议讨论了部分学校的初稿，南京工业大学党委书记芮鸿岩、校长乔旭，原南京建筑工程学院党委书记马天鑑、南京工业大学原副校长孙伟民等领导出席会议。2021年7月，第三次编审工作会议在黑龙江建筑职业技术学院召开，哈尔滨工业大学协办。哈尔滨建筑大学原党委书记孙和义、原校长景瑞，哈尔滨工业大学校长助理范峰，黑龙江建筑职业技术学院党委书记景海河、院长王力等出席会议，会议对各个学校的初稿进行了深度讨论，并提出修改意见。2021年10月，第四次编审工作会议在重庆大学召开，重庆大学党委书记舒立春、原党委书记祝家麟、原党委副书记肖铁岩等领导出席会议。会议对各单位定稿进行了讨论并形成最终修改意见。

本书的编写原则是尊重历史、以史为准，力求客观地记述历史事件和发展历程。以时间顺序为主轴，按各学校归属建设部管理并设立本科专业的时间先后排序，时间跨度从学校成立到高校管理体制改革脱钩（2000年）。

本书编写分工如下：

第1章国家建设主管部门管理高等学校工作的历史沿革，由中国建设教育协会组织编写。在第1章的编写工作中，中国建设教育协会研究部邢正负责资料查阅和具体撰写；住房和城乡建设部人事司原副司长（正司长级）、中国建设教育协会原理事长李竹成在审阅修改阶段为本章的结构安排、内容充实和资料衔接投入大量精力，提出许多宝贵意见；原建设部教育司直属院校处副处长何京华提供了一些照片；中国建设教育协会副秘书长兼研究部主任傅钰负责本章校对。本章在编写期间得到了住房和城乡建设部相关司局的大力支持。在资料查阅阶段，住房和城乡建设部人事司二级巡视员何志方、办公厅二级巡视员王秀娟积极协调中央档案馆调阅史料，极大地便利了本章的撰写。人事司二级巡视员孟学军，中国建筑工业出版社社长助理高延伟，人事司综合与机构编制处彭赟、葛一鸣，干部教育处赵丽莉、田歌、王亚光、许士翔，办公厅档案处陈静，标准定额司综合处袁雷，分别在调阅档案、查阅文件、审阅稿件等环节提供了支持和帮助。

第2章重庆建筑大学发展与变迁，由重庆大学党委负责组织，档案馆、建筑城规学院、土木工程学院、环境与生态学院、管理科学与房地产学院等单位对本章编写工作给予了大力支持与帮助。曾卫、魏宏杨、彭晓芹、陈进提供了帮助，部分老师和校友提供了资料。

第3章哈尔滨建筑大学发展与变迁，由哈尔滨工业大学景瑞、王要武、王玉银负责组织，王要武执笔。参加编写讨论、资料收集整理工作的有：土木工程学院张鹏程、乔世军、邹超英、王伟；环境学院齐晶瑶、唐亚丽、魏建；建筑学院张国宏、李同予、郭咏梅、薛名辉、苏万庆、王砚玲、刘杰；交通学院谭忆秋、王雷、侯相琛、杨龙海、常获娜；其他院系陆念力、乔孟铎、刘丽美、刘克安、黄虎杰、孙慧丽、杨春蕾。参加审定工作的有：孙和义、范峰、景瑞、王要武、王玉银。本章编写工作得到了哈尔滨工业大学党委的大力支持，土木工程学院、环境学院、建筑学院、交通科学与工程学院及其他相关学院的领导、教师为本章的资料收集和信息核实做了大量工作。

第4章沈阳建筑工程学院发展与变迁，由沈阳建筑大学董玉宽、阎卫东负责组织，参编人员包括：严文复、王利印、李宇鹏、冯国会、张珂、曹传明、张晓雁、潘瑞、张景俊、刘亚臣、夏柏树、王洪明、周鹏、王星、钮俊生、马世骁、王素君、王军、赵军、郭冠妍、杨桂丽、时小凡、张玮、曹旭、李睿、张徽、王希、李刚、王诗白、姜迎、张野、彭宇、王延臣、王薇、刘志铮、王桂林、韩毅、张琳、张宇、袁勇、吴夺、袁毓谦、田佳好、樊丽君、申颖。相关部门和学院的领导老师提供了帮助。

第5章西北建筑工程学院发展与变迁，由长安大学刘伯权、樊笃涛、刘伟同志负责组织，参与编写工作的有王进贤、郑成、杨博同志。在编写过程中，詹弘、满艺同志为资料的收集、统计和整理做了大量的工作。编写工作得到了长安大学的大力支持，长安大学校长办公室、档案馆、校友会、离退休处、建筑工程学院、建筑学院及其他相关学院为本章的资料收集和信息的核实做了大量工作。西北建筑工程学院的老领导自始至终关注和支持编写工作，亲自提供线索、核实史实，并给以悉心指导。西北建筑工程学院的老教师、老同志也提供了悉心帮助。

第6章南京建筑工程学院发展与变迁，由南京工业大学马天鑑、孙伟民、蒋留兆负责组织，万凤华、何畏、王旭东、欧谨、路遥、张元超、胡振宇、林宁、焦建新、俞锋、苏振民、蒋元喜、于志杰、黄鑫、张文元等参与编写。校长办公室童毛弟，教务处陆伟东，档案馆史锡年、刘俊英，党委宣传部张健，以及部分退休老同志提供了帮助。

第7章武汉城市建设学院发展与变迁，由华中科技大学负责组织，华中科技大学丁士道、孙峻、陈靖、李宁静、贾沁茹、任子健、何黎明执笔。在本章的编写过程中，得到了华中科技大学环境科学与工程学院汪玉梅老师、建筑与城市规划学院任绍斌副院长、土木与水利工程学院仲景冰老师，档案馆陈金江副馆长、雷春老师、冯玲老师的大力支持。

第8章苏州城市建设环境保护学院发展与变迁，由苏州科技大学黄勇、朱明珠负责组织，程熙、刘迁具体承担资料整理和编写工作，最终由黄勇负责审核统稿。本章编写工作得到了苏州科技大学党委的大力支持，苏州科技大学党委办公室、校长办公室、综合档案室、离退休工作处、建筑与城市规划学院、环境科学与工程学院、土木工程学院及其他相关学院为本章的资料收集和信息核实做了大量工作。老领导姚炎祥自始至终关心支持编写工作，亲自审阅文稿，核实史实，并给予了悉心指导。其他老领导、老同志也表示关心并提供了帮助。本章内容中采用了姚炎祥、韩必成组织编写的苏州城市建设环境保护学院校史文稿中的部分资料。

对在以上各章内容编写过程中提供帮助的其他老领导、老同志、校友以及相关人员表示衷心感谢。

正在外地休息的部老领导叶如棠同志应邀为本书题写了书名，在此表示衷心感谢。

部属七所高校管理体制多次变化，院系多次合并分离，专业名称多次更改，以及2000年的合校调整，导致资料收集不完全，尽管各章编写人员尽了很大努力，但仍有不少遗漏甚至错误，恳请读者批评指正。

目　录

1949年10月1日，新中国成立，揭开了中国历史崭新的篇章，国家建设事业也翻开了新的一页。我国自1952年起就设置了管理建设工作的专业部门——中央人民政府建筑工程部。为发挥行业管理部门优势，加快专业人才培养，中央人民政府高等教育部自1954年起开始委托包括建筑工程部在内的专业部委管理相关行业高校。因此，从1954年起，国家建设行政主管部门开始承担高等学校管理职能。在后续的时代进程中，除"大跃进"和"文化大革命"期间两次短暂中断学校管理工作外，国家建设行政主管部门一直承担高校管理职能直至2000年。

1998年到2000年间，我国进行了改革开放以来最大规模的一次高校管理体制改革。除个别部委（单位）外，大部分国家部委不再负责高校管理工作。2000年上半年，建设部向有关部委和省份移交七所直属高校，至此，国家建设行政主管部门完成了管理直属高等学校的历史任务。

本书中所指的部属建筑类高校，是原建设部直属的七所高校。其中，重庆建筑大学和哈尔滨建筑大学为新中国成立初期就已形成建制的高等学校，沈阳建筑工程学院、南京建筑工程学院、西北建筑工程学院是由三所原部直属中等专业学校升格改建的高等学校，武汉城市建设学院、苏州城市建设环境保护学院是"七五"计划期间建立的高等学校。

2000年后，不再管理高校的建设部、住房和城乡建设部继续承担着指导高等教育土建类专业建设、促进建筑类科学技术发展、助力建筑领域人才培养的高教领域相关工作，继续以"共建"等方式参与和支持行业高校的建设与发展。

1.1　20世纪50年代建筑类高等学校管理工作（1949—1957年）

新中国成立后，人民政权接收和兴办的高等学校日益增多，高校管理工作越发复杂。在此背景下，中央人民政府政务院于1953年10月6日公布《关于修订高等学校领导关系的决定》，明确综合类高校由教育部门管理，专业类高校可由教育部门委托中央有关行业部门管理。据此，国家建设行政主管部门自1954年起承担管理高校职能，并协助指导和管理建筑领域高等教育专业建设。

1.1.1　1949—1954年建设行政主管部门及其高校管理职能的起源

新中国成立初期，国家基本建设工作由中央人民政府政务院财政经济委员会下属的中央财经计划局基本建设计划处指导并管理，职责涵盖全国基本建设、城市建设和地质工作。1952年4月，中央决定筹建独立的建筑管理部门，筹建期间负责建筑管理职能的部门以中央总建筑处名义办公。1952年8月7日，中央人民政府委员会第十七次会议决定，成立中央人民政府建筑工程部。自此，国家建设行政主管部门开始独立建制。

1953年5月29日，政务院第一百八十次政务会议通过修订高等学校领导关系的决定，中央人民政府高等教育部向包括建筑工程部在内的行业部委委托管理一批高等学校。同年10月6日，政务院公布的《关于修订高等学校领导关系的决定》中明确"管理高等学校的中央各业务部门应设专管机构"，根据这一精神，建筑工程部设置教育司承担高校管理工作。1954年中央调整中等专业学校管理体制，将中专校划入各行业部门管理，要求各部委设置专门机构管理学校。按照这一精神，建筑工程部将原教育司调整为学校教育局，下设办公室、干部处、计划财务处、教学指导处、翻译室五个处室，管理包括高等学校在内的各级各类建筑院校招生、分配、教学、行政等工作。

1.1.2　1954—1957年早期管理建筑类学校时期

1954年9月15日至28日，中华人民共和国第一届全国人民代表大会第一次会议在北京召开。会议制定了中华人民共和国第一部宪法，产生了第一届国家机构，决定成立中华人民共和国国务院。自1957年起，国家机构的设置根据党和国家对社会主义建设的探索进行了多次调整，国家基本建设战线在1954—1957年间曾设置建筑工程部、国家建设委员会、城市建设部（城市建设总局）和建筑材料工业部四个省部级机关，其中除国家建设委员会外的另三个部委曾直接承担管理学校职能。在当时历史环境下，国家人口文化基础薄弱，普通高等学校的数量及师资、学生人数不多，中等专业学校招收学生所需的文化基础比高等教育要低，人才培养周期短，能迅速填补国家基建人才空白，因此，行业部委管理中等专业学校所占的工作比重远大于管理高等学校，一些中等专业学校在历史演进中成为兴办普通高等学校的基础。

1. 新设立的国家建设委员会

1954年9月，根据《中华人民共和国国务院组织法》，成立国家建设委员会，但其职能领域主要是保障以重工业为核心的基本建设计划的实现以及相关重大工程建设工作。1958年，国家建设委员会撤销，其职能分别并入国家计划委员会和建筑工程部。

2. 建筑工程部的设置与部属高校的起源

1954年11月10日，国务院根据第一届全国人大一次会议制定的《中华人民共和国国务院组织法》，"中央人民政府建筑工程部"更名为"中华人民共和国建筑工程部"（以下简称建筑工程部或建工部），其专业机构中设有"学校教育司"。1955—1957年改为"学校教育局"。1954年，高等教育部将南京工学院建筑系、重庆土木建筑学院、同济大学划归建筑工程部领导，这是国家建设行政主管部门管理的第一批高等学校。1956年，经冶金工业部商高等教育部、建筑工程部，将西安建筑工程学院（现西安建筑科技大学前身）由建工部划转冶金部领导。

在同一时期，建工部于1953—1954年间接收的9所中专校和1956年建立的2所中专校（哈尔滨、苏州、南京、上海、武昌、郑州、西安、重庆、张家口的建筑工程学校和沈阳建筑机械学校、沈阳计划经济学校），为新中国社会主义建设初期培养了大批当时亟需的建设行业专业人才，为国家建设主管部门管理学校、培养专门人才积累了宝贵经验，其中的一些学校成为日后建设部直属七所高校的前身。

3. 城市建设总局和城市建设部

1955年4月9日，第一届全国人大常委会第十一次会议批准建筑工程部城市建设局划出，设立城市建设总局作为国务院直属机构。1956年5月12日，第一届全国人大常委会第四十次会议根据国务院总理提出的议案，撤销城市建设总局，设立中华人民共和国城市建设部。1956年的城市建设部组织机构中设置教育司，内设办公室、基建设备处和教学处等机构。1957年，城市建设部的厅、司、局机构撤并为6个，其中教育司与人事司合并为人事教育司。1956年，高等教育部调整同济大学管理体制，委托建筑工程部、城市建设部双重领导同济大学，后以城市建设部管理为主。

4. 建筑材料工业部

同样在第一届全国人大常委会第四十次会议上，业务负担过重的重工业部一分为三，其中以重工业部建筑材料工业管理局为基础组建建筑材料工业部。建筑材料工业部教育司曾负责管理建材工业领域相关学校，武汉城市建设学院的建校基础之一、原北京建筑工业学院就曾由建筑材料工业部领导。

这一时期，建设行业办学力量得到了较大幅度的提升，在国民经济刚刚进入计划经济体制的"一五"计划期间，各级学校勤俭办学，加强社会主义思想政治教育，积极培养新知识分子、改造旧知识分子，为建设行业培养了一批专业技术干部，为今后开展建筑领域高等教育工作和专业教育工作打下了良好基础。在当时的时代背景下，学习借鉴苏联的先进经验，为建立我国自己的社会主义新型学校起到了重要作用。与此同时，建设系统教育工作者们也意识到完全照搬苏联建国四十年来的经验成果并不完全适合刚刚诞生不久的新中国。他们已经在工作中总结和思考着符合我国自身国情的办学模式。随着1958年的国家机构调整，各部所属的高等院校也随之进行了划转和撤并，建设领域的高校管理工作也迎来了新的变革。

1.2　部属高校"两下两上"阶段（1958—1977年）

1958年，国内外局势发生诸多转变，国家管理体制也发生了新的变化。当时，中央希望通过精简国务院工作部门、下放权力，达到扩大地方自主权的目的，使社会主义建设程度迅速攀升到更高阶段。国家机构精简过程中包括高校在内的许多由中央管理的企事业单位于1958年前后开始划转，基本建设战线各部委又一次被调整，其所管理的学校也在这次大潮中大量撤并、下放。进入20世纪60年代，"大跃进"运动结束，1961年中央提出调整恢复国民经济的"八字方针"，受到"教育大跃进"影响的一些不符合教育发展规律的做法被叫停，部属学校的管理体制恢复至"大跃进"前的模式。

1965年，国务院机构改革再一次调整基本建设战线各部委，学校隶属关系又一次随之变化，1966年"文化大革命"爆发，学校成了"重灾区"，部属学校被悉数下放，来之不易的正常教学秩序再一次被打乱，直到1976年"文化大革命"结束后才再次走上正轨。

1.2.1　1958—1961年前后第一次学校下放

1."三部合并"

1958年2月11日，第一届全国人民代表大会第五次会议决定撤销国家建设委员会，将建筑材料工业部、城市建设部、建筑工程部合并为新的建筑工程部。同年3月15日，"三部合并"完成。

1958年5月，"三部合并"后的建筑工程部由人事教育局承担高校管理及相关高等教育职能，11月，建筑工程部调整内设机构，将人事教育局拆分，单独设立教育局；1963年9月，建筑工程部再次调整内部机构，人事局与教育局合并为人事教育司；1965年4月10日，由于人事管理职责已调整至建工部政治部，教育局再次单独列出。

1958年9月至1961年1月期间，中央曾短暂设置国家基本建设委员会，其主要负责组织以工业交通为中心的基本建设工作及基建项目管理、成套设备供应等工作。1961年国家基本建设委员会撤销，其职能转入国家计划委员会。值得注意的是，此时的国家基本建设委员会与后来的同名机构并不相同，该委也未直接承担管理高校的工作。

2.短暂的调整与第一次学校下放

1958—1961年，原由基建战线各部委管理的高校随着"三部合一"统归建筑工程部管理。在此期间，一大批学校也随之调整、下放。

1958年的学校调整最为频繁：同济大学移交建筑工程部领导；建工部撤销沈阳两中专，设立沈阳建筑材料工业学院；建工部高级干校改组为北京建筑工业学院；经商国务院有关部门，决定自哈尔滨工业大学中分出相关专业筹建哈尔滨建筑工程学院；建工部所属武汉建筑工业专科学校改为武汉建筑工业学院；重庆建筑工程学院下放四川省人民委员会领导；南京、苏州等地建筑工程学校下放地方。

而在1959年，建工部对部属高校进行了一次大胆的规划。当时，建工部刚刚组建北京建筑工业学院、哈尔滨建筑工程学院，而沈阳建筑材料工业学院和相关直属学校的师生也有一定的数量。建筑工程部曾考虑将1959年4月成立的哈尔滨建筑工程学院与北京建筑工业学院合并，组建北京建筑工业大学，同时将沈阳建材工业学院当作北京建筑工业大学分部。这项计划在当时已经启动了准备工作，建工部发文将京沈两校学生统筹安排，并开始协调校舍。彼时北京市成立的北京建筑工程学院（现北京建筑大学），与建工部管理的北京建筑工业学院仅一字之差。建工部以校名相近申请变更为契机，向教育部行文，申明提出组建北京建筑工业大学的设想，拟请教育部支持。后教育部复函表示专门类高校一般不称大学，未同意此项合校计划。因此京沈两校只做了小部分调整，两校实际未实现进一步统筹，京、哈、沈三校仍旧独立办学。

经过了这两年的调整和下放，原部直属高等学校、中等专业学校进行了比较大的变化，一些规模较小或所在城市相同的中专校并入了高等学校，有的直接下马、撤销。部属学校的数量在此阶段大幅度减少。

1.2.2　1961年前后至1977年第一次学校收回至改革开放前

1.　1961—1964年恢复部属学校管理关系

1961年前后，党的八届九中全会提出"调整、巩固、充实、提高"八字方针恢复国民经济，中央开始反思并纠正"冒进"与"左倾"问题，文化、教育领域的错误政策也在这一期间得到纠正。建筑工程部和相关行业部委在这一阶段内逐步恢复了此前被下放学校的隶属关系，继续承担管理高校职责。

随着中央部委的学校管理工作回归到1958年前的模式，原基本建设战线各部直属高校、中专校部分恢复1957年前的领导关系。建工部再次对武汉城市建设学院、北京建筑工业学院等部属院校进行调整，同时对调整后的部属高校招生等问题进行部署。1960年6月，同济大学、哈尔滨建筑工程学院、沈阳建筑材料工业学院、武汉城市建设学院被列为中华人民共和国建筑工程部重点高校。其中，同济大学还被教育部确定为全国重点高校。而一些在"教育大跃进"中被升为高等学校的教学单位也恢复原建制。1962年，重庆建筑工程学院再次从四川省人民委员会划归建工部管理；但南京、苏州等地的建筑工程学校未收归部直属，仍由地方管理。同年，教育部召集中央各工业部门座谈高等学校调整问题，并于次年审定了中央各工业部门管理高校的"四定"方案。根据1963年10月建筑工程部教育局《关于学校教育工作的报告》所载，部属学校由1960年的46所（高等学校17所，中等学校29所）减少到12所（高等学校4所，中等学校8所）。保留下来的4所高等学校中，建筑类3所，建材类1所，分别为同济大学、重庆建筑工程学院、哈尔滨建筑工程学院和北京建筑工业学院。

在管理高等学校的过程中，建筑工程部对高等教育、学科建设、师资队伍培养和专业人才培养的经验也越发丰富、成熟，尤其是对学科建设工作投入更大的精力。1964年，建工部教育司就高、中等学校教材问题向部党组提交了报告，并结合教育主管部门工作要求，成立了教材编审处。建工部直属机构中国建筑工业出版社承担了大量建设教育领域教材的编辑出版工作。

2. 1965—1970年第二次学校下放

1965年3月31日，为加强全国基本建设的管理工作，保证国家基本计划的实现，第三届全国人大常委会第五次会议决定设立国家基本建设委员会，原国家计划委员会承担的基本建设管理任务及机构，全部划归国家基本建设委员会。同时，为加强对建筑材料工业的领导，将建筑工程部调整为建筑工程部和建筑材料工业部。原由建工部领导的同济大学于1966年划回教育部领导。

此时管理建筑领域相关高校的具体工作由两个部承担。其中建筑工程部于1965年设置了教育局，1966年调整为教育司。

1969年10月26日，中共中央发出《关于高等院校下放问题的通知》，通知中明确"国务院各部门所属的高等院校，凡设在外地或迁往外地的，交由当地省、市、自治区领导；与厂矿结合办校的，交由厂矿领导。教育部所属的高等院校，全部交给所在省、市、自治区领导"。根据这一精神，中央各部委管理的高等院校几乎全部下放，部分学校被撤销或合并。据1971年7月全国教育工作会议相关材料，全国原有的434所高等院校中继续保持办学的还有328所，原中央部属高等院校有176所，经调整后保留的还有131所，下放后由中央部门管理的只有南京大学等6所综合性大学，国家基建战线各部委所管理的高校在这一阶段全部下放地方。

3. 1970—1977年国家基本建设委员会时期

1970年6月，经中央批准，国家基本建设委员会、建筑工程部、建筑材料工业部、中央基本建设政治部4单位合并为中华人民共和国基本建设革命委员会。1973年国家基本建设革命委员会设立科学教育局，并在国家基本建设革命委员会建材组基础上组建建材工业局。

1975年取消革命委员会后，当年10月恢复国家基本建设委员会名称。1975年9月30日成立国家建材工业总局，原建材系统直属企事业单位由国家建材工业总局领导，总局由国家建委代管。

1976年"文化大革命"结束后，国家各项工作开始恢复秩序，建设教育工作也陆续回归正轨。

1.3　改革开放后至21世纪初的建筑类高等教育与部属高校（1977—2000年）

"文化大革命"结束后，教育战线在邓小平同志的亲自主持下迅速恢复中小学教育和高考制度，高等院校逐步恢复正常教学秩序，此前被下放的原部直属高等院校再一次回归原主管单位。改革开放后，国家经济社会发展迅速，人才需求日益加大。为顺应社会发展趋势，培养更多高水平专业人才，高等学校的数量逐渐增多。20世纪80年代，高等建筑教育从改革开放中汲取了发展力量，许多原有的高等职业学校、中等专业学校经过扩充和增强，升格为高等学校。国家建设行政主管部门所管理的高等学校从1979年的两所扩充到1985年的七所，师资、学生、教学设备、校园建设、资金投入、专业发展、国际交流等各方面都有了突飞猛进的发展。与此同时，七所部属建筑类高等学校积极承担培养建筑类专业人才的社会责任，以举办各类分院、开展职业培训、开设函授等方式支持继续教育和成人教育。国家建设主管部门也积极开展高校思想建设，深化高校改革，率先开展专业评估认证、促进国际交流合作、推动学历学位互认，推进高等教育土建类专业发展，深化学科建设，为土建类专业高质量跨入新世纪打下坚实基础。

1.3.1　1977—1982年第二次收回部属学校

1977年，教育战线的拨乱反正和恢复工作在邓小平同志的亲自主持下迅速开展，高校恢复正常招生、中小学教育正常化成为当务之急。1978年，党的十一届三中全会召开，开始改革开放。为适应改革开放新局面，国务院于1979年开启新一轮机构调整，基本建设战线各单位调整为6个部委。在"文化大革命"中划转地方的原部直属高校、中专校也开始收回。为抓紧填补高校缺口，迅速培养"四化"建设所需的专业人才，一些有条件的部属中专校经过充实提升，成为高等院校。

1. 改革开放后国家基本建设战线的机构设置

为适应以经济建设为中心的新要求、新需要，1979年国务院进行机构调整。基本建设战线各部委调整为国家基本建设委员会、建筑材料工业部、国家建筑工程总局、国家城市建设总局和国务院环境保护领导小组办公室，国家测绘总局划入建设系统。其中，国家建筑工程总局、国家测绘总局、国家城市建设总局和国务院环境保护领导小组办公室由国家基本建设委员会代管。

在国家基本建设委员会代管三总局期间，基本建设战线中有关高等教育的职能分别由三总局内设机构中负责教育工作的部门承担。其中，国家建筑工程总局设有教育局，国家城市建设总局设有科教局。

2. 部委恢复高校管理工作

"文化大革命"结束后，教育工作开始逐步回到正轨。1978年2月，国务院印发《国务院转发教育部关于恢复和办好全国重点高等学校的报告的通知》（国发〔1978〕27号），文件对行业部委管理高校的职责作了明确划分："面向全国和面向地区的全国重点高等学校，除少数院校实行有关部委直接领导外，多数院校实行有关部委和省、自治区、直辖市双重领导，以部委为主。部委负责贯彻教育事业的具体方针、政策；在国家统一计划下，负责院校的规划、专业设置、招生计划、分配毕业生、人员编制、劳动工资计划、科学研究、生产、教材、经费、外汇、基本建设、统配、部管物资和进口仪器设备供应等；协助省、自治区、直辖市检查督促有关院校对党的方针、政策的贯彻执行。省、自治区、直辖市负责院校的党的建设、人事工作和政治思想工作，检查督促党的方针、政策和教育事业具体方针、政策的贯彻执行，组织经验交流，基本建设的设计、施工，地方物资供应等。院校一级领导干部（包括党政正、副职）的任免、调动，经部委和省、自治区、直辖市商得一致后，由部委报请中央、国务院审批；处系一级领导干部的任免、调动，经省、自治区、直辖市和部委商得一致后，由省、自治区、直辖市负责审批。有关重大原则问题的处理，有关部委和省、自治区、直辖市要协商解决。面向本省、自治区、直辖市的全国重点高等学校，原则上由本省、自治区、直辖市领导，有关部委要给予支持"。

1978年6月，教育部在南京召开国务院各部委所属高等学校改变领导体制的交接工作会议，部分重点高等学校和非重点高等学校改为实行国务院有关部委和省（自治区、直辖市）双重领导，以部委为主。基本建设战线各部委管理的学校也在交接行列之中。根据1979年9月18日中央批转教育部《关于建议重新颁发〈关于加强高等学校统一领导、分级管理决定〉的报告》，由行业部委管理的高校再次恢复了中央统一领导，中央和省、自治区、直辖市两级管理体制。

自1978年起，一些原部直属学校逐步回到部委直管行列，一些中专学校调整为普通高等学校：1978年10月，辽宁建工学院划回国家建筑工程总局领导，并于1979年11月改名为"辽宁建筑工程学院"；1978年12月，西北建筑工程学校扩建为西北建筑工程学院，划归国家建工总局领导；1979年，重庆建筑工程学院、哈尔滨建筑工程学院划归国家建工总局领导；1980年，南京建筑工程学校升格为南京建筑工程学院，由国家建工总局和江苏省双重领导，以国家建工总局为主；1981年7月，国务院批准以武汉建筑材料工程学院相关专业为基础，恢复重建武汉城市建设学院，实行国家城建总局、湖北省双重管理，以国家城建总局为主，国家城建总局于1982年2月5日向武汉城市建设学院颁发了印章。

为尽快恢复提升高等教育质量，保证高校教育水平，教育部于1978年再次确定一批全国重点高校。其中，国家建筑工程总局主管的重庆建筑工程学院、国家建筑材料工业总局主管的武汉建筑材料工业学院、国家测绘总局主管的武汉测绘学院被确定为全国重点高校。

1979年，国家建工总局去函教育部，支持已经转由教育部领导的同济大学建设多科型理工大学，继续为同济大学的发展建设提供帮助和支持。

1.3.2　1982—1988年城乡建设环境保护部时期确立部属七校格局

1982年5月4日，第五届全国人大常委会第二十三次会议通过《关于国务院部委机构改革实施方案的决议》，决定将国家城市建设总局、国家建筑工程总局和国家基本建设委员会的部分机构，以及国务院环境保护领导小组办公室合并，成立城乡建设环境保护部。同时，建筑材料工业部并入国家经济委员会，设置国家建筑材料工业局。此后，建筑材料工业领域不再由国家建设主管部门代管，其所管理的武汉建筑材料工业学院于1985年更名为武汉工业大学，1998年划转教育部，2000年与其他学校合并为武汉理工大学。

1982年10月29日，国务院发出《关于城乡建设环境保护部机构编制的批复》，城乡建设环境保护部主要职责中包括"领导本系统的勘察、设计、施工、科研、教育、出版事业和外事工作"，部内设机构中设置教育局负责承担相关教育职能，内设办公室、高等教育处、中专教育处和职工教育处。同时，城乡建设环境保护部代管国家测绘局；在原国家建筑工程总局管理的中国建筑公司基础上成立中国建筑总公司，由城乡建设环境保护部领导。

自此，国家建设行政主管部门保持为单一部委至今。原直属高校继续由部机关管理。随着改革开放后国家各项事业法制化进程逐步推进，国家机构设置和职能划分愈发精炼、清晰，建设部的高等教育职能也随之更加明确，高校队伍得到了进一步充实。1984年7月，原辽宁建筑工程学院更名为沈阳建筑工程学院；同年9月，原由建设部直属的重庆建筑工程学校（原中国人民解放军基本建设工程兵第一技术学校，1983年改编为重庆建筑工程学校划转建设部）更名为重庆建筑专科学校，划归中国建筑工程总公司领导，该校后于1994年更名为重庆建筑高等专科学校，于2000年并入新的重庆大学。曾于1980年计划在原苏州建筑工程学校基础上组建的、后直接办成本科的苏州城市建设环境保护学院也于1985年9月25日成立。至此，由重庆建筑工程学院、哈尔滨建筑工程学院、沈阳建筑工程学院、西北建筑工程学院、南京建筑工程学院、武汉城市建设学院、苏州城市建设环境保护学院组成的部直属七所建筑类普通高等学校的格局正式确立。

为更好地服务高等学校建设，推进建筑类高等教育现代化发展，提升学科建设水平，国家建设主管部门日益加强建设类高等教育发展建设的投入力度，在学校建设、学科建设、学位授权点审批、招生与毕业、师资队伍建设、专业人才队伍建设、外国专家聘请、教材编写等方面开展了诸多工作。

1983年3月1日，高等学校建筑类专业教材编审委员会会议召开，委员会由部机关教育工作相关负责同志、各相关高校建筑类专业高水平教师、部直属高校相关教师、出版单位代表组成，建筑类高等教育教材建设工作进一步得到恢复和提升。中国建筑工业出版社（2019年转制为中国建筑出版传媒有限公司）作为我国建筑领域教材出版的主力单位，长期以来一直参与和支持建筑类教材编写出版工作。

1984年6月，城乡建设环境保护部成立部系统高等学校教育研究协作组，作为部机关和部属高校沟通研究工作的重要平台。部高校协作组为中国建设教育协会普通高等教育委员会的前身；协作组设立的重点课题计划为现中国建设教育协会课题立项工作的源起；城乡建设环境保护部办公厅于1984年12月5日批复同意重庆建筑工程学院编辑出版协作组内部刊物《高等建筑教育》，即今中国建设教育协会主管、重庆大学主办的学术期刊《高等建筑教育》。

1985年，中央开始进行教育体制改革。改变国家"统得过多"现象、扩大高校自主权、增加教育经费、逐步实行校长负责制成为这次改革的主要任务。城乡建设环境保护部专门召开部教育工作会议贯彻改革要求，并印发《关于扩大直属高校自主权的几点意见》《关于加强当前学生思想工作的几点意见的通知》等文件，并进一步推进了部直属高校试行专升本、举办函授大学等工作。

第六届全国人大常委会第九次会议通过了国务院关于建立教师节的议案，确定9月10日为教师节。为了庆祝中华人民共和国第一个教师节，城乡建设环境保护部于1985年6月15日印发《关于印发〈关于做好今年教师节工作的意见〉的通知》，并于当年向400余名部直属院校从事教学、研究工作三十年以上的教师和工作人员颁发荣誉证书。此后至1995年教育法颁布前，部机关每年都会向直属高校从教满三十年的教师颁发荣誉证书。

1986年5月19日，中央印发《关于改进和加强高等学校思想政治工作的决定》。9月，城乡建设环境保护部按照中央关于改革学校思想品德和政治理论课程教学的有关精神，在部直属高校进一步贯彻中央精神，加强思想政治教育工作。

1986—1987年，城乡建设环境保护部向各直属高校下发编制"五定"方案（"五定"指的是定任务、定专业、定学制、定规模、定编制）的通知。经1985年部机关批准各校第一版"五定"方案，1986年各直属高校上报"五定"修订方案，1987年4月，各直属高校修订后的"五定"方案获准批复。

1.3.3　1988—2000年建设部成立至高校管理体制改革时期

1. 国家建设行政主管部门及其教育职能司局的变化

1988年4月9日，七届全国人大一次会议批准国务院机构改革方案。为加强对全国建设工作的综合管理，撤销城乡建设环境保护部，组建中华人民共和国建设部。国家测绘局、中国建筑总公司归口建设部领导。部直属高校管理职能由建设部人才开发司承担。人才开发司共设置综合规划处、学校教育处、职工培训处、合作交流处和办公室。人才开发司的职责是：负责本系统的人才开发工作，制订有关方针政策和措施；组织人才需求预测，编制人才培养规划；组织制定人才培养规格、规范，组织评选、编写、审定教材；指导职工队伍的培训和继续教育；指导全国建筑、城建专业高等和中等教育工作；负责管理部属高等学校，编制发展规划、年度招生计划和毕业生分配计划；负责管理智力引进工作，组织制订和实施智力引进规划。后为规范称呼、便于上下联系和对外交往，经请示中央编办，于1991年改人才开发司为教育司。1992年11月，教育司内设处室调整为综合处、直属院校处、外事管理处、专业学校教育处、培训处和工人教育处，主要任务为管理直属学校、归口管理全国建设类高等和中等职业教育，组织指导和评估专业建设，管理职工教育，重点通过完善法规体系推动职业资格培训制度的建立和实施。

1993年3月22日，八届全国人大一次会议审议通过国务院机构改革方案，这次机构改革国务院保留包括建设部在内的41个组成部门。建设部内设机构中原有的教育司与人事劳资司合并，设立人事教育劳动司，但教育和人事两部分分别独立运作，教育部分设立综合处、直属处、职业教育处、培训处和学校教育处；同时，建设部继续按照国务院要求代管国家测绘局和中国建筑总公司，国家测绘局同样设立人事教育劳动司承担教育管理职能。

1998年3月10日，九届全国人大一次会议审议通过了《关于国务院机构改革方案的决定》，建设部成为保留下来的29个国务院组成部门之一。在本次机构改革后，建设部人事教育劳动司调整为人事教育司，内设综合处、机关人事处、直属人事处、高等教育处、劳动与职业教育处、专业人才与培训处6个职能处室，其中高等教育处具体负责高校管理和建筑类高等教育相关工作。建设部不再代管国家测绘局，转由国土资源部代管，国家测绘局直属的武汉测绘科技大学（原武汉测绘学院）于2000年与武汉大学等高校合并重组为教育部直属的新的武汉大学。

2. 1998—2000年高校管理体制改革时期

1998年启动的高校管理体制改革是改革开放以来最大的一次高校管理体制调整。本次改革的直接原因是为推动社会主义市场经济发展而启动的国务院机构改革，国家部委大幅精简。

随后，中央又在1999年上半年和2000年上半年两次调整原中央单位管理高等院校的领导关系。建设部管理的七所高校在2000年上半年全部转出。

1999年起，建设部暂停直属高校机构调整、干部任免审批，按照中央统一部署，为直属高校调整做好准备。

1999年底，建设部与国防科学技术工业委员会协商哈尔滨建筑大学与哈尔滨工业大学合并。

2000年上半年，原由建设部直属的七所高校全部完成划转，具体情况为：

重庆建筑大学：2000年2月其隶属关系由建设部划出，5月31日，重庆建筑大学与重庆大学、重庆建筑高等专科学校合并成为新的重庆大学，为教育部直属高校。

哈尔滨建筑大学：2000年6月，哈尔滨建筑大学与哈尔滨工业大学合并成为新的哈尔滨工业大学，为国防科工委直属高校。

沈阳建筑工程学院：2000年划转辽宁省，实施"中央与地方共建，以地方管理为主"的办学管理体制。2004年5月，经教育部批准，更名为沈阳建筑大学，隶属辽宁省人民政府。2010年3月成为辽宁省与住房和城乡建设部共建大学。

西北建筑工程学院：2000年4月18日，与西安公路交通大学、西安工程学院合并组建长安大学，为教育部直属高校。2017年成为教育部与住房和城乡建设部共建大学。

南京建筑工程学院：2000年2月，划转江苏省管理。2001年5月，经江苏省政府和教育部批准，与南京化工大学合并组建南京工业大学。

武汉城市建设学院：2000年5月26日，与华中理工大学、同济医科大学合并组建华中科技大学，为教育部直属高校。

苏州城市建设环境保护学院：2000年2月，实行中央与地方共建，由江苏省主管。2001年8月，与苏州铁道师范学院合并组建苏州科技学院，由江苏省主管。2016年6月，经江苏省人民政府报教育部批准，苏州科技学院更名为苏州科技大学。

自此，国家建设行政主管部门不再承担高校管理职能至今。

1.4 改革开放后国家建设行政主管部门主要开展的高等教育相关工作

改革开放以来，高等教育事业发展迅速。随着我国经济社会不断发展，建设行业的迅速发展对于建筑类高等教育提出了更高的要求。建筑类高等教育担负着培养高级专门人才、发展科学技术和促进建设事业现代化的重大任务。培养满足行业亟需的优秀人才，提高建筑领域科技水平，是推动建设事业面向未来发展的重要因素。国家建设行政主管部门在1978年逐步恢复建筑类高等教育相关职能后，对高等教育土建类专业建设、学科发展、教材编写、科学研究等方面投入了大量精力，对建筑类高校提升办学质量、扩充学校规模、深化改革发展倾注了大量心血。20世纪80、90年代，我国经济建设取得巨大成就，建设事业快速发展，我国建筑类高等教育也在这一阶段实现跨越式发展，至1992年，全国设置建筑类专业的各类高等学校（点）数已达947所，本专科招生数量大幅提升，仅1992年建筑类专业本专科招生数就相较上一年提高了1.4倍；至1993年，建筑类专业在校博士生、硕士生比1989年增长了229%和85%。为进一步实现"教育兴业""人才兴业"，在20世纪90年代中期，建设部曾设立目标，在世纪交替之际，建设高等教育培养本科生35万人，研究生2.6万人，造就万名建设学术和技术带头人，造就十万名建设技术骨干，培养百万名建设专门人才，培训千万名建设熟练技术工人和劳务人员，为21世纪建设事业更大发展奠定坚实基础。到2000年，全国土建类专业本科点851个，专科专业点1251个，招生人数分别达到49549人和47953人，在校生人数分别达到15.5万人和10.74万人，基本实现预定的目标。

1.4.1　部属高校管理工作全面推进

1. 切实加强部属高校党的建设和思想政治工作

建设部高度重视高校党的建设和思想政治工作。1989年后，建设部组织专门班子到各直属高校开展党建和思想政治工作调研，1990年7月，建设部召开部属高校思想政治工作会议，会议研究部署加强直属高校思想政治和党建工作，建设部副部长叶如棠到会讲话。此后，自1991年起至1998年间，建设部先后在重庆建筑工程学院、哈尔滨建筑工程学院、沈阳建筑工程学院等学校多次召开直属高校党的建设和思想政治工作会议、部直属高校党建工作座谈会及学风建设工作会等会议，建设部分管部领导出席历次会议并讲话。会议传达贯彻党中央、国务院的有关指示精神，交流分析各校党的建设、思想政治工作经验和存在的问题。1993年，建设部党组印发了《建设部关于部属高等学校实行党委领导下的院长负责制的实施意见》（建党〔1993〕8号）。1995年8月，建设部党组印发《关于进一步加强建设部直属高等学校党的建设工作的意见》（建党〔1995〕83号），提出14条工作措施；1998年印发《关于进一步加强建设部直属高校党建工作的几点意见》（建党〔1998〕17号）。这些工作对于加强部直属高校党的领导，维护部属高校安全稳定，提升学校思想政治工作水平起到了积极作用。

为了鼓励学生德智体全面发展，建设部自1993年起，每年开展优秀大学生夏令营活动，组织各直属高校优秀大学生到北京参观学习。历次夏令营活动，建设部领导都专门安排时间接见夏令营营员并同大家座谈。

1995年起，每年在部属高校中开展评选部级"优秀毕业生"活动，为此，建设部专门制定《建设部关于开展建设部级"优秀毕业生"评选表彰活动的通知》（建教〔1995〕231号）。

2. 切实加强部属高校领导班子建设，认真贯彻落实党委领导下的校长负责制

选好配强领导班子是加强党的建设和思想政治建设工作的关键环节。建设部党组每年都要派干部到各校认真考察、了解领导班子及后备干部现状，做到"班子到届""干部到龄"及时换届、任免。努力做到领导班子成员讲政治、讲团结、讲奉献，德才兼备且比较年轻有朝气。为加强部分直属高校领导班子力量，部党组自20世纪80年代起，在重庆建筑工程学院、哈尔滨建筑工程学院先后选调优秀干

部到南京、武汉、苏州等地的直属高校任职。按照调整部直属高校领导班子程序，部机关都要先提出方案，并商得学校所在省份的省委教工委一致，建设部及其高校主管部门为此做了大量工作。

随着社会的变化、发展，建设部自1990年起，根据《中共中央关于加强高等学校党的建设的通知》精神，在部属高校逐步推行党委领导下的校长（院长）负责制。通过对部直属高校领导班子的充实调整和印发《建设部关于在部属高等学校实行党委领导下的院长负责制的实施意见》《建设部党组关于加强领导班子思想作风建设的决定》等一系列具体工作，部直属各高校逐步具备了实行条件。至1993年，党委领导下的校长（院长）负责制在部属高校得到全面实行。

3. 推进部属高校各项改革不断深入

为推进本科教育改革，提高本科教学质量，建设部于1989年印发了《关于加强部属高等学校本科教育工作的意见》。1991年5月，建设部召开部教育工作会议。建设部部长侯捷、副部长叶如棠、国家教委副主任王明达在会上讲话。10月，建设部印发部直属高等学校十年规划和"八五"计划要点。12月，又制定了《关于加强部属高等学校师资队伍建设的意见》。部党组、部领导十分关心部属高校的改革发展，部长侯捷、俞正声先后到学校调研。曾分管直属院校的建设部副部长叶如棠、毛如柏、郑一军曾多次到部直属高校参加会议、听取汇报、指导工作并看望师生。

1992年建设部印发《关于加强部属高等学校后勤工作的几点意见》《建设部关于直属高等学校深化改革的意见》。1993年，重庆建筑工程学院、哈尔滨建筑工程学院开启了部属高校内部管理体制改革试点，后来沈阳建筑工程学院等余下五所部直属高校的内部改革工作逐步推广展开，部属高校改革逐渐走向深入。

为了进一步推进部属高校改革发展，建设部积极支持重庆建筑工程学院、哈尔滨建筑工程学院更名，并多次就此事与国家教委沟通协商。1994年，经国家教委同意，根据教计〔1994〕11号文件的通知，建设部印发建教〔1994〕81、82号文件，重庆建筑工程学院、哈尔滨建筑工程学院两校更名为重庆建筑大学、哈尔滨建筑大学。学校更名后，建设部积极支持两所大学争取进入国家"211"工程项目建设，建设部领导多次实地调研，亲自出面协调，做了大量工作。

1995年，建设部人事教育劳动司转发《关于加强高等学校领导班子建设工作的若干意见》，进一步推动高等教育改革和发展。同年，部机关、部直属各高校开始编制"九五"计划和2010年规划。

在高校内部管理体制改革的同时，建设部积极推动部属高校教育教学改革全面展开。1992年后，建设部连续召开了教学改革工作会议、师资队伍建设工作会议、课程建设工作会议等各类会议推动改革；还组织开展了部级优秀课程和重点学科专业评选活动，1994年5月，建设部专门印发通知表彰首批建设部一、二类优秀课程；1996年5月，制定《建设部跨世纪重点学科建设工作意见》，使学校的教育教学改革不断向纵深发展。

深化毕业生就业制度改革是20世纪90年代我国高等教育改革中的一项重要举措。为加快部属高校毕业生和毕业研究生就业制度改革，使部高校毕业生就业工作更好地适应经济和社会发展的需要，根据国务院和国家教委有关文件精神，建设部于1993年2月出台《建设部直属高等学校毕业生和毕业研究生就业制度改革意见》（建教〔1993〕67号），提出学校在保证完成部机关下达的指导性就业计划外，根据国家有关大学毕业生就业的方针、政策和人才市场需求状况，指导并具体落实其他学生在规定范围内就业。各校要加强毕业生的思想教育和就业指导工作，通过多种形式教育，引导毕业生正确择业。1994年5月，出台《建设部直属高等学校深化毕业生就业制度改革意见》（建教〔1994〕285号）。意见围绕改革毕业生"统包统分"和"包当干部"的就业制度；实施毕业生制度"中期改革"方案；改善宏观调控，优化毕业生资源的配置；加强管理，保证各项政策的顺利实施；改革和完善学生学籍管理办法；加强毕业生思想教育和就业指导等，提出了改革措施。

与人才培养工作相同步，部属高校的科研工作也得到了建设部的高度重视。各校充分发挥学科专业优势，每年向建设部申报科研课题立项，并承担了大量经建设部批准立项的科研项目。尤其是重庆、哈尔滨两所建筑大学，是建设部科研队伍的主力军，他们在城乡规划、建筑设计、建筑工程、建筑材料、给水排水等领域及其关键技术上刻苦攻关，取得了许多重大突破，其科研成果直接为建筑行业和地方经济发展服务，其中许多项目获得国家级和省部级奖项。与此同时，部属高校还积极参与了部内行业标准规范体系建设，编写了大量的行业新科技发展方面的著作等。

4. 加快发展直属高校成人教育

改革开放以来，随着经济社会的不断发展，建筑行业进入了快速发展阶段，建筑领域人才缺口较大。为了尽快补足人力资源缺口，推动建筑产业高质量发展，建设部自1984年起逐步推进在直属高校中增加函授、夜大学和全日制的成人本科教育，各校相继设立成人教育学院或成教部负责组织招生和教学管理，以支持社会人员提升自身知识水平和专业能力。

5. 管理部属高校外事活动和聘请外籍师资

随着改革开放不断走向深入，我国对外开放大门日益敞开，建筑类高等教育领域国际学术交流日益频繁。自20世纪80年代初部直属高校开始恢复开展建筑领域的国际学术活动，部教育主管部门多次组织校（院长）、系主任、教务处长、专业教师等相关团组，赴欧美等发达国家访问，对口调研，学习借鉴其成功经验，拓展了视野和改革思路。部教育主管部门还与各校外事工作负责人组成外事工作联席会，定期研究部属高校国际交流合作事宜。

1996年5月，建设部人事教育劳动司为进一步提高部属高校外事工作质量和效益，更好管理部属高校聘请外国文教专家、留学和对外交流工作，专门印发《关于加强部直属院校外事工作的意见》。同年10月，为借鉴外国有益经验，促进建筑新技术采用、建筑专业教育内容革新及建筑企业管理现代化改革，进行广泛信息交流，促进国际合作，建设部与国际建筑研究与文献理事会（CIB）、世界银行在北京联合发起举办以"建筑现代化与教育"为主题的国际学术会议。

同时，建设部教育主管司局还作为直属高校聘任外籍教师的审批机关，推动直属高校聘请外国师资，引进国际人才，提升国际化视野。

6. 开展"高等教育面向21世纪教学内容和课程体系改革计划"

1996—2000年是国家第九个五年计划时期，"高等教育面向21世纪教学内容和课程体系改革计划"成为当时高等教育领域影响最为广泛的一项重大课题。在建设部的统一部署下，中国建设教育协会受委托负责相关课题的立项结题工作。当时还一并开展了"21世纪初建筑业教育结构体系研究""21世纪初建设教育发展战略研究"和"面向21世纪高等工程教育教学内容、课程体系改革的研究"。七所部属高校积极参与其中，在课程改革、教学内容和教材建设方面取得了许多优秀成果。其中"21世纪初建筑业教育结构体系研究"为国家社会科学重大课题，是"21世纪初中国教育结构体系研究"的行业子课题。1999年，该课题形成了"21世纪初建筑业教育结构体系研究"报告并于2001年发表于《当代中国教育结构体系》一书中，教育部对该课题的研究成果给予了较高的评价。"面向21世纪高等工程教育教学内容、课程体系改革的研究"成果对全国高等工程教育教学内容的改革起到了十分有益的推动作用，为高等建筑教育在21世纪向着更高目标蓬勃发展打下了坚实基础。

1.4.2 2000年至今国家建设行政主管部门承担、负责相关教育工作的部门及职能

2000年建设部直属高校划转地方后，建设部的教育职能和内设机构进一步调整。其中，高等教育处于2004年撤销，相关工作转由专业人才与培训处负责。

2008年3月15日，十一届全国人大一次会议批准国务院机构调整方案，组建住房和城乡建设部，撤销建设部。原建设部人事教育司调整为住房和城乡建设部人事司，司内职能处室不变。2017年，住房和城乡建设部人事司职能处室调整，撤销专业人才与培训处，组建干部教育处，司内原承担的有关高等教育的工作由干部教育处负责。

2000年后仍行使的高等教育相关职能。原建设部不再管理直属高校后，一些职能仍按之前的历史传统和工作惯例由国家建设行政主管部门行使，主要有高等教育教学指导、高等教育土建类专业评估、专业学位评估和专业学历国际互认工作。

1. 高等教育教学指导

国家建设行政主管部门曾长期受国家教育主管部门委托承担指导综合管理全国院校建筑、城建类专业教育标准和培养规格相关工作。早在20世纪50年代国家就曾聘请相关专家组建了高等教育专业教材编写的指导组织。20世纪80年代，为加强对高等学校人才培养工作的宏观指导与管理，推动高等学校的教学改革和教学建设，国家教委在原教材编审委员会基础上组建高等学校教学指导委员会。国家教育行政主管部门委托建设部组建土建类专业教学指导委员会，对高等学校教学工作进行研究、指导、咨询、评估、服务。根据实际工作需要，土建类专业教学指导委员会下设各专业委员会，并每年召开各专业负责人（院长、系主任）大会。同时，承担行业内省部级"五年"规划教材立项工作。中国建筑工业出版社作为建设部直属出版单位，长期支持土建类专业教指委工作，承担了高等教育土建类专业教指委规划推荐教材以及大多数建设部规划教材的出版工作。至2018年，教育部不再委托组建教指委，住房和城乡建设部不再承担高等学校土建类专业教学指导工作，之后主要是通过制定"五年"教材规划，引导土建类专业教育的发展。

2. 高等教育土建类专业评估

1985年我国开始进行高等教育评估，经过为期六年的评估试点工作后，1990年国家教委发布第14号令，颁布《普通高等学校教育评估暂行规定》，我国高等学校评估工作走上了规范化轨道。作为最早实行改革开放的行业之一，建筑行业为进一步规范和完善市场，与国际接轨，在借鉴国外成熟经验的基础上，建设部于20世纪90年代初准备在国内实行工程师注册执业制度，简称注册师制度。而实行注册师制度的先导和基础，就是实行对培养和造就注册师人才的高等学校专业教育进行统一标准的评估认证。建设部在暖通、建筑工程专业开展评估工作的基础上，总结经验，决定在实行注册师制度的同时，开展高等教育土建类专业评估认证。1990年成立了全国高等学校建筑类专业教育评估委员会，1992年首批在清华大学、天津大学、东南大学、同济大学四校进行了建筑学专业评估试点工作。1992年6月，全国高等学校建筑学专业评估委员会印发了《高等学校建筑学专业本科教育（评估）标准》《高等学校建筑学专业教育评估程序和方法》等文件。

1994年4月5日，为客观地、科学地评价我国高等学校土建类专业的办学水平，保证和提高建筑类专业教育的质量，更好地衔接国家执业注册师制度，建设部部长侯捷签发第35号中华人民共和国建设部令，颁布《高等学校建筑类专业教育评估暂行规定》。根据规定，国家建设行政主管部门开始组建各专业评估委员会，筹备对建筑工程、城市规划、给水排水工程、供热通风与空调工程、工程管理、房地产经营管理等专业教育开展评估工作，秘书处设在建设部人事教育司（后为住房和城乡建设部人事司）。在前期已经建立的建筑学专业评估制度的基础上，其他土建类专业也陆续建立并实施评估制度：1995年建筑工程专业建立评估制度；1997年，城市规划专业建立评估制度；1999年，工程管理专业建立评估制度；2001年，建筑环境与设备工程专业建立评估制度；2003年，给水排水工程专业建立评估制度；2020年，首次开展工程造价专业评估。后按照国家高等教育专业目录中专业名称变化多次调整相关专业名称，至今已调整为建筑学、城乡规划、土木工程、给排水科学与工程、建筑环境与能源应用工程、工程管理和工程造价，共七个专业（原计划开展评估的燃气、房地产管理等专业因专业设置调整等原因未开展评估）。截至2021年底，共有411个本科专业通过了评估认证。

3. 完善土建类专业学位体系

我国自1991年开始实行专业学位教育制度。专业学位是相对于学术性学位而言的学位类型，授予适应社会特定职业或岗位的实际工作需要而培养的应用型高层次专门人才。专业学位与相应的学术性学位处于同一层次，培养规格侧重不同。1992年，为适应即将推行的建筑领域注册师制度，同时探索专业学位在我国的应用形式，建设部会同国务院学位委员会、教育部研究在建筑学专业设置专业学位。

1992年11月，国务院学位委员会第十一次会议原则通过《建筑学专业学位设置方案》，方案明确"为了适应我国社会主义现代化建设和改革开放及对外交流的需要，全面提高建筑设计专业人才的素质，促进我国建筑学专业教育水平的提高，特设置建筑学专业学位"。建筑学专业学位共分为建筑学学士专业学位、建筑学硕士专业学位两级。其中，建筑学学士是我国现行学位体系中唯一一个专业型学士学位。我国高等学校建筑学专业学位授权专业须是已获《全国高等学校建筑学专业教育评估合格证书》并在评估合格有效期内者，此学位具有专业资格证明效力，与国家建筑师注册制度相衔接。

在我国实行学位制度后，国家建设行政主管部门根据行业管理职责和建筑类高等教育学科建设经验，向历次国务院学位委员会修订《授予博士、硕士学位和培养研究生的学科、专业目录》提供土建类专业学科的修订意见与建议。

受国务院学位委员会委托，住房和城乡建设部组建的全国高校建筑学专业教育评估委员会承担全国建筑学专业学位研究生教育指导委员会具体工作。

4. 高等教育土建类专业评估国际互认

开展高等教育土建类专业评估的一个重要目的是建立我国的注册师制度，从而实现土建类高等教育专业评估的国际互认，是我国培养的土建类专业人才进入国际市场的前提。建设部是最早推动我国高等教育专业评估（互认）与相关国家（地区）和国际组织实现双、多边互认的国家部委。1998年，与英国土木工程师学会（ICE）、英国结构工程师学会（ISE）签署了土木工程专业评估互认协议；2000年与香港建筑师学会（HKIA）签署了建筑学专业评估互认协议；2002年与英国建造师学会（CIOB）签署了工程管理专业互认协议；2006年与美国建设工程教育委员会（ACCE）签署了工程管理专业互认协议。

2008年4月9日，来自中国、英国、美国、加拿大、澳大利亚、墨西哥、韩国的建筑学专业评估认证机构代表和英联邦建筑师学会代表在澳大利亚首都堪培拉共同签署了《建筑教育评估认证实质性对等互认协议》（Recognition of Substantial Equivalency between Accreditation/Validation Systems in Architectural Education），即《堪培拉建筑教育协议》。由住房和城乡建设部主管的全国高等学校建筑学专业教育评估委员会作为我国建筑学专业评估机构具体承担《堪培拉建筑教育协议》的相关工作。

2016年6月2日，我国成为国际（本科）工程教育互认协议《华盛顿协议》的正式会员，住房和城乡建设部高等教育土木工程等专业评估委员会在华盛顿协议体系中受委托作为我国土木工程等专业的评估机构。

1.5　国家建设教育主管部门负责人一览　　（截至建设部不再管理直属高校相关工作时）

1952—1979年间，曾担任学校教育局（司）、教育局负责人的有：韩友真、王台、冯克心、韩培义、张树义、秦仲芳、贾一波、陆铨。

其中，1958年人事教育司副司长为韩友真、王台、康平、曹瑛、冯克心、韩培义、张树义；教育局局长为秦仲芳。1962年，教育局副局长为冯克心、徐多礼；1963年，教育局副局长为冯克心；1965年，教育局局长为韩友真，副局长为陆铨、冯克心；1967年，教育局副局长为陆铨。"文化大革命"后，韩友真任局长。

冯克勤

1981年起任国家建筑工程总局教育局顾问

城乡建设环境保护部（1982.05—1988.04）

教育局

局　长	罗玉清（女）	1987.01—1989.11
副局长	许昌华	1983.05—1989.11
	秦兰仪（女）	1985.05—1988.06
	杨　炬	

建设部

人才开发司（1988.06—1991.06）

司　长	张鸿兴	1988.06—1991.06
副司长	秦兰仪（女）	1988.06—1991.06
	张玉祥	1988.06—1991.06

教育司（1991.06—1993.12）

司　长	张鸿兴	1991.06—1991.12
	秦兰仪（女）	1991.12—1993.12
副司长	秦兰仪（女）	1991.06—1991.12
	张玉祥	1991.06—1993.12
	李竹成	1992.12—1993.12

人事教育劳动司（1993.12—1998.06）

司　长	何居春	1993.12—1994.04
	傅雯娟（女）	1994.04—1998.06
巡视员	秦兰仪（女）	1993.12—1994.02
副司长	张玉祥	1993.12—1995.07
	（1994.02起主持教育工作）	
	傅雯娟（女）	1993.12—1994.04
	王德楼	1993.12—1998.06
	李竹成	1993.12—1998.06
	班树人	1994.04—1998.06
	李先逵	1995.07—1998.06
	（主持教育工作）	
助理巡视员	班树人	1994.02—1994.04

人事教育司（1998.06—2002.03）

司　长	傅雯娟（女）	1998.06—2001.07
	李秉仁	2001.07—2006.06
副司长	李竹成	1998.06—2003.01
	班树人	1998.06—2000.05
	张其光	2001.06—2008.08
巡视员	杨忠诚	2001.08—2001.11

第2章

重庆建筑大学发展概览

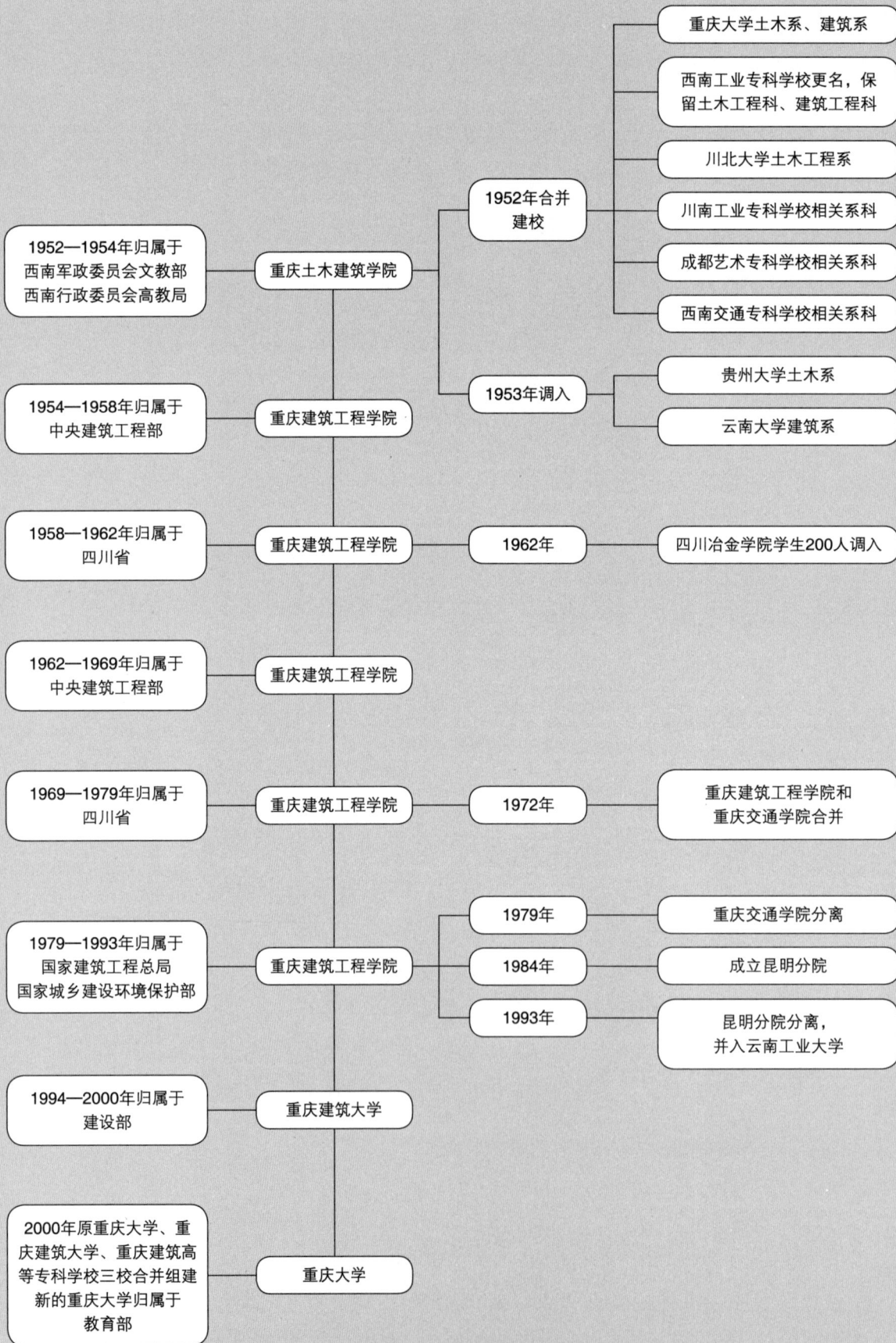

1952—1954年归属于西南军政委员会文教部西南行政委员会高教局 — 重庆土木建筑学院

- **1952年合并建校**
  - 重庆大学土木系、建筑系
  - 西南工业专科学校更名，保留土木工程科、建筑工程科
  - 川北大学土木工程系
  - 川南工业专科学校相关系科
  - 成都艺术专科学校相关系科
  - 西南交通专科学校相关系科
- **1953年调入**
  - 贵州大学土木系
  - 云南大学建筑系

1954—1958年归属于中央建筑工程部 — 重庆建筑工程学院

1958—1962年归属于四川省 — 重庆建筑工程学院
- **1962年** — 四川冶金学院学生200人调入

1962—1969年归属于中央建筑工程部 — 重庆建筑工程学院

1969—1979年归属于四川省 — 重庆建筑工程学院
- **1972年** — 重庆建筑工程学院和重庆交通学院合并

1979—1993年归属于国家建筑工程总局国家城乡建设环境保护部 — 重庆建筑工程学院
- **1979年** — 重庆交通学院分离
- **1984年** — 成立昆明分院
- **1993年** — 昆明分院分离，并入云南工业大学

1994—2000年归属于建设部 — 重庆建筑大学

2000年原重庆大学、重庆建筑大学、重庆建筑高等专科学校三校合并组建新的重庆大学归属于教育部 — 重庆大学

2.1　历史沿革

2.1.1　重庆建筑大学发展概览

重庆建筑大学历任校领导变迁见表2-1。

表2-1　历任校领导变迁

时间段	学校名称	党委书记	党委副书记	院长（校长）	副院长（副校长）
1952—1954年	重庆土木建筑学院	石昌杰 （1952.12—1956.4 学院党总支书记） （1956.4任党委书记）		李海文 （1952.10—1955.7）	石昌杰（1952.10—1965.8）
1954—1958年	重庆建筑工程学院	石昌杰 （1952.12—1956.4 学院党总支书记） （1956.4任党委书记）	韩慰农 （1957.3—1958.8）	李海文 （1952.10—1955.7） 石昌杰 （1955.7—1965.8 副院长主持工作， 1965.8任院长）	石昌杰（1952.10—1965.8） 张铁民（1957.3—1958.3）
1958—1962年	重庆建筑工程学院	石昌杰 （1952.12—1956.4 学院党总支书记） （1956.4任党委书记）	牛富海 （1960.10—1966.5）	石昌杰 （1955.7—1965.8 副院长主持工作， 1965.8任院长）	石昌杰（1952.10—1965.8） 乐怡然（1962.5—） 李川河（1962.5—）
1962—1969年	重庆建筑工程学院	石昌杰 （1952.12—1956.4 学院党总支书记） （1956.4任党委书记）	牛富海 （1960.10—1966.5）	石昌杰 （1955.7—1965.8 副院长主持工作， 1965.8任院长）	石昌杰（1952.10—1965.8） 乐怡然（1962.5—） 李川河（1962.5—） 杜俊峰（1966.5—）
1969—1979年	重庆建筑工程学院	石昌杰 （1952.12—1956.4 学院党总支书记） （1956.4任党委书记） 宋元良 （1973.2—1978.12）	石昌杰 （1973.2—1975.12） 杜俊峰 （1973.2—1983.10） 乐怡然 （1978.3—1983.10）	石昌杰 （1955.7—1965.8 副院长主持工作， 1965.8任院长） 宋元良 （1973.6—1983.10）	乐怡然（1978.3—1983.10） 李川河（1978.7—1983.10）

时间段	学校名称	党委书记	党委副书记	院长（校长）	副院长（副校长）
1979—1993年	重庆建筑工程学院	李仲直（1981.2—1983.10） 宋元良（1983.10—1985.6） 刘德骥（1985.6—1988.9） 傅大勇（1988.12—1996.2）	张宪卿（1980.3—1981.2） 王秉楠（1980.3—1983.10） 罗玉清（1980.10—1981.5） 卢忠政（1983.10—1985.6） 傅大勇（1985.6—1988.12） 肖允徽（1988.12—1996.3） 姚木远（1992.3—2000.5） 梁鼎森（兼）（1992.2—1996.2）	宋元良（1973.6—1983.10） 卢忠政（1983.10—1992.3） 梁鼎森（1992.3—1995.12）	张铁民（1980.3—1981.3） 乐怡然（1978.3—1983.10） 李川河（1978.7—1983.10） 张宪卿（1980.3—1981.8） 李继华（1980.3—1983.10） 许景茂（1981.8—1982.4） 齐铭盘（1981.8—1983.4） 张世芳（1981.8—1989.4） 刘传义（1981.8—1983.10） 刘南科（1983.10—1988.1） 傅大勇（1983.10—1988.1） 谢德安（1983.10—1988.1） 梁鼎森（1988.1—1992.1） 王公禄（1988.1—1995.12） 肖允徽（1988.1—1992.1） 任周宇（1988.4—1990.11） 马天鑑（1988.4—1992.9） 祝家麟（1991.5—1995.12） 李先逵（1992.9—1995.12） 唐有湘（1992.9—1995.12）
1994—2000年	重庆建筑大学	傅大勇（1988.12—1996.2） 肖允徽（1996.3—2000.5）	肖允徽（1988.12—1996.3） 姚木远（1992.3—2000.5） 梁鼎森（兼）（1992.2—1996.2） 祝家麟（兼）（1996.3—2000.5） 张远林（兼）（1996.3—1997.1）	梁鼎森（1992.3—1995.12） 祝家麟（1995.12—2000.5）	祝家麟（1991.5—1995.12） 李先逵（1992.9—1995.12） 唐有湘（1992.9—1995.12，副校级调研员1995.12—2000.5） 赖明（1995.12—1999.10） 张远林（1995.12—1997.1） 罗固源（1995.12—2000.5） 周远宏（1995.12—2000.5） 张新益（1995.12—2000.5） 张四平（1998.1—2000.5）

2.1.2　1952—1954年归属中央建筑工程部前学校概述

1952年10月6日，西南军政委员会文教部文高（52）第字4390号命令，决定成立重庆土木建筑学院。向西南工业专科学校发布命令的主要内容是"兹决定你校自1952学年度开始改为土木建筑性质的工业高等学校，迁入原西南师范学院院址，原校名撤销，改成重庆土木建筑学院，除将你校调整方案及教师调配名单随文发布外，希即切实遵照执行"。这个文件的附件列举了西南工业专科学校非土建类专业及相关教师调整到重大、川大、西师、川师、北京工业学院、水利部等单位的人员名单，以及并入重庆土木建筑学院的其他学校的系科及人员名册。

1952年组成重庆土木建筑学院的人员主要有三部分：来自西南工业专科学校（简称西南工专）

的职工，公共课、基础课程教师和土木工程科、建筑工程科的教师和学生；由重庆大学土木系、建筑系成建制调整来的教师和学生；来自川北大学土木工程系、川南工业专科学校土木工程科和建筑工程科、成都艺术专科学校建筑科、西南交通专科学校土木科的教师和学生，西南贸易专科学校学生。

1952年组建时共有教职工424人，其中教师126人（重庆大学26人，西南工专68人，其他学校院系32人）。学生1162人（重庆大学331人，西南工专433人，其他5个学校共计398人，其中川南工专177人、川北大学44人、成都艺专52人、西南交专79人、西南贸专46人），分设工业与民用建筑、工业与民用建筑结构、汽车干道与城市道路、房屋建筑等四个本科专业和建筑结构、建筑施工、厂房建筑、建筑设计、工程测量等五个专科专业，校址为原西南师范学院的校址（现重庆市沙坪坝沙北街83号），面积385亩。学院院长由西南工业专科学校原校长李海文教授担任，学院党总支书记由石昌杰同志担任（1955年起作为学院副院长主持工作，1956年任学院党委书记，1965—1972年任院长）。

1953年贵州大学土木系、云南大学建筑系调整到学院。

重庆大学创建于1929年，于1935年成立工学院，设土木、采冶、电机三系。重庆大学建筑系成立于1941年。西南工业专科学校的前身，是1937年7月在南京成立的国立中央工业职业学校（简称中央工校），1938年迁往重庆沙坪坝，与重庆大学、中央大学毗邻，1940年更名为中央工业专科学校，设有土木、建筑、水利、航空、机械、电机等专业，1950年更名为西南工业专科学校。

1952年11月15日，借用重庆大学松林坡礼堂举行隆重开学典礼。建校初期，学院在极其艰苦的条件下开始建设，为进一步发展奠定了坚实基础。

2.1.3　1954—1958年学校归属中央建筑工程部时期

新组建的"重庆土木建筑学院"是中华人民共和国成立时开设土木建筑类专业仅有的八所高校之一。1954年中共中央决定撤销全国六个行政大区。遵照政务院《关于修订高等学校领导关系的决定》《关于撤销大区一级行政机构和合并若干省市建制的决定》和政务院文化委员会《关于大区撤销后各项文教事业交接计划的指示》，1954年4月6日中央人民政府建筑工程部中建（54）教秘字第11号文和中央人民政府高等教育部厅秘崔字111号文指示："从1954年1月起，重庆土木建筑学院即为中央建筑工程部直接管理的一单科性高等工业学校，并自4月起改称'重庆建筑工程学院'"（学院自4月25日起正式启用新校名），"其任务为，培养为社会主义建设事业服务的，体魄健全、热爱祖国、具有一定马克思列宁主义思想水平、掌握先进科学技术的高级工业建筑技术人才"。西南行政委员会高等教育局于1954年10月底撤销。1954年12月14日中华人民共和国有关各部联合高等教育部以（54）厅秘崔字第47号文《关于大区行政机构撤销后西南区高等学校管理办法的联合通知》再次确认：10月14日档案交接办理完毕，1954年11月1日起，按照新的管理关系办理有关事业、财务、基本建设、人事等工作。"重庆建筑工程学院由高等教育部委托建筑工程部管理"。由此，重庆建筑工程学院成为中央建筑工程部直接管理的第一所面向全国培养建筑设计、结构设计、建筑施工专门人才的学院。

1954年暑期后，学院设立的本科专业有工业与民用建筑、工业与民用建筑结构、建筑学（五年制），同时把原厂房建筑、建筑施工合并为工民建专科专业，停办其他专科专业。汽车干道与城市道路专业调整到四川大学工学院。1955起年增设给水排水本科专业，学制四年，同年工民建专科停止招生。

1955年9月，中央人民政府高等教育部杨秀峰部长来校做关于切实贯彻"全面发展的教育方针"的报告。

1956年增设供热、供煤气及通风本科专业（简称暖通专业），学制四年。当年，学院设立建筑系、营建系、卫生工程系和15个直属教研组。这时，学院建筑工程类主要专业的设置基本配套，以本科为主的办学层次基本形成。1954—1955学年，在校学生892人，其中本科生608人，专科生284人。中央建筑工程部给学校下达的1955年基建财务预算计划控制数字为：招生450名，基本建设面积为5000m²、投资数为450万元，总财务控制数为1695.7万元。1955—1956学年，在校学生总数达1017人，其中本科生862人，专科生155人。教师总数达157人（其中教授14人、副教授26人），干部职工数达309人。1957年学生人数总计达1690人，全部为本科生。

1957年，《重庆建筑工程学院学报》正式出版。

1957年，教育部批准学校招收工程结构和弹性力学四年制研究生。

在中央建筑工程部直接领导下，学院领导体制和党政机构逐渐完善。学院成立初期实行院长负责制，建立临时院务委员会。1955年1月成立院学术委员会，1955年9月正式成立院务委员会，因院长李海文病故，由石昌杰任主任委员，乐怡然任副主任委员。学院党总支成立于1952年12月。1956年5月，学院第一届党委会成立，下设1个总支（下属2个支部）和4个直属支部，党员人数增加到101人，石昌杰任第一届党委书记。学院党委和各级党组织加强了对教职工、学生的思想政治工作，团结广大群众，调动各方面的积极性，深入推进教育教学改革，在学校的建设发展中发挥了政治核心作用。

学校办学条件逐年大幅度改善。1952年在原西南师范学院地址建校时，仅有16183m²建筑物，1953年完成基建面积14674m²，1954—1955年陆续建成第一实验楼、第二实验楼（给排水综合实验楼）、第二教学楼、施工陈列馆、合班教室、图书馆书库、实习工厂、风雨操场、教工俱乐部、职工宿舍等，使校园基建面积在1957年底达到58651m²，完成基本建设投资415.2万元。学院土地面积扩大到538亩，使建校初期教学、生活用房严重不足的困难状况得到改善，具备普通高等工科学校办学条件要求。

2.1.4 1958—1962年学校归属四川省时期

1958年7月28日，经中央批准，学院由中央建筑工程部领导改为由四川省领导，由省高教局主管。学院增设了面向地方的一些专业，拓宽了专业范围，以培养"多面手"，但专业发展方向还是以房屋建筑、培养学生仍以工民建专业为主。1959年5月7日，学院召开第二次党代会，成立第二届院党委，石昌杰任党委书记。1959年10月23日，学院成立第二届院务委员会，实行党委领导下的院务委员会负责制，委员会由52人组成，其中18人为常委，副院长石昌杰主持工作。1960年6月，营建系更名为土木系。1961年10月起，学院按省、市委部署，学习贯彻《教育部直属高等学校暂行条例（草案）》（高教六十条），整顿教学秩序、修订教学计划和教学大纲、健全教学管理机构、建立健全教学规章制度，1962年下半年学院招生208人，另外四川冶金学院调整，由该学院转学来校200名学生，安排在工民建、给水排水、暖通三个专业的一、二年级学习。到1962年9月为止，教职工工资由四川省高教局发放。1961—1963年学院逐步进行专业调整，1961年，撤销无线电专业，将建筑机械专业并入建筑结构专业，建筑材料专业改名为建筑材料与制品专业，建筑结构专业与工民建专业合并，更名为建筑结构与施工专业。1962年上半年有学生1988人，教师387人，院本部干部职工403人，附属单位172人，根据上级"精简职工压缩城镇人口"指示精神，当年学院压缩减少教师、干部、职工共计233人。

在1960年前后国家特殊困难时期，学院组织学生"勤工俭学"，安排师生参加工、农业生产，大种蔬菜、大养生猪、救灾度荒；组织师生花费大量时间精力投入大炼钢铁会战，正常的专业教学秩序受到严重干扰。但在这个期间，学校组织师生自行设计、施工，建成学院第四教学楼、江陵机器厂五号车间以及校内的学生五宿舍、陈列馆等建筑，努力探索教育与生产劳动相结合的新路子，体现了师生们"自力更生，丰衣足食"的艰苦奋斗精神。

1958—1962年，校园基建面积五年累计完成15359m²，基本建设投资累计完成107.8万元。其中1962年仅完成128m²基建项目，1.4万元。

1962年5月，第二届院务委员会成立，委员会成员17人，石昌杰任主任委员，副院长乐怡然、副院长兼教务长李川河任副主任委员。

2.1.5　1962—1969年学校重新归属中央建筑工程部时期

1962年6月28日，根据中央批转教育部党组《关于进一步调整教育事业和精简学校教职工的意见》的报告，学院又划归中央建筑工程部管辖。从1962年10月起学院经费由中央建筑工程部发放。这段时期，学院认真贯彻中央"调整、巩固、充实、提高"的八字方针，落实《高教六十条》。1963年学院专业调整工作基本完成，设工民建、建筑学、给水排水、暖通、建筑材料与制品5个五年制本科专业。在教学方面，抓教学计划、教学大纲修订和教材建设，建立健全教学规章制度，加强日常教学组织领导，整顿教学秩序，推进教育教学改革，学院进入稳步发展阶段。教师队伍发展壮大，为提高教学质量和扩大招生提供了保障。1964年5月22日，学院召开第三次党代会，选举产生第三届党委会，石昌杰任书记。1965年8月8日，石昌杰就任学院院长。到1965年教师人数达351人，其中正副教授33人，讲师90人、助教207人、教员21人，从苏联或东欧归国留学人员16人。1966年在校学生达1637人。

为加强三线建设，1964年9月11日，建筑工程部党组决定：重庆建筑材料工业学校（位于沙坪坝渝碚路214号，占地面积144亩）迁至四川省石棉县，原校舍全部交重庆建筑工程学院，由同济大学内迁合并到重庆建筑工程学院的"抗爆研究室、地下建筑和地基基础"专业使用。由石昌杰任组长、李国豪任副组长的三校领导组成的专业及校舍调整工作组，认真开展了各项协调准备工作。1966年5月27日，重庆建筑材料工业学校将该校部分产权移交学院。此时，"文化大革命"已经开始，同济大学预定几个专业搬迁来的工作已无法进行，学校也没有去办理产权移交正式手续，失去了一次重要的发展机遇。直到1975年3月，这部分产权由重庆建筑材料工业学校直接移交给中国人民解放军基本建设工程兵学校（后改制为重庆建筑高等专科学校），10月在重庆市房地产管理局完善移交手续。

从1966年发布"五一六"通知起至1976年10月粉碎"四人帮"为止的十年"文化大革命"期间，学校受到严重冲击。1966年6月起，高等院校"停课闹革命"，在校学生中断学业，停止招收新生。各级党政组织在造反派冲击下瘫痪，学校处于无政府状态。教学科研设施受"打、砸、抢"破坏。教职工思想混乱，派系对立，少数人卷入武斗，一大批干部教师身心受到伤害。造反派掌权，成立"院临时管理委员会"。1967年、1968年重庆市发生大规模武斗，直到1968年11月军宣队、工宣队进驻学校，领导"斗、批、改"。1968年12月30日，四川省革委会批准成立"重庆建筑工程学院革命委员会"，由军代表任组长。1969年1月学院各专业1966、1967、1968三届学生毕业分配工作结束。10月学院成立党的核心小组，军代表赵太科任组长，李开灿（工宣队）、杜俊峰任副组长。

2.1.6　1969—1979年学校归属四川省时期

1969年10月26日中共中央发出《关于高等学校下放问题的通知》，此后中央所属高等院校全部下放地方管辖，部分高校被撤销或合并。遵照《中共中央关于高等学校下放问题的通知》精神，经四川省革命委员会与中央建筑工程部军管会决定，1969年12月3日，学校成建制交由四川省革委会领导。1970年5月起，学院教师、干部和1969、1970届各专业学生共800余人，集中到重庆市北碚西山坪解放军"五七"园艺场进行斗、批、改和劳动锻炼，8月各专业1969、1970届毕业生在西山坪园艺场进行毕业分配。1971年建筑系被撤销。1971年9月，四川省教育工作会议确定重庆建筑工程学院和重庆交通学院合并，由驻校军代表张华任合并工作筹备组组长。1972年1月13日，两校正式合并，学校设立了土木系、城乡建设系、机电系和设备安装系（1973年初将建筑机械和机电设备安装两个专业调整组建成机电工程系）、道桥系和水港系等五个系，10个专业，名称仍定名为重庆建筑工程学院，简称"重建工"或"重建院"。1972年春季学院招收工农兵学员562人，学制三年。1972年4月26日，四川省革委会政治工作组通知：经中共四川省委常委会会议决定，宋元良担任中共重庆建筑工程学院党委书记。1972年8月21日，中共中央决定，在已建立党委的地方和单位，撤销"三支两军"的机构和人员。此后，学校军宣队陆续撤离，留下少数人员参与领导工作。1973年2月2日，中共重庆市委批复，同意重庆建筑工程学院成立临时党委，宋元良任书记，邓开祥、杜俊峰、石昌杰任副书记。6月27日，中共四川省委任命宋元良为学院革命委员会主任。在临时党委领导下，广大教职员工努力排除干扰，从各方面做了当时条件下能做的工作，落实党的干部政策和知识分子政策，直至"文化大革命"结束。1972—1976年，学院招收了五届工农兵学员，为国家培养和输送了近3000名建设人才，还在困境中开展了一些科研工作。1977年10月，国务院批转教育部《关于1977年高等学校招生工作的意见》，恢复了统一招生制度。11月学院按照重点学校录取分数线，分设土木系、水气与建材系、机电工程系、道桥系、水港系等五个系13个专业，从全国20个省、市、自治区招收了768名新生，1978年3月入学，1982年2月毕业。1977年学院有教职工1579人，其中专任教师763人，学生3049人。1977年7月机电系电气安装专业改为工业自动化本科专业，机电安装专业改为工业设备安装本科专业，建筑机械专业改为起重运输与工程机械本科专业。1977年11月工宣队撤出学校。

　　1978年2月17日，国务院国发〔1978〕27号文件转发教育部《关于恢复和办好全国重点大学的报告》，学院被确定为全国重点大学。学院恢复教师职务评审工作，恢复招收研究生，五个学科录取21名。在这个新起点上，学校教学工作全面开展，积极恢复教学秩序，恢复调整教学组织，推进教育教学改革，努力提高办学层次，提高教育质量，1978级招收新生930名。1978年学院恢复了"基础部"，在"文化大革命"中分散到各系的基础课程教师回归基础部，下设数学、物理、化学、测量、外语、体育等教研室及相关实验室。土木系增设制图（师范）本科专业，城建系增设城市燃气本科专业，基础部增设数学（师范）本科专业、物理（师范）本科专业、英语（师范）本科专业。

　　1972年学校开始恢复基本建设工作。1972—1977年6年间，学校实际收到基建投资330万元，完成投资328万元，建筑房屋22609m²。

　　1978年6月，学院革命委员会撤销，实行党委领导下的院长分工负责制。11月学院制定《1978—1985年教育事业发展规划》，规划提出的奋斗目标是：把学院建设成一所以土木建筑类专业为中心的社会主义的理工科高等学校，并具有西南地区特色。

2.1.7　1979—2000年学校再次归属国家建工总局时期

　　1979年5月，重庆建筑工程学院重新划归国家基本建设委员会下属建工总局直属领导。

　　1979年5月，重庆交通学院从学院分离，水港、公路道桥等相应专业的1976、1977、1978级在校生继续留在学院学习直至毕业，并由重庆建筑工程学院颁发毕业证书，后由重庆交通学院颁发学位证书。1979年水气与建材系改名为城市建设工程系，另建立建筑材料与制品系（后改称建筑材料工程系），8月恢复设置建筑系，10月恢复学院学术委员会，主任委员乐怡然，副主任委员李川河、吴惠弼、周谟仁、谢元运。10月学院学报复刊。

　　1980年2月1日，经中组部批复，宋元良任党委书记、院长，乐怡然任党委副书记、副院长，李川河任副院长，张铁民任党委副书记、副院长，王秉楠、罗玉清任党委副书记，张宪卿任党委副书记、副院长，李继华任副院长。

　　1980年2月，国家建工总局决定在学院设立建工总局重庆干训班，任命张铁民兼任干训班领导小组组长。3月第一期干训班在学院开学，总局副局长张哲明来院参加开学典礼。1981年，学校成立建筑管理工程系，1982年1月，国家建工总局决定将建工总局重庆干训班并入建筑管理工程系，承担起建设系统领导机关和企事业单位培训干部的任务。

　　1981年8月，学院领导班子调整，宋元良任院长，李仲直任党委书记。

　　1981年底，新图书馆竣工。

　　1982年，院学位评定委员会成立。12月31日，学院正式授予1977级559名本科毕业生（占毕业生总数99.6%）与1978级708名本科毕业生（占毕业生总数98.58%）学士学位。

　　1983年10月，城乡建设环境保护部党组调整学院领导班子，由宋元良任党委书记，卢忠政任院长兼党委副书记。

　　根据教育部1984年3月颁发的《关于高等工程教育层次、规格和学习年限调整改革的几点意见》的要求，学院办学方向朝着理工管文综合发展：发展研究生教育、加强和改进原有专业，增设理科专业，开设新兴工程专业，发展财经、管理类专业，开办文科，增设专科专业，为少数民族地区培养专门人才。

为了智力支边，为边疆少数民族地区培养建筑业专门人才，1984年经云南省人民政府（云政函〔1984〕161号文）和城乡建设环境保护部（城建字〔1984〕759号文）批准，设立了昆明分院。1993年，国家同意组建云南工业大学（教委教计〔1993〕184号文），将重庆建筑工程学院昆明分院并入云南工业大学。

随着改革开放的深入和国家高等教育事业的发展，重庆建筑工程学院师生员工艰苦创业，励精图治，教学科研水平稳步提高，学校基本建成了门类齐全的土木、建筑类学科，兼有环境科学、建筑材料、机电学科、工程管理及某些基础学科和社会科学，具有明显的区域特色和行业优势，成为首批获得学士、硕士、博士学位授予权的学校之一。

1980年，《中华人民共和国学位条例》颁布，正式恢复高等教育学位制。1981年11月3日，经国务院学位委员会批准，结构力学、建筑历史与理论、岩土工程、结构工程、市政工程、建筑热能工程等六个学科获硕士学位授予权。1984年1月13日，经国务院学位委员会批准，结构工程、岩土工程两个学科取得博士学位授予权，增加建筑设计及其理论、城市规划与设计、建筑技术科学、建筑材料、建筑经济与管理、工程机械等六个学科硕士学位授予权。1986年国务院学位委员会批准在学校设立全国第一个建筑技术科学专业博士学位授权点。1989年新增环境艺术、风景园林、规划与设计、土木、水利工程施工硕士学位授权点。1990年后又陆续增加辩证唯物主义与历史唯物主义、中共党史、分析化学、工业自动化、计算数学、核物理及核技术、硅酸盐材料、运筹学与控制论、一般力学、固体力学、流体力学、计算力学、无机非金属材料等学科硕士学位授予权。

1985年，宋元良被选任重庆市政协党组书记兼任副主席，6月由刘德骥任重庆建筑工程学院党委书记，傅大勇任副书记。

1985年10月，重庆市市长肖秧来学院作十一届三中全会以来国家和重庆市政治经济形势报告。

1988年1月，经建设部党组批准，学院行政领导班子换届，继续任命卢忠政为院长。1988年5月，建设部正式批复学院实行院长负责制，12月召开学院第五次党代会，傅大勇任党委书记，肖允徽任副书记。

1988年5月，四川省委书记杨汝岱、全国政协常委刘西尧等由重庆市委书记肖秧陪同到学校视察。

1989年、1990年重庆市市长孙同川两次来院视察、作形势报告。

1991年11月，建设部直属高校师资队伍建设会议在学校召开，叶如棠副部长到会作重要讲话。

1988年，建设部曾报请国家教育委员会分别将"重庆建筑工程学院"与"哈尔滨建筑工程学院"更名为"重庆建筑科技大学"和"哈尔滨建筑工业大学"，1992年，建设部再次以建教〔1992〕100号文向国家教育委员会商请更改两校校名。

1992年1月9日，学院召开第六次党代会，傅大勇任书记，梁鼎森任副书记，肖允徽任副书记兼纪委书记，姚木远任副书记。3月4日建设部党组决定学院实行党委领导下的院长负责制，任命梁鼎森为院长。

1992年8月，学院成人教育获得国家教委"全国普通高校成人教育先进单位"表彰。

1992年10月，建设部谭庆琏副部长率计财司、村镇房地产司、科技司负责人来校视察。

1993年3月，"建筑安装工程系"成立。

1993年7月，学院荣获"四川省党的建设和思想政治工作先进普通高校"的称号，10月建设部授予学院"精神文明先进单位"称号。

1993年5月，建设部李振东副部长来校视察，8月重庆市委副书记、市长刘志忠等领导来校视察，11月建设部毛如柏副部长来校视察。

1993年9月29日，学院聘请世界著名结构大师林同炎先生为名誉教授并来校讲学。林先生途经北京时，受到江泽民总书记、朱镕基副总理接见，建设部侯捷部长和学院院长梁鼎森也参加接见。

通过全国高等学校设置评议委员会的评议，国家教委于1994年1月17日用教计〔1994〕11号文通知建设部，抄送国家计委、财政部、四川省教委、黑龙江省教委，同意"重庆建筑工程学院"更名为"重庆建筑大学"，1994年3月7日，全校举行庆贺学校更名暨"211工程"建设动员大会的万人集会，由建设部副部长毛如柏，重庆市委副书记、市长刘志忠授牌，自此学校的所有标志换成"重庆建筑大学"，也标志学校的发展上了一个新台阶。

1993年3月起，学校实行校、学院和直属系行政管理：设建筑城规学院、建筑工程学院、城市建设学院、机电工程学院、管理工程学院5个学院，材料科学与工程系、基础科学系、社会科学系、外语系、安装工程系5个直属系，另设研究生部和成教学院。

1994年4月，四川省委在学院召开川东、川北地区高校负责人座谈会。

1994年5月，全国高校建筑学专业教育评估委员会对学校建筑学专业进行评估，获"优秀"级通过，有效期6年。

1994年6月，建设部侯捷部长、谭庆琏副部长，四川省副省长甘宇平来校视察。

1995年4月，学校成立校园网络领导小组和工作组，1995年底，学校初步建成校园网，连接到CERNET成都节点。

1995年6月，学校建筑工程专业通过全国高校建筑工程专业教育评估委员会评估，有效期6年。

1993年初，国家提出设置"211工程"重点建设计划，学校立即开展行动，于当年3月拟定《重庆建筑工程学院进入高等教育"211工程"加快改革发展方略》，上报了建设部和国家教委。1995年3月，建设部建教〔1995〕号文《建设部直属高等学校贯彻〈中国教育改革发展纲要〉的实施意见》中，进一步明确表示，要把重庆建筑大学、哈尔滨建筑大学办成具有行业代表性的骨干学校，重点做好"211工程"建设工作。学校于1995年9月成立"211工程"建设领导小组和专家咨询组，当年10月完成学校《整体建设子项目论证报告》，11月学校主要领导赴京向建设部领导作"211工程"建设专题汇报。1996年1月2日向建设部正式报送学校"211工程"建设论证报告（包括《重庆建筑大学申请"211工程"建设预审自评报告》《重庆建筑大学"211工程"整体建设论证报告》《重庆建筑大学学科建设论证报告》），并正式申请对学校"211工程"建设进行预审。

1995年学校被建设部评为1994年度"教育工作先进单位"。

1995年12月29日，学校行政领导班子换届，建设部党组任命祝家麟为校长，赖明、张远林、罗固源、周远宏、张新益为副校长。

1996年1月17—18日，学校召开第七次党代会，选举了第七届党委会委员21人，其中9人任常委，肖允徽任党委书记，祝家麟兼任党委副书记，姚木远、张远林任副书记。

1996年1月17日，建设部、重庆市人民政府共建重庆建筑大学签字仪式举行，毛如柏副部长、唐庆林副市长分别代表建设部、重庆市签署了共建协议。19日，建设部、四川省人民政府共建重庆建筑大学签字仪式在四川省政府大楼举行，毛如柏副部长、徐世群副省长签署了共建协议。

1996年1月18日，学校第七次党代会一致通过《关于全校共产党员积极行动进来，为实现学校"211工程"建设总目标而奋斗的决议》，号召全体共产党员进一步增强责任感、紧迫感和使命感，在学校"211工程"的建设中发挥党员的先锋模范作用。新一届校领导班子积极争取学校进入国家"211工程"，努力推进学科建设、教育教学改革、后勤改革和管理制度改革，进一步完善和审定学校的《"211工程"部门预审论证报告》。4月5日侯捷部长专程视察学校，表示全力支持重庆建筑大学和哈尔滨建筑大学进入国家高等教育"211工程"。5月重庆市委书记张德邻、市长刘志忠和常务副市长肖祖修专门接见校党委书记肖允徽和校长祝家麟，就部、市共建，支持学校进入"211工程"的具体项目进行商谈，并派遣有关部委局负责人专程来校专题研究落实支持学校"211工程"建设的实施方案。7月向国家教委"211工程"建设办公室报送《重庆建筑大学"211工程"建设情况汇报》。

1996年教师节，建设部毛如柏副部长来校慰问教师、看望新生，10月建设部叶如棠副部长来校视察，10月中纪委驻建设部纪检组组长郑坤生一行来校检查工作。

1996年12月，学校成立"计算机科学系"，同时成立"网络中心"，挂靠于计算机科学系。1996年学校档案馆晋升为科技事业单位档案管理"国家二级"，同时以优秀成绩通过四川省高校档案工作评估。

1997年1月，建设部李振东副部长来校视察。1997年2月5日，重庆市委书记张德邻、代市长蒲海清到学校与学生一起庆贺春节。

1997年10月8日，国务院各部门教育司局负责人第十五次联席会在学校举行。建设部党组书记俞正声和近40位各部委分管教育的负责人出席会议。

1997年11月3日，中央政治局常委、国务院副总理李岚清，国家教委党组书记陈至立，国家计委副主任陈同海，国家体改委副主任邵秉仁，电子部副部长张令强，外贸部副部长陈新，国务院研究室主任徐荣凯等22位领导来校视察，陪同视察的有重庆市委书记张德邻，副书记、市长蒲海清，市委副书记刘志忠等市领导同志。李岚清副总理等领导深入考察了建筑城规学院和建筑工程学院结构实验室，视察了学生宿舍后，在学校会议厅参加了重庆市"高等教育改革座谈会"，听取重庆市高校党委书记、校长工作汇报，并与他们座谈学习党的十五大精神和高校的改革发展。

1997年12月28日，建设部副部长赵宝江来校关心学校建设发展，并向全校师生员工致新年问候。

1997年扩大招生，当年招收新生2000人，在校学生本专科人数7076人，在校研究生476人（其中博士生96人）。教职工人数2270人。学校固定资产达18457万元，学校占地面积425546m²（638.32

亩），校舍面积达322007m²。

1998年3月，学校被全国教育工会授予"全国高校教工活动阵地示范单位"。1998年12月19日，学校连续第六年被评为"全国社会实践先进单位"，受到中宣部、国家教委、团中央、全国学联表彰。

1998年7月，在暑期学校党政联席会议上深入研究了后勤社会化改革工作，把1998年确定为"后勤管理体制改革年"。当年12月，出台了《重庆建筑大学后勤改革方案》，撤销总务处、基建房管处、实验设备处、劳动就业处和劳动服务中心，合并组建"后勤管理处"，随后把六个后勤产业、服务实体合并组建成"重庆建筑大学后勤服务集团"，完善相应的机构职能，建立健全人事分配制度、劳动保险制度、成本核算和经济目标考核等制度，后勤实体运行机制和服务方式有了重大转变。

1998年11月，学校与沙坪坝区人民政府签订了将学校附属小学移交沙区育英小学的协议书，除现有学生全部转读育英小学外，育英小学继续接纳户口在学校的教职工子女就读。这个协议使得学校教职工子女可以获得更为优秀的初等教育资源，学校也利用原附属小学用地修建了老年活动中心，解决了多年来离退休人员无固定活动场所的问题。这个协议也明确学校不再要求追还沙区多年来使用学校属地（20世纪50年代原附属小学用地）举办的劳动路小学的土地使用权。

1999年，学校财务实际支出11138万元，比1998年实际支出的8253万元增加2885万元，增长35%，实际支出是建设部核定预算支出9838万元的113%，为建设部划拨经费5516.7万元的201.9%。1999年教育事业支出8960万元、科研事业支出1228万元、自筹基建支出950万元。1999年末固定资产达到21560万元，在1998年末20050万元基础上增加1510万元。1999年底国家审计署驻成都特派员办事处对学校1998年的财务收支进行审计。

根据1999年国家核定综合定额标准计算，学校2000年教育事业经费预算数为7113万元。

1998年，第一次全国普通高等学校教学工作会议召开，提出面向21世纪深化教学改革培养高质量人才的方针、政策和措施。学校于1998年5月和1999年1月先后召开全校教学工作会议和全校教育教学改革研讨会，积极转变教育思想和观念，推进素质教育。把培养人才作为学校的根本任务，围绕教育教学这个中心推进学校的各项工作。经过多年努力，学校构建起以"建筑与规划、土木工程、建筑设备工程、生态与环境工程、工程管理科学、建筑材料科学技术、信息化技术"为主体结构的多学科协调发展的现代高等教育格局。主要专业都以优秀水平通过国家专业评估，标志着学校的办学质量进入国内同类高校第一方阵。

1999年2月，人事部批准学校土木工程一级学科设立博士后流动站，4月人事部批准学校建筑学一级学科设立博士后流动站。

校园基础设施建设是学校发展的基础和保障。学校广开融资渠道，采取利用国家拨款、学校自筹、教职工集资、学校与后勤部门向银行贷款等方式，多方筹措资金，大力加强办学基础设施建设，改善教职工居住条件。1998—2000年学校基本建设完成或安排了以下项目：完成建筑馆二期工程；城建学院实验楼是1996年计划项目，1997年一期建完，由于资金不足，二期建设搁置（已在重庆大学租用实验室三年），继续安排续建经费并配置实验设备；东大门改造工程于1997年启动原街道居民拆迁安置，继续安排资金启动二期工程，规划建设新大校门、入口广场和"学校培训中心"，即现在的科苑酒店；完成学校档案馆工程，保证学校国家二级档案馆资质对馆舍的要求；完成1.45万m²学生宿舍建设（学生十一舍、十二舍）、改建老旧学生宿舍和环境整治；完成青年教师公寓及环境建设，对破旧筒子楼进行了改扩建，对危旧筒子楼拆除新建；改建学校游泳池、体育运动场地以及配合重庆市创建卫生城市要求的道路环境整治项目；根据国发23号文关于在自有土地为职工建设经济适用房的精神，建成教职工集资住房5栋372套，建筑面积35181m²；启动33层248套35000m²住房集资建设。1999年底启动了两个基建项目：第二综合教学楼建设，建筑面积30000m²，批准投资4500万元，建设部拨款3900万元，自筹600万元，另一个项目是校门19000m²的22层培训楼，计划贷款3000万元。两个项目到2000年5月底合校前都开工建设了一部分，资金到位。合校时基建经费带到新重庆大学，账面上有6000多万元基建项目专项资金。

1998年—2000年5月，共完成基建投资8693万元人民币，总建筑面积12.8131万m²。学校的办学条件得到了很大提升。

2000年学校校园面积581.76亩（包括因修建319国道补偿的38亩新增地）。

为了更好地为重庆市城市建设服务，学校积极策划在原重庆市建委所属的重庆市城建学校基础上结合学校原有的成人教育学院，成立高等职业教育机构。1999年6月，学校与重庆市建委签订协议成立高等职业技术学院。同时积极探索整合教育资源，计划把办学层次中的专科专业与重庆建筑高等专科学校进行整合，集中力量办好本科和研究生教育，于1999年10月学校向建设部上报了《关于建议与重庆建筑高等专科学校合并的报告》。

1999年10月11日，教育部副部长周远清到学校视察。

1999年12月28日，重庆市教育委员会领导召集重庆大学校长吴中福、党委副书记（主持工作）陈德文、重庆建筑大学党委书记肖允徽和在校副校长等就两校合并有关问题进行了及时传达和认真研究，29日两校联合向教育部上报《关于两校合并组建新重庆大学的报告》。

2000年，学校有建筑设计及其理论、城市规划与设计、建筑技术科学、结构工程、岩土工程、工程力学、市政工程、供热、供燃气、通风及空调工程、材料学、机械设计及理论、管理科学与工程、技术经济及管理、计算数学学科被评为建设部直属高等学校部级重点学科。给水排水实验室、新型建筑材料与工程实验室、建筑技术科学实验室和结构实验室为建设部直属高等学校部级重点实验室。

根据建设部对全国部属建筑院校干部配备的总体部署，学校许多骨干教师和优秀干部被抽调到建设部或支持建设部新组建高校。其中，1979年林钟祺调任西北建筑工程学院任副院长；1981年谢元运调辽宁建筑工程学院任院长，罗玉清调国家建工总局教育局任副局长，施希安调南京建筑工程学院任副院长，许景茂调国家中建二局任党组书记；1983年齐铭盘调苏州城建环保学院任党委书记；1986年吴盛球调武汉城建学院任党委副书记；1988年任周宇调武汉城建学院任院长；1992年马天鑑调南京建筑工程学院任党委书记；1996年李先逵调建设部人事教育劳动司任副司长；1997年赖明借调建设部科技发展中心任副主任，1999年调任建设部科学技术司司长兼科技发展中心主任。

2000年5月31日，与原重庆大学合并时，重庆建筑大学已发展成多层次、多学科、专业特色明显的普通高等学校。设有建筑城规学院、建筑工程学院（土木工程学院）、城市建设学院（城市建设与环境工程学院）、机电工程学院、管理学院5个学院；设有材料科学与工程系、应用科学与技术系（基础科学系）、商贸与法律系、计算机科学系、外国语言系5个直属系；另外，设有研究生部、继续教育与职业技术学院。学校设有24个本科专业、25个硕士点、2个一级学科博士学位授权点、11个二级学科博士学位授权点、2个博士后流动站，共有教职工2072人，其中教师952人。全校有全日制在校学生9082人，其中硕士、博士研究生1091人，本科生7044人，专科生947人；另有成人学历教育学生5663人，全校拥有各类在校学生总计14745人。学校设有科研机构25个，各类实验室39个，初步建立起教学、科研两个中心。学校有国内外公开定期发行学术刊物5种，分别为《重庆建筑大学学报（自然科学版）》《重庆建筑大学学报（社会科学版）》《地下空间》《室内设计》以及由中国建筑教育协会和学校共同主办的《高等建筑教育》。

学校有完整的学士、硕士、博士教育体系，建筑学、土木工程、供热通风与空调工程等主要专业在国家教育质量评估中，均以优秀成绩通过。学校致力于建设土木工程与管理、建筑科学与技术、环境工程与设备三个学科群和山地城镇与区域研究、三峡工程建设与库区经济发展、土木工程防灾与减灾、信息工程与建筑智能化四个研究中心，并在新兴与交叉学科领域开辟新的研究方向，与国外60多所大学建立合作交流关系，联合进行科研、培养研究生，扩大学校的知名度。学校作为国家建设行业高层次人才培养、高水平科学研究和成果转化重要基地，为国家经济建设，特别是对中西部地区、长江流域和三峡库区经济和社会发展做出重大贡献。

学校发挥建筑类院校特长，为加强科技开发和成果的推广应用，为教学、科研、生产三结合提供基地，开办了科技产业。学校建筑设计部创立于1958年，20世纪80年代改为建筑设计院，1984年11月，经建设部和重庆市政府同意更名为重庆建筑工程学院建筑设计研究院，1987年7月，经国家计委批准，建设部颁发了综合甲级设计证书。后陆续组建深圳华渝建筑师事务所研究院、海南规划设计事务所、规划设计研究院（资质甲级）等对外开展建筑、规划设计的科技产业机构，随后又逐渐扩大业务范围，开办了建筑装饰公司、新技术开发公司等企业。1993年创建重庆建筑大学鸥鹏公司，于1997年进行股份制改革，组建了鸥鹏集团公司。

学校一贯重视党的建设，认真贯彻执行党委领导下的校长负责制，加强党建和思想政治工作。党委坚持社会主义办学方向，认真贯彻党的教育方针。围绕全面加强党的领导，加强思想建设、组织建设、制度建设和党风廉政建设。学校坚持育人根本任务，围绕教学科研中心工作和学校改革发展主线，形成了"政治坚定，思想统一，团结协作，真抓实干，作风廉洁"的党政领导班子。培育了"团结、进取、求实、创新"的优良校风和"求知、求精、求实、求新"的四求学风。1992年，学校被评为"全国建设系统精神文明先进单位"；1993年，被评为"四川省党建和思想政治工作先进普通高等学校"；1994年，被评为建设部"先进领导集体"和重庆市"四好领导班子"；1995年，被评为"全国建设系统教育工作先进单位"。至1999年底，全校有党总支（直属支部）17个，党支部102个，党员1562人。学校第七届党委本应于2000年1月换届，学校做了准备换届的各项工作，因学校管理体制改革而终止。

2.1.8　2000年学校与原重庆大学、重庆建筑高等专科学校合校情况

2000年2月12日，国务院办公厅下发了《国务院办公厅关于转发教育部等部门关于调整国务院部门（单位）所属学校管理体制和布局结构实施意见的通知》，明确学校属于由教育部负责合并调整并由中央和地方共建的学校之列，2月26日，国务院决定，全国161所普通高校管理体制发生变化。重庆建筑大学由原建设部管理划归教育部管理，3月2日，教育部下发了《关于石油大学等55所普通高校划转教育部管理和调整的通知》。其中明确重庆建筑大学、重庆建筑高等专科学校等33所学校由教育部负责合并调整。3月7日，经重庆大学、重庆建筑大学、重庆建筑高等专科学校三校协商，决定成立三校合校工作联席会，下设综合、学科建设、教学研究、科研及科技开发、队伍建设、财务工作、后勤社会化、思想政治及稳定工作等8个工作组。4月11日，教育部下发《关于重庆大学、重庆建筑大学、重庆建筑高等专科学校合并组建新的重庆大学的决定》（教发〔2000〕83号文），决定重庆大学、重庆建筑大学、重庆建筑高等专科学校三校合并组建新的重庆大学，同时撤销原三校建制，新的重庆大学为教育部直属学校。5月29日原重庆建筑大学校党委召开2000年第三次全委会，校党委书记肖允徽作《中共重庆建筑大学第七届委员会工作总结》报告，校长祝家麟作了《重庆建筑大学四年工作总结》。全委会向全校发出《关于拥护党中央、国务院高校管理体制改革和布局结构调整的决定，积极投入新重庆大学建设和发展的决定》。2000年5月31日，三校合并大会在重庆大学隆重举行。

在三校合并组建的新重庆大学，原重庆建筑大学领导祝家麟任校党委书记，姚木远任副书记，罗固源、张四平任副校长。

合校后，学校原有的公共课教学、基础科学学科、社会科学学科、建筑材料、机械、电学学科与原重庆大学相应学科合并，组建新的学院。原重庆建筑大学的建筑城规学院、土木工程学院、城市建设与环境工程学院、建设管理与房地产学院四个学院成建制保留。

2000年5月31日三校合并当日下发的《重庆大学关于合并调整期财务工作的暂行规定》明确在新的财务制度建立批准执行前，三校区暂按原三校的财务制度和经费渠道办理所在校区财会事务。2000年11月29日，新重庆大学第一次财经领导小组会议决定：从2001年1月1日起，执行新的统一的财务管理制度，开通统一的财会网络系统，实现了三校区财会系统的实质性合并。

自重庆建筑工程学院开始，学校英文名称一直采用"Chongqing Institute of Architecture and Engineering"，更名为重庆建筑大学时的英文名称是"Chongqing Jianzhu University"。

2.2　人才培养

2.2.1　本科生培养

1952—1999年本科生分专业招生情况如表2-2所示。

表2-2　1952—1999年本科生分专业招生情况表

年份	工业与民用建筑	建筑工程	建筑机械	建筑结构	建筑结构与施工	建筑材料与制品	建筑物理	建筑施工	交通土建	公路工程	汽车干道与城市道路	建筑力学	工程地质与水文地质	工程制图师资班	测量工程	港口及航道	桥梁与隧道	房屋建筑学
1952	101			33				42			50				100			49
1953	122										55							60
1954	148																	
1955	190																	
1956	260																	
1957	249																	
1958	248																	
1959	209			60		60												
1960	114		29	30		29	30					29						
1961				60	90		30					30						
1962	168																	
1963	91																	
1964	126																	
1965	120																	
1972	168									119						27	90	
1973	179									85						59	83	
1974	140									70						60	70	
1975	140		33			30				68						70	68	
1976	170		33			30				68						70	68	
1977	153		38			38				70		38				78	42	

年份	工业与民用建筑	建筑工程	建筑机械	建筑结构	建筑结构与施工	建筑材料与制品	建筑物理	建筑施工	交通土建	公路工程	汽车干道与城市道路	建筑力学	工程地质与水文地质	工程制图师资班	测量工程	港口及航道	桥梁与隧道	房屋建筑学
1978	145		35			36				74		36		21		72	73	
1979	92		31									30						
1980	130		37			61							29					
1981	142		31			66												
1982	179		35			70												
1983	305		33			66						33						
1984	273		31			62						31						
1985	296		61			50						30	31					
1986	226		60			60						26	29					
1987	227		55			60						30	29					
1988	280		58			60						30	30					
1989	214		55			58												
1990	214		52			58												
1991	222		54			59						20						
1992		191																
1993		258																
1994		353							25						26			
1995		248							28						26			
1996		226							61						22			
1997		294							39						23			
1998		358							67						24*			
1999		320							82						57			

续表

年份	建筑学	城市规划	城镇建设	地下建筑	风景园林	建筑设计	室内设计	厂房建筑	建筑装饰材料与工程	建筑装饰技术	房地产经营与管理	管理工程	设备工程与管理	建筑经济与管理	行政管理学	国际企业管理	城市燃气
1952						30		95									
1953																	
1954	59																
1955	63																
1956	66																
1957	36																
1958	61																
1959	89	59															
1960	60	60															
1961	58	30															
1962	20	27*															
1963	51																
1964	32																
1965	30																
1972				50													
1973				30													
1974	30																
1975	30			30													
1976	30	30															
1977	40			40													
1978	36	36																37

40

续表

年份	建筑学	城市规划	城镇建设	地下建筑	风景园林	建筑设计	室内设计	厂房建筑	建筑装饰材料与工程	建筑装饰技术	房地产经营与管理	管理工程	设备工程与管理	建筑经济与管理	行政管理学	国际企业管理	城市燃气
1979	30	30															
1980	34	33		30										32			33
1981	60	35												35			35
1982	63	32		36													35
1983	63	63	60	34										66			33
1984	68	64	60	31										66			64
1985	99	78	62	30										71			65
1986	90	59												50			60
1987	55	60		28	29		15							51			60
1988	95	27			26		26							70			59
1989	72	30			32		32				71			59			30
1990	84	27			27		34				45			60			30
1991	57	30			29		28				42			70			30
1992	67	32			31		32					61					31
1993	74	34	68		31		39		33		41	71					35
1994	137	35	47						28		36	64					31
1995	130	32	50		28*				29			93	30				32
1996	122	31	46						35	22*	28	63	29		26	41	31
1997	120	57	37							32*	30	69	30		31	36	58
1998	140	61	48*							35*	37	69	26		33	36	56
1999	111	67										73	29*		57	76	65

续表

年份	供热供煤气及通风	给水排水	工业电气自动化	工业设备安装	电气安装	电气技术	材料化学	环境工程	会计学	机械电子工程	机械设备安装	机械设计与制造	数学	计算机及应用	计算机英语自费	计算数学及其应用	建筑财务会计	经济法
1952																		
1953																		
1954																		
1955		96																
1956	131	187																
1957	65	62																
1958	57	59																
1959	60	90																
1960	59	60																
1961	30	30																
1962	31	30																
1963	62	61																
1964	64	64																
1965	58	70																
1972	50	49																
1973	59	59																
1974	60	60			30													
1975	64	64			33						30							
1976	64	64			33						30							
1977	77	76		39	39													
1978	72	72	71	36														

续表

年份	供热供煤气及通风	给水排水	工业电气自动化	工业设备安装	电气安装	电气技术	材料化学	环境工程	会计学	机械电子工程	机械设备安装	机械设计与制造	数学	计算机及应用	计算机读语自费	计算数学及其应用	建筑财务会计	经济法
1979	61	62	32															
1980	64	64	65	36														
1981	68	68	61	36														
1982	70	70	70	35														
1983	33	33	33	73														
1984	71	72	31	48														
1985	65	83	65	42				64							39			
1986	60	59	35	30				30						30				
1987	64	62	60	37				30						27				
1988	60	94	61	30				30						30				
1989	61	67	59	33				31						30			37	
1990	56	61	61	30				30						30			72	
1991	65	65	63	38				31						31			49	
1992	63	62	65	60				32				56	29*	31			64	
1993	84	94	48	62				32	44			60	20	41			52	
1994	63	65	62	57			23	29	34			56	22	61			78	
1995	68	70	29	88		31	27	30*	61	27		27	30	64			69	
1996	59	63	32	65		31	24	30	66	29		28	30	56			40	28*
1997	63	70	62	67		31	25	29	67	29		55		60		34		29
1998	65	68	61	85		61	21*	32	66	34		57		91		37		38
1999	71	73	71	59		71	35	59	81	68		67		148		72		78

续表

年份	经贸英语	秘书	设计艺术学	市场营销	数学师资班	砼制品及建筑制品	无机非金属材料	无线电设备	物理师资班	物理学	信息工程	国际工程承包	英语	英语师范	政治思想工作	装饰工程
1952																
1953																
1954																
1955																
1956																
1957																
1958										23						
1959										69						
1960										60						
1961								30								
1962																
1963						60										
1964						66										
1965						30										
1972																
1973																
1974																
1975																
1976																
1977																
1978					22				21					35		
1979					31				30							

续表

年份	经贸英语	秘书	设计艺术学	市场营销	数学师资班	砼制品及建筑制品	无机非金属材料	无线电设备	物理师资班	物理学	信息工程	国际工程承包	英语	英语师范	政治思想工作	装饰工程
1980																
1981																
1982																
1983																
1984																
1985		50													50	
1986		50													50	
1987		45			26									29	45	
1988		60			30									25		
1989		34										30		20		
1990		34										30		24		
1991		35										30*		23		
1992		46					57					30*	23			
1993		35					59					30*	20			
1994		33*		30			52					30*	23			
1995	25	44*		27			52					25*	29			
1996	25	34*		28			55					15*	25			
1997	32			30			57					12*	26			63
1998	25*			33			52					21*	27			30
1999	20*		35	71			66				60		60			58

注：带*的数据为毕业生人数。

（一）1952—1977年的本科生培养

1. 学院成立初期的教学情况

学院积极响应国家大规模经济建设对建筑类专业人才的需求，参照苏联土建院校的专业设置，设置了工业与民用建筑、工业与民用建筑结构、汽车干道与城市道路、房屋建筑4个本科专业。1953年12月，学院成立土木工程系和建筑系。1954年，汽车干道与城市道路专业调整到四川大学工学院，房屋建筑专业改为建筑学专业。1955年，学院增设给水排水本科专业。1956年，学院增设卫生工程系。土木工程系改名为营建系，增设供热、供煤气及通风本科专业。学院把建校时仅有的116名教师编成15个教学小组。到1954学年教学小组增加到19个。1954年3月，临时院务委员会决定，凡符合条件的小组，可改为教研组。1956年，根据专业设置和上级相关规定，把1162名学生组成的原42个班改编为28个班。这期间，学院招生对象除普通高中应届毕业生外，1952—1953学年招收调干生220名，占新生总数的44%。

2. 学习苏联进行教学改革

1952年11月，西南文教部下达《关于各院校设置专业及制定教学计划的指示》，规定"在中央未颁发统一教学计划之前，应根据苏联相同专业的计划，结合各校具体情况，从速拟定专业教学计划草案，在本年度新生中开始采用"。根据文件精神，学院组织有关教师制订了工民建、工民结、汽干和房建4个本科专业的教学计划。1954年10月，学院全体教师大会作出了《关于贯彻执行统一教学计划的决议》，再次强调要全面地学习苏联。

1953年制定的测量教学大纲是学院第一个大纲，克服了苏联大纲内容庞杂、不易满足专业要求的缺点。1954年，高教部在大连和上海召开教学大纲审订会。学院工程制图教研组担任了建筑学专业《投影几何及阴影透视》课程统一大纲的制订，建筑施工、结构力学、钢木结构等教研组参加了建筑施工、结构力学、钢木结构等课程统一大纲的审定。之后，各专业开设的多数课程都有了全国制订的统一大纲。

教学方法改革的主要内容是推行苏联高等工科教学计划所规定的6个教学环节，即在整个教学过程中采用讲授、习题或课堂讨论、实验、实习、课程设计和毕业设计的教学方式。1955年秋，进行了6个教学环节的最后一个环节：毕业设计，基本上完成了推行"六环节"教学方法的全过程。（1）课堂讲授、习题课及课堂讨论。改革课堂讲授主要是采用苏联教材进行讲课。院系调整初期，1952—1953学年第一学期，全院所开设的143门课程，采用苏联教材的只有4门。第二学期学院所开206门课程中，采用苏联教材的已达20门。1953—1954学年第一学期，比例继续增加，到第二学期，除政治课、体育课外，已全部采用了苏联教材。（2）实习。1953年7月，中央人民政府颁布了《关于加强高等学校与中等技术学校学生生产实习的规定》，西南高教局制订了《本年工科学生生产实习的检查及汇报办法》，学院于1952—1953学年第二学期成立了生产实习检查工作组。1954年2月，学院召开了第一次生产实习工作经验交流会。1954年暑期前有18个班708名学生、1955年有18个班590

名学生、1956年有16个班475名学生参加实习，地点大多在省外重点建设工地。1955年，学院对教学计划中规定的认识实习、专业实习、毕业前实习等三次实习提出了不同的要求，1956年再次提出，实习的重点是毕业前的实习，巩固提高第一次、第二次实习的质量，全面进行实习答辩工作，使实习工作进一步规范化。（3）课程设计和毕业设计。学院1953届的本科毕业生按原有的教学计划结业，没有进行毕业设计。1954届没有本科毕业生。第一次本科班毕业设计是从1955届开始，毕业设计结束后，参照《中华人民共和国高等教育部关于国家考试委员会规程（草案）》，按专业性质邀请有关企业部门负责同志和工程师成立了两个毕业设计考试委员会，主持毕业设计答辩考试，审查毕业生的毕业设计质量。1956届本科各专业毕业生的毕业设计已完全按照正规的要求进行。校内指导教师39人与校外13名工程师参加指导。（4）考试方法的改革。主要是把传统的笔试改为口试，按优、良、及格、不及格四级记分。新的考试与计分方式从1953—1954学年第二学期开始，选定工民建专业一年级两个班的物理与高等数学两门课试点。1954—1955学年第一学期在全院共93个班实行口试。紧接着第二学期全院各专业、各年级的全部考试课程都改为了口试。实施中发现我国各校传统的笔试方法，相比较可以更加正确地考核学生成绩，故不久，考试又逐渐恢复为笔试，记分方法也恢复为百分制。

3. 结合国情的教学改革

1958—1960年，学院各专业教学计划均根据形势需要进行了多次修订。1958年首次把劳动列入教学计划；1959年做局部调整，限制年劳动时间，加强基础课教学；1960年5月修订的教学计划增加了一些新的环节，如现场教学、集中教学。

1959年1月，根据中央、省、市教育工作会议提出的教学改革13条措施的精神，要以教学为主，暂时把生产劳动放在从缓位置。课堂教学的改革由营建系和建筑系教师在理论力学、建筑史等课程中进行试验。

1960年初，院党委提出全面深入地进行教学改革的号召。要求按"大改着眼，部分中改，普遍小改"的思路，通过对各专业教学计划和教学大纲的修订，控制总学时，压缩周学时。1960年7月，院党委又提出了"巩固、提高、深入、发展"的教改原则，教务处拟出了专业大改的初步意见：适当减少学时，增加现场教学和科学研究时间，继续贯彻毕业设计与生产、科研相结合。中改的原则定为：根据大改方向，使各门课程的体系符合国家生产建设的需要，建立新的、较完整的科学体系。1960年6月，中共中央、国务院发出《关于保证学生、教师身体健康和劳逸结合的指示》。在严峻的经济形势和艰苦的生活条件下，关心群众生活、注意劳逸结合已成为中心工作。12月，院党委实行《关于贯彻劳逸结合的几项规定》，教务处订立了《关于贯彻执行党委"劳逸结合"的规定的几项具体措施》。1961年1月中央提出"八字"方针后，教育工作进入了全面整顿、调整时期。

1958年5月以建筑系为主，成立了建筑设计部，开始把设计任务纳入教学计划。1958年有教师45人，学生以建筑学1959届、1960届、工民结1958届、工民建1961届为主共16个班、480人轮流参加了设计部的工作。建筑系1959届毕业生在教师黄忠恕、周人忠等人的指导下，以重庆市山城宽银幕电影院的设计为毕业设计题目，参加这个项目设计的梁鼎森同学，留校后即被委派担任山城宽银幕电影院设计单位驻工地代表，独立处理有关设计方面的问题；张天长同学分配到青海省西宁市，独立参加了15000m²的中苏友谊馆的设计工作。1959年后，"真刀真枪"的毕业设计扩大到各系各个专业。给水排水专业1959届学生是学院该专业首届毕业生，被派往兰州、昆明和成都有关设计院，结合生产任务进行毕业设计。建筑设计部于1961年在调整中撤销，又于1963年恢复，到后来发展成为学校综合甲级建筑设计研究院。

　　1958年5月—1961年的基建工程处也是贯彻教学、生产、科研三结合的主要基地。基建工程处组织修建了校内外工业与民用建筑工程共计16项20236m²。1958年6月—8月底，由学院自行设计，组织了工民建、工民结专业1959届、1960届、建筑学1960届、1961届18个班540名学生与教职工仅用两个多月就建成了建筑面积4046m²的第四教学楼。1958年9月，学院又承接了重庆江陵机器厂五号车间（4050m²）的设计和施工任务。10月18日，学院召开全院大会隆重庆祝工程竣工。基建工程处于1961年撤销，基建工作划归总务处负责。

　　1956年8月，学院开设夜大学，1957年10月成立函授教育部。1957年、1958年招收了工民建本科专业夜大学生，两年在读人数为121人。1957年10月，招收了工民建专业学生共100人。1959年底，学院与建工部德阳第一工程局合办了函授大学，先后在该局招收工民建专业函授生265人。1963年，学院增设给水排水、暖通2个本科专业。1963年11月，创办《函授通讯》。到1964年10月，学院函授学员达449人。1965年10月，工民建专业32名本科函授生毕业。

4. 教学检查与经验交流

　　1953年寒假期间，学院进行了第一次教学检查。教职工在检查中提出997条意见和建议，意见主要集中在教学和后勤两个方面。1954年寒假，第二次教学检查研究了三个专题：一是如何从师资、设备与专业设置等方面积极做好扩大办学规模的准备；二是如何帮助教师尽快熟悉和掌握苏联教材内容；三是研究如何更好地发挥教学小组在教学工作中的集体作用。1954年11月—1955年1月底，第三次教学检查以教学经验交流的形式分两个阶段进行。第一阶段从1954年11月30日—1955年1月23日，各教学小组进行交流。第二阶段从1955年1月27日起集中3天进行全院大会交流，中心议题是"贯彻执行全国统一教学计划和教学大纲"。大会还通过了《学院全体教师关于贯彻执行统一教学计划的决议》。1955年6月，学院召开教学经验交流座谈会。

5. 专业建设与教材建设

　　1958年，学院专业增加，开办了普通物理班、建筑物理专业。1959年增设建筑材料专业、城乡规划与建设专业、建筑结构专业。1960年增设建筑力学专业、建筑机械专业、无线电设备专业。新建专业和原有专业招生规模扩大，学院招生人数逐年增加，到1959年在校生人数已接近2000人。

　　1959年，全院共编印80多门课程的讲义；1960年，有42门课程使用90种教材；1961年，有61门课程使用106种教材。工民建专业工程地质及地基基础、营造学、钢木结构等10门课程讲义参加了全国统一教材的选编，其中《工程地质及地基基础》自编讲义被确定为全国统一教科书，《营造学》部分内容也被选入全国统一教科书。

6. 在调整中稳步前进

1961年1月，中央提出"调整、巩固、充实、提高"的八字方针。9月，中央批准试行《高教六十条》，明确了高等学校工作的方针和政策。1961—1964年，学院教学工作从专业设置、发展规模、教学组织、教学秩序、贯彻"少而精"等方面进行了全面整顿和调整。

1961年3月11日，院党委提出《对贯彻"调整、巩固、充实、提高"方针的意见》，确定了教学工作调整、整顿的原则。1961年，撤销无线电设备专业，将建筑机械专业并入建筑结构专业，两个专业学生转工民建和建筑结构与施工两专业，个别转入其他专业。同年，将建筑材料专业改名为建筑材料与制品专业，建筑结构专业与工民建专业合并，更名为建筑结构与施工专业。到1961年9月，学院调整后的专业为：建筑学、城乡规划与建设、建筑结构与施工、建筑力学、建筑材料与制品、建筑物理、给水排水、暖通8个本科专业。1962年，按建工部教育局指示，停办城规专业，学生除1966届一个班转工民建专业外，其余各班继续培养至毕业。撤销建筑物理、建筑力学两个专业，建筑物理1964届培养至毕业，1966届转工民建专业，建筑力学1963、1964届培养至毕业，1965届转工民建专业。同年，学院停办物理学专业，撤销建筑结构与施工专业，恢复工民建专业，建筑结构专业同时停办。1962年7月，四川冶金学院调整，学院接收该院学生200人，安排在一、二年级工民建专业40人，给水排水专业30人，暖通专业30人。到1963年，专业调整工作基本完成，调整后设工民建（五年制）、建筑学（六年制）、给水排水（五年制）、暖通（五年制）、建筑材料与制品（五年制）5个专业，无专科专业。先后撤、并、停和调整了无线电设备、物理学、建筑结构、建筑力学、建筑物理、建筑机械、城乡规划与建设7个本、专科专业。经建工部同意，建筑学专业1962年、1963年均按六年制招生。1963年9月，按教育部4月召开的高校专业调整会议有关建筑学专业原为五年制的一般不改为六年制的精神，学院建筑学专业恢复为五年制。1962年、1963年所招学生亦改按五年制培养。

在教学方面，稳抓教学计划、教学大纲的修订和教材建设。建立健全教学管理方面的规章制度，成立基础部与教学研究委员会。（1）制定关于修订教学计划、教学大纲的原则和要求。1961年暑假前，结合贯彻八字方针，学院要求新计划必须增加教学周数，每年不得少于34周，寒暑假保证8周。制定了《重庆建筑工程学院关于每周会议活动、劳动时间及院领导接见群众办法的暂行规定》。1962年11月，教育部、建工部《关于组织修订建筑类专业教学计划和专业课程教学大纲的通知》指出，对某些专业计划和业务范围做必要和合理的调整。按统一安排，学院负责建筑学、工民建、给水排水、暖通、混凝土制品与建筑制品专业教学计划的修订。（2）使用统一教材，有计划地组织编写讲义。1962年10月，建工部召开高等学校建筑类专业教材工作会议，正式成立了高等学校建筑类专业6个教材编审委员会。李川河任建筑施工教材编审委员会主任委员，王建修、赵玉龙、秦文钺、杨珏、丁于钧、黄忠恕分别担任供热供煤气及通风、给水排水、工程结构、建筑材料、建筑施工、建筑学教材编审委员会委员。（3）整顿教学秩序。1959年6月，学院调整了教学研究委员会，李川河任主任委员，辜其一、李继华、王建修任副主任委员。1962年6月21日，新一届委员会决定成立系务委员会与基础课委员会。土木系系务委员会：主任委员吴惠弼，副主任委员李继华。建筑系系务委员会：主任委员辜其一，副主任委员黄忠恕。卫生工程系系务委员会：主任委员王建修，副主任委员谢元运。基础课委员会：主任李川河，副主任徐步墀、施希安。1962年第10、11次委员会决定，撤销营建系建筑力学教研组，恢复结构力学、材料力学和理论力学教研组，增设工程地质及地基基础教研组，卫工系增设水工教研组。1963年经第22次委员会决定，营建系撤销施工教研组，成立建筑施工组织与计划教研组、建筑施工技术与机械教研组。卫工系成立热工教研组。1963年8月，教育部召开直属高等工业学校教学工作座谈会，提出贯彻"少而精"的原则是执行《高教六十条》的一项重要措施。1962—1963学年第二学期，全院确定以力学课、各系和基础部也各确定一门课程为试点。提出毕业设计要做到"固定题目，固定要求，固定资料，固定指导人，固定实习（参观）"的"五固定"，并在工民建专业试点。

1964年后，贯彻"两种劳动制度两种教育制度"，学院进行了较大规模的教学改革（校内）和半工半读试点（校外）。1964年以后，教育部开始在一些全日制院校试行"半工半读"，开展了"以推行两种教育制度为中心的教育改革运动"。学院成立了半工半读筹备小组，制定了工民建专业半工半读教学计划，少数班级进行半工半读试点，编印了适合半工半读需要的新教材。1965年2月，学院学生594人、教师干部80人下到市内北碚歇马地区的红岩工地，参加3000m²宿舍的修建任务。1965年2月25日，中共西南局阎红彦书记到红岩工地视察。同年6月，建工部副部长汪少川来院检查实验室建设时也视察了红岩工地。同年，以工民建专业1967届学生为主的10个班以及教师干部71人，两个月内完成了重庆中梁山玉清寺小学工地修建2164m²的房屋的任务。1965年8月至1966年3月，建筑学1966届、工民建1966届和1969届、建材1968届等专业16个班，教师干部102人到重庆民生造船厂基建工地，承担3个车间8000m²的设计和施工任务。这期间，先后有哈尔滨建筑工程学院、同济大学、西安冶金建筑学院与本市15所大专院校100多位领导和教师来学院参观，交流教学改革和半工半读的具体做法。在校外生产劳动轰轰烈烈开展之时，校内学生也积极参加了建校劳动，搬平了"南瓜山"，命名为"七一"广场，工民建1968届、建筑材料1968届11个班学生和教师干部参加修建了结构实验室。

1965年11月，土木系党总支书记作为特邀代表出席四川省政协第三届委员会第三次全体会议，代表学院做了《半工半读育新人——重庆建筑工程学院半工半读试点的收获与体会》的专题发言。12月25日，石昌杰出席高等教育部召开的高等学校半工半读座谈会。

（二）1978—1992年的本科生培养

1. 恢复正常的教学秩序

1977年底，教育部提出恢复统考制度。1978年2月，学院被确定为全国重点高校。学院贯彻教育部1978年颁布的《全国重点高等学校暂行条例》，迅速恢复和建立了正常的教学秩序。

1977年10月，根据国务院批转教育部《关于1977年高等学校招生工作的意见》和《关于高等学校招收研究生的意见》等精神，学院按照重点高校录取分数线，从20个省、市、自治区招收了新生768名，1978年3月入学，1982年2月毕业。这是"文化大革命"后恢复统一考试入学的第一届学生。

这一届共有5个系13个专业招生：

土木系：工业与民用建筑工程、地下建筑工程、建筑学、力学（师资班）；

水气与建材系：给水排水工程、供热供煤气与通风工程、建筑材料与制品；

机电工程系：电气设备安装、机械设备安装、建筑机械；

道桥系：公路工程、桥梁与隧道；

水港系：港口及航道工程。

学院根据1977年10月教育部召开的全国高等工科院校教材座谈会提出的制订教学计划应注意的几个问题，制订了1977级各专业本科四年制的教学计划。1980年1月，教育部下发《关于高等工业学校修订本科教学计划的规定（草案）》。按照教育部的规定，学院再次对各专业教学计划进行了修订。1981年10月14—23日，国家建工总局主持的工业与民用建筑工程专业教学计划会在学院举行。1982年2月，学院决定1982级各专业教学计划均按教育部《关于高等工业学校修订本科教学计划的规定（草案）》精神、参照建工总局批准的工民建专业教学计划拟订。1982年3月，1982级开始试行各专业教学计划和课程教学大纲。1982年11月18—28日，受国家建工总局的委托，学院召开了建筑材料及制品专业教学计划讨论会，会议决定将混凝土及制品专业改名为建筑材料及制品专业，并制定了建筑材料及制品专业（本科四年制）的教学计划。

1978年，学院恢复了基础部（后于1985年改名为基础科学系）。1979年，学院恢复了建筑系及有关的教研室、实验室与资料室。1979年5月，学院将水气与建材系改名为城市建设工程系。同年8月，又将建材专业从城建系分出，建立建筑材料与制品系（后改称建筑材料工程系）。1980年10月，按教育部（79）教体字020号文件规定，学院将体育教研室从基础部划出，由教务处代管，具体组织全院的体育工作。1992年6月，正式成立体育部。1980年9月5日，国务院批转教育部《关于大力发展高等学校函授教育和夜大学的意见》，指出发展高等教育应贯彻两条腿走路的方针，采取多种形式办学。高等学校除办好全日制大学外，还应根据自己的情况积极举办函授和夜大学。1981年4月，经教育部、国家建工总局批准，学院恢复了函授教育部，当年招收工民建专业六年制本科函授生275人。1982年9月，学院颁布了《教研室工作条例（试行）》并于当年11月开始实施。1991年10月，四川省教委、省人事厅、重庆市教委、市人事局联合检查验收了学院成人教育治理整顿工作。1991年10月21日，建设部批准学院设置成人教育学院。1992年国家教委授予学校成人教育学院"全国普通高校成人高教先进单位"。

1978年全国科学大会和全国教育工作会议召开。学院认真落实党的干部政策和知识分子政策。（1）恢复马列主义课程教学。1978年7月，教育部下发《改进和加强高等学校马列主义课的试行办法》，9月，四川省高教局下发《关于加强高等学校马列主义课的几点意见》。同时，各系各专业均要开设形势与任务教育课。（2）恢复毕业设计，确保教学质量。1981年12月，学院作出《关于81届学生进行毕业设计（论文）答辩工作的通知》，对毕业设计（论文）的答辩规定了严格的程序和要求。1982年12月，教育部在重庆大学召开教育部直属高等工业院校毕业设计（论文）工作经验交流会。会议期间举办了毕业设计（论文）展览。（3）首次授予本科毕业生学士学位。1981年12月，《中华人民共和国学位条例》《中华人民共和国学位条例暂行实施办法》下达，同时，学院成为《国务院学位委员会关于审定学位授予单位的原则和办法》确定的首批有权授予学士学位的453所高等学校中的一所。1982年1月3日，国家建工总局同意学院硕士（含学士）学位评定委员会由19

人组成，李川河任主席，吴惠弼、刘传义任副主席。讨论通过了各系学位评定委员会分委员会成员名单。审定了学院1977级应届毕业生授予学士学位的专业为：建筑学、工民建、地下建筑、建筑力学、给水排水、暖通、建筑材料与制品、建筑工业电气化、建筑机械、机械设备安装10个（桥隧、公路和水港3个专业应届毕业生的学位授予由重庆交通学院负责）。1982年9月，院学位评定委员会讨论通过了第二批应届毕业生（1978级）授予学士学位的专业。增加了城市规划、城市燃气及热能供应工程、建筑管理工程、制图师资班、外语师资班、数学师资班和物理师资班7个专业。正式通过了《重庆建筑工程学院授予本科毕业生学士学位办法（试行）》。

1982年12月31日，学院正式授予1977级559名本科毕业生（占毕业生总数的99.6%）及1978级708名本科毕业生（占毕业生总数的98.58%）学士学位。

2. 扩大办学规模，提高办学层次，专业学科建设上水平

建筑学、城市规划、工民建、地下建筑、给水排水、暖通、建筑材料等基础较扎实、实力较强的专业，逐步引入了一些新理论、新技术和新内容，加强了技术经济、建筑管理、系统工程、信息工程、电子计算机应用等方面的教学，增加了现代化建筑（如高层、大跨度建筑等）所需的技术知识。1991年，建筑学、城市规划两个专业再次恢复为五年制。

1978年，恢复基础部及所属教研室，开办数学、物理、外语3个四年制本科专业（师资班）。1978—1988年招收了四届数学教育（计算数学及应用软件）；1978年、1979年招收了两届物理师资班；1979年，土木系（1985年改名为建筑工程系）恢复了建筑力学专业（1983年改名为工程力学专业），1977—1979年招收了三届师资班；1978年招收了一届制图师资班。

1978年，学院城建系开设城市燃气工程专业，1985年开设环境工程专业。1980年，土木系开办了工程地质与水文地质专业。1986年，建筑系增设风景园林和室内设计两个专业；1977年后，机电工程系陆续开办了工业电气自动化、电子计算机及应用、工业设备安装工程3个专业。

《中共中央关于教育体制改革的决定》提出要"加快财经、政法、管理等薄弱系科和专业的发展"。1980年，学院在土木系设置了建筑经济与管理专业并开始招生。1981年2月1日，学院正式成立建筑管理工程系，该专业改名为建筑管理工程。学院于1989年设置了国际工程承包专业。每年从学满三年的工民建专业学生中选20人，从建筑管理工程专业学生中选10人，组成国际工程承包专业方向班。继续学习两年，实行3+2学制，毕业后主要从事国际工程承包工作。

1985年3月，学院成立社会科学系，开办了秘书和思想政治教育两个专业，招收二年制专科学生。从1988年起，思想政治教育专业暂停招生，秘书专业改为三年制。1978—1987年，学院招收了三届英语教育专业（本科）学生。1988年1月，学院将外语教研室从基础科学系分出，成立了外语系，继续招收英语教育专业学生，并负责全院的外语教学。

1986年，建筑工程系为新疆开办了一个工民建民族班（四年制本科）。

3. 加强教学改革，提高本科教学质量

1985年，学院组织进行了教育思想的学习和讨论，要求把主要精力放在提高教育质量特别是

本科生教育质量上。1986年，学院按照国家教委的要求，对1977、1978、1979和1980级四届毕业生及用人单位进行了本科生教育质量调查，并于1987年7月提出了《关于加强本科教学工作，提高本科教育质量的意见》。

学院重视基础理论、基本知识和基本技能的训练，不断改革教学内容和教学方法。（1）执行新的教学计划，实行学年学分制。1984年秋季，学院在建筑学专业进行了学分制试点。1985年，在全院本科新生各专业试行学分制。1985年10月，学院制订了《关于试行学分制的暂行规定》，全院本科各专业、各年级均制订了学年学分制教学计划。学期全年按"两长一短"三个学期安排，长学期固定为18周，短学期为6～8周。1989年后，又恢复为两学期制。（2）加强基础理论的培养。1984年在建设部部属高等院校高等数学统考中，学院高等数学平均分数名列第一。1988年全国供热通风与空调工程专业评估，高等数学在全国18所院校统考中，名列榜首。（3）加强本科生的英语教学工作。1982年12月，学院成立了以乐怡然为主任的外语教学委员会。1983年，学院将公共外语课基础阶段定为320学时。1986年，学院制订了《关于英语实行分级教学的几点意见》和《关于本科学生英语学习的有关规定》，对本科生学习外语提出了明确的要求和严格的规定。（4）加强算法语言及计算机课程的教学。1985年后，各专业普遍开设了算法语言及程序设计课程，在建筑学专业和工民建专业开设了计算机辅助设计课程（CAD）。1991年，学院在建筑学、城市规划和工民建专业1987级本科生中进行了CAD技能突击培训。（5）加强实践性教学环节。从1983年开始，学院对招生量大、学生人数多的工民建专业的生产实习进行了探索性的改革。（6）加强教学管理，提倡教书育人。1986年、1988年，学院分别召开了全院性的教学经验交流会，并将大会论文分别汇编成《1986年教学经验论文选编》《1988年教学经验论文选编》。1990年11月，学院召开了首届青年教师教书育人经验交流会。（7）开设德育课程。1982年，学院成立了德育教研室。开出了《大学生成才修养》《人生哲理》《法律基础》《形势与任务》4门德育课程，一、二年级学生必修。1986年后，学生的法制教育纳入了德育课《法律基础》课教学。（8）提高体育课教学质量。1980年以来，学院认真贯彻《国家体育锻炼标准》，每年达标率均在90%以上，历年被重庆市高校体协评为一等奖。1982年以来，学院各体育代表队，特别是田径、游泳等项目在省、市两级都取得了较好的成绩。1986年11月，学院做出《关于恢复学生早操锻炼的决定》，把学生早操和体育达标与体育成绩、评定三好学生、奖学金挂钩。学院原每年春季举办一次田径运动会，从1989年起改为春季由各系举办、秋季举办全院田径运动会。1991年10月，四川省教委组织四川省高等学校体育课程建设评估检查，学院获得优秀。

教学工作的基本建设进一步加强。（1）供热通风与空调工程专业评估。1985年11月，国家教委发出《关于开展高等工程教育评估研究和试点工作的通知》，根据暖通专业评估小组和工作组（统称专家组）的工作部署，学院于1986年4、5月份对该专业本科生培养质量做了自测自评。从1987年8月至1988年8月，学院正式进行了自测自评工作。1988年10月21日，专家组来院实地评估，评估结果为A级。（2）加强课程建设。1986年，学院成立了课程建设委员会。1987年，学院提出《关于加强课程建设的意见》，制定了课程建设的全面规划，确定重点建设的课程。1991年，学院制定了《课程建设规划》《课程评估条例》和《课程建设评估标准》等实施办法。1991年4月，学院召开课程建设工作会议。（3）加强教材建设。1979年，教育部召开了工科院校基础课教材工作会议。

1983年3月，城乡建设环境保护部在苏州召开高等工业学校建筑类专业教材编审委员会，恢复建立了高等工业学校建筑学及城市规划类、建筑结构类、建筑施工及管理类、供热通风及燃气类和给水排水及环境工程类5个专业教材编审委员会；各编委会分别制订了《1983—1986年教材编审出版规划》。学院黄忠恕教授、卢小荻副教授担任建筑学、城市规划类专业教材编委会委员；秦文钺教授、刘南科副教授担任建筑结构类专业教材编委会委员；李川河教授担任建筑施工及管理类专业教材编委会主任委员，卢忠政副教授任副主任委员，丁于钧副教授任委员；周谟仁教授和田胜元、郭文博副教授担任供热通风及燃气类专业教材编委会委员；孙慧修、姚雨霖副教授担任给水排水及环境工程教材编委会委员。在《1983—1986年建筑类专业教材编审出版规划》中，学院承担《住宅建筑设计原理》《城市规划原理》《区域规划概论》《钢结构》《岩石力学》《岩石地下结构》《岩石地下施工》《给水排水工程结构》《建筑工程测量》《测量学》《建筑材料习题集》《建筑材料》《建筑施工（一、二）》《流体力学与流体机械》《燃气生产与净化》《流体力学习题集（汇总）》《燃气燃烧与应用》《排水工程》《城市给水排水工程》等统编教材的主编任务。以上教材于1984—1986年由出版社出版。（4）建设考试题库。1988年5月，学院制订了《关于建立各门考试题库的办法》。到1991年底，学院已为高等数学、理论力学、材料力学、结构力学、普通物理学、无机化学6门课程建立了考试题库。建筑施工、地基基础和钢筋混凝土结构3门课程成为四川省自学考试委员会工民建专业题库。学院还是流体力学全国试题库主持单位，传热学、工程热力学全国试题库编写单位。（5）电化教学的发展。学院电化教学1979年起步，经过近十年的努力，1986年，电化教学中心完成了中央广播电视大学委托拍摄的工民建、建筑学、城市规划电视教学片近400学时。其中《房屋建筑学》《民用建筑设计原理》获四川省优秀电教教材奖；《城市规划》获四川省高校电教成果三等奖；《钢筋混凝土及砖石结构》被国家教委作为优秀教材向全国推广。《房屋建筑学》和《钢筋混凝土及砖石结构》通过卫星向全国播放。

1979年恢复建筑系后，学院重视建筑学专业的建设和发展。1984年学院制订新的教学计划时，建筑系主任李再琛提出了建筑学专业课程体系改革方案，最突出的成就是：（1）学生参加国内外各类设计竞赛大面积获奖：1984—1992年，学生获国内省市以上设计竞赛奖46次，获国际设计竞赛奖17次，其中重大国际奖8次。（2）新编教材质量提高，不少成为全国高校建筑教育用书。如《住宅建筑设计》，被专家评为国内领先水平的教材，《房屋建筑学》可供建筑各类专业选用。《室内设计》《高层建筑防火》《高层建筑给排水》《日本建筑史》等均是国内最新的教材。（3）新开课目内容新，形成自己的特色。如建筑构成课是国内建筑系开设最早的，已完成构成模型300余个。乡土建筑设计课在全国建筑系课程设计中属首创。在全国建筑系中首次开出高层建筑防火课程。室内设计为国内新兴学科，重建大建筑系与同济大学建筑系为同一批由国家教委批准试办此专业的系。本科学生主办学术刊物《建卒》。中国建筑学会主办的《建筑学报》专文刊载李再琛教授关于改革的经验总结论文。建设部也高度评价了李再琛的工作，肯定他是"卓有成效的改革先锋"。1989年，《建筑学专业教学体系的改革》获得四川省优秀教学成果一等奖、全国优秀教学成果奖。

1985学年初，学院试行学生自由听课。教务部门拟定了《优秀学生自由听课的试行办法》《学生免听课程的试行办法》。1985年6月，学院决定设置教学优秀奖。1989年9月，学院评选出90个教学优秀奖。另为从事教学工作多年的、德高望重的老教师设荣誉奖25名。1989年11月，学院评选出

32项优秀教学成果奖。1989年学院获全国优秀教学成果奖1项，获四川省优秀教学成果一等奖2项，获四川省优秀教学成果二等奖7项。

（三）1992—2000年的本科生培养

1994年1月，经国家教委批准，学校正式更名为"重庆建筑大学"，标志着学校的发展进入了一个新的阶段。学校以工学为主，兼有理学、管理学、文学、法学等学科门类，共有28个本科专业。

1. 狠抓专业教学评估，本科教学质量稳定

1993年、1994年和1995年，学校给水排水工程专业毕业设计（论文）、建筑学专业、建筑工程专业均以优秀成绩通过了国家教育质量评估。

给水排水工程专业毕业设计（论文）评估。根据国家教委1990年10月发布的《普通高等学校教育评估暂行规定》的精神，全国高校给水排水工程专业分期分批进行毕业设计评估。1993年6月，评估专家组来学校进行评估。同年11月召开的全国高等学校给水排水工程专业指导委员会第5次工作会议上，学校给水排水工程专业毕业设计（论文）评估获A级通过。

建筑学专业教育评估。1992年，建设部全国高等学校建筑学专业教育评估委员会发出第一号公告，在认可对清华大学等4所大学的建筑学专业教育评估试点工作的基础上，决定正式开展建筑学专业教育评估。1993年6月，学校向全国高等学校建筑学专业教育评估委员会提交了评估申请报告。1994年正式提交了自评报告。1994年5月9—13日，学校建筑学专业接受了专家组的评估。外国观察员、美国建筑教育评估委员会主席、爱荷华州立大学建筑系格里高里·帕勒默先生高度评价了建筑学专业教学计划。5月16日，评估委员会以优秀级的评价授予学校"全国高等学校建筑学专业教育评估合格证书"。合格有效期从1994年至1999年共6年。1996年5月由天津大学邹德侬教授与重庆市建筑设计院陈荣华总建筑师两位督察员对建筑学专业评估进行复查，学校仍符合建筑学专业教育评估要求。

建筑工程专业教育评估。1993年，建设部发出建教〔1993〕898号文件《关于印发全国高等学校建筑工程专业教育评估委员会成立会议有关文件的通知》。1994年，建设部又发出〔1994〕建工评字1号文件。1994年1月，学校向全国高等学校建筑工程专业教育评估委员会提出建筑工程专业教育评估申请报告。1995年6月提交了自评报告。1996年6月8—11日，评估小组对学校建筑工程学院进行了实地视察。评估小组专家一致认为：建筑工程专业是重庆建筑大学的骨干专业，是建设部直属学校中招生最多的专业，有比较成熟的办学经验；几十年来为国家培养了一大批质量较高的建设人才；学院有完善的管理制度，办学管理水平高；校和学院为了参加评估工作，进行了相当认真的总结和准备，贯彻"以评促建"方针，各方面的总结和提高大大促进了专业建设。1995年，学校建筑工程专业在全国第一批10所高校教育质量评估中，以"优异"成绩获得通过。

2. 教学改革持续深入，教育质量不断提高

学校坚持组织一年一度的教育经验交流会和教学改革研讨会，编印了《教学经验论文汇编》

与《教学改革研讨及经验交流会论文汇编》。

1993年，学校将原23个本科专业调整为20个专业、26个专业方向，开办了房地产经营管理和会计学两个本科专业，开设了建筑电气技术、建筑装饰材料工程等新的专业方向，将应用数学专业改为计算数学及其应用软件专业。1994年开设了市场营销、测量工程、材料化学和交通土建工程（城市交通规划设计）4个本科专业。1995年开设了设备工程与管理（建筑设备工程方向）、机械电子工程、电子技术3个专业。1996年开设了国际企业管理、行政学、经济法3个专业，将燃气工程与供热通风合为一个专业，新增交通土建工程（城市道路桥梁工程方向）。

建筑系各专业从1990年开始由四年制恢复为五年制。建筑学专业增设了园林景观与设计、室内设计、城市设计等必修课和建筑心理学等10多门选修课，编写了针对建筑学专业特点的各类技术课程的新教材。工业与民用建筑专业和岩土工程专业合并为建筑工程专业，下设两个专业方向。增加了"结构分析中的有限元""高层房屋结构""结构分析的微机方法""房屋抗震设计""结构稳定理论""工程合同及合同管理"以及计算机系列课程等，并加强了实践环节。设备安装专业在修订的教学计划中试行了"3+0.5+0.5"制，即在前2年半学生已学完基础课与主要专业课的基础上，于第三学年下学期在建筑安装工地进行现场安装实习。

学校组织大学生重点工程队，参与国家文物局和国家水利局的三峡库区重庆段古建筑保护测绘任务，组织学生到长江沿线收集"长江沿线小康居民水平调查资料"，参加筹建长寿水泥厂前期论证，到重庆珞质电厂进行"脱琉石骨生产工艺线的设计和施工技术"服务，赴深圳、珠海参加"高层建筑消防监测系统"资料的收集和整理，到合江县参加四川省重点工程四川化肥厂设备安装的调试技术服务，组织学生开展"一助一"扫盲活动。1993年以来连续4年被中宣部、国家教委、团中央授予"全国社会实践先进学校"称号，1996年，又被评为"重庆市社会实践示范学校"。

学校设立了课程建设基金，制定了"课程建设规划""课程评估条件及评估标准"，完善了院、系课程建设评审组织。1993年，学校出台"关于实行优秀课程评选办法"，确定了校、院（系）首批重点建设的马列主义原理、大学英语、计算机CAD技术、工程结构、高等数学、工程制图、力学、建筑设计等24门课程。1993年，在第二届教学成果奖评审中，学校《适应现代化建设需要开创高层建筑防火新课程》《结合多山国情，办出城市规划专业特色》2项成果获国家优秀教学成果二等奖，1项成果获四川省教学成果奖一等奖，6项成果获四川省教学成果奖二等奖。1997年，在第三届优秀教学成果奖评审中，《建筑构造技术系列课程的教学改革和实践》获国家教学成果二等奖，3项成果获四川省教学成果奖一等奖，8项成果获四川省教学成果奖二等奖。1994年，学校8门课程被评为建设部一类优秀课程，1门课程被评为建设部二类优秀课程，2门课程被评为四川省普通高校省级重点建设课程。1995年，2门课程被评为四川省重点课程。1996年，6门课程被评为建设部一类优秀课程，3门课程被评为建设部二类优秀课程，4门课程被评为四川省重点建设课程。

1994年，学校成立了教材建设委员会，印发《教材工作文件汇编》，设立教材基金，与各院（系）制订了教材建设规划。1995年，学校评选出第一批优秀教材。1997年，在第三届全国普通高校优秀教材评选中，学校《给水排水工程制图》获国家教委第三届优秀教材二等奖，《流体力学泵与风机》《建筑美术》（丛书）获建设部第三届建筑类优秀教材二等奖，《电气传动控制系统及其工程设计》获电子工业部第三届工科电子类专业优秀教材二等奖。在首次普通高校国家级重点教材立项工作中，学校共推荐教材27本，《住宅建筑设计原理》《建筑构造》《排水工程（上、下册）》《流体力学泵与风机》《建筑施工》5本教材获建设部"九五"重点教材立项（其中《建筑施工》获"九五"普通高等教育国家级重点教材立项），《建筑材料性能学》获国家建材"九五"部、局级重点教材审批立项。学校从1996年开始，设立教改基金，设立21世纪的教学内容与课程体系改革研究项目。在建设部面向21世纪教改项目中，学校负责《建筑材料》《建筑工程管理》《教育管理质量》3个项目的牵头，主持《建筑学》《供热》《楼宇自动化》《建筑力学与工程图学》《实践性教学人才培养》等6个项目，主持国家教委教学内容、方法、课程体系改革立项项目《环境类专业人才培养方案及教学内容体系改革的研究与实践项目》。

根据国家教委《普通高校学生学籍管理规定》等文件精神，学校修订完善考试、重修退学、结业、毕业等学籍管理条例，制订重修、补考、试读及优秀专科生升本科和本科肄业结业生按专科毕业或结业生处理的办法，严格考试制度，实行教、考分离，实行A、B卷，逐步增加统考、统改课程；逐步推行主辅修、系列选修课等制度，完善奖、贷学金制和重修、试读等收费制度；严格教学要求，加强教学检查，开展教学评估。坚持每月教学例会制、期中教学检查制和院（系）领导听课制。从1992年起，组织离退休教师课堂教学质量督察组进行课堂教学检查以及学生对教学的综合测评，配合并协助各院（系）提高教学质量。1993年，学校教务处获"全国普通高校先进教务处"称号，1994年被评为"全国普通高校优秀教学成果奖励工作先进单位"，1996年被评为"四川省外语考试考务管理优秀单位"。

1993年将体育教研室改为体育部，挂靠在教务处，1996年，学校决定将体育部独立为副处级单位。学校认真贯彻《大学生体育合格标准》和《学校体育卫生工作条件》，在一、二年级开设体育课，保证学生每年达标率都在90%以上。体育教师中有1人荣获国家教委授予的"全国高校优秀青年体育教师"称号；体育部荣获1992—1995年度重庆市高校体育先进集体。5年来，学校在省、市大学生运动会获名次33项（次）。从1994年起，学校设立体育奖学金。

1996年，在国家教委组织的成人高等教育函授、夜大学评估中，成人教育学院获得优良等级，名列建设部部属高校第一位。1997年，成人教育学院获得四川省成人高等教育评估优秀学校，建设部普通高等学校函授、夜大学教育优秀学校。到1997年，学校已毕业成人学历教育本、专科学生近7000人，专业证书班学生2000多人。

3. 适应改革需要，推行学分制

学校于1984年率先在建筑学专业进行学年学分制试点。1985年在全校新生本科各专业全面推行学年学分制，制订了《关于试行学分制的暂行规定》和学年学分制的教学计划等文件。全校28个本科专业在学分制中规定的最低毕业基本学分为：工科150～180学分，理科140～160学分，文科140～160学分，总学时为2744～3277学时。学校对95级实行并轨招生后，在学年学分制下，实施绩点制与弹性学习期限，取消补考与留降级，实行重修。1995年，学校相继下发《关于制订实行学分制的本科教学计划的通知》和《关于全面推行学分制的实施意见》。1995年10月，学校对培养目标、课程设置与教学计划进行了修订。1996年3月底，完成了选修办法、选课程序、选课表和选课指南的制定工作。

4. 转变教育观念，深化教学改革

1998年5月15—22日，学校召开了全校教学工作会议。校党委书记肖允徽教授作了《坚持以"三个面向"为指导，深入开展学校教学改革》的动员报告。主管教学的副校长罗固源教授作了教学工作主题报告，总结了学校近年来教学改革情况。1999年1月7—8日，学校召开教育教学改革研讨会。校党委书记肖允徽教授以《坚持"三个面向"，迎接未来挑战》为题致开幕词；副校长罗固源教授以《转变教育教学观念，迎接知识经济挑战》为题讲述了当前高等学校教育教学改革的形势；校长祝家麟教授作会议总结。研讨会以"深化教育教学改革，迎接知识经济时代，提高教育教学质量，培养高素质创新人才"为主题，交流了107篇论文。

根据教育部新颁布的《专业目录》和《关于普通高等学校修订本科专业教学计划的原则意见》，学校提出了《关于修订本科专业教学计划的实施意见及要求》，明确了修订教学计划的指导思想和基本原则。由课程教学计划、实践教学计划、第二课堂教学计划组成"三位一体"的全方位人才培养计划，构建了本科学生培养的完整体系。

1998年，学校撤销设备处，实验室管理科编入教务处，并于1999年组建了实践教学科。重新制定了《重庆建筑大学实验室工作规程》《重庆建筑大学实验教学管理暂行办法》《重庆建筑大学毕业设计（论文）管理办法（试行）》等一系列实践教学文件。学校将基础科学系的有机化学、材料化学、分析化学、普通化学实验室合并为综合化学实验室；将大型结构实验室、常规结构实验室、岩土工程实验室、力学实验室组建成结构工程实验室。将建筑模型实验室、建筑雕塑实验室与建筑摄影实验室合并组建为建筑艺术实习中心；在计算机系计算机实验室的基础上，加大投入，建立计算机实习中心。1999年，学校联合市内其他五所高校申报国家大学生文化素质教育基地，得到教育部的批准。1999年下半年，经学校自评后，向重庆市教委提出申请，物理、流体力学、化学、材料性能四个实验室通过评估，成为重庆市第一批高等学校基础课教学合格实验室。

1998年，《建设经济》《风景园林》《给水工程》《流体传动与控制》《结构力学》《制冷技术》《普通化学》7门课程被评为建设部本科一类优秀课程，《建筑机械设计》《中国社会主义建设》2门课程被评为建设部二类优秀课程。1999年，由学校牵头和主持的9项建设部面向21世纪教改项目："建设类高等学校教育管理体制与质量保证体系的研究与实践""材料科学与工程系列课程教学内容、课程体系改革的研究与实践""建筑管理工程（房地产经营管理、国际工程管理）系列课程教学内容、课程体系改革的研究与实践""建筑力学、工程图学系列课程教学内容、课程体系改革的研究与实践""建筑学专业系列课程教学内容改革的研究与实践""供热空调工程人才培养及教学内容、课程体系改革的研究与实践""建设类高等工程教育实践性教学的研究与实践""楼宇自动化系列课程教学内容课程体系改革研究与实践""面向21世纪高等工程教育人才培养的研究与实践"，均通过验收结题。2000年，3项成果获重庆市优秀教学成果一等奖，6项成果获重庆市优秀教学成果二等奖。

学校从1996级开始全面推行学分制教学管理制度。1997年下半年，出台了《重庆建筑大学本

科学分制学籍管理的补充规定》《关于设立重庆建筑大学课程考核管理领导小组的通知》《重庆建筑大学关于严格学生课程考核及成绩管理的规定》《重庆建筑大学学分制管理学士学位授予工作细则》。1998年，学校决定撤销课程建设委员会和教材建设委员会，设立教学工作委员会。制定了《重庆建筑大学关于教学差错、教学事故及教学违纪等行为处理的规定》。1999年，制定了新的《重庆建筑大学本科学分制学籍管理实施细则》。1999年，学校教务处获得"重庆市普通高等学校优秀教务处"称号。

成人教育。到1999年，学校成人教育已由单一学科发展成为以土木建筑、计算机等为主要专业特色，学历教育与非学历教育兼顾的学院。为适应社会终身教育的需要，1999年9月，学院将成人教育学院更名为继续教育学院。

5. 接受专业教育评估，确保人才培养质量

1998年教育部颁布新的《普通高等学校本科专业目录》（简称《专业目录》）。1999年，学校将原有的33个可招生本科专业调整为24个。根据新《专业目录》，学校在重新制定人才培养计划的基础上，以评促建，主要的、有影响的专业顺利通过了国家专业教育评估。

城市规划专业教育评估。1998年初，学校申请首批进行全国高校城市规划专业及学科教学评估。1998年6月1—5日，评估视察小组专家对学校建筑城规学院的城市规划专业五年制本科生和城市规划与设计专业硕士研究生的教育质量进行了评估现场视察。在办学经验与特色方面，评估视察小组认为，建筑城规学院办学经验丰富，具有自身特色。专业主干教师具有较强的建筑与规划设计理论和实践背景，学生具有较强的设计意识和能力。特别是城规—建筑—园林相结合的教学特点，成为该专业的优势。教学工作一贯强调理论联系实际，重视结合西南地区山地多和小城镇多的特点以及三峡工程建设和库区建设。在本专业的教学、科研和规划设计实践的选题方面有明确侧重方向，教学、科研和生产成果丰富。学生学风严谨勤奋，精神状态积极向上，教师责任感和敬业精神强，研究生的论文质量与研究水平均较高。学生德、智、体全面发展，思想活跃，敢于竞争，成绩显著。评估视察小组对学院提供的专业《自评报告》给予了充分肯定。最后，学校以最好的等级通过评估，有效期为6年。

工程管理专业教育评估。根据建设部高等教育工程管理专业评估委员会工管办〔1999〕1号文件下发的《关于商榷参加"工程管理"专业评估试点工作的通知》精神，学校工程管理专业（本科）符合申请评估的条件，于1999年2月向评估委员会提出申请。同年11月11—15日，评估视察小组专家进行了实地视察。视察小组一致认为，重庆建筑大学是建设部所属的全国重点大学，是我国改革开放后最早创办工程管理专业的学校之一；从1987年开始，学院陆续确定了14门工程管理专业的重点建设课程，形成了具有自身特色的"工程项目管理"和"建设经济"两个系列课程；建设了一支结构基本合理、人员配备"优势互补"的师资队伍；建立了完善的教学管理制度；基本具备了现代化的办学条件。建设部高等教育工程管理专业评估委员会同意视察小组的视察报告，决定通过工程管理专业的评估，合格有效期为5年（1999年11月—2004年10月）。

土木工程专业第二次专业评估。新《专业目录》颁布后，学校土木工程专业下设建筑工程、基础

工程与地下结构、城市道路桥梁工程和安装工程4个专业方向。2000年1月，学校完成土木工程专业教育重新评估自评报告。2000年6月10—12日，评估视察小组专家对土木工程专业进行了实地视察。视察小组认为，《土木工程专业教育重新评估的自评报告》内容充实、完备，数据翔实可信，评价恰当。在教学改革方面，学院根据新《专业目录》制定了新的教学计划，设置了建筑工程、基础工程与地下结构、城市道路桥梁3个课群组。1996年开始设置的城市道路桥梁工程课群组专业师资队伍也已初具规模，可以满足教学需要。在德育教育和思想政治工作方面，有一支稳定而完整的师资队伍，能够结合当代学生的特点教书育人，以多种形式进行爱国主义、集体主义和社会主义的理想、信念教育以及道德品质教育和行为准则教育，取得了好的效果。建设部高等教育土木工程专业评估委员会同意视察小组的报告，决定通过土木工程专业的评估，合格有效期为5年（2000年7月—2005年6月）。

建筑学专业第二次专业评估。1994年，学校建筑学专业以A级通过国家高等学校建筑学专业本科生教育评估，1995年，又以A级通过国家高等学校建筑学专业研究生教育评估。2000年5月24—28日，评估视察专家组对学校建筑学专业进行第二次评估。本次评估硕士点和本科教育同时进行。在为期5天的评估考察中，专家们听取了校、院领导的汇报和报告，召开了师生座谈会，对学生开展问卷调查与测试，审阅了学生作业、课程设计、毕业设计、毕业论文、实验、实习报告，听取了课堂教学，考察了实验室等。专家组在视察报告中对学校建筑学专业教育给予了高度评价。建设部高等教育建筑学专业评估委员会同意视察小组的报告，决定通过建筑学专业评估，合格有效期为6年（2000—2006年）。

2.2.2　研究生培养

1957年以前，学院主要精力放在本科生教育。1957年8月，报经高等教育部核准，由学院林钟祺教授招收工程结构方面弹塑性力学研究生2名（四年制），经考试和严格审查，最后只录取孙仁博1人，于1958年3月入学，1962年毕业。1964年10月，获教育部批准，录取了建筑热工、建筑力学研究生名1名，修业3年，指导教师分别为林钟祺教授和陈启高副教授。1978年，国家恢复研究生招生培养制度后，研究生教育发展迅速。

1. 学科建设和研究生培养

根据国家教委《关于评选高等学校重点学科的暂行办法》规定的重点学科应具备的基本条件和学院实际，学院初步拟定了学院重点建设的学科为：结构工程、岩土工程、建筑技术科学、城市规划与设计、建筑材料、建筑设计及理论、市政工程、热能工程、建筑经济与管理。

（1）重点学科

1986年，学院成立了重点学科建设领导小组，由院长卢忠政任组长，副院长刘南科任副组长。1988年，重点学科领导小组调整，由卢忠政任组长，副院长王公禄任副组长。1991年，学院进行了博士点评估工作，通过四川省教委的验收。1992年初，学院提出关于加强博士点建设的意见。1992年5月，学院再次调整了重点学科建设领导小组，由院长梁鼎森任组长，副院长祝家麟、研究生部主任李先逵任副组长。至1992年9月，学院的重点学科情况如下。

结构工程学科，学科带头人是吴惠弼教授（博士生导师）、白绍良教授（博士生导师）等4人。有教研人员37人，其中博士生导师2人，教授14人，副教授与副研究员5人。该学科主要研究方向是：钢结构现代计算理论及方法、钢筋混凝土结构理论、结构抗震理论和结构可靠度研究。1981—1992年，该学科点共获得国家级奖励2项，部、省级奖励5项；出版专著4本，译著1本，统编教材4本；发表学术论文185篇，其中在国际刊物上发表或在国际学术会议上交流20篇。招收研究生141人，其中博士生10人。

岩土工程学科，学科带头人是朱可善教授（博士生导师）、朱敬民教授（博士生导师）。学科梯队有教授5人，副教授14人，讲师11人，另有兼职博士生导师2人。该学科点主要研究方向是：岩体力学及地下结构工程、边坡工程、复杂基础工程、岩土工程施工技术与管理。1987—1992年，该学科点共完成科研项目5项，获省级以上奖励1项。发表论文64篇，其中在国际学术会议上交流15篇。期间，该学科招收博士生6人，硕士研究生39人。

建筑技术科学学科，学科带头人是陈启高教授（博士生导师）、杨光璿教授（博士生导师）。主要骨干26人（含实验人员），其中副高级职称以上18人。该学科分建筑热工、建筑光学、建筑声学、建筑构造、建筑防火5个主要研究方向。1981—1992年，完成科研课题13项，获部、委、省级奖励6项，获专利2项。期间，学科招收硕士生43名，博士生4名。1981—1992年，共发表论文255篇，有10人12次参加了国际会议。主办全国性学术会议6次，交流学术论文21篇。

城市规划与设计学科，学科带头人为黄光宇教授（博士生导师）。有教研人员30余人。下设城市规划与设计、居住区规划与住宅设计、园林景观设计、公共活动中心设计与地下空间开发利用4个研究室。1985年，成立城乡规划与设计研究所，包括城市规划、地理地貌、道路交通、市政环境工程等学科。1992年成立人类聚居与生态环境研究所。该学科主要研究方向是：山地城市规划设计理论与方法、中心城市规划与设计、风景区规划与园林设计。1982—1992年，该学科共招收博士研究生1人，硕士研究生47人。

建筑材料学科，学科带头人是蒲心诚教授（博士生导师）。该学科有教授5人，副教授、副研究员13人，高级工程师2人，讲师、工程师35人。主要研究方向为：灰砂硅酸盐混凝土及其制品、碱矿渣水泥和碱矿渣混凝土、特细砂混凝土及特细砂高质量混凝土、工业残渣利用及地方性胶结材料、纤维型复合材料、混凝土热养护理论及应用技术、建筑装饰材料及建筑功能材料等。1983—1992年，共完成科研12项，获国家级奖励1项，部、委、省、市级奖励多项，达国际先进水平3项、国内先进水平8项。这些成果中，被采用的有11项，成果转让7项。出版了专著1本，译著6本。发表学术论文100篇，其中在国际会议和国外著名刊物上交流发表14篇。1983年以来，共招收硕士研究生48名。

建筑设计及理论学科，学科带头人是唐璞、白佐民。该学科有教授8人，副教授12人，讲师、工程师18人。1983年获得硕士学位授予权。该学科主要研究方向为：公共建筑、建筑设计理论及方法、室内设计、居住建筑。1980—1992年，在国内外刊物发表论文56篇。数十项科研成果（包括各种工程任务设计和建筑竞赛设计）获部、委、省、市级奖励并被采用。出版专著8本，统编教材多本。与美国、加拿大、英国、日本、法国、德国等一些高等研究机构建立了科技合作关系。期间，共招收了硕士研究生119人。

市政工程学科，学科带头人是孙慧修、姚雨霖、龙腾锐、刘荣光。该学科有教授6人，副教授14人，高级工程师2人，讲师、工程师21人。1981年获得硕士学位授予权。1980年，成立了水处理及环境工程研究室，开展了水污染控制理论及技术、水处理中的新型滤料、水质过滤技术和过滤理论、沉淀机理和沉淀技术以及管网系统与水资源系统研究等。1983—1992年，完成科研项目14项，其中达国际水平1项，国内先进水平13项，获国家级奖项1项，部、委、省、市级奖项7项。成果被采用10项，转让5项。发表论文76篇，其中在国际会议和国外学术刊物上交流发表10篇。出版学术专著3本，译著4本，统编教材7本。期间，共招收硕士研究生52人。

热能工程学科，学科带头人是田胜元、郭文博。该学科有教授4人，副教授17人，讲师、工程师28人。1981年，该学科获得硕士学位授予权。主要研究方向是：建筑与空调的动态模拟计算与节能优化，全国气象数学模型用于建筑能耗分析的研究，提高能源有效利用率的研究，燃气燃烧理论与应用技术的研究，新型民用、工业用燃烧装置的研究，工业厂房防尘排毒的有效措施，煤的成型燃烧，煤矸石、劣质煤的燃烧及综合利用的研究。1983—1992年，共完成科研项目22项。其中达国际水平3项，国内先进水平或首创13项，获国家级奖励2项，部、委、省、市级奖励7项。被采用成果7项，转让5项。发表论文108篇，其中在国际会议和国际学术会议上交流发表5篇。期间，该学科共招收了硕士研究生51人。

建筑经济与管理学科，学科带头人是卢忠政、毛鹤琴、何万钟。该学科有教授3人，副教授12人，讲师、工程师30人。1983年获得硕士学位授予权。1983—1992年，发表论文58篇，出版专著8本，译著1本，统编教材8本。1982—1992年，共招收硕士研究生101人。

（2）研究生的培养

1982年，学院制定了《重庆建筑工程学院攻读硕士、博士学位研究生培养方案》，1987年进行了修订完善，1990年再次做了修订和补充。在导师指导下，不少研究生在校期间即取得了较好的科研与生产成果。如建筑设计及理论专业研究生汤桦在学习期间，于1984年参加"泉州图书馆设计竞赛"获全国竞赛特别奖；1985年参加日本"瓦屋顶社区活动中心"国际设计竞赛获三等奖。燃气专业研究生马祖林的"天然气低压平焰燃烧装置的研究"获1982年四川省重大科技成果三等奖，为1985年学院国家科技进步三等奖项目"低压平焰燃烧装置"中的子项。城市规划与设计专业研究生吴建川、许柏坚、蔡箭等人1986年参加"湖南株洲河西新城规划竞赛（全国）"获二等奖（第一名），并中选为实施方案。建筑材料专业研究生王绍东1988年完成的"利用工业残渣研制低熟料水泥及新型砂浆胶结材"在一年半时间内取得了3项科研成果，申请了3项专利，被四川省什邡县水泥厂等单位采用。市政工程专业研究生黄崇祥和吴起赳所完成的"新型烧岩滤池"与"新型均匀—非均匀滤料滤池"研究是学院获得国家科技进步三等奖项目"人工陶粒滤料技术（产品）的研究"的中心项目之一。施工专业研究生孙若飞研究的"钢筋混凝土电视塔开板机提换施工新工艺"获四川省科技进步三等奖。城建系研究生周琪的论文《上流式厌氧污泥床—滤层反应器处理啤酒废水的研究》，获美国海外华人环境工程师科学协会（OCEESA）优秀论文竞赛一等奖。

研究生培养过程中，学院采用如厂校科研协作，教学、科研、生产三结合培养研究生等方法。机电系在这方面率先进行了实践，取得了有益的经验。1986年，机电系与泸州市长江挖掘机厂（建设部重点厂）在互利、互助的原则下，学院相继有4名本科毕业生分配到该厂工作，同时有5名研究生在该厂顺利完成了课题论文的部件加工和实验研究并以优秀的成绩获得硕士学位。在深圳、海口的建筑师事务所，导师以教学、科研、生产三结合的方式，指导学生收集资料、接触社会、设计制图，独立承担工程项目设计任务。

2. 研究生办学规格逐步提高

1978年，学院研究生的招生工作主要由教务处科研科负责。1978年10月，科研处下设研究生科。1984年，研究生科从科研处分出，单独成立了研究生处，下设管理科、招生办公室、培养科。1988年，研究生处改名为研究生部。

研究生学科、专业与学位授权点增加。根据1980年2月第五次全国人大常委会通过的《中华人民共和国学位条例》，学院在国家四批硕士、博士点的申报中，认真地组织了学位申报工作。经国务院学位委员会批准，1981年11月3日学院6个学科专业有硕士学位授予权：结构力学、建筑历史与理论、岩土工程、结构工程、市政工程、建筑热能工程。经国务院学位委员会1984年1月13日批准，学院2个学科专业有博士学位授予权，6个学科专业有硕士学位授予权。博士授权点是：结构工程，导师吴惠弼教授。岩土工程，导师朱可善教授。硕士授权点是：建筑设计及理论、城市规划与设计、建筑技术科学、建筑材料、建筑经济与管理、工程机械。1986年，国务院学位委员会批准学院建筑技术科学博士学位授权点，陈启高教授为博士生导师；增补朱敬民教授为岩土工程博士生导师；环境工程学科有硕士学位授予权。1989年10月5日，经国务院学位委员会批准，学院再次增补博士生导师3人，新增博士生导师2人，新增硕士授权点3个。增补的博士生导师是：结构工程白绍良教授、岩土工程王钟琦教授（外单位兼职）、建筑技术科学杨光璿教授。新增博士生导师是：城市规划与设计黄光宇教授、建筑材料蒲心诚教授。新增硕士点是：环境艺术，风景园林、规划与设计和土木、水利工程施工。此时，学院共设3个博士学位授权点，2个学科可招收博士生，博士生导师8名；16个硕士学位授权点。数学、物理、化学等基础学科以及哲学等学科也都相继招收并培养了硕士研究生。1986年8月，学院获得了由国家教委批准的副教授整体审定权，1987年又获得了主要学科教授评议权。

研究生学位授予工作。1982年3月，学院学位委员会通过了《学位委员会评定章程》和《授予学位工作细则》，开始了研究生学位授予工作。第一届硕士研究生实际毕业人数为24人，考试课程总平均成绩均在80分以上。院学位委员会对研究生的政治思想、考试成绩与答辩情况逐个进行审查，正式授予相应学科硕士学位。1990年5月25日，建工系结构工程的游理华顺利通过博士学位论文答辩，成为学院培养的第一名完成学业获得博士学位的研究生。到1992年1月，学院已培养6名博士。他们是：游理华、王凯旋（建筑技术科学，导师陈启高）、肖勤学（岩土工程，导师朱敬民、朱可善）、李松（岩土工程，导师朱可善）、饶晓峰（结构工程，导师吴惠弼）、董靓（建筑热工，导师陈启高）。1978—1991年，学院共毕业研究生631人，其中博士生6人，硕士生594人，研究生班

31人。时任学位评定委员会主任为梁鼎森，副主任为祝家麟和李先逵，委员21人。

3. 研究生规模扩大，培养质量稳步提高

到1992年，学校的研究生教育已有一定规模，成为建设部研究生培养的主要基地之一。

研究生招生规模逐步扩大。1978年，按照四川省高等学校研究生招生计划，学院招生数为21名，当年实际招生28名。招生学科专业为：建筑力学、结构工程、建筑技术科学、市政工程和建筑热能工程。自1978年恢复研究生招生起至1991年止，学院共招收研究生845名，1984年起，开始招收博士学位研究生。到1991年止，3个学科招收博士研究生20名；其余825名为硕士研究生，涉及工学、理学、文学三大类的学科专业共27个。担任硕士生指导任务的有近40名教授和100多名副教授。招收研究生最多的是1987年，共招137名（其中博士生3名），涉及专业19个。经国务院学位委员会批准，学院从1987年起（属全国第二批）7个学科专业可接受在职人员以同等学历水平申请硕士学位。这些专业是：结构力学、结构工程、岩土工程、市政工程、建筑热能工程、建筑历史与理论、建筑技术科学。另外，建筑经济与管理专业因办过三届"研究生班"，根据国务院学位委员会有关规定，也可以接受在职人员申请硕士学位。为此，学院专门制定了《关于在职人员申请硕士学位的实施细则》，从1987年开展试点工作以来，陆续授予了一批在职人员硕士学位。

尝试改革研究生招生制度。1985年，学院开始接受推荐免试的应届优秀本科毕业生入学攻读硕士学位；1989年，经国家教委批准，学院作为全国第一批试点单位，开始对工作四年以上的大学本科毕业生实行研究生入学单独考试。到1992年，学校毕业研究生656人，其中博士生7人。1992年，在校研究生总数为258人，其中博士生18人。1993—1997年，博士、硕士生在校人数和授予学位人数一直在稳步上升。与"七五"相比，学校"八五"期间，博士、硕士研究生总数增长了44%。每年都超额完成国家下达的招生任务，年完成计划率接近130%。1996年，在校研究生达462人（其中博士生75人），加上研究生课程进修班40余人，学校研究生层次的在校学习人数首次超过500人。1997年，在校研究生人数又有所增加，达478人（其中博士生96人），加上研究生课程进修班39人，共计517人。

研究生招生质量明显改善。学校加大了研究生招生宣传力度，研究生生源逐年大幅增加，年平均增长率为30%。1996年，硕士生报考人数与计划招生数之比达到6∶1。本校每年上线考生在四川省均名列前茅。

研究生培养质量得到保证。1992—1993年，学校积极加强院、系两级研究生培养教育管理，先后制定了研究生学籍管理、课程管理、研究生导师遴选等方面的规章制度。重新修订了《硕士研究生培养方案》，研究生课程按二级学科设置，相应修改了《研究生课程教学大纲》。1994年1月，学校制定了《硕—博连读生选拔的暂行办法》。1995年1月，重新修订了《研究生奖学金管理的暂行办法》和《研究生兼任助教、助研、助学的暂行办法》。学校规定，研究生论文开题必须经过教研室组织论文开题报告会论证；论文写作之前要进行一定时间的调研；论文工作时间不得少于10个月，其中在校查阅资料和撰写论文的时间不得少于6个月；研究生学位论文应引用5篇以上国外有关文献资料等，以加强对论文质量的管理。学校对研究生在校期间应发表的论文数作出明确的要求，

要求硕士生在论文答辩前公开发表1篇论文，博士生在高水平学术刊物上至少发表2篇论文。为把好论文答辩与学位授予关，学校要求在正常论文评阅之外，抽查部分论文密封寄送给国内知名专家评审。除对论文做出书面评价外，要求评阅人填写"论文质量评价表"，对论文质量做出量化评价；每年根据院、系推荐和专家评议意见，评选优秀论文并给予表彰奖励。

至1997年，学校有2个学科有博士后研究人员，有5个博士学位授权点和20个硕士学位授权点（1997年研究生专业目录调整为18个硕士点）。学校的研究生培养重视基础理论，注重拓宽学生的学术视野，加强其实际工作能力和创新精神的培养。同时，学校研究生培养还注重：采取厂校联合与科研合作，共同培养研究生；结合工程实践，实行教学、科研、生产三结合培养研究生；与国外以及中国香港地区的高校合作，共同培养博士、硕士研究生，且已与加拿大曼尼托巴大学、英国里丁大学、香港理工大学合作培养了硕士、博士研究生。此外，学校还注重组织和指导研究生参与导师所承担的国家攻关课题、国家自然科学基金项目、博士点基金项目、与国外合作的科研课题以及结合重大工程实践课题的研究，促使其接触学科前沿理论和高新技术知识，以完成高水平的学位论文。

1995年5月，国家教委委托四川省教委主持西南地区管理学科和管理工程硕士点的教育质量评估，学校建筑经济与管理硕士点获A级通过。

1995年11月，学校在全国首批8所高校建筑设计及其理论硕士研究生教育质量评估中获优秀级通过。

1997年，在由国务院学位委员会和国家教委组织的学科点评估中，学校参评的建筑历史、风景园林规划与设计、环境艺术、土木水利工程施工、市政工程、供热供燃气通风及空调工程、环境工程、工程机械8个硕士点和建筑技术科学、结构工程、岩土工程3个博士点均获得通过，其中8个硕士点均为A级通过。

4. 研究生教育改革持续发展

1997—2000年是学校研究生教育发展最快、最好的时期。

培养规模继续扩大，质量进一步提高。学校研究生招生规模在1996年为164名，到2000年，招生规模增加到975名。在读研究生从1996年的462人增加到1999年的1091人（含研究生班380人），4年间增长了一倍多。1999年，学校制定了《重庆建筑大学博士生指导教师资格评审及聘任上岗实施办法》。1997年，对在读硕士、博士研究生，分别制定的《重庆建筑大学攻读硕士学位研究生培养方案》和《攻读博士学位研究生培养工作的规定》中明确规定了培养目标和培养计划、课程设置学习年限、科研及学位论文等方面的要求。在试行1997年规定的基础上，1999年，学校又明确规定，从1997级开始，研究生在校期间必须有论文发表。博士生学位论文答辩前，应在国际学术刊物或公开出版的国内本学科核心期刊上发表学术论文3篇以上；硕士研究生学位论文答辩前，应在公开出版的学术刊物或国内外学术会议论文集上发表学术论文1篇以上。在重庆市第一届优秀博士生、硕士生学位论文评选中，博士生简斌、硕士生黄磊和高旭的论文分别被评为重庆市优秀博士、硕士论文。

多渠道培养高层次人才。经国务院学位委员会批准，重庆建筑大学为首批从1997年起在国内开始招收和培养在职攻读工程硕士专业学位人员的学校。工程硕士由学校组织严格的入学考试，并有明确的培养目标。对在职攻读工程硕士专业学位的人员实行弹性学制和学分制培养，且在校不离岗。课程教学根据生源在校内或在校外的具体情况设立教学点，通过在北京、深圳等地开设工程硕士课程班，为政府机关、企事业单位培养了一批工程硕士。学校还通过硕一博连读制，对少数优秀的硕士生实行硕士学位与博士学位连续培养。

与香港理工大学联合培养研究生。从1995年开始，学校的管理学院与香港理工大学建筑及房地产学院建立了良好的合作办学关系。本项目采用国际通用的工程管理人才培养模式和教学方法，采用原版英文教材和中、英双师制英文教学，作业、论文均使用英语。1996年，双方讨论了联合培养"工程项目管理"硕士的可行性。1997年5月，双方正式签订合作协议书。经国务院学位委员会批准，1998年12月，第一期学员共38人正式入学。2001年11月，33人完成所有课程与毕业论文，获得香港理工大学"工程项目管理"硕士学位。1999年12月，第二期学员共34人入学，全部通过硕士学位论文答辩，于2002年11月赴香港理工大学参加学位授予典礼。2000年12月，第三期共39名学员入学。2001年12月，第四期共45名学员入学。2001年4月，国务院学位办委托全国学位与研究生教育发展中心高等学校与科研院所学位与研究生教育评估所对本合作项目进行了考察评估，各项指标均为优秀，获得总分90.42的高分。

2.2.3　博士后流动站

全国博士后管委会办公室于1996年以博办项〔96〕1号、2号文件批复，同意学校在"现代预应力钢筋混凝土结构体系与计算理论"和"超高强混凝土及高性能混凝土的结构及力学性态"两个项目研究过程中开展招收博士后研究人员的工作。至此，学校在博士后建设上实现了零的突破。1996年7月，学校制定了《博士后研究人员管理办法实施细则》，两个项目所在的建工学院和材料系分别组建了项目博士后指导小组。4名研究人员分别于1996年7月和1997年6月进站，开始了研究工作。

1997年4月和5月，学校结构工程学科、材料科学与工程学科获准在两个重要科研项目招收博士后研究人员。1999年2月，学校获准设立土木工程一级学科博士后科研流动站。1999年4月，获准设立建筑学一级学科博士后科研流动站。同年，市政工程、供热供燃气通风与空调工程与土木工程共建"土木工程博士后科研流动站"。

为加强对博士后研究人员的管理，1999年4月，学校制定了《重庆建筑大学博士后研究人员管理办法实施细则（试行）》，在人事处下设博士后管理办公室，负责博士后流动站的设立申报，研究人员的招收、考核、在站管理等。由学校在流动站所在学院、有关学科带头人组成博士后管理工作协调小组，负责站内的工作协调。流动站所覆盖的学院（系）协助学校负责本学院博士后研究人员的招收、管理。每位博士后研究人员配备一个导师专家小组做业务指导，其中一人为责任导师。

2.2.4　部分校友情况介绍

彭大用（1933—），男，1953年工民建专业本科毕业。国际土力学协会会员。曾任中国土木工程学会市政桥梁学术委员、中国深基础工程学会理事。曾获国家科技进步三等奖。

陈世民（1934—2015），男，1954年建筑学本科毕业。国家建筑勘察设计大师，创立香港华艺设计顾问有限公司、深圳华艺设计顾问有限公司、陈世民建筑设计事务所。

陈邦柱（1934—），男，1954年土木系本科毕业。中共十四大、十五大中央委员，第十届全国政协常委。曾任全国人大澳门特别行政区筹委会委员、全国政协人口资源环境委员会主任、湖南省省长以及国内贸易部部长。

周正一（1935—），男，1961年工民建专业本科毕业。曾任中建三局副局长兼总工程师。曾获评中建总公司推广科技成果先进个人。曾获得国家科技进步奖项三项。

张忠惠（1937—），男，1960年工民建专业本科毕业。重庆市六、七届市委委员。重庆市九届政协常委。曾任中共重庆市委统战部部长、重庆市第一届政协副主席。

谭洪光（1938—），男，1958年工民建专业本科毕业。创建云南广泰混凝土有限公司。全国行业杰出英模。获云南省混凝土行业终身成就奖，中国老科技工作者协会奖章。曾获昆明市青年红旗突击手等称号，曾获云南省科技成果二等奖、建设部科技进步奖。

杨天海（1938—），男，1959年建筑学本科毕业。全国优秀勘察设计院院长。曾任四川省建筑勘测设计院院长。曾任四川省建筑师学会顾问、四川土木建筑学会副理事长。

高永孚（1938—），男，1960年工民建专业本科毕业。天津市劳动模范、全国城建系统科技工作劳动模范、天津市优秀科技工作者、有突出贡献中青年专家。

张希黔（1939—），男，1961年工民建专业本科毕业。曾任中建三局总工程师。建设部高等教育工程管理专业评估委员会副主任委员。1990年代初期，承建亚洲第一高塔，1990年代末期，首次提出建筑施工虚拟现实技术。

张宗源（1940—），男，1961年土木系本科毕业。四川省九届、十届人大代表，曾任四川省人大常委会副主任，四川省政府秘书长、省政府办公厅党组书记、省政府党组成员。

庞永升（1941—），男，1965年混凝土及制品专业本科毕业。曾任重庆市第一建筑（集团）公司第四工程公司总工，获得国家技术进步二等奖及省部级奖多项。

程世陵（1942—），男，1964年暖通专业本科毕业。中共十五大代表。全国优秀勘察设计院院长。曾任湖南省建筑设计院院长、党委书记。

陈祥福（1942—），男，1967年建筑结构专业本科毕业。曾任全国政协委员，科技部863专家。曾任中国建筑北京设计研究院副院长兼总工程师。

马明全（1942—），男，1967年工民建专业本科毕业。曾任中建五局局长。1983—1985年曾于伊拉克担任中建总公司的一个独立总承包项目经理，被评为总公司对外开拓先进工作者。1992年被评为中建总公司先进工作者。

冯明才（1943—），男，1968年建筑学本科毕业。全国先进工作者，国家有突出贡献中青年专家，中国勘察协会建筑设计专家委员会主任，中国建筑设计行业协会专家委员会主任委员。曾任中国建筑西南设计院党委书记、院长。

李传芳（1943—），女，1967年工民建专业本科毕业。曾任深圳市副市长。在中建三局兼任深圳国贸大厦现场总指挥期间，创造了"三天一层楼"的深圳速度。曾获"世界妇女大会突出贡献奖"。

李先逵（1944—），男，1966年建筑学本科毕业，1982年建筑历史与理论硕士。曾任建设部科技司司长。曾任全国注册建筑师管理委员会副主任，中国建筑学会副理事长。

李振生（1943—），男，1984年建筑管理工程系毕业。全国劳动模范。曾任新疆维吾尔自治区建设厅党组书记、副厅长，新疆维吾尔自治区经济体制改革研究会会长。

任正非（1944—），男，1968年暖通专业本科毕业。1987年创立华为技术有限公司，公司总裁。

曾建国（1945—），男，1969年建筑学本科毕业。少将军衔，曾任中国人民解放军成都军区联勤部部长。

徐行川（1947—），男，1982年建筑学本科毕业。西南建筑设计院副总建筑师。创办成都协合行川建筑设计事务所。获全国工程勘察设计银奖，第四届世界建筑师大会中国建筑艺术奖，全国建筑师杯优秀奖。

何智亚（1947—），男，1982年建筑机械专业本科毕业。获"重庆直辖10年建设功臣"，曾任重庆市政府副秘书长，重庆渝富集团董事长等职。

屈庆麟（1950—），男，1991年建筑经济与管理硕士。曾任大型国企贵州开磷集团董事长、党委书记，入选贵州"改革开放30年最具影响力人物"。

李里丁（1950—），男，1984年建筑管理工程系毕业。曾任陕西建工集团总经济师、总经理。中国建筑业协会副会长、中国项目管理委员会副会长。

寇煜（1951—），男，1977年地下建筑专业毕业。教授、文职2级。曾任后勤工程学院地下建筑室主任。获全军教书育人银奖，军队科学技术一等奖，获国家科学进步三等奖。

曹光辉（1952—），男，1982年建筑学本科毕业。曾任重庆市环境保护局党组书记、局长，重庆市规划局党组书记、局长。

杨应楠（1952—），男，1980年工民建专业毕业。曾任云南省人大常委会常务副主任、党组副书记，第十二届全国人民代表大会代表，中共十六大代表，云南省第七届人大代表。

马怡西（1953—），男，1989年建筑设计及其理论硕士毕业。主持人民大会堂重庆厅等8个厅，中南海、北京城市副中心主要空间设计。曾获全国有成就资深室内建筑师、中国室内设计杰出成就奖、中国室内设计十大年度人物等荣誉。

徐志彪（1954—），男，1977年自动化专业毕业。曾任广东省信息产业厅厅长、党组书记，广州市委常委，广州市副市长，增城市委书记等职。

雷翔（1954—），男，1982年工民建本科毕业，1986年建筑设计及其理论硕士。全国优秀企业家。广西华蓝集团党委书记、董事长。曾任桂林市政府副市长、中国城市规划协会副会长、《规划师》主编。重庆大学广西校友会会长。

李秉奇（1954—），男，1982年建筑学本科毕业。中国当代百名建筑师。重庆市首届工程勘察设计大师。曾任重庆市设计院院长、重庆大学建筑设计院院长。

赵世明（1954—），男，1982年给水排水专业本科毕业。曾任中国建筑设计研究院有限公司总工程师。获中国水业年度人物，中国工程建设标准化年度人物。

张润全（1954—），男，1982年给水排水专业本科毕业。重庆大学广东校友会会长。远望投资有限公司创始人，现任广州市崇大房地产有限公司、佛山市顺德区伟业水处理设备制造有限公司、佛山市顺德区华涛环保水务有限公司等法人，企业年产值1.5亿元。

陈重（1954—），男，1982年暖通空调工程专业本科毕业。曾任住房和城乡建设部总工程师，建设部标准定额司、建筑市场监管司司长。

敬相海（1954—），男，1982年混凝土及制品专业本科毕业。曾任重庆市建科院院长，年产值达4亿～5亿元。重庆市劳动模范。

曾肇河（1955—），男，1982年工民建专业本科毕业。曾任中国建筑工程总公司副总经理、党组成员，曾任中国海外集团有限公司董事、副总经理、总会计师。

周琪（1955—），男，1982年给水排水专业本科毕业。曾任同济大学环境学院院长、教育部环境教指委副主任，获国家科技进步二等奖、国家教学成果二等奖。

安西印（1955—），男，1982年给水排水专业本科毕业。曾任陕西省科学技术厅副厅长，陕西省科学技术厅总工程师。

张远林（1955—），男，1982年工民建专业本科毕业，1993年建筑经济管理硕士。教授。曾任重庆市规划局党组书记、副局长。曾任重庆市委组织部副部长、老干部局局长。

洪永文（1955—），男，1982年地下建筑专业本科毕业。中国电建昆明院原副总工。获中国土木工程詹天佑奖、大禹奖、国家科技进步二等奖。

刘家琨（1956—），男，1982年建筑学专业本科毕业。中国当代百名建筑师，家琨建筑设计事务所主持建筑师。获建筑实录中国奖——最佳公共建筑奖、最佳历史保护建筑奖，中国建筑学会建筑创作奖，远东建筑奖，中国建筑艺术奖，第七届亚洲建协荣誉奖等。

肖肖（1956—），男，1982年工民建专业本科毕业。曾任中国海外发展有限公司董事局主席，中国海外宏洋集团有限公司董事局主席、中海物业集团有限公司董事局主席。

杨光（1956—），男，1982年工民建专业本科毕业。四川省勘察设计协会常务副理事长，曾任四川省住房和城乡建设厅巡视员（正厅级），住房和城乡建设厅副厅长、党组成员。

刘伯权（1956—），男，1994年结构工程博士。教授。建设部有突出贡献中青年专家。曾任西北建筑工程学院院长、长安大学副校长。获国家教学成果奖二等奖等。

刘加平（1956—），男，1998年建筑技术科学博士。中国工程院院士。2020年全国先进工作者。获2001年度国家杰出青年科学基金，作为第一完成人获国家科技进步奖二等奖。

赖明（1956—），男，1982年道路桥梁专业本科毕业。政协第十三届全国委员会常委、副秘书长、提案委员会副主任，九三学社第十四届中央委员会副主席。

唐路平（1956—），男，1982年混凝土及制品专业本科毕业。瑞典查尔莫斯理工大学教授，发明的电渗法快速测试氯离子在混凝土中的迁移系数技术方法写入了北欧标准。研制了"RAPICOR快速钢锈测试仪"并被全世界多个国家包括中国所采用。

马志武（1957—），男，1989年现代建筑理论硕士。现任十三届全国人大常委会委员，江西省十三届人大常委会副主任、民革十三届中央常委。曾任江西省交通厅、住房和城乡建设厅厅长。

徐磊（1957—），男，1982年力学专业本科毕业。教授。现任加拿大滑铁卢大学土木及环境工程系终身教授及博导。为中国、美国和加拿大冷弯薄壁型钢结构15部技术标准的主要编制人。曾获美国土木工程师协会最佳贡献奖等。

李世蓉（1957—2017），女，1982年工民建专业本科毕业。教授。1987年建筑管理专业硕士。曾任重庆市对外经济与贸易委员会副主任。英国皇家特许建造学会（CIOB）2009—2010年度的全球主席（第一位非英国籍主席和女性主席）。

高祝元（1957—），男，1982年工民建专业本科毕业。曾任祥宇建筑设计公司常务副总经理，北京中加兴业房地产有限公司总经理等。重庆大学北京校友会会长。

郝康理（1957—），男，1982年工业电气自动化专业本科毕业。曾任成都市政协副主席、党组副书记。曾任成都市委常委、成都市政府副市长等职。

许武全（1957—），男，1982年建筑机械专业本科毕业。国家有突出贡献中青年专家。曾任中联重科股份有限公司高级副总裁、总工程师等职。

石云兴（1957—），男，1982年建筑材料及制品专业本科毕业。曾任中国建筑技术中心副总工。获得省部级科技一等奖6项、二等奖5项，出版专著3部。

李杰（1957—），男，1984年结构工程专业硕士。教授。中国科学院院士，全国优秀教师。现任上海防灾救灾研究所所长。同济大学结构工程学科特聘教授。国家有突出贡献中青年专家。国家杰出青年科学基金获得者，获国家自然科学二等奖等。

叶燎原（1958—），男，1982年工民建专业本科毕业，1988年土木工程专业硕士。教授。曾任云南省政府副秘书长、办公厅党组成员，云南师范大学党委书记，昆明理工大学副校长，云南工业大学副校长。国家标准《建筑抗震设计规范》修订组成员。

宋晓勇（1958—），男，1982年工民建专业本科毕业，2005年获硕士学位。武警原四川省消防总队防火部长，获国家科技进步二等奖1项、省科技进步一等奖2项，主编国家标准2部。

詹复成（1958—），男，1982年给水排水专业本科毕业。曾任中国建筑第五工程局副局长，现任上海唯中投资集团有限公司董事长，企业年产值5亿元。

罗万申（1958—），男，1982年给水排水专业本科毕业。现任中国市政工程西南院总工程师。获詹天佑奖、住房和城乡建设部优秀工程设计一等奖。四川省有突出贡献优秀专家。

邓志光（1958—2017），男，1982年给水排水专业本科毕业。曾任中国市政工程中南院总工程师兼副院长。获国家科技进步三等奖、中国水业人物。

黄勇（1958—），男，1982年给水排水专业本科毕业，1984年市政工程研究生毕业获工学硕士学位。曾任苏州城建环保学院副院长、苏州科技大学党委副书记。建设部有突出贡献中青年专家，曾获省部级科技发明一等奖。

陈秋雄（1958—），男，1982年燃气专业本科毕业。曾任深圳市燃气集团副总裁，科技部、住房和城乡建设部、国家技术监督总局技术专家。

陈中义（1959—），男，1982年建筑学专业本科毕业。住房和城乡建设部劳动模范。全国优秀勘察设计院院长。曾任四川省建筑勘测设计院党委书记、院长。曾任四川省土木建筑学会副会长。

孟凡超（1959—），男，1982年桥梁与隧道专业本科毕业。港珠澳大桥总设计师，全国工程勘察设计大师，中国交通建设股份有限公司副总工程师。中国工程设计大师。荣获全国优秀工程设计金质奖、茅以升桥梁青年奖等。

胡洁（1960—），男，1983年建筑学本科毕业。曾在清华大学、美国伊利诺伊大学香槟分校任教。主持北京奥林匹克森林公园规划设计。曾获国际风景园林教育大会终身成就奖。

易军（1960—），男，1982年工民建专业本科毕业，1999年管理科学与工程专业硕士。中共十八大、十九大代表。全国劳动模范。曾任中国建筑工程总公司董事长、党组书记，中国建筑股份有限公司总裁，住房和城乡建设部副部长。曾获评"全国优秀项目经理"。

毛志兵（1960—），男，1982年工民建专业本科毕业。曾任中国建筑股份有限公司总工程师，兼任中国中建设计集团有限公司董事、总经理。曾获评"中国建筑功勋员工"。

张斌（1960—），男，1982年工民建专业本科毕业。曾任金马房产集团总部工程部经理。曾被评为中建总公司科技成果推广先进个人、中建四局三公司"十佳科技精英"。重庆大学上海校友会会长。

谢东海（1960—），男，1982年给水排水专业本科毕业。现任上海伟仁投资（集团）有限公司董事长，企业年产值数十亿元。上海市湖南商会第七届理事会会长。

丛刚（1960—），男，1982年建筑材料与制品专业本科毕业，1988年获得硕士研究生学位。后留校任教，教授。离校后历任重庆市住房和城乡设计委员会副主任、一级巡视员、重庆市政府参事。

林毅（1961—），男，1982年建筑学本科毕业。广东省建筑大师。曾任华艺设计顾问（深圳）有限公司总建筑师。获国家科技进步二等奖、全国优秀工程设计银质奖等。

冯远（1961—），女，1982年工民建专业本科毕业。中国建筑西南设计研究院有限公司原总工程师，全国工程勘察设计大师。中国钢结构协会常务理事。

熊中元（1961—），男，1982年给水排水专业本科毕业。现任中建西北院有限公司党委书记、董事长。全国勘察设计行业优秀企业家（院长）。获建筑设计行业发展突出贡献奖、中国建筑集团公司"劳动模范"、入选"改革开放40年·中国经济40人"。重庆大学西安校友会会长。

盛烨（1961—），女，1983年城市规划本科毕业。曾任香港华艺设计顾问（深圳）有限公司董事长，兼任中海地产集团董事、助理总裁。

卢忠远（1961—），男，1984年建材及制品专业本科毕业，1987年获硕士学位。教授，工学博士。现任西南科技大学党委常委、副校长。中国硅酸盐学会水泥分会副理事长，水泥原料与废渣利用专业委员会主任，四川省有突出贡献优秀专家。

张琨（1962—），男，1982年工民建专业本科毕业。中建三局党委常委、董事、副总经理、总工程师，全国五一劳动奖章获得者。曾获得国家科学技术进步奖二等奖4项等。

李颜强（1962—），男，1982年城市燃气工程专业本科毕业。现任中国市政工程华北院总工程师，住房和城乡建设部燃气标准化技术委员会副主任。

蒲云（1962—），男，1982年数学专业本科毕业，1987年运筹学与控制论专业硕士。西南交通大学党委常委、副校长，教授、博士生导师。四川省有突出贡献优秀专家。曾获得重庆市科技进步一等奖、交运学会科技进步一等奖、四川省优秀教学成果二等奖等奖项。

赵新炎（1962—），男，1985年建筑材料及制品专业本科毕业。现任国家电力投资集团有限公司专家委员会委员。曾任中国电力国际发展有限公司副总裁、中国电力新能源发展有限公司执行董事，国家核电技术有限公司资本运营总监。

许重光（1962—），男，1983年城市规划专业本科毕业。深圳华侨城创新研究院有限公司总经理，华侨城股份总规划师，华侨城创新研究院院长。曾任深圳市政府副秘书长。

朱荣远（1962—），男，1983年城市规划专业本科毕业。中国城市规划设计研究院副总规划师。主持的深圳市城市总体规划等获全国优秀城乡规划设计奖一等奖。

潘云钢（1962—），男，1983年暖通专业本科毕业。现任中国建筑设计院有限公司总工程师，获国家科学技术进步奖二等奖，获全国优秀勘察设计金奖。

陈跃中（1962—），男，1984年城市规划专业本科毕业。易兰（北京）规划设计股份有限公司创始人。曾获联合国人居环境奖、国家优秀工程勘察设计奖、美国景观师协会奖等。

赵燕菁（1962—），男，1984年城市规划专业本科毕业。曾任厦门市规划局局长、中国城市规划设计研究院副总规划师。参研国家科委"中国城市化道路"等重要课题。

冯越强（1962—），男，1984年城市规划专业本科毕业。深圳市首届工程勘察设计大师。深圳市首届杰出建筑师。著名设计企业AUBE欧博设计创始人。

郭汝艳（1962—），女，1984年给水排水专业本科毕业。现任中国建筑设计研究院有限公司总工程师。负责国家体育场、首都博物馆等设计，获国家设计金奖。

高建（1962—），男，教授，1987年建筑管理工程系硕士毕业。曾任清华大学经管学院党委书记。入选教育部"新世纪优秀人才计划"。曾获国家级教学成果奖一等奖。

任波（1962—），男，1999年管理科学与工程专业硕士，2006年博士。教授。现任重庆城市管理职业学院党委书记。

乔明佳（1962—），男，1984年建筑机械专业本科毕业。重庆市住房和城乡建设委员会主任。曾任重庆市合川区区长、重庆市合川区委书记等职。

徐永强（1962—），男，1989年建筑设备安装专业本科毕业。中国核工业第五建设有限公司董事长、党委书记。

李国强（1963—），男，1985年结构工程硕士。教授。曾任同济大学副校长，国家杰出青年科学基金获得者，比利时皇家科学与艺术学院外籍院士。

黄霞（1963—），女，1982年给水排水专业本科毕业。长江学者特聘教授，国家杰出青年基金获得者。现任清华大学环境模拟与污染控制国家重点联合实验室主任，FESE学术期刊执行主编。获国家科技进步二等奖2项、中国环境科学学会首届青年科技奖。

钟勇（1963—），男，1984年暖通专业本科毕业。1998年创立重庆万德冷气公司，企业年产值超5亿元。

张宽（1963—），男，1984年暖通专业本科毕业。现任中建集团巡视组组长。曾任中建西南院党委书记、中建西南院总经理。第一届、第二届四川省委决策咨询委员会委员。

董明（1963—），男，1983年、1989年建筑学本科、硕士毕业。中国当代百名建筑师，贵州省设计大师，贵州省建筑设计研究院有限责任公司总建筑师。

赵元超（1963—），男，1985年建筑学专业本科毕业，1988年建筑设计及其理论硕士。中国建筑西北院总建筑师。全国劳动模范。中国当代百名建筑师，全国工程勘察设计大师，全国优秀科技工作者。中国建筑协会常务理事。曾获全国优秀工程勘察设计银质奖。

卢凯（1963—），男，1985年给水排水专业本科毕业，1991年获工学硕士学位。现任西安市人大常委会副主任。曾任西安市委常委、副市长。

蔡永太（1963—），男，1985年建筑材料与制品专业本科毕业，1988年获硕士学位。现任有逾50家子公司、总资产近40亿元的多元化科技企业垒知集团董事长。重庆大学厦门校友会会长。

李彦（1963—），男，1985年建筑材料及制品专业本科毕业。现任四川外国语大学党委常委、副校长，在武隆县任职期间，组织申报成功"武隆喀斯特"为世界自然遗产。

李明（1963—），男，1986年工民建专业本科毕业，1993年获结构工程硕士学位。重庆城投集团党委书记、董事长，曾任重庆合川市副市长、重庆市住房和城乡建设委员会副主任。

孙道胜（1963—），男，1986年建筑材料及制品专业本科毕业。工学博士。现任安徽建筑大学党委书记，教授，获国家科技进步二等奖、国家级教学成果二等奖等。

章兴泉（1963—），男，1986年建筑学专业本科毕业。先后任英国施特莱斯大学研究员、新加坡国立大学教授。联合国人居署城市经济与金融局局长、城市经济与社会发展局局长。

姚润明（1963—），女，1986年暖通专业本科毕业。英国雷丁大学教授，国家海外高层次人才计划专家。现任教育部国际联合实验室主任，国际期刊JBE联合主编。获国家科技进步二等奖、国家教学成果二等奖。

熊衍仁（1963— ），男，1987年燃气专业本科毕业。现任中国建设科技集团股份有限公司监事会主席。曾任亚太建设科技信息研究院有限公司党委书记、董事长。

施进发（1963— ），男，1987年建筑机械专业本科毕业，1990年硕士毕业。华北水利水电大学副校长（正校级），百千万人才工程国家级人选，曾任郑州航空工业管理学院院长。

罗隽（1963— ），男，1988年建筑学硕士毕业。中国建筑技术集团有限公司总建筑师，北京首都国际机场T3航站楼设计方案获国际竞赛第一名。曾获"国际建筑奖"。

张协奎（1963— ），男，1989年建筑管理工程系硕士毕业。教授。建设部劳动模范。曾任湖南城建高等专科学校校长，广西建设厅副厅长。曾获国家教学成果奖。

吴小宾（1963— ），男，1989年结构工程专业硕士。现任中国建筑西南院总工程师。获得四川省勘察设计大师荣誉称号。获得省部级、行业协会优秀设计奖28项。

王颂秋（1963— ），男，1991年供热供燃气通风空调工程专业硕士。现任重庆燃气集团股份有限公司董事长、党委书记，兼任中国城市燃气协会副理事长。

程志毅（1963— ），男，1998年工程项目管理专业硕士入学。现任重庆市江津区区委书记。曾获评"全国优秀县委书记"。

田文（1964— ），男，1984年地下工程专业本科毕业，岩土工程专业硕士。四川省自然资源厅副厅长、党组副书记（正厅级），曾任四川省住房和城乡建设厅副厅长，四川省乐山市常务副市长、市委副书记。

戎向阳（1964— ），男，1984年供热与通风专业本科毕业。现任中国建筑西南院暖通总工程师。四川省工程设计大师。获国家科技进步二等奖。

苏晓河（1964— ），男，1985年建筑学专业本科毕业。现为雅克设计有限公司副总裁兼杭州分公司总经理，世界华人建筑师协会理事会秘书长，中国建筑学会浙江省建筑师分会常务理事，重庆大学浙江省校友会会长。

李纯（1964— ），女，1986年建筑学专业本科毕业。四川省土木建筑学会理事长，四川省建筑设计研究院有限公司董事长、总经理。

黄捷（1964— ），男，1986年建筑学专业本科毕业。广东省工程勘察设计大师。北京市建筑设计研究院有限公司粤港澳大湾区创新中心主任，总建筑师。

侯百镇（1964— ），男，1986年建筑学专业本科毕业，1989年现代建筑理论硕士。是全国第一家甲级城市规划民营企业——雅克设计有限公司创始人、董事长。

徐锋（1964— ），男，1985年城市规划专业本科毕业。云南省设计院集团总建筑师。云南省工程勘察设计大师，中国当代百名建筑师。

谭良良（1964— ），男，1986年给水排水专业本科毕业。现任广西壮族自治区农垦工委副书记、总经理，企业年产值167亿元。全国劳动模范。获五一劳动奖章。

杨瑛（1964—），男，1987年城市规划专业本科毕业，2004年重庆大学建筑设计及其理论博士。中国当代百名建筑师，全国工程勘察设计大师，全国建设系统劳动模范。中国建筑首席大师（勘察设计）。获亚洲建协荣誉奖、全国优秀工程勘察设计银质奖等。

刘静波（1964—），男，1987年城市燃气专业本科毕业。现任广州燃气集团有限公司党委书记。

陈颖（1965—），男，1984年地下建筑结构专业本科毕业。中建方程投资发展集团有限公司党委书记、董事长，曾任中建七局总经理、董事长、党委书记。

李彦春（1965—），男，1985年给水排水专业本科毕业，1988年硕士毕业。现任中交集团西南区域总部党工委书记。曾任中国市政工程西南院党委书记、董事长。获评全国优秀企业家。

卢国建（1965—），男，1985年建筑材料及制品专业本科毕业。现任应急管理部四川消防研究所副所长、研究员。全国消标委防火材料分技术委员会主任委员，主持完成科技部国家基础平台项目《中国材料及组件火灾特性国家基础数据库研究》等多个项目。获省部级一等奖2项，二等奖4项，华夏奖1项。

马义俊（1965—），男，1986年工民建专业本科毕业。现任中国建筑第四工程局有限公司党委副书记、总经理，曾任中建钢构有限公司总经理、党委副书记。

陈建平（1965—），男，1986年建筑学专业本科毕业。曾常驻中国几内亚比绍、印度、美国、德国大使馆并主持馆舍建设。著有《乡村营造》，译有《赖特建筑作品与导游》等。

邱小勇（1965—），男，1987年建筑学专业本科毕业。中国建筑西南院总建筑师，主要作品有成都天府国际机场、青岛胶东国际机场、重庆江北T3A航站楼等。

王立秋（1965—），男，1987年建筑工程管理专业本科毕业。现任中国城市规划设计研究院党委书记。组织编写了中华人民共和国第一部职业分类大典（建设行业部分）。

张宝兰（1965—），女，1987年建筑材料及制品专业本科毕业。现任科之杰集团总工。在中交港珠澳大桥岛隧项目建设中，荣立"个人一等功""集体一等功"。

徐坤（1966—）男，1989年建筑材料及制品专业本科毕业。中建科工集团有限公司总工程师。获国家科技进步奖一等奖及省部级奖多项。

史春海（1966—），男，1992年给水排水专业本科毕业。现任中国市政工程西北院党委书记、董事长。入选甘肃省领军人才。获评中国水业人物——工程与技术贡献奖。

郭佳（1966—），女，1988年给水排水专业本科毕业，1991年硕士。现任新地环境科技有限公司总经理。公司年产值超过1.1亿元。

郑学选（1966—），男，1989年工民建专业本科毕业。中共十七大代表。全国劳动模范。现任中国建筑集团有限公司董事长、党组书记。

颜建国（1966—），男，1989年工民建专业本科毕业。中海地产集团董事长、总经理，中海宏洋、中海物业董事局主席及非执行董事。

　　梁军林（1966—），男，1987年建筑材料及制品专业本科毕业，1990年硕士毕业。工学博士。现任广西交通职业技术学院路桥科技产业学院院长。曾获国家科技进步一等奖。

　　张大玉（1966—），男，1995年风景园林硕士。现任北京建筑大学校长，兼任教育部建筑类教学指导委员会委员/风景园林专业教学指导委员会副主任委员、住房和城乡建设部科技委城市设计专业委员会副主任委员、中国建筑学会城市设计分会副主任委员。

　　周宏文（1967—），男，1987年工民建专业本科毕业。贵州省住房和城乡建设厅党组书记、厅长，曾任贵州省建筑设计研究院院长。

　　孙英（1967—），女，1989年建筑学专业本科毕业。中国建设科技有限公司董事、党委副书记、总经理，曾任中国建筑标准设计研究院有限公司党委书记、董事长、总经理。

　　王韬（1967—），男，1989年环境工程专业本科毕业。现任江苏浩森建筑设计有限公司董事长，2020年企业产值4.6亿元。

　　关永霭（1967—），男，1990年燃气工程专业本科毕业。现任广东佛山市铭晖燃气科技有限公司董事长，企业年产值10亿元。重庆大学佛山校友会会长。

　　许洪斌（1967—），男，1989年起重运输与工程机械专业本科毕业。教授。重庆市科学技术委员会主任。曾任重庆理工大学副校长、重庆文理学院院长等职。

　　刘加平（1967—），男，1990年建筑材料及制品专业本科毕业。工学博士。中国工程院院士。现任东南大学教授，国家重点实验室主任。获国家杰出青年基金资助，入选长江学者特聘教授，获国家技术发明二等奖、科技进步二等奖共5项。获全国五一劳动奖章。

　　黄武英（1968—），男，1989年给水排水专业本科毕业，1992年硕士毕业。现任深圳市大沙河建设投资有限公司董事长。企业年产值2.5亿元。

　　吴松（1968—），男，1991年建筑材料及制品专业本科毕业。现任重庆科技学院党委常委、副校长。曾任重庆水利电力职业技术学院党委副书记、校长。

　　徐卫（1968—），男，1997年建筑与设计理论硕士。四川省建筑设计研究院有限公司总建筑师，入选中国当代百名建筑师。

　　高杨（1969—），女，1991年城市规划专业本科毕业。贵阳市自然资源和规划局党委书记、一级调研员。曾获评全国优秀规划工作者。

　　刘军（1969—），男，1991年风景园林专业本科毕业。天津城投集团副总经理。兼任中国建筑学会副理事长、中国勘察设计协会建筑设计分会副会长。国家有突出贡献中青年专家，入选国家百千万人才工程和中国当代百名建筑师。

　　戴明（1969—），男，1991年工民建专业本科毕业，2010年项目管理硕士毕业。现任重庆市长寿区委副书记、区长，历任重庆市发改委副主任、潼南区副区长。

　　况力（1969—），男，1991年环境工程专业本科毕业。现任重庆港力环保股份有限公司董事长，年产值1.1亿元。重庆市环保产业协会副会长。

杨江金（1969— ），男，1991年建筑材料与制品专业本科毕业。现任常州市建科院院长，主持完成京沪高铁新材料工程应用、京杭大运河改造工程检测等多个项目。

毕金初（1969— ），男，1991年社科系本科毕业。现任中国科技大学党委副书记、纪委书记。曾任中科院人事教育局四级高管、监察审计局四级高管、监督与审计局四级高管，中科院巡视办专职副主任。

温海成（1969— ），男，1999年管理科学与工程专业硕士毕业。现任中国房地产业协会副会长，曾任中国远洋集团控股有限公司执行董事、执行总裁。

顾磊（1970— ），男，1991年工民建专业本科毕业。中建科工集团首席结构工程师。获国家科技进步一等奖、华夏科学技术一等奖、詹天佑土木工程奖、IABSE国际杰出工程奖。

彭志辉（1970— ），男，1991年建筑材料及制品专业本科毕业。现任重庆市发改委党组成员，重庆市公共资源交易监督管理局党组书记、局长。

赵沨（1970— ），男，1992年工民建专业本科毕业。富力集团决策委员会成员、富力集团副总裁兼海南区域董事长。重庆大学海南校友会会长、海南省房地产业协会执行会长、阿拉善SEE自贸岛项目中心主席。

应宪（1970— ），男，1992年给水排水专业本科毕业。现任深圳市越众投资控股股份有限公司董事长。先后捐赠近亿元，入选"2019福布斯中国慈善榜"。

王胜军（1970— ），男，1993年环境工程专业本科毕业，1996年获工学硕士学位。现任住房和城乡建设部住房改革与发展司司长。

谭铭卓（1970— ），男，1994年环境工程专业本科毕业。同济大学兼职教授。现任广东慧信环保有限公司董事长，公司年产值8亿元。广东省民营企业合作交流协会会长。

文兵（1970— ），男，1994年建筑学专业本科毕业。曾任中国建设科技有限公司党委副书记、董事、总经理，中国建设科技集团股份有限公司党委副书记、董事长。

汪夔万（1971— ），男，1992年建筑学专业本科毕业，1999年建筑学硕士毕业，2006年重庆大学城乡规划专业博士毕业。重庆市政府副秘书长。曾任重庆市北碚区区委书记。

白云（1971— ），男，1993年建筑材料及制品专业本科毕业。现任伦敦大学学院土木、环境和测绘系建筑材料讲席教授，伦敦大学学院先进和创新材料中心主任。

黄建兵（1971— ），男，1994年起重运输与工程机械专业本科毕业。中联重科股份有限公司助理总裁。获国家科技进步二等奖、机械工业科学技术进步一等奖等奖项。

尹清辽（1971— ），男，1994年起重运输与工程机械专业本科毕业，1997年经济与管理专业硕士。陕西省委副秘书长、军民融合办常务副主任。

郝挺宇（1972— ），男，1993年建筑材料及制品专业本科毕业，1996年获硕士学位。工学博士。现任中冶建筑研究总院有限公司总工，负责京沪高速铁路南段建设、远海岛礁建设等国家重大项目技术支持。获省部级二等奖3项，中国专利优秀奖1项。

李昕成（1972—），男，1994年建筑材料及制品专业本科毕业。全国劳动模范。现任云南省建设投资控股集团副总工程师兼云南省建筑科学研究院院长。

余颖（1972—），男，1997年建筑设计及其理论硕士毕业，2002年城乡规划博士毕业。重庆市规划和自然资源局党组成员、总规划师。中国城市规划协会副会长，入选新世纪百千万人才工程国家级人选，并被授予"有突出贡献中青年专家"。

吴江涛（1973—），男，1995年城市燃气工程专业本科毕业。西安交通大学特聘教授，教育部新世纪优秀人才。获得国家科技进步二等奖、霍英东青年教师基金。

陈勇（1974—），男，1996年供热通风与空调工程专业本科毕业。现任中国建筑西南设计研究院有限公司总经理、党委副书记。四川省建筑业协会副会长。

丁维民（1974—），男，1996年给水排水专业本科毕业。现任国家电投广西核电有限公司党委书记、董事长。

王学军（1974—），男，1997年城市燃气专业本科毕业。现任中国石油天然气管道工程有限公司总经理，世界燃气联盟（IGU）输气委员会专家。曾获"鲁班奖"。

郑理慎（1974—），男，1998年给水排水专业本科毕业。现任南方环保生物科技有限公司董事长，企业年产值3.2亿元。

刘艺（1974—），男，1992年风景园林专业本科毕业，2000年重庆大学建筑学硕士毕业。中国建筑西南设计研究院总建筑师，作品有成都天府国际机场、西藏博物馆新馆等。

蒋正武（1974—），男，1997年建筑材料及制品专业本科毕业。教授、博士生导师，现任同济大学材料学院副院长。获得国家技术发明二等奖等。

龚俊（1975—），男，1997年建筑学本科毕业。2003年创立上海霍普建筑设计事务所股份有限公司，于2021年创业板上市。曾获CIHAF中国青年建筑师年度贡献奖。

庄勇（1976—），男，2000年国际企业管理专业本科毕业。现任中国海外宏洋集团董事局主席、执行董事。沈阳市人大代表。

李宇鹏（1977—），女，1998年工业与民用建筑专业本科毕业，2001年重庆大学力学工程专业硕士毕业，2005年美国圣路易斯华盛顿大学结构工程理学博士毕业。二级教授。现任沈阳建筑大学副校长。入选国家级特聘专家、国家级引进人才计划。

陈日飙（1977—），男，2000年建筑学专业本科毕业，2003年建筑历史与理论硕士毕业。香港华艺设计顾问（深圳）有限公司总经理。曾获"深圳市十佳青年建筑师"等称号。

苏亚武（1977—），男，2000年工民建专业本科毕业。全国劳动模范。获得全国五一劳动奖章。中建八局信息化管理部总经理、中建八局天津分公司副经理兼项目经理。

周圣（1978—），男，1999年建筑工程管理专业本科毕业，2013年获硕士学位。现任中建阿尔及利亚公司董事长兼总经理、党工委书记。曾获评"全国建筑业企业优秀项目经理"。

谭倩（1981—），女，环境工程专业1999级本科生。广东工业大学教授，国家杰出青年基金获得者。曾获美国大学妇女联合会国际奖、加拿大大学妇女联合会最高奖。

2.3 科学研究

2.3.1 1952—1992年的科学研究

从学院成立到1954年上半年，学院教学改革任务重，只有少数教师进行一些课题研究。1954年下半年，科研工作列入学院工作日程，要求教师面向教学、面向生产，积极开展科学研究。1956年，党中央发出"向科学进军"的号召后，学院科研进入展开阶段，科研选题扩大，研究水平提高。

1. 科研工作逐步展开

这一时期，有少数教师结合生产建设需要和原有的研究基础进行研究工作。1954年，李川河副教务长在长春第一汽车制造厂工地工作期间，提出塔式起重机转弯装置的设计方案，使起重机能围绕建筑物运行，变一个施工面为四个施工面，扩大了工作范围，提高了生产能力。1955年7月，其论文在《工程建设》上发表，并被编入施工教材。1955年1月在武汉全国土木工程学会第二次全国委员会代表大会上宣读了胡树楫教授撰写的关于地基基础中《单桩荷重力之研究》的论文。叶仲玑副教授1954年参加武汉长江大桥美术设计方案竞赛，获武汉大桥工程局颁发的甲等奖。

1954年下半年，西南区高等学校教学经验交流会后，科研工作列入了学院工作日程。明确规定教师"必须积极开展科学研究"。学院科研工作的方针应该"面向教学，面向生产"。1955年，全院选定科研项目49项，这些项目中，专题研究15项、专题报告25项、教材编译4项、其他5项。承担科研任务的教师44人，占当时教师总数的27%。

1956年，党中央召开知识分子工作会议，提出"向科学进军"的号召，极大地调动了广大知识分子从事科学研究的积极性。1957年2月，院党委作出关于进一步开展科学研究的决议，确定由党委书记主管科研工作。学院要求在1956年已进行了科研的教师和虽未进行科研但已掌握教材、胜任教学工作的教师，尽快成为1957年和今后科研工作的骨干。1956年学院承担的科研项目有39个，其中属理论研究的13项、实用性研究的9项、教材编写4项、专题研究13项。这些项目中有关土建方面的14项，占全部课题的36%，14个项目中有7个被列为重大课题。1957年1月，学院科研选题46项，其中有全国重要科学技术任务书中建筑类课题7项，建工部提出的科学技术问题9项，教师自选课题19项，教材编写11项。参加科研选题的教师58人，形成了一支科研骨干队伍。1957年初，学院科研工作的深度继续扩展，选题范围进一步扩大。1957年2月，学院第一期《重庆建筑工程学院学报》问世。同年4月，学院召开了第一次科学讨论会，进一步动员全院教师积极开展科学研究工作。

2. 开展科研，提高学术水平

1958年后，学院在建筑设计、建筑物理、建筑结构、建筑施工、建筑材料等方面取得了一批研究成果。20世纪60年代，地下建筑研究方面成为学院科研的主要方面，并在建筑物理、天然溶洞稳定性的评价和利用等新学科的研究方面处于国内领先地位。

（1）群众性的科研活动

1958年5月召开的中国共产党八届二次会议提出了技术革命的任务。学院与全国所有高校一样，迅速掀起了大搞科研的热潮。

1958年，全院参加科研的教师171人，占教师总数的45%。共完成205项科研任务。1959年参加科研的教师有178人，占教师总数的65%。完成228项科研任务，其中属于基础理论的56项，属于生产技术方面的169项，并正式将编写教材列入科研任务。1958—1959年的科研工作，由量到质逐步提高。但是，这个时期科研工作的组织管理不严，真正经过鉴定或在学术刊物上发表的科研成果并不多。

1959年，学院遵照重庆市委关于大力开展技术革命运动的指示，组织了技术推广工作，开展了"双革"（技术革新、技术革命）运动。1960年2月，重庆市委工业部成立基建系统"双革"领导小组，由学院主要负责。抽调数10名教师和200多名高年级学生，协助全市20多个单位整理技术资料，进行技术总结，编辑出版重要科研成果汇编。

1960年上半年，学院承担了国家、省、市下达的科研任务74项（其中本院负责23项，协作51项），取得了一定成绩。

1960年下半年，由于经济形势的影响，学院的科研工作实际已放慢了步子。科研工作实际进入了调整阶段。调整期间，优先安排由学院负责，并拨了专款的国家任务。无经费来源的项目，不再列入计划。

（2）科学工作的发展

1959年初，学院制定了1959—1962年科学研究规划，提出了"在建筑科学领域内，建立起几个具有一定科学水平和特点的建筑科学研究基地，并在此基础上，攀登世界科学技术顶峰"的目标，把建筑施工、利用地方性建筑材料、新型建筑结构、建筑设计标准化、城市和人民公社规划、建筑物理、通风降温、给水排水及基础理论等与专业紧密结合的研究作为科研的发展方向，学院科研工作开始走上稳步发展的道路。

1）科研管理及研究机构的建立

1958年8月，学院成立了科学研究生产部，由院长助理牛富海任主任，副教务长李川河任副主任。

1959年6月，院党委提出《改进科学研究的组织领导的方案》。规定教研组是开展科学研究的基本单位，全院的科研工作由院长领导，成立科学研究委员会。当月，又成立了科学研究处，由教务长乐怡然兼任第一处长。另成立生产办公室，由牛富海兼任主任。同时，再次调整了院科学研究委员会，由乐怡然兼任主任委员，刘泰琛、韩慰农任副主任委员。

1958年2月，建工部建筑科学研究院汪之力院长和苏联专家巴格丹诺夫顾问来我院，与学院商议进行科研合作试点。双方一致同意成立4个科学研究小组，工作人员10～15人，列入建研院编制，受两院双重领导。1958年5月13日，这4个研究小组正式成立：建筑理论及历史研究组，主任辜其一；建筑材料研究组，主任杨玉；建筑结构研究组，主任林钟祺；建筑物理研究组，主任戴学炽。1959年，上述小组扩大为室，还增设了给水排水研究室。1960年1月，研究机构发展为5所4室，即建筑力学研究所、建筑结构研究所、建筑物理研究所、建筑材料研究所、给水排水研究所，建筑历史及理论研究室、施工研究室、供热供煤气研究室、建筑设计及城乡规划研究室。

1961年10月，院务委员会决定调整研究机构。撤销科研处，在教务处下设科研科。5个研究所全部下放到系，由各系直接领导；4个研究室仅保留名称，工作合并到有关教研组，由教研组主任统一领导。

1962年1月8日，学院召开科学工作会，总结1961年科研工作。进一步明确科研在学校中的地位和作用，正确处理教学与科研的关系，建立正常的科研秩序。1962年、1963年，学院的科研任务基本控制在每年20余项，均为部、省、市下达的科研任务。

2）主要科研成果

教育革命期间科研的选题十分重视与生产建设相结合。3年共完成科研633项。

建筑物理方面开创性的研究。经东北工学院苏联专家培养，年轻助教陈启高自编讲义、自制仪器，于1956年首次开设《建筑物理》课程。1957年建筑物理教研组建立，次年设立研究室。该室多次对重庆地区工业与民用建筑进行热工测定，对重庆各影剧院进行音响效果的实测与研究，完成了一批科研论文，如《我国南方建筑外围护结构的经济选择》《超小型导热系数测定仪》《关于清晰度的函数》《有自然通风居住房屋夏季建筑热工设计和设计规程的意见》等，对在国内开展建筑物理科学的研究产生了一定的影响。为适应设计需要和长远发展的要求，建工部委托学院举办了一期建筑物理学习班。该班由建筑系、建筑物理研究组、建筑物理实验室和建筑技术教研组主办，陈启高主讲。学习期限一年。1961年5月20—23日，由建工部建研院与学院联合主持的全国"天然采光"专题座谈会在重庆召开，会议通过了"建筑光气候观测暂行规定"，建立了全国光气候观测网，制定了"光照标准研究"的协调计划。20世纪60年代中期，学院科研继续在南方热工、通风降温、建筑声学、光学方面有所发展，形成了学院科研的一大特色。

建筑历史及理论方面的研究。从1957年起，学院开展了成渝路沿线各县民间住宅的调查，研究西南地区的民间建筑。该项目负责人为建筑系教授辜其一、副教授叶启燊。1958年，辜其一还负责领导组织中国建筑史四川建筑史方面古代和近代史的编写工作。先后完成《敦煌石窟宋初窟檐及北魏洞内斗拱述略》《四川唐代摩岩反映建筑形式研究》和《麦积山石窟檐纪略》等论文。

轻质膨胀大砖和页岩砖等的试制与生产。轻质膨胀大砖由青年教师徐思淑、蒋聚桂、许家珍等人研制，用于修建江陵机器厂五号车间。1959年，又进行了采用重庆地区藏量极为丰富的页岩为原料制造页岩砖的试验。1959年11月，学院建立中试车间，试生产了5万余匹小红砖用于本院自营基建，效果与红砖相同。1960年，重庆石棉厂建页岩砖生产车间进行工业性试生产，参加当年市、省科技先代会并获奖章。1963年，由重庆市建委、科委组织了鉴定，此项技术被列为重庆市技术革新成果之一。页岩砖于1974年经国家科委鉴定合格后推广，逐渐代替传统黏土砖而广泛使用。

建筑结构和施工方法的研究。1959年7月和1960年5月，学院分别设计了重庆山城宽银幕电影院和某军医大学礼堂并参与了施工。宽银幕电影院是当时四川省内最早建成的宽银幕电影院，参加设计的有黄忠恕、周人忠、吴德基、秦文钺、王仪民、陆有君、马韵儒、牛绍仁、丁于钧、卢忠政及建筑系1959届毕业设计小组梁鼎森等9位同学。1990年被评为"重庆市建国四十周年十大建筑"之一。

细砂混凝土的研究。从1958年起，杨珏副教授开始研究细砂混凝土并于当年取得成果。这是当时学院向部、省上报的重大科研项目之一。后来经不断研究完善，1978年获得四川省科学大会奖和重庆市科技重大成果奖。

（3）学术讨论与交流

1957—1964年，学院先后举行了5次科学讨论会。1957年4月26—29日，学院举办首次科学讨论会，邀请40个单位308位来宾参加，交流学术论文71篇。1960年1月15—17日，学院召开了第二次科学讨论会，邀请44个单位110名代表参加。大会收到论文共计83篇。18日还组织了施工和建筑物理两个方面的专题科学技术报告会。会议期间，学院与31个单位订立了协作合同。会后立即掀起了第二次科研热潮。第三次科学讨论会于1960年10月2日校庆八周年纪念日举行，会期3天。邀请了有关单位20家，共40位代表参加，收到论文73篇。第四次科学讨论会于1962年10月2日校庆十周年庆祝活动期间召开。在科研方面，从1958年以来学院共完成科研任务594项，每年都承担了国家重点科研任务，在全国性学术会议和学术刊物上发表论文51篇。第五次科学讨论会于1964年10月3日召开，收到论文67篇。印发了《重庆建筑工程学院第五次科学讨论会文摘汇编》，其中青年教师的论文占60%。

小型学术报告会。小型学术报告会是在教学、科研、生产三结合的群众运动中，于1959年下半年出现的一种学术交流的新形式。仅11月和12月，各系就举办小型学术报告会上百次，定题、定人、定时间的报告有240多篇。小型学术报告会的出现，为1959年、1960年的科学研究带来了新的气象。

3. 多学科的应用性科研成果

1964年3月，院党委拟定《关于科学技术工作的意见》，指出与全国先进水平相比，学院科研学术水平尚有一定差距。

（1）科学工作的复苏

科研机构的恢复和科研计划的调整。1963年8月，学院重建了建筑设计部，由乐怡然兼任主任，黄忠恕、秦文钺、赵玉龙兼任副主任。1964年3月，院务委员会通过《关于加强科学技术工作的决定》，成立院学术委员会。学院要求各系应有一名系主任主管科学技术工作，采取措施保证国家下达的科研项目尽快上马并按时完成（1964年国家下达给学院的科研任务中有11个负责项目，57个参加项目）。调整充实研究机构，建立全院科技情报网。调整中并入教务处的科研科改为科学技术科。重新建立院科学研究所，下设洞库结构与施工技术、建筑物理、建筑历史与理论、废水处理4个研究室和石膏建筑制品和测试技术2个研究组。1964年，《重庆建筑工程学院学报》恢复出版。

1965年的科研计划主要从西南地区特点和三线建设需要出发，确定了以地下建筑研究、城市污水灌溉、混凝土结构的研究等10个大项为科研主攻方向，并以地下建筑为主。

1965年7月，学院与建工部建筑科学研究院合办的建筑理论及历史研究室重庆分室因建研院机构调整而撤销。

科技情报工作。科技情报工作始于1958年的大办档案资料运动。1959年科研处设情报科，各系设情报组，各研究所（室）设兼职情报员。1961年为贯彻《科技十四条》，建立了院科技情报小组，归属科研科。1964年，学院成立技术档案室，进一步加强了科技情报工作，整理出科技情报资料16700份，编写出卡片7800张，重新审定了密级。建立了资料管理、借览、收集、交流的制度，将主要科研成果汇编成科研文摘。

科研成果的鉴定和申报。在院学术委员会领导下，从1963年底至1964年5月，共清理出历年研究项目659项。由研究人员写出内容简介，整理后编印成《重庆建筑工程学院科学技术研究成果内容简介10编》，出版了第一辑。成果的鉴定由学院学术委员会聘请专家进行。1958年以后，学院的一些较重大的研究成果都是在1964年经学院鉴定后上报并发表在国家科委主编的《科研成果公报》上。

纪念性建筑设计。1963年1月，中国建筑学会发出举行《古巴吉隆滩胜利纪念性建筑国际设计竞赛选择出国方案评选活动的通知》，由全国著名建筑家、雕塑家和美术家组成评审委员会。学院参加这次活动以建筑系为主。党委在院内提出的48个方案中审定了2个重点方案上报。中国建筑学会8月6日从各地选出方案30个，经国务院外办审查，决定选送其中20个方案出国。在20个出国方案中，学院青年教师卢小荻的"光辉的胜利——加勒比海的灯塔"（方案编号20）名列第五。

建筑系的系主任叶仲玑副教授在"文化大革命"前曾撰写了《对重庆三大型民用建筑实例的初步分析》《人民公社谷物烘房的设计探讨》，编写了《中国建筑营造法》《医院建筑设计》《公共住宅的平面及空间设计和构造方案与材料选择》《旅馆建筑设计》和《水墨渲染的基本技术》等讲义。在"文化大革命"期间翻译出版了《建筑结构设计》。

（2）具有特色和富有成果的地下建筑工程研究

从1961年起，学院开始针对煤矿中的地下坑道围岩加固的问题进行研究。20世纪60年代中期结合三线建设任务，在地下建筑研究方面取得了一大批成果，给当时学院的科研工作带来了生机。围绕地下建筑研究进行的一系列工作成为当时学院科研的主要方面。

1964年，学院成立洞库结构及施工研究室，由李川河、秦文铖、刘传义、杨健美等人组成。有力学、工程地质及地基基础、工程结构、建筑施工技术等7个单位协作，主要研究地下建筑的地层压力，钢筋混凝土特种结构、隧道、洞库的衬砌技术，均为国家科委下达的任务。主攻方向是洞库建筑施工技术和洞库建筑结构的研究。

1964年9月，该室完成了重庆歌乐山云顶寺洞库工程的热传导、湿传导的测定。稍后，完成了洞库纵断面和横断面的测量和地质勘察，整理了资料，绘制了施工图。1965年4月，建工部科技局组织对西南地区天然溶洞进行科学普查，由学院、西南建筑科学研究所、同济大学等单位与建工部第二工程局联合对两家国防工厂利用天然溶洞做调查研究，共同解决了天然溶洞的稳定、危岩、暗河、地基、结构、防水和防潮等一系列问题。

1965年，西南大三线建设进入了紧张的实施阶段，要求以最快的速度完成内迁任务。1965年6月1日，院党委决定成立地下建筑研究室一（也称111研究室），党委书记亲自挂帅，从各系抽调专兼职研究人员30多人（最多时达36人，其中专职31人），有肖执中、陈启高、朱敬民、杨光璇、何万钟、孙仁博、王公禄、谢德安等人。

1965年7月27日，研究室主任李川河召集第一次研究室室务会议。会议总结了前阶段的洞库研究工作，讨论了亟待解决的问题。决定在研究室下设建筑研究组（包括规划、设计、建筑物理）、结构研究组、施工研究组、岩石力学研究组、给水排水和通风研究组、震动基础（包括工程地质及水文地质）研究组等6个研究组，这是当时学院最庞大的研究机构。其任务主要是研究地下建筑的设计、施工技术及其建筑设备，针对西南地区的情况大力开展对天然溶洞的利用研究。

1966年1月6—13日，建工部与学院联合召开地下建筑经验交流会及地下建筑科研规划会，学院选出18篇水平较高的系列论文，说明当时学院在这方面的研究已处于国内领先地位。会议期间还举办了地下建筑研究成果展览。会后，学院承担了7项新的中心研究课题。

到1966年初，学院共承担了地上、地下大小建筑工程19项。地下建筑工程主要有重庆万盛平山天然溶洞工程、双溪机器厂地下建筑工程、重庆空气压缩机厂地下人防工程、重庆市广播电台地下工程、地下指挥所等7项。在此基础上，学院于1966年4月15日上报建工部教育局，正式申请开办地下建筑专业，拟从当年起设置该专业（本科、五年制）。为解决招生计划，建议从工民建招生数中转一个班（30人），按地下建筑专业目标培养（因"文化大革命"影响未能招生）。同时，为解决三线建设人才的急需，计划从工民建专业三年级学生中选调30人，按地下建筑专业目标培养（再修业三年），培养更高级的专门人才。

1966年3月，研究室有关人员赴贵州遵义某工程指挥部进行天然溶洞利用的系列研究。据不完全统计，地下建筑研究室先后完成天然溶洞和人工洞的系列研究论文报告60多篇（限于当时的保密制度，公开发表的不多，如《无衬砌隧洞的原理及施工方法》《利用天然溶洞的若干问题》《天然溶洞稳定性的工程地质评价》等），改革开放后才陆续在国内外学术会议上交流和学术刊物上发表。

1966年7月，根据建工部指示，由学院负责组织，西南、西北等勘察设计院派员参加，进行地下工程普查与鉴定的研究，组成了普查队赴贵州遵义地区调查天然溶洞有关地质问题。因"文化大革命"冲击不得不于当年9月29日结束。

土木系吴惠弼、李继华教授在1971—1974年参加国家钢结构科研和"钢结构设计规范"的修订工作。吴惠弼负责规范编制的总汇，曾与李继华合作写出"结构安全度"等学术论文。后来进行"钢压杆计算长度"的研究工作，完成"框架柱计算长度"的论文，其成果纳入规范。李继华主持规范条文汇总、修改工作，并在部审会上作了安全度研究报告。后来发表了一批专著和论文，被选为中国土木工程学会桥梁及结构工程学会结构可靠度委员会主任委员。

李川河副院长在"文化大革命"中仍进行了50万kg液压起重安装机械的研究和模拟实验，写出了初步实验报告，经建委汪守夔总工程师等阅审同意试制、试用。后与建材系一起进行"含钛耐碱矿棉纤维增强水泥"和"矿棉纤维松解机"的研制，写出了《含钛耐碱纤维增强水泥板生产工艺研究报告》，还参加了在英国伦敦召开的国际会议。

城建系周谟仁教授在"文化大革命"期间仍想方设法坚持学习德语和日语，加上早已熟练的英、俄、法语，共掌握了5种外国语。他与李川河、杨钰合译了当时新型建筑材料"纤维增强混凝土"的有关资料约30万字。

土木系施工教研室教师卢忠政与该室和机械教研室部分教师深入现场，于1975年11月完成国内独创的特大型重超设备整体吊装技术。顺利解决了四川化工厂从日本引进的特大型设备的吊装难题，该项成果被列为1975年我国建筑系统三大技术革新成果之一，在全国工业学大庆展览会展出。

111研究室于1970年8月对四川宜宾地区14个天然溶洞进行了考察，写出了《关于宜宾地区天然溶洞普查工作的阶段报告》。又于同年11—12月对四川绵阳地区19个天然溶洞作了考察，写出了《关于广元、旺苍两县天然溶洞的调查报告》。1974年10月，由朱敬民编写的《天然溶洞与岩石洞库稳定性评价调查汇编》在全国"岩石地下建筑技术座谈会"上交流。

土木系在1975年底所做的悬辊法生产预应力大口径压力管的研究，后获四川省重大科研成果奖。与重庆市建三公司等单位协作完成的"间接加载和间接支承对钢筋混凝土梁抗剪强度的影响的试验研究""钢筋混凝土后张自锚采用球墨铸铁锚具新工艺""预应力混凝土马鞍型壳板的设计、制作试验及施工研究""在岩石地基上锚桩的动力性的试验研究"，后都获得四川省重庆市科学大会奖。1975年底，在广州召开的"炼油、化工总图运输专业会议"上对论文《靠山近水工厂总平面布置中几个问题的调查研究》作了交流，后应中国建筑工业出版社特约编写了专著《山区工厂总平面设计》。

城建系从1975年起先后与重庆锅炉厂、重庆大学协作，共同试制成功了我国第一台WNQ-4-8-1全自动燃气锅炉，于1977年初通过国家鉴定。1972年在重庆供水公司高家花园水厂采用了用滤池本身的水流能量来自动控制虹吸滤池的研究成果，此举取得良好的效果并在国内推广。1975年发表了《虹吸滤池水力自动控制》科研论文。与四川第一棉纺织印染厂协作，于1975年6月完成了"印染废水深度处理试验研究"，并在轻工业部于1975年11月在成都召开的技术经验交流会上交流，后获省、市科学大会奖。

机电系与四川省第二安装公司合作，于1975—1976年研制了"激光准直仪"。与柳州工程机械厂共同研制，于1976年完成了"Z490液压装载机"，这是一种我国矿山、大型工地建设急需的重要大型机械。

4. 发展科技，加强学科建设

1978年，邓小平在全国科学大会上的讲话中指出"四个现代化的关键是科学技术的现代化"。学院的科学研究工作进入了一个崭新的阶段，有了重大发展。

（1）科学研究的发展

1978年5月，学院就提出："教师每年要有1/3的时间搞科研，还要有一定数量的人脱产搞科研，教学与科研定期轮换。"学院在确定科研方向时，既考虑国家建设需要，又考虑学科建设和专业的发展，使之协调一致。

1978年，根据国家建委《建筑发展规划纲要》的精神，学院制定了《重庆建筑工程学院1978—1985年科学技术发展规划纲要》。

1978年10月，学院成立了科技生产处。1979年，更名为科研处，并设计算站和电子计算机应用研究室。1984年3月，研究生工作从科研处分出另成立研究生处。1984年10月，情报工作分出并入图书馆。1985年，计算站更名为计算中心，1992年升为系（处）级单位。1985年，成立了科技开发部，1990年改为企业管理处。凡属中央和省、市下达的、带有专用经费的、需要学院协调的项目，由学院统一管理。科研计划、合同、成果鉴定、登记、申报、技术转让等均归口科研处管理。从1978—1992年，学院先后成立了6个研究所22个研究室。1985年7月，成立了高等教育研究室（处级单位）。

20世纪80年代初，建设部核准学院专职科研编制为150人。从1977—1992年，学院的科研队伍在数量和质量上都逐年提高。

1977年，全院科研项目29项，其中基础研究1项，应用研究27项，技术开发1项，属国务院各部委局的项目有11项。到1985年，全院科研项目增长到109项，其中基础研究15项，应用研究88项，技术开发6项，增长3.7倍。在1985年的109个项目中，国务院各部委局的项目有36个，国家科学基金项目4个。1986—1988年，共承担国家科学基金的"七五"攻关项目8个。1989年，学院共承担科研项目154个，其中国际合作项目1个，国家科学基金和国家攻关项目7个，国务院各部委局项目9个，国家科委、计经委项目4个，主管部门、部、省、市项目36个。1991年，共承担科研项目209个（另有非研究与发展课题51个），其中国家自然科学基金项目7个，工程技术项目191个，其他科研项目15个。

科研经费逐年增长，1991年比1983年增长了约7倍。除上级部门拨款外，科技开发和横向联合是科研经费来源的重要方面。学院为促进科研发展，每年还拨出一定经费用以扶持较有发展前景的自选项目。在科研经费管理上实行科研基金制，把科研经费、人员组织、活动开展、奖酬金分配权限下放到项目负责人，调动了项目负责人及所属人员的积极性。

（2）科学研究的成果

1）应用研究方面的主要成果。1977—1979年，学院共有61项科研成果获奖。卢忠政等研制的《400吨塔桅起重机》、洪昌银等研制的《全液压汽车起重机》、汪礼顺研究的项目（合作）《平面杆系结构（兼空间协同）矩阵分析和通用程序》、王祖华的《间接加载和间接支承对砼[①]梁抗剪强度影响的研究》等4项成果获得1978年全国科学大会奖。获得四川省科学大会奖23项，重庆市科学大会奖33项。1979年，有6项成果获得部、省、市级科技进步奖，1项达国际先进水平，5项达国内先进水平。在此期间，共发表论文200多篇，有3篇论文在国际会议上交流，并纳入论文集。在这些成果中，《地下宇宙线的观测与研究》填补了国内地下宇宙线研究方面的某些空白。《特细砂混凝土的应用与质量控制》总结了我国特细砂混凝土研究的成果，在贯彻"就地取材，因地制宜，合理利用自然资源"方面具有很重要的意义。《地下冷库受冻壁的传热理论》系统研究了地下冷库的设计原

---

① 砼，工程中对混凝土的简称。

则。这三项成果在国际学术会议上作了交流。《煤矸石沸腾炉及其灰渣综合利用》获煤炭工业部科技进步特等奖。

陈启高、丁小中、周国民的《蓄水屋盖热工计算理论》在1979年获四川省科技进步二等奖。辜其一、邵俊仪的《中国古代建筑简史》在1980年获建设部科技进步一等奖。1980—1984年，共完成和取得科研成果152项。其中有21项分别获得国家、省、市重大科技成果奖。这五年所完成的科研项目，是学院建校24年完成科研项目的1.5倍。其中2项达国际水平，17项达国内先进水平，3项填补了国内空白。

1985—1988年，共完成科研项目72个，其中获得国家级奖励的5项，获得部、省级奖励的15项，市级奖励5项。达国际先进水平的6项，国际水平的2项，国内先进水平的23项，10项填补了国内空白。通过发展横向联合，与一些地区、单位建立了科研协作，承担国家自然科学基金项目和国家"七五"攻关项目12项，与国内200多个企业建立了合作关系，转让成果及技术40余项。

林芳辉等研究的《热介质定向循环养护坑新工艺》是改造普通混凝土养护坑的节能养护工艺，可用于混凝土建筑构件、硅酸盐建筑制品坑式养护和隧道窑养护，具有节约能源、缩短养护周期、保证制品质量、投资少、见效快的优点，1985年被评为国家科技进步二等奖。

郭文博等完成的《天然气低压平焰燃烧装置》，炉内温度场均匀，炉子升温和物料加热速度快，燃烧稳，氮化物少，噪声小，节能效果明显，于1985年获得国家科技进步三等奖，并列入了建设部及四川省"六五"期间重点推广的项目。姚雨霖等研究的《人工轻质陶粒滤料技术》深入研究了一种新型的陶粒滤料的过滤技术及其适用的理论基础，在国内首次提出了科学的、系统的陶粒滤料的材料数据和理论公式，并提出了采用单层和双层滤料滤池的过滤技术和条件，1985年获得国家科技进步三等奖。刘中和与中国科学院合作完成的《利用大面积乳胶室研究超高能核作用现象》在1987年获得国家自然科学三等奖。田胜元与中国建筑科学研究院空调研究所合作研究的《建筑物冷热负荷设计计算新方法》在1985年获得国家科技进步三等奖。蒲心诚研究的《高碱性加筋灰砂建筑构件》《碱矿渣CJK混凝土》《预应力灰砂加筋构件》等，具有国际先进水平。

2）应用基础及基础理论研究的成果。1978年以来，学院基础科学系的教师已发表论文400篇，其中在国外刊物或学术会议上发表的论文90篇。陈山林的《关于板壳大挠度及摄动理论研究》完善了扁壳大挠度问题中摄动解的残数问题，并提出了用最小二乘法选择摄动参数，有最好的准确精度，在理论和应用方面均有重要的意义，具有国际先进水平，并在1985年获得四川省科技进步二等奖。祝家麟是国内首批从事边界元法研究的人员之一，他的《椭圆边值问题的边界元分析》是国内第一部对边界元方法进行数学分析的论著，受到国内外同行专家的高度评价。刘中和等参加的《利用乳胶室研究宇宙线超高能核作用现象》项目，是中国科学院的4所高等学校以及日本大学参加的合作科研。十多年来，其研究成果和主要实验技术指标都处于国际领先地位。

1983年，结构理论研究室在全国钢结构技术学术会议上报告6篇论文，经大会鉴定，一致认为，李开禧撰写的《逆运算单元长度法计算单轴失稳钢压杆的临界力》一文具有国际先进水平，其他5篇论文均有独到之处，达到国内先进水平。白绍良的钢筋混凝土框架顶层边节点静力及抗震性能试验研究填补了国内外在该学科的空白，达到国际先进水平。1991年，该成果获得国家科技进步二等奖。李继华等在建筑结构可靠度理论研究中与中国建科院和建设部标准定额研究所共同研究土木工程可靠度理论新课题，提出了一整套基于概率理论的极限状态设计方法，编制了我国土木工程界第一本国家标准——《建筑结构设计统一标准》。1986年，获得国家科技进步二等奖。刘南科等在"钢筋混凝土框架非弹性设计方法"方面的研究达到国际先进水平，并负责主持部颁标准《钢筋混凝土结构非弹性设计》的制订工作。自20世纪50年代起，学院参加了历届国家标准木结构规范的编制工作，现为国家标准《木结构试验方法》的主编单位，出版了《木结构设计手册》等专著。

　　学院从20世纪70年代末至1991年底，共承担国家各类基金项目（包括国家自然科学基金、博士点基金、霍英东基金等）、国家"攻关"项目，以及省、市科研项目等700余项，共获得国际奖3项，国家自然科学奖、国家科技进步奖等国家和部、省、市科技成果奖135项，其中57项达到了国际先进水平和国际水平，78项达到了国内先进水平。申请国家发明专利47项，已获得专利21项。转让成果及技术59项，收到了较显著的经济效益和社会效益。

　　3）繁荣的建筑创作。在建筑设计方面，20世纪80年代初设计的《成都铁路客站站房工程》在1986年获四川省科技进步二等奖、四川省优秀设计二等奖。1983年创作的20万m²的广州《珠江帆影》高层建筑群，获南油工程全国设计竞赛第一优秀奖。1985年设计的《西南医院烧伤医疗中心》工程，专家对其放射形平面布局和单向循环流线布置感到新异，评价较高。1989年建成的《成都中医学院高层医技住院楼》在医院设计上有所突破。1987年设计的约8万m²的《重庆南坪商业中心》工程设计在招标竞赛中获一等奖中标（学生中标，教师完成），自1987年起分三期实施。1988年完成的《重庆文化艺术中心》设计方案参加全国设计竞赛，因具有山城特点，被评为二等奖。1990年完成的12万m²的《遵义市市中心建筑群设计》（新月方案），建筑风格新颖，富有时代感，在竞赛中获二等奖中标（无一等奖）。1991年创作的《深圳华兴国际高尔夫俱乐部会馆设计》在全国性投标竞赛中获一等奖。

　　1991年底到1992年初完成的5.3万m²36层（地上32层）、高113m的《重庆五交化贸易大楼》在投标竞赛设计中获得最高奖（二等奖）中标。《重庆建筑工程学院第一综合楼》在1987年获国家教委三等奖；《重庆市沙区建设、工商银行办公楼》于1990年获重庆市优秀设计二等奖；《重庆南坪第二贸易区商业街设计》在1987年获市级三等奖；3.5万m²的《重庆医药综合商场》在1989年获市级一等奖并获设计权；《充气屋盖悬挂结构田径房研究》于1987年获四川省科技成果三等奖；《城市商业环境分析与评估》在1988年获四川省新科研成果三等奖；《西南石油学院实验楼、计算机中心、电教中心》于1990年4月获全省范围竞赛一等奖和设计权；3.3万m²的《重庆农业大厦》在1991年8月获奖中标。

　　在规划方面，1986—1987年完成的《山区小集镇官渡规划设计》，是国家"星火计划"第一批综合示范点之一。1985年完成的《长沙市芙蓉路规划设计》在全国性竞赛中获第二名。1986年所做的《兰州市中心广场规划设计》在全国性竞赛中获总分第二名。1986年完成的《乐山市总体规划与历史文化名城城保规划》经专家评审认为，该规划把市域规划、总体规划与历史文化名城保护规划结合起来，把城市规划与社会经济发展规划结合起来，在布局上提出了"绿心环形城市"的构思，在规划的理论与方法上都有所创新与突破。1991年完成的重庆市中区棉花街片区旧城改造工程规划设计巧妙利用地形，节地效果明显，是山城规划设计利用地形的典范，在众多投标竞赛方案中获一等奖中标。1992年6月，在海南省样板小区规划竞赛中，学院的方案以其新颖和独特获第一名。《桂林市某旅馆中心规划》获1984年全国竞赛优秀方案；《西南交大总校校园规划》于1985年在全国竞赛中获鼓励奖（第四名）；《湖南株洲河西新城规划》在1986年全国竞赛中获第一名（二等奖），为中选方案；《自贡市职工大学：规划设计》1986年获一等奖；《桂林市东江区规划设计》在1987年全国性竞赛中被评为最佳方案，获中选方案奖（一等奖）；《重庆南坪工贸区步行商业街设计》在1987年获市级三等奖；《自贡市大安街北段规划设计方案》在1989年2月获竞赛第一名（二等奖）。

2.3.2　1992—2000年的科学研究

继"七五"期间学校科技水平有了质和量的飞跃后，"八五"期间，学校继续深化科技体制改革，创建了自身特色。

1. 深化科技体制改革，促进科研持续发展

（1）深化科技体制改革加快科技发展速度

1993年，学校试行了《科研人员定编试行办法》，将科研人员划分为三大类：专职研究人员、辅助科研人员、科技管理人员，三类人员的定编数为260人。

学校内部管理体制改革方案还设立了专项津贴，即给予科研成果特殊奖励，对获得国家科技进步奖、自然科学奖、国家发明奖、国家星火奖"四大奖"及国家优秀教学成果奖者，发给双奖，即按国家发给个人奖金的100%加发给获奖者。对获得部、省级科技进步奖及部、省优秀教学成果奖、优秀教材奖者，学校按政府发给个人奖金的50%加发给获奖者。

1995年，学校修订、完善了《科技管理的若干规定》，于6月正式实施。设立了"青年科学基金""培养和造就跨世纪学术学科带头人专项基金"。对优秀青年教师、留学回国人员、博士以及跨世纪学术学科带头人专项基金获得者，均提供5000~10000元的科研启动费。

学校还规定，各院、系每年要从科技产业的收入中拿出10%来支持基础性研究，对每个博士生导师每年拨给1万元的科研补充经费。1997年，学校正式设立10万元的基础学科建设奖励基金，计划到2000年将基金增至100万元。学校从校办产业中筹集了140万元专项资金用于支持学科建设、教师出国参加学术会议、出版专著等。

（2）体制改革促进了科研工作

1992年，学校共设立10个研究所，1个工程研究中心，2个国家和建设部质检中心，1个四川省质检站。到1995年底，学校已设立了23个研究机构。其中，国家和上级主管部门批准成立的有：国家城市给水排水工程技术研究中心重庆建筑大学分中心，中科院、建设部山地城镇与区域研究中心，城市规划与设计研究院，建筑设计研究院，建筑科学研究所，建设部重庆水处理设备质量监督检验中心，国家环保局重庆水污染处理设备监督检验中心。由学校组建的有：城市发展与建筑设计研究中心、计算中心、测试分析中心、重点科技成果推广中心以及建筑技术科学、人类聚居与环境、结构工程与地震工程、岩土工程、建筑材料、流体传动与控制工程、建筑电气、基础应用、国

际承包与劳务研究所、地基基础与地下工程设计研究所、市政工程设计研究所。

1997年7月，经建设部批准，高教研究室正式更名为高教研究所。1996年后学校还成立了泛系研究所、双燃料汽车研究所、书画艺术研究所等研究机构。

1992—1996年，学校共完成科研项目969项，获国家级和省市级重大科技成果奖61项，其中国家级科技进步奖5项，省部级科技进步奖35项。学校承担的高水平科研项目有79项。其中国家"八五"攻关项目子专题6项、专题1项；国家"九五"攻关项目子专题11项、专题5项；国家自然科学基金项目41项，是该项基金"建筑与材料学科项目"的主要承担单位之一；国家教委博士点专项基金9项；霍英东基金资助4项，王宽诚科学基金资助2项。

五年中，教师在国内外刊物上发表论文1579篇，出版专著78部。

（3）科研管理取得新进展

1993年4月，学校成立了"科技成果推广中心"。1995年底，学校对"科技成果推广中心"体制进行了改造，成为按市场经济规律运行的实体。学校科协成立了"重庆建筑大学咨询培训中心"。重庆市科委同意在学校设立"科研合同认证点"。仅1996年1年，学校就获得国家级科技成果重点推广计划项目1项，国家级新产品试制鉴定计划2项，部、省级科技成果重点推广项目2项。对外签订技术合同10多项，合同金额上百万元，技术培训200多人次，参加国家科委、省、市成果展览会8项。

2. 加快科学研究成果转化

（1）科学研究取得了系列成果

"八五"期间，学校在南方湿热地区的建筑设计理论、山地城镇规划设计、钢结构及钢筋混凝土结构计算理论、岩土工程、山地地基基础、边坡处理、新型特种建筑材料、装饰材料、市政工程、除湿通风、空调制冷、天然气燃烧技术及设备、节能技术设备等领域在国内具有明显优势。

1992年，学校共获得各级科技成果奖7项，其中5项为部省级科技进步奖，魏明钟教授等参加的"钢结构规范"获得冶金部科技进步一等奖。"七五"攻关项目"无烟煤型煤茶水炉"为"八五"重点推广项目。继"天然气新型辐射杯式燃烧装置"和"鼠笼式无极调速电动机"之后，"铬渣微晶玻璃装饰板"被列为国家级新产品试制计划。先后有12项成果签订了35项技术转让合同，总转让经费280.8万元。据不完全统计，学校科技成果的推广应用为企业和国家增加经济效益3147万元，其中年经济效益超过百万元有6项。新增专利10项，学校专利权达29项。

1993年，学校获各级政府科技进步奖12项，其中部省级6项。"县镇水厂紧凑型设计技术"和"JRS隔热膜"为1994年国家重点推广项目，"无烟煤型煤茶水炉"和"JRS隔热膜涂膜技术"被列为建设部重点推广项目。新增专利1项。转让科研成果10项，总转让经费为75万元。1993年，学校各类科研经费首次突破1000万元。

1994年，有18项成果获各级科技进步奖，其中省部级奖励11项，黄求顺教授的"四川省地方标准《地基基础规范》"获建设部科技进步一等奖。有4项成果被部、省推荐申报1995年国家级奖励。从1992年开始，学校选择与节能、水工业技术、化学建材有关的科技成果，申报科技成果重点推广计划。有4项被国家科委、建设部、四川省列入计划。新增专利6项，科研总经费1261万元。

1995年，有12项成果获得各级科技进步奖，其中，国家级奖2项，部省级奖7项。有10项成果获准为国家级重点推广项目、国家级重点新产品试制鉴定计划项目、国家环境保护最佳实用技术推广计划等。新增专利3项，科研总经费1217万元。

1996年，有12项科研成果获政府奖，其中国家发明四等奖1项、部省级一等奖2项。这是学校历史上首次获得国家级发明奖，该年新增专利5项，科研总经费达1300万元。

1992—1996年，学校科研经费由"八五"初期的370万元逐年增加，连续5年超过千万元，1997年的科研经费继续保持上升势头。1993—1997年科研经费总计5769万元。同时，科技成果也逐年增加，鉴定的科技成果108项，获奖的科技成果61项。其中国家级奖8项（1997年获国家发明四等奖1项）、省部级科技成果奖35项。约有30%的科技成果转化为生产力。一批高新技术产品被列为国家级新产品，形成规模生产。

学校先后获得54项国家专利，其中发明专利4项、实施专利40项、转让专利技术35项，销售收入1000万元，利税约10万元，节约价值280万元，创汇11.5万美元。

（2）科学研究水平不断提高

在我国现行实施的主要8种建筑结构国家级设计标准中，学校结构工程学科是其中6种的主要编制单位或主要参编单位。它们是：《钢结构设计标准》，获国家科技进步三等奖；《建筑结构设计统一标准》，该标准使我国成为世界上第一个全面采用新一代基于破坏概率的可靠度理论的国家，获国家科技进步二等奖；《混凝土结构设计规范》，获国家科技进步二等奖；《钢筋混凝土结构非弹性设计规程》，获建设部科技进步一等奖；《轻钢结构设计规范》和《木结构设计规范》。这几部规范、规程是对我国各类结构工程设计具有重大影响的"大规范"，它影响着国家一个时代大量建筑结构的设计质量和水平，可"跻身于国际先进规范行列"（国家计委组织的鉴定结论）。

1990年以来，结构工程学科点完成重大科研项目25项，其中获国家科技进步二等奖2项，参与主持三等奖1项；省、部级一等奖3项，二、三等奖6项。卢铁鹰教授主持的《钢吊车梁直角式突变支座和吊车梁上翼缘与制动板焊缝连接疲劳性能试验研究》利用先进的试验手段，对变截面钢吊车梁及上翼缘制动板焊缝连接进行了符合吊车梁实际工作的双向荷载作用下的疲劳试验，成功解决了双向荷载的协同作用问题。这种试验，在国内外均属首次。1993年获四川省科技进步一等奖，1995年获国家科技进步三等奖。

岩土工程学科运用岩体力学和系统工程原理，在国家"八五"攻关项目三峡工程关键技术研究中，对三峡船闸陡变边坡的稳定与控制方法进行研究，取得了创造性成果，鉴定达到国际领先水平。针对山区地基复杂的工程地质状况，编写了四川省地方标准《重庆市建筑地基基础设计规范》。以嵌岩桩的嵌固理论为主的一系列山区地基基础理论，填补了国内基础工程学科领域的空白，编制了《建筑桩基技术规范》。因其明显的理论技术优势和经济效益，两项成果均获得建设部科技进步一等奖。

在建筑设计及其理论的研究方面，与日本、加拿大等国合作开展"城市小康住宅研究""山地居民研究"等科学研究，参与建设部重点项目"改善城市住宅建设功能与质量"，承担了国家"九五"攻关重点项目"2000年小康型城乡住宅科技产业工程"的研究，负责规划设计的万县"百安花园"小康住宅示范小区和长沙"望江花园"小康住宅示范区于1996年5月分别获国家级"优""良"奖。青年建筑师设计的深圳"南油文化广场"获得好评。撰写了专著《现代高层建筑设计》。完成了上百项各类山地城市（镇）规划设计，主持完成"长江三峡风景名胜区"等多项国家级、省级风景区总体规划与详细规划。作为国内少数古建筑研究中心之一，对中国近、现代建筑史与艺术史有系统研究成果，所承担的国家自然科学基金项目《四川大足石刻保护研究》、建设部重点科研项目《长江三峡库区地面文物保护与规划研究》均取得了重大成果。

在建筑材料的研究开发上，学校研制的新型结构材料——碱矿渣水泥混凝土，性能优异、价格低廉、有重要的生态与环保意义，被誉为21世纪的水泥混凝土，其专用缓凝剂的研究，属于国内领先水平。研制的接触硬化胶凝材料，抗压强度达84MPa，填补了国内空白。对超高强及高性能混凝土的结构及力学性态研究，在国内同行中处于领先地位。

市政与环境工程学科在高效低耗简易可持续城市废水处理理论与技术、给水过滤理论与技术方面居于国内领先地位。

中美合作研究项目《长江、嘉陵江重庆段水污染控制规范研究》，主要研究三峡工程建成后，重庆市为保证库区水质应采取的防治措施，其成果为国内领先，部分达到国际先进水平，1994年获国家环保局科技进步三等奖。国家自然科学基金项目《废水处理新型填料特性研究》的成果已达国际先进水平。国家"八五"攻关专题"一体化氧化沟污水处理新技术及设施"被列为国家环保局A类推广技术。

供热、空调及燃气工程学科在国内首创空调系统动态负荷计算及其应用理论，同时，在传热理论与强化传热技术方向、燃气燃烧理论与技术等研究方面处于国内领先地位。

由廖光亚教授研制的"三维内肋管及其加工工艺"，与国际上同类产品相比，具有肋形好、肋片高、同根管内肋密度可变等优点。1996年获得国家发明四等奖。

由关正安研究员等承担的"无烟煤型煤自动内翻恒温茶水炉"项目，是国家"七五"重点科技攻关项目，1990年底通过国家鉴定验收，属国内领先，达到国际先进水平，获国家发明专利和实用新型专利。被列入国家科委、建设部科技成果重点推广项目以及国务院环保委员会"国家环境保护最佳实用技术推广项目"。1994年，该成果获四川省科技进步二等奖，1997年获国家发明四等奖。

在建筑经济与管理方面，已完成近40项成果，其中6项达国际水平，3项国内领先。

（3）为三峡工程建设作贡献

三峡工程是举世瞩目的跨世纪伟大工程。学校就三峡地区移民迁建、城乡规划建设、旅游资源开发、文物古迹保护、城镇综合防灾等进行了深入考查和研究，取得了许多宝贵的第一手材料与研究成果。

学校为三峡库区完成研究项目13个，其中获奖项目9个，直接与库区建设有关的论文6篇。包括《长江三峡工程库区城镇建设对策研究》（国家自然科学基金项目）、《长江三峡库区地面文物保护与规划研究》（建设部重点科研项目）、《三峡库区城镇综合防灾规划研究》（重庆市项目）、

《2000年长江上游出川过坝货运量预测研究》(长江三峡工程总体方案论证课题)、《长江三峡库区逐步形成与重庆经济分阶段发展的对策研究》(重庆市项目)。

学校学科研究项目与成果直接为三峡大坝建设和库区建设服务的主要有:长江三峡危崖体三维稳定性分析、三峡工程永久船闸高边坡宏观参数研究、岩体监测控制、锚固方案优化与地面以下工程关系研究、三峡工程船闸花岗石的尺度效应、渗流研究、嵌岩桩承载能力、岩体爆破方案的综合决策及应用等。

为三峡库区的规划、建筑设计服务。学校建筑、规划设计研究院在宜昌市、万县市、涪陵市及巫山、丰都、云阳、长寿、忠县、彭水、石柱等县(市)完成了近百个旧城改造、新城建设以及移民搬迁总体规划或详细规划。1993年学校的建筑设计研究院在万县市设立分院,还与万县五桥区、天成区联合成立了设计所。主要的规划项目有:国家级风景区长江三峡风景区的总规和详规、三峡大坝左岸生活小区规划等。主要的建筑设计项目有:三峡大坝办公大楼、商场、娱乐中心、通信大楼、工程指挥部(10万m²),万县市天城区、五桥区政府大楼、宾馆等,涪陵市果品公司综合楼(1.5万m²)等。

为三峡库区引进资金与技术支援建设项目。1995年,学校与万县市龙宝区就引进外资12亿元签订了意向性合同。帮助万县市天成区建设"加气混凝土砌块"项目、龙宝区建设"建筑防水材料"项目和"静电喷塑钢窗"项目。

提供人才、智力支援。学校岩土工程、城市规划、给水排水等专业的多位博士生导师、教授被重庆市三峡办公室、三峡指挥部聘为工程顾问,为三峡工程出谋献策。学校先后派出6名教师、干部到库区县、区任科技副县长,1994年和1995年,学校派往库区调研、咨询科技服务的专家、工程技术人员达1000余人次。

关心库区建设,为库区培养人才。针对三峡库区各地急需建设人才及规划、设计技术老化、落后的情况,学校分批为宜昌市、万县市、涪陵市的市、县开办"建筑设计提高班""工民建专业培训班""成人学历教育工民建专业班""建筑施工与技术专业技术班"等。

在三峡库区实施"2000年小康型城乡住宅科技产业工程"。国家已正式确定"2000年小康型城乡住宅科技产业工程"为国家重大科技产业工程项目。

学校逐步建设"三峡工程建设与库区经济发展研究中心",由3个博士点、10个硕士点及配套的实验室、3个实验基地、2个甲级设计研究院和12个研究所组成,为三峡大坝建设和库区经济发展作出了历史性的贡献。

3. 继续深化科研体制改革

(1)加强科技管理,深入开展科技体制改革

1997年后,学校对各院、系的科研管理工作实行目标责任制,按年度进行考核评比。学校重新修订了《科研项目管理办法》《科研项目经费管理办法》《科技成果及学术论文奖励办法》等,统称新管理办法,自1999年1月1日起执行。

加强对科技工作的考核。每年初,学校按前一年度的考核统计情况,以加权处理的办法计算

出各院系的综合评分结果，并以此排序设立"校科研工作年度集体学术榜"向全校公布。

（2）狠抓科技成果转化工作改革

1998年，国家颁布了《科技成果转化法》，学校将科技成果的转化工作摆到了学校科技工作的突出位置。

强化科技成果推广组织机构的作用。学校在科研处设立"重庆建筑大学科技成果推广中心"。科研项目完成后，经学校组织结题鉴定通过的成果或申请获准的各类职务专利，经过认定登记，纳入学校科技成果管理。

学校鉴定的123项科技成果中约有30%的科技成果转化为生产力。有5项科技成果被列为国家级科技成果重点推广项目，有9项科技成果被列为国家级重点新产品试制项目。国家重点推广项目"县镇小水厂紧凑型设计技术"已在全国广泛推广应用，建成县镇小水厂22个，产值亿元以上。国家重点推广项目"CYD-100型车用压缩天然气装置"已改车近3000辆，既节约了燃料费用，又减少了城市大气污染。由世界银行贷款投入总额达41.5亿人民币的《重庆市水环境》项目已由学校完成了预可行性研究并进行了可行性研究。

做好学校科技成果产业化的规划、组织、实施管理。1998年，由校办企业研究开发的强化传热系列产品"三维内、外肋管及其换热器""三维内、外肋管及其加工工艺""SIS三维肋管机油散热器"，获得显著的社会效益和经济效益，新增产值1046万元，新增利税368.4万元。与格力电器有限公司共同研制开发的家用空调冷凝器和蒸发器以及与西南车辆厂共同研制开发的铁马重型汽车散热器已投入使用，取代了进口同类产品。学校的科技成果"清扫车智能控制技术的研究"申报建设部新技术、新产品开发项目后获得贷款资助。"无烟煤型自动内翻恒温茶水炉"先后列入"国家科技成果重点推广计划""国家环境保护最佳实用技术推广计划""建设部科技成果重点推广计划"，1998年总产值达1890万元，上交税费300万元，取得了明显的社会效益和经济效益。

学校设立了"科技成果推广奖"。1998年，首次对获得"科技进步推广奖"的项目"县级水厂紧凑型设计技术""JRS隔热膜"给予重奖，从政策导向上引导和促进了科技成果的转化。

4. 科技成果持续增长

（1）科学研究和科技开发工作取得了新进步

1997—2000年，学校共承担各级科技项目1006项，签订各类技术合同136项，鉴定成果123项，获国家级、省部级科技进步奖27项。

1997年，学校获准纵向科研项目30项。其中，国家"九五"攻关重点项目专题2项、子专题1项，国家自然科学基金6项，国家教委优秀青年基金1项，国家留学回国人员专项基金1项，建设部攻关项目2项，重庆市科委科研项目8项，重庆市建委科研项目9项。组织鉴定科技成果14项，其中达到国际先进4项、国内领先或国内先进10项。该年度，学校共获省部级以上科技成果奖励11项。其中，国家发明奖四等奖1项，省部级科技进步奖10项，省部级二等奖以上5项（一等奖1项，二等奖3项，国家发明奖四等奖1项）。

1997年，学校被重庆市委、市政府评为"金桥工程项目组织奖"先进单位与重庆市"技术市场工作"先进单位。1998年，被国家教委评为"全国社科统计工作先进单位"。该年度学校获得两项国家级重点新产品和一项国家级重点推广项目，有14项成果被列为重点推广项目。同时，在学校技术合同登记点登记的技术合同有38份，合同金额820万元。组织了"岩石力学与环境岩石工程国际学术会议"和"97国际山地人居环境可持续发展研讨会""建设部系统自然科学报研讨会"。

1998年，学校纵向科技经费较1997年净增近200万元，主持国家自然科学基金重点项目1项。获得省部级以上科技成果奖励9项，其中国家科技进步二等奖1项，三等奖1项，国家教委科技进步奖1项。公开发表的科研论文近600篇，专著6部；获科技成果推广项目1项；签订了13项技术合同，转让技术项目14项；推广应用科技成果16项。

1999年，学校共获得5项省部级以上重大成果奖励。其中，建设部二、三等奖各1项，重庆市科技进步二、三等奖各1项。

2000年5月前，学校获得重庆市科技进步二、三等奖各1项。

（2）坚持科技为地方、三峡库区和西部大开发服务

以嵌岩桩的嵌固理论为主的系列山区地基基础理论，在我国山地建筑中居领先水平。主持编制的《钢筋混凝土连续梁和框架考虑内力重分布设计规程》《建筑桩基技术规范》和《重庆市建筑地基基础规范》3项成果获建设部科技进步一等奖。

2.4 合作交流

2.4.1 1952—1977年的合作交流

1978年前，学校的国际交往主要是聘请苏联专家讲学。1953年，聘请了7名苏联教师给教师和学生讲授俄语课。1955—1960年，来院短期讲学的苏联专家包括：施工专家维托希金、结构专家捷列文斯科夫、阿尔希波夫和列别捷夫；1958年有苏联工业建筑专家克涅亚席夫和苏联水工及卫生工程科学院副院长、建工部专家巴格丹洛夫；1959年1月有苏联专家莫尔卡诺夫；1960年4月，建工部建筑科学研究院汪之力院长陪同建工部顾问组长罗曼诺夫来院作短期讲学并指导工作。这批专家着重介绍了苏联有关专业和学科的发展情况、实验室建设、科研工作以及苏联的高等教育，特别是各个教学环节的实施情况。其间，学校还接待过捷克斯洛伐克国民议会代表团以及苏联列宁共产主义青年团大学工作者代表团。

2.4.2 1978—1991年的合作交流

1978年，随着改革开放政策的实行，学院被确定为对外开放的院校，成立了外事机构，负责对外联络，采取"请进来，走出去"的做法，开展了广泛的学术交流。

1. 聘请外籍专家讲学

1978—1991年底，学院先后邀请近500名外国专家学者来院讲学，其中60多人为长期任教的专家。这些专家学者包括语言专家和理工科专家，来自美国、加拿大、日本、德国、英国、法国等国家。讲学的内容涉及建筑学、城市规划、园林景观、建筑经济、企业管理、结构工程、施工技术等20多个学科专业。

1980年2月，学校邀请联邦德国亚琛工业大学建筑施工教研室主任波尔教授来院讲学。1981年8月，美国明尼苏达大学"地下空间利用讲习团"一行8人来院讲学。美国专家卡尔·费南先生自1984年来院任教的三年中，担任建筑设计指导，兼任重庆市建委顾问。经中央引进办和城乡建设环境保护部批准，被授予"突出贡献"奖。

建筑学、城市规划专业从1984年起，先后聘请了美国专家乔治·特雷希蒙博士、建筑师卡尔·费南、哈林·汤普森、美国北卡莱罗纳大学建筑历史和评论副教授玛丽·汉森、美国建筑师张荣韬、加拿大莱尔森工业学院建筑学教授邹平仲、曼尼托巴大学建筑系教授威廉·汤普森和风景园林系主任阿列克山大·拉特瑞教授、美国加州理工大学建筑系副主任詹姆斯·巴格纳尔教授等知名专家和学者，为本科生、研究生开出了建筑心理学、建筑设计方法论、建筑设计模式语言、乡土建筑、风景园林、建筑经济、招标投标等10余门课程。建材系在承担国家级科研项目《碱矿渣水泥研究》过程中，聘请苏联乌克兰基辅建筑工程学院克里文科教授来院作碱矿渣水泥和混凝土方面的专题讲座，并提供了《全苏碱矿渣水泥、混凝土及结构学术会议论文集》等资料。1991年，聘请苏联基辅建筑工程学院鲁诺娃教授来院作了关于接触硬化胶凝材料的系列专题学术讲座。

从1985年起，学校先后聘请了8位著名的外国学者担任名誉教授和顾问教授。他们是：联邦德国布伦瑞克工业大学工程管理专家西蒙斯教授（1985年3月，名誉教授）；联邦德国布伦瑞克工业大学邵特教授（1985年3月，顾问教授）；美国明尼苏达大学岩土工程专家斯特林教授（1985年11月，顾问教授）；美国普渡大学结构工程专家陈惠发教授（1986年6月，名誉教授）；日本名古屋大学、岩体力学专家川本眺万教授（1986年11月，名誉教授）；加拿大曼尼托巴大学拉特瑞教授（1987年3月，名誉教授）；美籍教师詹宁斯（1987年5月，顾问教授）；新西兰坎特伯雷大学罗伯特·帕克教授（1987年9月，名誉教授）。

2. 走出国门友好交往

从1978年开始，通过国家公派留学考试选拔，学院陆续成批派遣青年教师出国留学。1979—1992年，公派出国参加学术会议、访问、考察、进修、学习207人（次）。其中参加国际学术会议43人次，访问、考察57人次，出国讲学10多人次。

1982年9月4日至24日，以宋元良为团长、乐怡然为副团长的7人讲学访问团，访问了美国明尼苏达大学、加州大学伯克利分校、伊利诺斯大学、密苏里大学、伊理诺理工学院及建筑公司等。

1982年9月，应日本早稻田大学邀请，建筑系4名教师赴日进行中日建筑与环境问题研究，对日本建筑界当时的发展情况有了实际了解。

1984年9月2日至17日，应日本早稻田大学邀请，以白佐民教授为团长的8人考察团对日本建筑现代化进行考察。

1987年5月12日至23日，以谢德安为副团长，学校派出5人参加中国建筑师代表团第一批赴匈牙利访问。

1987年9月9日至17日，以刘德骥为团长，学校4人参加中国建筑师代表团第二批赴匈牙利访问。两次参观访问了近10个城市，对匈牙利的城市规划、城市建设及建筑教育等情况进行了考察。

1987年10月17日至11月6日，由卢忠政率团一行4人，应联邦德国布伦瑞克工业大学校长瑞贝博士、汉诺威大学发展规划及结构研究所主任盖斯勒教授、多特蒙德技术大学建筑系主任那格巴赫教授以及慕尼黑专科技术学院院长凯斯勒教授的邀请，对4校进行了访问。随后，由德方提供奖学金，派出3名青年教师去布伦瑞克工业大学和汉诺威大学攻读博士学位。

1988年7月28日至8月7日，建筑系马武定等4人赴加拿大访问考察，与曼尼托巴大学和麦吉尔大学就校际交流和科研合作进行了商谈。

1989年2月27日至3月15日，卢忠政等3人赴联邦德国布伦瑞克工业大学和英国里丁大学进行学术访问，并就里丁大学资助学院青年教师赴英攻读学位达成意向性协议。

1989年5月15日至29日，应日本早稻田大学、东京电机大学的邀请，卢忠政等3人前往东京进行友好访问，还访问了名古屋大学、日本《新建筑》杂志社等。

3. 建立国际合作关系

1981年以来，学校先后与国外12所大学建立了校（系）际交流合作关系，签订了学术交流协定。包括：美国明尼苏达大学（1982年9月）、美国华盛顿大学工学院（1983年8月）、美国田纳西大学（1984年10月）、美国密西根大学（1984年10月）、联邦德国布伦瑞克工业大学（1985年4月）、联邦德国汉诺威大学（1985年5月）、日本早稻田大学（1985年12月）、加拿大麦吉尔大学（1986年6月）、加拿大曼尼托巴大学（1986年11月）、英国里丁大学（1987年8月）、苏联基辅建筑工程学院（1989年10月）、苏联莫斯科建筑工程学院（1989年12月）。以下合作项目成效显著。

（1）与加拿大麦吉尔大学合作研究《四川村镇规划及住房设计和农村环境卫生设施》。该项目为加拿大国际发展署（简称CIDA）资助的中加大学机构合作项目（全国30个）之一。1986年7月申请到资助经费。1988年，双方商定了合作实施的具体计划。1989年，学院开始进行合作项目的试点选址及资料收集，做出初步规划和住宅设计方案。1990—1991年，学院派出3名青年教师去麦吉尔大学进修，并参加该项目的合作工作。这项合作得到建设部、四川省和重庆市的支持，并在四川省什邡县具体实施。1991年1月，国家教委《关于中加大学机构合作项目的通知》正式将学院与麦吉尔大学的合作项目列为国家级合作项目。

（2）与德国汉诺威大学的合作研究。根据1983年中国与联邦德国科技文化协定，国家教委批准学院、哈尔滨建筑工程学院与汉诺威大学发展规划及结构研究所建立合作关系。1984年6月，汉诺威大学发展规划及结构研究所所长盖斯勒教授来院讲学，就双方合作交流签订了意向性协定。

1985年5月，副所长斯拉姆教授来校讲学，学校与该所正式签订了合作科研协议。1985—1990年为第一阶段，双方互相交流研究成果，举行学术讨论会，共同编写中、德、英三国文字的城市规划词汇。1987年，学校城乡规划与设计研究所所长黄光宇教授等人赴德参加城市与区域规划科学院和国土与区域规划科学院召开的"城市建设与区域规划的变迁"学术年会。黄光宇应邀在大会上作了关于《中国城镇化与小城镇发展》的学术报告。1988年，双方共同进行海南省琼海县区域规划及县城城市总体规划研究。1990年，双方共同进行德国一城市的联合规划研究。

（3）与加拿大曼尼托巴大学合办研究生班。根据1986年底建筑系与曼尼托巴大学建筑学院院长哈德里教授就双方学术交流达成的协定，1987年3月，在建筑系合办了一个由建筑学、城市规划、园林景观3个专业组成的研究生班。中加各派9名研究生参加，学习时间13周。其设计成果《重庆市磁器口旧城保护和改造规划》，在英国皇家艺术学院举办的"新与旧"国际竞赛中获得佳作奖。

（4）与英国宾尼公司的合作研究项目《长江、嘉陵江重庆段水质污染控制规划研究》。此项目系中、英两国政府合作项目，是1988年1月国家教委与英国海外开发署（ODA）签订合同后下达的。根据协议，1989年6月，学校派出1名青年教师赴英参加合作研究3个月。同时，城建系龙腾锐副教授赴英进行为期两周的短期访问，考察英国水污染控制情况。该项目于1992年9月完成全部研究工作。

2.4.3　1992—2000年的合作交流

1. 聘请外国专家，为培养高层次人才服务

1992—1997年，学校邀请164名外国专家来校长期、短期讲学，其中长期任教专家30名，理工专家占97%。这些专家来自美国、英国、德国、加拿大、芬兰、荷兰、澳大利亚、比利时、日本等国家。讲学内容涉及建筑学、城市规划、建筑经济、市政工程、结构工程、岩土工程、建筑技术等专业学科。

邀请来短期讲学的著名专家学者有日本国艺术院委员会委员、日本早稻田大学教授池原义郎先生，国际建筑师协会名誉主席、法国专家瓦戈先生，国际建筑师协会前主席、英国专家哈克尼先生等。外国专家参加指导学生设计竞赛，两次在国际大赛中获奖。学校建筑城规学院聘请的外国专家Adam J. T. Robarts，1993年获得四川省授予的"专家荣誉证书"，1994年获得国家外国专家局颁发的国家"友谊奖"。1997年建筑城规学院聘请的外国专家，Gwen Owens Wilson获国家"友谊奖"。学校的建筑经济与管理学科先后聘请长期专家5人，短期讲学专家20余人。1993年、1997年，曾获美国国家科学奖的结构大师、享誉世界的美籍华裔土木工程师林同炎教授两次来校，为师生作了题为《有创造性房屋及桥梁工程》等专题讲座。1994年国际著名岩石力学专家，学校名誉教授川本眺万先生来校介绍了世界先进的岩石力学领域信息。

世界高层建筑学会副主席、意大利空调制冷专家查理·杰尼克博士来校讲学时，不仅传授了先进的空调制冷技术和科技信息，还赠送了计算机及有实用价值的应用软件。从其赠送的"建筑节

能及建筑热工性能分析"的软件中吸取先进技术，加快了学校承担的国家自然科学基金研究项目"建筑热工性能分析及住宅热湿环境动态模拟"软件的研制。城市建设学院先后邀请荷兰代尔夫特技术大学生物化学工程系主任、教授Heijnen博士，代尔夫特技术大学市政工程系Graaf教授来校短期讲学。专家们开出"污水生物处理技术""废水处理新技术""废水处理综合观"等专题讲座，促进了部级科研项目"城镇污水处理与回用技术研究"和相关科研项目的完成。

1997年9月至2000年5月，学校先后邀请外国长期专家14名、短期专家95名来校讲学。这些专家来自美国、英国、澳大利亚、日本、荷兰等国家，有英国皇家特许建造协会常务副主席Michael A. Brown先生、英国利物浦大学Moss Madden教授、英国里丁大学房地产管理学院国际部负责人Roger Waterhouse先生、乌克兰基辅建工学院副院长Krivenk博士、日本国际知名学者川本胱万先生、荷兰代尔夫特技术大学J. B. M. Wiggers教授、英国非开挖技术协会副主席Ian Vickridge先生、澳大利亚昆士兰理工大学建筑环境工程学院院长张维麟教授等。

学校连续多年聘请外籍专家讲授建筑及城市规划学院高年级学生的专业课。美国专家托马斯和科瑞斯特任教"风景园林设计"等课程。1997年4月，由美国建筑院校联合会（ACSA）举办的国际建筑院校首届"康居住宅与环境"设计竞赛中，由外国专家威尔森女士参加指导的参赛作品"重庆北碚传统街区更新"和"重庆磁器口传统聚居组团改建"获得4个一等奖中的第一名和4个佳作奖中的第一名。1997年11月，在由全国高等学校建筑学学科专业指导委员会举办的全国大学生建筑设计竞赛中，重庆建筑大学获一等、二等、三等及佳作奖共9项，囊括了36项获奖作品的1/4。由外国专家参与指导的学生获得一个三等奖和两个佳作奖。1997年10月，学校教师和美国专家一同参加四川省自贡市方冲居住小区规划设计竞赛并获得一等奖。

1999年，学校分别邀请英国利物浦大学Moss Madden教授和英国里丁大学房地产管理学院国际部负责人Roger Waterhouse先生来校短期讲学。担任管理学院"建筑经济""西方会计"等教学工作的美国专家麦克尔，对该专业的硕士研究生、本科生进行了专业课程和专业英语的教学与培训。

邀请有20多年从事土木和结构工程咨询与设计工作经验的澳大利亚西悉尼大学的约翰·麦格特根先生来建筑城规学院和建筑工程学院任教并担任设计课的指导教师。

1997年9月，学校聘请在美国投资公司和银行工作了20多年的美籍华人蔡金兴先生来校任教，为社会科学系开设"投资学"和"证券学"两门课程。

1997年10月，再次邀请荷兰代尔夫特技术大学J. B. M. Wiggers教授来校短期讲学。

蓄冰空调关键产品及技术是国家"九五"攻关大项目建筑节能的三级课题，由中国建筑科学研究院与重庆建筑大学共同承担。学校邀请了国际能源项目负责人、德国节能专家Heiner Kluge先生和美国国家建筑法规与标准委员会副主席BobKelly教授来校短期讲学。

1998年学校邀请了英国、美国两位无沟渠技术学术组织的负责人Ian Vickridge和Raymond L. Sterling来校短期讲学，传播英国、美国等发达国家无沟渠施工技术的最新动态、学术成果等，促进了学校对该领域的研究。当时学校针对岩石地区进行的无沟渠技术研究在我国尚属首次。

1999年，日本大阪大学建筑系主任大野义照教授，来校作了题为"预应力结构抗震"与"日本阪神地震震害"学术报告，详细介绍了日本阪神地震中建筑物的典型破坏与成因，加深了师生对国外先进科学技术的了解。

1999年，学校国际建筑经济与管理研究中心与英国南岸大学等高校成立联合研究小组，就重庆推行住宅产业化展开研究。1999年12月，该项目第一阶段的工作开始，2000年，英国南岸大学的Howes教授来到重庆，与李世蓉教授对重庆市住宅产业化项目第一阶段的深入研究进行总结。

2. 坚持对外开放，形成国际合作交流新格局

学校先后同美国、芬兰、英国、德国、荷兰等国家的9所高等院校开展了多种形式的合作项目。其中与英国文化委员会的"重庆建筑大学中英合作建筑工程人员英语培训中心"，与芬兰赫尔辛基技术大学的合作研究、与英国曼彻斯特理工大学学术交流等项目均被列入国家之间的合作计划。

与英国文化委员会的合作项目。1993年，学校与英国文化委员会的合作项目"重庆建筑大学中英合作建筑工程人员英语培训中心"开始实施。英方为我校提供师资培训、赠送教学资料、计算机和复印机等各项资助，共计25万英镑，并在1994—1996年间，由英方提供经费，学校共派出6名青年教师赴英国学习一年，攻读硕士学位。

与芬兰赫尔辛基技术大学的合作研究。"地下住宅热功能改善研究"是国家自然科学基金会国际合作项目。学校建筑技术学科与芬兰赫尔辛基技术大学建筑结构工程与建筑物理实验室从1995年8月起，正式开展全方位合作。双方通过合作交流，优势互补，外方把科研与生产实际紧密结合，对实际中存在的问题超前研究，并将初步成果推向社会。

与英国曼彻斯特理工大学（UMIST）的校际交流。英国曼彻斯特理工大学土木及结构工程系Ian Vickridge于1996年来校访问及讲学。作了"BOT项目开发""维修技术""不开槽技术"专题讲座，介绍了国外较先进的管道不开挖技术。1998年，合作计划正式列入英国文化委员会的ALCS项目计划，获得英国文化委员会的经费支持。1996—2000年，Ian Vickridge先生先后7次来校访问讲学。1998年和1999年，曼彻斯特理工大学共两次邀请学校12人（次）赴英。英方帮助我国的非开挖技术协会成为国际非开挖技术协会的正式成员。

1994年，学校建筑技术博士点与英国里丁大学建设管理及工程系合作，聘请该系教授担任建筑技术学科博士研究生姚润明的合作导师，联合培养研究生。

1994年以来，学校每年邀请英国皇家特许建造学会（CIOB）负责人来访1～2次，举行讲座、学术活动和各种研讨会。同时，学校先后派出20人（次）访问英国的CIOB总部。

3. 继续走出国门，对外友好交往

1992—1997年，前往美国、英国、德国、芬兰等19个国家和地区参加学术会议、访问、考察、进修、学习94人次。其中参加国际学术会议30人次，合作科研7人次，访问、考察42人次，进修、攻读学位15人。派出人员以中青年业务骨干为主，还有在读的硕士和博士研究生。

1992年10月，梁鼎森率团一行5人应朝鲜平壤建设建材大学邀请访问朝鲜。1993年8月，应美国

耶鲁投资公司邀请，梁鼎森等4人前往美国出席与耶鲁投资公司关于在重庆合作开发房地产的签字仪式。

1993年5月31日—6月18日，以王公禄为团长，肖允徽、龙腾锐、丁济新为团员的学校代表团回访了乌克兰基辅建工学院，顺访了莫斯科建筑工程学院和敖德萨建筑工程学院，商谈了互派专家讲学以及合作科研、互派留学生和进修生事宜。

1993年9月17日—10月1日，以傅大勇为团长的建设部赴东南亚教育考察团前往新加坡、泰国、马来西亚，对三个国家的高等建筑教育管理体制、学校的专业与课程设置情况进行了考察。

1995年9月，应英国威尔士亲王建筑学院、英国里丁大学、德国汉诺威大学、德国斯图加特技术学院、法国高等理工学院5所院校的邀请，梁鼎森等5人出访了英国、德国、法国。达成了人员交流、合作研究等校际交流意向协议。

1996年9月15日—10月4日，应英国文化委员会邀请，党委书记肖允徽作为建设部直属高校校（院）长教育管理考察团团长率团赴英国访问考察。代表团先后考察访问了英国皇家建筑师学会、英国皇家特许营造师学会等4个学会，以及英国里丁大学、曼彻斯特理工大学等6所大学和5个公司。

1997—2000年，学校向16个国家和地区派出高级访问学者等各类人员142人（次），选派一批学科带头人和中青年教师参加了在13个国家和地区举行的国际学术会议，并多次组团出访。

1998年2月，祝家麟校长率团5人赴新加坡出席由新加坡国立大学和CIB共同举办的"亚洲建筑与环境会议"。祝家麟教授被邀请作为会议的国际科学委员会委员，同时也是该委员会12名委员中唯一的中国委员。

1998年2月，以罗固源副校长为团长的重庆市科委代表团应乌克兰国家建材局邀请赴乌克兰访问。代表团访问了乌克兰国家建材局、乌克兰建筑大学等机构和院校，就重金属废水处理等有关技术合作进行洽谈并签署了科研合作协议。

1998年7月3日至15日，祝家麟校长参加建设部部属高校校长教育考察团赴澳大利亚，对澳大利亚昆士兰理工大学、新兰威尔士大学等院校的建筑类学科的专业设置、课程体系、培养计划等情况进行了专题考察。

1998年8月，外事处处长乐勇、教务处处长刘东燕等6人按学校和英国曼彻斯特理工大学中英校际学术交流项目（ALCS）计划，对曼彻斯特理工大学进行了访问。

1999年8月3日至27日，由张四平副校长带队，相关院系、部、处的骨干教师共6人组成的代表团赴英国曼彻斯特理工大学访问。此次访问促进了"UMIST土木工程与中国文化——本科海外合作项目"在学校实施的相关准备工作。

2000年5月，应美国佐治亚州理工大学建筑学院邀请，祝家麟校长与外事处处长乐勇赴美国出席由国际组织CIB举办的"建筑教育与研究国际会议"，祝家麟在会上作了《建筑教育与中国高校管理体制改革》的报告。

4. 召开国际学术会议

学校在建筑学、市政工程、岩土工程、城市规划4个专业学术领域主办过国际学术会议。

1992年10月4日至11日，学校举办了第四次中国近代建筑史研讨会。会议中心议题为"重庆近代建筑发展概述""中国近代建筑历史""日本近代建筑历史研究介绍"等。会议收到论文52篇。有关单位还讨论了《中国近代建筑史纲》的编写问题。

1992年10月30日—11月4日，学校成功地主办了"卫生与环境工程"国际会议。

1993年2月，由学校建筑城规学院与麦吉尔大学联合举办的"城乡结合部住宅规划与设计国际学术研讨会"在学校召开。会议对学校与麦吉尔大学自1988年以来的合作项目《村镇低造价住宅研究》给予了高度的评价。会议产生了一定的社会影响，建设部叶如棠和周干峙副部长分别为大会题词，重庆电视台、中国市容报、中国建筑报、建筑学报、规划通讯、国外建筑科学对此次会议作了不同形式的报道。

1997年4月1日至4日，"岩石力学与环境岩土工程"国际学术讨论会在学校举行。会议对"岩土工程的新发展""岩土工程设计的新特点""环境岩土工程和岩土边坡"等学术问题进行了广泛交流。

1997年9月15日至17日，由中国科学院、建设部山地城镇与区域中心以及学校建筑城规学院主办的首届"国际山地人居环境可持续发展"学术讨论会在学校举行。会议共收到论文85篇，中国科学院、中国工程院院士、清华大学吴良镛教授出席会议并发表了重要讲话。联合国副秘书长、人居委员会主席道恩发来了贺电，联合国山地综合开发中心（ICLMOD）派代表参加了讨论会。与会者经过热烈讨论取得了共识，发表了《山地人居宣言》。

5. 积极开展与台、港、澳地区的合作与交流

管理学院与香港理工大学于1995年开始进行学术交流，至1997年9月，学校共派出4人（次）赴香港访问，并合作举办了硕士课程班。到2000年，已举办4期，毕业了2期。

建筑工程学院与香港大学、港府土木工程署合作开展项目"土钉墙支护技术在重庆滑坡治理中的应用研究"。1999年香港滑坡专家、学者多次来渝，指导土钉墙现场施工与监测。

2000年1月，材料科学与工程系蒲心诚教授、严吾南教授应我国台湾工业技术研究院能源与资源研究所邀请，赴我国台湾就"劣质资源——特细砂的开发与利用"和"高强与高性能混凝土技术"等内容进行短期讲学。

2000年4月，应香港大学土木工程系邀请，张四平副校长等5人赴香港，就香港、重庆两地危岩滑坡防治与研究进行学术交流。

6. 招收境外学生

1997年，学校正式将港、澳、台学术交流纳入外事处工作范围（两块牌子一套班子），申请获得了招收港、澳、台学生的资格。

1998年9月后，学校接收来自日本、芬兰、美国、澳大利亚等国和中国香港、中国台湾地区的学生共13名，其中长期生7名、短期生5名。

2.5 教师风采

吕少怀（1903—不详），男，教授。1936年日本东京高等工业学校（今东京工业大学）建筑科毕业。1952年任重庆土木建筑学院建筑系教授，西洋建筑史教育教学的开创者和早期负责人之一。

李海文（1904—1955），男，机械工程专业专家、教授。重庆土木建筑学院首任院长。1936年毕业于国立北洋大学机械工程系，1933年留学美国俄亥俄州立大学，获机械工程硕士学位。重庆土木建筑学院创始人之一。

唐璞（1908—2005），男，教授。第三届全国人大代表。1934年中央大学建筑系毕业。曾任西南建筑设计院总建筑师、四川省土木建筑学会副理事长，曾应邀参加北京十大建筑会审工作。1981年任建筑系系主任。获英国皇家科学院荣誉博士。

辜其一（1909—1966），男，教授。四川省政协委员。1932年中央大学建筑科毕业。1955年调入重庆建筑工程学院，曾任建筑系主任，是建筑史学的奠基人之一。著有《中国建筑史》等，所著《中国古代建筑简史》获建设部科技进步一等奖。

李川河（1909—1999），男，教授。毕业于北洋大学，我国著名的土木工程专家。曾任重庆建筑工程学院教务长、副院长。1955年在第一汽车制造厂成功解决塔式起重机运行转弯技术问题，为当时国内首创。

马如骥（1913—2002），男，教授。1937年北平艺专西画系毕业。曾任重庆建筑工程学院建筑系美术教研室主任，是建筑美术教育的知名专家和油画、水彩画家。作品《夏》入选第七届中国水彩画大展。

李继华（1913—2005），男，教授。九三学社中央委员。1940年毕业于重庆大学土木系。曾任重庆建筑工程学院副院长、中国土木工程学会结构可靠度委员会主任。主编国家标准《建筑结构设计统一标准》，获国家科学进步奖二等奖。

徐步墀（1914—1977），男，1937年毕业于清华大学。是重庆土木建筑学院组建时期教授、数学教学小组组长，负责统筹全校高等数学课程教学、编写教学大纲和教材。

叶启燊（1914—2006），男，教授。1941年重庆大学建筑系毕业。1952年调入重庆建筑工程学院，曾任建筑历史与理论教研室主任，重庆市建筑学会副理事长。总结提炼"巴蜀建筑营建十二法"。著有《四川藏族住宅》等，参编《中国古代建筑技术史》等。

吴惠弼（1915—2006），男，教授。民盟四川省委常委。1942年毕业于重庆大学土木系。1944年获密执安大学土木工程和伊利诺大学结构工程硕士学位。重庆土木建筑学院首任土木系主任，是我校结构工程学科奠基人之一。主编全国高等学校统编教材《钢结构》，参编国家标准《钢结构设计规范》获国家计划委员会工程建设优秀国家标准规范二等奖。

叶仲玑（1915—1977），男，副教授。1942年中央大学建筑系毕业，1949年美国堪萨斯州立大学建筑学硕士。1952年重庆建筑工程学院首任建筑系主任，是建筑系奠基人和建筑教育家之一。中国建筑学会首届理事。编著《建筑标准制式图集》《中国建筑营造法》等。主持设计重庆国泰电影院。"武汉长江大桥桥头堡建筑方案设计竞赛"获甲等奖。

陈惟时（1915—2007），男，教授。1944年重庆大学土木工程系本科毕业。参与创办我校建材专业，参编1981版《混凝土学》，编写教材多本。1978年获得四川省重大科研成果奖。

杜少岚（1916—1996），女，教授。1941年毕业于重庆大学建筑系。四川省劳动模范。曾任建筑制图教研室主任、四川省工程图学学会常务理事、重庆市工程图学学会副理事长。

雷汝扬（1916—1966），男，美国麻省理工学院博士毕业后担任副研究员，1947年回国到重庆大学任教，1953年任重庆土木建筑学院副教务长、卫生工程系主任。

鲁承宗（1917—2011），男，教授。民盟中央委员，1941年毕业于西北工学院。1952年到重庆建筑工程学院任教。四川省、重庆市政协委员，创办凉山大学并任校长6年。曾被授予"全国民族团结进步先进个人"称号，获"四川省普通高校优秀教学成果一等奖"。

周谟仁（1917—1992），男，教授。1939年武汉大学土木工程系毕业。1952年到重庆土木建筑学院工作。主编高等学校统编教材《流体力学泵与风机》《英汉给水排水工程词汇》，翻译苏联教材《水利学》。

秦文钺（1918—2001），男，教授。1941年毕业于中央大学，1945年硕士毕业于美国密执安大学研究生院。钢筋混凝土领域著名专家，曾任重庆建筑工程学院土木系副系主任，1966年牵头参加编制国家标准《混凝土结构设计规范》，曾主译上百万字的外国教材。

肖执中（1918—不详），男，教授。民盟盟员，1944年毕业于武汉大学。曾任重庆建筑工程学院工程地质教研室、实验室主任、中国建筑学会工程勘察委员会委员、重庆市人大代表、市政协委员、中国地质学会重庆分会理事长。

黄忠恕（1918—1983），男，教授。1943年重庆大学建筑系毕业。1952年调入重庆建筑工程学院，曾任建筑系主任。其主持设计的"重庆山城宽银幕电影院"被评为"建国40年重庆十佳建筑"，曾获四川省科技进步二等奖。

赵长庚（1920—1998），男，教授。1946年中央大学建筑系毕业。1952年调入重庆建筑工程学院，是城市规划与风景园林专业的开创者之一，著有首部西蜀园林研究专著《西蜀历史文化名人纪念园》。曾主持和参与合川钓鱼城风景名胜区、都江堰历史文化名城保护规划等。

朱可善（1920—2015），男，终身教授。1943年毕业于中央大学土木工程专业。1945年获美国加州伯克利大学土木工程硕士学位。曾任中国岩石力学与工程学会首届、第二届常务理事，国际岩石力学与工程学会会员。曾任《岩石力学与工程学报》编委。

廖祖裔（1922—2009），男，教授。1945年中央大学建筑系毕业。连续五届任四川省政协委员，第一届重庆市建筑师协会理事长。1957年调入重庆建筑工程学院，曾任工业建筑教研室主任，是工业建筑设计与教学领域的知名学者。

徐家宝（1923—2007），男，教授。1947年云南大学土木工程系本科毕业。参与创办学校建材专业，组织建立西南地区首个建材实验室。1984年发起组建"全国高校建筑材料教学研究会"，并担任首届理事长。

谢元运（1924—2011），男，教授。1947年本科毕业于重庆大学电机系。1952年到重庆建筑工程学院任教。曾任重庆建筑工程学院机电系主任、辽宁建筑工程学院院长等职。

喻志刚（1924—2014），男，教授。1949年本科毕业于重庆大学机械系。1954年到重庆建筑工程学院任教。曾任重庆建筑工程学院机电系主任，参加项目获全国科学大会奖。

陈启高（1925—2011），男，教授。1951年贵州大学数理系毕业。1954年调入重庆建筑工程学院，创建全国首个建筑物理专业以及全国首个建筑技术科学博士点。曾任国务院建筑学科评议组成员、中国建筑学会建筑物理分会主任。主编《建筑热物理基础》等。

赵镇浩（1925—2012），男，教授。1949年同济大学毕业。科研专长是"石灰-砂加气混凝土"，1979年获重庆市重大科技成果奖；"矿渣硅酸盐水泥"获得四川省重大科技成果三等奖。曾获煤炭部科学技术进步特等奖。

余卓群（1926— ），男，教授。全国教育系统劳动模范、全国优秀教师。1951年重庆大学建筑系毕业。1952年调入重庆建筑工程学院。曾任重庆市建筑师学会理事长、全国高校建筑学专业教育评估委员。获中国建筑学会建筑教育奖。专著有《建筑设计理论》等。

罗裕锟（1926— ），男，教授。1951年重庆大学建筑系毕业留校。1952年调入重庆建筑工程学院。曾任工业建筑教研室主任、重庆建筑工程学院海南设计院院长及总建筑师。主持参与设计西南大学文学院。著有《厂房建筑设计》等。

魏明钟（1926—2004），男，教授。1951年毕业于重庆大学土木系，曾任重庆建筑工程学院建工系系主任。1992年获冶金部科技进步一等奖、1993年获四川省科技进步一等奖、1995年获得国家科技进步三等奖。出版著作《钢结构设计手册》。

王正霖（1927— ），男，教授。1951年毕业于西南工业专科学校土木系。曾获四川省科技进步三等奖、国家科技进步二等奖、建设部科技进步一等奖、教育部科技进步二等奖、重庆市科技进步二等奖等。主编出版著作《预应力结构设计及实例》。

刘南科（1927— ），男，教授。1951年毕业于重庆大学土木系。曾任重庆建筑工程学院副院长。曾获建设部科技成果一等奖、四川省科技进步二等奖等。撰写出版教材《钢筋混凝土超静定结构计算规律》。

朱敬民（1928—1989），男，教授。1953年毕业于重庆土木建筑学院土木系。历任中国力学学会理事、中国力学学会岩土力学专业委员会委员、中国岩石力学与工程学会理事、中国土木工程学会隧道学会理事。

夏正中（1928—2011），男，教授。1950年毕业于北洋大学土木工程专业。曾任重庆岩石力学与工程学会理事长、全国土力学与基础工程协会理事、全国隧道及地下工程学会理事。曾获中央建工部建研院先进工作者、省科研三等奖等。

孙慧修（1928— ），男，教授。中国水业终身成就奖获得者。1956年哈尔滨工业大学研究生毕业到重庆建筑工程学院任教，曾任城建系系主任、重庆环境科学学会理事长。获国家科技进步三等奖，《排水工程》获建设部高校优秀教材二等奖。

　　夏正中（1929—2003），男，教授。1953年毕业于重庆建筑工程学院建筑结构专修科。曾任钢木结构教研室主任。曾获国家科技进步二等奖、建筑部科技进步一等奖，出版教材《钢结构》，主编出版著作《工业厂房钢结构设计手册（第二版）》。

　　黄绍胤（1929—2008），男，教授。1952年毕业于川北大学土木系。曾获四川省科技进步二等奖，主编国家标准《木结构设计规范》。主编出版著作《建筑结构资料集—木结构篇》《木结构设计手册（第二版按GBJ 5-88）》。

　　周光埙（1929—2014），男，教授。民盟盟员，全国优秀教师。1951年毕业于华西协和大学数理系，曾任凉山大学校长、重庆市人民政府参事、四川省政协委员。

　　卢小荻（1930—2018），男，教授。建设部先进科技工作者。1956年清华大学建筑学本科毕业分配到重庆建筑工程学院。曾任民用建筑教研室主任、中国建筑学会理事。主持项目获四川省科技进步二等奖。编著有《民用建筑设计原理》《旅客站建筑设计》等。

　　洪昌银（1929—2017），男，教授。1953年本科毕业于重庆建筑工程学院土木系后留校。主研项目"全液压汽车起重机"获全国科学大会奖。获四川省普通高等学校第一届优秀教学成果二等奖。

　　杨光璿（1930—），男，教授，博导。1952年重庆大学建筑学本科毕业。莫斯科建筑学院建筑光学研究生、副博士学位。1961年到重庆建筑工程学院，是建筑光学领域主要开拓者之一。参编全国首个建筑物理教学大纲，主持"中国光气候研究"项目获国家科技进步三等奖。

　　唐俊昆（1930—），男，教授。1951年成都艺专建筑系毕业留校，1952年调入重庆建筑工程学院。后赴深圳主持设计并创办重庆建筑工程学院深圳华渝建筑师事务所。著有《现代民用航空站建筑设计》。

　　周仕祯（1930—2009），男，教授。1953年毕业于武汉大学土木系，1957年硕士毕业于哈尔滨工业大学结构工程专业。主编出版著作《建筑结构资料集——木结构篇》；参与编制国家标准《木结构试验方法》。

　　廖远明（1930—），男，教授。1953年毕业于重庆建筑工程学院工民建专业。曾获教育部科技进步二等奖。著有教材《建筑图》《建筑图习题集》《建筑设计制图》等。

　　郭文博（1930—），男，教授。1957年哈尔滨工业大学研究生毕业到重庆建筑工程学院任教，曾任四川省煤气协会董事长。获国家科技进步三等奖、全国"五一"劳动奖章。全国优秀科技工作者。

　　姚雨霖（1930—），男，教授。留学苏联莫斯科古比雪夫建筑工程学院，1964年获副博士学位后到重庆建筑工程学院任教。曾任全国过滤技术研究会理事长。获国家科技进步三等奖。建设部先进科技工作者。

　　何征（1930—），男，教授。建设部劳动模范，1954年北京大学研究生毕业。曾任中国城科会城建经济委员会常委、全国经济专业技术资格考试大纲编写委员会委员。

卢忠政（1931—2020），男，教授。1953年重庆土木建筑学院毕业。曾任重庆建筑工程学院院长、中国建筑学会理事、全国建筑施工与管理专业指导委员会主任委员。主持项目"400吨塔桅起重机"曾获全国科学大会奖。获四川省科技进步奖2项。

邵俊仪（1931—2021），男，教授。1953年同济大学建筑系毕业。1957年南京工学院研究生，师从刘敦祯先生，毕业分配到重庆建筑工程学院，参编《中国建筑技术史》《中国美术全集》。所著《中国古代建筑简史》获建设部科技进步一等奖。

陆震纬（1931—2017），男，教授。1957年清华大学研究生毕业分配到重庆建筑工程学院。曾任室内设计教研室主任，国内最早的《室内设计》杂志创办人之一。曾获中国建筑学会建筑创作大奖（1949—2009）。主编教材《室内设计原理》。

邓平（1931— ），男，教授。1953年四川美术学院（原西南人民艺术学院）毕业。1980年调入重庆建筑工程学院，曾任美术教研室主任。作品获东北三省、吉林省美展一等奖。

王铁荪（1931—1993），男，教授。1956年清华大学研究生毕业后到重庆建筑工程学院任教。曾任重庆建筑工程学院机电系系主任，参编了《工程机械液压传动》《工程机械液压与液力传动》等教材，1989年获四川省普通高等学校第一届优秀教学成果二等奖。

蒲心诚（1931—2021），男，教授。1952年进入重庆土木建筑学院工民建专业学习，留学苏联列宁格勒建筑工程学院，获副博士学位。在碱矿渣混凝土、超高强高性能混凝土等领域作出了突出贡献。其专著《高强高性能混凝土》版权输出在英国出版。

刘中和（1931— ），男，教授。1954年东北工学院本科毕业。1957年同济大学研究生毕业分配至重庆建筑工程学院，曾任基础系主任。曾获建设部优秀教育工作者。主持研究的"地下宇宙线的观测和研究"为1978—1985年全国自然科学学科规划项目。曾获国家自然科学奖三等奖。

漆德琰（1932— ），男，教授。1955年鲁迅美术学院毕业。1979年调入重庆建筑工程学院。曾任美术教研室主任、中国水彩画学会理事、重庆水彩画学会会长。作品获全国美展优秀作品奖、中国水彩画大展"金马奖"。主编教材《建筑美术》获建设部建筑类优秀教材奖。

刘建荣（1932—2019）男，教授。1955年重庆建筑工程学院工民建专业本科毕业。1961年调入重庆建筑工程学院，曾任建筑技术教研室主任，全国高校建筑技术专委会副主任。主编国家规划教材《建筑构造》《房屋建筑学》，编著《高层建筑设计与技术》。曾获国家级教学成果二等奖。

王金海（1932—2000），男，教授。1958年毕业于重庆建筑工程学院工民结专业，1962年研究生毕业于清华大学流体力学专业。曾任重庆建筑工程学院建工系党总支书记。曾获建设部科技进步二等奖。

刘荣光（1932— ），男，教授。全国优秀教师，1957年清华大学毕业到重庆建筑工程学院任教。曾获评四川省先进科技工作者。

罗运湖（1933—2015），男，教授。1956年重庆建筑工程学院建筑学本科毕业留校。曾任公共建筑设计教研室主任、中国建筑学会医院建筑专委会委员。主持设计三医大烧伤医疗中心等。

谢德安（1933—），男，教授。1958年重庆建筑工程学院工民建专业本科毕业留校。曾任重庆建筑工程学院副院长、中国声学学会理事、四川省声学学会副理事长。曾主持峨眉电影制片厂混合录音棚的声学设计。参与的设计获中国建筑学会建筑创作大奖（1949—2009）。

黄求顺（1933—2002），男，教授。1954年湖南大学工业与民用建筑工程专业本科毕业。曾获得建设部科技进步一等奖2项以及重庆市科技进步三等奖，出版专著《边坡工程》。

田胜元（1933—），男，教授。1957年哈尔滨工业大学研究生毕业到重庆建筑工程学院任教。曾任中国制冷学会空调专业委员会委员，获国家科技进步三等奖、高校优秀教材二等奖。

马道文（1933—），男，副教授。1957年昆明工学院机械系本科毕业后到重庆建筑工程学院任教。长期担任建筑机械教研室主任。参研的"400吨塔桅起重机"获全国科学大会奖。

朱昌廉（1934—），男，教授，博导。全国优秀教师，1957年同济大学建筑学本科毕业分配到重庆建筑工程学院。主编国家规划教材《住宅建筑设计原理》获教育部优秀教材二等奖。参研项目获建设部科技进步三等奖。参加设计被评为"建国40年重庆十佳建筑"。

吴德基（1934—）男，教授。四川省教书育人先进工作者、重庆市优秀教师。1957年同济大学建筑学本科毕业分配到重庆建筑工程学院。曾任建筑系系主任。主持的设计（排名第二）被评为"建国40年重庆十佳建筑"。知名观演建筑专家，著有《电影院建筑设计》等。

徐思淑（1934—），男，教授。全国优秀教师。1959年重庆建筑工程学院建筑学本科毕业留校。组建城市设计研究室，编著《城市设计导论》，著有《山地城镇规划设计理论与实践》等。

杨嵩林（1934—），男，教授。1959年重庆建筑工程学院建筑学本科毕业留校。曾任建筑历史与理论教研室主任，建筑系党总支书记。曾获四川省教学成果二等奖。

白佐民（1935—），男，教授。1957年西安冶金建筑学院建筑学本科毕业分配到重庆建筑工程学院，曾任建筑系系主任。曾任中国建筑学会理事，《建筑师》杂志编委。主持设计重庆歌乐山烈士陵园。后派任重庆建筑工程学院海南建筑规划设计事务所所长、总建筑师。

梁鼎森（1935—），男，教授。重庆建筑工程学院院长、重庆建筑大学首任校长。1959年重庆建筑工程学院建筑学本科毕业留校。曾任重庆市土木建筑学会理事长。曾获中国建筑学会建筑创作大奖（1949—2009）、"建国40年重庆十佳建筑"、获首届国家级优秀教学成果奖。

罗培（1935—）男，教授。1957年西安冶金建筑学院建筑学本科毕业分配到重庆建筑工程学院。曾任建筑设计教研室主任、建筑系副系主任。在山地建筑设计、旅馆设计领域有较高造诣。主持参与设计重庆会仙楼宾馆、重庆市人民政府大楼、成都海峡大厦等项目。

尹培桐（1935—2012），男，教授。1959年重庆建筑工程学院建筑学本科毕业留校。曾任建筑历史与理论教研室主任，中国建筑学会建筑理论与创作学术委员会委员。国内知名的建筑理论研究专家。译著有《外部空间设计》《街道的美学》《建筑心理学》等。

黄光宇（1935—2006），男，教授，博导。1959年重庆建筑工程学院建筑系本科毕业留校。曾任建设部山地城镇与区域研究中心主任、全国城市科学研究会理事长、国务院学科评议组成员、全国高校城市规划专指委副主任等。"山地生态城镇规划与设计关键技术"获国家科技进步二等奖、"结合多山国情，办出城市规划专业特色"获国家级教学成果二等奖。

黄天其（1935—），男，教授，博导。1959年哈尔滨建筑工程学院工民建专业本科毕业，1980年调入重庆建筑工程学院。"结合多山国情，办出城乡规划专业特色"获国家级教学成果二等奖，参与项目获国家科技进步二等奖。论著《价值观念与城市设计》。

白绍良（1935—），男，教授。1960年德国德累斯顿技术高等学校结构工程专业毕业，获Diplom-Ingenieur学位。曾任重庆建筑大学建筑工程学院院长。曾获国家科技进步二等奖等，编著教材《钢筋混凝土及砖石结构》，主编《混凝土研究报告选集》。

胡振瀛（1935—），男，教授。1958年毕业于重庆建筑工程学院工民结专业。曾任地下建筑与基础工程设计研究所所长、《地下空间》杂志主编。曾获得四川省科技进步二等奖。

侯雪岩（1935—），男，教授。1960年毕业于莫斯科建筑工程学院工民建专业。曾任九三学社重庆市委副主任委员、重庆市人大常委。曾获评四川省优秀教师。

毛鹤琴（1935—2014），男，教授。1957年重庆建筑工程学院毕业。曾任重庆建筑大学管理工程学院院长、建设部重庆管理干部培训中心主任、建设部全国高等学校工程管理专业指导委员会主任委员。编著的《运筹学》《建筑施工》获建设部优秀教材二等奖和三等奖。

窦家珍（1935—），女，教授。1957年重庆建筑工程学院毕业。曾获建设部"计算机辅助概预算系统（V3.0）"一等奖、电子工业部优秀软件奖、四川省优秀软件二等奖。

段文泽（1935—2019），男，教授。1958年毕业于莫斯科动力学院热物理专业。1980年到重庆建筑工程学院机电系任教，专著《电气传动控制系统及其工程设计》获电子工业部二等奖。

蒋聚桂（1935—2011），女，教授。1956年重庆建筑工程学院土木系本科毕业。1981年获评重庆市"三八红旗手"。1989年获四川省首届优秀教学成果二等奖。

夏义民（1936—），男，教授。1959年重庆建筑工程学院建筑学本科毕业留校。1987年创办风景园林专业。曾任建筑系系主任，重庆市风景园林学会理事长、全国高校风景园林专业指导组成员。曾获重庆市风景园林学会终生贡献奖。曾获四川省科技进步二等奖。专著有《建筑小品实录》《园林建筑设计》《川境长江三峡风景名胜区旅游资源的开发与利用》。

任周宇（1937—），男，研究员、高级城市规划师。1958年同济大学建筑系本科毕业到重庆建筑工程学院。曾任重庆建筑工程学院副院长，《高等建筑教育》主编。曾获省优秀教学成果二等奖。

李再琛（1937—1987），男，教授。1964年天津大学建筑学硕士毕业到重庆建筑工程学院。曾任建筑系主任，其《建筑学专业体系化改革》获首届国家级优秀教学成果奖。在全国首创《乡土建筑设计》系列课程，倡导创办全国首个学生刊物《建辛》。

周银河（1937—2019），男，教授。1960年毕业于重庆建筑工程学院工民建专业。曾任重庆建筑大学建筑工程学院党委书记。曾获四川省优秀教学成果二等奖。

何万钟（1937—），男，教授。全国人大代表，建设部有突出贡献中青年专家。1957年重庆建筑工程学院毕业。曾任重庆建筑工程学院建筑工程管理系主任、全国高等学校建设工程管理学科专业指导委员会主任委员、中国建设监理协会副会长。

杨文柱（1937—），男，教授。1961年重庆建筑工程学院本科毕业留校任教。曾担任重庆建筑大学建筑安装工程系主任、中国安装协会理事。编著《机械设备安装工程施工验收规范》《机械设备起重工作手册》，出版的《设备安装工程》被评为建设部优秀教材。

万钟英（1938—1995），男，教授。1961年重庆建筑工程学院建筑学本科毕业留校。曾任建筑系系主任、建筑城规学院院长。重庆市建筑师学会理事长。著有《日本城市中的现代商业空间》等。在任期间带领师生以优秀等级通过首轮全国建筑学专业教育评估。

熊德生（1938—2014），男，教授。1964年重庆建筑工程学院城市规划本科毕业留校。曾任全国村镇研究会理事，主研项目获建设部科技进步三等奖，曾获国家级教学成果二等奖。

卢铁鹰（1938—），男，教授。1960年毕业于重庆建筑工程学院工民建结构专业。曾任重庆建筑大学工程建设质量监测中心主任、结构实验室主任。曾获国家科技进步三等奖。

邓荣森（1938—），男，教授。1966年哈尔滨工业大学给水排水专业研究生毕业到重庆建筑工程学院任教。发明一体化氧化沟技术，获国家科技进步三等奖、建设部科技进步一等奖。

郑泽根（1938—），男，教授。民盟中央常委，1963年吉林大学化学系毕业到重庆建筑工程学院任教，曾任基础系主任，测试分析中心主任。第九、十届全国政协委员。

章孝思（1939—），男，教授。1961年重庆建筑工程学院建筑学本科毕业留校。《开创高层建筑防火新课程》获国家级教学成果二等奖。出版专著《高层建筑防火安全设计》。

雷春浓（1939—），男，教授，博导。重庆市政府参事，1964年重庆建筑工程学院建筑学本科毕业留校。曾任建筑设计教研室主任。"高层建筑设计"课程获建设部优秀课程奖。

肖允徽（1939—2019），男，教授。第九届全国人大代表，1961年毕业于重庆建筑工程学院工民建专业。曾任重庆建筑大学党委书记。曾被评为"九五期间建设部优秀教育工作者"，主编普通高等教育"十一五"国家级规划教材《结构力学》。

龙腾锐（1939—2017），男，教授。1965年清华大学给水排水工程专业研究生毕业后到重庆建筑工程学院任教。全国优秀教师。国家有突出贡献中青年专家。曾任重庆建筑大学城市建设与环境工程学院院长。获国家科技进步三等奖、教育部科技进步一等奖。

林芳辉（1939—2013），男，教授。1960年武汉城市建设学院毕业。在建材热工学方面成果突出，1985年获国家科技进步二等奖，1986年评为国家有突出贡献中青年专家。兼任重庆市硅酸盐学会理事长、水泥制品专业委员会主任。

陈永昌（1940—），男，教授，博导。1961年重庆建筑工程学院建筑学本科毕业留校。曾任室内设计教研室主任，《室内设计》杂志副主编，获四川省科技进步二等奖。

周基岳（1940—），男，教授。1961年毕业于重庆建筑工程学院工民建专业。曾获得建设部科技进步一等奖、四川省科技进步二等奖等。

吴德伦（1940—），男，教授。1964年毕业于重庆建筑工程学院建筑力学专业，1982年获墨西哥国土自治大学副博士学位。曾任国家教委工科力学课程教学指导委员会委员。曾获国家教委优秀教材二等奖等。

李必瑜（1942—），女，教授。重庆市教学名师，国家级精品课程《房屋建筑学》负责人。1965年重庆建筑工程学院建筑学毕业留校，曾任建筑技术教研室主任。获国家级教学成果二等奖、中国建筑学会建筑教育奖。主编四川省《蓄水覆土种植屋面工程技术规范》。

李唐宁（1942—），男，教授。1964年毕业于重庆建筑工程学院工民建专业。曾获教育部科技进步二等奖、重庆市科技进步二等奖等。

陈山林（1942—），男，教授。1965年兰州大学固体力学专业本科毕业，1981年清华大学固体力学硕士研究生毕业，师承钱伟长教授。国家有突出贡献中青年专家。1985年获四川省科技进步二等奖。

祝家麟（1943—），男，教授。国家有突出贡献中青年专家，有突出贡献留学回国人员。1966年北京大学数学力学系毕业，1982年巴黎第六大学博士。曾任重庆建筑大学校长、重庆大学党委书记、重庆市科协主席，教育部直属高校巡视组长。中共十六大代表。

廖光亚（1943—），男，教授。国家有突出贡献中青年专家。1967年重庆大学热能动力专业本科毕业后到重庆建筑工程学院工作。获国家发明专利3项，研制的20多种三维内、外肋管换热器都属国内首创。

陈仲林（1944—），男，教授，博导。1970年毕业于清华大学，1981年重庆建筑工程学院建筑技术科学硕士毕业留校。获中国照明学会教育科研特殊贡献奖。

罗固源（1944—），男，教授。重庆建筑工程学院硕士研究生毕业，1983年到校任教。曾任重庆建筑大学、重庆大学副校长，全国环境工程专业教指委副主任、国务院学科评议组成员。

张来仪（1945—），女，教授。1968年毕业于重庆建筑工程学院工民建专业。重庆市优秀教师。曾获四川省优秀教学成果一等奖及二等奖，重庆市优秀教学成果一等奖及二等奖，主编国家"十一五"规划教材、"十二五"规划教材。

马武定（1946—），男，教授，博导。1981年同济大学硕士研究生毕业到重庆建筑工程学院，曾任副系主任。曾任全国高等学校城市规划专业指导委员会委员，中国城市规划学会理事。

戴志中（1948—），男，教授，博导。中国当代百名建筑师、重庆市勘察设计大师、四川省有突出贡献中青年专家。1982年重庆建筑工程学院建筑学专业毕业留校。获教育部自然科学二等奖、中国建筑学会建筑教育奖。

付祥钊（1948—），男，教授。1986年重庆建筑工程学院硕士研究生毕业。1982年到校任教。全国优秀教师。曾任重庆建筑大学城建学院副院长、教育部建环专指委副主任，获教育部科技进步二等奖。

张兴国（1951—），男，教授，博导。国家教学名师，1977年重庆建筑工程学院建筑学专业毕业留校。曾任建筑城规学院院长、国务院学科评议组成员。获国家级教学成果二等奖、国家优秀工程设计银质奖、国家科技进步二等奖、中国建筑学会建筑教育奖。

傅剑平（1953—），男，教授。曾任重庆大学土木工程学院党委书记，中国工程建设标准化协会混凝土结构专业委员会副主任委员。曾获得建设部科技进步二等奖等。

赵万民（1955—），男，教授，博导。重庆市"两江学者"，全国优秀科技工作者。1982年重庆建筑工程学院城市规划专业毕业留校。曾任建筑城规学院院长，国务院学科评议组成员。获教育部、住房和城乡建设部华夏建设科技进步奖一等奖3项。出版专著《三峡库区与人居环境建设》等。

魏宏杨（1955—），男，教授，博导。国家级精品课程《建筑构造》负责人。1978年重庆建筑工程学院建筑学专业毕业留校。曾任建筑城规学院党总支书记，建筑设计研究院院长。获国家级教学成果二等奖2项。参编四川省《蓄水覆土种植屋面工程技术规范》。

况平（1955—），男，1986年西南农业大学硕士毕业，1986—1998年任重庆建筑大学教师。政协十一届全国委员会委员，住房和城乡建设部资源与环境专委会和风景园林专委会委员。主编《重庆市风景园林志》。

张四平（1955—），男，教授。1982年毕业于重庆建筑工程学院工民建专业，1987年硕士毕业于重庆建筑工程学院岩土工程专业。曾任重庆建筑大学副校长、重庆大学常务副校长。曾获建设部科技进步一等奖、建设部有突出贡献中青年专家等称号。

戴国欣（1955—），男，教授。中国致公党重庆市委委员、政协重庆市委委员、中国钢结构协会理事。国家标准《建筑结构可靠度设计统一标准》和《钢结构设计规范》编制组主要成员。曾获国家科委科技进步二等奖、建设部科技进步一等奖。

任宏（1955—），男，教授。国家百千万工程人选。1981年重庆建筑工程学院毕业。曾任重庆建筑大学管理学院院长，住房和城乡建设部全国高等学校工程管理和工程造价专业指导委员会主任委员。曾获国家级教学成果二等奖3项等。

李百战（1957—），男，教授。全国优秀教师。1985年重庆建筑工程学院硕士毕业留校任教。曾任重庆大学城环学院院长、中国绿色建筑专委会副主任、教育部建环专指委副主任。获国家教学成果二等奖、国家科技进步二等奖。

汤桦（1959—），男，教授。中国当代百名建筑师，重庆市勘察设计大师。1982年重庆建筑工程学院建筑学本科毕业留校。获中国建筑学会建筑设计金奖、全国优秀勘察设计一等奖。

张永兴（1961—2013），男，教授。曾任重庆建筑大学土木工程学院院长。国家杰出青年科学基金获得者、建设部有突出贡献中青年专家、《地下空间与工程学报》主编，曾获国家科学技术进步二等奖、建设部科技进步二等奖，主编"十一五"规划教材2部。

钱觉时（1962—），男，教授。1992年同济大学博士毕业来校工作，项目"混凝土裂缝分龄期防治新材料和新技术及其应用"获国家科技进步二等奖，获省部级二等奖2项。

张川（1965—），男，教授。1988年毕业于清华大学建筑结构工程专业。1991年重庆建筑工程学院结构工程专业硕士，1994年结构工程专业博士。曾任重庆大学土木工程学院副院长。曾获建设部科技进步二等奖、四川省优秀教学成果二等奖、华夏科技进步奖。

2.6 附录

第3章

哈尔滨建筑大学发展概览

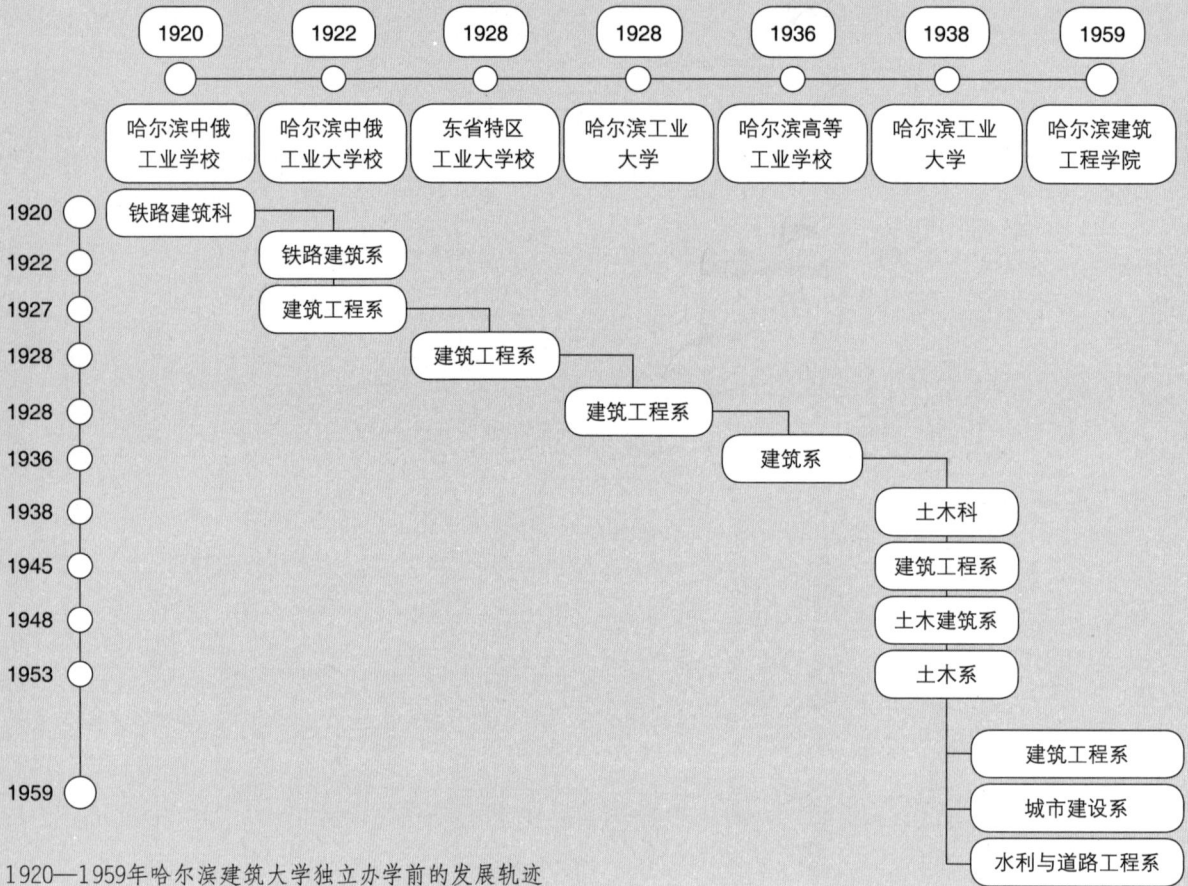

1920	1922	1928	1928	1936	1938	1959
哈尔滨中俄工业学校	哈尔滨中俄工业大学校	东省特区工业大学校	哈尔滨工业大学	哈尔滨高等工业学校	哈尔滨工业大学	哈尔滨建筑工程学院

- 1920　铁路建筑科
- 1922　铁路建筑系
- 1927　建筑工程系
- 1928　建筑工程系
- 1928　建筑工程系
- 1936　建筑系
- 1938　土木科
- 1945　建筑工程系
- 1948　土木建筑系
- 1953　土木系
- 1959　建筑工程系
- 　　　城市建设系
- 　　　水利与道路工程系

1920—1959年哈尔滨建筑大学独立办学前的发展轨迹

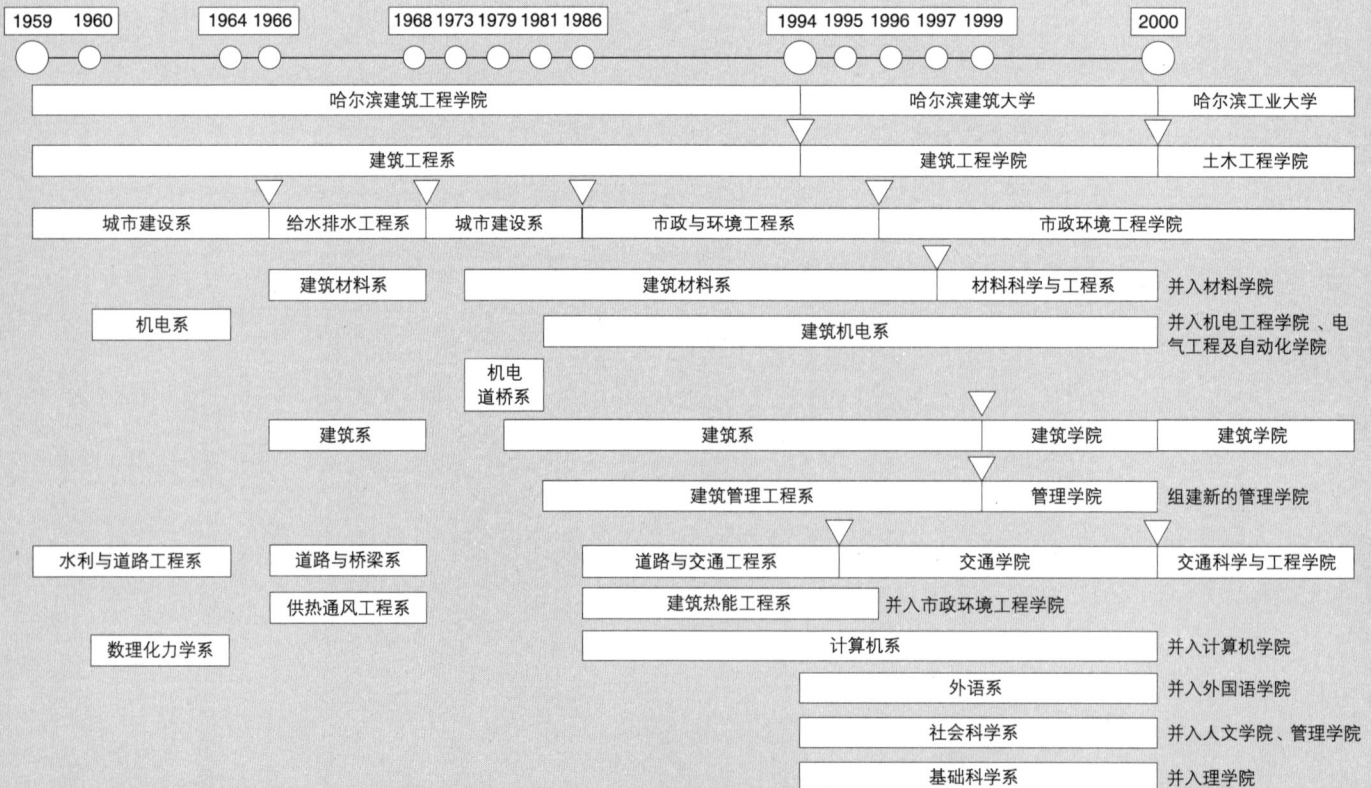

1959 1960		1964 1966		1968 1973 1979 1981 1986		1994 1995 1996 1997 1999		2000

哈尔滨建筑工程学院		哈尔滨建筑大学	哈尔滨工业大学
建筑工程系		建筑工程学院	土木工程学院

城市建设系	给水排水工程系	城市建设系	市政与环境工程系	市政环境工程学院

	建筑材料系		建筑材料系	材料科学与工程系	并入材料学院

机电系　　　　　　　　　　　　　建筑机电系　　　　　　　　　　并入机电工程学院、电气工程及自动化学院

机电道桥系

	建筑系		建筑系	建筑学院	建筑学院

			建筑管理工程系	管理学院	组建新的管理学院

水利与道路工程系	道路与桥梁系		道路与交通工程系	交通学院	交通科学与工程学院

	供热通风工程系		建筑热能工程系	并入市政环境工程学院

数理化力学系			计算机系	并入计算机学院

外语系　　　　　　并入外国语学院

社会科学系　　　　并入人文学院、管理学院

基础科学系　　　　并入理学院

1959—2000年哈尔滨建筑大学独立办学期间的发展轨迹

3.1　历史沿革

3.1.1　哈尔滨建筑大学沿革概览

哈尔滨建筑大学是在哈尔滨工业大学（简称哈工大）土木系（哈工大最早设立的两个系科之一）的基础上扩建的，独立办学期间经历了哈尔滨建筑工程学院（简称哈建工）和哈尔滨建筑大学（简称哈建大）两个阶段。

3.1.2　1920—1959年的历史沿革

哈尔滨工业大学创办于1920年，当时称为哈尔滨中俄工业学校，校址设在现哈尔滨市南岗区公司街59号，即现在的哈工大博物馆。

哈尔滨中俄工业学校设有铁路建筑科和电气机械工程科，学制四年，实行学分制，用俄语授课。其中的铁路建筑科，就是哈尔滨建筑大学的前身。铁路建筑科下设城市建筑、交通道路2个专业。

1922年4月2日，"哈尔滨中俄工业学校"更名为"哈尔滨中俄工业大学校"，学制为五年，招收中学毕业生。毕业生经考试委员会答辩合格，授予工程师称号。铁路建筑科改称为铁路建筑系，其培养目标为"交通工程师"。

1922年10月6日，科茨洛夫斯基任铁路建筑系主任。

1924年，首批铁路建筑科22名学生毕业并获得交通工程师称号，这也是哈工大的第一届毕业生。

1926年，学校组建了17个教研室，其中铁路建筑系设土地测量、建筑、桥梁、钢筋混凝土、铁路设备维修及车站划分、铁路勘测与设计和建筑、给水排水等7个教研室。

1927年，铁路建筑系改称为"建筑工程系"。根据城乡建设环境保护部教育局掌握的统计资料，这是我国最早的一个建筑工程系。科茨洛夫斯基继续担任建筑工程系主任。

1928年2月，学校改名为"东省特区工业大学校"，由东省特区政府和中东铁路局共管。同年10月，又更名为"哈尔滨工业大学"。此时的建筑工程系设置城市建设和重型建筑、交通道路2个专业。

1930年后，学校学制改为四年。建筑工程系分设道路交通、城市建设和结构工程等专业。

1930年2月27日，范其光任建筑工程系主任。

1935年10月，格里果洛维奇任建筑工程系主任。

1936年1月1日，学校更名为"哈尔滨高等工业学校"。此时学校设立6个系，其中有建筑系和建筑工程系，下设市政建设、交通建筑2个专业。格里果洛维奇继续担任建筑工程系主任。

1938年1月1日，学校又复名为"哈尔滨工业大学"。从此，"哈尔滨工业大学"的校名沿用至今。建筑工程系改称为土木科，下设土木、建筑2个专业，日本人大崎虎二任土木科负责人。从1938年至1945年，学校用日语授课。

1945年抗战胜利后，哈工大由中长铁路管理局领导，属中苏共管。1945年12月6日正式开课，学制五年，恢复俄语授课。土木科改称为土木建筑系，下设建筑（铁路、桥梁、涵洞）、铁路交通（铁路道路、通风采暖、上下水道、铁路勘探组）2个专业。

1946年，苏侨斯维利道夫任土木建筑系主任。

1950年6月7日，党中央就哈工大的办学方针专门给东北局发了电报。这封电报标志着哈工大的新生。因此，学校决定把6月7日定为哈工大的建校纪念日。

1950年10月，哈工大由中长铁路管理局正式移交。当时的哈工大设有土木、机械、电气工程、采矿、冶金、化工、铁路运输等7个系。1952年院系调整后，哈工大设有土木、机械、电机3个系。土木系设有2个专业：房屋建筑和卫生工程。全系共有学生146人，绝大多数是苏侨。苏侨斯维利道夫继续任土木系主任。

1951—1957年，哈工大先后聘请了5批共62位苏联专家和3名捷克斯洛伐克专家来校工作，其中土木系有12位苏联专家。在他们的帮助下，土木系获得迅速发展。

为加快学校建设，哈工大还通过高教部向兄弟院校聘请有教学经验的教授担任教学行政的领导工作。1951年9月，清华大学夏震寰教授受聘来哈工大担任土木系主任，学校同时任命1949年8月哈工大从清华大学招聘来的第一位中国专业教师陈雨波为土木系助理主任，并聘请苏联专家库滋民担任系顾问。

夏震寰在土木系工作一年后调回清华大学，由从燕京大学调来的李德滋副教授接任土木系主任，陈雨波任副主任，系顾问改由苏联专家特里丰诺夫担任。

1952年，在苏联专家指导下，哈工大首次在国内开设面向全国的建筑力学和结构工程等学科的研究生班。

1952年秋，土木系的专业名称逐步明确为：工业与民用建筑、工业与民用建筑结构、供热供煤气及通风、给水排水、水利工程。1953年，水利工程专业调整到大连工学院。1955年秋，工业与民用建筑和工业与民用建筑结构合并为工业与民用建筑。至此，工业与民用建筑、供热供煤气及通风、给水排水3个专业，就成为哈工大土木系学科专业发展的三大支柱。这三个专业都是全国同类专业中建立最早的。

1952年12月，为适应国家经济建设的发展和第一个五年计划的需要，哈工大开办了专修科。土木系开始有4个专业设有专修科，以后合并为工业与民用建筑一个专业。1954年9月，工业与民用建筑专修科的70名学生毕业，毕业答辩优良成绩的占89%。

1955年10月，根据党中央关于开展业余教育的批示，哈工大夜校部正式成立。共设3个专业。每周上课12学时，课外自习8学时，6年半毕业，基本上学完本科5年的课程。

土木系在1950年有水力学、建筑材料与力学2个实验室，另有一个测量仪器室。随着学校发展，在苏联专家帮助下，逐步新建了土力学、工程结构、建筑物理、建筑施工、给水排水、采暖通风、煤气等一批实验室。还新建了工程地质陈列室，并且充实和扩建了建筑材料及水力学2个实验室和测量仪器室。工程结构、采暖通风、给水排水3个实验室是全国同类实验室中最早建立的。

从1953年6月开始，苏联专家相继回国，土木系原有的苏侨教师绝大部分都已退休，不再担任教学工作。这时土木系各门主要课程基本由随专家学习的青年教师独立担任，改用中文教学，仍用俄文授课的只有极个别课程。1954年7月，哈工大将外校派来学习的一批研究生留校工作，充实师资力量，其中留土木系的有王光远、胡松林、张之凡、钟善桐、唐旭光、朱聘儒等。这些教学骨干留在学校，对土木系的发展起到重要作用。

1954年，土木系设立了党总支，陈毓英任总支书记。

1954年6月，哈工大试行组织学术委员会。校长李昌担任学术委员会主任委员，委员有50人，其中有土木系的李德滋、王光远、富延寿、张振铎、樊冠球、屠大燕、胡松林、唐尔焯等8人。补充委员时又增加了陈雨波、朱厚生、张之凡、蔡秉乾、郭骏等5人。

1955年与1956年，土木系李德滋、张之凡、周凤瑞等3人被学校选派到莫斯科建筑工程学院和列宁格勒建筑工程学院进修。在苏联做研究生的高伯扬、樊冠球、唐尔焯、张自杰、杜鹏久、路煜、张晓漪等7人也获得副博士学位。

1956年暑假前，供热供煤气及通风专业和给水排水专业有了第一届毕业生。这也是我国这两个专业的首届五年制的毕业生。国家考试委员会，苏联专家卡冈、约宁，波兰专家基谢认为，这两个专业和当年工业与民用建筑专业的毕业生，已接近了苏联和波兰的水平。

1957年2月，经高教部批准，哈工大与莫斯科鲍曼高等工业学校和莫斯科建筑工程学院建立直接联系，从此，土木系与莫斯科建筑工程学院关系更为密切，有关教研室和该学院在土木系工作过的苏联专家长期保持联系。

在教材建设方面，土木系从1952年起翻译了一批苏联的教科书和专家的讲义，这一工作对形成土木系各专业的教材起了决定性作用，也推动了全国同类专业的教材建设。

1957年，哈工大首次对全校教师评定了学衔，其中13名教师被授予副教授学衔，包括土木系的王光远、胡松林、陈雨波、张之凡等4人。

1958年3月，土木系的部分教师和毕业班学生成立了土建设计室。后来又正式成立了"哈工大共产主义土建设计院"和"哈工大共产主义建筑工程公司"，还成立了"城市规划研究室"。1958年9月15日，邓小平等中央领导来哈工大视察，参观了土木系的土建设计院。

根据国家需要，1958年暑假，土木系新设建筑学（六年学制）、河川枢纽及水电站水工建筑、道路与桥梁3个专业。并在新的形势下，筹备建立哈尔滨建筑工程学院。

1958年，陈瑞林任土木系党总支第一书记。

3.1.3 1959—1977年的历史沿革

1956年4月3日，高教部为建立哈建工向国务院第二办公厅写了专门报告。接着，哈工大校长李昌和建筑工程部办公厅主任陈永清为此进行了磋商。李昌校长在给高教部、第一机械工业部、建筑工程部写的信中，表示十分同意和支持以哈工大土木系为基础，建立哈建工。1956年6月，建筑工程部委派袁牧华为哈建工院长，并由袁牧华带领一批干部，到哈工大参加哈建工筹建工作。后因情况有变化，压缩基建战线，建院工作停止。

1958年哈建工的筹建工作又开始进行。8月下旬，建筑工程部派郭林军来哈尔滨进行联系。10

月，建筑工程部刘秀峰部长来哈尔滨参加东北地区基本建设协作会议，又与哈工大校长李昌商谈了分建学院的原则意见。11月下旬，建筑工程部正式委派郭林军为院长来哈尔滨开始筹建工作，接着又派来副院长李国栋和一批干部。

1958年12月12日，第一机械工业部、教育部、建筑工程部联合作出《关于哈尔滨建筑工程学院建院中若干问题的决定》，确定在哈工大土木系的基础上，扩大组建成为哈尔滨建筑工程学院。根据该决定，筹建哈建工的同志与哈工大的有关同志进行了积极协商，在人事、房产、图书和设备、财务管理等方面达成了书面协议，并于1959年3月起逐项办理移交手续，移交工作在1959年11月全部完成。

在与哈工大协商分建工作的同时，经中共哈尔滨市委批准，组建了中共哈建工党委，郭林军任党委第一书记。

在建筑工程部和黑龙江省委、哈尔滨市委领导下，在哈工大的大力支持下，学院筹建工作历时5个月基本完成。1959年4月30日下午，召开了全院师生员工大会，宣告哈建工正式成立。

哈建工建立时，全院有师生员工1944人。其中教师206人，包括教授2人、副教授6人、讲师37人、助教149人、教员12人；教辅人员74人；干部128人；工人94人；各年级学生1442人；党员172名。

原哈工大土木系有6个专业，哈建工建院之初又新设了3个专业，组成建筑工程、城市建设、水利与道路工程3系。建筑工程系有工业与民用建筑、建筑学、建筑力学及结构、混凝土与建筑制品4个专业；城市建设系有供热与通风、给水排水、城市与工业煤气3个专业；水利与道路工程系有河川枢纽及水电站水工建筑、道路与桥梁2个专业。

1959年5月17日，哈建工党委召开了建院后第一次党委会，研究了建院后的形势与任务，提出了"哈尔滨建筑工程学院关于当前工作的安排"意见。这是哈建工党委的第一个工作计划。

1959年6月15日，哈建工出版了《哈尔滨建筑工程学院学报》第一、二期合刊。

1959年9月，刘克屏到哈建工工作，任副院长。

1960年初，哈建工曾提出至1967年建成一个以建筑工程为主，包括理科和尖端专业的综合性万人建筑工业大学。在建院后一年时间内，本科专业就由9个迅速发展到20个，研究室也由4个发展到10个，并新建了数理化力学系和机电系。招收新生人数由1959年的431人增加到654人，全院学生人数达到1926人。还和哈尔滨市第一工程公司合办了一座业余政治大学，与市科协、建设厅等单位合办了哈尔滨业余建筑工程学院。

1960年4月，李秉钧来哈建工工作，任副院长。

哈建工建院之后，建筑工程部曾酝酿把学院搬往北京，因黑龙江省委不同意，1960年就确定继续在哈尔滨扩建发展。因而，在红旗大街临民航机场一带购买了一片菜地，着手规划建设新校舍，并首先开始建设学生宿舍。后因国家经济调整，新建校舍项目下马。

1960年6月，哈建工被列为中华人民共和国建筑工程部重点高校。

1960年，军委工程兵选拔了150名左右的学员委托哈建工代培。这些学员分别在建筑学、结构与施工（工民建）、采暖通风、给水排水、建筑制品、道路桥梁等专业学习。建筑学专业为六年制，其他专业为五年制。这些学院毕业后返回部队，成为一支重要的国防建设技术力量。

1961年2月，孙西歧任哈建工院长、刘克屏任党委副书记。

1961年初，学校开始贯彻执行"调整、巩固、充实、提高"的八字方针；10月，又开始学习、贯彻《教育部直属高等学校暂行工作条例（草案）》（简称《高教六十条》）。

在专业调整中，从1961年到1962年年底，先后把20个专业调整为8个专业。撤销了防护材料、放射性废水处理、无线电、电子学、自动化、数学、物理、化学、力学、建筑机械、地下建筑、建筑力学与结构等12个专业。

1961年下半年开始，哈建工改变了党委"一竿子插到底"的领导体制，党的领导权集中在学院党委，党总支对系里工作实行保证监督，在教师和学生中分别建立党支部。9月，成立了院务委员会，实行党委领导下的院务委员会负责制。建立和健全了各级的行政组织，充分发挥了它们的作用，同时党的工作和思想政治工作也逐步得到加强。

1961年底到1962年春，哈建工在教师中进行了评定职称的工作。但由于当时"左倾"错误的影响，讲师被批准晋升为副教授的仅1人，由助教晋升为讲师的68人。

根据中央关于大力安排生活和劳逸结合的指示，1961年冬哈建工先后调动4名较强的处科级干部和一批一般干部到总务、伙食部门工作，采取多种措施改善了伙食。对一些特殊需要，如病号、少数民族、华侨等也有了一定照顾。还在住房特别紧张的条件下，进行了调整，基本保证单身讲师每4人一间房，助教每6人一间房。逐步合理地安排了师生员工的工作、学习、劳动、休息和睡眠的时间，适当地开展了文体活动。

1962年春，哈建工成立函授部，开始了函授教育。函授部设立工业与民用建筑、采暖与通风、给水排水3个专业，在华北、东北地区招生，学制五年，执行本科教育计划。从1962年到1966年共培养函授生600名。

1962年4月27日至5月7日，哈建工召开了学院首届党员大会。大会选举刘克屏为党委副书记、李国栋为监察委员会书记。大会工作报告对建院以来的工作进行了全面的总结，明确指出了进一步在全院深入贯彻《高教六十条》的任务。

1962年，孙西歧任哈建工党委书记兼院长。

1962年5月，哈建工开始精简工作，并成立了精简领导小组，由孙西歧、刘克屏等9名同志组成。全院原有教职工人数为1002人，定编为720人。精简后实际减员120人。

因香坊新建校舍下马，香坊学生宿舍改为家属住宅。1962年11月，哈建工香坊学生宿舍9686m²工程完工，1964年10月，"建工之家"家属宿舍4512m²又交工。这两栋宿舍的建成，解决了100多户教职工的住房困难，一定程度上改善了教职工的居住条件。

1962年12月，哈建工5名研究生顺利通过答辩后毕业。

1963年，哈建工全院工资调整，升级人数为314人，占教职工总数的40%。

1963年6月，哈建工召开了学院第一届职工代表大会。大会选举刘克屏为第一届工会委员会主席，高士宏、屠大燕、朱聘儒、赵明瑜为副主席。

1963年10月，由施工、给排水、理论力学、材料力学等4个教研室开始试点，制订十年师资培养提高规划。11月，规划在各教研室全面铺开。规划于1964年完成。这次师资提高规划做得比较认真细致，对以后师资培养提高起到了良好作用。

1964年2月，李迈任哈建工党委副书记。

1964年春，河川枢纽及水电站水工建筑专业调到了华北水利电力学院。哈建工保留了工业与民用建筑、建筑学、供热与通风、给水排水、混凝土与建筑制品、城市煤气供应、道路工程等7个专业。这些专业组成建筑工程系和城市建设系。撤销了水利道路系、数理化力学系、机电系。成立了基础课委员会。设计院也调整停办。原来的10个研究室大部分陆续撤销，只保留了防护材料（玻璃钢）研究室和工业废水处理及放射性废水处理研究室。

1965年4月，李承文任哈建工党委书记兼院长。同年9月，王应慈任哈建工副院长。

1965年12月25日至27日，哈建工召开了第二届党员大会，会议选举李承文为党委书记，刘克屏、李迈为党委副书记，李迈为监察委员会书记。这次党员大会的主要内容和基本精神是贯彻以阶级斗争为纲，深入开展"教育革命"。大会上没有再提贯彻《高教六十条》，没有提以教学为主的原则。大会之后，学院开始更大规模地参加"四清"和"教育革命"运动。

为了适应新的形势，根据建工部的指示和解放军的工作经验，学院的组织机构进行了调整。新的机构于1966年1月6日正式开始工作。经过调整后，学院设立政治、教务、院务三个部。各系的设置也有所变动，共设建筑工程、建筑、给水排水工程、供热通风工程、建筑材料、道路与桥梁6个系，另设一个基础课委员会。

1966年3月，李天珉任学院党委副书记。

1966年初，哈建工和黑龙江省气象台签订协议，学院以给该局新建1500m²职工宿舍换取该局在西大直街189号地皮16300m²和几百平方米职工宿舍。1966年末双方兑现协议。

1968年2月，解放军"毛泽东思想宣传队"进驻哈建工。6月1日，成立院革命委员会，李承文任院革委会主任。8月28日龙江电工厂"工人毛泽东思想宣传队"进驻学院。10月中旬，将原来的6个系合并成建筑工程和城市建设两个系，并成立了系革命委员会。工军宣传队参加了院系两级领导班子。基础课委员会改称为基础部。

1968年11月，学院建立了通河"五七"干校，有部分教师、干部下放劳动。1969年5月，该干校撤销。

1969年11月，基础部教师到延寿县参加劳动，建立备战基地。12月，档案资料转移到延寿基地。根据上级有关指示，在清理档案材料时，学院除永久性人事材料和其他少数机密资料外，其余数十麻袋资料全部被销毁。许多有价值的档案资料损失殆尽。1970年4月，又将档案资料运回学院。延寿基地改办成农场，1980年撤销。

自1969年7月至1970年10月，学院有50多名干部、教师到黑龙江省合江地区集贤县和笔架山农场参加了"整党建党"工作。

1970年2月，哈建工党的核心小组成立，李承文任核心小组组长。同年6月，陈夫田任革委会副主任。

1970年初，哈建工103名教师、干部到农村插队落户。10月，黑龙江省革委会准备停办哈建工，学院再度陷入混乱。这前后有100多名教师调离学院，教师队伍遭到了严重破坏。

1972年3月和6月，郝力宁、李迈先后任学院革委会副主任。7月，孙西岐任学院党的核心小组组长兼革委会主任。

1970年，哈建工开始酝酿招收工农兵学员。1971年冬以后，逐步新建了玻璃钢、水泥、地下建筑、建筑机械、农村建筑5个专业。

1972年5月，哈建工工业与民用建筑、供热与通风、给水排水等3个专业招收了第一批工农兵学员共175名；1973年新增加招生的有玻璃钢、建筑机械、公路工程3个专业；1974年新增加招生的有建筑学、地下建筑两个专业；1975年新增加招生的有农村建筑专业；1976年新增加招生的有水泥专业。从1972年到1976年，共招收5届工农兵学员1506人。

1973年，哈建工成立了机电道桥系和建筑材料系。机电道桥系设建筑机械、道路与桥梁两个专业，建筑材料系设玻璃钢、水泥两个专业和一个铸石研究组。

1973年5月，黑龙江工学院土木建筑系22名教师并入哈建工，分配到有关教研室任教。同时，黑龙江工学院还拨来部分测量仪器等设备。

1974年秋季，彭云任哈建工党的核心小组组长兼革委会主任。

1975年3月11日至12日，哈建工召开第三届党员大会，会议选举彭云为党委书记，陈夫田为党委副书记。

“文化大革命”期间，哈建工多方面受到了严重破坏。

1977年，学院新建了自动化专业。

1977年5月，在“文化大革命”中被拆散的基础部和马列主义教研室相继恢复。基础课的恢复在全国高等学校中是最早的一批。

1977年11月，樊力任哈建工党委副书记。同年，赵景信任哈建工副院长。

3.1.4　1978—2000年的历史沿革

1978年1月，肖一舟任哈建工党委书记。

1978年3月，哈建工招收了“文化大革命”后恢复高考进入大学的第一届（1977级）本科生476名。招收专业共10个，建筑工程系有：工业与民用建筑、建筑学、地下建筑等3个专业；城市建设系有：供热与通风、给水排水两个专业；建筑材料系有：玻璃钢、水泥两个专业；机电道桥系有：建筑机械、自动化、公路工程等3个专业。

1978年6月，哈建工正式成立学术委员会。1979年12月经调整后，院学术委员会委员有35人，陈雨波任主任委员，赵景信、徐邦裕、王光远、李德滋任副主任委员。

1978年，哈建工恢复了煤气专业和建筑制品专业。

1978年8月，哈建工又招收了第二届（1978级）本科学生575名。招生专业共10个，建筑工程系有：工业与民用建筑、建筑学两个专业；城市建设系有：供热与通风、给水排水、煤气工程等3个专业；建筑材料系有：玻璃钢、水泥、建筑制品等3个专业；机电道桥系有：建筑机械、公路工程两个专业。

1978年，学院面向1977级和1978级两届新生，设立了6个师资班。其中数学师资班25人、化学师资班20人、物理师资班20人、政治课师资班14人、两期力学师资班共55人。这些师资班的毕业生，补充了有关基础课和马列主义教研室的师资力量。

1978年，哈建工恢复了研究生招生。这一年，结构工程、建筑设计、建筑历史、结构力学、供热与通风、给水排水及水质控制、建筑机械等7个学科招收二年和三年制研究生共44名。以后又逐年增加了招生学科和人数。

1979年，学院决定以后教师队伍的来源主要是研究生。到1982年，有30名毕业的研究生走向了教师队伍，一批青年教师考上了在职研究生。

1978年以后，哈建工在对教师进行全面考核的基础上，先后分五批为552名教学人员评定了职称，占全院教学人员总数的86%。其中晋升为教授的12人，副教授128人，讲师、工程师305人。在评定职称过程中，破除了论资排辈思想，对确有真才实学，在教学科研中有突出贡献的教师越级提拔。水力学教研室助教何钟怡，1979年破格晋升为副教授。

1978年以后，实验室的建设也有很大发展。基础好的老实验室得到了巩固和提高，其中水力学、水化学、普通化学、物理等实验室的部分设备得到了更新；建设了具有先进水平的实验室，如水处理实验室从美国引进了703型原子吸收分光光度计，通风空调实验室研究了国内首创的"标定型房屋空调器实验台"；新建了玻璃钢、自动化、水泥、建筑机械、地下建筑、煤气等实验室以及外语语音室。

1979年，黑龙江省在哈尔滨市旧机场划给学院39.89公顷的土地，作为在原有基础上扩建学院的用地。

1979年，在建筑学专业的基础上恢复成立了建筑系，并建立了电子计算中心。

1979年10月，学院加强了对实验室的管理，抽调了一批教师到实验室工作，充实了实验员和实验工人，实验室人员基本达到了配套，实验室队伍基本形成。各实验室普遍建立了管理制度和主要仪器设备的操作规程。

1981年7月，学院成立了建筑管理工程系，建筑管理工程专业招收了第一届本科生。

1981年8月，结构力学学科获国家首批博士学位授予权，博士生导师为王光远教授；结构力学、结构工程、市政工程、建筑热能工程、工程机械、建筑设计、建筑历史与理论等7个学科专业获国家首批硕士学位授予权。

1981年10月，吴满山任哈建工党委副书记，颜景田、武国栋任哈建工副院长。

1981年12月，哈建工召开第四届党员大会，院党委书记黄生同志作工作报告。工作报告指出当前和今后的一个时期的任务是："认真贯彻党的十一届六中全会精神，深入学习和坚持执行《决议》和《准则》，加强党的建设，提高党的战斗力，改善思想政治教育工作，努力改变软弱涣散状态，振奋精神，坚定信心，进一步提高教育质量和科研水平，为我国社会主义事业培养又红又专的高级建设人才而努力奋斗。"大会选举黄生为党委书记，李秉钧、樊力、吴满山为党委副书记，樊力为纪律检查委员会书记。

1981年，学院恢复了函授教育，当年招收函授新生350名，分设工业与民用建筑、供热与通风两个专业。1982年又增设了给水排水专业。工业与民用建筑专业实行本科六年、专科四年的两级制教学，其他专业实行本科六年制。为了加强函授教育，学院专门设立了业余教育处，成立了综合教研室，选派了包括副教授、讲师在内的50多名教师参加函授教学工作，建立了一支比较稳定的专兼职教师队伍。另外，制定了《函授生须知》《函授生考试制度》《函授生学籍管理》等制度。在教材上除选用全日制高等学校同类教材外，还编写了一套适合业余自学、质量较高的函授教材。

1982年1月，哈建工成立了学位评定委员会，委员会由14人组成。学位评定委员会主席陈雨波，副主席王光远。

1982年2月，陈雨波任哈建工院长。

1982年5月，学院召开工会第三届代表大会，恢复了院工会组织。大会选举李秉钧为院工会主席，李应家、钟伟华、慧敏、孟昭鲁、朱聘儒为副主席。

1982年5月，哈建工学术委员会和各系学术委员会调整重组。院学术委员会由47人组成。陈雨波任主任委员，樊力、颜景田、徐邦裕、王光远、李德滋任副主任委员。

至1982年，哈建工1978级、1979级研究生陆续通过学位论文答辩，首批34名毕业生被授予工学硕士学位。这也是哈建工及全国第一批国家实行学位制后获得硕士学位的毕业生。

1982年，结构力学、结构工程、建筑经济与管理、建筑材料学科开始招收硕士研究生。

1983年，建筑经济与管理学科获硕士学位授予权，这也是我国该学科的首批硕士点。

1983年8月，陈雨波任哈建工党委书记兼院长，吴满山任哈建工党委副书记，颜景田、樊力、武国栋、何钟怡任哈建工副院长，黄生改任哈建工顾问。

按照1983年10月建设部批准的学院机构设置，1983年11月，由黑龙江省委宣传部正式批准，调整了中层干部，重新任命了72名处级干部。这次调整中，根据需要和声望，设立了名誉系主任。李德滋任建筑工程系名誉系主任，徐邦裕任城市建设系名誉系主任。

1983年11月，哈建工对教研室进行了调整，全校共设49个教研室。

学院的电化教学起步于1978年，1979年成立电化教研室。1980年8月从日本引进一套彩色闭路电视设备，并投资购买了40台彩色电视机。1981年，完成了安装调试整套设备的工作，初步建成了演播室、控制室、维修间和电化教研室。1982年，完成了近百学时的教学科研制片工作和200多学时的教学录像工作。1983年成立电教中心，同时购置了714卫星接收装置，形成了立体电教网。

1984年4月，学院与黑龙江省计划委员会和高教局签订了委托办学协议书，协议规定，学院自1987年起，将为地方培养本科学生，在校生规模将达到1500人。12月，学院与抚顺市政府签订了联合创办哈建工抚顺分院的协议书。分院规模，1985年设4个专业，招生120人；1986年以后设8个专业，每年招生270人，在校生4年总数将达到1100人。1985年起，陆续接受分院提出的委托培养师资和教师进修。

1984年5月，城乡建设环境保护部批准哈建工为部属高等学校管理改革试点单位。

1984年，哈建工开始了"从传授知识和技能为主转变为培养能力和创新精神为主"的教学改革工作，并从1984级新生开始，建立了导师制。

根据我国土建专业人才的需要，全国高等教育自学考试委员会决定设立土建类专业委员会，并于1984年6月9日至15日在北京召开了土建类专业委员会第一次全体会议。陈雨波院长任全国高等教育自学考试委员会委员兼土建类专业委员会主任。根据土建类专业委员会第一次会议纪要，学院承担起草了《理论力学》《材料力学》《结构力学》《结构设计原理》《水力学、水文学及桥位设计》

《建筑材料》《桥梁工程》《工程结构》《排水工程》《钢结构》《建筑力学》等11门课程的课程大纲。

1984年6月16日，城乡建设环境保护部以（84）城计字第352号文件批复并同意了学院基建字（84）第5号关于报批基本建设修正计划的任务书。

1984年，经国务院批准，哈建工恢复为一表招生。

1984年7月，城乡建设环境保护部教育局对部属及省属11所土建类高校进行了"1984年本科学生教学质量抽样检查"，抽查考试了1982级学生的数学、1983级学生的英语，哈建工均取得了优秀的成绩。

1984年8月，学院学位评定委员会调整重组，共有委员26人。陈雨波任主席，王光远、颜景田任副主席。

1984年9月1日，经城乡建设环境保护部批准，哈建工正式试行管理体制改革。此时，学院下设6个系、1个基础部、17个专业。建筑工程系设工业与民用建筑、地下工程与隧道工程、城镇建设与经营3个专业；城市建设系设给水排水工程、供热通风与空调工程、环境工程、城市煤气工程、公路与城市道路工程5个专业；建筑材料系设建筑材料与制品、硅酸盐工程、复合材料3个专业；机电系设起重运输与工程机械、工业电气自动化2个专业；建筑系设建筑学、城市规划2个专业；建筑管理工程系设建筑管理工程、建筑财务与经济2个专业。

1984年11月7日，副院长武国栋主持召开新校区规划设计初审会。城乡建设环境保护部党组成员、科技局局长许溶烈，教育局副局长罗玉清以及黑龙江省建委，哈尔滨市建委、规划局等部门的领导和专家对4个总体规划征求意见方案进行了认真的审查。审查取得了一致性意见，为正式初步设计打下了基础。

1984年，教育部开始在全国部属重点院校试行对应届本科优秀大学生实行推荐免试和推荐参加考试硕士研究生两种办法。根据教育部的规定，哈建工结构工程、市政工程、热能工程、建筑、力学等5个学科专业参加试点。

1984年12月，学院学术委员会调整重组。共有委员41人。陈雨波任主任委员，何钟怡、王光远、颜景田任副主任委员。

1984年12月，著名结构力学专家王光远指导的博士研究生霍达被授予博士学位，这是黑龙江省培养的第一位博士。

1984年，哈建工的函授教育被《中国建筑工人》杂志社推荐为全国5所同类院校先进单位之一。

1984年，学院对现有教职工各类人员和任务情况进行了详细调查，在此基础上，1985年秋开始编制定编定员方案。与定编定员精兵简政并行，学院从1984年开始实行各类人员（包括教师）岗位责任制，为教师职务聘任创造了条件。

1984年，城乡建设环境保护部为哈建工申请了世界银行贷款388万元特别提款权。为使用好贷款，学院专门设置了贷款管理机构，建立了完备的贷款管理制度。

1977年以来，图书馆的恢复和建设取得较大成绩。至1984年，图书馆有藏书28.7万余册，其中中文书20.5万余册，外文书7.9万册。中外文期刊900余种，7000余册。1984年夏把1.1万册复本图书支援了苏州城市建设环境保护学院。

从1977年至1984年底，学院先后完成了28669m²基建工程，建成了单身宿舍，完成了学生宿舍加层工程，建立了培训中心，教职工家属住房增加近2万m²，还解决了教职工的通勤车，新建了浴池、教工食堂，提高了伙食质量。

1985年2月9日，学院召开新校区工程规划和建设初步设计审查会。城乡建设环境保护部副部长戴念慈、计划财务局副局长戴霞辉，以及黑龙江省建委，哈尔滨市建委、规划管理局等部门和单位的领导、专家共40余人，对新校区规划和初步设计进行了联合审议。

1985年2月27日，哈尔滨市城市规划管理局正式行文批准了学院新校区规划总平面图。与此同时，中国东北设计院开始进行第一期工程施工图的设计，新校区建设开工前的各项准备工作也陆续完成。

1985年5月15日，哈建工新校区建设开工奠基仪式正式举行。整个工程建设分为3个阶段。第一阶段是实验区和学生生活区；第二阶段是教学区和职工生活区的一部分；第三阶段是图书馆、体育场和职工生活区的另一部分。全部工程计划用5年时间完成。

1985年5月15日以后，第一期5590m²的力学与工程结构实验中心、4900m²的水污染防治实验中心、5200m²的供热与空调实验中心以及2568m²的计算中心等工程项目相继开工。

1985年6月，教育部在镜泊湖召开"高等工程教育评估问题专题讨论会"。学院向大会提交的题为《关于高等工程学校的目标评估及其当量化的评估指标体系的探讨》论文引起了与会者的关注。参加这次讨论会的有全国38所工科院校和7个部委、5个省（市）高教厅（局）的代表。学院是城乡建设环境保护部系统唯一被邀请参加会议的单位。

1985年8月5日，城乡建设环境保护部（85）城计字第432号文件，对学院基建字（84）25号《关于新校区建设初步设计的报告》和学院基建字（85）4号《关于新校区工程调整概算及规划总图的报告》做了批复。按照文件批复精神，在学院6500名学生发展规模不变的情况下，新校区新建校舍面积由原来的185650m²增加到194643m²，建设总投资由原来的7740万元增加到9520万元，建设计划工期由原来的5年延到7年。

1985年9月，11148m²的学生宿舍和2727m²的学生食堂正式开工。

1985年，学院开始了专业技术职称改革试点工作。

1985年，学院完成了《关于学院教师队伍结构分析预测的报告》，这个预测报告对学院教师队伍职称结构现状及到1990年教师职称结构的发展，做了科学预测，确定了合理的结构，做了具体规划。

1986年，学院形成了《五定规划修订方案》，并报城乡建设环境保护部。

党的十二届二中全会作出了《中共中央关于整党的决定》以后，按照中共黑龙江省委的统一部署，学院于1985年3月30日至1986年1月22日开展了整党活动。在整党过程中，学院党委把《院长负责制实施条例》提交全体党员和全院教职工讨论。1985年8月9日，学院把经党内外群众多次讨论修改的《哈尔滨建工学院院长负责制暂行条例》呈报城乡建设环境保护部审批。

1986年1月，黑龙江省教委党组对学院整党进行了全面深入的检查验收，认为学院整党达到了规定的验收标准，批准整党结束。1月22日，党委召开全院党员大会，党委书记陈雨波在大会上作了整党总结报告。至此学院整党圆满结束。

1986年1月30日，中共城乡建设环境保护部党组发出《关于何钟怡等十名同志任免的通知》，决定何钟怡任哈建工院长，颜景田、沈世钊、许文发任副院长，吴满山任中共哈建工委员会书记、荣大成任副书记，王玉林任纪委书记。该通知指出："根据中共中央关于教育体制改革的决定，确定在你院进行院长负责制试点"，并同意将《哈尔滨建工学院院长负责制暂行条例》作为院长负责制试点的规章实施。

1986年1月30日，新一届领导班子组成后，学院决定：在保证学院教学、科研等工作正常开展前提下，集中力量、全力以赴抓新校区建设，确保1986年招生工作圆满完成。为此，学院采取了加强计划性，搞好综合平衡，加强经济核算，把好概预算关，实行项目责任制，工程发包实行招标，建立健全工程检查制度等一系列措施。

1986年2月25日，学院召开全院教职工大会，城乡建设环境保护部副部长周干峙代表部党组正式宣布学院院长负责制试点开始，并宣布了部党组关于何钟怡等的任免通知。

1986年，学院对1978年以来的职称评定工作进行了认真复查。对已获得各级职称的教师进行了全面考核和复查。并对合格的教师指出了提高方向；对基本合格的教师提出限期达到的目标；对不合格的教师果断地将其从教师队伍中调出安排其他工作。

1986年初，学院建立了院系两级职称改革领导小组和主要由高级职称的专家组成的教师任职资格评审组织。并经由全院教师和干部几次反复讨论，制定了《哈尔滨建工学院教师职务聘任制实施细则》《拟晋升教授、副教授综合评审标准》《关于教师职责的补充规定》，对各类职称的教师职责、任职条件、任职资格评审、聘任程序作出了规定。

1986年3月，学院对新校区锅炉房的设计做了认真评估，并对正在建设中的4个实验中心和学生宿舍、学生食堂的设计及在施工过程中出现的问题进行了总结和分析。经过反复论证，认为某设计院的设计不适应学院发展建设的要求，为确保1986年秋季招生，特别是为确保新校区启用后的冬季供暖，学院决定发动各专业教师，自己动手设计锅炉房，同时组织力量对4个实验中心的不合理设计进行修改，并重新审定和编制概预算。在评估过程中，学院曾就新校区的设计问题多次向城乡建设环境保护部汇报、请示，并与某设计院进行了多次商谈，终于取得了新校区建设的设计权。

1986年4月25日，在保证质量，缩短工期，节约投资的前提条件下，学院和通江建筑安装公司签订了招标投标合同，锅炉房工程正式开工。根据学院关于秋季学期新校区形成使用能力的决策精神，除必保项目锅炉房外，1986年的建设任务还有1985年开工的6个续建项目以及配套的总图热网工程、给水排水工程、道路工程、电力工程等。

1986年4月，学院进行了职称改革后的第一批教师职务评审工作，评审了教授18人、副教授72人、讲师72人；1987年7月进行了第二批评审工作，评审教授12人、副教授8人、讲师96人；1988年进行了第三批评审工作，评审教授8人、副教授54人、讲师66人。此外，学院还对教师以外的其他专业技术系列，按有关规定评聘了专业技术职务。

1986年4月25日至27日，学院召开了第五次党员大会。大会选举吴满山为哈建工党委书记，荣大成为副书记；选举王玉林为中共哈建工纪律检查委员会书记，赵锁山为副书记。这次党员大会把"推动改革的深入发展，保证院长负责制试点工作的顺利进行"作为会议的重要内容和今后工作的重要任务之一进行了充分讨论，并作出了相应决议。

1986年6月7日至21日，学院召开了首届教职工代表大会及第四届工会会员代表大会。院长何钟怡向大会作了题为《实事求是，同心协力，为建设一流的建筑工业大学而奋斗》的工作报告。大会提出"坚持把改革放在一切工作的首位""要充分发挥教代会工作机构的作用，及时沟通教职工和领导之间的情况，支持院长和行政的工作，促进改革，大力加强民主管理和民主监督"。大会号召"全院教职工要同心同德，团结一致，发扬愚公移山精神，坚持改革，勇于开拓，扎扎实实搞好教学科研和学院的各项工作，为把学院建成为一流的建筑工业大学而努力奋斗"。大会选举首届教代会常务主席团成员15人，武国栋任主席，田凤仪任秘书长。大会选举第四届工会委员会委员17人，武国栋任主席，田凤仪任常务副主席，耿善政、范圣宣、丛德福任兼职副主席。

1986年6月13日至18日，以清华大学彦启森教授为组长的专家组与工作组到学院，对供热通风与空调工程专业本科生培养质量评估试点实测工作进行了检查。这次评估专家组和工作组对评估试点院校实测工作的检查，为10月进行的交流总结实测试点经验、确立指标体系、部署1987年全面试点工作奠定了基础。

1986年7月，学院将城市建设系分建为市政与环境工程系、道路与交通工程系和建筑热能工程系。

1986年8月11日，国务院学位委员会正式批准哈建工新增结构工程、市政工程、建筑热能工程、建筑设计4个学科专业博士学位授予权，固体力学、实验力学、城市规划与设计、建筑技术、环境工程、道路工程、水力学及河流动力学、地震工程及防护工程8个学科专业硕士学位授予权，同时批准沈世钊、钟善桐、王宝贞、李圭白、梅季魁、郭骏、刘季7位教授为博士生导师。

1986年8月27日，学生宿舍和学生食堂经哈尔滨市质量检查站检查合格，8月29日正式交付使用。另外，总图工程的上下水管线、雨水管线已经完成，730延长米的校园丁字路和简易体育场开始投入使用。

1986年9月9日，以美国科学院院士、博士、外国专家咨询组组长佛莱特教授和副组长、联邦德国安格尔教授为首的世界银行贷款中外专家组，到学院检查贷款执行情况。他们在检查了贷款项目4个实验中心的工程后说："我们检查了武汉、南京、广州、上海、北京、沈阳和哈尔滨等地的高校建筑，你们的质量是最好的。"

1986年10月18日，新校区锅炉房正式启用，向学生宿舍和学生食堂供暖；10月28日，经哈尔滨市质量检查站验收合格，供热与通风实验中心交付使用。12月，水污染防治实验中心、计算中心等工程相继竣工投入使用。同时，两栋住宅楼、学生浴池、变电所等项目相继开工。

1986年11月8日，整个实验区开始供暖。12月4日，锅炉房发电量为160kW的发电机组试运行成功，解决了经常停电给新校区带来的麻烦。

1986年11月9日，副院长许文发带领新校区主楼方案设计组赴京，接受部领导对设计方案的审查。他们共带去5个主楼设计方案和1个总体规划调整方案。城乡建设环境保护部副部长戴念慈、高级建筑师陈登敖以及部设计局局长、国内有关专家、权威人士对学院送审的5个主楼设计方案给予了很高的评价。经过3轮认真审议，初步审定了2号和5号两个方案。部领导和专家们对审定的两个方案提出了具体的修改意见。

1986年，学院全年完成建设投资1500万元，这个数字等于学院从1959年独立建院到1984年25年建安费用的总和，创造了学院建设发展的历史纪录。同年，计算中心、供热与通风实验中心被哈尔滨市质量检查站评为优良工程。

1986年12月和1987年4月，国务院学位办批准哈建工为第二批在职人员申请硕士、博士学位试点单位，全国被批准的第一批试点单位有7个，第二批有46个。学院被批准的在职人员申请博士学位授权点是结构力学；申请硕士学位的授权点是结构力学、工程机械、建筑历史与现代建筑理论、建筑设计、建筑技术科学、结构工程、环境工程、市政工程、道路工程、建筑热能工程、建筑经济与管理等11个学科。

从1986年开始，学院每年都分配一次住房，学院教职工的居住面积不断扩大，住宅标准也不断提高。1985年，复华四道街2号住宅楼竣工，同时，学院又在哈西小区购买了两栋住宅楼，这3栋楼总面积5800余平方米，解决了150余名教职工住房紧张或无房的困难。1986年，2000m²的教化住宅楼竣工。这栋住宅的条件好，档次高。为达到分配合理，学院多次召开会议，对426名申请要房、补差、调房的教职工逐个进行了认真的讨论，使这次分房取得了圆满的结果。这次分房以后，学院多年积累下来的教职工住房紧张困难的状况基本上得到缓解，并开始向好的方面转化。

1986年和1987年，学院获得了国家教委批准的第一类高级职称评定权和能够覆盖全院各专业副教授的评定聘任权以及接受外国高级教学、科研人员进修、研究、访问权。

1987年初，城乡建设环境保护部下达了对学院五定方案的批复意见。批复意见明确了1990年前学院的任务是："不断提高教育质量，培养高水平的数量较多的本科生和相当国内先进水平的数量较多的硕士、博士研究生，并适当培养一些专科生；积极开展科学研究，提供新成果；重点学科、专业应建成为教学中心和科研中心，争取达到国内第一流水平；继续为部系统承担继续教育任务。全日制在校生总规模为5000人，其中研究生800人，本、专科生3900人，继续教育300人，函授生2800人，夜大生400人。'七五'期间增设本科计算机应用、交通工程两个专业。"根据城乡建设环境保护部这一批复意见，学院于1987年春开展了编制年度和至1992年的定编定员规划工作。

1987年2月，根据国家教委1986年12月下发的《关于当前高等学校领导体制若干问题的意见》精神，学院建立了院务会议制度。院务会议由院长主持，副院长和党委正、副书记及其他有关人员参加，对院长职权范围内的重大问题进行科学决策。这是对院长负责制暂行工作条例的一个重大补充和修改。从此，对学院重大问题的决策都是在院务会议充分讨论的基础上作出的，院务会议成为实施院长负责制的重要制度。

1987年3月30日，院务会议根据《中共中央关于教育体制改革的决定》，讨论通过了《关于设立院务委员会的决定》和《哈尔滨建工学院院务委员会暂行工作条例》。

1987年5月27日至6月6日，学院召开了首届教代会第二次会议。院长何钟怡向会议作了工作报告。会议通过了《教师职业道德准则》和《职工职业道德准则》，并决定从即日起开始实施两个准则。

1987年6月28日至30日，城乡建设环境保护部副部长戴念慈、计财局局长戴霞辉等一行7人到

　　学院，审查并原则通过了新校区调整扩初设计和主楼设计方案，并提出了一些具体的可行性意见，进一步完善了两个方案。

　　1987年7月7日，经院务会议讨论制定了《哈尔滨建工学院院务会议暂行工作条例》。该工作条例显著加强了党委在参与学院重大问题的决策和对行政干部任用方面的作用。

　　1987年7月，国家科委以（87）干字0490号文件正式批准哈建工建立结构力学学科博士后流动站。哈建工成为当时建设部系统唯一的建立博士后科研流动站的单位。

　　1987年9月20日，国家教委委托大学英语考试办公室主办了全国首次大学英语四级考试。学院1985级学英语的大部分同学和1986级部分同学参加了这次统考并取得较好成绩，通过率超过重点院校平均水平，在黑龙江省名列第一。

　　1987年10月5日，根据《哈尔滨建筑工程学院院务委员会暂行工作条例》规定，经院务会议讨论协商并广泛征求意见，由院长何钟怡聘任了院务委员会成员。何钟怡任主任委员，吴满山、陈雨波、王光远任副主任委员。魏栋先任秘书长。

　　1987年10月，学院下发了《哈尔滨建工学院专业技术职务聘任或任命的暂行条例》，进一步明确了对各类专业技术职务聘任或任命的程序。

　　1987年，新校区建设实际完成投资1351万元，竣工面积达20380m²，有6个单项工程建成投入使用。这6个投入使用的单项工程建筑是，5590m²的力学与工程结构实验中心、302m²的变电所、2290m²的学生浴池、4730m²的1号住宅楼和4595m²的2号住宅楼、2873m²的锅炉房。其中两栋住宅楼和学生浴池以及浴池地下室的菜窖，被哈尔滨市质量监督检查站评为优良工程。在单项工程竣工投入使用的同时，一批保证教学、科研、学习、生活的设施、设备和总图配套工程的建设项目也相继完工交付使用。

　　此后不久，学院用贷款和国内配套投资在新校区建设的另外3个实验中心（供热与通风空调实验中心、水污染防治实验中心、计算中心）也相继建成，总建筑面积为14970m²。在这4个实验中心完成土建工程的同时，学院就开始培训技术骨干，从而保证了4个实验中心的接机、安装、调试等工作顺利完成。到1988年上半年，贷款一标和二标引进的8台具有20世纪80年代先进水平的实验设备已经全部安装、调试完，并投入正常运转。

　　学院的工程结构实验室、供热通风实验室以及给水排水实验室，是我国在高等院校中建立最早的3个实验室。在这3个实验室的基础上新建的力学与工程结构实验中心、供热与通风空调实验中心、水污染防治实验中心，在规模和装备上不仅远远超过了这3个实验室，而且都达到了当时的国内一流水平。

　　用世界银行贷款和国内配套资金新建的，包括主机房、终端室、CAD室等生产、教学、办公用房在内的计算中心的投入使用，彻底改变了与学院教学、科研、管理水平不相适应的计算机资源贫乏、档次低下的落后状况，全面提高了学院使用计算机的水平。

　　新校区体育场于1987年11月完成第一期工程，以崭新的面貌迎接了学院第16届运动会。新校区体育场是按国际田径比赛标准修建的，它包括标准的400m跑道。跑道的东侧设有8条百米练习跑道，西侧设有10条百米比赛跑道，两侧百米跑道外侧场设有撑杆跳和跳远场地。400m跑道的中间设有符合国际标准的足球场地和跳高、铅球、链球、标枪、手榴弹投掷等场地。场地的东、南、西三面设有可容纳3500人的台阶式看台。整个场地除跑道外均以草皮铺装，并设有排水和喷洒设施。

学院在修建体育场的同时，有效地利用现有条件，整修了一间面积为412m²，可同时容纳120人上课的健身房，并在体育场和学生宿舍之间开辟了多个篮球场地和排球、网球场地。学院的体育活动环境有了重大改善。

1987年底，新校区学生浴池投入使用，这是学院有史以来第一个专供学生使用的浴池。这个浴池使用面积1000m²，浴池内设有156个淋浴喷头，一次可供300人同时洗浴，浴池内还设有宽大舒适的更衣室。

1987年冬，近万平方米的新校区两栋6层住宅楼分配使用，128名教职工搬入新居。

1987年，学院获得了对报考研究生的4年以上工龄的在职人员单独命题考试权。

1988年2月，学院在马列主义教研室基础上成立了社会科学部；1988年6月，在外语教研室基础上成立了外语部；1988年8月，设立了建设部建筑经济管理干部培训中心；1988年9月，在计算中心的基础上增设了计算机应用系，并根据建设部（88）建材字第7号文件批复，正式成立了成人教育学院。

1988年6月19日，学院组织学生参加了国家教委统一组织的第二次全国大学英语四级水平考试。学院参加这次考试的人数为582人，参考学生的平均分数为65.1分，通过率为62.8%。全国89所重点院校参考成绩的平均通过率为58.7%。

1988年7月22日，国家教委以（88）教研字014号文件正式批准学院市政工程学科为全国重点学科。这是全国土建类院校市政工程学科中唯一被批准的重点学科。

1988年8月，学院建设的江北休养所投入使用。这不仅为学院教职工的休养和学院组织大型的教学、科研活动提供了方便，而且解决了学院函授生在面授期间食宿难的问题，同时也为扩大学院的对外交流协作，宣传学院的发展建设，提供了有利的条件。

1988年10月14日，建设部评估小组专家组对学院暖通专业本科生教育质量进行为期6天的实地评估。专家组对学院暖通专业给以"办学出色"的评语。

1988年以后，学院根据中央和国务院关于坚决压缩基建规模的要求，按照建设部下达的投资计划，精打细算，认真安排在建项目和竣工收尾工程项目，使有限的投资发挥了较大的效益。同时，着眼于学院今后的发展，采取以不变应万变的方针和积极进取的态度，想方设法多做工作，使这一时期新校区建设得到了稳步的发展和提高，避免了因总投资额减少出现的困难局面和停滞损失。

根据建设部1988年城计字第99号文件精神，新校区在建项目培训中心、理化实验楼、西阶梯教室、汽车库及办公室的建设继续进行。这4栋建筑的总面积应为15224m²，由于城市规划要求以及近期教学和教学配套的需要，在组织施工图设计中，进行了部分修改，并于1988年8月以院基字（88）第14号文件向建设部作了关于调整建筑面积的报告。调整后4栋建筑的总面积为19215m²。

1987年以后，学院在充分发挥基建投资效益的同时，积极挖掘潜力，对现有宿舍进行维修、调节，使全院学生的住宿条件得到了彻底改善。1988年秋季学期开始，老校区学生也实现了6人住一室的标准，研究生达到了4人住一室的标准。

1987年以后，学院在新校区新开辟了38个教室。到1988年8月，理化试验楼、西阶梯大教室投入使用后，新校区教室紧张的问题得到了较彻底的解决。与此同时，老校区经过维修调节，教室的使用面积也大大增加。同时，由于管理制度的健全和阅览室、宿舍等条件的改善，学生的学习场所有了根本的保证。

1988年以后，学院在努力挖掘房源，积极回收外单位人员住房的同时，对教职工的住房又进行了一次分配调整，使学院现有的住宅得到了更有效的利用，更进一步改善了教职工的生活环境。

世界银行贷款项目投入使用后，学院的教学科研条件发生了重大变化，同时，在新校区工作的教职工的工作环境也得到了很大的改善。各系及各部门都有了足以够用的办公室、教研室以及资料室、会议室等用房，各办公用房内桌椅齐全，所需设施完备。多人在一个办公室挤，几个人用一张办公桌的历史已经结束。

1988年以后，老校区教职工的工作环境也得到相应改善。老校区主楼三四两层的一半全部划给了建筑系，走廊和两侧房间都按建筑系的特点和需要重新进行了装修，并配了完整的设施设备。彻底解决了该系办公、教学、设计、研究等工作用房不足、分散、零乱的问题。海城街一侧旧楼维修后，宽大的地下室全部用来改善建材系的工作环境。后楼地下室维修后作为建材系实验室，并建立了一个养生窑和其他配套装置，使建材系实验室狭小，设备落后不足的状况得到较大改变。二楼的三分之一划给了社科部，走廊的西侧，是宽大明亮的阅览室、办公室、教研室和资料室；走廊的东侧，是设备齐全的藏书室；走廊的两侧墙壁上装有可供同学们学习参考的阅读图窗。

由于学院注重对施工队伍和施工质量的调查工作，实行招标投标以及责任工程师负责制，1987年12月开工的理化实验楼、培训中心、西阶梯教室、汽车库及办公室等4栋建筑在质量和工期方面都得到了保证，达到了当年投资当年受益。1988年9月，4940m²的理化实验楼和1700m²的西阶梯教室同时竣工交付使用；1989年1月，5181m²的汽车库及办公室竣工交付使用；1989年8月，7494m²的培训中心竣工交付使用。这4栋建筑国家当年计划投资547万元，实际完成投资772万元，按国家计划提前竣工交付使用。

新校区建设自1985年5月开工到1989年末的4年多的时间里，完成总投资近5000万元，竣工面积达6万m²，到1989年秋季学期，已有5个系的1600名学生和近千名教职工学习、工作、生活在这里。这个建设速度在学院的历史上是空前的，建设投资所取得的效果是非常显著的。而且，节约建设资金近千万元，这在学院的建设史上也是空前的。

1989年8月14日，学院党委召开扩大会议，学习中央四号文件，传达建设部和黑龙江省有关领导的指示精神。根据中央及省委指示精神，学院属于试行院校长负责制效果较好的学校，确定学院继续进行院长负责制试点，继续探索和积累经验。在继续实行院长负责制的试点中，党委要加强党工作，充分发挥党组织的政治核心作用。党委要继续全面领导思想政治工作，行政系统在抓好业务工作的同时，也要抓好思想政治工作，各司其职，齐抓共管，形成全院上下都来关注和做好思想政治工作的新局面。

1989年12月24日，国家教委在郑州主持召开了"全国高等教育评估工作会议"。学院在评估工作中做出的成绩得到了国家教委的认可，教务处处长赵洪宾受邀出席了这次会议。会议奖励了全国高等院校评估积极分子72人，学院唐光裕、林柏华、魏学梦名列其中。

从1985年至1989年年底，学院在定编定员的同时，在学校分为新老校区两个部分并维持正常运转的情况下，认真地进行了精兵简政工作。这项工作采取的措施，一是严格控制新增教职工数量和质量，二是认真贯彻离退休制度和人才合理流动制度，三是尽可能以临时工代替固定工和尽可能减少临时工，四是实行编余制度。

到1989年末，学院的教学机构发展到16个，比1985年前增加了4个，同时在管理规格上也有很大提高。专业由原来的17个变化发展到19个。建筑工程系，设工业与民用建筑工程和地下工程与隧道工程两个专业；市政与环境工程系，设给水排水工程和环境工程两个专业；建筑材料系，设建筑材料与制品、硅酸盐工程、复合材料3个专业；建筑机电系，设起重运输与工程机械和工业电气自动化两个专业；建筑系，设建筑学和城市规划两个专业；建筑管理工程系，设建筑管理工程、会计学、国际工程管理和房地产经营与管理4个专业；道路与交通工程系，设公路与城市道路工程专业；建筑热能工程系，设供热通风与空调工程和城市燃气工程两个专业；计算机应用系，设计算机技术及应用专业。

1985年以后，学院在国家的支持下添置了一部分高、精、尖仪器设备，更换了一批20世纪50年代的老设备，并自力更生研制了一些达到国内和国际先进水平的教学和科研实验设备。1985年初，学院的设备总投资为1190.62万元，到1989年末，学院的设备总投资已达到了3821.65万元。5年之内增加2631.03万元，这个数字比学院从1959年独立建院到1985年26年设备总投资的2.5倍还多。

1986年以后，学院的图书馆和阅览室的条件也发生了很大变化。到1989年末，院图书馆总面积增加了近一倍；阅览室座位增加了3倍多；藏书增加了14万册；报刊增加了587种；增设了图书馆建筑分馆，学生科技参考阅览室，同时还利用贷款购进了一批在国内不易搜集到的最新文献资料。图书馆和阅览室的变化改变了学院图书资料贫乏，借阅困难的状况，使图书资料充分发挥了作用，为教学和科研工作的发展提高以及学生的学习提供了必要的条件。

1985年以后，学院在集中力量抓新校区建设的同时，老校区的旧楼维修以及过去多年遗留的一些建设问题也在抓紧进行和解决。到1989年末，老校区的维修工程已告一段落，一些十分棘手的遗留问题，如江北休养所、公司街商店、地下通道等问题也逐步得到了解决，从而使学院的办学条件进一步得到了改善。

1987年末，学院在新校区建立了专家宿舍和招待所。1989年，培训中心楼投入使用后，专家宿舍和招待所的条件得到了进一步的改善。

为改善学生的就餐条件，1985年后学院多次改进卖饭制度，调整就餐时间，挖掘潜力增加买饭口。但随着学生人数的不断增加，就餐条件差的问题仍然解决不了。1988年，新校区的学生人数增加到1600人，每到开饭，餐厅内拥挤不堪。为解决这个问题，学院将学生食堂二楼的会议室改为餐厅，使新校区学生的就餐条件得到了改善。1989年初，老校区旧楼开始维修，学院决定充分挖掘旧楼潜力，扩大原食堂的使用面积。到1989年11月，老校区旧楼第一期维修工程竣工，学生就餐条件差的问题得到了较好的解决。维修后的老校区学生食堂，利用了原走廊的面积，比原来扩大了近800m²，可同时容纳千余人进餐，而且装修雅致，设施先进、齐全。

在建筑系、建材系、社科部工作环境改善的同时，学院组织人员对老校区的各种用房做了详细调查。在这个基础上，1989年末学院对现有工作用房的使用功能开始做进一步的调节，工作在老校区的机电系、道桥系、管理系以及党政各部门的工作环境逐步得到改善。

1990年2月19日，学院召开全院教职工大会。建设部副部长叶如棠在大会上宣布了建设部党组关于哈建工行政领导班子的任免决定：任命沈世钊为哈建工院长，张云学、张树仁为副院长。根据院长负责制任期规定和本人意愿，免去何钟怡的院长职务，保留院级待遇，免去许文发的副院长职务，保留副院级待遇。副院长颜景田和工会主席武国栋改任副院级调研员。吴满山继续担任党委书记职务。学院继续实行院长负责制试点。同时，征得建设部同意，任命朱华、景瑞为院长助理。

1990年4月12日至4月16日，经中共中央批准，中共中央组织部、中共中央宣传部和中共国家教委党组在北京联合召开了第一次高等学校党的建设工作会议。哈建工是参会的107所高校之一，也是建设部唯一参会的高校。学院党委书记吴满山参加会议。此后至2000年，全国高等学校党的建设工作会议共召开九次，学院（学校）党委书记均参会。

1990年5月，经国务院学位委员会批准，关柯成为我国首位建筑经济与管理学科博士生指导教师；环境工程学科获得博士学位授予权，建筑材料科学学科获得硕士学位授予权。

1990年5月26日至27日，哈建工召开第六次党员代表大会。大会确定的工作指导思想是："坚持党的基本路线，深入贯彻党的十三届四中全会、五中全会、六中全会及全国高校党建工作会议精神，进一步加强党的建设和思想政治工作，充分发挥党组织的政治核心作用，以稳定学院局势为中心，坚持社会主义办学方向，坚持把坚定正确的政治方向始终放在教育工作的第一位，为培养社会主义的建设者和接班人而努力奋斗。"大会选举产生了中共哈建工第六届委员会委员和中共哈建工纪律检查委员会委员。5月28日，院第六届党委会召开第一次全委会，会议选举吴满山为党委书记，沈世钊、荣大成为党委副书记。同日，在院纪委六届一次全委会议上，选举王玉林为纪委书记，殷福和为纪委副书记。学院第六次党代会后，新当选的领导班子根据全国党建会议精神，开始由院长负责制向党委领导下的院长负责制平稳过渡，院级行政领导全部进党委，院长兼任党委副书记，学院重大问题由院党委班子集体讨论决定。

1990年，根据以新校区为主体的总体规划和布局，学校把住宅建设的重点也放在了新校区。同年，教工3号住宅楼建成，总建筑面积3835m²，新校区住宅区至此初具规模。

1990年，世界银行专家组进驻哈建工复查世行贷款设备的利用率，对学院用贷款建立的4个实验中心给予了很高的评价，认为设备购置准确、布局合理、利用率高，特别是热能工程系和计算中心的利用率均超过80%。

1991年，学校制定了"关于学科梯队建设的意见"等文件，对学科设置、学科带头人和后备人员的选择条件做了明确的规定。当年，在全校遴选了23名年轻学科梯队后备人员，同时对他们进行有意识、有目标地培养和动态管理。在这个培养过程中，每年对后备人员都进行增补和淘汰。到1999年，学科梯队后备人员已增至近百名，其中一部分人已成为学科带头人或学科骨干。

1991年3月27日，按照《中国工会章程》的有关规定，经学院党委同意，并经上级工会批准，学院第二届教职工代表大会与院工会第五次会员代表大会同时召开。3月30日，大会选举了院第五届工会委员会。4月1日，院第五届工会委员会第一次会议选举魏栋先为院工会主席，选举吴振声、盛洪飞、戴吉元、焦风荣为工会副主席。

1991年7月，张耀春任哈建工副院长。

1991年9月6日，学院召开党委会，讨论建设部党组8月5日关于"试行院长负责制的高校转为党委领导下的院长负责制"的会议纪要精神，同时研究了学院的体制转换问题，并将意见上报建设部党组。1991年12月23日，建设部下发文件，对哈建工调整领导体制作了批复，同意自1992年起，实行党委领导下的院长负责制。

1991年8月22日，为期8天的建设部直属高校党的建设暨思想政治工作会议在学院结束。建设部部长侯捷、副部长叶如棠出席了会议，并分别在会议上发表了重要讲话。

1991年，学院作出决定，将哈西两栋住宅楼卖掉，用这笔资金在新校区换建了6号、7号、8号、9号4栋总建筑面积为8044m²的青年教工住宅。这一决定，使学院甩掉了哈西住宅这个包袱，节省了交通费开支，大大方便了青年教职工。

1991年，哈建工力学与结构实验中心、水污染控制中心被国家教委评为高等学校实验室工作先进集体。

1992年3月，根据建设部党组和中共黑龙江省委的部署，院党委做出了关于学习和讨论中央政治局全体会议和邓小平南方谈话精神的决定和安排。经过三个多月的学习、讨论、研究，全院上下在学院改革有关牵动全局的重大问题上基本统一了思想。

1992年6月，学院召开了为期两天的中层以上干部扩大会，院长沈世钊对学院综合改革的基本思路做了阐述：学院的改革措施都要有利于不断提高教学、科研水平，提高培养人才的质量；都要有利于调动广大教职工的积极性和创造性，建设一支德才兼备的教师队伍；都要有利于发展科技事业和增强学院的综合实力。根据这一思路，学院综合改革的内容是：培养人才机制的改革；内部管理制度的改革；大力发展科技产业和扩大创收。

1992年8月，建设部党组决定，朱华任哈建工副院长，李建生任哈建工党委副书记。

经过反复酝酿和几上几下的民主集中，1992年10月初，学院完成了《哈尔滨建筑工程学院改革方案（草案）》的制订工作。此后几经讨论、修改，最后形成了《哈尔滨建筑工程学院综合改革和发展方案（讨论稿）》和《哈尔滨建筑工程学院内部管理制度改革方案（讨论稿）》。这两个方案又经充分讨论、广泛征求意见和进一步的修改，于1992年11月中旬上报建设部。到11月末，建设部原则上批准了学院的这两个改革方案。

1992年12月21日至26日和1993年1月6日至7日，学院分两个阶段召开院第二届教代会第二次会议。会议的主要议题是讨论、落实经建设部原则批准的学院的两个改革方案及其附件。会议根据代表的意见和建议，对这两个方案又做了进一步的修改。1月7日，院二届二次教代会正式通过了《哈尔滨建筑工程学院综合改革和发展方案（试行）》和《哈尔滨建筑工程学院内部管理制度改革方案（试行）》。

1992年9月，哈建工招收首批建筑经济与管理学科博士研究生。

1993年2月13日，党委书记吴满山主持召开中层以上干部会议。会议就学院即将开始实施改革方案应注意的问题做了强调。会议特别指出，在全面实施改革方案过程中，必须加强管理，不断提高工作质量，要一手抓好改革，一手抓好内涵建设。

1993年3月1日，经院党委批准，学院正式下文，开始全面实施《哈尔滨建筑工程学院综合改革和发展方案（试行）》和《哈尔滨建筑工程学院内部管理制度改革方案（试行）》。院内管理制度改革，以人事制度改革为突破口，以分配制度改革为杠杆，核定编制，调整机构，理顺关系，推动了院内管理体制改革的逐步深入，取得了较好的效果。

黑龙江省总工会黑工发〔1992〕6号文件决定，自1992年4月1日起，哈尔滨市16所省、部所属高等院校的工会组织划归省教育工会直属。1993年5月，按照中央关于高校工会主席配置的有关规定，学院党委决定调王玉林担任院工会主席职务。

1993年5月29日，学院第七次党员代表大会召开，30日大会闭幕。大会选举产生了院第七届党委会委员和院第七届纪委会委员。

1993年6月1日，李建生调任南京建筑工程学院党委副书记，免去哈建工党委副书记职务。

1993年6月16日，中共黑龙江省委组织部同意哈建工第七次党代会选举结果。朱华、沈世钊、张树仁、张耀春、荣大成、高廷臣、景瑞任哈建工党委常委，荣大成任党委书记，沈世钊、景瑞任党委副书记，高廷臣任纪律检查委员会书记，迟海任纪律检查委员会副书记。

1993年8月20日，经建设部党组会议研究，决定景瑞兼任副院长。

根据院内管理制度改革的进展情况，在第一轮定编的基础上，1993年11月，学院再次下达了各类人员的定编数额。同时，还下发了《关于聘用非在职专业技术人员的暂行规定》《关于调入人员的暂行规定》《关于教职工向院外流动的暂行规定》等补充文件。1994年11月，又根据上级有关精神和学校开源创收的实际情况，对校内津贴进行重新调整。

1993年10月27日至30日，部属高校学风建设工作会在学院举行。学院党委副书记、副院长景瑞介绍了学院近几年开展学风建设的情况。会议交流了学风建设的经验，讨论了在新形势下如何进一步加强和改进学风建设工作的问题。会议期间与会代表参观了学院学风建设工作大型展览，对学院学风工作给予了高度评价。

1993年10月，建设资金全部由成教学院自筹、总建筑面积5000m²的成教楼在新校区落成，使学校的成人教育工作进入了一个新的发展阶段。成教楼集教学、办公、食宿为一体，设有13个专用教室和400个床位的公寓及一个学生食堂。这些设施基本满足了脱产班学生和函授、夜大学生集中面授期间学习和生活的需要。

改革开放以来哈建工的迅速发展和提高，在国内外同类院校和建筑业领域产生了很大的影响，受到了国家有关部门的重视。1993年10月，经国家教委评议通过，并于1994年1月17日正式下文，批准哈尔滨建筑工程学院更名为哈尔滨建筑大学。

1993年12月21日，建设部同意张肖宁任院长助理。

1993年12月24日，经建设部党组研究，并征得中共黑龙江省委组织部同意，朱华任哈建工党委副书记兼纪委书记，免去副院长职务；同时任命高廷臣为副院长，免去其纪委书记职务。

1993年，经国务院学位委员会批准，哈建工获得建筑经济与管理学科博士学位授予权，成为国内首个也是唯一的建筑经济与管理学科博士点。同时，欧进萍获批为博士生导师，土木、水利施工学科获得硕士学位授予权。

1993年，学院投资400多万元，在新校区建成总建筑面积为5346m²的4号和10号两栋住宅楼。

从1993年开始，学校成人教育学院实行经济独立核算，从而扩大了成人教育工作的自主权，进一步调动了教职工的积极性，有力促进了学校成教事业的发展和提高。

1994年3月4日，学校隆重举行新校名揭牌庆典。国务院总理李鹏、全国人大常委会副委员长王光英、全国政协副主席苏步青、建设部部长侯捷、建设部副部长叶如棠、建设部副部长毛如柏、黑龙江省政协主席周文华、黑龙江省省委副书记单荣范、建设部副部长李振东、哈尔滨市委副书记市政协主席程道喜、中纪委驻建设部纪检组组长郭锡权、建设部原副部长干志坚、建设部原副部长周干峙，分别为学校题词，祝贺学校更名。建设部副部长毛如柏、黑龙江省副省长杨志海、哈尔滨市委副书记市政协主席程道喜、哈尔滨市副市长陈云来为新校名揭牌。

1994年4月12日，经中共黑龙江省委组织部批准，张肖宁、何若全、刘志才任中共哈建大党委常委。免去张树仁、张耀春、高廷臣党委常委职务。

1994年，国家教委启动本科教学评价机制，哈建大被黑龙江省教委推荐为本科优秀评价试点单位。

1994年春季学期，学校开始启动"跨世纪人才培养工程"，在"关于学科梯队建设的意见"的基础上，进一步明确提出了学科队伍建设的任务和选拔培养德才兼备的学科带头人及学术骨干的培养计划和目标。

1994年，国务院学位委员会批准哈建大为自行审定增列博士生导师的试点单位。这次被批准的试点单位全国共有41个，其中有33个单位已建立了研究生院，哈建大是尚未被批准设立研究生院的8所院校之一。同时，刘长滨被国务院学位委员会评为博士生导师。

1994年，建设部高等学校建筑学专业教育评估委员会在对清华大学、东南大学、同济大学、天津大学建筑学专业试点评估基础上，首次对哈建大等4所院校的建筑学专业进行了评估。哈建大最终获得优秀级通过，有效期6年，成为全国第二批通过建筑学专业教育评估的4所院校之一。

1994年9月2日，校领导班子换届。经8月27日建设部党组会议研究，并征得中共黑龙江省委同意，沈世钊任哈建大校长，景瑞任常务副校长，张肖宁、何若全、刘志才任副校长。免去张云学、张树仁、张耀春哈建工副院长职务，保留副校级待遇。免去高廷臣哈建工副院长职务，改任副校级调研员。

1994年10月，按照学校与深圳房地产公司的合作办学协议，学校设计并负责施工学生一宿舍的改建工程。改造后的学生一宿舍为三星级水平的海燕大酒店。与海燕大酒店相关的是老区学生一宿舍。因海燕大酒店是在原学生一宿舍基础上改建的，因此必须首先解决老区学生的住宿问题。1993年7月，由深圳房地产公司投资988万元，总建筑面积为11311m²的老区学生一宿舍，在老区主楼花园街一侧重新修建。1994年9月，老区学生一宿舍竣工投入使用。重新修建的老区学生一宿舍，在室内设施、使用功能等方面，都大大优于原学生一宿舍。老区学生一宿舍和海燕大酒店的换建，不仅发展了学校的校办企业，同时也改善和提高了学生的住宿条件，是学校在探索校企合作、联合办学方面取得的一项可喜成果。

1994年12月，学校决定建筑工程系与工理所联合成立为建筑工程学院。

1994年，学校决定建设一个具有现代化标准和装备的新图书馆。新图书馆的总建筑面积为16868m²，总造价3168万元。1994年10月，新图书馆在新校区破土动工，当年主体工程完成五层。

1994年，根据房改形势，学校采取部分住房实行个人集资的办法，在新校区建成了5号和11号住宅，使部分教工提前改善了居住条件，并开创了学校与个人共建住房的先例。

1994年，黑龙江省教委组织评选优秀实验室，学校力学与工程结构实验中心、水污染控制中心、计算中心、物理实验室4个实验室当选。

1995年3月3日，经黑龙江省教育工会批准，并经校党委同意，哈建大第三届教代会第一次会议与第六次工会会员代表大会同时召开。第六次工代会选举了第六届工会委员会。

1995年3月14日，校第六届工会委员会召开第一次会议。会议选举王玉林为工会主席，选举田金信、孙中华、盛洪飞、戴吉元为副主席。选举结果报建设部备案，并向省教育工会报告。3月24日，省教育工会对报告批复，同意哈建大第六届工会委员会第一次会议选举结果。

1995年3月，学校新区学生二食堂落成投入使用。这项工程总投入266万元，在标准和设备配置上都比较超前，而且配备了200m²的冻库。新区学生二食堂的建成，解决了新区由于学生不断增加而造成的就餐紧张的问题，使学生的就餐条件得到了很大的改善。

1995年9月6日，经建设部党组会议研究，并征得中共黑龙江省委组织部同意，景瑞任哈建大校长兼党委副书记。免去沈世钊哈建大校长、党委副书记、常委、委员职务。

1995年，学校新增"建筑材料"博士学位授权学科和"复合材料"硕士学位授权学科。

1995年，土木工程教育评估委员会批准清华大学、同济大学及哈建大等10所院校参加建筑工程专业全国首批评估。这次参评的学校被称为国内"第一军团"，实力都非常强。学校取得A级通过、有效期5年的好成绩，而且排名在前五位。

1995年，学校在道路与交通工程系基础上，成立交通学院。

1995年国家实施"211工程"以后，学校坚持"211工程"重在建设的原则，抓住契机，明确提出了建设一批在国内处于领先地位并在国际上有较大影响的重点学科的学科建设发展目标。按照这一发展目标，学校在"九五"期间，依托已有的学科基础和实验条件，对3个学科群、5个学科点、3个实验室进行了重点建设。重点建设的学科群是：建筑工程学科群、城市建设学科群、建筑学学科群；重点建设的学科是：市政与环境工程、力学与结构工程、供热供燃气通风及空调工程、建筑设计及其理论、建筑经济与管理；重点建设的实验室是：力学与工程结构实验中心、市政与环境工程实验中心、热能工程实验中心。

1996年2月27日，建设部同意张伶伶、任南琪任校长助理。3月15日，校长景瑞签发文件，任命张伶伶、任南琪为校长助理。

1996年6月20日，由中共黑龙江省委组织部、省委宣传部和省委高校工委、省教委党组联合召开的第三次全省高校党建工作会议结束。大会表彰了做出突出成绩的高校党委和优秀个人。学校党委被授予"黑龙江省普通高校先进党组织"称号。在这次会议上，共组织了8个典型经验交流，学校党委书记荣大成在会上作了题为《发挥党委在改革发展中的领导核心作用》的典型介绍。

1996年10月，朱华调任建设部管理干部学院党委书记兼副院长。

1996年，学校在市政与环境工程系基础上，成立市政环境工程学院。

1996年，学校投资388万元在新校区建起了4712m²的12号住宅楼，改善了中青年教师和科研骨干教师的住房条件。学校还投资45万元建成了新校区学生洗衣房。这个洗衣房不仅解决了学生衣服和床上用品的洗涤问题，而且还解决了学生用开水的供应问题，大大方便了学生的生活。

1997年，根据国务院学位委员会对授予博士、硕士学位和培养研究生的学科专业的调整方案，学校的"建筑材料"和"复合材料"学科归并到"材料学"学科；"土木、水利施工"学科归并到"结构工程"学科；"实验力学"学科一部分并入到"工程力学"学科，一部分并入到"流体力学"学科。此外，经调整的学科还有，"结构力学"调整为"工程力学"；"地震工程及防护工程"调整为"防灾减灾工程及防护工程"；"公路、城市道路及机场工程"调整为"道路与铁道工程"；"工程机械"调整为"机械设计与理论"；"建筑经济与管理"调整为"管理科学与工程"。

1997年，经国务院学位委员会审核批准，哈建大成为全国首批开展工程硕士专业学位的授权单位，可以在建筑与土木工程领域开展工程硕士专业学位的培养工作。同年，学校还获得了在职人员申请博士学位授予权。

1997年春季学期开始，学校抓住具有历史意义的"211工程"建设在学校已经取得重大进展的有利时机，及时做出了全面深化学校改革的决定。3月3日，校党委召开全委扩大会议，会议对党委《关于深化校内管理体制改革的几点意见》《关于面向21世纪深入进行教学改革的意见》和学校《深化校内管理体制改革的试行方案》《关于深化教学改革的试行方案》进行了认真的讨论。党委根据会议的讨论意见，原则上通过了这两个《意见》和两个《方案》，并在3月8日校教代会三届二次会议暨1997年教育工作会议上作了实施部署。

根据党委两个《意见》及学校两个《方案》关于先搞试点，待取得经验后再全面推开的总体改革精神，经校党委讨论研究决定，市政环境工程学院被确定为学校总体改革的试点单位。1997年3月8日，校党委对市政环境工程学院改革目标与实施方案作了批复，原则同意该院的改革目标和实施方案，希望该院创造性地完成改革试点工作，为学校改革的全面实施积累经验，探索新路，创造条件，当好先行。

1997年秋季学期，学校开展了一次规模较大的院（系）本科教学评价。在这次评价中，学校成立了由原副校长张云学为组长、高教所副所长王永平为副组长的专家组。这次评价，无论在组织上、规模上，还是影响上，都是前所未有的，为学校申请优秀教学评价奠定了基础。

在市政环境工程学院进行改革试点工作的同时，全校各单位、各部门按照学校确定的"教学改革是核心，管理体制改革是关键，教育思想、教育观念的转变是先导"的改革指导思想，认真实施学校关于教学改革和管理体制改革的两个《意见》和两个《方案》，制定本单位、本部门改革的目标和方案，积极调动广大教职工参与改革的积极性，努力解决教育思想、教育观念的转变问题，为学校总体改革试点的扩大，全面推进学校的改革奠定了良好基础。

1997年秋季学期，学校对市政环境工程学院的改革试点工作和全校的改革工作进行了阶段总结，并在此基础上对学校下一步的改革工作提出了新的要求，作出了新的部署，决定进一步扩大改革试点，全面推进学校改革。学校审定批准的第二批改革试点单位有材料科学与工程系、建筑管理工程系、社会科学系、交通学院四个单位。根据党委常委会议决定，这些单位在改革试点期间实行财务计划单列。试点工作到1998年底结束。学校要求，第二批试点单位要以提高教育质量和办学效益为目标，加强领导，踏实工作，努力完成试点工作任务。

在市政环境工程学院改革试点工作取得成功经验，第二批改革试点单位开始改革试点工作后，按照党的十五大精神，根据党的十五大以后国家经济体制改革的新突破和社会发展环境、条件的新变化，校党委不失时机地做出了全面深化落实校内总体改革的决定，并决定从1998年春季学期开始，在全校范围内全方位地推进以院（系）为基础的总体改革。

1998年初，根据全国高校发展的形势，学校决定当年扩大招生500人。5月，学校决定抢建新区学生四宿舍，并要求在秋季学期新生入校前完工交付使用。为保证如期完成任务，在学校的领导下，基建等有关部门积极工作，不仅争取到了施工单位的垫款，而且开创了学校基建史上建设速度的纪录：从建设报批、施工到交付使用，仅用了四个月时间。

1998年3月24日，学校召开教代会三届三次会议，校长景瑞在会上作了题为《解放思想，抢抓机遇，深化改革，加快发展，开创我校工作的新局面》的报告。这次会议后，按照学校的安排部署，学校的总体改革在全校范围内全面展开。

1998年5月，学校对职能部门机构和人员进行了调整，校党政职能部门由原来的19个减到15个，正副处级领导由原来的47名减到22名。

1998年6月25日，学校召开职能部门改革会议，会议对职能部门工作人员转岗分流的办法、原则、措施等问题做了阐述和具体说明。根据这次会议精神，各职能部门于7月6日前完成了"三定"方案，并开始实施人员转岗分流工作。

1998年8月10日，党委在听取各院（系）及各部门意见，并经反复深入的研究，召开党委常委扩大会议讨论后，形成了《关于全面深化我校改革的意见》，并下发到各院（系）和各部门。8月14日，党委召开各单位、各部门主要领导会议。校长景瑞就党委下发的《意见》作了具体说明。

按照党委下发的《关于全面深化我校改革的意见》和8月14日会议精神，各院（系）和各部门在1998年春季学期全面改革的基础上，认真总结经验，进一步提高认识，统一思想，加大改革力度，全面深化教学改革和内部管理体制改革。

1998年11月，学校组成了以党委书记荣大成为首的调查组，对全校14个教学单位的改革情况进行了认真的调查研究。根据这次调研情况，校长景瑞于1998年12月3日主持召开各院（系）、各部门主要领导会议，对学校一年来总体改革深化情况进行总结，并对下一步学校的改革工作提出了要求。

1998年，城市规划专业开展首批评估，哈建大及清华大学、东南大学、同济大学、重庆建筑大学5所学校参加评估，学校城市规划专业取得A级通过，有效期6年的好成绩。

1998年，经国家批准，学校又新增了建筑学、环境科学与工程两个博士后科研流动站。

1998年，国务院学位委员会批准学校在市政与环境领域开展工程硕士的培养工作。

1998年，国务院学位委员会在第七次博士、硕士学位的学科授权审核中，对一级博士、硕士学位授权学科进行了审核。在这次审核中，学校"土木工程"学科被批准为博士学位、硕士学位授权一级学科。这次通过"土木工程"学科为一级学科的院校，在全国仅有4家，即同济大学、清华大学、浙江大学和哈尔滨建筑大学。在这次审核中，学校的"管理科学与工程"学科，按学科调整方案通过审核，成为博士、硕士学位授权一级学科。这两个一级学科的确立，使学校又新增了"道路与铁道工程""桥梁与隧道工程""岩土工程""防灾减灾工程及防护工程"4个博士学位授权学科和"环境科学""岩土工程""交通运输规划与管理"3个硕士学位授权学科。学校还获批设立了"企业管理"硕士学位授权学科。

1998年，教育部颁布了新的本科专业目录。学校经调整后，建筑管理工程、房地产经营管理、国际工程管理专业方向合并为工程管理，环境艺术设计更名为艺术设计，计算机应用更名为计算机科学与技术，应用数学更名为数学与应用数学，建筑工程和交通土建工程合并为土木工程，机电一体化与机械设计及制造合并为机械设计制造及其自动化，供热通风与空调工程和城市燃气合并为建筑环境与设备工程，复合材料过渡为高分子材料与工程。

1999年，工程管理专业进行试点评估。参评学校有哈建大及清华大学等6所。经评估委员会全体会议审议，哈建大通过工程管理专业评估，名次排在第1位，有效期为5年。

1999年，国务院学位委员会批准学校在道路与交通工程领域开展工程硕士的培养工作。

1999年，经建设部审核，学校的桥梁与隧道工程、岩土工程、结构工程、管理科学与工程、交通运输规划与管理、机械设计与理论、城市规划与设计、供热供燃气通风及空调工程、防灾减灾工程与防护工程、工程力学、企业管理、材料学、道路与铁道工程、建筑设计及其理论、环境工程等15个学科被批准为部级重点学科。

1999年，根据全国第三次教育工作会议精神，学校经过反复认真的研究论证，又制订了2000年到2004年的学科建设发展总体规划。按照这个规划，在原有的基础上，2000年将再增加"建筑学"和"环境科学与工程"两个一级学科，增加"城市规划与设计""建筑技术科学"和"环境科学"3个博士学位授权点以及"经济法学""设计艺术学""土地资源管理"等12个硕士学位授权点。到2004年，学校的一级学科将达到7个，博士学位授权学科将达到27个，硕士学位授权学科将达到48个。

1999年1月，学校下发了关于《面向21世纪进一步深化教学改革的工作意见》，并于当年春季学期初召开的教育工作会议上提出了继续全面推进学校总体改革的五项改革任务。

1999年1月7日，何若全调任苏州城建环保学院院长。

1999年6月23日，建设部党组就哈建大新一届领导班子下发文件，经5月14日建设部党组会议研究决定，孙和义任哈建大党委书记；景瑞任哈建大校长兼党委副书记；刘志才任哈建大副校长；任南琪、欧进萍任哈建大副校长（副司级）。免去荣大成哈建大党委书记职务，改任校级调研员；免去张肖宁哈建大副校长职务，改任副校级调研员。哈建大实行党委领导下的校长任期制，本届行政领导班子自1999年6月起，任期4年。

1999年7月26日，经党委常委会议讨论决定，并报请建设部党组，免去张伶伶的校长助理职务。

1999年8月，学校决定在建筑管理工程系的基础上组建管理学院，同年9月，采用民主推荐的方式推举管理学院院长，并聘任了管理学院领导班子。

经过较长时间的认真准备，哈建工更名为哈尔滨建筑大学后的第一次党员代表大会的会务工作已全部准备就绪，并确定于1999年12月17日召开。但由于高校管理体制发生重大变化，这次党代会未能举行。

1999年，学校决定在建筑系的基础上组建建筑学院，下设建筑系和城市规划系。

1999年，学校决定启动新校区主楼建设，并于8月开始对主楼设计方案进行招标。

1999年，学校投资100多万元，对新校区学生浴池重新进行了装修和改造，使学生的洗浴条件得到了很大的改善。

1998年和1999年，学校在新校区又相继建成了13号和14号住宅楼，并破土开工15号楼。13号和14号这两栋住宅楼都进一步加大了个人集资的力度，同时住房标准也提高到了一个新的档次。

1999年，国家对各高校临时下达扩招文件，学校抓住机遇，决定在原有基础上再扩招1000人，同时决定抢建新区学生五宿舍。学生五宿舍的建设仍采取四宿舍建设的办法，在学校仅投资415万元的情况下，由学校工程承包总公司垫款1508万元，同样在4个月的时间里，建成了总面积为17676m²的宿舍楼，确保了秋季学期新生入学的需要。这两栋学生宿舍建设的工期虽然都很短，但施工质量都达到了规范要求，而且内部装修和设施配备都达到了公寓化标准。学生五宿舍投入使用后，学校学生的住宿基本实现了4~6人一室，宿舍各方面的条件具备了省内高校的一流水平。

为解决教学用房问题，1990年以后，学校先后投资并利用部分校友的捐资，改造了老校区花园街一侧教学楼，新建了新区东配楼，并对结构楼和计算机楼进行了接层扩大。其中新区东配楼由校友陈宏捐资500万元建设，1994年建成投入使用；结构楼接层由校友卢维甫捐资30万元改建，1996年完成投入使用。1999年，根据继续扩大招生的需要，由学校工程承包总公司承建，对新区计算机楼进行了接层改建，扩大使用面积750m²。

根据学校新校区基础设施和校园环境建设"统筹规划，量力而行，按需配套，动态建设"的指导思想，1994年学校投资20万元，对锅炉房两台锅炉进行了大修，保证了新校区采暖工作的顺利进行；同年，又投资80万元，对新校区热网进行了改造，解决了全校区热平衡问题；1997年投资150万元，新建1600伏变电所，改善了住宅和教学供电水平，并解决了新校区不断增加的电需容量；1997年，为校本部搬迁新校区，对培训中心周边环境进行了改造；为迎接"211工程"预审，1997年投资80万元，对新校区招待所的餐厅及客房进行了装修改造；1999年投资36万元，对新校区内路灯进行了改造；1999年又投资141万元，对新校区西大门和家属区大门及其周边环境进行了较高标准的改造，并整修了校园内的一部分人行道。此外，在新校区校园环境建设中，学校职工孟繁增捐款80万元，于1997年建设了新校区南大门。南大门设计独特，寓意深刻，是学校新校区的一景。

1995年至1999年，按照国家教委精神，学校对基础课实验室和技术基础课实验室进行评估（双基评估）。学校领导对这次评估非常重视，加大了对基础课实验室的投入，每年拨专款150万元，使实验设备从原来5人一套增加至1人一套。1999年10月，根据建设部教育司关于建设部级重点实验室的精神和学校实验室实际情况，学校申报了6个实验室参加评审。到年底，这6个实验室全部通过评审。

双基评估和重点实验室的建设，对学校实验室管理工作的科学化、规范化起到了极大的促进作用。到1999年底，学校已建立起一整套完整的实验室规章制度；编写了各门课程实验教学大纲；制定了实验室工作人员培训计划，为教学、科研创造了良好的条件。

从1990年到1999年，学校教学设备费的投入明显增加：1990年，21.54万元；1991年，31.37万元；1992年，42.59万元；1993年，142.88万元；1994年，275.24万元；1995年，163.24万元；1996年，316.29万元；1997年，193.22万元；1998年，418.07万元；1999年，354.21万元。其中1994年、1996年和1998年因特殊设备的购进，投资额超出了正常递增数。

1999年底，学校新图书馆的主体工程和外装修工程全部完成，2000年末，内装修和设备安装全面完成。

1990年至1999年，学校除在新校区建起了12栋住宅外，还以个人集一部分、学校承担一部分资金的形式，在新校区附近的闽江小区购买了两栋标准较高的住宅楼，同时还以开发的形式，拆除重建了老校区建工之家住宅区的一栋住宅。学校教职工的住房条件跃居到黑龙江省高校的前列。

1998年国务院副总理李岚清在视察部分高校后，对改造高校筒子楼工作发表了重要讲话。随后，国家教委等部门下达了有关筒子楼改造的文件。学校适时地抓住这一机遇，抓紧对学校仅有的两栋筒子楼（即教化独身宿舍和香坊职工宿舍）进行改造。

教化独身宿舍始建于1977年，其功能主要是解决独身教工的住宿问题，条件很差。1998年学校把教化独身宿舍的改造作为筒子楼改造的第一个项目，于当年8月动工，到年底交付使用。教化筒子楼改造的速度和质量，为黑龙江省高校筒子楼的改造树立了榜样。黑龙江省副省长王佐书、教育部副部长张宝庆等先后到学校视察，充分肯定学校在筒子楼改造中做出的成绩，认为哈建大在落实国务院关于筒子楼改造的工作中走在了全省的前列。

香坊职工宿舍始建于1962年，当时的建筑功能是学生宿舍，由于香坊新建校舍下马，学生宿舍改为职工住宅，其条件非常简陋。借助筒子楼改造的机会，学校大胆决策，将原15000m²的旧楼推倒重建。这项工程于1999年8月动工，2000年8月交付使用。新建香坊宿舍总建筑面积为33000m²，总投资4500万元。建成后的香坊宿舍，成为学校条件较好的一栋单元式教工住宅。

2000年6月2日，哈尔滨建筑大学与哈尔滨工业大学合并，组建为新的哈尔滨工业大学。合校后，孙和义任哈工大党委副书记；景瑞任哈工大副校长兼党委副书记；欧进萍任哈工大副校长；刘志才、任南琪任哈工大校长助理。

在新的哈尔滨工业大学中，建筑工程学院更名为土木工程学院，原哈工大建筑工程与设计学院的一部分人员并入其中；市政工程学院与原哈工大环境科学与工程系组建为新的市政工程学院；原哈工大建筑工程与设计学院建筑系（哈尔滨工业大学建筑计划与设计研究所）并入建筑学院，组建为新的建筑学院；交通学院更名为交通科学与工程学院；管理学院与原哈工大管理学院、社科系部分教师组建为新的管理学院；建筑材料系、建筑机电系、计算机系、外语系、社科系分别并入材料科学与工程学院、机电工程学院、计算机科学与技术学院、外国语学院和人文学院；基础科学系、体育部的教师，根据所在学科，分别并入航天学院、理学院和体育部。

3.1.5　1959—2000年哈建工历史沿革统计资料

表3-1为1959—2000年哈建工历届党委领导人名表和行政领导人名表。

表3-1　1959—2000哈建工历任党政负责人

学校名称	主要负责人	职务	任职时间	班子成员姓名	职务	任职时间
哈尔滨建筑工程学院	郭林军 孙西歧 孙西歧 李承文	党委第一书记、院长 院长 党委书记、院长 党委书记、院长	1959.4—1961.2 1961.2—1962.1 1962.2—1964.11 1965.4—1968.6	李国栋 刘克屏 李秉钧 刘克屏 李 迈 王应慈 李天珉	副院长 副院长 副院长 党委副书记、副院长 党委副书记 副院长 党委副书记	1959.4—1963 1959.10—1961.1 1960.4—1968.6 1961.2—1968.6 1964.2—1968.6 1965.9—1968.6 1966.3—1968.6
	李承文 李承文 孙西歧 孙西歧 彭 云 肖一舟 黄 生 黄 生	革委会主任 党的核心小组组长、革委会主任 党的核心小组组长、革委会主任 顾问 党委书记、革委会主任 党委书记、革委会主任 党委书记 顾问	1968.6—1970.5 1970.6—1972.4 1972.7—1975.4 1975.4—1983.8 1975.4—1977.9 1978.1—1979.9 1979.10—1983.8 1983.8—1986.8	陈夫田 郝力宁 刘克屏 李秉钧 李 迈 陈夫田 樊 力 赵景信 刘克屏 李秉钧 李 迈 郝力宁 樊 力 陈雨波 赵景信 周 简 李天珉 吴满山 颜景田 武国栋	党的核心小组副组长、革委会副主任 革委会副主任 革委会副主任 革委会副主任 革委会副主任 党委副书记 党委副书记、革委会副主任 革委会副主任 副院长 党委副书记、副院长 副院长 副院长 党委副书记、副院长 院长 副院长 副院长 副院长 副书记 副院长 副院长	1970.6—1975.4 1972.3—1979.4 1972.7—1979.4 1972.7—1979.4 1972.7—1979.4 1975.4—1978.10 1977.11—1979.4 1977.11—1979.4 1979.4—1983.8 1979.4—1983.8 1979.4—1982.10 1979.4—1983.8 1979.4—1983.8 1979.4—1982.2 1979.4—1983.8 1979.4—1982.10 1979.9—1983.8 1981.10—1986.1 1981.10—1990.2 1981.10—1986.1
	陈雨波 陈雨波 何钟怡 吴满山	院长 党委书记、院长 院长 党委书记	1982.2—1983.7 1983.8—1986.1 1986.1—1990.2 1986.1—1993.5	何钟怡 荣大成 沈世钊 许文发 武国栋 王玉林 张云学 王增品	副院长 副书记 副院长 副院长 工会主席 纪委书记 教务长 总务长	1983.8—1986.1 1986.1—1993.5 1986.1—1990.2 1986.1—1990.2 1986.1—1990.2 1986.1—1993.5 1987.9—1990.2 1988.7—1994.8

续表

学校名称	主要负责人	职务	任职时间	班子成员姓名	职务	任职时间
哈尔滨建筑工程学院	沈世钊 沈世钊 荣大成	院长 院长、党委副书记 党委书记	1990.2—1990.5 1990.5—1994.8 1993.5—1994.8	张云学	副院长	1990.2—1994.8
				张树仁	副院长	1990.2—1994.8
				景 瑞	院长助理	1990.2—1993.8
				朱 华	院长助理	1990.2—1992.9
				赵洪滨	教务长	1990.2—1994.8
				张耀春	副院长	1991.10—1994.8
				李建生	党委副书记	1992.9—1993.6
				朱 华	副院长	1992.9—1993.12
				景 瑞	党委副书记	1993.5—1993.8
				高廷臣	纪委书记	1993.5—1993.12
				景 瑞	党委副书记、副院长	1993.8—1994.8
				朱 华	副书记	1993.12—1996.9
				朱 华	纪委书记	1993.12—1996.9
				高廷臣	副院长	1993.12—1994.8
				张肖宁	院长助理	1993.12—1994.8
哈尔滨建筑大学	沈世钊 荣大成 景 瑞 孙和义	校长、党委副书记 党委书记 校长、党委副书记 党委书记	1994.8—1995.9 1994.8—1999.6 1995.9—2000.6 1999.6—2000.6	景 瑞	党委副书记、常务副校长	1994.8—1995.9
				张肖宁	副校长	1994.8—1999.6
				何若全	副校长	1994.8—1999.6
				刘志才	副校长	1994.8—2000.6
				任南琪	校长助理	1996.2—1999.6
				张伶伶	校长助理	1996.2—1999.6
				任南琪	副校长	1999.6—2000.6
				欧进萍	副校长	1999.6—2000.6

3.2 人才培养

3.2.1 本科生培养

1. 1959—1976年的本科生培养

1959—1976年，哈建工本科专业的变迁如图3-1所示。

哈建工成立初期，正经历着从1958年开始的"教育大革命"以及"反右倾""大跃进"等运动，正常的教学工作受到了很大的冲击。

1959年，学院对1958年"教育大革命"的经验教训进行了总结，并根据建院后党委的第一个工作计划，开始纠正"教育大革命"中"劳动过头，社会活动过头，科研活动过头"的偏差。坚持以教学为主，以建立正常的教学秩序为中心，开展了一系列的纠偏工作，使教学秩序得以稳定，教学质量有所提高，学生考试成绩优良率从1958年秋季学期的68.7%、1959年春季学期的72%，上升到1959年秋季学期的82.6%。

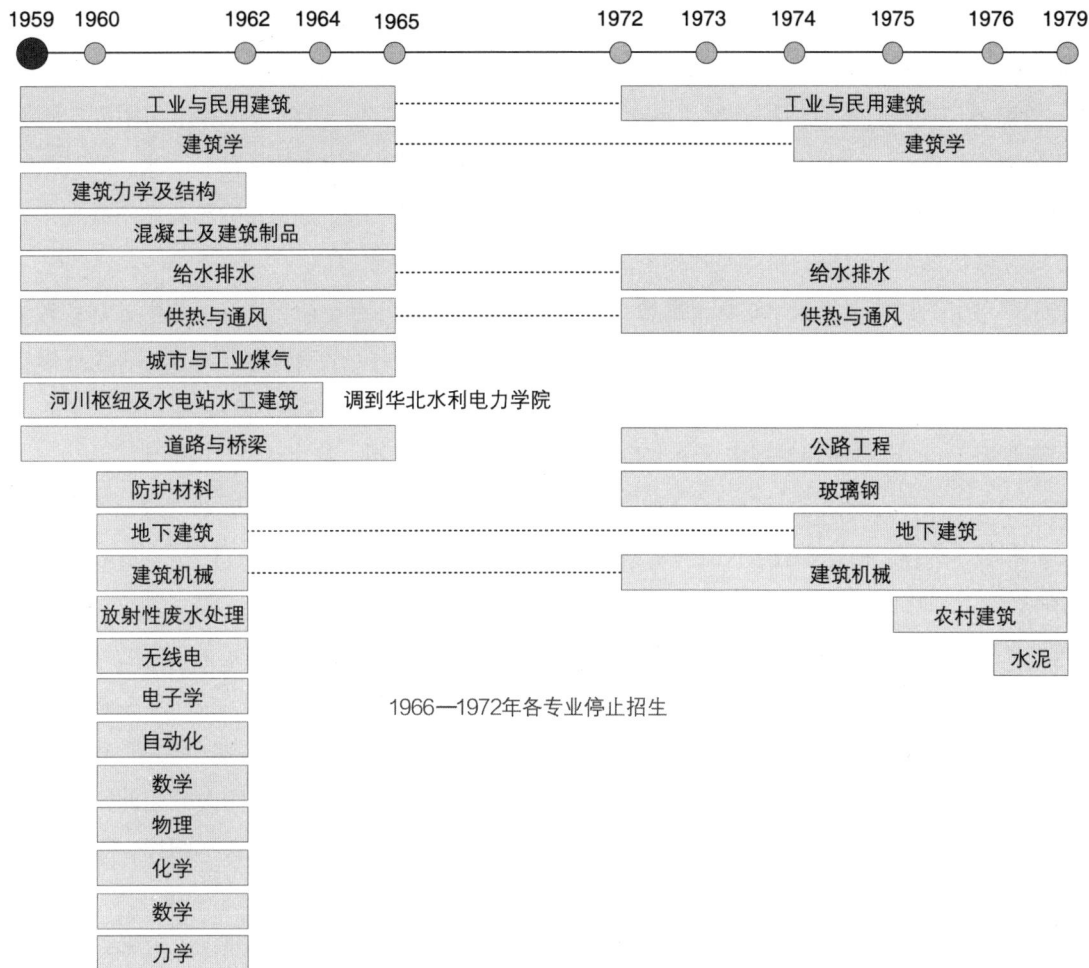

图3-1　1959—1976年哈建工本科专业的变迁

在1958年"真刀真枪"毕业设计的基础上，1959年的毕业班全部以生产设计代替毕业设计。一共完成工业与民用建筑136000m²的土建设计任务和太原市城市煤气规划设计及三个城市的给水排水系统设计等。给水排水专业和工民建专业的学生还结合毕业工作开展科学研究，总结出50篇学术论文。全院完成科研34项。

1960年2月，哈建工提出了"三下一投入，三边一提高"（即下工厂、下农村、下工地，投入技术革命运动；边教学、边科研、边生产劳动，大力提高教学质量）的口号。同年4月，又组织工业与民用建筑、水工建筑两个专业进行教学改革试点。5月初，更明确地提出，必须进行四改（改革教学计划、教学大纲、教学内容、教学方法）和五查（查思想观点、脱离实际、烦琐重复、陈旧落后、遗漏欠缺），并特别强调改革课程内容和教材体系，提出课程内容要"现代化、科学化、中国化、群众化"，要"精简、加深、更新"。在教学过程中，还强调现场教学，强调拜工农为师。在培养目标上也提出一些不切实际的要求。这一系列的所谓"改革"，收益甚少，严重地破坏了教学秩序，降低了教学质量。

为了从低年级开始全面贯彻执行《高教六十条》，1961年9月，哈建工分别成立了一、二年级教学研究组，由各系教学秘书，各门课的教学组长或讲课教师组成。研究组的任务是研究学期工作计划，协商各门课程自学时间的分配，平衡作业，安排测验及考试，了解教学和学习中存在的问题，研究解决的办法，帮助学生掌握大学的学习方法等。每学期研究组集体活动4~5次。研究组的活动对结合低年级特点，贯彻执行《高教六十条》发挥了良好的作用。直到1962年底撤销数理化力学系，成立基础课委员会后，研究组才停止活动。

1961年底和1962年上半年，根据《高教六十条》精神，学院各专业初步修订了教学计划和教学大纲，减少了生产劳动时间，开始恢复了正常教学秩序。1962年6月，教育部召开直属高等工业学校教学工作会议，进一步深入贯彻《高教六十条》。这次会议之后，结合学院当时学生负担过重的情况，学院党委于1962年秋季学期提出了"少而精，学到手，因材施教，劳逸结合"四原则。1962年下半年到1963年上半年，学院各专业根据《高教六十条》和学院党委提出的"四原则"进一步修订了教学计划和教学大纲。但这个教学计划并未真正实行，被后来开展的社会主义教育运动冲击掉了。

1963年7月，哈建工第23次院务委员会通过了在1961年和1962年基础上作了较大修改补充的一系列规章制度，包括《学生守则》《学生学籍管理办法》《学生成绩考核暂行规定》《学生请假制度》《课堂秩序规则》《学生奖惩暂行办法》《关于教室调度、使用、管理暂行办法》《关于学生进行实验的暂行办法》《教材、讲义供应办法》等。同时还下发了《教师工作量计算办法》《关于教学研究室工作的暂行规定（草案）》《哈尔滨建筑工程学院关于教学行政等几项工作职责分工的暂行规定（草案）》等文件。这些制度的制订与实行，进一步稳定了教学秩序，加强了教学纪律，促进了教学质量的提高。

从1964年冬开始，伴随全国教育进入更深刻"改革"的大环境，学院对课程、教学方法、考试方法进行了试点改革。其中，钢筋混凝土教研室、材料力学教研室总结了开卷考试经验；建筑构造教研室总结了"工业建筑构造原理"课通过"课堂讨论"进行考查的方法。1965年8月至11月，建筑工程系全部3个专业的150名四年级学生投入大庆地区的建筑工地。在100天中，安排了2个月的专业生产劳动，1个月的现场教学，10天总结。在现场讲授了8门课的有关内容。

1966年，工民建专业制定了半工半读的教学计划，并从1965级开始试行。1966年上半年，工民建1965级150人在部分教师带领下赴大庆进行半工半读试点，7月返校。

1966年2月，根据新的办学计划，全院1500多名师生到嫩江和"九三"农场参加"四清"。这批参加"四清"的师生，直到"文化大革命"开始后，8月才返回学院。

从1971年开始，哈建工陆续制定了各专业工农兵学员的教学计划。按照1972年工民建专业的教学计划，3年共153周：学文98.5周，占总周数的64%；学工27.5周，学农4周，学军5周，机动5周，这4项共占总周数的28%；假期12周。这个计划在执行中又逐年修改，不断增加学工、学农、学军和参加政治运动的时间，最高时达总周数的50%以上。

2. 1977—2000年的本科生培养

从1977级学生开始，所有专业的学制都为四年。学院制订了四年制的教学计划和教学大纲。

四年制的教学计划，加强了基础理论课的比例，提高了课程内容的起点，政治课恢复了哲学、政治经济学和党史3门课，增设了选修课。

1978年，学院对"文化大革命"中最后一批入学的三年制的学生，调整了教学计划，学制由三年延到三年半，加强了基础课和技术基础课的教学，使这批学生在毕业时取得了较好的成绩。

从1978年开始，哈建工就统一部署，在抓好每一个教学环节方面做了许多工作。如针对讲课、习题课、实验课、课程设计、生产实习等一系列工作都制定了制度，明确了要求。从1979年起，还加强了考试工作，制定了相应的制度和规定，取得了较好的效果。

从1982年下半年开始，哈建工集中主要力量抓教学质量的提高，使教学工作进入了一个有规范指导的、有秩序的、全面提高的发展阶段。

1982年秋季学期，学院党委认真讨论了修订教学计划的原则，组织力量对1982级各专业教学计划进行重新修订。重新修订的1982级四年制教学计划遵循的基本原则是"打好基础，加强理论与实践的结合，提高能力"。在执行1982级教学计划时，注意了总结经验，在相对稳定的基础上，1983年，又制定了1983级的教学计划。同时，修订和补充了各种教学工作制度，编写了《学生手册》《业务工作手册》等，形成了较完整的教学管理规范。

1983年，学院在抓课堂教学质量方面采取了一些措施，如严格选择任课教师，实行任课教师由主管院长批准，教务处下达任课通知书；抓备课、抓教学质量的检查；严格课堂纪律，实行大小课点名制度等，并于4月召开了以培养学生能力为中心的教学经验交流会。

为了扭转课程设计质量不高，尤其是有些学生的图面质量较差的现象，学院教务处决定自1983年春季学期起，所有课程设计在结束时均公开展出，直至明显好转为止。4月11日，首先展出了暖通专业和煤气专业两个班和工民建1980级部分学生的课程设计成果，共展出70名学生近170张图纸。展出前指导教师全面审图并在图纸上做出评论，标明评定的分数，返工或不及格的也一并展出。通过参观评图，大家一致认为，要提高课程设计质量，必须从制图课到毕业设计，形成制图训练的一个系列，在系列的每个环节都要坚持严格训练，一丝不苟。为切实提高课程设计质量，教务处制订了《课程设计工作细则》。同时还决定今后制图教师要参加指导课程设计，图面质量要列为评分的条件之一。

1983年2月，在副院长颜景田和党委副书记吴满山的主持下，哈建工组成了由12人参加的调查组，开展了毕业生质量的调查。通过调查，对学院毕业生的情况进行了全面了解，对研究学院专业设置和专业内容的改革，对教学内容与教学方法的改革等问题，提供了可靠依据。

为了发挥教师的集体智慧，1983年秋季学期，学院规定每周五有半天的统一的教学研究活动时间。利用这一时间，各教研室组织教师讨论教学中的业务问题，进行试讲，组织互相听课，研究教学方法，交流教学经验，检查教学效果。这一制度的实行，促进了教学研究活动的开展，特别是加强了对青年教师的教学工作的指导和检查，改进了教学工作，提高了教学质量。

从1982年秋季学期开始，学院大力提倡恢复和发扬管教管学、教书育人的传统，并先后于1982年12月和1983年12月召开了两次教书育人经验交流会，推动了学院教书育人活动的深入发展。

在严格考试纪律、端正考风方面做了大量工作的基础上，从1983年春季学期开始，又逐步对考试办法进行了改进，主要体现在两方面：一是部分恢复口试，二是改进笔试方法。1983年春季学期考试，1980级、1981级全部专业课实行口试，基本成功，效果较好。同年秋季学期考试，1980级、1981级全部课程实行口试，1982级、1983级部分课程也实行口试。基础课考试，大部分是笔试，但加大了试题的覆盖面，加密了试题内容的落点。考试方法的改革，促进了学生全面复习，系统掌握本门课程的内容。另外，各门课程还增加了平时测验，平时成绩与期末成绩综合评定各门课程成绩，一般平时成绩不超过40%。

在毕业、升级和授予学位方面，学院强调严格地把好质量关。在教师和学生中认真宣传教育部颁发的《普通高等学校学籍管理办法》。从1983年春季学期起，在各年级全面执行。关于学士学位问题，在国务院学位委员会规定的基础上，学院又补充规定了"在校期间有四门次补考者，不授予学士学位"。

从1983年秋季学期起，全院学生一律实行助学金与奖学金相结合的发放办法。加强对学生德、智、体各方面表现的平时考核，采取积分的方式，按季度评定，调动了学生的积极性，校风明显好转。

根据教育要"面向现代化，面向世界，面向未来"的方针，1984年哈建工开始了"从传授知识和技能为主转变为培养能力和创新精神为主"的教学改革工作。1984级新生入学后减少讲课学时20%，减掉的学时仍归该课程，用以组织学生自学、课堂讨论等；课堂上着重讲基本概念、重点和难点，提倡"启发式"的教学方法；改变单一教材的情况，每门课至少指定一本参考书，并提倡指定一本外文参考书；教师加强对第二课堂（如外语俱乐部、学生科研小组等）的指导、辅导。

从1984级新生开始，学院建立了导师制。学生入学后每个班分成三个学习小组，每个小组由一名教师担任导师。其中一名导师由系指定担任导师组组长，四年一贯直到毕业；另两名由该年级的任课教师（体育教师除外）担任。

1984级学生入学后，适当减少了教学实验数量，缩小了学生实验小组（一般规定1～2人为一组），使每个学生都能亲自操作并独立整理实验报告，加强了教学实验科学方法的严格训练，并从1985年起，每年春季学期举行一次物理实验竞赛，竞赛活动为"第二课堂"教学活动，学生自行设计，独立完成。

1984年11月，学院制定了《教学改革与教学建设成果奖评定办法》。该办法规定，每学年结束评定一次，按教学改革与教学建设成果内容多少、实效高低和推广范围分设一至三等奖。获奖者的有关材料，纳入个人业务档案，作为评职提薪的部分依据。

1985年4月初，为了进一步推进学院的教学改革工作，学院成立了以何钟怡副院长为首的教改试点小组。这个小组的主要任务是以供热通风与空调专业为教改点，通过分析修订该专业的教学计划，研究制定全院1985级教学改革实施方案，为各专业教学改革摸索方向、提供经验。教改试点小组在1985年上半年完成了供热通风与空调专业1985级教学计划的修订工作。按照修订后的教学计划，学生毕业的条件是学完四年，应修满142.5学分。由于受全国高教评估试点办法的影响，这个很有特色的教学计划未能全部实施。

1985年，经主管院长批准，教务处下发了精简课堂教学时数的通知。规定从1985年10月1日起，全部课程的课堂时数（将每一大节课从100分钟缩减为90分钟）减少10%。

1985年11月14日，学院党委召开扩大会议，专门听取了何钟怡院长关于教学计划改革试点工作的汇报。党委同意教改试点小组在汇报中对学院教学改革背景及对原有教学计划弊端的分析，同意试点小组在修订教学计划中所确定的基本原则，要求教改小组继续努力做好试点工作。

1985年教学改革的探索工作基本上分为两个层次。一个层次是由学校主持进行的教学计划改革；另一个层次是由各系、专业、教研室、任课教师所做的教学内容、教学方法、教学环节等方面的微观改革。对于教学计划改革，学院持十分慎重的态度，强调宏观严格控制、微观放宽的原则。对于局部性的微观改革，学院在这些方面的工作只限于少数课程、少数教学环节的试点上，没有全面铺开。

1986年8月30日，何钟怡院长在全院科级以上干部会议上强调：学院的工作要贯彻"学生第一"的思想，全心全意为学生服务；每一位教师都要把主要精力必须集中到教学、科研上去。

1986年9月29日，学院召开中层干部会议，会议传达学习了中共中央、国家教委、城乡建设环境保护部有关加强高等学校思想政治工作和全面提高教学质量的文件及会议精神。会议中还讨论了端正学院办学思想，全面提高本科教学质量问题。

在总结1986年的教学工作，特别是在总结1986年秋季学期以来在加强本科教学、稳定教学秩序，加强学习纪律工作的基础上，为进一步探讨如何加强教学基本建设，如何进一步进行教学改革，如何切实扭转忽视本科教学，如何提高教学质量等问题，1987年1月19日至22日，学院召开了有800名教师和干部参加的教学工作研讨会议。

为适应全国高教改革的形势，学院根据国家教委（86）高教二司字036号文件精神，在充分准备的基础上，于1987年4月修订完成了学院各专业1987年教学计划。在新修订的教学计划中，学院确定的本科生培养目标是：培养适应社会主义建设需要的，德智体美全面发展的，获得工程师基本训练的高级工程技术人才。在学时分配方面，新修订的教学计划规定：课内理论教学总学时不超过2500学时。公共课、基础课、专业基础课占总学时的85%，专业课占15%；选修课不低于课内总学时数的5%；实践性教学环节不低于40周；军事训练暂定4周。这次修订的教学计划在各专业所执行的原教学计划的基础上进行了一些适当调整，其特点是：拓宽了专业口径，增强了适应性，建立了比较合理的知识能力结构；减少了必修课，增加了选修课，注意加强实践性教学环节，把学校教育与引导学生参加社会实践结合起来；在坚持计划性的前提下，增加了灵活性。

1987年5月20日，学院召开全院教师干部大会，何钟怡院长就提高教学质量问题提出了12条措施。

为进一步加强对学院本科教学工作的指导和管理，不断提高教学质量，1987年6月2日，学院正式成立了教学顾问组。屠大燕教授、谢培青教授、庄重副教授被聘为院长教学顾问。

1987年9月初，何钟怡院长提出了加强学风建设、大力提高教学质量的要求。根据这一要求，教务处、研究生处、成人教育处分别就其所分管的教育层次提出了各自提高教育质量的措施和办法，经院长批准开始实施。同时，制定了《哈尔滨建筑工程学院课程基本建设暂行办法》《哈尔滨建筑工程学院优秀教学奖评奖办法》《关于加强教学过程管理的几个问题的通知》。

1987年11月18日，沈世钊副院长主持召开了有全院教师和教学管理干部参加的教学工作会议。这次会议的任务是动员全院教师和干部行动起来，进一步落实上届教学工作会议提出的任务，把以开展课程基本建设为基础的三项决定更扎实、更深入地贯彻下去。院长何钟怡和党委书记吴满山出席了会议。

在1988年4月16日召开的全院干部大会和11月23日召开的全院教职工大会上，何钟怡院长再次强调，要调整好教学计划，要抓好教学基本建设和教风建设；要严格对学生的管理，抓好以学风为中心的学生工作。

自1988年秋季学期以来，学院采取积极措施，加强校内小环境治理。抵制在新形势下学生中出现的读书无用、经商、厌学等思潮，基本控制住了学院的小环境，保证了学习纪律和学习质量。在小环境治理中，继续抓了课程建设，严格考核制度，实行自然淘汰制，恢复逐日考勤制度，把好考试关，严格考试纪律等项具体工作。在秋季学期的第5至第8周，进行了一次课堂教学与实验教学检查；在年底，进行了一次期末复习、考试、考场纪律检查。经过工作，全院学生的思想状况比较稳定，学风较好。

1989年1月23日至24日，学院在太阳岛教工休养所召开了为期两天的教学、科研工作会议。会议重点讨论了在面对全国改革的大潮、面对各高校日趋激烈的竞争、面对人才流向趋势发生变化的形势下，如何在不断提高教育质量的前提下调整好学院的教学计划，使学院毕业生具有更为宽实的专业基础、更强的适应性的培养模式问题。这次会议提出了"打好基础、拓宽知识面、提高学生能力、增强学生适应性"的专业调整方针；提出了组织基础课、公共课专家组具体研究课程方案，力争在6月底以前制定出各系的1989级教学计划的设想。

1989年5月15日至6月初，受风波的影响，学院正常的教学秩序受到了冲击，老校区处在市中心所受冲击量大于新校区。在此期间，学院采取了一系列维护教学秩序的措施。在风波结束之后，学院立即抓紧了教风和学风建设。

从1989年9月18日起，学院进行了一次持续时间长、规模大的全面纪律整顿，并收到了成效。在整顿期间，于11月13日开始实行新的作息时间，第4节下课比原来提前20分钟，午间休息增加了30分钟。执行新的作息时间，目的是整顿教学秩序，树立良好的校风、教风和学风，为学生创造一个更为科学的学习和休息条件。

1989年12月2日，学院召开教师大会。在会上，沈世钊副院长号召全院教师弘扬水力学教研室严谨治学的优良传统；学习结构力学教研室拼搏进取的精神。党委书记吴满山在讲话中指出，教师是学校的主力军，教师的言传身教对学生的影响是巨大的。今后我们要两条腿走路，全面提高教师素质，要建设一支实力雄厚、职业道德高尚、教风优良的过硬师资队伍。

1992年，学院以修订教学计划为切入点，对1987年制订的教学计划做了重大调整，理论教学时数由3000减至2800，同时增加了经济类、管理类课程。1995年至1999年，学院又连续5次修订学分制引导性教学计划，教学时数减至2500，并对必修课、限选课、任选课、实践环节的比例作了相应的规定。各专业教学计划经几次调整，不断完善，教学内容有了大幅度的更新，容量更加丰富，体系也更加合理，受到同类院校的好评。1999年市政环境工程学院的人才培养模式研究及方案，获得黑龙江省优秀教学成果一等奖。

学校从1994年开始着手关于学分制的调研。在此基础上，经过充分的论证，学校决定从1994年秋季学期开始，在建材系、管理系新生中进行学分制试点。1994年12月，学校召开学分制研讨会，听取了试点单位负责人的汇报和教务处关于实行学分制的可行性论证报告。在试点工作的基础上，学校做出了在1995级学生中全面推行学分制的决定。同时，教务处开始了一系列的准备工作，并如期完成了制订学分制引导性教学计划，研制选课软件，建立教务管理信息库，建立导师制，制定相应的管理文件及人员培训等工作。1999年，第一届学分制学生毕业，其中有2名同学三年完成学业，提前考取研究生，有8名同学攻读双学位。同时也有8名同学滞留学校延期毕业。教学成果《学分制教学管理模式的探索与实践》获1999年黑龙江省优秀教学成果二等奖。

学校课程建设工作起步较早。进入20世纪90年代，课程建设从立项到评审、验收全过程已建立起较为完善的配套体系。从1993年至1998年，有27门课被评为建设部优秀课程。

1995年以后，随着高等教育改革的深入和学分制教学管理制度在学校的全面实施，课程建设工作由过去的单门课程建设转向用系统观点与系统方法进行整体优化的系列课程建设，从而使学校的课程建设工作又上升到一个新的层面。以此为契机，各专业都扶持教师开发出一批新的选修课，共80余门，扩大了课程资源，开阔了学生的视野。

随着现代教育技术水平的不断提高，学校加大投资力度，更新教学手段，在加强电教中心建设的同时，于1992年投资26万元，成立建设部所属高校首家CAI中心。同时决定在每年的课程建设经费中，设专款用于CAI课程教学软件的开发。这一政策的出台，大大激发了教师的积极性，到1999年，全校已有40门次课程采用计算机辅助教学，有10余部CAI课程教学软件获得国家和省一级的奖励。各专业毕业设计也都采用了计算机辅助设计。

教材建设历来为学校所重视，并将其视为课程建设的一项重要指标。学校既要求公共课和基础课采用国家统编的高质量教材，也鼓励教师积累教学经验、结合专业特点编写具有我校特色的教材。据不完全统计，从1990年到1999年，由学校教师主编、副主编公开出版的教材共计211种，其中有4种获国家教委优秀教材二等奖，3种获省部级一等奖，7种获省部级二等奖，3种获中国建筑工业出版社优秀奖，1种获国家新闻出版署特等奖。有20种获校级优秀教材奖。还有2种教材被列为国家教委"九五"重点教材编写计划，6种被列为建设部"九五"重点教材编写计划，2种被高等教育出版社列入面向21世纪教学改革系列教材出版计划。

自1989年国家和黑龙江省设立教学成果奖以来，学校共有55项教学成果获得不同级别的奖励。其中国家级二等奖4项，省级一等奖15项，省级二等奖34项，省级青年教师教学奖2项。这些成果奖的获得，极大地激发了广大教师参与从事教学研究的积极性，促进了教学研究的开展，使教学研究更好地发挥了教学工作中的指导作用。

3. 本科生培养统计数据

1959—2000年哈建大历年本科生分专业招生情况如表3-2所示。

表3-2 1959—2000年哈建大历年本科生分专业招生情况

专业	招生年份	招生数	专业	招生年份	招生数
土木工程（建筑工程方向）	1959—1965	601	燃气	1959—1965	134
	1972—1999	3837		1979—1995	505
地下工程与隧道工程	1977、1985—1986	83	工程管理	1981—1999	788
农村建筑	1975—1976	61	国际工程管理	1986—1996	173
给水排水	1972—1999	2076	房地产经营与管理	1991—1998	234
环境工程	1985—1999	512	会计学	1986—1999	743
混凝土及建筑制品	1959—1965	118	工商管理	1999	27
	1978—1997	663	公路与城市道路工程	1959、1977—1999	843
硅酸盐工程	1976—1999	679	交通土建工程	1990—1999	664
高分子材料与工程	1974—1999	443	土木工程（道桥方向）	1997—1999	205
起重运输与工程机械	1976—1998	553	计算机技术与应用	1989—1999	520
自动化	1977—1999	921	英语	1993、1996—1998	124
建筑学	1959—1965	180	俄语	1993、1996	47
	1974—1999	1605	经济法（建设法）	1998	28
城市规划	1985—1999	422	法学	1999	64
艺术设计	1995—1999	156	旅游管理	1993、1996—1999	134
供热通风	1959—1965	566	数学与应用数学	1977、1998—1999	115
	1972—1999	2360	理论与应用力学	1977—1978	54

注：土木工程（建筑工程方向）1991年以前为工业与民用建筑，1991—1996年为建筑工程，1999年数据含建筑工程-理论与应用力学双学位20人；地下工程与隧道工程1977年为地下建筑；机械设计及制造1985年以前为建筑机械，1986—1989年为起重运输与工程机械，1989—1997机械设计及制造；工程管理1998年以前为建筑管理工程；公路与城市道路工程1959年为道路与桥梁，1964年为道路工程，1973—1983年为公路工程，1984—1985年为道路工程，1993—2000年为交通工程。

3.2.2 研究生培养

1959—2000年，哈建工研究生学科的变迁如图3-2所示。

1. 1959—1976年的研究生培养

1959年哈建工建院后，继续招收导师制研究生，招生专业包括工程结构、结构力学、道路工程、市政工程等。

1962年12月，哈建工5名研究生顺利通过答辩后毕业。这是1959年建院后招收的第一批研究生。这5名研究生中，工程结构2名，导师胡松林副教授；结构力学1名，导师王光远副教授；道路工程1名，导师蔡乃森副教授；市政工程1名，导师张自杰讲师。

1966—1976年，哈建工的研究生招生和培养因"文化大革命"而中断。

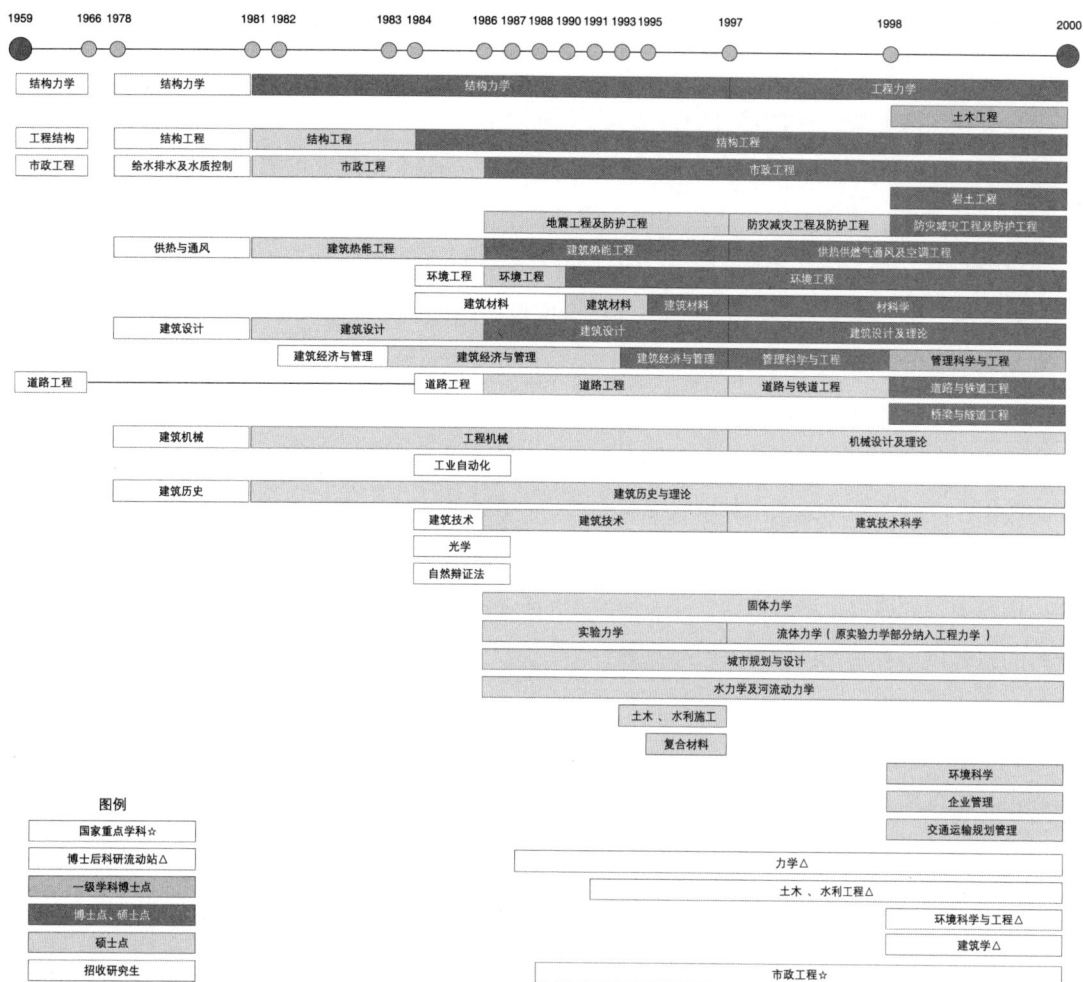

图3-2　1959—2000年哈建工研究生学科的变迁

2. 1977—2000年的研究生培养

1993年，学校根据《中华人民共和国学位条例》和《中华人民共和国学位条例实施办法》，先后制定了《哈尔滨建筑工程学院学位工作细则》《攻读博士学位研究生培养工作的规定》《哈尔滨建筑工程学院研究生学籍管理规定》《关于硕士生提前攻读博士学位的试行办法》《研究生兼任助教、助研、助设、助管工作的暂行规定》《关于研究生在校学习期间生活待遇等问题的规定》《研究生学习期间的几项纪律规定》《研究生指导教师的遴选和管理暂行办法》等规章制度，并在此基础上印发了《研究生手册》。

1994年，在1987年培养方案的基础上，学校重新修订编制了《哈尔滨建筑大学硕士研究生课程目录》和《哈尔滨建筑大学硕士研究生培养方案》。1997年，学校对1994年编制的培养方案进行了再次修订，增加了博士生培养方案。1998年，根据国务院学位委员会颁布的《授予博士硕士学位和培养研究生的学科专业目录》，学校编写出版了《授予博士硕士学位和培养研究生的学科专业简介》。按照国务院颁布的《目录》和学校编写的《简介》，学校于1999年对硕士、博士生培养方案又一次进行了修订，使学校的研究生培养方案更加科学、合理、可行。

学校在研究生培养方案的修订中，加大了研究生德育工作的力度，注重发挥研究生党支部和班主任的作用，重视导师参与研究生素质教育的过程，着眼于为国家培养高质量的人才，重视培养研究生开拓进取、艰苦努力、团结合作、献身科学的精神。同时，注意改变学校一些专业硕士研究生培养规格、类型比较单一的状况，向培养目标多样化发展。在招生、培养、分配中，重视提供合格生源，满足教学科研岗位需要并为社会提供应用型、复合型人才。

在培养过程中，加强管理，调动研究生刻苦学习的积极性，加强研究生实践环节的培养，根据21世纪对人才的需要，不断改革研究生的教学内容、课程体系和教学方法，优化课程教学与论文工作的时间比例。根据每门课的教学大纲，任课教师立足本学科发展的前沿，不断用最新的科研成果充实教学，同时不断聘请国内外专家学者来校进行科技交流和讲学，拓宽研究生的学术视野。

在贯彻培养方案和教学大纲的同时，学校在研究生培养方面还采取了一些配套措施。如减少研究生指导教师的研究生指导经费，用于研究生的科研、生活补贴；设立研究生培养基金，保证基础学科的研究生培养工作；改善研究生培养环境，加大研究生生活补贴力度；对博士、硕士研究生指导教师进行定期考核等。

1995年，根据学校的发展情况，学校提出在"九五"计划中要重点发展研究生教育，并强调，在研究生规模不断扩大的同时，必须加强管理，建立和完善各项规章制度，对学位与研究生教育实行规范、科学、高效的管理，确保教育质量和学位授予质量的稳步提高。按照学校的这一要求和1995年10月学校关于"健全制度，强化管理"会议的要求，校研究生部对1993年制定的有关规章制度，按招生、学籍管理、学位培养、论文评审与答辩、学位授予等方面重新做了修订。

在研究生培养工作中，学校还十分注重与高等学校、科研院所间的交流与合作。"九五"期间，学校先后与中国建筑科学研究院、中国城市规划研究院、中国建筑技术研究院、国家地震局工程力学研究所、黑龙江省寒地建筑研究院等研究生培养单位签订了联合招生和培养协议；与南京建工学院、苏州城建环保学院、沈阳建工学院、吉林建工学院、广东工学院、广州城建学院、北京建工学院等建筑类院校签订了合作培养协议，开展了广泛的合作与交流活动；与建设部、中建总公司、中国建筑工业出版社以及黑龙江省建设委员会、哈尔滨市建设委员会等单位合作开办了在职研究生班。与这些单位的合作与交流，有力地推进了学校学位与研究生教育的发展和提高。

1994年获批为自行审定增列博士生导师试点单位后，学校先后进行了3次自行审定增列博士生导师的工作。到1999年，学校已有博士生导师62名，硕士生导师200余名。

1999年，按照学校关于规章制度建设的要求，研究生部对1995年修订的规章制度做了全面修改和补充。这些制度包括《攻读硕士学位研究生培养工作的规定》《攻读博士学位研究生培养工作的规定》《研究生学籍管理规定》《关于具有研究生毕业同等学历人员申请博士学位的有关规定》《研究生课程进修学员管理规定》《博士后研究人员的管理规定》《关于具有研究生毕业同等学历人员申请硕士学位的有关规定》等。

学校不断探索对学位与研究生教育的管理体制，形成了学校、院（系）和学科三级管理体制。

学校设有学位委员会、学术委员会，各院（系）设有分委员会，并均配备了分管研究生工作的领导。校研究生部作为学校主管研究生教育的职能部门，下设招生分配、培养与学位、学籍及博士后管理等科室，并建有党的总支委员会，负责研究生的思想政治工作。校研究生部在管理工作中做出了突出的成绩，1995年被评为建设部教育管理工作先进集体，1999年被评为全国学位与研究生教育管理工作先进集体。

　　学校在学位与研究生教育方面所采取的政策、措施和所做的卓有成效的工作，为研究生规模的不断扩大和研究生培养质量的不断提高提供了保障。1999年，学校在校研究生人数达到了902人，比1990年增加了两倍多，其中博士生224人，硕士生558人，工程硕士120人。1998年，学校还首次在香港地区招收了硕士研究生，并首次接收了在职人员申请授予博士学位人员。1995年，学校同清华大学、东南大学、同济大学、天津大学、华南理工大学等8所学校，首批通过了全国建筑学硕士研究生教育评估。1997年，学校又先后通过了博士点和硕士点的合格评估。

3.2.3　博士后流动站

　　1987年7月，国家科委（87）干字0490号文件正式批准哈建工建立在王光远主持领导下的结构力学学科博士后流动站。哈建工成为建设部系统唯一的建立博士后科研流动站的单位。

　　多年来，在王光远的领导下，哈建工在结构力学领域里进行了多项前沿性科研课题的研究，其中不少项目在申请建站时仍在迅速开展，这就为博士后人员的理论研究提供了很好的领域；同时，学校的力学与结构实验中心和计算中心的先进设备以及新建的学生宿舍也为博士后人员提供了良好的工作条件和较优越的生活条件。

　　据人事部统计，1989年末，全国有47所高校和46个科研单位共设博士后科研流动站159个，进站人员不足300人。在当时全国1075所高校中，哈建工能够捷足先登，较早地建站，这从一个侧面说明了学校在教学科研方面已居于较高的层次。

　　1995年，在人事部、全国博士后管委会主办的"全国博士后科研成果及人才、学术交流会"上，哈建大博士后的研究成果受到了国家有关部门领导的一致好评。参加这次交流会的高校共有46所。哈建大展出的近30项成果，内容丰富并配有实物和现场演示，引起了参观者的关注。财政部部长刘仲黎参观后说，哈建大博士后流动站在这么短时间内能出这样多的成果不简单；全国博士后管委会主任庄毅、建设部副部长毛如柏等对哈建大展出的成果均给予了高度评价；中央电视台在现场采访了哈建大有关负责人，并在焦点访谈节目中做了专题报道。

　　结构力学博士后流动站建站以来，共经历了3次国务院博士后管理办公室组织的全国博士后流动站评估，3次均获得优秀博士后流动站称号。共招收博士后170名，其中出站博士后96名。出站博士后都成为学科和行业的杰出人才，其中获选中国工程院院士1人、长江学者特聘教授2人、国家杰出青年基金获得者3人、青年长江学者特聘教授2人、百千万人才工程1人、万人计划科技创新人才2人、新世纪百千万人才工程1人、万人计划科技创新领军人才1人、青年千人1人、青年拔尖1人、优秀青年基金获得者3人、龙江学者（青年）1人、泰山学者（青年）1人、国家奖获得者1人。

　　继1987年学校设立力学博士后科研流动站后，1991年，经人事部、全国博士后管委会批准，哈建工又建立了第二个博士后流动站，即土木、水利工程学科博士后科研流动站，这个流动站覆盖了结构工程、岩土工程、市政工程、供热供燃气通风及空调工程、道桥工程、防灾减灾与防护工程等6个二级学科。

土木工程博士后科研流动站建站以来也同样经历了3次国务院博士后管理办公室组织的全国博士后流动站评估，3次均获得优秀博士后流动站称号。建站以来，共招收博士后242名，其中出站博士后218名。许多出站博士后已成为学科和行业的杰出人才，其中获选中国工程院院士2人、长江学者特聘教授2人、杰出青年基金获得者1人、青年长江学者特聘教授1人、优秀青年基金获得者1人。

1998年，经国家批准，学校又新增了建筑学、环境科学与工程两个博士后科研流动站。至此，学校已有力学、土木水利、建筑学、环境科学与工程4个博士后科研流动站。

3.2.4 部分校友情况介绍

哈建大独立办学的41年中，共有本科毕业生19000余人、硕士和博士研究生毕业生1600余人。他们中的许多人，已经成为我国住房和城乡建设领域的杰出人才。以下按出生年份顺序，对他们中的部分典型代表进行介绍。受资料来源限制，许多优秀校友未能列入，敬请谅解。

李猷嘉（1932—），男，暖通专业研究生1953级。中国工程院院士。1956年毕业后留校任教，筹建了中国第一个燃气工程专业和最早的燃气实验室。1990年获国家级中青年有突出贡献专家称号，2000年获中国工程设计大师称号。

刘忠德（1933—2012），男，工业与民用建筑专业1953级。曾任国务院副秘书长，中共中央宣传部副部长，文化部党组书记、部长。

傅忠诚（1933—），男，供热供煤气及通风专业1953级。曾任西北建筑工程学院副院长，北京建筑工程学院学术委员会主任委员。曾获城乡建设环境保护部"先进科技工作者"称号、"北京市优秀教师"称号。享受国务院政府特殊津贴。

秦兰仪（1934—），女，暖通专业1951级。1957年研究生毕业后留校工作至1962年。曾任建设部人才开发司司长，中国建设教育协会第一届理事会常务副理事长。

吴元炜（1935—2020），男，暖通专业1951级。1957年研究生毕业后留校工作至1962年。曾任中国建筑科学研究院总工程师、副院长。曾兼任全国暖通空调学术委员会主任委员。

黄天其（1935—），男，工业与民用建筑专业1953级（六年制），毕业后留校。1980年调重庆建筑工程学院任教。获国家科技进步二等奖一项（第二），享受国务院政府特殊津贴。

王扬祖（1937—），男，给水排水专业1955级。研究员，曾任国家环境保护局副局长。享受国务院政府特殊津贴。组织制定的《淮河流域水污染规划及"九五"计划》获国家科学技术进步三等奖。

姚炎祥（1938—），男，给水排水专业1957级。教授。曾任苏州城建环保学院党委书记、院长。曾获1978年全国科学大会奖，享受国务院政府特殊津贴。

王金栋（1938—），男，工业与民用建筑专业1957级。教授，1962年毕业后留校工作，曾任基础学部主任，后调任佳木斯工学院副院长、省广播电视大学副校长（正厅级）。

阎海旺（1939—），男，工业与民用建筑专业1960级。曾任第十届全国政协经济委员会副主任，中共中央金融工作委员会副书记，中共甘肃省委书记，甘肃省人民政府省长。中共第十四届中央候补委员，第十五届、十六届中央委员。

许文发（1941—），男，暖通专业1961级，研究生1978级。曾任中国城市建设研究院院长、哈尔滨建筑工程学院副院长，曾兼任住房和城乡建设部供热标准化技术委员会主任委员、中国建筑节能协会区域能源专业委员会名誉主任。国家级有突出贡献中青年专家。

孙剑东（1941—），男，暖通专业1960级，研究生1965级，1967年8月离校，系军委工程兵代培学生。离校后回军队任职。转业后曾任上海市建工局副局长，上海市政工程设计研究总院党委书记、院长。

方怒江（1942—），男，工业与民用建筑专业 1960级。曾任湖南省长沙市建委副主任兼总工程师，长沙市国土资源局副局长，哈尔滨工业大学湖南省校友会会长。

张青林（1943—2010），男，暖通专业1962级。曾任中国建筑工程总公司党组书记、副总经理，全国政协第十届委员（中央国家机关副部长级），国家计委施工管理局局长，建设部施工管理司司长。

李述（1944—），男，管理工程干部专修科1981级。曾任长春市人大常委会主任，中共长春市委副书记，长春市人民政府市长。

孙长雄（1945—），男，建筑经济与管理专业硕士研究生1988级、博士研究生1994级。曾任中共哈尔滨市委副秘书长、政研室主任。获省科技进步二等奖。获省社科一等奖。荣获全国离退休干部先进个人称号、哈尔滨城市文化贡献市长特别奖。

朱华（1947—），男，暖通专业1978级。曾任建设部干部学院党委书记、院长，哈尔滨建筑工程学院党委副书记、纪委书记、副院长。

李建生（1947—），男，马列师资班1978级。曾任南京人口管理干部学院党委书记，南京建筑工程学院党委书记，哈尔滨建筑工程学院党委副书记。

秦玉文（1947—），男，管理工程干部专修科1981级。曾任建设部综合计划财务司司长，中国建设会计学会会长，中国建筑业协会统计专业委员会主任委员。

苗若愚（1948—），男，工业与民用建筑专业1977级、建筑结构（钢结构）研究生1979级、博士研究生1981级。曾任长春市市长助理、长春高新技术产业开发区管理委员会主任、吉林建筑工程学院院长。国家级有突出贡献中青年专家，享受国务院政府特殊津贴。

张毅刚（1949—），男，工业与民用建筑专业1972级，建筑力学专业研究生1978级。北京工业大学教授，曾任北京工业大学党委副书记。国家有突出贡献专家，享受国务院政府特殊津贴。

高迎祥（1949—），男，建筑经济与管理硕士研究生1993级。曾任哈尔滨市政府综合开发办主任、哈尔滨市建委主任、哈尔滨市政府秘书长兼办公厅主任。

王永平（1949—），男，建筑经济与管理硕士研究生1994级。教授。曾任吉林建筑工程学院副院长，正厅级巡视员。主持的一项教改项目获得吉林省教学成果一等奖。曾荣获吉林省高校先进个人、长春市劳动模范等荣誉称号。

于剑（1950—），女，城市燃气工程专业1973级。教授级高级工程师，曾任深圳燃气集团公司总经理，曾任深圳市水务（集团）有限公司党委书记、董事长。

卢展工（1952—），男，工业与民用建筑专业1977级。政协全国委员会副主席，中共中央委员。曾任中共河南省委书记、中共福建省委书记。

孙伟民（1952—），男，工业与民用建筑专业1977级、结构工程硕士研究生1982级。曾任南京建筑工程学院副院长、南京工业大学副校长。获省部级科技进步一等奖1项、国家级教学成果一等奖1项。

刘哲（1952—），男，工业与民用建筑专业1977级。曾任中国建筑金属结构协会副会长、秘书长，建设部建筑市场监管司副巡视员。

冷曦晨（1952—），男，公路与城市道路专业1987级。高级工程师。曾任吉林省交通厅副巡视员。获交通部"全国交通系统优秀科技人员"、吉林省"首批省管优秀专家"等称号，获国家或省级各类优秀工程设计奖6项、省科技进步二奖1项。

柳青（1952—），男，建筑经济与管理硕士研究生1994级。曾任吉林省政府副秘书长、办公厅党组成员（正厅长级），吉林省建设厅厅长。第九届吉林省委委员，第十一届吉林省政协常委。

韩骐（1952—），男，自动化专业1977级。广东惠州新科华实业公司董事长、总经理。

顾强（1953—），男，工业与民用建筑专业本科1982级。苏州科技大学教授。曾任西安建筑科技大学副校长、博士生导师。国家有突出贡献中青年专家、冶金部有突出贡献中青年专家、陕西省劳动模范，享受国务院政府特殊津贴。

尹军（1954—），男，给水排水专业1974级、市政工程专业硕士研究生1980级。曾任吉林建筑工程学院院长。国家有突出贡献中青年专家，享受国务院政府特殊津贴，入选国家"百千万人才工程"第一、二层次人员。

齐骥（1954—），男，工业与民用建筑专业1977级，建筑结构工程硕士研究生1982级。中国建筑业协会会长，曾任全国政协委员，建设部副部长、党组成员。

陈伯超（1954—），男，建筑学专业1977级。沈阳建筑大学教授、博士生导师。曾任沈阳建筑工程学院院长。获全国优秀教师称号，享受国务院政府特殊津贴。

刘杰（1954—），男，建筑与土木工程领域工程硕士研究生1999级，管理科学与工程博士研究生2003级。中国建设教育协会理事长。曾任中国建筑工程总公司党组成员、纪检组长。

李朝旭（1955—），男，建筑机械专业1975级，建筑与土木工程领域工程硕士研究生1997级，管理科学与工程博士研究生2000级。曾任中国建筑科学研究院党委书记、副院长，国家建工检测中心副主任，国家化学建材测试中心主任。

陆晓川（1955—），女，公路与城市道路专业1975级。教授级高级工程师。中共"十六大"代表，建设部劳动模范，辽宁省优秀共产党员，全国先进女职工。曾任沈阳市市政工程设计研究院院长，获得辽宁省优秀勘察设计特等奖等多项奖励。

于兴敏（1955—），男，水泥工艺专业1977级。教授级高级工程师。中国硅酸盐学会工程技术分会会长。中国勘察设计大师，曾任天津水泥工业设计研究院有限公司董事长兼总经理，中国建筑材料联合会副会长，中国水泥协会副会长。

孔庆平（1955—），男，工业与民用建筑专业1978级。曾任中国建筑工程总公司副总经理、党组成员，中国建筑股份有限公司副总裁，中国海外集团有限公司副董事长、总经理。

李德英（1955—），男，暖通专业1978级。北京建筑大学教授，中国建筑节能协会驻会副会长，北京市"供热、供燃气、通风及空调工程"重点实验室主任，享受国务院政府特殊津贴。

李建飞（1955—），男，城市燃气热能供应工程专业1978级。曾任海南省建设厅厅长、海南省城乡规划建设委员会副主任。

胡珊（1955—），男，公路与城市道路专业1995级。教授级高级工程师。曾任吉林省公路勘察设计院院长。吉林省勘察设计大师，获吉林省"五一"劳动奖章，享受国务院政府特殊津贴。

周海红（1956—），女，水泥工艺专业1977级。曾任拉法基瑞安水泥有限公司中国区政府事务及业务发展高级副总裁，为中法两国在水泥行业方面合作交流作出重要贡献。

何佰洲（1956—），男，工业与民用建筑专业1978级，双学位。教授，博士生导师，执业律师。曾任北京建筑大学经济与管理工程学院院长，住房和城乡建设部全国高等学校工程管理学科指导委员会委员。

国元（1956—），男，化学专业1978级，管理科学与工程硕士研究生2002级。曾任黑龙江省环境保护厅副厅长，黑龙江省委巡视组副组长（正厅级）。

张成（1956—），男，化学专业1978级。教授级高级工程师。曾任哈尔滨燃气化工总公司副总经理，哈尔滨供排水集团总经理，哈尔滨供水集团党委书记、董事长，哈尔滨市人大常委、城建环保委副主任。

刘贺明（1956—），男，燃气专业1979级。中国城市燃气协会理事长，曾任住房和城乡建设部城市建设司副司长。

齐宝库（1956—），男，建筑经济与管理硕士研究生1991级。沈阳建筑大学管理学院教授，兼任中国造价协会专家委员会学术与教育分委会副主任。曾任沈阳建筑大学管理学院院长、书记。辽宁省教学名师。

郭宏若（1956—），男，建筑与土木工程领域工程硕士1999级。曾任中国建筑一局(集团)有限公司董事长、党委书记。

修龙（1957—），男，工业与民用建筑专业1977级，建筑结构工程硕士研究生1982级。中国建筑学会理事长。曾任中国建筑技术研究院院长，中国建设科技集团董事长。

关昌余（1957—），男，公路与城市道路专业1977级。教授级高级工程师。交通运输部规划研究院副院长兼总工。交通部交通运输规划与管理学科带头人，全国"五一"劳动奖章获得者，荣获省部级科技进步特等奖1项、一等奖4项。

李逢春（1957— ），男，公路与城市道路专业1978级，管理科学与工程硕士研究生1999级。曾任拉萨市副市长，中国建筑文化中心主任。

章林伟（1957— ），男，给水排水专业1978级。环境工程硕士研究生2002级。中国城镇供水排水协会会长，曾任住房和城乡建设部城市建设司副司长。

王守恒（1957— ），男，公路与城市道路专业1978级。教授级高级工程师。曾任黑龙江省公路勘察设计院院长。获得中国建筑工程鲁班奖、黑龙江省科技进步奖二等奖等奖励。

陈邦贤（1957— ），男，建筑学专业1978级。深圳市建筑设计研究总院有限公司副总建筑师，第二设计院院长、总建筑师。曾获中国建筑学会建筑设计奖银奖、全国优秀工程勘察设计行业奖一等奖、中国土木工程詹天佑奖。

武哲（1957— ），男，结构力学专业硕士研究生1982级、博士研究生1985级。东莞理工学院副校长，曾任北京航空航天大学副校长。教育部长江学者特聘教授、国家有突出贡献中青年专家。

陈宜明（1957— ），男，管理科学与工程硕士研究生1999级。中国房地产协会副会长兼秘书长。曾任住房和城乡建设部总工程师、人事司司长、建筑节能与科技司司长。

沈东进（1958— ），男，工业与民用建筑专业1978级。曾任中国房地产开发集团公司董事长兼总经理，中交房地产集团党委书记。

王永建（1958— ），男，工业与民用建筑专业1978级。教授级高工。曾任中建总公司工程部副总经理，中建大成建筑有限责任公司董事长、党委书记。

李平（1958— ），男，给水排水专业1978级。黑龙江省人大城乡建设环境保护委员会主任委员，曾任黑龙江省生态环境厅厅长。

李树苑（1958— ），男，给水排水专业1978级，环境工程硕士研究生1984级。全国勘察设计大师，曾任中国市政工程设计研究总院有限公司副院长、总工程师。

黄勇（1958— ），男，环境工程博士研究生1989级。曾任苏州科技学院副院长、苏州科技大学党委副书记。建设部有突出贡献中青年专家，江苏省"333"高层次人才人培养工程和江苏省高校"青蓝工程"学术带头人培养工程人选。

王铁宏（1959— ），男，工业与民用建筑专业1977级。曾任中国建筑业协会会长，建设部总工程师，中国建筑科学研究院院长。

阮文易（1959— ），男，工业与民用建筑专业1978级。曾任甘肃省建设厅副厅长、甘肃省交通运输厅副厅长、甘肃省民航机场管理局局长，甘肃机场集团董事长、党委书记。

陈昌生（1959— ），男，建筑学专业1978级。中粮华商国际工程有限公司副总经理、总建筑师，国家有突出贡献中青年专家，享受国务院政府特殊津贴。曾获全国优秀工程设计（行业）一等奖2项。

王运阁（1959—），男，城市燃气热能供应工程专业1978级。教授级高级工程师。曾任中交煤气热力研究设计院有限公司董事长、党委书记。兼任中国土木学会城市燃气分会副理事长、辽宁省土木建筑学会副理事长等。辽宁省勘察设计大师，享受国务院政府特殊津贴。

周畅（1959—），男，建筑学专业1978级，博士研究生2001级。曾任中国城市出版社社长，中国建筑学会秘书长，《建筑学报》主编，建设部综合勘察设计研究院副院长、总建筑师。

郝际平（1959—），男，土木水利博士后1996年入站。中国建筑金属结构协会会长。曾任西安建筑科技大学副校长，民盟中央常委、民盟陕西省委副主委，国务院学位委员会第五、六届学科评议组成员。陕西省高等学校教学名师奖获得者。

尚春明（1960—），男，工业与民用建筑专业1978级，结构工程硕士研究生1984级，建筑经济与管理博士研究生1998级。中国土木工程学会副理事长，曾任中国驻联合国人居署副代表，住房和城乡建设部质量安全司副司长、巡视员，中国建筑出版传媒有限公司董事长、党委书记。

陈国才（1960—），男，工业与民用建筑专业1978级。曾任中国建筑股份有限公司副总裁、海外事业部总经理，中建南洋公司董事长。曾兼任中国对外承包工程商会副会长。

周文连（1960—），男，建筑学专业1977级。中国建筑集团有限公司党组巡视组组长，曾任中国建筑东北设计院院长，中国中建设计集团有限公司执行总经理，中国建筑股份有限公司科技部副总经理。曾获全国优秀工程勘察设计银奖、铜奖，辽宁省优秀工程设计一等奖。

单永森（1960—），男，公路与城市道路专业1978级。教授级高级工程师。曾任第一公路勘察设计研究院有限公司副院长。享受国务院政府特殊津贴，陕西省有突出贡献专家，获得全国优秀设计银奖1项、省部级优秀设计一等奖4项。

张铁民（1960—），男，建筑经济与管理硕士研究生1994级。辽宁省人大常委会副主任。曾任阜新市委书记，辽宁省交通厅厅长，朝阳市市长。第十一届全国人大代表，第十二届辽宁省委委员，党的十九大代表。

田国民（1961—），男，工业与民用建筑专业1979级。住房和城乡建设部标准定额司司长。2009年被国务院授予全国民族团结进步模范个人。

卜义惠（1961—），男，给水排水专业1979级，市政工程博士研究生1998级。教授级高级工程师。吉林省设计大师。曾任中国市政工程东北设计研究院院长、党委书记、总工程师，吉林省人大代表，建设部有突出贡献中青年专家，吉林省有突出贡献中青年专家。

姜云海（1961—），男，给水排水专业1979级。教授级高级工程师。中国市政工程东北设计研究总院有限公司党委书记、执行董事，中国城乡集团党委常委、董事、执行总经理。主持研究项目获国家科技进步三等奖、建设部科技进步一等奖。

于丛乐（1961—），男，工业与民用建筑专业1980级。中共青海省委常委、秘书长、省委全面深化改革领导小组办公室主任。曾任青海省海东市委书记兼海东工业园区党工委书记，青海省水利厅厅长、党组书记。

张爱林（1961—），男，结构工程专业博士研究生1991级。曾任北京建筑大学党委副书记、校长。获国家科技进步二等奖一项，享受国务院政府特殊津贴。指导的1名博士生获全国百篇优秀博士学位论文奖提名奖。

沈耀良（1961—），男，环境工程博士研究生1994级。苏州科技大学副校长，教授，博士生导师。江苏省"333"高层次人才培养工程人选，江苏省"六大人才高峰"高层次人才，江苏省教学名师。

王冬光（1961—），男，供热与通风专业1979级、热能工程硕士研究生1983级。黑龙江省政府秘书长、党组成员、机关党组书记、办公厅主任。曾任黑龙江省发展和改革委员会主任、党组书记。

赵俭斌（1960—），男，力学专业1978级，岩土工程硕士研究生1991级。沈阳建筑大学教授、博士生导师，曾获辽宁省科技进步一等奖。辽宁省教学名师。

隋军（1962—），男，给水排水专业1978级，市政工程硕士研究生1982级，环境工程博士研究生1987级。广东首汇科技有限公司董事长。曾任广州市市政工程设计研究院院长。

李建勋（1962—），男，城市燃气热能供应工程专业1978级。中国土木学会城市燃气分会执行理事长。曾任中国市政工程华北设计研究总院副院长。

倪虹（1962—），男，工业与民用建筑专业1979级。住房和城乡建设部副部长、党组成员，党的十九大代表。

刘战（1962—），男，建筑学专业1979级。中国建筑东北设计研究院有限公司总建筑师,深圳分公司副总经理。曾获全国优秀工程勘察设计行业建筑工程一等奖2项，中国建筑学会第十四届优秀工程设计公共建筑一等奖。

任炳文（1962—），男，建筑学专业1979级。中国建筑东北设计研究院有限公司副总经理、总建筑师。曾获全国优秀工程勘察设计建筑工程一等奖3项。

王志宏（1962—），男，燃气专业1979级。住房和城乡建设部城市建设司司长。曾任住房和城乡建设部房地产市场监管司司长，海南省住房和城乡建设厅厅长，住房和城乡建设部标准定额司司长。

刘晓钟（1962—），男，建筑学专业1980级。北京市建筑设计研究院有限公司总建筑师。曾获全国优秀工程勘察设计行业奖建筑工程一等奖，全国优秀工程勘察设计行业奖住宅与住宅小区一等奖，全国人居经典建筑规划设计方案规划、建筑双金奖。

王君杰（1962—），男，公路与城市道路专业1981级。同济大学教授，博士生导师。获得教育部、四川省、中国公路学会科技进步奖一等奖各1项，主编《中国城市轨道交通结构抗震设计规范》GB 50909—2014。

张玉良（1962—），男，建筑学专业1983级。哈尔滨工业大学建筑设计研究院副总建筑师，黑龙江省工程设计大师。2013年获中国建筑学会中国建筑设计奖建筑创作金奖、2012年吉林省优秀勘察设计一等奖、2011年黑龙江省优秀勘察设计一等奖。

滕军（1962—），男，结构力学硕士研究生1986级，博士研究生1989级。哈尔滨工业大学（深圳）土木与环境工程学院教授、博士生导师。享受国务院政府特殊津贴，获得国家科技进步二等奖

2项。

戴昕（1962—），男，水力学及河流动力学专业硕士研究生1986级。曾任吉林建筑大学党委副书记、校长。兼任吉林省科学技术协会副主席，吉林省城镇供热协会副理事长，吉林省城镇供水排水协会副会长等职务。

杜修力（1962—），男，1992年力学博士后。中国工程院院士。北京工业大学副校长，教授，博士生导师。国家杰出青年科学基金获得者，新世纪百千万人才工程国家级人选。

蒋明虎（1962—），男，环境工程学科博士研究生1998级。东北石油大学校长、党委副书记。黑龙江省杰出青年基金获得者，享受国务院政府特殊津贴。

杨天举（1963—），男，工业和民用建筑专业1979级。泛华集团党委书记、董事长。兼任住房和城乡建设部科技协同创新委员会专家，中国建筑节能协会副会长。荣获第十五届光华龙腾奖·中国设计贡献奖金质奖章——新中国成立七十周年中国设计70人（国家级）。

王荣国（1963—），男，玻璃钢专业1979级，高分子材料硕士研究生1986级，建筑材料博士研究生1998级。哈尔滨工业大学航天学院教授、博士生导师。科技部创新人才推进计划科技创新创业人才入选者。

刘自明（1963—），男，道桥专业1979级。教授级高级工程师，中铁大桥局集团有限公司董事长，"中国建桥国家队"领军人物，先后获国家科学技术进步一等奖2项，第十三届全国人大代表。

孙喆（1963—），男，给水排水专业1981级，先后获学士、硕士、博士学位。哈尔滨市委副书记，市政府市长、党组书记。

赵锂（1963—），男，给水排水专业1981级。教授级高级工程师，中国建筑设计研究院有限公司副总经理、总工程师，注册公用设备工程师，享受国务院政府特殊津贴，全国工程勘察设计大师。

张东壮（1963—），男，工业电气自动化专业1981级。中国建筑材料联合会专职副会长、中国建筑材料企业管理协会会长、中国建材市场协会会长。

赵玉甫（1963—），男，建筑材料专业1982级，建筑经济与管理硕士研究生1986级，管理科学与工程博士研究生2000级。教授级高级工程师。哈尔滨水务投资集团公司党委书记、董事长。曾荣获哈尔滨市十大杰出青年企业家称号。

李小刚（1963—），男，公路与城市道路专业1983级。吉林省交通运输厅副厅长。曾任吉林省交通厅交通战备办公室主任、综合规划处处长、二级巡视员。

牛荻涛（1963—），男，结构力学专业硕博连读1986级。西安建筑科技大学副校长。陕西青年科技奖获得者，新世纪百千万人才工程国家级人选，国家杰出青年科学基金获得者，国家"万人计划"首批百千万工程领军人才。

罗辑（1963—），男，公路与城市道路工程专业1982级。哈尔滨市城乡规划设计研究院副院长。享受国务院政府特殊津贴，哈尔滨市交通规划学科带头人。

哈明虎（1963—），男，力学博士后1995年进站。河北工程大学党委书记。2007年入选"新世纪百千万人才工程"国家级人选。

王锋（1963—），男，管理科学与工程博士研究生1995级。深圳市房地产和城市建设发展研究中心主任、研究员（二级正高）。住房和城乡建设部科学技术委员会住房和房地产专业委员会委员，深圳地方级领军人才，享受国务院政府特殊津贴。

张学洪（1963—），男，2001年获市政工程专业博士学位。曾任桂林理工大学校长、党委书记，桂林电子科技大学党委书记。广西教学名师，享受国务院政府特殊津贴。

沈元勤（1963—），男，建筑与土木工程领域工程硕士1999级。曾任中国建筑工业出版社社长兼总编辑。享受国务院政府特殊津贴，全国新闻出版行业领军人才、韬奋出版奖获得者。

杨彦奎（1963—），男，管理科学与工程硕士研究生1999级。住房和城乡建设部人力资源开发中心主任、党委书记。

朴庸健（1963—），男，给水排水专业1981级。教授级高级工程师，龙江环保集团党委书记、总裁，曾获黑龙江省科学技术二等奖1项，获中国水业人物管理与产业贡献奖。

徐波（1964—），男，公路与城市道路专业1979级。教授级高级工程师。深圳设计研究院有限公司总工程师。获中国建筑学会"当代中国杰出工程师""国家优质工程奖突出贡献者"等称号，获得全国优秀工程勘察设计奖银奖1项、一等奖6项。

姜仁锋（1964—），男，建筑工业电气自动化专业1980级。中国船舶集团有限公司党组成员、副总经理。兼任海峡两岸关系协会理事，中国国防工业企业协会副会长。

孙一民（1964—），男，建筑学专业1981级，硕士研究生1985级，博士研究生1988级。华南理工大学建筑学院院长、教授。曾获中国建筑设计奖建筑创作金奖2项、中国建筑设计奖城市设计专项一等奖、国际体育建筑学会IOC/IAKS金奖和IAKS/IPC杰出功勋奖。

宋晓龙（1964—），男，建筑学专业1981级，硕士研究生1985级。中国中建设计集团有限公司副总经理、总规划师。曾获中国建筑优秀勘察设计规划设计一等奖、住房和城乡建设部优秀规划设计一等奖2项。

张健（1964—），男，建筑学专业1982级、硕士研究生1986级。上海交通大学设计学院首批长聘终身教授、博士生导师，建筑学系创系主任，建筑设计及景观环境研究所所长。曾获中国景观学科终身学术成就奖。

王潮海（1964—），男，公路与城市道路专业1982级。吉林省交通运输厅总工程师、教授级高级工程师。吉林省有突出贡献中青年专业技术人才，享受国务院政府特殊津贴，交通运输部新世纪十百千人才工程第一层次人选。

孙福梁（1964—），男，公路与城市道路专业1982级。中国地震局震防司司长。曾任海南省地震局局长，中国地震灾害防御中心主任。获国家地震局优秀成果一等奖多项，出版专著2部。

李国恒（1964—），男，公路与城市道路专业1982级。长春市发展与改革委员会副主任（正局级）。曾任长春市城乡建设委员会总工程师、副主任。

姜万荣（1964—），男，建筑管理工程专业1983级，建筑经济与管理专业硕士研究生1999级。住房和城乡建设部副部长、党组成员。

王力（1964—），女，工业与民用建筑专业1983级，结构工程硕士研究生1987级，博士研究生1997级。黑龙江建筑职业技术学院党委副书记、院长。

古秀丽（1964—），女，公路与城市道路专业1983级。教授级高级工程师。沈阳市市政工程设计研究院副院长。辽宁省首届勘察设计大师，曾获得国家鲁班奖、全国第九届优秀工程设计银奖等奖励多项。

石良清（1964—），男，公路与城市道路专业1984级。教授级高级工程师。交通运输部规划研究院副院长。获中国公路学会科学技术奖一等奖3项、全国优秀工程咨询成果一等奖1项。享受国务院政府特殊津贴。

孙平（1964—），男，建筑经济与管理硕士研究生1988级，博士研究生2000级。高级工程师。黑龙江金安科技集团董事长，兼任黑龙江省房地产协会副会长。全国劳动模范，五一劳动奖章获得者。曾任黑龙江省人大代表，黑龙江省青联副主席。

申金山（1964—），男，建筑经济与管理博士研究生1995级。郑州航空工业管理学院副院长、教授。

马泽平（1964—），男，建筑与土木工程领域工程硕士1999级。中国建筑集团有限公司副总经理、党组成员，中国建筑股份有限公司副总裁。兼任中国公路建设行业协会副理事长。

欧剑（1964—），男，建筑与土木工程领域工程硕士1999级。知识产权出版社总编辑。建设部有突出贡献中青年专家。

杨瑾峰（1964—），男，管理科学与工程硕士研究生1999级。住房和城乡建设部执业资格注册中心主任，曾任住房和城乡建设部标准定额司副司长。

冯国会（1964—），男，暖通专业博士研究生2000级。沈阳建筑大学副校长。教授、博士生导师。享受国务院政府特殊津贴，入选国家"百千万人才工程"百人层次。

马立（1964—），男，给水排水专业1983级，工学博士。高级工程师。哈尔滨市政协经委主任，曾任哈尔滨排水集团党委书记、董事长，哈尔滨水务局党组书记、局长。哈尔滨市有突出贡献中青年专家，享受国务院政府特殊津贴。

郑立鑫（1965—），男，建筑工业电气自动化专业1982级。中国建设监理协会副会长、天津市建设监理协会理事长。

姜凤霞（1965—），女，公路与城市道路专业1983级。教授级高级工程师。长春建业集团股份有限公司董事长。曾获得全国抗疫三八红旗手，吉林省勘察设计大师，全国杰出创业女性，优秀院长，吉林省优秀企业家，吉林省巾帼建功先进个人等称号。

刘占山（1965—），男，公路与城市道路专业1983级。交通运输部水运科学研究院副院长。国家重大规划项目《国道主干线系统规划》《国家高速公路网规划》等的主要编制人。

刘贵有（1965—），男，公路与城市道路专业1983级。教授级高级工程师。吉林省交通规划设计院院长。吉林省工程勘察设计大师，吉林省拔尖创新人才第二层次人选，吉林省有突出贡献的中青年专业技术人才，享受国务院政府特殊津贴。

李铁军（1965—），男，建筑学专业1984级，硕士研究生2002级，博士研究生2009级。哈尔滨建筑设计研究院总建筑师、分院院长。黑龙江省工程设计大师。曾获黑龙江省科学技术奖一等奖、中国建筑学会中国建筑设计奖（建筑创作）金奖。

于京春（1965—），女，城市燃气专业1984级。中科北方投资发展有限公司执行总经理，曾任中国城乡控股集团有限公司执行总经理，中交煤气热力研究设计院有限公司董事长、党委书记。享受国务院政府特殊津贴。

周岩（1965—），女，公路与城市道路专业1984级。高级工程师。曾任哈尔滨市交通运输局运输管理处副处长。获全国三八红旗手、"全国感动交通十大人物"、全国交通运输系统先进个人等荣誉称号。

董毓利（1965—），男，结构工程专业硕士研究生1986级，博士研究生1989级。华侨大学特聘教授、博导。曾任青岛建筑工程学院副院长，山东省建设厅副厅长。

周云（1965—），男，结构工程专业硕士研究生1987级，结构力学专业博士研究生1993级。广州大学副校长。

刘远孝（1965—），男，建筑学专业1988级。方舟国际设计有限公司董事长、总建筑师。黑龙江省首届工程设计大师，获全国优秀工程勘察设计行业奖建筑工程二等奖1项、建设部部级优秀勘察设计二等奖1项、黑龙江省优秀工程设计一等奖4项。

张兴野（1965—），男，建筑经济与管理硕士研究生1989级，博士研究生1996级。曾任住房和城乡建设部计划财务外事司司长、中国建筑工业出版社党委书记、建设部干部学院院长、北京市建委副主任。

巴根那（1965—），男，建筑经济与管理硕士研究生1991级。北京诚信兴业资产管理有限公司董事长。曾任东方集团股份有限公司副总经理兼东方家园置业有限公司董事长、总裁。曾获得北京市"十佳（优秀）进京创业青年"、北京市优秀青年企业家银奖。

肖厚忠（1965—），男，建筑经济与管理硕士研究生1994级，博士研究生1997级。中景恒基投资集团股份有限公司董事长兼CEO、高级工程师。兼任中国民族建筑研究会常务副会长、雄安国际湿地（白洋淀）生态修复研究院副院长。

李建政（1965—），男，环境工程硕士研究生1994级，博士研究生1997级，2000年环境科学与工程博士后。哈尔滨工业大学环境学院教授、博士生导师。黑龙江省优秀中青年专家。

石坚（1966—），男，公路与城市道路专业1983级。沈阳市城乡建设局局长。曾任沈阳市交通局公交总调度长、副局长，沈阳市城乡建设局副局长，沈阳市人民防空办公室主任。

许杰峰（1966—），男，建筑管理工程专业1984级。教授级高级工程师，中国建筑科学研究院有限公司党委副书记、总经理。兼任中国建筑业协会建筑技术分会常务副会长。

曹炜（1966—），男，建筑学专业1984级，硕士研究生1996级。哈尔滨工业大学建筑设计研究院副总建筑师、设计二院院长。黑龙江省工程勘察设计大师，2017年黑龙江省优秀工程设计一等奖，2013年黑龙江省优秀建筑设计方案一等奖。

安军（1966—），男，建筑学专业1984级。中国建筑西北设计研究院副总建筑师、第三分院院长。2016年陕西省工程勘察设计大师。2011年获中国建筑优秀勘察设计（建筑工程）一等奖。

张学勤（1966—），男，建筑管理工程专业1985级，建筑与土木工程专业工程硕士。住房和城乡建设部直属机关党委常务副书记。曾任住房和城乡建设部村镇建设司司长，石家庄市委常委、市政府党组副书记、副市长。

吕红军（1966—），男，工业与民用建筑专业1985级，结构工程硕士研究生1991级，管理科学与工程博士研究生2002级。哈尔滨奥威斯房地产开发有限公司董事长，哈工大（北京）军民融合创新研究院有限公司董事，哈尔滨工业大学北京校友会副会长。

扈万泰（1966—），男，城市规划专业1985级，硕士研究生1989级。重庆市规划和自然资源局党组书记、局长。

李英军（1966—），男，燃气专业1985级。2001年创办四平市远大换热设备制造有限公司，2006年创办辽宁远大集团，连续三年获得铁岭纳税百强，辽宁省第十二届人大代表，辽宁省"五一"劳动奖章，铁岭特等劳动模范，铁岭优秀企业家，中国中小企业协会副会长。

王琳（1966—），女，环境工程硕士研究生1990级，博士研究生1995级。山东省政协副秘书长（正厅级），曾任山东省人民政府侨务办公室主任、中国海洋大学副校长。

曾赛星（1966—），男，建筑经济与管理博士研究生1995级。上海交通大学安泰经济与管理学院教授、博士生导师。国家杰出青年科学基金获得者，教育部长江学者特聘教授。

郭迅（1966—），男，力学博士后1996年入站。防灾科技学院副校长、国家减灾委专家委员会专家，中国地震局科技委委员，联合国灾害评估专家委员会委员。荣获国家科学技术进步二等奖一项，享受国务院政府特殊津贴。

吕刚（1966—），男，公路与城市道路专业1986级。哈尔滨市南岗区副区长。曾任哈尔滨市道里区城乡建设局局长。

苏丹（1967—），男，建筑学专业1984级。清华大学美术学院教授、艺术博物馆副馆长。获2016年中国建筑装饰协会中国设计大师勋章，2016年中国建筑学会建筑创作奖公共建筑类金奖，2016年米兰世博会大模块建筑奖铜奖。

李钫（1967—），男，建筑学专业1985级。中南建筑设计院有限公司总建筑师、李钫建筑工作室主任。曾获两岸四地建筑设计商业（办公楼组别）卓越奖，中国勘察设计协会一等奖，优秀工程设计国家金奖，"建国60周年"建筑创作大奖。

叶继红（1967—），女，工业与民用建筑专业1985级，结构工程硕士研究生1989级。中国矿业大学党委教师工作部部长、人力资源部部长，教授、博士生导师。国家杰出青年基金获得者，教育部新世纪优秀人才，江苏省特聘教授。

李海（1967—），男，工业电气自动化专业1986级。中国建筑东北设计研究院有限公司党委书记、董事长。

黄勇（1967—），男，建筑学专业1986级，硕士研究生1997级，博士研究生2000级。沈阳建筑大学建筑与规划学院常务副院长、教授、博士生导师。曾获中国建筑设计奖建筑创作金奖，全国优秀工程勘察设计建筑工程一等奖，辽宁省优秀工程勘察设计建筑工程一等奖。

王福春（1967—），男，公路与城市道路专业1987级。教授级高级工程师。沈阳市市政工程设计研究院有限公司董事长。辽宁省勘察设计大师。曾获得国家鲁班奖、辽宁省优秀工程勘察设计奖等。

张长义（1967—），男，管理科学与工程硕士研究生1997级。中信证券股份有限公司党委副书记、监事会主席。

王彤（1967—），男，桥梁与隧道工程专业1999级。辽宁省交通高等专科学校校长，兼任全国路桥专业指导委员会秘书长、辽宁省公路学会副理事长。获国家级教学成果奖二等奖3项、省科技进步一等奖1项，获得全国高等学校教学名师奖。

杨庆山（1968—），男，工业与民用建筑专业1985级，结构工程硕士研究生1989级，博士研究生1993级。重庆大学土木工程学院院长、教授、博士生导师。国家杰出青年基金获得者，第十届光华工程科技奖青年奖获得者。

田禹（1968—），女，给水排水专业1986级，环境工程硕士研究生1990级，博士研究生1993级。哈尔滨工业大学环境学院教授、博士生导师。教育部长江学者奖励计划特聘教授。

赵新宇（1968—），女，工业电气自动化专业1986级。黑龙江省委统战部副部长、省委台办主任，黑龙江省政协常务委员。

卢军（1968—），男，城市规划专业1986级。哈尔滨市自然资源和规划局局长、党组书记。

姜峰（1968—），男，建筑学专业1986级，硕士研究生1990级。深圳市杰恩创意设计股份有限公司董事长、总设计师。2018年中国华语设计领袖人物，中国室内装饰行业突出贡献奖，中国设计品牌名人榜十大领军人物，2016年澳门国际设计联合会国际设计大师奖。

段忠东（1968—），男，工程机械专业1987级，结构力学硕士研究生1991级，博士研究生1994级。哈尔滨工业大学深圳研究生院土木与环境工程学院教授、博士生导师。教育部新世纪优秀人才支持计划首批人选，获得国家科技进步二等奖2项（第2、11人）。

张平国（1968—），男，公路与城市道路专业1988级。教授级高级工程师。太原市汾河景区管理委员会主任。曾任太原市市政工程总公司党委书记兼董事长。获全国建筑业优秀企业家、山西省优秀企业家等荣誉称号。

王瑾（1968—），男，建筑与土木工程领域工程硕士1999级，管理科学与工程博士研究生2007级。中国建筑西北区域总部、中建丝路建设投资有限公司党工委书记、董事长。

张晓葵（1968—），男，建筑与土木工程领域工程硕士1999级。中国建筑集团项目履约管理部总经理，曾任中建一局集团总经理。

许庚（1969—）男，公路与城市道路专业1987级，道路工程研究生2012级。教授级高级工程师。济南城建集团总工程师、山东省市政工程协会科技委员会主任委员。获山东省优秀勘察设计成果一等奖1项、华夏建设科学技术奖二等奖1项，主编行业规范2部。

吴学伟（1969—），男，给水排水专业1987级，工学博士。广州水务投资集团党委副书记、总经理。出版专著2部，获省级科技进步奖4项。

西宝（1970—2016），男，建筑管理工程专业1987级，建筑经济与管理在职硕士，博士研究生1999级。教授、博士生导师。曾任大连理工大学人文与社会科学学部部长。教育部新世纪优秀人才支持计划获得者。

张涛（1970—），男，国际工程管理专业1989级。黑龙江省鸡西市政府副市长。曾任黑龙江省交通运输厅副厅长、总工程师。获全国交通系统"青年岗位能手"，交通运输部"抗震救灾优秀共产党员"，黑龙江省"五一劳动奖章"等称号。

刘波（1970—），男，公路与城市道路专业1989级。中交公路规划设计院有限公司副总工程师、教授级高级工程师。曾获省部级科技进步特等奖3项、省部级科技进步一等奖4项、全国优秀设计金奖1项、省部级优秀勘察设计一等奖12项。

杨昊（1971—），男，公路与城市道路专业1988级。教授级高级工程师，辽宁省交通建设投资集团副总经理。获辽宁省十大杰出青年等称号。主持建设中朝鸭绿江公路大桥等重大工程10余项，获得省部级科技进步二等奖3项、优秀勘察设计一等奖6项。

何先志（1971—），男，公路与城市道路专业1988级。教授级高级工程师。中交第二公路勘察设计院有限公司副总经理。获"第七届中国公路百名优秀工程师"称号、中国公路学会科技进步奖特等奖1项、公路交通优秀设计一等奖1项。

李存东（1971—），男，建筑学专业1989级，硕士研究生1993级。中国建筑学会秘书长，中国建筑设计研究院有限公司副院长、副总建筑师。全国工程勘察设计大师。曾获国际风景园林师联合会（IFLA）规划分析类杰出奖、全国优秀城乡规划设计奖一等奖、全国优秀工程勘察设计奖金奖。

田林（1971—），男，公路与城市道路专业1994级。教授级高级工程师。黑龙江省交通运输副厅长。交通运输部劳动模范，黑龙江省新长征突击手标兵。主持省部级重点工程建设5项，获省部级科技进步二等奖2项。

王爱杰（1971—），女，环境工程博士研究生1995级。哈尔滨工业大学环境学院教授、博导。国家杰青、长江学者、国家万人计划领军人才，国际水协会会士，兼任国际水协会厌氧专委会主席，城市水资源与水环境国家重点实验室（深圳）主任。

范峰（1971—），男，结构工程博士研究生1996级。哈尔滨工业大学校长助理、教授、博士生导师。曾任土木工程学院院长。国家杰出青年基金获得者，教育部长江学者特聘教授。

冯康言（1971—），男，公路与城市道路专业1989级。教授级高级工程师。蓝绿双城城市服务科技集团总裁、法人代表。曾任浙江省交通工程建设集团总经理、浙江省交通资源有限公司董事长。曾获浙江建筑业十大杰出青年企业家称号。

王相晶（1971—），女，博士研究生2000级。东北农业大学生命学院教授、博士生导师。入选国家万人计划，科技部领军人才。

丁杰（1972—），女，给水排水专业1989级，环境工程博士研究生2000级。哈尔滨工业大学环境工程学院环境科学与工程系主任。教育部新世纪优秀人才计划获得者。获国家科技发明二等奖1项。

薛振睿（1972—），男，工业与民用建筑专业1989级。哈尔滨工业大学（深圳）兼职教授，深圳市皓特投资有限公司董事长，深圳市新邦实业有限公司董事长，哈尔滨工业大学深圳校友会副会长、土木工程深圳校友会会长。

武岳（1972—），男，工业与民用建筑专业1991级，结构工程硕士研究生1995级，博士研究生1998级。哈尔滨工业大学土木工程学院副院长、教授、博士生导师。教育部新世纪优秀人才支持计划获得者、黑龙江省优秀教师。

罗岗（1972—），男，公路与城市道路专业1992级。北京城建集团中国国学中心工程总承包部党支部书记、执行经理。北京市劳动模范、全国劳动模范，所带领团队被评为北京市优秀青年突击队标杆、全国工人先锋号。

景泉（1972—），男，建筑学专业1991级，管理科学与工程硕士研究生2001级，城乡规划博士研究生2009级。中国建筑设计研究院建筑专业院院长。入选国家"百千万人才工程"并获得"有突出贡献中青年专家"荣誉称号。

张颖（1972—），女，博士研究生1999级。东北农业大学资源与环境学院院长，教授、博士生导师。教育部长江学者特聘教授，国家自然科学基金杰出青年基金获得者。

田波（1973—），男，公路工程专业1990级。任职于交通运输部公路科学研究所。国家"百千万人才工程"人选，国家有突出贡献中青年专家，交通运输行业中青年科技创新领军人才。

关新春（1973—），男，建筑材料专业1991级，建筑材料硕士研究生1995级，结构力学博士研究生1997级。哈尔滨工业大学土木工程学院副院长、教授、博士生导师。教育部新世纪优秀人才支持计划获得者。

肖仪清（1973—），男，建筑工程专业1991级，结构力学硕士研究生1995级，工程力学博士研究生1998级。哈尔滨工业大学（深圳）土木与环境工程学院副院长、教授、博士生导师。教育部新世纪优秀人才支持计划获得者。

迟迅（1973—），男，建筑学专业1992级。融创中国控股有限公司执行董事、执行总裁，融创华北区域房地产集团总裁。

张建军（1973—），男，城市规划专业1992级，城市规划与设计硕士研究生1997级。哈尔滨市城乡规划设计研究院院长。

张发世（1973—），男，建筑经济与管理专业1996级。远洋集团远星企业发展有限公司执行总裁兼北方区域总经理。曾任红星地产集团执行总裁、中建总公司房地产事业部助理总经理、中国中建地产集团助理总裁。

单良（1973—），男，建筑学专业1991级。教授级高级工程师。深圳市城市规划设计研究院副院长、城市设计总监。兼任广东省城市规划协会新技术应用分会副会长、深圳市土木建筑学会副理事长。深圳市领军人才，获国际、国家、省、市级各类奖项总计50余项。

薛小龙（1974—），男，建筑管理工程专业1993级，建筑经济与管理硕士研究生2001级，博士研究生2003级。广州大学工商管理学院院长、教授、博士生导师。教育部新世纪优秀人才支持计划获得者。

杨旭（1974—），男，暖通专业1993级。大连中盈绿能机电有限公司董事长。热心教育事业，为支持学校学科发展作出突出贡献。

郭安薪（1974—），男，结构力学硕士研究生1996级，结构工程博士研究生1998级。哈尔滨工业大学土木工程学院教授、博士生导师。国家杰出青年基金、国家优秀青年基金和教育部新世纪优秀人才支持计划获得者。

毛小勇（1974—），男，结构工程博士研究生1997级。苏州城市学院副院长、教授。江苏省"青蓝工程"中青年学术带头人，江苏省"333工程"中青年学术带头人。

陈志强（1974—），男，市政工程博士研究生1997级。哈尔滨工业大学环境学院教授、博士生导师，2012年入选教育部新世纪优秀人才。

徐亮（1974—），男，建筑工程专业函授本科1998级，建筑与土木工程工程硕士2003级。吉林省住房和城乡建设厅厅长，曾任吉林省人民政府副秘书长，白山市副市长。

张宇祥（1974—），男，管理科学与工程博士研究生1999级。上海市政府办公厅副主任，曾任中国（上海）自由贸易试验区管理委员会陆家嘴管理局局长。

吕康娟（1974—），女，管理科学与工程博士研究生2000级。上海大学悉尼工商学院院长。上海市东方特聘教授，上海市巾帼建功标兵，上海市浦江人才。中澳合作办学联盟主席，上海市欧美同学会澳新分会秘书长，上海市育才奖获得者。

门晓莹（1974—），女，建筑管理工程专业1991级，管理科学与工程硕士研究生1997级，城市规划博士研究生2012级。自然资源部国土空间规划局副局长。参与《城乡规划法》《中共中央国务院关于建立国土空间规划体系并监督实施的若干意见》等法律法规的起草工作。

陈剑飞（1975—），女，建筑学专业1992级，硕士研究生1997级，博士研究生2000级。哈尔滨工业大学建筑设计研究院副院长、总建筑师。曾获华夏建设科学技术一等奖、黑龙江省科技进步一等奖、黑龙江省长特别奖、全国优秀工程设计银奖。

孙震（1975—），男，会计学专业1993级。中建资本控股有限公司党工委书记、董事长。曾任中国建筑股份有限公司审计局局长、监事会办公室主任。

王玉银（1975—），男，建筑工程专业1994级，结构工程硕士研究生1998级，博士研究生2000级。哈尔滨工业大学土木工程学院院长、教授、博士生导师。兼任中国钢结构协会钢—混凝土组合结构分会理事长。"龙江学者支持计划"特聘教授入选者。

于德湖（1975—），男，结构工程硕士研究生1996级，工程力学博士研究生1999级。山东建筑大学党委副书记、校长。

侯芸（1975—），男，道路工程专业研究生1997级。教授级高级工程师。中咨公路养护检测技术有限公司董事长。获全国公路优秀科技工作者，交通运输青年科技英才等称号，享受国务院政府特殊津贴。

刘铁军（1976—），男，建筑材料专业1994级，建筑材料硕士研究生1998级，工程力学博士研究生2000级。哈尔滨工业大学深圳研究生院土木与环境工程学院副院长、教授、博士生导师。国家杰出青年基金获得者，入选教育部新世纪优秀人才计划。

宋建永（1976—），男，交通土建专业1994级。交通部公路科学研究院研究员。先后承担了多项国家与省部级的科研项目，获得国家科技进步二等奖1项、中国公路学会一等奖2项。

张海鹏（1976—），男，国际工程管理专业1995级。教授级高级工程师。中国海外集团有限公司董事，中国建筑国际集团有限公司执行董事兼行政总裁。哈尔滨工业大学（深圳）土木与环境工程学院特聘教授，澳门地产业总商会名誉会长。

杨华（1976—），女，结构工程专业硕士研究生1998级，博士研究生2000级。哈尔滨工业大学土木工程学院教授、博士生导师。获国家自然科学二等奖、黑龙江省杰出青年基金。

韩宝国（1976—），男，材料学硕士研究生1999级，工程力学博士研究生2001级。大连理工大学教授、博士生导师。教育部新世纪优秀人才支持计划获得者。

马骥（1976—），女，道路工程专业1995级。交通运输部综合规划司发展条件处处长。交通运输部直属机关青年五四奖章标兵。主持起草交通行业发展指导性文件多项，参与完成《国家高速公路网规划》等多项。获省部级科技进步特等奖1项、二等奖2项。

高波（1976—），女，暖通专业1995级。中国科学院理化技术研究所研究员、博士生导师。国家杰出青年基金获得者、国家百千万人才、亚洲科学院学会及协会杰出青年女科学家。获国际计量测试联合会青年学者最高奖、中国物理学会胡刚复物理奖。

李嵬（1979—），男，房地产经营与管理专业1997级，管理科学与工程专业硕士研究生2009级。万科企业股份有限公司集团合伙人兼西南区域首席执行官。

董泽蛟（1979—），男，交通土建专业1997级，道路与铁道工程硕士研究生2001级，博士研究生2006级。哈尔滨工业大学交通科学与工程学院道路系主任、教授、博士生导师。教育部青年长江学者特聘教授，交通运输部领军人才，中国公路青年科技奖获得者。

梁恒（1979—），男，给水排水工程专业1998级，市政工程博士研究生2002级。哈尔滨工业大学环境学院教授、博士生导师，长江学者特聘教授，国家优秀青年科学基金获得者，科技部中青年科技创新领军人才。教育部给排水科学与工程专业教学指导分委员会秘书长。

陈文礼（1980—），男，结构工程专业1998级，防灾减灾工程及防护工程硕士研究生2002级，博士研究生2004级。哈尔滨工业大学土木工程学院党委书记兼副院长、教授、博士生导师。国家自然科学基金优秀青年基金获得者。

戴鸿哲（1980—），男，土木工程专业1998级，结构工程专业硕士研究生2002级，工程力学博士研究生2005级。哈尔滨工业大学土木工程学院教授、博士生导师。龙江学者支持计划"青年学者"。

尤世界（1980—），男，环境工程专业1999级，环境科学与工程硕士研究生2003级，博士研究生2005级。哈尔滨工业大学环境学院教授、博士生导师。国家自然科学基金优秀青年基金获得者，全国百篇优博提名奖获得者。

郭婉茜（1980—），女，给水排水工程专业1999级，环境科学与工程硕士研究生2003级，博士研究生2005级。哈尔滨工业大学环境学院教授、博士生导师。受聘长江学者青年学者岗位。首届"国家环境保护专业技术青年拔尖人才"获得者。

王强（1981—），男，环境科学与工程专业1999级，环境科学与工程硕士研究生2003级。北京林业大学环境科学与工程学院院长、教授、博士生导师。中组部海外高层次人才计划青年项目获得者，国家自然科学基金优秀青年基金获得者。

3.3 科学研究

3.3.1 1959—1977年的科学研究

1959年哈建工独立建院后，科学研究活动逐步走上了轨道，取得了丰硕成果。即便在"文化大革命"十分困难的条件下，广大教师仍然排除各种干扰，坚守岗位，努力坚持工作，在科学研究和工程设计中，千方百计为党和社会主义建设事业作贡献。1959—1977年期间，学院取得的省部级以上科研成果主要有：

获得全国科学大会和黑龙江省科学大会奖状的项目：1964年王光远主持完成的"建筑结构空间作用的计算理论"；1965年地基基础教研室与黑龙江省低温研究所等单位合作完成的"多年冻土桩基及季节性浅基的应用"；1975年黑龙江省环保所与水力教研室何钟怡合作完成的"用高锰酸钾溶液净化含汞氢气"；1975年黑龙江省低温研究所与建筑制品教研室合作完成的"混凝土早强速凝外加剂"；1976年中国建筑科学研究院空调所与学院电子仪器厂、通风空调教研室、化学教研室合作完成的"高精密车间恒温与自动控制——温湿度自动控制"；1977年给水排水教研室汤洪霄、周鼋、王兆英完成的"聚合氯化铝凝聚剂研究"；1977年给水排水教研室李圭白、虞维元完成的"地下水除铁、除锰技术——接触催化法除铁新工艺"；1977年黑龙江省建四公司和建机教研室皮齐宝、秦世杰合作完成的"灌注桩钻扩机设计"。

获得全国科学大会及国家建材系统科学大会奖状的项目：1977年玻璃钢教研室完成的"玻璃钢管连续成型设计及工艺研究"；1977年玻璃钢教研室完成的"玻璃钢管连续成型设计及工艺研究"。

获得全国科学大会奖状的项目：1974年建筑材料教研室王世芳、巴恒静与黄石市大理石厂合作完成的"铸石新产品的研制——铜矿渣铸石"；1977年水处理研究室和伟建机器厂合作完成的"氰化镀镉废水处理与回收利用"。

获得黑龙江省科学大会奖状的项目：1964年哈尔滨市市政工程研究所与道桥教研室蔡乃森等合作完成的"用灰土类材料防治道路翻浆"；1969年哈尔滨空调机厂与通风空调教研室合作完成的"冷凝废热在LHR-20型空调机上的应用"；1972年齐齐哈尔环保办公室与水处理研究室合作完成的"引污治嫩工程"；1973年水处理研究室完成的"新型除放射性净水剂的研制"；1975年吉林三峰洞铸石厂与学院铸石科研组合作完成的"大型铸石管材的试验"；1976年水处理研究室与龙江电工厂合作完成的"国内先进水平硫化钠沉淀电解氧化法处理回收雷汞废水"；1977年给水排水教研室金锥与佳木斯自来水公司马广生合作完成的"水气射流泵曝气除铁及泵设计与计算方法"；1977年黑龙江省建一公司和关柯、曹声远等合作完成的"新技术试验厂房"；1977年黑龙江省送变电公司和建机教研室皮齐宝、秦世杰合作完成的"集材-50液压立杆车"；1977年黑龙江省低温研究所与建机教研室皮齐宝、秦世杰合作完成的"电热法预应力工艺及其混凝土抗裂度计算"；1977年哈尔滨铁路局研究所与煤气研究室合作完成的"自动控制潜水炉"。

其他获奖项目：1963年，郭遇昌、徐承国主持完成的玻璃钢端头，获得国家计委、国家科委和国防科委新产品一等奖；1963年建筑材料教研室完成的《蒸养石灰粉煤灰胶结料的炭化作用》获国家建材系统科学大会奖状；1971年，哈尔滨玻璃钢研究所与玻璃钢教研室合作完成的"玻璃钢蜂窝机研制"获建材部系统科技大会奖状。

1978年，哈建工水处理研究室获全国首届科学大会先进集体称号，王宝贞参会领奖。

3.3.2 1978—2000年的科学研究

从1978年到2000年，哈建大的科研规格和科研水平也逐年提高。仅1990年至1999年，学校就承担国家科委、计委重大科技攻关课题18项，国家杰出青年科学基金2项，国家教委跨世纪人才培养计划基金2项，主持国家自然科学基金重大项目1项，课题21项，国家自然科学基金面上项目53项，国家教委优秀年轻教师基金16项，省杰出人才基金5项，省自然科学基金及青年、归国基金98项，省部级重大科技项目96项，另外承接企事业单位委托的科研项目1653项；共完成科研课题2000余项，其中达到国际领先水平的13项，国际先进水平的52项，国内领先水平的82项，国内先进水平的97项；获国家级科技奖励27项，获省部级科技奖励131项。这些项目的承担和完成，大大促进了学校科研工作的发展和学术水平的提高，有力地推动了学科建设和高质量、高层次人才的成长。

1978—2000年，获国家级科研成果奖的项目有：

获国家自然科学奖项目：1984年王光远、王文泉"结构模糊优化设计理论"（三等奖，先期获国家教委科技进步一等奖）。

获国家科技进步奖的项目：1985年李圭白主持完成的"地下水曝气接触氧化法除锰"（二等奖）；1985年电子工业第10设计院与哈建工合作完成的"洁净厂房设计规范"（三等奖）、中国建筑科学研究院与哈建工合作完成的"建筑结构设计统一标准"（二等奖）；1987年北京起重所与顾迪民合作完成的"起重机设计规范"（二等奖）、张耀春主持的"高层建筑结构成套技术"、钟善桐主持的"钢管混凝土结构构件基本性能和计算理论研究"（三等奖）；1990年张肖宁、王哲仁完成的"半刚性基层沥青路面的研究"（二等奖）；1992年王宝贞、祁佩时完成的"高浓度有机废水的厌氧生物处理技术"（三等奖，先期获国家教委科技进步奖一等奖）；李圭白主持的"高锰酸钾助凝及取代预氯化减少氯仿生成量"（三等奖）；沈世钊主持的"悬索与网壳结构应用关键技术"（二等奖）；1998年张肖宁、谭忆秋完成的"道路沥青及沥青混合料路用性能的研究"（二等奖）。

　　获国家发明奖的项目：1984年李圭白等的成果"水上一体化水厂研究"（二等奖）；1987年陈庆琰、黄荣泰、温溯平等完成的"氟硼酸体系电镀废水的处理"（四等奖）；邴文山主持的"应用硅质页岩防治道路冻害"（四等奖）；王绍文主持的"涡旋混凝低脉动学沉淀给水处理技术"（四等奖），1996年李圭白、于水利主持的"高浊度水透光脉动单因子絮凝投药自动控制系统"（三等奖）。

　　1978—2000年，获省部级二等奖以上科研成果奖的项目有：

　　获黑龙江省重大科技成果奖的项目：1979年钢木结构教研室钟善桐、王用纯完成的"钢管混凝土轴心受压构件的工作性能和计算理论研究"（二等奖）；1981年黑龙江省低温研究所与混凝土教研室朱聘儒、卫纪德、刘作华协作编制的《浮石混凝土和钢筋浮石混凝土结构暂行技术规定》（二等奖）。

　　获建设部科技进步奖的项目：1984年上海市政工程研究所、南京市政公司、哈尔滨建工学院合作完成的"废旧沥青再生利用"（一等奖）；1985年郭骏、贺平、许文发、徐江兴完成的"寒冷地区的小区供热居住建筑节能的研究"（二等奖）；1986年中国建筑科研院、四川建筑科研所、哈建工等合作完成的"中强钢丝预应力混凝土结构与工艺的试验研究"（二等奖）；1986年上海市政工程设计院与哈建工等合作完成的"室外给水设计规范"（二等奖）；1987年郭骏、韩厚本等完成的"高温水蒸气—水冷式散热器试验台"（二等奖）；1992年王宝贞、祁佩时、张自杰等的成果"氧化塘工程技术研究"（一等奖）。

　　其他获奖项目：1984年姚炎祥、刘叙和、赵清爽完成的"科技人才修养的研究"获黑龙江省首届社会科学优秀科研成果二等奖；1984年广西交通局与公路工程教研室郭大智合作完成的"柔性路面结构设计计算方法与电算程序的研究"，获广西优秀科技成果二等奖。

　　1985年前，哈建工在承担国家级项目方面几乎是空白。1985年后，学院承担国家自然科学基金项目、国家重点攻关项目逐年增加，并且取得显著成果，为国家建设和提高学院的知名度作出了重要贡献。

　　1986年，王光远的"工程结构的模糊随机分析和设计理论"、何钟怡的"高分子减阻液尽流的人工扰动失稳减阻机理"、李圭白的"多功能高效混凝土工艺理论研究"、关柯的"城市基础设施建设经济与管理的研究"课题，首次获得国家自然科学基金资助，为学院研究人员申请国家自然科学基金开辟了道路。

　　1987年，王光远、范乃文、高原青、刘晓燕、谭东耀等人还承担了国家自然科学基金委员会下达的重大课题的子项"工程结构的多目标模糊优化和决策及其智能化"的研究工作；1989年，王光远、欧进萍等又承担了国家自然科学基金委员会下达的另一个重大课题的子项"模糊信息处理与数学基础"的研究工作。

　　1987年5月，城乡建设环境保护部邀请哈建工参加"七五"重点科技项目《高层建筑钢结构成套技术》课题投标。8月，评标专家组认为哈建工联合其他单位的投标方案符合课题招标要求，而且具有较强的技术力量和较雄厚的科研装备，以及较丰富的实践经验和理论基础，有能力完成这一课题的研究任务。根据城乡建设环境保护部对这一课题中标单位的要求，哈建工和中国建筑设计标准所等中标单位联合成立了《高层建筑钢结构成套技术》课题领导小组和专家指导小组。学院沈世钊、李德滋、张耀春参加了领导工作。

1998年，由学校王光远院士与同济大学项海帆院士共同主持的国家自然科学基金重大项目"大型复杂结构的关键科学问题及设计理论"得到了国家自然科学基金委员会的批准，资助经费达910万元人民币。在这个重大项目中，学校主持两个课题的研究，分别是由沈世钊院士主持的"大跨空间结构新体系及关键理论研究"和欧进萍研究员主持的"复杂环境下海洋平台结构系统优化理论"。另外，吴波、张耀春、陆钦年、赵臣博士和段忠东博士等分别负责其中7个专题的研究。

1996年，欧进萍在1995年获"黑龙江省首届杰出青年科学基金"后，又获黑龙江省唯一的"国家杰出青年科学基金"。此后，马军又获得了1998年度"国家杰出青年科学基金"的资助。

1996年，马军获得了国家教委"跨世纪优秀人才培养计划基金"。该项基金是国家教委组织实施的一项以培养造就年轻学科带头人为主要任务的跨世纪人才培养计划。1996年，在获此项基金的全国63人中，马军是建设部系统唯一的获得者。此后，任南琪教授又获得了1998年度"跨世纪优秀人才培养计划基金"的资助。

黑龙江省科委为加速尖子人才的培养，从1995年起设立"省杰出人才基金"，每年由省自然科学基金委员会拨款资助10名在研究、开发领域有突出成绩的杰出青年。学校连续五届获"省杰出人才基金"的资助，他们是：欧进萍、任南琪、张素梅、马军、梅洪元。

1996年和1997年，学校于水利教授作为黑龙江省唯一获奖代表、沈世钊院士作为建设部系统唯一获奖代表，分别参加了全国科学技术奖励大会和国家科技奖励大会，受到了江泽民、李鹏、朱镕基、胡锦涛、李岚清等党和国家领导人的接见。

2000年，任南琪和王宝贞主持的"生物制氢中试研究"被评为"2000年中国十大科技进展新闻"。

3.4 合作交流

3.4.1 1978—1990年的合作交流

改革开放后，哈建工较早地开展了国际和地区间的学术交流活动。

1978年，沈世钊参加国家选派出国的外语资格考试，取得了黑龙江省第一名的成绩，并于第二年作为第一批出国访问学者赴美国里海大学进行为期2年的访问和交流。

1979年，王光远到意大利参加了"国际钢筋混凝土抗震性能"学术会议并宣读论文；徐邦裕到意大利参加第十五届国际制冷学会大会并散发论文，并在会上被选为国际制冷学会委员；王宝贞参加了意大利举办的国际给水排水训练班。

1980年，王光远在土耳其召开的第七届世界地震工程学术会议上交流了《多层剪切型框架抗震设计最优刚度分析》的论文；郭骏参加了在意大利召开的第四届国际城市区域供热会议；杜鹏久访问了日本早稻田大学。

1981年，徐邦裕参加在联邦德国召开的国际制冷学会热泵空调学组学术会议。

1982年，徐邦裕应联邦德国洪博奖金委员会的邀请，赴德学术交流3个月并参加在联邦德国召开的第七届国际传热学会议，接着又参加了德国制冷学会年会。同年，徐邦裕参加了在美国亚迪兰大学原料及能源研究所召开的学术座谈会，并在会上作报告；郭骏参加了在意大利召开的国际空气调节和计算机会议并宣读论文；刘季参加了在意大利召开的第六届国际砖石结构会议并宣读两篇论文。同年，路煜、郭恩章、高竞先后到日本、联邦德国、美国、丹麦等国进行考察访问。

从1980年到1982年，美国里海大学教授吕烈武、黄棣，日本早稻田大学教授尾岛俊雄，美国加州大学教授克劳夫，意大利彼得逊公司莆莱斯，日本早稻田大学神山幸弘为团长的日本早稻田大学第一次建筑技术讲座访华代表团，日本千叶工大桥本甲四郎教授，意大利的加柱提奥托，美国密苏里—罗拉大学教授郑毅，日本早稻田访华代表团，日本国际管理工程学会学术部长村松林太郎以及瑞典皇家工学院代表团等先后来学院讲学、考察和进行学术交流。这期间，学院还派出了皮齐宝、王学函、陆亚俊等到约旦、伊拉克以及我国香港地区工作，并聘请了美国的葛德威、日本的神谷纯子到学院任教。

学院受外交部委托，承担了我国驻南美洲苏里南大使馆的设计任务。1984年8月上旬，由陈雨波院长率领的设计组前往苏里南调查并确定设计方案。设计组路过美国时，还帮助我国驻美大使馆提出了电影厅和游泳馆的设计方案。

应日本早稻田大学邀请，学院以武国栋副院长为团长、城乡建设环境保护部高级工程师赵铁凡为副团长的"建筑教育考察团"，于1984年9月2日至21日访问日本。考察团在日本访问期间，受到了日本教育界、建筑界和哈工大校友同窗会的热烈欢迎和热情接待。这次访问，发展了学院同日本朋友的友好关系。

1983年6月，郭骅在美国召开的生命线地震工程国际学术讨论会上宣读论文；10月，邓林翰参加在联邦德国戈斯拉尔市召开的国际住宅建设与居民点发展学术会议，发表了《中国农村建筑的现状和发展趋势》论文。

1984年5月，樊承谋参加在法国召开的国际标准化组织第165技术委员会第四次会议；6月，李德滋参加在苏联莫斯科召开的"欧洲钢结构协会年会"；同月，刘季在波兰华沙召开的第三届国际墙体会议上宣读了两篇论文；5月至7月，王光远应邀到美国密苏里—罗拉大学讲学，受到热烈欢迎。在此期间，他还参加了第八届世界地震工程会议和美国第五届工程力学会议，在会议宣读的两篇论文分别被载入国际刊物《地震工程及结构动力学》和《工程优化》杂志；8月，应国家体委邀请，梅季魁参加了中国体育设施考察组赴美国、加拿大、日本等国进行了体育设施考察；12月，刘季参加了在香港、广州举行的第三届国际高层建筑会议并在会议上宣读论文。

1983年8月，应学院邀请，日本早稻田大学第二次建筑技术讲座访华代表团，在团长尾岛俊雄教授、副团长波多江健郎教授率领下，一行15人来学院访问。同年，日本早稻田大学田林恭教授，大坂大学桥本奖教授，北海道大学加来照俊、管原照雄教授；美国里海大学黄棣教授，密苏里—罗拉大学郑毅教授等先后来学院讲学。1984年，联邦德国盖斯勒教授，日本东京工业大学甫良一教授，美国休斯敦大学徐增全教授先后来学院讲学。

1985年6月，美国依阿华大学吴汉津教授应邀到学院讲学，并就建立两校间的合作协议进行磋商。1985年12月，学院同依阿华大学正式签订协议，建立校际合作关系。

1985年8月，钟善桐等筹备组织了钢管混凝土结构第一次国际学术讨论会。钟善桐等在钢管混凝土结构研究方面卓有成效的工作和独到研究成果，受到了与会专家学者的高度评价。国外专家在这次会议上建议成立有关钢管混凝土结构研究的国际协作组织，并一致推举钟善桐代表中国作为发起人之一。在这次国际会议以后的3年时间里，土木工程学科先后组织召开了6次全国钢管混凝土结构设计、科研、施工经验现场会，使这种新型的建筑结构在我国近20个省市的60多项大型工程中得到了推广。

1985年10月，朱聘儒作为国际标准化组织第71技术委员会第2分委员会积极成员国中国代表团的两名成员之一，出席了在奥地利召开的该委员会的工作会议。这次会议的主要议程是根据成员国提出的意见，逐章逐条审查并修改国际标准ISO/BP3317《普通钢筋混凝土结构设计规则（草案）》。朱聘儒等提出的书面意见，被作为会议的3个正式文件之一提交会议研究。会议着重讨论的6个问题中，有两个全面采纳了朱聘儒等代表中国提出的方案，其他4个问题也不同程度地吸取了中国提出的意见。

1985年11月，郑忱等5人应邀参加在北京召开的国际生土建筑学术会议，并在大会宣读了两篇论文，引起了来自世界12个国家和地区的专家学者的重视。

1985年到1989年期间，王光远、王宝贞、钟善桐、郭骏、常怀生、腾云久等近20人先后应邀到日本进行讲学和考察。他们在日本广泛接触了有关学术界的专家教授，为学院同日本建立多方面的合作交流关系奠定了基础。

1985年到1989年期间，美国有关专家教授近40人到学院访问、讲学。其中包括加州大学伯克利分校副校长田长霖教授，乔治华盛顿大学著名学者杨振南教授，伊利诺大学环境控制先进技术研究中心主任、国际著名环境工程专家恩格尔布莱赫特，康奈尔大学教授、著名结构工程专家埃伯尔，肯塔基大学教授黄仰贤，康奈尔大学教授裴柯兹，迈阿密大学教授卡克以及加州大学著名建筑节能专家黄立等。

1985年以后，学院与联邦德国的学术交往也越来越密切，在水污染监测技术、建筑与城市规划、空气调节与热泵、住宅设计等方面，均建立了较密切的交流合作关系。1985年8月，学院建筑系和联邦德国汉诺威大学城市建设与规划研究所签订了系一级的合作协议，建立了固定的联系。学院还同加拿大、英国、挪威、瑞典、波兰、丹麦、法国、意大利、缅甸、澳大利亚、朝鲜、芬兰、捷克等国家的学术界建立了广泛的联系。

1986年4月，以依阿华大学副校长为首的访华团对学院进行了第一次访问。同年10月，以颜景田副院长为首的包括李圭白、郭骏一行3人代表团对依阿华大学进行了回访。回访期间，学院代表团同依阿华大学就两校今后在联合搞科研、互派专家学者讲学和互派留学生等问题交换了意见，为开展实质性交流打下了基础。在美期间，颜景田一行还访问了霍普金斯大学、哈佛大学和麻省理工学院，与这些学校有关专家教授进行了广泛的接触，为发展学院同美国的进一步合作交流创造了条件。

1986年9月，沈世钊出席了在日本举行的国际薄壳和空间结构学术会议，并担任悬索和薄膜结构分会组的主席，还作了两次学术报告。国际著名学术刊物《空间结构》主编英国的诺逊在会议期间向沈世钊约稿，要求他介绍吉林冰球馆的结构设计。会议之后，沈世钊还访问了东京大学生产技术研究所和建在筑波科学城的建筑研究所、土木研究所、防灾研究中心以及私立奥村组研究所。

1986年9月，王光远、刘季应邀出席了在北京召开的城市抗震防灾国际学术研讨会。参加会议的有来自日本、美国、罗马尼亚等国的39名专家学者。王光远在会上的专题报告和刘季宣读的论文，受到了与会者的重视。

1986年9月，王宝贞出席在巴西召开的第三届国际水污染研究与防治协会双年会并担任第一分组的会议主席。会议结束时，理事会成立了实权性的委员会，王宝贞被推选为这个委员会的7个科学技术委员之一，他提出的关于发展中国家饮用水去除污染问题，受到了与会者的普遍重视。

1986年9月，高伯扬、曹声远、卫纪德等人应邀出席了在南京召开的钢筋混凝土及预应力混凝土基本理论国际会议。高伯扬等人的论文受到了专家们的好评。

1987年4月，邓林翰随中国建筑教育代表团访美。在访问俄克拉荷马州大学时，该校和该校所在市斯蒂沃特市授予邓林翰为该校名誉教授和该市名誉公民。同时，邓林翰还接到了依阿华大学建筑设计学院院长的来信，表示要进一步加强同学院建筑系的合作交流关系。这一时期王宝贞、郭骏等还就煤气化废水处理技术，建筑节能技术等问题到美国进行了专题考察和讲学。

1987年5月，王宝贞作为国际水污染研究与控制协会中国唯一的理事，参加了在联邦德国举行的国际水污染研究与控制协会会议。这次会议决定，1989年水污染控制国际学术研究会将由王宝贞具体筹备组织并在中国召开。

1987年6月，钟善桐在美国参加国际学术会议后，应邀到里海大学和休斯敦大学进行了访问和学术交流。

1987年，沈世钊应邀到捷克布尔诺工业大学讲学，受到了捷克同行们的热烈欢迎。沈世钊还以贵宾的身份参加了斯洛伐克钢结构协会年会，而且被作为会议的第一发言人作了专题报告。同时，沈世钊还与捷克土木建筑界的几位代表性学者进行了会晤。

1987年7月到8月，哈建工通过世界银行贷款项目邀请日本东京大学生产技术研究所著名学者高梨晃一来校进行了三周的讲学活动。

1987年10月，沈世钊参加了由国际薄壳和空间结构学会会同中国土木工程学会组织召开的重要国际会议——国际体育建筑空间结构学术讨论会，并作为全体会议的3位中方执行主席之一，主持了大会的闭幕式。国际上空间结构方面的权威学者几乎尽数出席。

1987年和1988年，日本东京大学高梨晃一教授和中岛正爱教授先后来校讲学。

1988年8月，学院筹备并主持召开了钢管混凝土结构第二次国际学术讨论会。这次会议正式成立了"钢-混凝土组合结构国际研究协会"，钟善桐被推选为首任主席。

1988年8月，学院参加筹备和主持的国际寒冷地区经济技术开发学术讨论会在哈尔滨召开。陈雨波担任这次会议的执行主席，郭骏、贺平、郭士元、程友玲和来自美国、苏联、加拿大、丹麦、瑞典等12个国家的近250名代表出席了这次会议。会议选定论文176篇，其中有学院的15篇。会议认为学院在寒冷地区经济技术开发研究方面取得了显著的成果，对促进国际寒冷地区的经济技术发展作出了重要贡献。

1988年9月，国际著名学术刊物《空间结构》主编邀请沈世钊担任该刊的编委。

1988年9月，樊承谋在美国参加学术会议后，又被邀请到肯塔基大学讲授"古代中国木结构"，受到了该校师生的热情接待和欢迎。

1988年9月，高伯扬应邀参加了在上海召开的第三届地下空间和掩土建筑国际学术会议并作报告，受到了与会者的好评。

1989年9月，沈世钊应邀参加了在西班牙马德里举行的国际薄壳和空间结构学会（IASS）成立30周年大会。

1988年以后，学院与苏联的关系不断加强。1988年5月，王光远应苏联高教部的邀请，到莫斯科建筑工程学院讲学。1989年5月，以维科多·阿列克谢维奇·菲多尔金副教授为团长的苏联远东工业大学代表团访问学院。何钟怡院长、颜景田副院长会见了代表团成员，并与他们商谈了两校间开展多方面合作问题。5月21日两校签订了关于科研、教学法及文体方面合作的意向性议定书。1989年10月，以颜景田副院长为首的学院代表团对远东工业大学进行了回访。这次回访，两校就今后开展科技合作和交流及其他友好往来的具体内容和发展的可能性进行进一步的研讨，并酝酿了两校的友好合作协议。1989年12月，以副院长热哈列夫为团长的苏联莫斯科建工学院代表团对学院进行了为期3天的访问，院长何钟怡、党委书记吴满山、副院长颜景田会见了代表团成员，并与代表团就开展两校教学、科研合作及学术交流等方面的问题达成了意向性协议。

3.4.2　1991—2000年的合作交流

沈世钊担任中日加3国合作的研究项目"寒冷地区建筑"的中方负责人。1991年6月，他作为黑龙江省科技代表团成员访问了加拿大阿尔伯塔省，并参加了在爱德蒙顿市举行的"寒冷地区发展问题"国际学术会议。

1991年9月，美国4名建筑专家来学校进行学术交流。

1992年4月，应钟善桐邀请，英国曼彻斯特大学土木工程系特尔曼博士和廖志豪博士来学校访问讲学。此次访问讲学，推进了组合结构在国际的研究与应用。

1992年5月6日，以食裕夫为团长的日本饮用水合作研究代表团访问了学校市政与环境工程系。学校的给水处理技术给日方代表留下了深刻的印象。

1992年6月至9月，王宝贞应德国给水处理技术协会会长、鲁尔河管理协会主席殷霍夫教授和尼尔斯河管理协会主席库格尔博士的邀请，到德国进行学术访问和交流。

1992年12月1日，以奥列格·阿列科山德维奇为团长的俄罗斯远东工业大学代表团来学校访问。双方就建立友好合作关系的具体事宜编制了1993年的工作执行计划。

1993年9月，赵洪宾应"计算机在给水系统中的应用"第四次国际会议邀请，参加了在美国召开的会议并发表了两篇论文，结合我国国情提出的宏观和模型相结合的优化控制理论，受到会议主持及评委会的高度重视。1994年9月，又应日本山口大学、山口水道协会邀请，到日本进行了讲学。

1993年，沈世钊出席在英国伦敦召开的第四届国际空间结构大会并应邀对英国伯明翰大学进行访问；同年，钟善桐到英国诺丁汉大学访问，与Nethercot教授进行学术交流。

1993年9月，经国家科委批准，由关柯发起并主持的"建筑业发展与管理系统优化国际学术研讨会"在哈尔滨召开，会议论文集由中国建筑工业出版社出版。这也是国内首次建筑经济与管理领域的国际学术会议。

1993年9月，第三届世界暖通空调大会在伦敦召开，这是暖通空调专业最高层次的学术会议。学校郭骏、徐江兴、朱业樵等合作的3篇论文被收入大会论文集。

1994年5月，王宝贞应邀赴我国香港讲学并进行了学术交流活动。在香港大学、香港科技大学、香港理工学院分别作了三个学术报告，受到了三所大学师生及香港当局环保署技术官员、顾问工程师和有关公司专家的高度评价和热烈欢迎。其间，香港科技大学环境工程学科与学校签订了互派青年教师和研究生（主要是博士生）到对方进行为期半年至两年的合作项目研究或联合培养的协议。

1994年6月，为期5天的钢管混凝土组合结构国际合作研究协会第四次学术研讨会在斯洛伐克召开。钟善桐以协会主席身份出席会议开幕式、闭幕式并致辞。其博士研究生韩林海在会上作了两个专题学术报告。

1994年11月，黄君礼参加在新加坡召开的"94亚洲水技术国际会议"并作大会发言，受到了与会同行的关注和好评。

1995年8月，我国建设部和日本建设省在北京签署了科技合作协议。由日方无偿捐助并协助我国进行中国住宅新技术研究和人才培养。这个项目是截至当时建设部签署的最大的国际合作项目，哈建大是参加合作的三家单位之一。关柯担任课题组组长，张肖宁任课题总协调人。

1995年8月，应姜安玺邀请，日本东京大学著名教授松尾阳先生来学校访问。

1996年4月14日，应赵洪宾邀请，英国蒙特福特大学布瑞·柯尔拜克教授和约翰·朗斯教授到学校进行访问和讲学。

1996年5月，沈世钊等4人参加了在北京召开的亚洲及太平洋地区薄壳及空间结构国际学术会议。沈世钊作为特邀发言人作大会报告。

1996年5月，香港理工大学土木系主任高赞朋教授和王玉龙博士等人对学校建筑工程学院进行了访问和学术交流。

1996年12月，应中国建筑科学研究院邀请，钟善桐出席了在香港举行的第二届土建基础设施国际学术研讨会，并担任了会议分组主持人。

1997年8月，美国里海大学土木工程系主任吕烈武教授及其同事尼克尔副教授等来学校访问，并结合其最新研究成果进行了6个单元的讲学。

1997年8月，应彭永臻邀请，日本群马大学工学部建设工程科教授、学校名誉教授黑田正和先生来学校进行了为期3天的讲学和访问。

1997年11月，赵洪宾应邀参加了在西班牙召开的第21届国际供水会议并宣读论文，受到了与会者的高度评价和大会执行主席的称赞。

1998年10月，日本西日本大学学者奥原健次访问建筑系。奥原健次与建筑系商谈了进一步合作的问题，并商谈了加强双方城市规划专业在相关知识方面的交流问题。访问期间，奥原健次还为建筑系学生作了精彩的学术报告。

1999年9月7日至9日，国际标准化组织木结构技术委员会（ISO/TC165）第13次会议在学校召开。来自加拿大、美国、法国、日本、挪威等国的22位代表出席了会议。ISO/TC165共有21个P（正式）成员国和31个O（观察员）成员国，以及两个通信成员国。我国为P成员国。此次会议标志着学校木结构科研已经达到了国际上发达国家的水平。

应英国德·蒙特福大学给水教研室的邀请，赵洪宾于1999年11月在英国进行了为期18天的讲学。赵洪宾在英国讲学的主要内容是演示和介绍学校研制、开发的集给水系统信息、监控等为一体的WNW软件包，介绍学校给水管网信息管理系统研究成果和有关课题的进展情况。在英期间，赵洪宾还就管道更新问题与英方有关专家进行了深入的讨论。

1990—1999年，在过去的基础上，学校又先后同英国、俄罗斯、澳大利亚、加拿大、法国、德国、新加坡、马来西亚、日本、美国、荷兰以及我国香港等十几个国家和地区的40余所大学和学术研究机构建立了校际合作关系，如英国的伯明翰大学、日本的北海道大学、美国的加利福尼亚大学等，同时选派了近500人次在国际上有一定知名度和影响的学者出国或在国内参加各种国际学术会议或讲学，邀请外国专家、学者1000多人次来学校进行短期讲学、学术交流或从事合作研究，并有100多名国外学者被学校授予名誉教授。

3.5 教师风采

哈建大建设与发展所取得的成就，得益于拥有一支爱岗敬业、无私奉献、赓续传统、敢为人先的师资队伍。这支队伍中，既包括一批早在国内外享有声望的著名专家和学术带头人，也包括一大批中青年学者。他们在人才培养和科学研究方面的出色工作和取得的显著成果，大大提高了哈建大人才培养和科学研究的水平与层次。

为了彰显哈建大的教师风采，选取1959—2000年期间在哈建工、哈建大任教的中国工程院院士、全国优秀教师、全国教学名师奖获得者、国家级有突出贡献的专家、国务院政府特殊津贴获得者、长江学者特聘教授、国家杰出青年基金获得者、国家优秀青年基金获得者、霍英东教育基金会奖励获得者、宝钢教育基金会奖励获得者、省部级专家、省部级杰出青年基金获得者、省部级人才称号获得者、省部级优秀教师、二级教授、专业创始人或资深教授，以出生年份为序进行摘要介绍。受资料来源限制，许多符合上述条件的教师未能列入，敬请谅解。

哈雄文（1907—1981），男，教授。1927年毕业于清华学校，1932年毕业于美国宾夕法尼亚大学建筑系。1958年来校工作，是当时东北地区仅有的一名三级教授，曾任建筑工程系副主任，中国建筑师学会理事长。

李统汉（1916—2000）男，教授。编著日语界当时很有影响的《日语句子结构分析》，1979年由商务印书馆出版。享受国务院政府特殊津贴。

李德滋（1917—2010），男，教授。1938年毕业于交通大学唐山工程学院，1952年从燕京大学来校工作，曾任土木系主任。曾任黑龙江省政协五、六、七届常委。享受国务院政府特殊津贴。

徐邦裕（1917—1991），男，教授。1957年来校工作。曾任高校暖通本科专业教学指导委员会主任、全国高等学校暖通专业教材编审委员会主任、国际制冷学会委员等职务，是我国暖通空调界第一位进入国际制冷学会的专家。第五、六、七届全国政协委员。

钟善桐（1919—2013），男，教授，博士生导师。1952年研究生班毕业后留校任教。创立国际钢-混凝土组合结构协会和中国钢结构协会钢-混凝土组合结构分会，获国家及省部级科技进步奖12项，先后被授予"钢结构终身成就奖""组合结构终身成就奖"等称号，享受国务院政府特殊津贴。

胡松林（1919—2001），男，教授。1953年研究生毕业后留校工作。著名力学专家，为我国的力学人才培养作出了重要贡献。曾任南京建筑工程学院副院长。享受国务院政府特殊津贴。

蔡乃森（1920—1980），男，教授。我国第一位在苏联获得道路学科副博士的学者，1958年由同济大学选派来哈工大创办道桥专业，是我国半刚性基层理论与技术的主要奠基人。

陈雨波（1922—2020），男，教授。1945年毕业于西南联合大学土木系。曾在清华大学任教，1949年8月调入哈工大，是哈工大第一位华人专业教师。曾任哈建工党委书记兼院长，曾兼任全国高等教育自学考试指导委员会土建专业委员会主任。享受国务院政府特殊津贴。

张之凡（1922—2001），男，教授。1951年研究生班毕业后留校工作。曾任建筑系主任。1980年秋调任西北建工学院首任院长。享受国务院政府特殊津贴。

樊冠球（1924—），男，教授。1950年武汉大学毕业后被分配到哈工大工作，中华人民共和国培养的第一位给水排水专业教师。

王光远（1924—），男，教授，博士生导师。1952年哈工大研究生班毕业后留校工作。中国工程院首批院士。曾任中国力学学会副理事长、国务院学位委员会和国家自然科学基金会学科组成员。享受国务院政府特殊津贴。

郭长城（1925—2002），男，教授。1953年土木系毕业后留校工作。曾获黑龙江省优秀教师称号。主编全国统编教材《结构力学》和《建筑结构振动计算》，曾获黑龙江省及全国科学大会优秀成果奖。享受国务院政府特殊津贴。

屠大燕（1925—2019），男，教授。1953年研究生班水能利用专业毕业后留校工作。曾任城建系主任、国家教委工科力学课程教学指导委员会水力学组委员、教育部原工科教材编审委员会水力学组委员。享受国务院政府特殊津贴。

关柯（1925—2014），男，教授，博士生导师。1948年毕业于哈工大土木工程专业，1961年回校工作。曾任建筑管理工程系主任，曾兼任中国建筑业协会管理现代化专业委员会会长、建设部高等学校建筑管理工程学科指导委员会委员。曾获全国优秀教师称号，享受国务院政府特殊津贴。

张自杰（1926—2019），男，教授。1953年工业与民用建筑专业毕业后留校工作。第一届全国高等学校给水排水专业教学指导委员会主任。获中国水业终身成就奖，享受国务院政府特殊津贴。

樊承谋（1926—2012），男，教授，博士生导师。1957年研究生班毕业后留校工作。曾任教务处处长、建材系主任，曾兼任国际标准化组织木结构技术委员会中国常驻代表、全国木材及复合材料结构标准技术委员会副主任。享受国务院政府特殊津贴。

黎绍敏（1926—2011），男，教授。1950年到哈工大研究生班担任助教、讲师。1959年到力学教研室工作。享受副司局级政治生活待遇。

谢培青（1926—2007），男，教授。1952年毕业于浙江大学，1959年来校工作。曾任制图教研室主任。享受国务院政府特殊津贴。

赵明瑜（1926—2004），女，教授。1950年南京大学毕业后来校工作。曾任外语教研室主任，哈工大和哈建工俄语教研室的创建人。享受国务院政府特殊津贴。

朱聘儒（1927—2020），男，教授。1951年北京大学工学院毕业后随苏联专家到哈工大攻读研究生，1954年留校工作。曾任土木工程教研室主任。黑龙江省劳动模范，享受国务院政府特殊津贴。

曹声远（1927—2010），男，教授。1955年工业与民用建筑专业毕业后留校工作。曾任钢筋混凝土教研室主任、教务处处长、设计院院长。获黑龙江省科学大会奖状、黑龙江省高等院校教学经验交流会先进个人。

初仁兴（1927—2010），男，教授。1953年毕业留校工作。曾任哈尔滨建筑工程学院设计院总工程师、黑龙江省政协委员。曾获黑龙江省科技进步三等奖、哈尔滨市科技成果二等奖、全国建筑科技成果优秀项目奖。

杜鹏久（1928—），男，教授。1952年土木系毕业后留校工作，曾任卫生工程教研室副主任，负责创建了我国第一个采暖通风专业。享受国务院政府特殊津贴。

王世芳（1928—），男，教授。1953年东北工学院工民建专业毕业后来校工作。曾任建材教研室主任、建材系主任。曾获省部级科技进步二等奖、全国科学大会奖。享受国务院政府特殊津贴。

王振东（1928—2017），男，教授。1973年5月由黑龙江工学院调入学校工作。长期担任国家《混凝土结构设计规范》编制组剪扭复合受力专题组组长。曾获黑龙江省高等院校优秀教师称号，享受国务院政府特殊津贴。

郑忱（1929—2019），男，教授。1954年工业与民用建筑专业毕业后留校工作。曾任全国建筑技术学术委员会副主任委员、中国建筑学会生土建筑研究会常务理事。获国务院及省部级奖励和优秀证书9项，享受国务院政府特殊津贴。

常怀生（1929—），男，教授。1956年工业与民用建筑专业毕业后留校工作。曾任建筑系党总支书记、副主任、系主任，曾兼任中国环境行为学会会长。享受国务院政府特殊津贴。

高伯扬（1930—2018），男，教授。1952年清华大学土木系毕业后来校工作，1960年在苏联获得副博士学位。曾任结构实验室主任、地下建筑教研室主任，曾兼任中国钢-混凝土组合结构协会秘书长。享受国务院政府特殊津贴。

郭骏（1930—），男，教授，博士生导师。1954年研究生班毕业后留校工作。我国暖通学科首位博士生导师。曾任第二届中国建筑学会暖通空调学术委员会副主任委员。哈工大第六届"优秀教工李昌奖"获得者，享受国务院政府特殊津贴。

刘馨远（1930—1998）男，教授。1956年给水排水专业毕业后留校工作，曾任给排水教研室主任，在锅炉水除氧和工业用水净化等领域成果丰硕。享受国务院政府特殊津贴。

郭士元（1930—），男，教授。1956年工业与民用建筑专业毕业后留校工作。从1959年起，组织筹备成立城市规划专业，使之成为国内最早的城市规划专业。享受国务院政府特殊津贴。

贺平（1930—2000），男，教授。1956年采暖通风专业研究生班毕业后留校工作。我国首部集中供热领域的全国高校统编教材《供热工程》的主编。曾任建设部高等学校供热通风与空调专业指导委员会委员、中国城镇供热协会技术委员会副主任委员、黑龙江省政协委员、黑龙江省侨联主席。

吴满山（1930—），男，教授。1957年给水排水专业毕业后留校工作。曾任哈建工党委书记。

梅季魁（1930—），男，教授，博士生导师。1958年同济大学建筑系研究生班毕业后来校工作。曾任建筑系副主任。曾兼任中国城市规划学会城市设计学术委员会副主任委员、黑龙江省城市规划学会副理事长。享受国务院政府特殊津贴。

陈荣波（1930—2015），男，教授。1948年考入安徽大学，1949参军入伍，后毕业于401航空工业学院飞机制造专业，1973来校工作。曾任工程机械教研室主任。

唐光裕（1931—2012），男，教授。1953年复旦大学物理系毕业后来校工作。曾任基础部主任。享受国务院政府特殊津贴。

张沧禄（1931—），男。1953年复旦大学化学系毕业后来校工作，曾任化学教研室主任、基础学部副主任。后调入苏州城建环保学院，曾任苏州城建环保学院党委副书记、副院长。

李行（1931—2017），男，教授。1953年同济大学毕业后来校工作。曾任建筑设计基础教研室主任。黑龙江省高校教育理论学会理事、黑龙江省高校总体规划和设计顾问组成员。获黑龙江省优秀教师称号。

李圭白（1931—），男，教授，博士生导师。1955年哈工大毕业后留校工作。国家级有突出贡献的中青年专家，中国工程院院士。第二、三届全国高等学校给水排水工程专业指导委员会主任。享受国务院政府特殊津贴。

邓林翰（1931—2007），男，教授。1956清华大学建筑系研究生毕业后来校工作。创作了南通纺织博物馆、丹东抗美援朝纪念馆等国内外颇有影响的博物馆建筑和哈尔滨城市经典的标志性建筑。享受国务院政府特殊津贴。

汤鸿霄（1931—），男，教授。1958年给水排水工程专业毕业后留校工作。曾任环境水化学国家重点实验室学术委员会主任、中国科学院生态环境研究中心学术委员会主任。中国工程院院士。

杨匡汉（1932—）男，教授。1953年中山大学毕业后来校工作。曾任外语部主任。主编的《土木建筑专业英语系列教材》（中国建筑工业出版社出版）在建设部系统十多所院校使用。享受国务院政府特殊津贴。

侯幼彬（1932—），男，教授，博士生导师。1954年清华大学毕业后来校工作。中国建筑史和中国建筑美学著名学者。获中国建筑学会中国建筑教育奖、哈工大李昌奖提名奖。享受国务院政府特殊津贴。

王宝贞（1932—），男，教授，博士生导师。1955年给水排水专业本科及师资研究生班毕业后留校工作。曾任市政与环境工程系主任、名誉主任，水污染控制研究中心主任。国际水科学院终身院士。享受国务院政府特殊津贴。

顾迪民（1932—），男，教授。1955年研究生班毕业后留校工作。曾任机电系主任。曾获国家科学技术进步二等奖、中国起重机械行业终身成就奖。享受国务院政府特殊津贴。

唐岱新（1932—），男，教授，博士生导师。1957年工业与民用建筑专业毕业后留校工作。曾任土建设计院院长，曾兼任全国高校建筑工程专业指导委员会委员、全国砌体结构标准技术委员会副主任委员。享受国务院政府特殊津贴。

庄重（1933—2018），男，教授。1954年工业与民用建筑专业后留校工作。为理论力学课程建设作出重大贡献。曾任校长教学顾问、黑龙江省政协委员。

沈世钊（1933—），男，教授，博士生导师。1956年研究生班毕业后留校工作。曾任哈建大校长，曾兼任中国建筑学会副理事长。中国工程院院士，曾获"中国钢结构协会最高成就奖"。享受国务院政府特殊津贴。

钮长仁（1933—2012），男，教授。1956年工业与民用建筑专业毕业后留校工作。曾任制品教研室主任。曾获国家科学大会奖、黑龙江省科技进步一等奖、黑龙江省教学成果奖。享受国务院政府特殊津贴。

郦文山（1933—），男，教授。1960年工业与民用建筑专业毕业后留校工作。曾获全国优秀教师、建设部系统劳动模范称号，享受国务院政府特殊津贴。

廉乐明（1934—），男，教授，博士生导师。1957年供热供燃气通风与空调师资研究生班毕业后留校工作。曾任建筑热能工程系主任。曾获建设部建筑类优秀教材一等奖、国家级教学成果二等奖。享受国务院政府特殊津贴。

谢贝琳（1934—），女，教授。1958年工业与民用结构专业毕业后留校工作。曾任计算中心主任、计算机应用系主任。享受国务院政府特殊津贴。

郭恩章（1934—），男，教授，博士生导师。1958年工业与民用建筑专业毕业后留校工作。曾任建筑系副主任。曾兼任中国城市规划学会城市设计学术委员会副主任委员、黑龙江省城市规划学会副理事长。享受国务院政府特殊津贴。

路煜（1934—1994），男，教授。1959年从莫斯科建筑工程学院获技术科学副博士学位学成回国并留校工作。曾任全国高等学校供热通风与燃气类专业教材编审委员会委员，暖通教研室主任，设计院专业总工。

孙景武（1934— ），男，教授。1959年机械系毕业后留校工作。曾获全国科学大会奖。曾任南京建筑工程学院院长。国家级有突出贡献的专家，享受国务院政府特殊津贴。

赵洪宾（1934— ），男，教授，博士生导师。1958年同济大学给水排水专业毕业，1971年来校工作。曾任哈建工教务长，曾兼任全国给水排水专业教学指导委员会副主任。获国家教学成果二等奖1项。享受国务院政府特殊津贴。

赵义堂（1934— ），男，教授。1958年毕业于哈尔滨军事工程学院，1977年来校工作，自动化专业创立者。享受国务院政府特殊津贴。

史春珊（1935—2020），男，教授。1957年中央工艺美术学院装饰工艺系毕业后来校工作。曾任国际IFI室内与设计师学会中国分会副理事长、国际装饰学会IFDA中国分会副会长、中国室内设计协会副会长、黑龙江省工业设计学会会长、《工业设计》杂志主编。

王哲人（1935—2020），男，教授。1959年毕业后留校工作，协助蔡乃森教授创办道路工程专业。曾任道路与交通工程系主任。曾获国家科技进步二等奖、国家教委科技进步一等奖。享受国务院政府特殊津贴。

张树仁（1935— ），男，教授。1959年土木系毕业后留校工作。曾任哈建大副校长，曾兼任黑龙江省公路学会副理事长。享受国务院政府特殊津贴。

卫纪德（1935—2021），男，教授。1959年工业与民用建筑专业毕业后留校工作。曾获国家科技进步二等奖。享受国务院政府特殊津贴。

赵景海（1935— ），男，教授，博士生导师。1959年工民建专业毕业后留校工作。曾任建材系主任。享受国务院政府特殊津贴。

刘叙和（1935— ），男，教授。1955年8月进入哈工大土木系学习，1959年3月赴中国人民大学哲学系进修，1960年6月返校后从事马克思主义哲学、自然辩证法教研工作。曾任社科系主任。获黑龙江省首届哲学社会科学成果二等奖。享受国务院政府特殊津贴。

任玉峰（1935—1998），男，教授。1960年工业与民用建筑专业毕业后留校工作。曾任建筑管理工程系主任，曾兼任建设部高等学校建筑管理工程学科指导委员会委员。

陆亚俊（1936— ），男，教授，博士生导师。1959年供热与通风专业毕业后留校工作。曾任通风空调教研室副主任、城市建设系副主任、建筑热能工程系主任。曾获黑龙江省教育系统劳动模范称号，享受国务院政府特殊津贴。

刘鹤年（1936—2021），男，教授。1959年大连工学院毕业后来校工作。曾任国家教委水力学课程指导委员会副主任。曾获全国优秀教师、建设部有突出贡献的中青年专家称号，获国家优秀教学成果奖，享受国务院政府特殊津贴。

董珊（1936—），男，教授。1959年暖通专业毕业后留校工作。曾任暖通教研室主任、党支部书记。曾兼任黑龙江省暖通协会主任委员。曾获建设部有突出贡献的中青年专家称号，享受国务院政府特殊津贴。

郭大智（1936—2019），男，教授。1960年毕业后留校工作。我国路面力学的主要奠基人，曾获国家科技进步二等奖、国家教委科技进步一等奖，享受国务院政府特殊津贴。

刘明威（1936—），男，教授。1960年锻压工艺及设备专业毕业后留校工作。曾任基础学部主任。曾获建设部优秀教育工作者、全国自学考试先进工作者称号。享受国务院政府特殊津贴。

王用纯（1936—），男，教授。1966年钢结构专业研究生毕业后留校工作。曾任钢木结构教研室主任。曾获国家科学技术进步二等奖、建设部科学技术进步一等奖、省政府科技成果二等奖。享受国务院政府特殊津贴。

黄君礼（1936—）男，教授，博士生导师。1960年哈师大化学系毕业，1986年来校工作。曾任全国化标委二氧化氯专业委员会主任，黑龙江省化工学会副理事长。享受国务院政府特殊津贴。

何钟怡（1937—），男，教授，博士生导师。1960年毕业后留校工作。曾任哈建工院长。曾获国家级有突出贡献的中青年专家、全国模范教师称号。获哈工大"优秀教工李昌奖"，享受国务院政府特殊津贴。

段常贵（1937—），男，教授，博士生导师。1960年供热、供煤气及通风专业毕业后留校工作。曾兼任中国土木工程学会燃气分会副理事长、全国高等学校供热、供燃气、通风及空调工程学科专业指导委员会委员。

李力能（1937—）男，教授。1961华中工学院毕业后来校工作。曾任热工教研室主任。获黑龙江省优秀教学成果二等奖、建设部优秀教材一等奖和国家级优秀教学成果二等奖、国家级普通高等学校优秀教材二等奖。曾获黑龙江省优秀教师称号。

张耀春（1937—）男，教授，博士生导师。1962年结构与施工专业毕业后留校工作。曾任哈建工副院长。曾获国家科技进步二等奖、中国钢结构协会专家委员会"终身成就奖"。享受国务院政府特殊津贴。

刘志和（1937—2013），男，教授。1964年清华大学毕业后来校工作，曾任建筑系总支书记、建筑设计院院长。曾作为黑龙江省唯一代表参与毛主席纪念堂方案设计。

张如三（1937—），男，教授。1961年水工专业毕业后留校工作。曾任基础学部党总支书记。主编《材料力学》《弹性力学》等统编教材多部。

魏学孟（1937—2013），男，教授。1959年暖通专业毕业后留校工作。曾任系党支部书记。曾获国家科技进步三等奖、国家计委二等奖。曾获黑龙江省优秀教师称号，享受国务院政府特殊津贴。

杜瑞明（1937—），男，研究员。1993年调入学校工作。曾任计算机系主任。曾兼任黑龙江省力学学会计算力学专业委员会主任。获部级科技成果一、三等奖各1项。2010年获中国科技财富杂志社和中国基层党建网颁发的"共和国杰出贡献人才奖"。享受国务院政府特殊津贴。

巴恒静（1938—），男，教授，博士生导师。1959年留校工作，1961年混凝土制品专业毕业。曾任建设部寒冷地区混凝土工程病害与防治重点实验室主任，曾兼任中国硅酸盐学会工艺岩石学分会副理事长。曾获全国科学大会奖、中国水运建设行业协会科学技术奖特等奖。享受国务院政府特殊津贴。

计学闰（1938—），男，教授，博士生导师。1960年工业与民用建筑专业毕业后留校工作。曾获黑龙江省高等院校优秀教师称号，享受国务院政府特殊津贴。

刘季（1938—1998），男，教授，博士生导师。1960年给水排水专业毕业后留校工作。曾任建筑工程学院副院长，曾兼任国际结构控制协会中国分会主席。曾获黑龙江省劳动模范、国家级有突出贡献的中青年专家称号，享受国务院政府特殊津贴。

刘宗仁（1938—2020），男，教授，博士生导师。1961年工业与民用建筑专业毕业后留校工作。曾任施工教研室主任，曾兼任中国建筑施工学术委员会委员、全国高等院校建筑施工学科研究会理事长。主编的《施工技术》本科教材被全国工民建专业普遍采用。

智益春（1938—），男，教授。1962年毕业留校工作。享受国务院政府特殊津贴。曾任建筑系副主任、建筑系主任。中国医疗卫生建筑研究会常务理事、中国建筑师学会医疗建筑学术委员会委员。

高甫生（1938—），男，教授，博士生导师。1963清华大学毕业后来校工作。曾兼任建筑设计院暖通专业总工程师。主持世界上第一个节能型空调机组流程实验研究，获全国科学大会奖。

姜安玺（1938—）男，教授，博士生导师。1964年大连工学院燃料化学工程专业毕业后来校工作。曾任人事处处长，曾兼任中国环境科学学会大气科学分会理事。享受国务院政府特殊津贴。

王永平（1938—），男，教授。1962年毕业于大连工学院河川枢纽及水电站建筑专业，1980年来校工作。曾获国家科技进步一等奖、国家教委教学成果二等奖。曾获全国优秀教师称号。

张杰（1938—），男，教授，博士生导师。1962年哈建工毕业，1999年1月回校工作。曾任中国市政工程东北设计研究院高级工程师、特聘总工程师。中国工程院院士，享受国务院政府特殊津贴。

张汉杰（1938—），男，教授。1962年哈工大工业企业自动化专业毕业后来校工作。自动化专业创始人之一，曾任机电工程系党总支书记。

陈洪仁（1939—），男，教授。我国交通工程专业创始人之一。1962年毕业于唐山铁道学院铁路建筑专业，1973年来校工作。曾获国家科技进步二等奖。

杨世昌（1939—），男，教授。1963年7月毕业于哈尔滨艺术学院雕塑专业，1991年来校工作。环境设计专业创建者之一、哈尔滨冰雪雕塑艺术创始人之一，曾任国际冰雪雕塑艺术协会副主席、中国工艺美术雕塑专业委员会副主任、黑龙江省雕塑学会会长。

盛洪飞（1940—），男，教授，博士生导师。1964年道路与桥梁专业毕业后留校工作。曾任交通学院院长，曾兼任黑龙江省土木工程学会理事、黑龙江省公路学会理事。

吕炳南（1940—）男，教授，博士生导师。1965年毕业后留校工作。曾任市政环境工程学院院长兼党总支书记。曾获省部级科技及教学奖共11项。享受国务院政府特殊津贴。

马最良（1940—），男，教授，博士生导师。1964年供热与通风专业毕业后留校任教，1971年调出。1980年暖通专业硕士研究生毕业后再次留校工作。获全国暖通空调学会"特别贡献奖"，享受国务院政府特殊津贴。

张克绪（1940—），男，教授，博士生导师。1962年本科毕业于大连工学院水利工程系、1965年研究生毕业于大连工学院土力学地基基础专业，1994年来校工作。曾获省部级科技进步奖一等奖、二等奖。享受国务院政府特殊津贴。

徐国涵（1941—），男，教授。1963年同济大学毕业后来校工作。曾任物理教研室主任，对哈建大物理学科的发展作出重要贡献。

王焕定（1942—），男，教授，博士生导师。1964年西安冶金建筑学院应用力学专业毕业后来校工作。曾获黑龙江省教育系统劳动模范、全国优秀教师称号，曾获国家级教学名师奖、宝钢教育基金会优秀教师奖，享受国务院政府特殊津贴。

荣大成（1942—），男，教授。1965年供热、供煤气及通风专业毕业后留校工作。曾任哈建大党委书记、中国建设教育协会驻会副理事长。曾获黑龙江省优秀思想政治工作者称号，享受国务院政府特殊津贴。

孙德兴（1942—），男，教授，博士生导师。暖通专业1961级，1981年获硕士学位，1986年联邦德国埃森大学获博士学位后回校工作。曾任建筑热能工程系主任、市政环境工程学院副院长，曾兼任全国建环专业指导委员会副主任、全国建环专业评估委员会副主任。获黑龙江省技术发明一等奖。

李桂文（1943—），女，教授，博士生导师。1967年毕业于建筑系，1971年回校工作。曾任建筑教研室主任、人居建筑与环境研究所所长。曾兼任中国建筑学会居住建筑学术委员会副主任、黑龙江省住宅研究会副会长。

刘长滨（1944—2016），男，教授，博士生导师。1969年唐山铁道学院工业与民用建筑专业毕业后来校工作。曾任建筑管理工程系副主任，曾兼任建设部高等学校建筑管理工程学科指导委员会委员。曾获北京市优秀教师称号。

邹平华（1944—），女，教授，博士生导师。1966年暖通专业毕业，1979年回校工作。曾任中国城镇供热协会技术委员会委员、建设部供热标准化委员会委员。主编或主要参编《供热术语标准》《供热工程制图标准》等多部行业标准。

田金信（1944—），男，教授，博士生导师。1980调入哈建工任教，曾任建筑管理工程系主任、管理学院党总支书记兼副院长，曾兼任建设部高等学校建筑管理工程学科指导委员会委员。曾获国家优秀教材奖、建设部优秀教材一等奖。

齐维贵（1944—），男，教授，博士生导师。1969毕业于北京建筑工业学院工业企业自动化专业，1981年来校工作。曾获省部级科技进步二等奖、黑龙江省教学成果奖一等奖，主编"九五"规划教材一套（6本）。

景瑞（1948—），男，教授。1982年力学专业毕业后留校工作。曾任哈建大校长、哈工大副校长兼党委副书记。曾获国家教学成果二等奖，曾任《工程力学》期刊编委。曾获宝钢教育基金会优秀教师奖，享受国务院政府特殊津贴。

何若全（1949—2018），男，教授，博士生导师。1981年建筑结构研究生毕业后留校工作。曾任哈建大副校长、苏州城市建设环境保护学院院长、苏州科技学院院长。曾兼任建设部高等学校土木工程专业教学指导委员会副主任、高等教育土木工程专业评估委员会副主任。

彭永臻（1949—），男，博士，教授，博士生导师。中国工程院院士。1981年市政工程专业研究生毕业后留校工作。北京工业大学环境科学与工程学科首席教授，国家发展和改革委员会"城镇污水深度处理与资源化利用技术"国家工程实验室主任。

张肖宁（1951—），男，博士，教授，博士生导师。1982年道路工程研究生毕业后留校工作。曾任哈建大副校长。曾获建设部有突出贡献的中青年专家称号，获国家科技进步二等奖、省部级科技进步一等奖，享受国务院政府特殊津贴。

祁佩时（1955—），男，博士，教授，博士生导师。1976年给水排水专业毕业后留校工作。曾任中国环保产业协会污水自然处理委员会秘书长、政协黑龙江省委常委。曾获国家级有突出贡献的中青年专家称号。

乔梦铎（1955—），男，教授。1978年黑龙江大学英语系毕业后来校工作。曾任外语系主任、哈工大外语学院党委书记，曾兼任黑龙江省大学外语教学专业委员会会长。主编15部国家级规划教材。曾获宝钢教育基金会优秀教师奖、黑龙江省优秀教师称号。

陆念力（1955—），男，博士，教授，博士生导师。1981年机电系研究生毕业后留校工作。曾任机电系主任、哈工大机电学院党委书记。兼任中国工程机械学会常务理事、中国工程机械学会工程起重机械分会副理事长。

韩洪军（1955—），男，博士，教授，博士生导师。1982年给水排水专业毕业后留校工作。《水质工程学》国家精品课程负责人、国家精品资源共享课负责人、教育部全国高校教师网络培训中心特聘教授、黑龙江省教学名师。

王要武（1956—），男，博士，教授，博士生导师。1984年建筑经济与管理硕士研究生毕业后留校工作。曾任管理学院院长，兼任中国建设教育协会副理事长、中国建筑业协会高质量发展研究院副院长。建设部有突出贡献的中青年专家、省杰出青年基金获得者，享受国务院政府特殊津贴。

曲久辉（1957—），男，博士，研究员，博士生导师。中国工程院院士。吉林大学化学专业1982年毕业后来校工作。国家自然科学基金委工程与材料科学部主任。国际水协会杰出会士、发展中国家科学院院士、美国国家工程院外籍院士。

袁一星（1957—），男，博士，教授，博士生导师。1982年给水排水工程专业毕业后留校工作。曾任市政环境工程学院党委书记，曾兼任给水排水工程专业教学指导委员会委员。曾获宝钢教育基金会优秀教师奖、中国水业人物教学科研奖。

王伟（1957—），男，博士，教授，博士生导师。1982年力学师资班毕业后留校工作。曾任哈工大土木工程学院副院长。曾获国家教学成果二等奖、黑龙江省优秀教学成果一等奖。曾获黑龙江省优秀教师称号。

徐苏宁（1957—），男，博士，教授，博士生导师。1982年建筑学专业毕业后留校工作。曾任建筑学院副院长兼城市规划系主任。兼任中国城市规划学会城市设计学术委员会副主任委员。曾获全国优秀城市规划科技工作者、黑龙江省优秀教师称号。

黄侨（1958—），男，博士，教授，博士生导师。1982年道路与桥梁工程专业毕业后留校工作，曾任哈工大交通科学与工程学院院长。国家级百千万人才工程第一、二梯队人选，享受国务院政府特殊津贴。

邹超英（1958—），男，博士，教授，博士生导师。1982年工业与民用建筑专业毕业后留校工作。曾任哈工大土木工程学院院长、党委书记，曾兼任住房和城乡建设部全国高等学校土木工程学科专业指导委员会副主任委员。获宝钢教育基金会优秀教师奖。

梅洪元（1958—），男，博士，教授，博士生导师。中国工程院院士。1982年建筑学专业毕业后留校工作。曾任建筑设计研究院院长、哈工大建筑学院院长。全国工程勘察设计大师，黑龙江省杰出青年基金获得者，享受国务院政府特殊津贴。

崔福义（1958—），男，博士，教授，博士生导师。1984年市政工程硕士研究生毕业后留校工作。曾任哈工大市政环境工程学院院长。第四、五、六届全国高等学校给水排水工程学科专业指导委员会主任。黑龙江省优秀中青年专家，享受国务院政府特殊津贴。

张伶伶（1959—），男，博士，教授，博士生导师。1982年建筑学专业毕业后留校工作。曾任哈建大校长助理、哈工大建筑学院院长。获中国建筑设计奖建筑创作金奖、全国优秀工程勘察设计建筑工程一等奖。全国工程勘察设计大师，享受国务院政府特殊津贴。

张姗姗（1959—），女，博士，教授，博士生导师。1982年建筑学专业毕业后留校工作。曾任哈工大建筑设计院副院长兼总建筑师、建筑学院院长、国务院学位委员会第六届学科评议组成员。获中国建筑学会建筑教育奖。

任南琪（1959—），男，博士，教授，博士生导师。中国工程院院士，享受国务院政府特殊津贴。1984年市政工程学科硕士研究生毕业后留校工作。曾任哈工大副校长。长江学者奖励计划特聘教授、国家杰出青年科学基金获得者。

欧进萍（1959—），男，博士，教授，博士生导师。中国工程院院士。享受国务院政府特殊津贴。1987年结构力学博士研究生毕业后留校工作。曾任大连理工大学校长、哈工大副校长，曾兼任中国土木工程学会副理事长。有突出贡献的中国博士学位获得者、国家杰出青年基金获得者。

齐晶瑶（1960—），女，博士，教授，博士生导师。1982年化学专业毕业后留校工作。曾任哈工大教务处处长、哈工大环境学院党委书记。曾获霍英东教育基金会青年教师教学三等奖，曾获国家优秀教学成果一等奖、二等奖。

金广君（1960—），男，博士，教授，博士生导师。1984年建筑设计及其理论硕士研究生毕业后留校工作。曾任哈工大深圳研究生院院长、国务院学科评议组成员。获国家优秀规划设计二等奖、黑龙江省优秀规划设计一等奖。深圳市城市设计功勋大师。

邹广天（1960—），男，博士，教授，博士生导师。1986年硕士研究生毕业后到哈工大任教。

1998年任哈建大兼职硕士生导师。中国建筑学会环境行为学术委员会主任委员。曾任哈工大建筑学院副院长兼建筑系主任。曾获黑龙江省研究生优秀导师称号。

裴玉龙（1961—），男，博士，教授，博士生导师。1982年公路工程专业毕业后留校工作。曾任交通学院院长。曾获省部级科技进步特等奖。曾获黑龙江省优秀教师称号。

葛勇（1962—），男，博士，教授，博士生导师。1982年混凝土与建筑制品专业毕业后留校工作。兼任中国建筑学会建材分会常务理事、中国混凝土与水泥制品协会教育与人力资源委员会副理事长。省精品课负责人，获宝钢教育基金会优秀教师奖。

于水利（1962—），男，博士，教授，博士生导师。1983年给水排水专业毕业后留校工作。曾任市政工程系主任。曾兼任中国土木工程学会工业给水排水委员会副主任。霍英东教育基金会高等院校青年教师奖获得者、黑龙江省优秀中青年专家。

李伟光（1962—），男，博士，教授，博士生导师。1984年给水排水专业本科毕业，1986年回校工作。教育部高等学校给排水科学与工程专业教学指导分委员会主任委员。黑龙江省杰出青年科学基金获得者。

马军（1962—），男，博士，教授，博士生导师。1985年7月市政工程硕士研究生毕业后留校工作。曾任哈工大环境学院副院长。长江学者奖励计划特聘教授、国家杰出青年科学基金获得者、中国工程院院士。享受国务院政府特殊津贴。

赵庆良（1962—），男，博士，教授，博士生导师。1989环境工程硕士研究生毕业后留校工作。曾任哈工大环境学院副院长。黑龙江省杰出青年基金获得者。

马放（1963—），男，博士，教授，博士生导师。1989年硕士研究生毕业后留校工作。黑龙江省杰出青年科学基金获得者。

张素梅（1963—），女，博士，教授，博士生导师。1991年结构工程专业博士研究生毕业后留校工作。曾任哈工大土木工程学院院长，曾兼任国际钢-混凝土组合结构协会主席。入选国家"百千万人才培养计划"第一、二层次人选，中国青年科技奖获得者。享受国务院政府特殊津贴。

凌贤长（1963—），男，博士，教授，博士生导师。1999年土木工程博士后出站后留校工作。山东省泰山学者特聘专家、俄罗斯自然科学院外籍院士。曾获国家技术发明二等奖、省部级科技进步一等奖。

侯相琛（1964—），男，教授。1990年道路工程研究生毕业后留校工作，曾任哈工大交通科学与工程学院院长。第八届中国公路学会道路工程分会副理事长。曾获省部级科技进步一等奖、二等奖，省优秀教材二等奖。

郑文忠（1965—），男，博士，教授，博士生导师。1997年土木工程博士后出站后留校工作。教育部长江学者奖励计划特聘教授，新世纪百千万人才工程国家级人选，享受国务院政府特殊津贴。黑龙江省优秀中青年专家，教育部新世纪优秀人才。

李惠（1966—），女，博士，教授，博士生导师。1994年工程力学博士研究生毕业后留校工作。国家杰出青年科学基金获得者、教育部长江学者奖励计划特聘教授、长江学者创新团队学术带头人、何梁何利科技进步奖获得者、中国青年女科学家奖提名奖获得者。享受国务院政府特殊津贴。

陈忠林（1967—），男，博士，教授，博士生导师。1990年兰州大学化学学科硕士研究生毕业后来校工作。中国青年科技奖获得者，教育部新世纪优秀人才支持计划入选者，黑龙江省优秀中青年专家，曾获宝钢教育基金会优秀教师奖。

韩林海（1967—），男，博士，教授，博士生导师。1993年7月结构工程博士研究生毕业后留校工作。广西大学副校长。教育部长江学者特聘教授，国家杰出青年科学基金获得者，国家百千万人才工程第一、二层次人选，入选清华大学"百人计划"。

朱从坤（1968—），男，教授。1989年道路交通规划专业毕业后留校工作。曾获省部级科技进步奖、黑龙江省优秀教学成果二等奖。获宝钢教育基金优秀教师奖。

谭忆秋（1968—），女，博士，教授，博士生导师。1990年复合材料专业毕业后留校工作。哈工大交通科学与工程学院院长。国家杰出青年基金获得者，教育部长江学者奖励计划特聘教授。曾获国家技术发明奖、国家科技进步二等奖。

许国仁（1968—），男，博士，教授，博士生导师。1991年给水排水专业毕业后留校工作。国家"万人计划"首批"科技创新领军人才"、科技部"创新人才推进计划"首批"中青年科技创新领军人才"，教育部新世纪优秀人才计划获得者。

冯德成（1968—），男，博士，教授，博士生导师。1991年公路与城市道路工程毕业后留校工作。曾任哈工大交通科学与工程学院副院长。入选教育部新世纪优秀人才，曾获国家科技进步二等奖、省部级科学技术进步二等奖。

吴波（1968—），男，博士，研究员，博士生导师。1995年力学博士后出站后留校工作。华南理工大学亚热带建筑科学国家重点实验室副主任。国家杰出青年科学基金获得者，教育部长江学者特聘教授，入选国家百千万人才工程第一、二层次，享受国务院政府特殊津贴。

孟祥海（1969—），男，博士，教授，博士生导师。1991年公路与城市道路专业毕业后留校工作。哈工大交通科学与工程学院副院长，兼任世界道路协会技术委员会（PIARC）委员、世界交通运输大会交通设施技术委员会委员。获霍英东教育基金会青年教师奖。

冷红（1970—），女，博士，教授，博士生导师。1995年城市规划与设计硕士研究生毕业后留校工作。哈工大建筑学院副院长。黑龙江省青年科技奖获得者，入选教育部新世纪优秀人才支持计划。

吴斌（1970—），男，博士，教授，博士生导师。1998年结构力学博士研究生毕业后留校工作。哈工大结构与抗震试验中心主任，曾任哈工大土木工程学院副院长。黑龙江省青年科技奖获得者，入选教育部新世纪优秀人才。

孙澄（1971—），男，博士，教授，博士生导师。1997年建筑设计及其理论硕士研究生毕业后留校工作。哈工大建筑学院院长。教育部长江学者奖励计划特聘教授、国家百千万人才工程入选者、教育部新世纪优秀人才支持计划入选者、黑龙江省教学名师。

3.6 附录

第4章

沈阳建筑工程学院发展概览

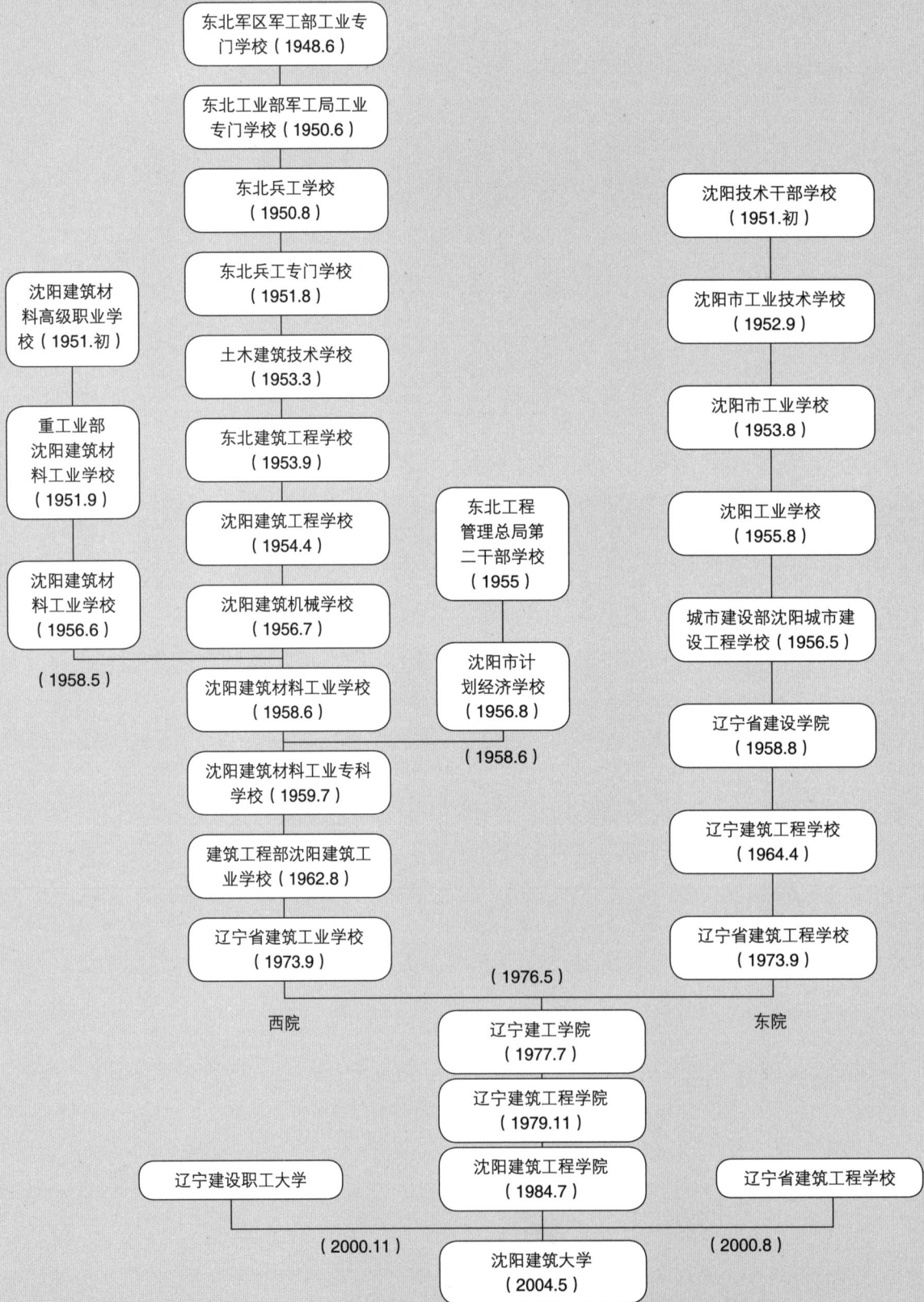

```
东北军区军工部工业专
门学校（1948.6）
        │
东北工业部军工局工业
专门学校（1950.6）
        │
东北兵工学校                              沈阳技术干部学校
（1950.8）                                （1951.初）
        │                                      │
东北兵工专门学校                           沈阳市工业技术学校
（1951.8）                                （1952.9）
        │                                      │
沈阳建筑材        土木建筑技术学校           沈阳市工业学校
料高级职业学      （1953.3）                （1953.8）
校（1951.初）           │                         │
     │            东北建筑工程学校           沈阳工业学校
重工业部          （1953.9）                （1955.8）
沈阳建筑材             │                         │
料工业学校        沈阳建筑工程学校     东北工程     城市建设部沈阳城市建
（1951.9）        （1954.4）          管理总局第   设工程学校（1956.5）
     │                │              二干部学校         │
沈阳建筑材        沈阳建筑机械学校     （1955）     辽宁省建设学院
料工业学校        （1956.7）              │         （1958.8）
（1956.6）                                              │
     （1958.5）    沈阳建筑材料工业学校    沈阳市计      辽宁建筑工程学校
                  （1958.6）           划经济学校    （1964.4）
                       │              （1956.8）         │
                  沈阳建筑材料工业专科       （1958.6）   辽宁省建筑工程学校
                  学校（1959.7）                         （1973.9）
                       │
                  建筑工程部沈阳建筑工
                  业学校（1962.8）
                       │
                  辽宁省建筑工业学校
                  （1973.9）
                                  （1976.5）
    西院                                                东院
                  辽宁建工学院
                  （1977.7）
                       │
                  辽宁建筑工程学院
                  （1979.11）
辽宁建设职工大学   沈阳建筑工程学院     辽宁省建筑工程学校
                  （1984.7）
        （2000.11）              （2000.8）
                  沈阳建筑大学
                  （2004.5）
```

4.1　历史沿革

4.1.1　沿革概览

　　沈阳建筑大学坐落在国家历史文化名城、辽宁省省会城市沈阳，是一所以建筑、土木等学科为特色和优势，以工为主，工、管、理、文、农、艺术等多学科门类协调发展的省部共建高等学校。原隶属于建设部，2000年在国家办学管理体制调整中划归辽宁省管理，2010年成为住房和城乡建设部与辽宁省人民政府共建高校。

　　学校诞生在20世纪40年代，是一所有着鲜明的红色基因、伴随着我国前进步伐不断成长和发展的高校。学校的前身是1948年6月成立的中国人民解放军东北军区军工部工业专门学校。跟随毛泽东创建井冈山革命根据地的红军将领、时任东北军区军工部部长何长工同志任名誉校长，井冈山的红色基因从此深植于学校。第一任校长是红军出身，曾任中央军委秘书厅副秘书长、中华人民共和国成立后长期担任中国革命军事博物馆副馆长的赵品三同志。

　　20世纪50年代初期，沈阳市市长朱其文、副市长焦若愚曾先后兼任学校的另一前身——于1951年成立的沈阳市技术干部学校的校长。这些学校几经变迁、组合，于1958年分别扩建为沈阳建筑材料工业学院和辽宁省建设学院。后因20世纪60年代初国民经济调整，两所大学分别改办为沈阳城市建设工程学校和辽宁省建筑工程学校两所中等专业学校。1977年7月28日，经国务院批准，两所中专合并组建辽宁建工学院。1978年10月，学校划归国家建筑工程总局领导。1979年11月，更名为辽宁建筑工程学院。1984年7月，学校更名为沈阳建筑工程学院。2000年，因国家教育体制改革，学校划转辽宁省，实施"中央与地方共建、以地方管理为主"的办学管理体制。2004年5月，经教育部批准，学校更名为沈阳建筑大学。1977年至今学校历任领导班子情况见表4-1。

　　学校现有建筑学、土木工程、机械工程、城乡规划学、风景园林学5个博士学位授权一级学科，土木工程、机械工程、建筑学3个博士后科研流动站，16个硕士学位授权一级学科，14个硕士专业学位授权点。学校为推荐优秀应届本科毕业生免试攻读硕士学位研究生工作单位。在全国第四轮一级学科评估中，5个博士一级学科及学校总体排名均位列辽宁省属理工类高校前茅。2017年学校入选省一流大学建设高校，5个学科入选省一流特色学科重点建设学科。建筑学、土木工程、工程管理、建筑环境与能源应用工程、给排水科学与工程、无机非金属材料工程、机械设计制造及其自动化、计算机科学与技术、机械工程、城乡规划、风景园林、工程造价12个专业被认定为国家级一流本科专业建设点；通信工程、自动化、环境工程、动画、环境设计、建筑电气与智能化、道路桥梁与渡河工程、测绘工程、安全工程9个专业被认定为省级一流本科专业建设点。21个专业获批辽宁省普通高等学校一流本科教育示范专业。

表4-1 学校历任领导班子情况（1977年至今）

时间段	学校名称	校长	书记	班子成员（副校长或副书记/纪委书记）
1977.8—1979.10	辽宁建工学院	穆嘉华 （1977.8—1978.10）	穆嘉华 （1978.10—1979.10）	**副校长：** 马进才（1978.10—1979.10） 尹 达（1978.10—1979.10） 张安达（1978.10—1979.10） 黄国平（1978.10—1979.10） ［任学院顾问］ 孟汝明（1978.10—1979.3） ［任学院顾问］ **副书记：** 马进才（1978.10—1979.10）
1979.10—1984.7	辽宁建筑工程学院	马进才 （1982.6—1983.3） 谢元运 （1983.3—1984.5） 祁国颐 （1984.5—1984.7）	穆嘉华 （1979.10—1983.4） 马进才 （1983.3—1984.7）	**副校长：** 马进才（1979.10—1982.6） 尹 达（1979.10—1982.12） 张安达（1979.10—1982.12） 黄国平（1979.10—1982.12） ［任学院顾问］ 祁国颐（1980.10—1984.5） 谢元运（1981.2—1983.3） 齐 心（1980.10—1980.10） 王居安（1983.3—1984.7） **副书记：** 马进才（1979.11—1983.3） 任志华（1980.10—1984.7）
1984.7—2004.5	沈阳建筑工程学院	祁国颐 （1984.7—1993.2） 陈铿 （1993.2—1996.11） 陈伯超 （1996.11—2001.6） 谭静文[主持工作] （2001.7—2002.11） 吴玉厚[主持工作] （2002.11—2003.12） 吴玉厚 （2003.12—2004.5）	马进才 （1984.7—1988.7） 王居安 （1988.7—1998.12） 张福昌 （1998.6—2004.5）	**副校长：** 王居安（1984.7—1985.1） 沈德植（1984.8—1990.9） 王克光（1985.1—1994.7） 陈 铿（1989.12—1993.2） 陈伯超（1993.2—1996.11） 谭静文（1993.2—2002.12） 张聿成（1996.11—2004.5） 吴玉厚（1996.11—2003.12） 王 军（2001.9—2004.5） 刘 军（2002.11—2004.5） **副书记/纪委书记：** 王居安（1984.8—1988.7） 任志华（1984.7—1988.7） 杨树春（1986.1—1993.9） 王克光（1994.7—2004.1） 刘万东（2003.8—2004.5）

续表

时间段	学校名称	校长	书记	班子成员（副校长或副书记/纪委书记）
2004.5至今	沈阳建筑大学	吴玉厚（2004.5—2011.9） 王　军（2011.11—2014.3） 石铁矛（2014.3—2018.8） 阎卫东（2018.8—）	张福昌（2004.5—2011.3） 吴玉厚（2011.9—2015.10） 董玉宽（2015.10—）	**副校长：** 王　军（2004.5—2006.3） 张聿成（2004.5—2008.4） 刘　军（2004.5—2011.11） 李成滨（2005.11—2016.6） 石铁矛（2008.4—2014.3） 郑朝方（2008.4—2013.3） 王宝令（2011.4—2015.11） 陈瑞三（2014.12—2018.10） 笪可宁（2014.12—2018.8） 李宏男（2016.2—2017.12） 宁先圣（2015.11—2020.11） 冯国会（2017.7至今） 张　珂（2018.8至今） 严文复（2018.8至今） 李宇鹏（2018.8至今） **副书记/纪委书记：** 刘万东（2004.5—2008.11） 王　军（2006.3—2007.7） 王　强（2007.7—2015.10） 刘　娇（2012.4—2018.11） 宁先圣（2015.11—2020.11） 田　野（2016.8—2017.5） 王利印（2018.11至今）

　　学校设有18个学院（教学部），19个直属科研机构和直属科研平台，现有一支德才兼备、业务精湛、奋发有为、充满活力的师资队伍。有教职工1700余人，其中博士生、硕士生导师716人，教授211人，副教授428人。有教育部"长江学者奖励计划"特聘教授、国家"万人计划"百千万工程领军人才等60余人，有教育部长江学者创新团队、"兴辽英才计划"高水平创新创业团队及辽宁省创新团队、辽宁省高校"黄大年式教学团队"13个。学校全日制在校生规模近16000人，现有本科生11300人，博士、硕士研究生近5000人，外国留学生1000余人。学校本科招生实现了国内一批次省区全覆盖。考研升学率连年提升，充分就业和高质量就业态势稳定。

　　学校本科教育包括7个门类下25个专业类，共53种专业。2门课程被评为国家级精品课程。我校是教育部确定的国家卓越工程师教育培养计划实施高校，国家大学生创新创业训练计划实施高校。现有国家技术转移示范机构、国家地方联合实验室、教育部国际合作联合实验室3个国家级科技平台，建有国家级工程实践教育中心3个，"111"学科创新引智基地1个，国家级专业学位研究生联合培养基地1个，国家级大学生校外实践教育基地1个，国家级人才培养模式创新试验区1个，省部级重点学科11个，省部级重点实验室（工程技术研究中心）40个，省级实验中心及实践基地28个，省级重点人文社科基地2个。辽宁省高校网络思想政治工作中心（辽宁省易班发展中心）落户我校。

"十二五"以来，学校获得科技总经费15.65亿元，累计科研立项5100余项。获得国家技术发明奖、科技进步奖、国家专利金奖、国家优秀专利奖等国家和省部级奖励120余项。学校在中国高校产学研实力排行榜中排名第13名，入围"中国高校专利转让排行榜（TOP100）"，位居省属高校第一。学校承担国家和省部级教改立项320余项，教改成果获国家和省部级奖励130余项，2次被评为全国"优秀高等教育研究机构"。《沈阳建筑大学学报（自然科学版）》入选中国科学引文数据库（CSCD）和北京大学《中文核心期刊要目总览》。

学校与40多个国家和地区的60多所大学建立了校际交流或科研、合作办学关系，是教育部选定的招收国内访问学者单位，是国务院确定的全国首批可以招收外国留学生的学校。

学校校园占地面积1500亩，获得国家"2008年中国人居环境范例奖"。

学校全面贯彻党的教育方针，高举中国特色社会主义伟大旗帜，深入贯彻习近平新时代中国特色社会主义思想，坚持规模、结构、质量、效益协调发展，秉承"严谨治学、追求卓越"的办学理念和"博学善建、厚德大成"的校训，坚持以立德树人为根本，不断深化各项教育教学改革，求真务实，开拓进取，为建设国际知名、国内一流的建筑大学而努力奋斗！

4.1.2　1948.4—1978.10学校的发展与变迁

沈阳建筑大学是一所有红色底蕴的大学，始终与国家建设事业同呼吸、共命运。特别是建校的前30年间，校址几经迁移，校名频繁更迭，隶属关系数度改变，但初心不改，一直传承红色基因，为党育人，为国育才，努力为建设事业发展作出贡献。

（一）辽宁省建筑工业学校及其沿革（1948.4—1976.3）

1. 东北军区军工部工业专门学校—沈阳建筑材料工业学院

（1）东北军区军工部工业专门学校

20世纪40年代，在东北战场上，随着革命形势的发展，必须迅速增加军工产品的生产，保证战争的需要，同时也为将来工业生产的发展奠定基础。1948年4月，中共中央东北局、东北军区军工部党委决定建立一所军事工业学校，培养和训练兵器工业技术人员和管理干部，学校后定名为中国人民解放军东北军区军工部工业专门学校（简称东北军工专），是我军历史上最早的一所军事工业高等学校，经过几年的办学，为国防建设培养了千余名科技人才。

当时由名誉校长、东北军区军工部部长何长工主抓学校组建工作。他选派既有科学文化知识，又有丰富实际经验，并且懂教育的同志担任学校的各级领导干部。赵品三担任校长兼书记，孙景斌任副校长，高广平任教育长。1948年6月，东北军区军工部决定东北军工专校址选在吉林省敦化县。8月中旬，校长赵品三等带领着一批工作人员和学员去吉林省敦化县建校。不久，由于东北战场捷报频传，军工部考虑东北军工专校址不宜距本部太远，决定由敦化迁至哈尔滨市沙曼屯。

1948年11月2日，辽沈战役结束。东北军区军工部随中共中央东北局、东北军区由哈尔滨市迁到沈阳市。何长工亲自到文官屯勘察校址，决定将东北军工专迁入该址。到1949年3月，在校学生规模达到1000余人。经过考试后分为本科和预科，预科学制一年，本科四年。

1949年10月1日，中华人民共和国成立。何长工调中央工作，赵品三调中央另行分配工作，刘咸一到校任第二任校长。根据东北军区指示，东北军工专进行整编，整编后的学校主要领导干部是：校长刘咸一，副校长孙景斌，教育长高广平兼党支部书记。

（2）军工局工业专门学校

刘咸一到校以后，开始对学校进行整顿。为了适应国内军事工业和新的国防建设的需要，办大学性质的兵工学校，培养兵工技术人才，并发展成为指导兵工技术改进的研究部门，学校向中央首长和军委积极建议，成立中国兵工学院，同时也向教育部呈述意见。对此军工部也很支持。1950年6月，军工部划归东北工业部，改为军事工业局，学校改为军工局工业专门学校。

（3）东北兵工学校

1950年暑期，当时军事工业部分转入和平生产，奉上级指示，学校规模缩小，大部分教职员及学员并入东北工学院，一部分学生到军工局工作或学习，仅有小部分教职员及学员仍留原校。学校改为高职性质的东北兵工学校。学校主要领导是：名誉校长佟磊，校长高庆春，副校长高广平，党支部书记韩纯武。

（4）东北兵工专门学校

1950年10月，抗美援朝战争开始。奉工业部指示，学校在原有兵工学校的基础上扩充为正规大学性质的兵工专门学校——东北兵工专门学校（简称东北兵工专、东北兵专），设兵器工程系、弹药工程系、火药工程系3个系，招收高中毕业程度理科学员，学制三年（本科）。1951年9月，学校党支部改为党总支，总支书记由副校长高广平兼任。10月11日，中央兵工总局东北兵工局兵东人字第一〇四〇九号命令，任命高庆春为东北兵工专门学校校长，高广平为副校长。11月，副校长高广平调到东北工学院，叶绥到校任副校长。1952年1月，东北兵工专门学校党总支由沈阳市委领导，总支书记由副校长叶绥兼任。因形势需要，调出大批教职员工到国家有关机关、厂矿、学校、设计部门等单位。到1952年6月，全校有师生总数817人。学生636人，其中，本科290人、专修科133人、预科205人、研究生8人。到8月11日，有学生1030人。

1952年全国高校院系调整。11月，学校由隶属中央兵工总局领导改由中央人民政府第二机械工业部第二局直接领导。12月，宋少锋到校任副校长。

（5）第二机械工业部土木建筑技术学校

1953年2月2日，在第二机械工业部教育司办公室召开由部教育司、第八局及北京工业学院、东北兵工专等有关单位和部门负责人参加的会议，讨论研究"关于东北兵工专结束及沈阳建筑工程学校成立的交接问题"。2月25日，二机部（53）机二密教字第2号文通知，东北兵工专门学校于本年2月底结束，兵工专业教师及二年级上、下两期全体学生调入北京工业学院，基础技术课程教师调至二部二局其他中等学校工作，余下全体职员及全部普通课程教师仍在沈阳原校址。从3月1日起，另行组成一个土木建筑中等技术学校，校名为"第二机械工业部土木建筑技术学校"，简称为二部基建学校。学校隶属关系由部二局领导改由二部八局直接领导。6月18日，校长高庆春调到北京工业学院任副院长。宗明任土木建筑技术学校校长职务。

（6）东北建筑工程学校

1953年9月3日，第二机械工业部第八局（53）机二八教字第947号通知，经中央高等教育部批准，原土木建筑技术学校（沈阳）改名为东北建筑工程学校。10月1日，东北建筑工程学校奉令由第二机械工业部划归中央建筑工程部，由东北建筑工程局直接领导。根据中央指示，为了满足国家大规模工业建设的需要，1954年将哈尔滨市工业学校与东北建筑工程学校进行合并，于沈阳南湖地区选择校址重新建校，发展规模达到2000名学生。1954年1月29日，沈阳市人民政府房地产管理局（函）沈房地字第218号，同意拨给东北建筑工程学校在沈河区南湖南塔街一段，面积为11202525m^{2}的建校用地——即原沈阳建筑工程学院西院所在地。1954年2月16日，学校选举了党总支委员会，张祥斋为书记，宗明为副书记。3月，哈尔滨市工业学校机械制造、电气设备二年级3个班104名学生调来沈阳东北建筑工程学校，并把机械制造专业改为建筑机械与装备专业，此专业为当时学校在国内首次创办。

（7）沈阳建筑工程学校

1954年4月，学校奉命由"东北建筑工程学校"改为"中央人民政府建筑工程部沈阳建筑工程学校"，并进行了专业调整。原厂房民房建筑专业4个班合并到哈尔滨市工业学校，另6个班在校，分别改为建筑机械与装备专业和工业企业电气装备专业。10月，学校设立教务副校长一职，由王明亮担任。

1954年建校工程完成建筑面积将近30000m^2。12月15日，学校开始由文官屯迁往新校舍。1955年5月6日，根据建筑工程部学校教育局中建（55）教导字第44号通知，学校名称由原"中央人民政府建筑工程部沈阳建筑工程学校"改为"建筑工程部沈阳建筑工程学校"。自1955—1956学年初招收新生起改为四学年制，并第一次接收留学生——由中央分配来2名越南民主共和国留学生学习建筑机械与装备专业。

（8）沈阳建筑机械学校

1956年7月17日，中华人民共和国建筑工程部中建（56）教计字第145号文称："根据你校专业设置及发展远景，为使你校更好地担负起培养建筑机械方面中等技术人才的任务，经部批准将你校改名为建筑工程部沈阳建筑机械学校"。8月9日，建工部调哈尔滨建筑工程学校教务副校长许文林为沈阳建筑机械学校教务副校长。8月25日，任命陶作民为第二教务副校长。1956—1957学年初，新增设"起重机械制造专业"，在校生总数达1295名。1957年3月，起重机械制造专业一年级改为建筑机械与装备专业。到1957年底，学校主要领导是校长宗明，党总支书记李新，教务副校长许文林、陶作民（兼科主任）等。1958年5月，为满足形势发展的需要，建筑工程部决定以沈阳建筑机械学校和沈阳建筑材料工业学校为基础，合并创办大学——沈阳建筑材料工业学院。

（9）沈阳建筑材料工业学校

沈阳建筑材料工业学校于1951年初开始建校，起初名为沈阳建筑材料高级职业学校，校址在沈阳市大东区毛君屯，学校归属东北人民政府重工业部领导。1954年3月20日，中央人民政府重工业部建筑材料工业管理局（54）建工密干字第0359号文，任命李新为沈阳建筑材料工业学校校长。4月，乔枫任学校党支部专职副书记。

1956年6月1日起学校改属中华人民共和国建筑材料工业部，校名改为"建筑材料工业部沈阳建筑材料工业学校"。1957年9月5日，校长李新从北京开会回来传达了部里将在校的三年制完全改变成四年制的决定。到1958年5月，由于形势需要，建筑工程部决定把部属沈阳建筑材料工业学校和沈阳建筑机械学校合并创办沈阳建筑材料工业学院。8月，学校迁往南湖与原沈阳建筑机械学校合并。

（10）沈阳计划经济学校

沈阳计划经济学校是以原建筑工程部东北工程管理总局第二干部学校为基础建立的。1955年，东北工程管理总局第二干部学校成立，地址在沈阳市皇姑区黑龙江街一段二号。1956年8月，建筑工程部接管东北工程管理总局第二干部学校。根据建筑工程部和高教部的指示，须在沈阳建设一所计划经济中等学校，招生名额1500人。从8月7日起即开始了建校的各项筹备工作。8月25日高等教育部中王字第266号文，批准建筑工程部于本年9月开办沈阳计划经济学校，有383名学生。1958年4月19日，中建（58）教办字第25号文指示，鉴于建筑体制的改变，决定将沈阳计划经济学校交由东北工程管理总局领导，改为东北工程管理总局的干部学校，担负局属企业和东北地区部属企业在职干部轮训任务。之后，并入沈阳建筑材料工业学院。

2. 沈阳建筑材料工业学院—辽宁省建筑工业学校

（1）沈阳建筑材料工业学院

1958年5月，"大跃进"运动在全国范围内展开。为满足形势发展的需要，建筑工程部教育局决定将部属沈阳建筑材料工业学校、沈阳建筑机械学校合并，组成沈阳建筑材料工业学院。6月20日，沈阳建筑材料工业学院正式成立，直属建筑工程部教育局领导。院址设在沈阳南湖文艺路二段三号沈阳建筑机械学校校址，即原沈阳建筑工程学院西院所在地。经部党组批准，在学院内以大学本科为主并同时举办专科、中技及技工学校，以便能迅速地培养各级技术人才。计划到1962年发展为8000人（学员7000人，教职工1000人）。7月初，学院临时党委成立，书记是赵步平。学院实行"党委集体领导下院务委员会负责制"，设有电工系、机械系和矽工系。

1958年11月，学院确定中专一年生用三四年时间毕业达到专科水平，中技二年生补习一年转入本科。到12月13日，全院有师生员工3666人，其中学生2814人。

（2）"京、沈两院一盘棋"

1959年初，中央在教育工作会议上，提出了"整顿、巩固、提高、重点发展"的方针。建筑工程部党组为了贯彻中央制定的这一方针，对部属北京建筑工业学院和沈阳建筑材料工业学院两院做出了一盘棋统筹安排的决定。根据调整，沈院行政机构不再设系、处，发展规模2500人。之后，沈院大量人员、教学设备、生产设备等调往京院。

（3）沈阳建筑工业专科学校

1959年7月中旬，按建筑工程部党组指示，沈阳建筑材料工业学院改名为沈阳建筑工业专科学校。根据建筑工程部苏州教育会议规定，学校在教学上修订了教学计划，同时按专科学校的规模调整了学校机构。暑期，原沈院本科班级全部转到北京建筑工业学院。1960年暑期招生后在校学生总数达1600余名，教职工总数达到877人。1960年12月28日，中建（60）刘人字第299号令，任命赵步平兼任沈阳建筑工业专科学校校长。1961年8月，根据建筑工程部指示，学校发展规模定为1500人，并拟改为中等专业学校，专业设置以机电制造类为主。

（4）沈阳建筑工业学校

接建筑工程部（62）建赖教字第35号通知，学校学生规模定为1000人，正式改为中等专业学校，从1962年8月2日起将校名更改为建筑工程部沈阳建筑工业学校。8月16日，中建（62）建陈人字第176号文，任命江田为沈阳建筑工业学校校长，喻廷威为副校长；同意许子言为沈阳建筑工业学校党委书记，乔枫为副书记。暑期招生后，在校生总数有480余人。学校专业设置由过去的5个专业改为4个专业，即"建筑与筑路机械"（建机）专业、"机器制造工艺与设备"（制造）专业、"工业企业电气装备"（电装）专业、"建筑材料工业机械装备"（建装）专业。修业年限为4年。1965年招收初中毕业生653名。在校生总数达1300余人。10月20日，建筑工程部（65）建政干字72号文，任命许子言兼任沈阳建筑工业学校校长。1966年5月，"文化大革命"开始。学校停课，停止招生。

（5）辽宁省建筑工业学校

1973年9月，根据辽革发（1973）125号文件精神，辽宁省革命委员会基本建设委员会所属辽宁省建筑工业学校、辽宁省建筑工程学校两所中专恢复办学。原沈阳建筑工业学校改名为辽宁省建筑工业学校。12月初学校招收了第一批工农兵学员，到年底教学已基本恢复。设有建材机械、建筑机械、机械制造、电气装备4个专业。经过两年多的恢复办学，省建委所属辽宁省建筑工业学校、建筑工程学校共招收960名工农兵学员。

（二）辽宁省建筑工程学校及其沿革（1951.6—1976.3）

1. 沈阳市技术干部学校—沈阳城市建设工程学校

（1）沈阳市技术干部学校

中华人民共和国成立后，随着国民经济的恢复和发展，沈阳市在市政建设上及地方工业建设上需要大批工业技术人才，1951年初，决定成立一所培养技术人才的学校，校名为沈阳市技术干部学校。1951年10月1日，由沈阳市行政干部学校（1951年3月成立）分配来学员80余名，并招考高中程度新生90余名，共计有学生178名，10月15日正式开学。学校校长由沈阳市市长朱其文兼任，副校长廖克。

（2）沈阳市工业技术学校

1952年7、8月间，根据中央教育部的规定，学校经市府决定（市府办字第90号）变更校名及性质，改为"沈阳市工业技术学校"，校长由沈阳市副市长焦若愚兼任。1953年初，有学员509名，分为高级班和初级班，设有建筑系、土木系、机械系、化工系和测绘班。

（3）沈阳市工业学校

1953年8月14日，根据中央政务院《关于整顿和发展中等技术教育的指示》的精神，"沈阳市工业技术学校"改名为"沈阳市工业学校"，由沈阳市工业局直接领导。学校发展规模为600名学生。原学校机械科归到辽西省锦州机械工业学校。

（4）沈阳工业学校

1955年8月，依据中华人民共和国地方工业部（55）中地工教字第112号通知"全国地方工业中等专业学校初步调整方案"，"沈阳市工业学校"改名为"沈阳工业学校"，设工业与民用建筑一个专业。学校归属沈阳市第一工业局直接领导。时有学生8个班378人。

（5）城市建设部沈阳城市建设工程学校

1956年5月5日，中华人民共和国城市建设部函（56）城教字第379号致辽宁省人民委员会：接高教部（56）中兰字第235号函称，同意将原沈阳工业学校划归城市建设部领导，改名为城市建设部沈阳城市建设工程学校，并设置工业与民用建筑、城市道路与桥梁、给水排水3个专业，学制三年。在校学生总数为631名。另设夜校部。1957年12月，刘教湛（女）到校任第一副校长兼学校党支部书记。

根据城市建设部（57）城教字第109号通知，结合学校条件，沈阳城市建设工程学校设工民建一个专业，规模为16个班，学生数最多为640人。从1958年起，学制由三年制改为四年制。1958年5月10日，中华人民共和国建筑工程部中建（58）教中字第30号文通知，原城市建设部所属中等专业学校下放各有关省、市、自治区人民委员会领导管理，沈阳城市建设工程学校归属辽宁省城市建设局领导。

2. 辽宁省建设学院—辽宁省建筑工程学校

（1）辽宁省建设学院

1958年5月，根据辽宁省委指示，省建设厅在沈阳成立一所建筑学院。7、8月间，开始在沈阳城市建设工程学校基础上筹建学院，拟设工业与民用建筑、建筑学、城市道路与桥梁、工业与企业电气装备4个专业。8月22日，省建设厅批复将校名更改为辽宁省建设学院。1958年11月4日，中共沈阳市委高教部干批字第55号文，同意辽宁省建设学院临时党委由刘教湛（女）、杨金章、刘忠元、李纪、连海山5位同志任委员，并同意杨金章为临时党委副书记。学院从1959年初，进行了精简机构、紧缩编制。5月初，调整科系，改变学制。大学本科只设建筑工程一个系，学制定为五年，今后招高中毕业生；中专部设建筑工程、市政建设、建筑设备3个专业，学制为四年，招初中毕业生。预科生转入中专部一年级学习。

1963年，省建设厅决定在建设学院撤销后，举办一所干部学校，培训在职干部。

（2）辽宁建筑工程学校

1964年3月，根据辽宁省委的批示，恢复建筑技术中等专业学校，并附设职业学校和干训班，为省培养中级建设技术人才和技术工人及提高基本建设队伍中的基层骨干的技术理论知识和管理水平。按建筑工程部初步意见，学校发展规模中专每年招生6个班240名学生，定型后为960名；职业学校每年招生2个班80名学生，定型后为240名；干训班为200名，计1400名。共需教职员工240名。4月初，辽宁省建设学院确定改校名为辽宁建筑工程学校。在校生总数达714名。1966年5月，"文化大革命"开始。学校停课，停止招生。1971年，辽宁建筑工程学校改办沈阳市第三教师学校。

（3）辽宁省建筑工程学校

1973年9月，根据辽革发〔1973〕125号文件精神，辽宁省建委所属辽宁省建筑工程学校、辽宁省建筑工业学校两校恢复办中专，原辽宁建筑工程学校更名为辽宁省建筑工程学校。孟汝明为学校负责人。12月，第一期工农兵学员250名入学，分别在工民建、给水排水、采暖通风3个专业学习。1975年7月8日，辽建核发（1975）1号通知，免去孟汝明中共辽宁省建筑工程学校核心小组、革命领导小组组长职务。同日，2号通知，任命包德才为中共辽宁省建筑工程学校核心小组、革命领导小组组长，韩晋尧、赵为民、戴桂珍、孟汝明为学校党的核心小组、革命领导小组副组长。

（三）辽宁建工学院的筹建与建立（1975.1—1978.10）

1975年下半年，中共辽宁省革命委员会基本建设委员会针对省内建设人才匮乏的情况，计划创办一所培养建设人才的高等院校。1976年3月，省建委派马进才同志分别到辽宁省建筑工程学校和辽宁省建筑工业学校，传达省委关于创办建工学院的指示精神，拉开了辽宁建工学院筹建工作的序幕。1976年5月，经辽宁省委决定，正式成立了组建辽宁建工学院筹备组（以下简称筹建组）。省建委副主任宋廷章兼任筹建组组长；马进才任副组长，主持学院筹建工作。1977年7月28日，国务院教育部下达（77）教计字221号文件《关于建立辽宁建工学院的通知》，正式批准了学院的成立。学院设三系、一部，共7个专业。机电系：建筑机械专业、机制工艺与设备专业、工业电气自动化专业；建材系：建材机械专业；建工系：工业与民用建筑专业、给水排水工程专业、采暖与通风专业；基础部：承担公共课、基础课教学。各本科专业学制均为四年。1976年12月6日，辽宁建工学院第一批工农兵学员150人到校，分别分配在工业与民用建筑、给水排水、建材机械、工业企业电气化专业。

4.1.3　1978.10—2000.2学校的发展与变迁

（一）合校改建学院的创业初期（1978.10—1984.7）

1978年10月，学校划归国家建筑工程总局领导。1979年11月12日，经国家建工总局批准，辽宁建工学院改名为"辽宁建筑工程学院"。1982年5月4日，国家建筑工程局、国家城市建设局等5个机构合并，成立城乡建设环境保护部，随后，辽宁建筑工程学院成为建设部直属高校，1984年7月10日，城乡建设环境保护部批复，同意学院名称由辽宁建筑工程学院改为"沈阳建筑工程学院"。

1. 建院初期学校主要领导班子成员（1978—1984）

1978年10月19日，中共辽宁省委组织部决定撤销辽宁建工学院筹建组，成立学院党委，由穆嘉华、马进才、张安达、尹达、齐心、孙光、刘万友7名同志组成中共辽宁建工学院委员会。同时任命了院级领导干部：穆嘉华同志任党委书记；马进才同志任党委副书记兼副院长；张安达、尹达同志任副院长；黄国平、孟汝明同志任学院顾问。

1980年10月，经国家建工总局党组研究批准：任志华同志担任学院党委副书记，祁国颐同志担任学院副院长。

1981年2月，国家建筑工程总局派谢元运到学院任副院长。

1982年6月24日，马进才同志任学院院长，兼任学院党委副书记。

1982年12月，学院党委委员、副院长张安达、尹达同志，学院顾问黄国平同志离职休养。

1983年3月19日，城乡建设环境保护部党组决定马进才同志任学院代理党委书记，谢元运同志任代理院长；任志华同志任党委副书记，祁国颐、王居安同志任副院长。

1983年4月15日，学院党委书记穆嘉华同志离职休养。

1983年7月8日，马进才同志任学院党委书记，谢元运同志任学院院长。

1984年5月29日，祁国颐同志任学院院长；原学院院长谢元运同志，经本人申请，辞去院长职务，调离学院回重庆建筑工程学院工作。

1984年8月31日，王居安同志任学院党委副书记兼副院长；沈德植同志任学院副院长。

2. 院系专业设置及教职工情况

1979年3月，撤销机电系和建材系，成立机械系和自控系。机械系下设建材机械、建筑机械、机械制造工艺与设备专业。自控系下设工业企业电气自动化专业。另外，建立两个学院直属教研室：马列主义教研室和体育教研室。

1980年，自控系增设了电子计算机应用专业，建工系增设建筑材料与制品专业，并于秋季招生。

1981年，全院三系、一部共设置32个教研室。基础部设数学、物理、化学、力学、制图、外语、语文7个教研室。建工系设钢筋混凝土、钢木、施工、制品、暖通基础、暖通专业、工程化学、给水排水8个教研室。机械系设建机、修理、内燃机、机制、机床刀具、材机、液压、机械原理、热处理9个教研室。自控系设自动化、电机供电、电工原理、电子技术、计算机硬件、计算机软件6个教研室。另外还有马列主义教研室和体育教研室两个院直属教研室。

1983年9月，学院增设了城市建设系，下设水排水工程、供热与通风两个专业。同时，建筑工程系增设城镇建设（三年制专科）专业，1984年9月，又增设了建筑学（三年制专科）专业，机械系增设了建筑机械管理（二年制专科）专业。到1984年底，全院共设4个系（建筑工程系、城市建设系、机械系、自动控制系）、两个部（基础部、政治理论思想品德教学部）、两个直属教研室（外语、体育），开设9个本科专业，3个专科专业。1984年招生770人，是1977年招生人数的2.1倍，加上为沈阳大学代培的学生76人，以及夜大学生100名，1984年招生数接近1977年招生人数的3倍。在校学生总数达2964人。

继1982年学院获工业与民用建筑工程等7个专业学士学位授予权之后，1984年5月30日，城乡建设环境保护部教育局又批准学院建筑材料与制品和计算机及应用专业具有学士学位授予权。

1984年，学院教师总数已达551人，其中教授1人、副教授10人、高级工程师2人、讲师284人、工程师16人、助教20人、教师218人，师资队伍建设取得了长足发展。

3. 教学科研情况

从合并改建学院到1982年7月，学院完成了教学工作的头两个循环过程，为国家输送了两届共737名本科毕业生，并获得了7个专业的学士学位授予权，取得了教学和管理方面的宝贵经验。院党委适时而明确地提出了"高标准，严要求，学先进，迎头赶上"的办学指导思想。"高标准"就是办大学的标准，"严要求"就是教学、管理等方面要严格，"学先进，迎头赶上"就是不能跟在别人后面，走别人走过的路。

4. 基本建设情况

合校改建学院当初，学校建筑面积8.4万m²。被外单位占用2.2万m²。1978年12月经国家建工总局批准，学院1号教工住宅楼破土兴建。1979年7月，国家建工总局批准学院扩建计划：学院规模到1985年发展为3000人，专业设置由现有7个专业发展为10个专业；全院教职工1985年不超过1250人，新增房屋统一规划，分期建设，面积不超过5万m²；所需投资根据年度国家基本建设投资情况给予安排。①1979年至1981年共完成教工住宅楼4栋，总面积为11456m²，共解决218户教工的住房问题。②1981年9月在东院竣工1栋学生宿舍楼，建筑面积4382m²。③1981年12月东院学生食堂竣工，建筑面积2429m²，可保证1500名学生和300名教工就餐。④完成了生活配套工程，扩建锅炉房、油库、变电所等1196m²，还有修建道路、上下水、暖气管道、排水管道等工程。这些基建项目的完成，为学院的教学、科研、生活提供了一定的物质基础，初步缓解了教职工住房紧张的状况。

（二）向新的办学目标奋进（1984.12—1987.7）

1. 学院召开第一次党代会

1984年年末，学院党委召开了第一次党的代表大会。马进才同志代表党委所作的题为"认真搞好整党，加快改革步伐，向办学的更高目标奋进"的工作报告。大会产生了中共沈阳建筑工程学院第一届委员会，委员会由（以姓氏笔画为序）马进才、王居安、任志华、祁国颐、杨树春、金成波、金成清、张福昌、涂寿春9名同志组成；选举产生了中共沈阳建筑工程学院新一届纪律检查委员会，选举了王居安同志为出席中共沈阳市第七次代表大会的代表。选举马进才同志为书记，王居安同志为副书记；选举任志华同志为纪委书记，杨树春同志为纪委副书记。1985年1月25日，经中共城乡建设环境保护部党组批准，学院新一届党委正式成立，任命马进才同志为党委书记，王居安同志为副书记；任命任志华同志为纪委书记（副司局级）。

1985年1月15日，城乡建设环境保护部任命王克光同志为学院副院长；1986年1月25日，城乡建设环境保护部党组任命杨树春同志为学院党委副书记。

2. 重视教学和基础建设

1985年8月5日，学院举行了重点专业和重点学科工作会议。会议的中心议题是讨论和审定重点专业和学科建设发展规划，研讨实现这些规划的措施和方法，并对《教学管理工作条例》和《关于评价教学质量的若干规定》进行了审议。为了保证评估质量，学院于1985年成立了评估工作领导小组。从1986年上学期开始，按照国家教委和城乡建设环境保护部教育局有关文件精神，拟定了评估方案和评估指标体系，并对暖通专业进行了评估试点。做好对毕业生的跟踪调查和分析是搞好教学质量管理的一项重要措施。

学院从1985年开始连续4年招收硕士研究生，他们修完全部课程后，分别通过了东南大学、西安建筑科技大学、天津大学等院校的学位论文答辩，并被授予硕士学位。1985年以来，学院共设11个本科专业、3个专科专业，在校生总数已达2967人，其中研究生5人、本科生2689人、专科生273人，教职工700余人。学院实验室的面积已达13000m²，实验设备固定资产总额达560余万元。1985年12月，8号教工住宅楼竣工并交付使用，建筑面积为4866m²。1987年，东院图书馆大楼竣工并交付使用，其建筑面积为4158m²。

经过几年的努力，学院在教学、科研、师资队伍建设、思想政治工作以及物质条件的改善等方面都得到了迅速的发展，并大踏步地进入了一个向新的办学目标奋进的时期。1987年7月，迎来了合并改建学院10周年纪念日，学院隆重举行了合并改建10周年庆祝活动。城乡建设环境保护部部长叶如棠同志欣然为学院校庆题词："树优良学风，育一流人才"。

（三）实现"三上"发展目标（1987.8—1997.7）

1. 学院召开第二次党代会

1988年7月19日至22日，沈阳建筑工程学院第二次党的代表大会隆重举行。建设部人才开发司副司长张玉祥、沈阳市委科教工委副书记王继汉等同志到会祝贺并讲话。会上，王居安同志代表学院党委作了题为《加强党的建设，深化教育改革，为培养更多更好的合格人才而奋斗》的工作报告。这次大会选举产生了中国共产党沈阳建筑工程学院第二届委员会。委员会由（以姓氏笔画为序）于灏、王居安、祁国颐、沈德植、张福昌、杨树春、涂寿春7名同志组成。在随后召开的第一次党委会上，选举并经上级党委批准王居安为书记，杨树春为副书记。大会还选举产生了新一届党的纪律检查委员会。杨树春被选为书记，于灏为副书记。

1989年12月9日，建设部任命陈铿同志为学院副院长。

2. 思想政治工作成效显著

1990年7月，建设部部属高等学校思想政治工作会议在学院隆重召开。部属院校的党委书记、院长及有关部门的负责同志50多人出席了会议。建设部副部长叶如棠在会上作了重要讲话。部人才开发司司长张鸿兴作工作报告，部人事司司长何居春作会议总结。会上，王居安同志代表学院党委作了题为《充分发挥党的领导作用，加强思想政治工作，坚持社会主义的办学方向》的经验介绍。1990年10月，学院召开思想政治工作会议，贯彻落实建设部和沈阳市高校思想政治工作会议及辽宁省党建工作会议精神。通过这些活动，总结过去，思考未来，进一步加强了学院的思想政治工作。

1990年，中共沈阳市委科教工委命名学院党委为"先进党委"。

3. 教学改革不断深入

1989年，学院根据"打好基础，拓宽专业，加强实践，培养能力，适应社会需要"的原则，修订专业教学计划，调整课程设置，优化专业结构，体现专业特色。1990年，学院专业课的改革已见成效。较突出的是建筑系。陈伯超副教授提出的"发展开放型建筑设计课教学"的主张，通过他和其他教师的实践，打破了过去封闭的教学模式，建立起一套切合实际的开放型教学体系，获得了国家优秀教学成果奖。此外，由建工系魏忠泽副教授和电化教研室周跃老师共同完成的电教片《施工课教学法改革》和机械系李恩惠副教授、郭颂讲师共同完成的《"内燃机构造与原理"微机辅导教学》，均荣获辽宁省1989年度优秀教学成果二等奖。学院成立了以院长祁国颐教授为主任的课程建设评估委员会，并决定从1989—1990学年第二学期起开展课程建设评估工作。

4. 科研取得新进展

自第二次教代会以后，学院进一步加强了科研工作的领导和管理，增加了科研经费，学院所承担的科研项目逐年增多，一支专兼职相结合的科研队伍初步形成。截至1991年上半年，3年中，通过市级以上主管部门鉴定的17项，荣获部、省、市奖励的13项，其中5项获建设部科技进步三等奖。

5. 学院召开第三次党代会

1991年7月17日，学院第三次党员代表大会召开。会上，王居安同志代表学院第二届党委作了题为《坚持党的领导，加强党的建设，为培养社会主义事业建设者和接班人而奋斗》的工作报告。大会提出了教学上质量、科研上水平、办学上层次的办学指导思想。选举产生了学院第三届党的委员会和纪律检查委员会。当选的党委委员是（以姓氏笔画为序）：于灏、王克光、王居安、朱玉样、祁国颐、陈铿、张福昌、杨树春。第三届党委第一次会议选举并经上级党委批准，王居安为书记，杨树春为副书记；经纪委第一次会议选举并经上级批准，杨树春兼纪委书记，于灏为纪委副书记。

建设部人事劳资司司长何居春、中共辽宁省委宣传部副部长、省委高教工委常务副书记李喜平、中共沈阳市委科教工委常务书记王继汉等负责同志参加了大会的开幕式并致贺词。

1993年11月，经建设部党组和中共沈阳市委同意，补选了陈伯超、谭静文两位同志为学院党委委员。

1993年2月26日，中共建设部党组对学院领导班子作了调整，任命陈铿为院长，陈伯超、谭静文为副院长，张福昌为学院党委副书记。7月3日，建设部任命张福昌同志为学院党委副书记兼副院长。

6. 学院办学有了新的发展

（1）办学规模适当扩大。据1994—1995学年的统计，学院在校的本科、专科生由1991年的2900多人发展到3900多人；成人教育发展迅速，1992年9月成人教育学院成立，1994年学院的成人教育已达到夜大、函授形式并有，文理科兼招，本、专科层次齐备，专业由1993年的8个已增至15个，学生也由300多人增至1500多人。办学规模的适当扩大，促使办学效益明显提高。

（2）办学层次有了突破。1993年，学院被批准为硕士学位授予权单位。从1995年起，结构工程、建筑设计及其理论、计算力学3个学科点开始招收硕士研究生。1994年3月，在国家教委公布的第一批200所具有条件接受外国留学生的高等院校中，学院名列其中，截至1995年已招收3批外国留学生。

（3）办学体制有了变化。由分部办学改为按系办学后，在原有5个系基础上，1993年6月，学院又增加了计算机系、建筑材料系、建筑经济管理系（1995年3月改称管理工程系）。为拓宽办学渠道，积极探索办学体制改革，开展了校企共建、联合办学，1993年成立了沈阳建筑工程学院星光建材分院；1994年成立了沈阳建筑工程学院乡镇建设分院。这些办学体制改革的重大举措，使学院的教育进一步面向经济建设，面向辽宁的村镇建设事业，尤其是面向迅速崛起并有巨大发展潜力的小城镇建设，为加速地方建筑业特别是建材业的发展和加快地方农村城市化进程，创造了有利条件。

（4）校际交流不断扩展。与美国、俄罗斯等国家的8所院校建立了校际关系，开展了互访，截至1995年已聘请了30多名外国专家和国内著名学者来学院讲学。这对促进学术交流，开阔广大师生的视野，借他山之石，推动学院的建设和发展，起到了积极作用。

（5）学院适时地调整了专业结构。1991年，学院只有11个本科专业，2个专科专业，到1995年，已发展到17个本科专业，11个专科专业。学院在地方的支持下，建立了12个校外生产实习基地，进一步促进了教学与实践相结合。据1992年6月的统计，学院获国家级优秀教学成果奖2项，省级优秀教学成果奖2项。

（6）学院深化管理体制改革。1993年5月，在广泛征求教职工意见并经过多次讨论修改的基础上，学院制订了《沈阳建筑工程学院院内管理体制改革总体方案》（后经建设部批准）。处级职能部门由原来的19个精简合并为14个，处级干部职数由原来的33个精简为26个，缩减21.2%。学院制定了《教师职务聘任实施办法》《教师职务考核实施办法》等。学院还建立了学科带头人负责制。学院实行的是国家工资与院内津贴相结合的院内结构工资制度，进一步调动了教职工的积极性。

（7）加快校办企业发展。学院组建"沈阳建筑工程学院高新技术开发园区"，并成立了科学园管理委员会，主任由副院长陈伯超教授兼任。1995年初学院成立了校办产业管理委员会及校办产业管理处。校产管委会对全院校办产业及科技开发工作实施全面领导。

7. 学院召开第四次党代会

1995年7月14日，学院第四次党员代表大会在西院报告厅隆重举行。会上，王居安同志代表第三届党委向大会作了《抓住机遇，深化改革，为学院新的、更大的发展而奋斗》的工作报告。大会还选举产生了新的一届党委委员和纪委委员。党委委员是（按姓氏笔画为序）：王克光、王居安、许文举、陈铿、陈伯超、吴玉厚、张福昌、顾南宁、谭静文。第四届党委第一次会议选举，并经上级党委批准，王居安为书记，王克光、张福昌为副书记。王克光为纪委书记，顾南宁为纪委副书记。建设部人事教育劳动司副司长张玉祥，中共辽宁省委高校工委委员、省教委党组成员张绍志同志到会祝贺；中共沈阳市委科教纪工委副书记张殿清也在闭幕式上讲话。他们对学院第三届党委所做的工作给予了充分肯定，并对新一届党委的工作提出了殷切希望。

8. 学院制定"九五"发展计划

紧密结合学院的实际，1996年5月，学院制定了《沈阳建筑工程学院教育事业"九五"计划和2010年远景目标》。这一关系到学院今后发展的跨世纪工程，经报请建设部，获得批准。1996年11月14日，学院在西院报告厅隆重召开了第五次工会会员、第四次教职工代表大会。大会听取并审议批准了陈铿院长代表学院所作的题为《把握机遇，加速发展，为实现学院"九五"计划而努力奋斗》的工作报告。大会明确了新的目标，凝聚了发展力量。

9. 认真抓好党建工作

遵照上级党委的要求，学院党委认真贯彻落实《中国共产党普通高等学校基层组织工作条例》，重点抓了院、系两级领导班子建设和基层党的组织建设工作。

1996年11月8日，建设部党组对学院领导班子进行了调整，任命陈伯超为院长，张聿成、吴玉厚为副院长。

1996年12月4日，建设部人事教育劳动司副司长王德楼在学院党委召开的教授和处级以上干部会上宣布了这一任命，建设部副部长毛如柏在会上进行了讲话。调整后的学院领导班子由王居安（书记）、陈伯超（院长）、张福昌（副书记兼副院长）、王克光（副书记）、谭静文（副院长）、张聿成（副院长）、吴玉厚（副院长）7位同志组成。

10. 建筑工程专业通过评估

1997年6月4日，全国高等学校建筑工程专业教育评估委员会派出的由同济大学沈祖炎教授（组长）、西安建筑科技大学谢行皓教授、中国建筑第六工程局李开明高级工程师和哈尔滨建筑大学刘季教授4人组成的视察小组到达学院，对学院土木工程系建筑工程专业进行视察。这次评估顺利通过，反映学院整体的办学指导思想、教学水平、管理水平、办学条件，以及培养人才的质量。同时通过这一个专业的评估，也促进了全院的各项工作，促进了教学改革的深化，对学院的建设和发展起到了推动作用。

11. 隆重举行建校五十年庆祝活动

1997年的9月6日，学院建校50年庆典大会在辽宁体育馆隆重举行。2000余名师生、校友和各界人士欢聚一堂。会前，党委副书记王克光宣读了上级领导的题词。为庆祝学院50年校庆，宁夏回族自治区党委书记、建设部原副部长毛如柏，广西壮族自治区人大副主任韦继松发来了贺电。学院名誉教授、美国佐治亚理工学院约翰·波特曼教授发来贺电。美国佐治亚理工学院、芬兰坦佩雷理工大学、韩国仁荷大学以及兄弟院校和校友也相继发来贺电。10点30分，学院党委书记王居安宣布庆典大会正式开始。建设部人事劳动司副司长李先逵宣读了建设部贺信。陈伯超院长在大会上讲话。辽宁省人大常委会副主任徐廷生代表辽宁省政府向学院50年校庆表示热烈祝贺。建设部总工程师姚兵发表讲话，希望学院登上一个新的台阶，真正办成全国一流院校。

（四）新世纪的跨越（1997.8—2000.2）

1. 学院领导班子的调整

经过中共建设部党组和省委高校工委、市委科教工委充分酝酿、沟通，学院在20世纪末，完成了领导班子的调整，实现了领导班子的新老交替。1998年8月26日上午，学院党委召开全体中层干部会议。会上，建设部人事教育司司长傅雯娟同志代表中共建设部党组，宣布了对学院领导班子调整的决定：张福昌同志任沈阳建筑工程学院党委书记，免去王居安同志党委书记职务。傅雯娟同志和省委高校工委组织部部长阎崇民同志、市委科教工委副书记宫侠同志先后讲话。至此，学校又一次顺利地完成了领导班子的新老交替。

2. 教学和科研工作的新发展

1997年12月15日，学院召开了首批学科带头人及优秀中青年骨干教师选拔审批专项会议。在坚持标准、严格条件、认真审议的基础上，学院审定通过了首批学科带头人9名。他们是：傅金祥、李宏男、李宝俊、陈伯超、吴玉厚、吴成东、周兰玉、周玉文、赵颖华。此外，还评出14名优秀中青年骨干教师。首批选拔工作进展顺利，取得了较好的效果。1998年3月27日，辽宁省学位委员会审核批准了学院机械设计及理论、控制科学与控制工程、材料学、市政工程、供热供燃气通风及空调工程5个学科为新增列硕士学科点。学院此次申报通过率为71%，在全省28个申报单位中申报通过率位居第一名。获准通过的学科点数在辽宁省的中央及部属院校中居首位。至此，学院已有9个学科获得硕士学位授予权，在校研究生达到70余人，实现了研究生教育的长足进步。截至1999年成功申报了16项国家自然科学基金项目、国家教委优秀青年教师基金项目、国家科委"2000小康工程"等一系列高水平、高层次科研课题。申报科研课题464项，批准或实施372项，全院科技水平和科技实力有了很大的提高。

3. 学院深化管理改革

1998年2月20日至21日，学院党委召开了中层干部会议，研究深化改革的工作。会上，党委副书记、副院长张福昌同志介绍了以他为组长的调研小组赴长沙铁道学院、湖南大学等院校考察调研的情况及学院人事制度改革的思路。实施全员考核主要是以人事和分配制度改革为核心，通过改革，建立起良性运行机制，采取导向性改革，调动单位和个人的积极性。在人事上择优聘任，竞争上岗，在分配上真正打破大锅饭，实行效率优先，兼顾公平。通过考核，可以客观、公正地评价各类人员的工作实绩，检查履行岗位职责的情况，为各类人员晋升、聘任、奖惩、辞退等提供依据。通过考核，奖勤罚懒，优胜劣汰，进而调动广大教职工的积极性和创造性，增强事业心和责任感，推动学院各项工作上层次上质量上水平。

4. 学院召开第五次党代会

1999年11月3日，学院第五次党员代表大会在西院报告厅隆重举行。中共辽宁省委高校工委副书记、省教委常务副主任李树森，中共沈阳市委科教工委第一副书记宫侠到会并讲了话，对学院第五次党代会的胜利召开表示祝贺。张福昌同志代表第四届党委向大会作了《认清形势，加快学院的建设与发展，以崭新的面貌跨入21世纪》的工作报告。选举产生了新的一届党委委员和纪委委员。党委委员是（按姓氏笔画为序）：王军、王克光、许文举、李宏男、吴玉厚、张聿成、张福昌、陈伯超、谭静文。第五届党委第一次会议选举，并经上级党委批准，张福昌为书记，王克光为副书记。纪委会议选举王克光为纪委书记，顾南宁为纪委副书记。大会提出了"上规模、上质量、上层次、上水平、创名校"的发展思路。

5. 积极运作资产置换建设新校区

20世纪末，我国高等教育进入了一个新的发展时期。学院东西两院办学，校园占地面积300余亩，最多能容纳学生不足4000人，难以扩大办学规模，严重制约学院今后的发展。征地工作是一项非常复杂的工作，为了使这项工作顺利进行，党委书记张福昌、院长陈伯超多次与建设部和辽宁省有关部门进行沟通、协商和汇报，并得到了上级主管部门的大力支持。建设部下发了建综函〔2000〕15号文件《关于对沈阳建筑工程学院征用教学用地可行性论证报告的批复》，正式同意学院征地建设新校区。2000年1月12日，党委书记张福昌主持召开了党委扩大会议，会议决定在浑南新区进行征地，并成立了以院长助理王军为组长，基建处处长郑朝方、校产处副处长于瑾参加的学院征地3人小组，具体负责学院征地工作。

6. 学院划归地方管理

2000年2月12日，国务院办公厅下发了国办发〔2000〕11号《国务院办公厅转发教育部等部门关于调整国务院部门（单位）所属学校管理体制和布局结构实施意见的通知》，明确包括学院在内的97所普通高等学校实行中央与地方共建、以地方管理为主，并由地方统筹进行必要的布局结构调整。按照上级的要求，学院在继续保持与建设部密切联系的基础上，加强了与地方的联系，拓宽了相互沟通交流的渠道，并且在办学思路上，明显增强了为地方经济建设服务的意识。3月23日，辽宁省副省长张榕明等省市有关领导来学院视察，听取了党委书记张福昌的工作汇报后，张榕明对学院划归地方后的有关工作作了指示。张榕明肯定了学院的地位、作用和定位，并表示支持学院的发展，支持学院征地改善办学条件。

划归地方管理后，辽宁省机构编制委员会办公室对学院的机构和编制进行了核定，并印发了辽编办发〔2000〕43号《关于核定沈阳建筑工程学院机构编制的通知》，为学院今后的发展奠定了良好的基础。与此同时，为了加快为地方经济服务的力度，按照"四上一创"的要求，先后将辽宁省建筑工程学校、辽宁建设职工大学并入学院，不仅扩大了办学规模，而且整合了资源，实现了优势互补，学院的发展进入了一个新的历史时期。

1978—2000年沈阳建筑大学本科各专业招生人数统计见表4-2。

表4-2　1977—2000年沈阳建筑大学本科各专业招生人数统计表

专业名称	建筑学	城市规划	园林	生态学	土木工程	机械设计制造及其自动化	给水排水工程	建筑环境与设备工程	电气工程及其自动化	自动化	计算机科学与技术	工程管理	工商管理	交通运输	无机非金属材料工程	高分子材料与工程	艺术设计	工业设计	起重运输工程机械	汽车运用工程	交通土建工程	会计学	房地产经营管理	公路与城市道路工程
1977					35					35									70					
1978					86	40	41	42		87									125					
1979					60	30	30	30		120									150					
1980					64	31	31	29		121	31				37				146					
1981					72	36	36	36		132	36				36				168					
1982					160	81	41	42		88	36				40				121					
1983					144	70	70	70		70	24				70				104					
1984					140	70	70	70		70	35				70				105					
1985					140	105	70	70	35	70	35				70				70	35				
1986	30				60	90	60	60	37	60	30				60				60	30				
1987	35				105	140	70	70	35	70	70				35				70					
1988	35	25			73	140	70	70		70	67				35				70					
1989	70				75	140	75	75		70	70				30				70					
1990	62				105	140	70	68		105	35				30				70					
1991	65				108	140	77	75		105	35				30				70					
1992	55				113	139	69	69		113	37				32				70					
1993	55				100	140	69	67		68	65				31				64				31	32
1994	72				140	120	72	107	35	70	70				70						37		35	
1995	105				178	100	72	107	35	70	70				60						36		35	
1996	60	24			142	105	72	107	105	72	72	36			62						60		35	
1997	48	24			180	136	68	102	140	68	68	34			68						68		34	
1998	49	24			176	101	69	104	140	68	68	35			68						68	34	34	
1999	48	24			280	94	69	73	70	70	71	68	35		68	69	28	22						
2000	72	24	24	26	420	136	136	137	140	140	140	102	35	35	68	69	48	48						

注：因1977—2000年，本科专业名称经过多次修订，为便于统计特作如下归类：①原工业与民用建筑工程、建筑工程等专业年度招生数据计入土木工程专业；②原混凝土及建筑制品、建筑材料制品、无机非金属材料、硅酸盐工程等专业年度招生数据计入无机非金属材料工程专业；③原工业电气自动化、工业自动化等专业年度招生数据计入电气自动化专业；④原机械制造工艺与设备、机械设计与制造等专业年度招生数据计入机械设计制造及其自动化专业；⑤原水泥机械、建材机械、建筑机械等专业年度招生数据计入工程机械专业；⑥原建筑管理工程专业计入工程管理专业；⑦原电气工程等专业年度招生数据计入电气工程及其自动化专业；⑧原电子计算机专业、计算机及应用、计算机应用及其技术等专业年度招生数据计入计算机科学与技术专业；⑨原供热通风与空调专业、供热通风与空调等专业年度招生数据计入建筑环境与设备工程专业；⑩汽车运用工程、交通土建工程、公路与城市道路工程等专业，起重运输工程机械等专业因不能计入其他相关专业，故单列。

4.1.4 2000.2—2020.12学校的发展与变迁

（一）外延发展，内涵加强（2000.2—2004.1）

1. 土地置换筹措资金

建设新校区需要大量的资金，如何筹得上亿元的建设资金，是摆在学院领导班子面前一个严峻的课题。2001年3月16日，土地置换工作得到了辽宁省人民政府的批准。2003年4月15日，学院隆重举行西院土地移交沈阳市政府仪式。沈阳市土地储备交易中心副主任曲长令、学院副院长张聿成分别代表市政府和学院在土地验收交接书上签字。至此，学院新校区的征地及土地转让工作在建设部和省市有关领导、有关部门的大力支持和密切配合下，经过全院上下的不懈努力，有了一个圆满的结局。

2. 新校区建设开工建设

2001年8月16日，学院终于在浑南大地隆重举行新校区建设开工庆典，辽宁省副省长、沈阳市市长陈政高，沈阳市委常务副书记崔文信、副市长吕亿环等省市领导，学院领导张福昌、王克光、谭静文、张聿成，院长助理王军，以及驻省新闻单位的记者、校友代表、全院师生代表、施工单位等千余人出席了开工庆典。辽宁省副省长、沈阳市市长陈政高等省市领导与学院领导一起为新校区奠基石培土。经过一年零四个月的建设，2002年12月16日，学院在新校区办公楼隆重举行了新校区一期工程竣工庆典仪式。辽宁省建设厅副厅长徐铁南、沈阳市规划与国土资源局局长于灏出席了庆典仪式。短短的一年多时间，30万m²的建筑便巍然矗立在浑南大地上，标志着沈阳建筑工程学院谱写了发展建设的新篇章。

3. 学院搬迁新校区

2003年2月28日，学院在西院北门隆重举行老校门搬迁新校区启动仪式。老校门由深圳、北京、大连、沈阳、铁岭等地校友捐款搬迁的，饱含着校友情谊。7月16日至19日，东院师生搬迁新校区，至此，几十年的两院异地办学历史宣告结束，学院的发展开始了崭新的一页。新校区建设得到了上级领导的支持和关怀，在新校区建设中，中共中央委员、全国人大常委会环境资源委员会副主任委员毛如柏，辽宁省委书记闻世震，省委常委许卫国，省委副书记、沈阳市委书记张行湘，省委常委、组织部部长骆琳，副省长、沈阳市市长陈政高，教育部社会发展规划司司长牟阳春，辽宁省教育厅厅长张德祥等领导同志先后来学院新校区视察，他们充分肯定了学院领导班子抓住机遇、开拓进取，带领全院师生团结奋进、发奋图强的壮举，称赞学院新校区规划设计理念先进，建设水平一流。希望学院继续发扬与时俱进的精神，抓住新校区建设的机遇，不断提高教学和办学水平，培养和引进一批一流大师，造就更多的优秀人才，办出特色，办出水平，早日跻身于全国名校的行列，为国家和地方的经济建设作出更大的贡献。2003年9月13日，国务委员陈至立、教育部长周济、科技部副部长程津培在省委常委、常务副省长许卫国、副省长鲁昕、副省长滕卫平、教育厅厅长张德祥、科技厅厅长魏文铎等领导的陪同下来学院视察。

在学院发展的非常时期，学院领导班子不断调整变化。2001年6月10日，辽宁省委同意陈伯超任院级调研员，不再担任院长职务；由谭静文副院长主持行政工作。同年9月3日，辽宁省委同意王军任学院副院长。

2002年11月1日，省委决定由副院长吴玉厚主持行政工作，刘军任学院副院长，免去谭静文副院长职务（退休）。

2003年12月18日，辽宁省委决定，吴玉厚任学院院长、党委副书记。

4. 完善大学体制机制

2002年12月17日，为适应新的办学理念、新的办学机制，根据学院发展建设的需要，学院党委对党的组织和机构进行了调整。分别是：建筑系更名为建筑与规划学院；土木工程系更名为土木工程学院；市政与环境工程系更名为市政与环境工程学院；材料科学与工程系更名为材料科学与工程学院；交通系与机械工程系合并，成立交通与机械工程学院；计算机系与自动控制工程系合并，成立信息与控制工程学院；艺术设计系；管理工程系；外国语部更名为外国语系；基础科学部；社会科学部；体育部；职业技术学院；城市建设学院和继续教育学院。

5. 科技工作实现新突破

2001年，学院组织申报的15项省教育科学"九五"规划研究课题成果全部获奖，30项省教育科学"十五"规划研究课题全部获准立项。全年获得省、市科技进步奖16项，获奖数量和层次超过往年；申报科研项目74项，获批准42项，纵向科研经费达到400万元，横向科研经费50万元；在辽宁省首届学术年会上，学院教师24篇学术论文获奖；学报自然科学版被国际六大著名检索系统中的美国《化学文摘》（CA）、俄罗斯《文摘杂志》（AJ）列为来源期刊；学报社会科学版获得全国理工科院校社会科学优秀学报奖。2002年度学院15项科研成果获省、市科技进步奖，其中，有2项成果分别获得了省、市科技进步一等奖，实现了学院科研成果获奖层次的历史性突破。

6. 毕业生初次就业率名列省高校前茅

学院成立了由主管学生工作的副书记担任组长的毕业生就业工作领导小组，下设毕业生就业指导机构，进行毕业生就业工作的指导、咨询，毕业生就业政策的落实，毕业生就业计划上报等。同时，各系也成立了毕业生就业工作领导小组，由各系主抓学生工作的领导担任组长，学办主任和负责毕业生工作的辅导员担任组员。形成以学院统一领导，层层负责，齐抓共管的工作机制。2003年8月31日，辽宁省教育厅、辽宁省发展计划委员会下发了《关于2003年辽宁省普通高等学校毕业生初次就业率的通报》，继2002届本科毕业生以95.43%的初次就业率名列全省第一之后，尽管受到了非典的冲击和影响，但在全院上下的共同努力下，2003届本科毕业生的初次就业率高达99%，再创历史新高。

2003年9月5日，省委组织部副部长陈政夫来到学院，宣布了中共辽宁省委组织部辽组干字〔2003〕331号文件《关于刘万东同志任职的通知》，省委决定：刘万东同志任沈阳建筑工程学院党委副书记。

（二）迈向知名建筑大学目标（2004.1—2008.5）

1. 召开第六次党代会

2004年1月7日，中国共产党沈阳建筑工程学院第六次党代会胜利召开。张福昌代表第五届党委作了《与时俱进，开拓务实，为把我院建设成为充满活力和具有创新能力的国内知名建筑大学而奋斗》的工作报告。选举产生了新一届党委领导班子。张福昌、吴玉厚、刘万东、张聿成、王军、刘军、王宝令当选为党委常委；张福昌为党委书记，吴玉厚为党委副书记（兼），刘万东为党委副书记；纪委召开了第一次会议，选举刘万东为纪委书记（兼），初长庚为纪委副书记。

2. 学院成功更名大学

2004年5月13日，教育部下发了教发函〔2004〕06号文件《教育部关于同意沈阳建筑工程学院更名为沈阳建筑大学的通知》，同意沈阳建筑工程学院更名为沈阳建筑大学。希望沈阳建筑大学"进一步明确学校的定位，科学进行总体规划，加强学科建设，积极开展教学研究，努力提高办学质量、科研水平和办学效益，办出特色，办出水平，为辽宁省的经济发展和社会进步作出更大的贡献。"更名大学有利于拓宽学校办学的发展空间，有利于各学科的协调发展，有利于对外的交流与合作，有利于培养更多的复合型、应用型高级人才。更名大学，实现了学校几代人的夙愿。

3. 隆重举行更名庆典

为庆祝学校成功更名，学校在龙潭广场隆重举行了更名庆典仪式。2004年6月27日，庆典仪式在上午10时举行。应邀参加庆典的领导有：全国人大常委会环境资源委员会主任委员（建设部原副部长）毛如柏、辽宁省人大常委会副主任徐德、省政府副秘书长都本伟、省委组织部副部长王业卿、省教育厅副厅长何晓淳、建设部人事教育司司长李秉仁、中国建设教育协会理事长李竹成、建设部科技司副司长陈宜明、省委高校工委委员车儒文、省建设厅党组书记徐铁南、省财政厅副厅长阎伟、省妇联主席高鹏、省科协主席商向东、中国建设教育协会原理事长张玉祥、沈阳市副市长王翔坤、市委副秘书长胡占才、市委教科工委书记宫侠等。参加庆典的国际友人有：美国驻沈阳总领事馆代总领事科博司女士、日本驻沈阳领事馆文化领事森信幸先生。参加庆典的院士有：中国科学院院士、华中科技大学副校长、学校兼职教授李培根，中国工程院院士、学校兼职教授孙铁衡，省内各高校、科研院所、有关单位的领导也参加了庆典。

庆典仪式上，省教育厅副厅长何晓淳宣读了教育部关于学校更名的批文；建设部人事教育司司长李秉仁宣读了建设部的贺信；省委组织部副部长王业卿宣读了学校领导班子名单：党委书记张福昌、校长、党委副书记吴玉厚，党委副书记刘万东，副校长张聿成、王军、刘军，校级调研员陈伯超，副校级调研员王克光出席大会。当张福昌陪同毛如柏、徐德为沈阳建筑大学揭牌时，会场鸣响了礼炮，欢呼声和礼炮声连成一片。省政府副秘书长都本伟、副市长王翔坤分别代表省、市政府讲话，他们对学校更名大学表示祝贺，并对学校的明天寄予了美好的祝福和期望。党委书记张福昌发表讲话。更名庆典大会由校长吴玉厚教授主持。为庆祝学校更名，中国邮政专门发行了学校更名纪念邮票、纪念封、首日封。邮票为8枚，上有中国结和学校校园风景图片。

4. 用雷锋精神明德育人

面对高校新的人才培养目标和社会需求，学校不断探索思想教育的载体，精心设计校园文化，加强和改进大学生思想政治教育，把学习雷锋活动作为学校精神文明建设的重要载体，不断创新人才成长的环境，突出校园文化的育人特色。

2004年4月28日，学校把"雷锋班退役军车"请进校园，随后，学校党委决定将雷锋班退役军车所在的庭院命名为"雷锋庭院"，全校师生自愿捐款铸成雷锋铜像。2005年2月28日、3月1日，17位雷锋班历任班长从祖国各地相聚学校，参加学校纪念"向雷锋同志学习"42周年活动。会前，省委常委、省总工会主席王俊莲，副省长鲁昕，在团省委书记孙国相、副书记李和忠的陪同下来到学校，代表省委省政府接见了相聚学校的17位雷锋班历任班长。3月2日下午，在雷锋庭院，学校隆重举行纪念"向雷锋同志学习"42周年大会。校领导张福昌、吴玉厚、刘万东、王军，雷锋班历任班长、雷锋团副政委张维祥，团省委书记孙国相，省委高校工委副书记曲建武，团省委副书记李和忠与学校师生3000余人参加了大会。

在学校党委的积极倡导下，校园学雷锋活动不断深入。2005年，学校被评为辽宁省学雷锋先进单位。2006年，由党委书记张福昌主编的《寄语——雷锋班历任班长与当代大学生》一书，由辽宁人民出版社正式出版。2007年10月17日，学校成立了大学生学习雷锋精神研究会。党委副书记王强、有关单位和部门领导及30余名师生参加大会。

5. 校园文化育人作用凸现

学校历来重视精心设计校园景观文化，无论是原东西两院校区还是浑南新校区，都注重通过建设健康而优美的校园景观激发大学生的爱校热情，启迪大学生的睿智，陶冶大学生的情操，促进大学生的健康成长。2006年，由张福昌主编的《感悟——生长的建筑，和谐的校园》一书，由辽宁人民出版社正式出版，100余名师生撰写的景观"感悟"文章收录其中。2007年11月，学校申报的"打造校园文化精品，突出特色，助推和谐校园建设"成果获得辽宁省教育厅评选的校园文化建设成果一等奖，同时，还获得教育部评选的2007年高校校园文化建设优秀成果三等奖。

6. 研究生教育的发展

2003年9月教育部正式发文《教育部关于开展联合培养研究生工作的通知》(教研〔2003〕3号)，批准学校为联合培养博士研究生单位，并批准结构工程学科为联合培养博士学位研究生学科。同期，全日制硕士研究生教育也取得了快速发展，在具有工学硕士学位授予权基础上，又获得了建筑学硕士学位授予权。学校成为开展以研究生毕业同等学力人员申请硕士学位授予单位和工程硕士专业学位授予单位。学校还积极开展校际合作，大力推进多种形式的博士研究生联合培养，先后与东北大学、西安建筑科技大学、中科院沈阳自动化研究所和中科院沈阳应用生态研究所等单位联合培养博士学位研究生。从学校1984年被教育部批准为新增硕士研究生招生单位，至2003年国家第九批学位授权审核，学校共取得了18个学科的硕士学位授予权。2006年1月，学校申报的思想政治教育和马克思主义中国化研究两个硕士学科点顺利通过了由国务院学位办组织的学科评议组会议的初审和复审。至此学校全日制硕士学位学科点已经达到30个，2007年全日制硕士在校生达到1108人。

7. 专业学位教育的新发展

学校以研究生毕业同等学力人员申请硕士学位授权工作顺利进行。同时，工程硕士学位教育得到迅速发展。在2002年国务院学位委员会批准的学校工程硕士专业学位招生领域基础上，2003年增加了控制工程招生领域，2004年增加了材料工程招生领域，2005年增加工业设计工程招生领域，2006年增加交通运输工程招生领域，2007年增加计算机技术招生领域，截至2007年学校已达到7个领域招生。2003年国务院学位委员会批准学校工程硕士招生自定招生规模和自定录取分数线。学校到2008年拥有151名工程硕士校外联合指导教师。2007年10月30日，学校党委常委会研究决定，成立研究生学院，标志着学校研究生教育进入了一个新的阶段。

8. 以优异成绩通过全国本科教学评估

2007年5月25日，教育部正式公布了2006年国家组织的本科教学工作水平评估结果，学校以优秀的成绩通过了国家本科教学工作水平评估。近60年的办学积淀，几代建大人的奋斗结晶，近两年精心的迎评准备，最终以权威的国家认定、高质量的社会认可回报全校广大师生。评估的顺利通过，为学校进一步发展奠定了坚实的基础。经过全校上下共同奋斗和努力，评估达到了以评促建的目的。

2005年11月，省委组织部任命李成滨同志为沈阳建筑大学副校长。

9. 争取博士授予权的新征程

2004年初召开的学校第六次党代会明确提出了申请博士学科点的奋斗目标，制定严谨的学科发展规划，力争取得博士学位授权单位，建成2～3个博士点。2004年学校党委设立了学科发展建设处。2006年1月17日，学校申报的思想政治教育和马克思主义中国化研究两个硕士学科点顺利通过大会的初审和复审，使学校实现了硕士学科法学门类的突破。

2006年10月30日，学校"机械电子工程实验室"被辽宁省科技厅批准组建辽宁省重点实验室（辽科发〔2006〕40号文）。至此，学校省级重点实验室数量在全省同类院校名列前茅。2006年11月，学校"机械电子工程实验室""市政与环境工程实验研究中心"顺利通过评估。同时"机械电子工程实验室"成为10个评估结果为优秀的重点实验室之一，升格为省级高校B类重点实验室。重点实验室建设的新成绩，标志着学校学科建设水平有了突破性的提高。

2007年11月，辽宁省教育厅启动了时隔6年的第3次辽宁省重点学科考核、评估及评审工作，学校原有的结构工程和建筑设计及其理论两个省重点学科顺利通过了全省重点学科的考核评估，机械制造及其自动化、材料学、城市规划与设计3个学科新增为辽宁省重点学科，市政工程增为辽宁省重点培育学科（辽教发〔2008〕27号文），增幅居省内同类工科院校之首。至此，学校共有5个辽宁省重点学科，1个辽宁省重点培育学科，省重点学科建设取得了新的进展。

学校在投资千万、荟萃人才工程取得显著成效的基础上，继续加大人才引进和培养力度，特别是2007年学校引进了在国内具有一定影响的以张伶伶教授为首的建筑学术团队，使建筑学学科实力得到了明显提高。2007年学校以主持身份获得了国家"十一五"重大课题5项，专题项目22项，国家863课题1项，科技经费突破5000万元，专利突破百项。2006—2007两年里，学校获得国家科技进步二等奖2项（其中有一项为参加单位）。2007年学校规划设计近300个村镇，极大地提高了学校在国内的学术地位和辽宁省建设行业的声望，为学科建设的发展奠定了坚实的基础。

10. 顺利通过新一轮全国专业教育评估

2006年国家本科教学工作水平评估以优秀的成绩顺利通过后，学校在2007年又有建筑学、土木工程、建筑环境与设备工程、给水排水工程、工程管理5个专业顺利通过了建设部组织的新一轮高等学校专业教育评估。

2007年7月，省委组织部发文调党委副书记王军同志到沈阳理工大学任校长，任命王强同志为沈阳建筑大学党委副书记。

11. 国际交流工作的新发展

学校党委审时度势，结合学校跨越式发展的实际，提出把国际化办学与合作作为学校发展新的着力点。2004—2007年学校接待来自美国、英国、俄罗斯、新西兰、德国、法国、澳大利亚、日本、荷兰、加拿大、墨西哥、巴西、比利时等30个国家和地区的政府、大学、各界团体访问团组近200个。截至2007年底学校先后与世界上32个国家的55所大学建立了友好合作关系。2004年学校组织申报了国家外国专家局项目13项，获得引智资金10万元。2005年获国家外国专家局批准的引智项目4项，引智资金24万元。2006年获国家外国专家局批准的引智项目5项，引智资金32万元。2007年获国家外国专家局批准的引智项目3项，引智资金11万元。

2008年4月22日，省委组织部王东秀宣布了省委对我校领导班子调整的决定，任命王强同志为纪委书记（兼）；石铁矛同志为副校长；郑朝方同志为总会计师（副校级）；张丰成同志为副校级调研员。

（三）绘制蓝图谋发展（2008.9—2011.7）

1. 隆重举行建校60周年庆典

2008年10月5日，在文体馆，学校建校60周年庆典隆重举行。住房和城乡建设部原部领导总工程师姚兵、部总经济师李秉仁，辽宁省人大常委会副主任王专、副省长滕卫平、省政协副主席程亚军，教育部、住房和城乡建设部、辽宁省有关单位、沈阳市委市政府、省内外高校和科研机构等有关领导，美国驻沈阳领事馆代理总领事欧阳天、俄罗斯驻沈阳领事馆总领事穆拉夫斯基、韩国国立全北大学校长徐巨锡、俄罗斯罗斯托夫国立建筑大学校长捷列托夫、美国厄巴那大学副校长托马斯·凡奎斯等嘉宾出席大会。学校党委书记张福昌主持大会，校长吴玉厚发表了热情洋溢的讲话。

副省长滕卫平在致辞中对学校60年来取得的办学成就给予了高度评价，对学校为辽宁的发展建设作出的贡献给予了充分肯定。住房和城乡建设部总经济师李秉仁、兄弟高校代表同济大学副校长李国强、校友代表住房和城乡建设部人事司司长王宁、国际友好学校代表韩国国立全北大学校长徐巨锡分别在会上致辞，祝愿学校的明天更加辉煌。

2. 更名大学后学校第一次党代会

2008年12月12日至13日，中国共产党沈阳建筑大学第一次代表大会胜利召开。张福昌代表上届党委作了《改革创新、科学发展，为建设高水平的建筑大学而努力奋斗》的工作报告。大会选举产生了新一届党委领导班子。张福昌、吴玉厚、王强、刘军、李成滨、石铁矛、郑朝方当选为党委常委；张福昌为党委书记，吴玉厚、王强为党委副书记。纪委召开了第一次会议，选举王强为纪委书记（兼），王庆梅为纪委副书记。大会吹响了向高水平建筑大学目标迈进的号角。

3. 省部共建沈阳建筑大学

2010年3月12日，辽宁省政府与住房和城乡建设部在北京钓鱼台国宾馆签署了共建沈阳建筑大学的协议。这是学校发展史上的一件大事，标志着学校进入了省部共建高校的行列，迎来了新的发展机遇。辽宁省省长陈政高，住房和城乡建设部部长姜伟新，教育部党组副书记、副部长陈希，住房和城乡建设部副部长郭允冲，教育部副部长鲁昕等14名部委及中直企业负责人出席了签约仪式。仪式由辽宁省副省长陈超英主持。学校党委书记张福昌、校长吴玉厚等领导出席仪式。根据协议，辽宁省人民政府将进一步加强对学校的领导，把学校作为辽宁省高等教育发展的重点来建设，纳入到全省经济建设和社会发展总体规划，给予重点支持和建设，在政策、经费等方面加大支持力度，为学校创造良好的发展环境。住房和城乡建设部在学校的改革发展和建设等方面将给予更多的支持，将学校的重点学科、重点实验室、工程技术研究中心的建设，纳入住房和城乡建设部教育事业总体规划与布局中统筹考虑，促进学科和专业的发展，支持学校发挥师资和学科优势，服务全国的建设行业。省部共建给学校的发展带来了机遇，学校不断提升自主创新能力，凸显学科优势和特色，在科研立项、专家聘用、干部培训、建立基地、专业评估等方面取得了新的进展，用实际行动助推辽宁经济全面振兴。

2010年，学校以省部共建为契机，深化产学研全面合作，为行业和地方经济服务，签署了横向科研合同189项，合同额达6200余万元。2011年，学校新签横向合同213项，合同金额达5683万元。学校第一个科技转让项目"异型石材加工系统"以450万元转让成功，实现了与辽宁产业集群的有效对接。学校积极开展与政府在城市规划、现代建筑产业技术研发、城市污水处理厂污水再生利用关键技术研发等方面的合作。

4. 全力争取博士学位授予权

继冲击国家第十次博士学位授予权未能成功之后，全校上下经过认真总结，更加坚定信念，开始了新一轮坚韧不拔地争取博士学位授予权的奋斗之路。2008年10月8日，学校组织召开了博士学位授予单位及博士一级学科立项建设工作会议。12月15日，学校召开新增博士学位授予单位立项建设申报工作会议，本次会议标志着第十一次博士学位授予单位申报及立项建设工作正式启动。

2009年4月26日，辽宁省新增博士学位授予单位立项建设答辩评审会在辽宁人民会堂省政府常务会议室召开。学校党委书记张福昌、校长吴玉厚、副校长李成滨及校办、宣传部、学科发展建设处、研究生院负责人和相关人员参加了会议。校长吴玉厚代表学校作了精彩的汇报和答辩。4月27日，辽宁省人民政府学位委员会发出通知，正式确定学校为拟立项建设新增博士学位授予单位。

2010年3月，根据国务院学位委员会《关于同意实施2008—2015年新增博士、硕士学位授予单位立项建设规划的通知》，辽宁省人民政府学位委员会下发了《辽宁省关于同意沈阳建筑大学组织实施2008—2015年新增博士学位授予单位立项建设规划的函》，《沈阳建筑大学新增博士学位授予单位立项建设规划》正式得到国家批准实施，土木工程、建筑学、机械工程3个一级学科被批准为立项建设新增博士学位授权学科进行重点建设。

2010年7月，辽宁省教育厅、辽宁省人民政府学位委员会联合下发通知，学校申报的土木工程、建筑学、机械工程3个一级学科获得"以突出学校办学特色和优势为目标的一流学科计划"立项建设，材料学二级学科获得"以构建体现优势特色的学科体系为目标的特色突出计划"立项建设，进一步丰富了学校博士学位授予单位立项建设成果。

2011年3月22日，辽宁省委决定，我校党委书记张福昌同志任辽宁省教育厅党组书记、辽宁省委高校工委书记，并提名为辽宁省教育厅厅长。3月30日，辽宁省十一届人大常委会第二十二次会议通过，任命张福昌为辽宁省教育厅厅长。

2011年7月，受国务院学位委员会委托，辽宁省人民政府学位委员会组织学校新增博士学位授予单位立项建设中期检查工作。专家组一致同意学校通过新增博士学位授予单位立项建设工作中期检查，同时，成功增补城乡规划学、风景园林学两个一级学科列入博士学位授予单位立项建设授权学科范围，立项建设的授权学科从3个增至5个，为学校整体实力的提升奠定了坚实的基础。

以博士学位授予单位立项建设为契机，不断提高核心竞争力，扎实工作，使学校的博士学位授予单位立项建设取得了显著成效。在2009年全国第二轮第二批学科评估中，学校首次参评的建筑学、土木工程一级学科分别取得了全国第13名和第27名的喜人成绩。其中，"人才培养"指标分项排名成绩最为突出，分别位列全国第9位和第20位，学校学生教育培养质量受到了充分肯定。2010年8月，教育部正式批准学校新增为推荐优秀应届本科毕业生免试攻读硕士学位研究生工作单位。

2011年4月22日，中共辽宁省委同意，王宝令同志为沈阳建筑大学副校长。

（四）攻坚克难，实现梦想（2011.8—2015.9）

1. 获得博士学位授予权

自从1993年12月学校获得了硕士学位授予权之后，努力获得博士学位授予权就成了所有建大人心中追求的梦想。2013年7月19日，国务院学位委员会正式下发了《关于下达2008—2015年立项建设博士、硕士学位授予单位及授权学科名单的通知》，经国务院学位委员会第三十次会议审议批准，学校被确定为博士学位授予单位，土木工程、建筑学、机械工程、城乡规划学、风景园林学5个一级学科获得博士学位授予权。这是学校发展建设史上的重要里程碑。2014年9月，学校又成功获批土木和机械两个博士后流动站，在学校发展史上又攀登上新的高峰。

2011年9月18日，中共辽宁省委决定吴玉厚同志任沈阳建筑大学党委书记。2011年11月14日，中共辽宁省委决定王军同志任沈阳建筑大学校长、党委副书记；同日，中共辽宁省委决定，学校副校长刘军同志任沈阳理工大学校长、党委副书记。2012年4月6日，中共辽宁省委决定刘娇同志任沈阳建筑大学纪委书记。2012年5月3日，中共辽宁省委同意王宝令同志、刘娇同志任学校党委常委。

2. 积极推进专业建设

学校坚持全面落实教育方针，深入实施素质教育，以育人为根本，不断探索专业建设新领域。学校在不断探索育人、办学的历程中渐渐形成了自己的风格，使学校的教育工作有了进一步的提升，为学校的学科发展打下了坚实的基础。2012年，学校的城市规划、土木工程、建筑环境与设备工程、给水排水工程、工程管理5个专业迎来住房和城乡建设部组织的专业评估，5个专业全部顺利通过了评估。学校的建筑学、土木工程、给水排水工程和工程管理4个通过评估的专业被评为国家级特色专业建设点；以上4个专业加上城市规划、建筑环境与设备工程共6个专业被评为辽宁省示范专业。

3. 国际合作办学成果斐然

为适应高校教育国际化发展和对外交流，培养国际市场需求的高级人才，经国务院学位委员会批准，学校与美国班尼迪克大学合作培养信息管理硕士，该项目已经正式列入辽宁省人才培训基地的人才培训计划中，每年沈阳建筑大学为辽宁省委组织部培养30名信息管理硕士专门人才。几年来，学校与罗马尼亚特来西瓦尼亚大学、美国班尼迪克大学、德国达姆施塔特应用科技大学、英国东伦敦大学、日本熊本大学、俄罗斯阿穆尔共青城国立技术大学、德国维斯马大学、韩国又松大学、芬兰坦佩雷应用科学大学、芬兰VTT国家技术研究院、法国巴黎高等艺术学院、澳大利亚联邦大学、波兰琴希托霍瓦工业大学、英国谢菲尔德大学等30余所国外高校达成了合作意向，并与10余所国外科技公司及科研机构签署合作协议，聘请10余位国外高校教授为学校客座教授，国际化办学成果得到了国内外业内人士的好评。

4. 进一步加强科研团队建设

全校逐步形成有组织、有队伍、有项目、有成果的科研团队15个，其中获批省级以上创新团队7个，培养各级科技人才100余人，获批国家地方联合工程实验室、辽宁省工程技术研究中心等国家、省级科技平台14个。2011年，张珂教授带领的"数控机床主轴系统"团队获教育部创新团队，张伶伶教授带领的"东北老工业基地城市更新与建筑创新"团队获辽宁省创新团队。2012年，赵唯坚教授带领的"新型装配式结构体系及关键技术"团队获辽宁省创新团队。2013年，冯国会教授带领的"严寒地区建筑节能与室内环境控制关键技术"团队获辽宁省创新团队。2014年，李帼昌教授带领的"新型钢-组合结构关键技术研究"团队、陆峰教授带领的"高端石材制品数字化加工装备与技术"

团队获辽宁省创新团队。2015年，孙丽教授带领的"结构安全与损伤控制"团队获辽宁省创新团队。

2015年，学校"数控机床主轴系统"创新团队以优秀成绩通过验收并获得教育部"长江学者和创新团队发展计划"滚动支持。学校被授予"全国科技服务诚信机构"称号。作为副理事长单位，学校积极参与推进"全国绿色建材产业技术创新战略联盟""中国被动式超低能耗建筑联盟"等产业联盟，广泛开展协同创新，为下一步开展更为广泛的产学研合作搭建了平台。学校吴玉厚教授主持的"高档石材数控加工装备与技术工程实验室"获批国家地方联合工程实验室。

5. 着力打造"人才高地"

2011年11月，中共辽宁省委组织部、辽宁省人力资源和社会保障厅等六部门下发了《关于公布辽宁省"院士后备人选培养工程"首批人选名单的通知》，学校吴玉厚教授名列其中。在国家院士申报工作中，吴玉厚教授入选院士后备人选，提高了学校师资队伍的层次，使得学校高端人才队伍建设取得了标志性的进展。2011年，由机械工程学院张珂教授为带头人的"数控机床主轴系统"团队入选教育部"长江学者和创新团队发展计划"创新团队。2013年，学校高层次人才队伍建设取得突破性进展，张珂教授成功入选"2012年度长江学者奖励计划"，受聘为"长江学者特聘教授"。2015年，"数控机床主轴系统"团队获批教育部"创新团队发展计划"滚动支持。

2014年9月，经全国博士后管委会专家组评审，人力资源社会保障部、全国博士后管理委员会下发了《关于批准新设辽宁大学哲学等291个博士后科研流动站的通知》，其中，批准我校设立土木工程、机械工程两个博士后科研流动站，新增数量位列辽宁省省属高校首位。

6. 基础设施建设项目获批国家专项支持

2014年，学校基础实验中心项目获得国家立项审批，2016年6月24日正式开工。在项目各参与方的共同努力下，2017年9月30日，基础实验中心项目A座主体顺利封顶，标志着该项目取得了重要进展。学校基础实验中心建设项目是国家支持中西部基础能力建设专项资金支持项目，项目总投资约1.8亿元（国家投资1.1亿元），辽宁第一批仅5所高校获得支持。

2014年3月18日，中共辽宁省委决定，王军同志任沈阳理工大学党委书记，免去沈阳建筑大学校长、党委副书记职务；任命石铁矛同志为沈阳建筑大学校长、党委副书记。

2014年12月16日，辽宁省委决定陈瑞三、笪可宁同志任沈阳建筑大学副校长、党委常委。

（五）务实进取，争创一流（2015.10—2018.8）

2015年10月16日，中共辽宁省委决定董玉宽同志任沈阳建筑大学党委书记。中共辽宁省委决定王强同志任辽宁经济管理干部学院党委书记。

2015年11月25日，中共辽宁省委决定宁先圣同志任沈阳建筑大学副校长、党委常委。学校副校长、党委常委王宝令同志任沈阳理工大学副校长、党委常委。

新的学校领导班子成员为：党委书记董玉宽，党委副书记、校长石铁矛，副校长李成滨、宁先圣，校纪委书记刘娇，副校长陈瑞三、笪可宁。至此，学校完成领导班子调整。

1. 省委第七巡视组到校巡视

2015年12月，在学校新一届领导班子交替之际，按照省委和省委巡视工作领导小组的统一部署，省委第七巡视组来到学校进行为期两个月的专项巡视。2016年3月3日，省委第七巡视组向学校反馈巡视情况。学校召开党委扩大会议，省委第七巡视组副组长吴忠伟向与会同志反馈专项巡视意见，迟克举代表省委第七巡视组讲话。董玉宽在会上作表态发言，并代表学校签收了专项巡视反馈意见。

2. 精心制定"十三五"规划

2015年12月25日，学校召开了综合改革推进暨"十三五"规划制定工作会议。校党委书记董玉宽在分析国家高等教育发展新特征的基础上，提出要将突出全面提高教育质量、全面深化综合改革、全面推进依法治校、全面加强党建和思想政治工作融入学校"十三五"规划的制定中，以"创新、协调、绿色、开放、共享"五大理念为主线谋篇布局，推动学校综合改革和"十三五"乃至更长时期的发展。经过全校上下的共同努力，学校"十三五"规划在学校第七届工会会员暨教职工代表大会上发布，标志着在今后5年甚至更长时间内，学校将按照"十三五"规划的各项要求，采取行之有效的措施，努力实现各项工作目标，加快学校发展建设步伐。

3. 学校成立学术委员会

2016年10月18日，学校在大学章程发布后，依据相关规定，制定下发了《沈阳建筑大学学术委员会章程（试行）》，章程共五章，四十二项条款，规范了学术委员会组织与规则、学术分委员会组成与规则、专门委员会组成与规则，明确了其作为学校最高学术机构，独立行使职权，统筹行使学术事务的决策、审议、评定和咨询等职权及相关义务。

2016年2月25日，中共辽宁省委组织部同意，学校党委聘任李宏男同志为沈阳建筑大学副校长；同年8月22日，中共辽宁省委决定，田野同志任沈阳建筑大学党委委员、常委、副书记。

4. 学校成为省"双一流"建设高校

2017年1月，辽宁省人民政府印发了《辽宁省统筹推进世界一流大学和一流学科建设实施方案》（以下简称《方案》），《方案》确定了一流大学和一流学科建设工作的主要目标，根据《方案》，学校成功入选省一流大学重点建设高校，建筑学、城乡规划学、土木工程3个博士一级学科入选重点建设学科，入选学科数量位列省内高校第8位。2017年10月，教育部下发了24个国际合作联合实验室立项建设的通知，学校"现代建筑工程装备与技术"实验室成功入选，这是学校首个获批立项的教育部国际合作联合实验室，标志着学校在现代建筑工程装备与技术领域的科学研究向"双一流"迈进。

2017年，学校获得国家、省市各级各类奖项层次和数量屡创新高，在国家层面的实验室建设、科研项目以及各类竞技竞赛中获得了多项突破性成果。新增纵向科研项目481项，承担经费5792万元，科研经费进款4132万元，科技创新主体计划规模和质量大幅提升。完成学校直属13个科研机构和4个科研平台的建设工作，为学校科技创新搭建了重要科技平台和窗口。2017年4月，中国科学院文献情报中心完成了中国科学引文数据库（CSCD）2017—2018年来源期刊遴选工作，学校学报自然科学版实现历史性突破，首次入选。

5. 第四轮学科评估成果喜人

2016年12月28日，教育部学位与研究生教育发展中心发布全国第四轮学科评估结果。学校15个一级学科中，有13个学科参评，评估结果相较于第三轮学科评估，参评学科的排名稳中有升，排名百分位大幅提高，学科建设取得优异成绩。在辽宁省高校中，建筑学、城乡规划学、风景园林学3个一级学科排名并列第一，土木工程一级学科排名第二，机械工程一级学科省内排名并列第三，材料科学与工程、计算机科学与工程省内排名并列第五。

6. 本科专业建设取得新突破

2012年辽宁省启动普通高等学校本科专业综合评价，对省内高校布点较多的5种本科专业开展了综合评价。自2012年以来，在辽宁省普通高校本科专业综合评价覆盖的学校30个专业中，7个专业全省第一、3个专业全省第二、7个专业全省第三，共计23个专业进入全省前五名。学校拥有6个国家级特色专业、6个省级示范（特色）专业、6个省综合改革试点专业、6个省工程人才培养模式改革试点专业、2个省重点支持专业、1个向应用型转变示范专业、1个创业教育改革试点专业。建筑学、土木工程、机械设计制造及其自动化、建筑环境与能源应用工程、给排水科学与工程、工程管理、无机非金属材料工程7个专业入选辽宁省首批百个本科优势特色专业，其中，无机非金属材料工程专业入选国内首批国家级专业综合改革试点项目。

2017年10月，学校继续教育学院获批成为"MOOC中国联盟"成员单位，为进一步做好学校成人学历远程网络教育工作奠定了坚实的基础。

7. 深化研究生教育改革

学校学位与研究生教育事业始终坚持以立德树人、科学发展为根本宗旨，以提升质量、深化内涵为核心目标，不断创新研究生培养和管理模式，深化研究生教育和教学改革，研究生教育规模逐步扩大，学位授权体系日益完善，研究生培养质量稳步提高，走过了一条持续、健康、跨越式发展之路，连续七年荣获"辽宁省学位与研究生教育先进单位"称号。学校研究生招生工作始终以"严守纪律、严谨细致、严肃认真、严格准确"为宗旨，不断完善招生制度体系，严格规范过程管理，积极拓宽生源渠道，研究生招生数量和质量不断提高。10年来，学校研究生招生规模不断扩大，已从2008年的552人，增加到2018年的1108人，增幅达100.72%，招生规模跃居省属工科院校第3位。2016年8月，学校当选为辽宁省研究生招生工作研究会第二届理事会会长单位和秘书长单位，校长石铁矛当选为研究会会长。

8. 服务辽宁成果显著

学校充分发挥自身优势，以"立足沈阳、服务辽宁"为基本任务，以服务县域经济发展为着力点，坚持面向区域经济，主动服务行业和地方经济建设。

从2008年开始，张伶伶教授研究团队开始承担辽宁沿海经济带重大项目辽东湾新区的规划设计工作以来，10年的市校合作取得了丰硕的成果，在辽东湾这片希望的土地上建起了一座极具特色的新城区，受到省市领导和业界的肯定，开创了市校合作领域的新模式。研究团队的核心成果分别被《人民日报内参》《中国建设报》和《辽宁日报》（2015年1月28日刊）以整版篇幅重点报道，并作为新型城镇化的样板向全国推广。学校编制完成了《辽宁省宜居乡村总体规划》和《辽宁省县、乡镇、村庄宜居规划导则》等规划体系标准，为企业解决了技术难题，积极推动地方转型发展，助力辽沈新型城镇化建设。2008—2017年，校办产业经营总收入近10亿元，实现利税近1亿元。

9. 加强党风廉政建设和宣传统战工作

学校党委高度重视党风廉政建设，发挥主体作用，强化纪委监督作用，落实巡视整改要求，校园日益风清气正，形成了良好的党风、校风和学风。学校2011年被评为辽宁省生态文化教育示范基地；2012年、2015年获沈阳市"书香校园"荣誉称号；2012年、2016年、2018年被评为沈阳市、辽宁省爱国主义教育基地；2014年被评为辽宁省校园文化建设品牌学校。

10. 思想政治工作开创新局面

2017年9月18日，学校党委决定成立党委教师工作部，同人事处合署办公，之后，召开了全校思想政治工作会议。2018年5月28日，学校印发《中共沈阳建筑大学委员会关于加强和改进新形势下思想政治工作的实施意见》。2016年1月至2月，《人民日报》、新华社、《光明日报》、中央人民广播电台等中央新闻媒体（机构）和人民网、新华网、光明网、中国广播网等重点新闻网站陆续对麦麦提的先进事迹进行了宣传报道。2013年以前，学校军训工作由部队承训。2014年，学校尝试用本校退伍复学学生和部队现役战士联合担任军训教官，取得良好效果。2016年，学校实施了"学生成长导师计划"，遴选部分优秀校友担任学生成长导师，在校内选拔部分学生接受其指导。学校还在优秀校友中聘请了"双创导师"，王立巍被评为全国优秀"双创导师"。自2015年起，学校团委连续多年荣获省、市先进团委称号。

11. 留学生规模向千人迈进

学校不断拓展学生公费出国出境交流工作渠道，与德国维斯马大学、捷克布拉格工业大学、韩国全北大学的学生交流项目持续发展。学校恢复了与芬兰坦佩雷应用科学大学学生交流项目，开启了与美国迈阿密大学、澳大利亚悉尼科技大学、意大利米兰理工大学、日本熊本大学、德国达姆施塔特应用科技大学、俄罗斯阿穆尔共青城国立技术大学、罗马尼亚特来西瓦尼亚大学等国外16所大学20余个学生交流项目。2016年11月，董玉宽代表学校分别与德国达姆施塔特应用科技大学和维斯马大学签署了新的校际合作协议书，在开展本科生教育、研究生教育、双学位教育、合作办学项目、科技合作项目等方面进行了实质性落实，标志着学校与德国高校的交流与合作进入全面发展新阶段。

2017年6月16日，中共辽宁省委同意冯国会同志任沈阳建筑大学党委常委、副校长。

12月2日，中共辽宁省委同意宁先圣同志任沈阳建筑大学党委副书记，免去其沈阳建筑大学副校长职务。

2018年8月16日，学校在新宁科学会堂召开全校干部会议。省委组织部副部长赵建华，省教育厅党组成员、副厅长花蕾出席会议。会上，赵建华宣布省委决定并讲话。省委决定，阎卫东同志任沈阳建筑大学党委委员、常委、副书记、校长，李宇鹏同志任沈阳建筑大学副校长，张珂同志任沈阳建筑大学党委委员、常委、副校长；免去石铁矛同志的沈阳建筑大学党委副书记、常委、委员、校长职务。8月29日，学校召开领导班子会议宣布省委决定，严文复同志任沈阳建筑大学副校长。

（六）新时代，迈向新目标（2018.9—2020.12）

1. 隆重庆祝建校70周年

2018年9月22日，沈阳建筑大学隆重举行建校70周年庆典。出席大会的有：罗马尼亚驻华大使、国内外高校代表、政府企业代表、各地校友会负责人、校友代表、学校老领导、曾经在学校工作过的领导、学校领导班子、各单位和各部门负责人以及在校师生代表共1万余人。学校党委书记董玉宽致开幕辞，校长阎卫东主持大会。董玉宽回顾了学校70年发展历程。希望全体建大人携手同心，以建校70周年为新起点，再接再厉、勇攀高峰，以昂扬的姿态，再创新的辉煌！全国政协委员、研祥高科技控股集团董事局主席、计算机80级校友陈志列代表校友在大会上致辞，并现场宣布为母校捐赠人民币1000万元。中建一局董事长、党委书记，中建交通董事长、党委书记罗世威代表用人单位致辞。教师代表、校学术委员会副主任委员、辽河院院长傅金祥，学生代表、辽宁省华育大学生年度人物、机械15—2班王景旗先后在会上发言，他们表示，在学校进入高速发展的新的历史时期，书写无愧于历史和时代的建大华章。学校建成了校史馆，出版了新编校史，举办了纪念建校70周年文艺晚会等校庆活动。

2. 学校召开第二次党代会

2019年1月11—12日，备受全校广大师生员工瞩目的中国共产党沈阳建筑大学第二次代表大会在大学生活动中心胜利召开。董玉宽代表中国共产党沈阳建筑大学第一届委员会作了题为《聚力改革创新、推动高质量发展，为建设国际知名、国内一流的建筑大学而砥砺奋进》的工作报告。选举产生了中国共产党沈阳建筑大学第二届委员会和纪律检查委员会。经党委第一次全体会议选举，董玉宽、阎卫东、宁先圣、王利印、冯国会、张珂、汤伟、张晓雁、曹传明当选为第二届党委常委，董玉宽为书记，阎卫东、宁先圣为副书记；经纪委第一次会议选举，王利印为书记，林慧为副书记。大会通过的工作报告及各项决议，必将进一步动员和激励全体共产党员和全校师生员工，坚定不移地朝着建设国际知名、国内一流建筑大学的目标奋进。

3. 党代会以来，学校各项事业蒸蒸日上

（1）建立和完善思想政治工作体系。学校党委认真履行管党治党、办学治校的主体责任，把立

德树人作为根本任务，常抓不懈。建立和完善思想政治工作体系，发挥统帅和灵魂的功能。2019年5月，学校党委全面启动"三全育人"综合改革工作，制定了学校"三全育人"综合改革方案，形成了"1+10"制度保障体系，建立了系统化、科学化的思想政治工作体系。打造文化育人体系，构建了以"十大文化"为核心的特色文化育人体系。学校获评第二届"辽宁省文明校园"荣誉称号。

（2）一流的本科和高质量的研究生教育。强化科技创新能力培养，学生学科竞赛成绩优异。2018年，全校本科生获国家级奖项46项、省级奖项319项。中国高等教育学会发布的2014—2018年我国普通高校学科竞赛评估结果显示，沈阳建筑大学以"获奖81项、总分58.85分"的成绩名列全国高校第188名，省属高校第3名。2019年，学校13个专业先后获批辽宁省一流本科教育示范专业，占学校本科专业数量的32.5%。2019年年底，学校建筑学、土木工程、工程管理、建筑环境与能源应用工程、给排水科学与工程、无机非金属材料工程、机械设计制造及其自动化、计算机科学与技术8个专业被认定为首批国家级一流本科专业建设点，通信工程、自动化、环境工程、动画、环境设计5个专业被认定为省级一流本科专业建设点，专业建设取得了历史性突破。

学校积极推进与行业、企事业单位联合共建研究生联合培养基地，立项建设了43个校级专业学位研究生联合培养基地，获批7个辽宁省专业学位研究生联合培养示范基地，与辽宁省建筑设计研究院联合建立的建筑与土木工程领域"现代建筑产业化专业学位研究生联合培养基地"获批为第二批"全国示范性工程专业学位研究生联合培养基地"。2020年度，土木工程博士后科研流动站评估等级为优秀、机械工程博士后科研流动站评估等级为良好。

（3）学科建设取得新突破。学校构建以建筑、土木特色学科为主，其他优势学科多轮驱动的学科布局。根据国家和区域社会经济发展的需要，进行跨学科的交叉、渗透与融合，凝练学科交叉新方向，形成了以土木工程为核心，与环境科学与工程、材料科学与工程、管理科学与工程等学科交叉融合的土木与环境工程学科群；以"建筑学+城乡规划学+风景园林学"为主体，艺术设计为支撑的建筑学科群；以机械工程为核心，与控制科学与工程学科、力学学科、材料科学与工程等学科交叉融合的机械工程学科群。通过优化学科布局，打造了一批高水平科研团队和成果。在辽宁省教育厅高校"双一流"建设项目所属学科2019年度考核中，我校5个一流特色学科全部通过考核，其中，土木工程学科新增突破性成果4项、重大标志性成果8项、标志性成果9项，折合成果69项，新增成果数在省内同类排名第1，考核结果为"优秀"。

（4）人才队伍不断发展壮大。学校扎实推进《中共中央国务院关于全面深化新时代教师队伍建设改革的意见》，完善师德师风建设相关规章制度，推动师德师风建设向纵深发展。涌现出了"全国模范教师"、辽宁"最美教师"、辽宁"教学名师"等一大批先进典型。深化人才评价模式改革，加快高端人才队伍建设。学校出台了《专任教师专业技术职务评审办法》《专任教师专业技术职务任职条件》和《专任教师专业技术职务评审量化指导意见》，解决了"唯学历""唯论文"等问题。学校切实做好辽宁省高等学校一流学科建设工作，辽宁省绩效考核成绩持续上升，办学经费指标持续向好。

（5）科技创新能力显著增强。近年来，累计获得各级各类纵向科研项目1200余项，纵向科研进款近2亿元。学校新增教育部国际合作联合实验室1个，辽宁省高校重大科技平台2个，辽宁省重点实验室3个，辽宁省工程技术中心3个，辽宁省工程研究中心1个。组建并获批了"助推新时代辽宁绿色建筑及建筑工业化产业振兴高端智库"及"乡村建设发展模式与绿色宜居技术创新智库"两个省级智库。学校科研成果获得辽宁省科技奖励35项，住房和城乡建设部华夏科技奖励12项，沈阳市科技奖励12项。2019年，学校"超精密全陶瓷球轴承相关技术研究与应用"成果荣获2019年辽宁省技术发明"一等奖"。2019年，学校"辽东湾城市新区设计"获"2009—2019中国建筑创作大奖"，"辽东湾体育中心"设计项目还获得全国行业优秀勘察设计一等奖。2020年，张珂教授主持完成的项目获得辽宁省科技进步奖一等奖。

（6）积极服务辽宁振兴发展。学校依托3个国家级科研平台，38个省部级科研平台，19个校内直属科研机构，牵头6个省级校企合作联盟，积极做好各项服务对接工作。近3年学校共签订"四技"合同750项，合同额近2.2亿元，省内成果转化率均达到75%以上，横向科研进款近1.3亿元，成果转化情况位列省属高校前茅。学校认真落实党的十九大提出的乡村振兴战略和辽宁省委扶贫工作要求，校党委以建筑、规划、风景园林三大学科为主成立"建设美丽乡村工作营"，组织开展具有专业特色的精准扶贫、学术下乡。近3年，学校选派20余名干部，担任科技副县长（市）长和乡村"第一书记"。2018年3月28日，与国家能源集团正式签订校企合作协议，共同建设"绿色能源与建筑研究中心"。合作以铜铟镓硒光伏建筑一体化技术为依托，加强原始创新，让新能源产业和现代建筑产业项目在辽宁落地。

（7）大力推进办学国际化。加快国际化办学步伐，积极融入辽宁对外开放体系。近3年，学校大力推进国际化水平发展，全面加强国际交流与合作工作，开拓新的国际交流与合作渠道，累计接待包括美国、日本、德国、俄罗斯在内的140余个国外来访团组，与意大利米兰理工大学、美国埃文斯维尔大学、林肯学院等20余所海外高校新建校际合作关系，签署合作协议30余份，累计派出26个出访团组，并选派259名优秀骨干教师、286名学生赴国外交流学习或留学，罗马尼亚孔子学院学员数量累计超过1000人。报获批4项省教育厅和国家境外培训项目，累计获得资助90万元。2019年人民日报专题报道建大罗马尼亚孔子学院办学成果。

（8）学生创新创业插上翅膀。2018年被辽宁省科学技术厅确定入选"2018年度第一批省级备案众创空间"，获沈阳市科学技术局授予的"沈阳市众创空间"称号。学校与沈阳市浑南区政府合作建设校外孵化基地——"沈阳建筑大学·寓建优客（创孵）工场"，基底面积为1787m²。学校形成了"孵化器管理+创业辅导与支持+科技创新服务+产学研用+产业融入+投融资管理+市场开拓"为一体的学生创新创业项目指导服务体系。截止到2019年年底，在孵企业及团队共获得知识产权33项，其中发明专利1项，实用新型专利3项，软件著作权29项。

（9）服务保障能力不断增强。在辽宁振兴和学校发展新时期，学校的基础保障能力不断增强。后勤集团先后荣获"全国校园物业服务百强单位""辽宁省节水型单位""辽宁省生态绿化单位"等荣誉称号。图书馆服务能力显著增强，学校同辽宁省重要技术创新与研发基地建设工程中心达成框架合作协议，双方共建共享科技文献，为学校的科研创新、人才培养提供实践基地。

（10）抓党建促发展成效显著。学校全面落实"双带头人"建设工作任务，激发了基层党组织的活力。2018年，学校有一个党支部入选教育部首批"全国党建工作样板支部"创建名单。2019年，一个党支部获评教育部全国高校"百个研究生样板党支部"。推进"两学一做"学习教育常态化制度化，基层党建工作进一步完善，教师党支部书记"双带头人"实现全覆盖。获批教育部首批高校"百个研究生样板党支部"1个，全国党建工作样板党支部3个，全省首批党建工作样板院系4个，全省党建工作样板支部10个。统战工作获得一项辽宁省统战工作创新最佳案例。2019年，学校党委班子被省委评委优秀领导班子。

2020年11月，辽宁省委任命宁先圣同志为沈阳理工大学党委副书记、校长，不再担任沈阳建筑大学党委副书记职务。

在2021年到来之际，学校党委书记董玉宽，党委副书记、校长阎卫东向全校师生和广大校友发出了新年献词。展望未来，学校坚持党对学校事业的全面领导，坚持立德树人根本任务，抓住新时代推进教育现代化、建设教育强国和辽宁全方位振兴的历史机遇，制定并实施"十四五"规划，切实提高办学能力和水平，推动高质量发展，不断增强师生的获得感和幸福感，努力把学校建设成为行业特色鲜明、学科优势凸显、社会高度认同的研究应用型大学，早日实现建成国际知名、国内一流的建筑大学的发展目标。

4.2 人才培养

4.2.1 本科教育

沈阳建筑大学的前身，诞生于1948年东北军区军工部工业专门学校就是一所本科大学，学制四年，培养兵器技术人才和管理干部。虽然经过30年的发展变迁，学校一直把培养国家需要的高素质人才作为自身使命，不断加强本科教学工作，树优良学风，育一流人才。

1. 抓教学基础建设

1977年合并两所中专改建辽宁建工学院之后，学院提出了培养德智体全面发展的高级工程技术人才的培养目标，不断加强基础教学工作。在提高课堂教学质量方面，学院坚持择优排课原则。为保证有经验的教师上教学第一线，1983年上半年进行了教师聘任制试点。学校在1989年、1990年制定和完善了《教师课堂教学要求及行课制度》《实验、实习基本要求》《毕业设计基本要求》《考试工作细则》等规章制度，加强了教学的计划管理、过程管理和质量管理。

1989年，学校根据"打好基础，拓宽专业，加强实践，培养能力，适应社会需要"的原则，修订专业教学计划，调整课程设置，优化专业结构，体现专业特色。在一个专业内设置若干不同的专业方向，并根据社会对专门人才的实际需要，及时调整专业方向。如在自动化专业增加了"电气技术专门化"，建筑学专业增加了"城市规划专门化"等。学院还对已设专业，通过调整课程设置，增加选修课范围，扩大专业服务方向，加强了实践性环节，以增强毕业生对社会的适应性。

1990年，建筑系陈伯超副教授提出的"发展开放型建筑设计课教学"的主张，通过他和其他教师的实践，打破了过去封闭的教学模式，建立起一套切合实际的开放型教学体系，效果良好，获得了国家优秀教学成果奖。此外，由建工系魏忠泽副教授和电化教研室周跃老师共同完成的电教片《施工课教学法改革》和机械系李恩惠副教授、郭颂讲师共同完成的《"内燃机构造与原理"微机辅导教学》，均荣获辽宁省1989年度优秀教学成果二等奖。

2. 试行学分制

为适应社会主义市场经济对人才的高要求，培养复合型、应用型人才，经过酝酿和准备之后，1994年，学校决定从95级本科生起试行学分制。学分制以选课制为前提。各专业现开出的选修课共达160多门，为选课制打下了基础。学院从1993年起实施一本一专、主辅修制。目前已有259名学生在取得本科学历的同时获得了辅修专业或专科证书。学院从培养一批掌握专业、懂工程、会管理，外语、计算机能力较强的复合型人才中，积累了经验，从而为实行学分制以后，引导学生按自身的发展潜力进行自我选择和设计全新的成才途径，创造了条件。学院自1994年成立考试中心，为顺利实行学分制，保证考试工作的效度、信度，奠定了基础。

3. 加强内涵建设

在学科和课程建设方面，建筑学专业被评为省级重点学科，机械设计、混凝土结构与砌体结构、电工原理等9门课程被评为建设部部级优秀课。在教育研究方面，获省"八五"期间教育科研优秀成果奖5项。教学管理进一步加强。外语四、六级通过率逐年上升。注重教材建设，编写并正式出版教材49部，其中主编26部。图书馆实施微机系统管理和开架借阅，提高了图书利用率。学院在实践性教学环节建设上，先后建立了30个校外生产实习基地。1993年，给水排水专业参加该专业全国首批毕业设计评估，被评为A级。体育教学成效明显，在省教委评估中学院被评为贯彻落实《学校体育工作条例》优秀学校。成人教育有了较大发展，1996年10月辽宁省普通高校函授、夜大学教育评估工作专家组来院评估，一致认为达到了评估指标的要求，并给予了较高评价。

4. 深化教学改革

学院适时地调整了专业结构，拓宽了专业面。1991年，学院只有11个本科专业，2个专科专业，到1995年，已发展到17个本科专业，11个专科专业。从1992年起，学院试行"大专业、多方向、中后期分流"的培养模式，开设了"国际工程承包""工程建设监理""房地产开发经营""涉外机械工程"等专业，同时，实行了主辅修制。这些都增强了学生进入人才市场的竞争能力，适应了市场经济的需要。此外，课程建设不断加强，教学管理不断完善。为提高教学质量，充分发挥老教师作用，学院于1994年3月成立了教学督导组，由分管教学的谭静文副院长任组长，聘请了有教学经验的8名正副教授为成员。各系也相应地成立了教学督导组。从而加强了对教学工作的督导和指导。学院还加强了外语和计算机教学。学院在地方的支持下，建立了12个校外生产实习基地，进一步促进了教学与实践相结合。据1992年6月的统计，学院获国家级优秀教学成果奖2项，省级优秀教学成果奖2项。学校还大力开展了高等教育科学研究工作：开展的研究工作有，国家"九五"社会科学基金项目1项，省（部）教育科研规划课题31项。学院还被省教委评为辽宁省"九五"教育科研先进集体。

5. 以评促建取得成效

1997年6月4日，全国高等学校建筑工程专业教育评估委员会派出视察组对学院土木工程系建筑工程专业进行视察。6月28日，学院收到全国高等学校建筑工程专业教育评估委员会6月14日函告："评估委员会同意观察小组对你校建筑工程专业的视察报告，评估予以通过。"

1999年5月9日至13日，全国高等学校建筑学专业教育评估专家视察组一行5人来院视察评估，肯定了建筑系的办学成绩，对建筑系的教学条件给予了较高的评价。建筑学专业顺利通过了全国专业评估。

1997年11月，学院土木系测量实验室、基础部物理实验室、计算中心3个实验室顺利通过了全国高校辽宁地区"双基"实验室的评估。实验室评估促进了学院实验室的建设和发展，使实验室建设步入了规范化的轨道，实验室管理工作日趋制度化。1998年3月，学院"大学生健康教育"工作通过了省教委评估，并被评为优秀学校。学院还进一步深化了"两课"的改革，按国家教委和省教委的有关规定，调整了课程设置，落实了"两课"改革计划，确定了邓小平理论课为校级重点课。

6. 提高人才培养质量

1993年，学院在校生规模已达3600人，是建设部部属院校中在校生人数较多、本科办学质量较好的院校之一。学院坚持科学管理、从严治校，注重培养复合型人才。在本科教学改革上做了大量的工作，切实加强师资队伍建设、专业建设、课程设计、学风建设，不断优化教学体系，取得了较好的成绩，荣获了国家和省多项优秀教学成果奖，并多次在部属院校介绍经验。从1977年恢复高校招生以来，已向国家输送了12届本科生，他们中许多人已成为建筑行业的技术骨干和管理骨干，其中相当一批人已走上了各级领导岗位，受到了用人单位的普遍欢迎。

截至2020年，学校一批次录取省区数量达到29个；普通理工类一批次生源比例接近90%。学校不断深化校企协同育人的合作机制，与中建八大工程局等大型国有企业签署了共建协议；学校启动了订单式人才培养模式的探索与实践，毕业生就业质量不断提高，每年均有40%左右的毕业生签约世界500强企业，毕业生初次就业率连续多年名列辽宁省内高校前茅。学校获得辽宁省普通高校毕业生就业工作先进集体和全国普通高校毕业生就业工作先进集体称号。学校重视培养学生的政治素质，学生党员占在校生比例达到7.8%，每年获得市级以上荣誉的学生超过1000名。

4.2.2 研究生教育

1. 研究生教育发展历程

1985年6月，根据城乡建设环境保护部下达的1985年硕士学位研究生招生计划，学院首次招收了结构工程专业的2名硕士研究生。至1988年，学院连续招收了4届结构工程专业硕士研究生，均以优异成绩获得了硕士学位，积累了相当多的硕士研究生教育和管理经验。1988年5月，学校周密地组织了首次硕士生的毕业论文答辩。由南京工学院丁大钧教授、西安冶金建筑学院刘铮教授、丰定国教授，以及本学院的张殿惠、鲁德成副教授等组成的论文答辩委员会，全票通过了毕业论文。此次检查强化了学院研究生教育的质量意识，促进了科学管理，并建立起有效的监督和自我约束机制。

1993年12月，经国务院学位委员会第12次会议审核批准，学校为新增硕士学位授予单位，从而使办学层次取得了重大的突破，上到了一个新的台阶。建设部教育司于1993年7月以《我部关于推荐沈阳建筑工程学院为新增列硕士学位授予单位的审核意见》（简称《意见》）上报国务院学位委员会。《意见》认为，沈阳建筑工程学院是建设部直属7所高等学校中成立较早的院校之一，根据全国，特别是辽宁地区经济建设事业发展的迫切需要，以及对学院综合条件的审查，特推荐沈阳建筑工程学院为新增列硕士学位授予单位。

1996年3月和9月，李宏男教授和陈伯超教授分别被大连理工大学和中国科学院沈阳应用生态研究所聘为博士生导师，并开始了联合培养博士生的工作，掀开了学院上层次的新篇章。

1997年4月16日，辽宁省学位办研究生教学检查组由大连理工大学研究生院副院长解茂昭教授带队一行7人，对学校研究生教育进行了全面、系统的检查。学院对此十分重视，把它当作一次考核、一次推动、一次机遇。在迎检工作中开展了认真的自查自评，有针对性加强了自身建设；进一步完善了研究生教育的各项规章制度，做到研究生教学准备充分，组织严谨，态度认真，秩序良好，规范、完备了研究生教育档案；健全了学位评定机构，完善了学位管理；加强和改进了研究生的思想政治工作。检查组检查后作出了较高的评价。

2. 学科建设

1993年12月，学校获批硕士学位授权单位时，结构工程、建筑设计及其理论、结构力学为硕士学位授权学科点。1998年3月27日，辽宁省学位委员会审核批准了学院机械设计及理论、控制科学与控制工程、材料学、市政工程、供热供燃气通风及空调工程5个学科为新增列硕士学科点。学院此次申报通过率为71%，在全省28个申报单位中申报通过率位居第一名。获准通过的学科点数在辽宁省的中央及部属院校中也居首位。至此，学院已有9个学科获得硕士学位授予权，在校研究生达到70余人，实现了研究生教育的长足进步。

学校现有建筑学、土木工程、机械工程、城乡规划学、风景园林学5个博士学位授权一级学科，土木工程、机械工程、建筑学3个博士后科研流动站，16个硕士学位授权一级学科，13个硕士专业学位授权点。学校为推荐优秀应届本科毕业生免试攻读硕士学位研究生工作单位。学校有博士生、硕士生导师716人，博士、硕士研究生近5000人。

4.2.3　继续教育

继续教育是伴随着学校的发展历程而发展起来的，多年来，我校坚持贯彻落实党的教育方针，坚持社会主义办学方向，以改革为动力，以成人教育和培训为主，学历教育和非学历教育并重，巩固和稳定成人学历教育规模，加快发展岗位培训、执业资格培训，充分发挥学校办学特色和优势，进一步提高教育质量，不断扩大继续教育办学规模，通过长短期培训和成人教育为国家培养了大批亟需的各类人才。

我校的成人教育起步于1980年，先后开办了夜大、函授、脱产形式的本科、专科、专升本、二学历等多层次的学历教育和各类专业培训、岗位培训、执业资格培训等非学历教育。2002年更名为继续教育学院后，充分依托学校师资力量和办学资源，不断加强管理，改善办学条件，提高教学质量，成立了全国市长培训教学基地、组建了"住房和城乡建设部国家一级注册建造师（市政公用工程专业）继续教育培训基地""中共辽宁省委组织部处级干部自主选学培训基地""辽宁省人力资源和社会保障厅专业技术人员继续教育培训基地"等培训基地，学院是中国建设教育协会职称委员会常务理事单位，辽宁省建设执业继续教育副会长单位，中国高校继续教育网络思政联盟理事单位。

目前已在省内的沈阳、大连、抚顺、辽阳、铁岭、葫芦岛等城市设有函授站和教学点，在省外的内蒙古、河北、福建、宁夏等地都设有函授站，在籍学生达到2000余人。专业设置由1980年夜大学的一个本科和一个专科专业的学历教育，发展到19个本科和26个专科专业的不同层次、不同学习形式的学历教育，覆盖了工科、文科、管理、理科、农学等多学科，现开设土木工程等22个本专科专业，特别是建筑学、土木工程、给排水科学与工程、建筑环境与能源应用工程、工程管理等专业具有较强的优势和社会竞争力。

40多年来，学院累计为国家培养了本、专科成人毕业生约10万人，举办各类培训班260余期，为国家和地方经济建设培训管理干部和专业技术人才约6万名。学院的社会影响日益扩大，毕业生受到社会的广泛欢迎，许多毕业生已经成为建设行业的各级领导或业务骨干，为辽宁乃至全国的建筑业、房地产业、城市公用事业以及工程建设、市政建设、村镇建设作出了贡献。

4.2.4 部分校友情况介绍

沈阳建筑大学是以建筑、土木等学科为特色的省部共建高等学校。建校70多年来，学校始终贯彻党的教育方针，秉承"博学善建，厚德大成"的校训，以立德树人为根本任务，注重学生的专业素质和实践能力培养，人才培养质量得到了用人单位的充分肯定。学校为国家培养输送了12万余名各级各类高级专门人才，毕业生遍布祖国各地，对母校的建设发展和社会发展作出了重大贡献。在校友当中，不乏勤政为民的政界骄子，驰骋商场的企业精英，成绩卓著的优秀学者，更有无数校友成为本单位的学术带头人、技术骨干和劳动模范。本书收录了100余名知名校友，旨在彰显校友奋斗业绩，激励学校师生和广大校友牢记建大校训，弘扬建大精神，不辜负党和国家的培养，不辜负母校的希望，让建大的旗帜在国家的各条战线上风采熠熠，高高飘扬。

李永安（1942—），男，1961年毕业于建筑机械与装备专业。教授级高级工程师。曾任国务院三峡建设办公室副主任（正部长级）。中共党员，中共十七大代表，第十、十一届全国政协委员，享受国务院政府特殊津贴专家。曾获"共和国60年影响中国经济60人"称号。

庄苗（1952—），男，1974年进入辽宁建筑工程学校学习，1978—1982工业与民用建筑专业本科。爱尔兰国立大学都柏林大学院博士。教授。曾任清华大学航天航空学院党委书记。获得2009年高等教育国家级教学成果奖一等奖，2001年中国高校科学技术奖自然科学二等奖。

刘召春（1954—），男，工业与民用建筑专业本科1976级。曾任内蒙古建筑科学研究院、内蒙古建设工程司法鉴定中心总工程师，内蒙古工业大学硕士研究生导师，内蒙古自治区建设领域技能大师，享受国务院政府特殊津贴。

郭宝贵（1958—），男，1977—1982供热通风与空调工程专业本科。现任大连威尔特钢有限公司经理。曾任中国三冶集团公司设计院院长、技术部主任等职务。将暖通专业的"传热与传质"学科理论应用到钢铁冶金领域，打破传统、常规的冶炼方法，独创油气热工炉固体还原半焰融冶炼非高炉工艺。

须颖（1959—），男，1977—1982机械制造工艺与设备专业本科。2009年入选国家人才计划。创办了东营三英精密工程研究中心、天津三英精密仪器股份有限公司、三英精控（天津）仪器设备有限公司。

徐旬（1959—），男，1977—1982机械制造工艺与设备专业本科。现任新西兰奥克兰大学工程学院副院长、机械工程系教授、工业4.0智能制造研究中心主任。发表论文300余篇并担任多家SCI国际期刊的副主编和编委。

李明（1956—），女，1977—1982工业与民用建筑专业本科。一级注册建筑师，曾任深圳市市政设计研究院总建筑师、建筑院院长。获深圳市"文明市民道德模范奖"，深圳市优秀共产党员，广东省优秀共产党员称号。

孙占琦（1954—），男，1977—1982工业与民用建筑专业本科。一级注册结构工程师，广东省超限高层抗震专项审查委员会委员，享受深圳市政府特殊津贴，香港工程师协会法定会员。深圳市首届计算机科技贡献一级奖章获得者。

朱京海（1960—），男，1977—1982工业与民用建筑专业本科。现任辽宁省政协人口资源环境委员会副主任。国家环境监理、规划环评的创始人之一。获得同济大学、东北大学博士研究生学位，博士生导师。曾任辽宁省环境保护厅厅长。2016年11月，任中国医科大学党委书记。

张世良（1957—），男，1978—1982工业与民用建筑专业本科。曾任大连市建筑设计有限公司院长。担任院长期间设计产品万余项，上百项设计和科研项目获得国家、省市级优秀设计奖和科研成果奖。

金铁英（1958—），女，1978—1982工业与民用建筑专业本科。现任中建精诚工程咨询有限公司总经理、法定代表人。曾任中国建筑工程总公司经援部工程师，中国建筑工程总公司总承包处处长、总经济师。公司承接了大量2008年北京奥运会场馆项目，获得了奥组委的表彰。

陈凡（1954—），男，1978—1982工业与民用建筑专业本科。曾任东北大学马克思主义学院学术委员会主任，博士生导师，教育部"985工程"科技与社会（STS）哲学社会科学创新基地主任兼首席教授，中国自然辩证法研究会副理事长兼技术哲学学会理事长。

蒋希宁（1961—），男，1978—1982工业自动化专业本科。曾任IBM系统与科技事业部（STG）电信一部中国区总经理。1998年加入国际商业机器中国有限公司沈阳分公司。2002年1月起，任IBM系统与科技事业部（STG）东北区总经理。

罗世威（1960—），男，1978—1982机械制造工艺与设备专业本科。教授级高级工程师。曾任中国建筑一局（集团）有限公司董事长、党委书记。第十四届北京市人大代表。坚持"房屋建筑+基础设施、投资、环保工程"的"1+2"产业定位，是工匠精神践行者。

刘志奇（1956—2021），男，1978—1982建筑机械专业本科。曾任特检集团董事长。2013年开始，创立了一平特检集团，已经发展成国内大型民营两工地起重机械检测企业。

王宁（1961—），男，1979—1983工业与民用建筑专业本科。现任第十九届中央委员会候补委员，中共云南省委书记，曾任中共福建省委常委、福建省委副书记、福建省省长，住房和城乡建设部副部长、党组成员，中央社会治安综合治理委员会委员。

张铁民（1960—），男，1979—1983工业与民用建筑专业本科。现任辽宁省人大常委会副主任。曾任辽宁省朝阳市委副书记、市长，辽宁省交通厅党组书记、厅长，辽宁省阜新市委书记、人大常委会主任。

赵昱（1960—），男，1979—1983工业与民用建筑专业本科。现任中房集团辽宁置业公司董事长。曾获CIHAF中国房地产百杰称号，全国企业文化建设个人贡献奖，中国房地产学院派100人和中国值得尊敬的二十大房地产杰出人物。

王健（1960—），男，1979—1983供热通风与空调工程专业本科。现任沈阳市人大常务委员会副主任。沈阳市规划和国土资源局党组书记、局长，沈阳市沈河区委副书记、区长、区委书记。

符忠轩（1960—），男，1979—1983建筑机械专业本科。现任中国工程机械工业协会混凝土机械分会会长，曾任中国施工企业管理协会常务理事、中国公路建设行业协会常务理事、中国水泥协会常务理事等。

刘国强（1959—），男，1979—1983机械制造工艺与设备专业本科。辽宁省抚顺市政协主席。曾任共青团抚顺市委书记，抚顺市审计局局长、党组书记，抚顺市委组织部常务副部长，抚顺市委常委、宣传部长。

滕军（1962—），男，1980—1984工业与民用建筑专业本科。哈尔滨工业大学深圳研究生院教授、博士生导师。获得国家科技进步二等奖2项，省部级一等奖5项。出版专著2部，参编国家标准3部，发明专利6项，发表论文800余篇。

孙玉红（1962—），女，1980—1984工业与民用建筑专业本科。现任辽宁轻工职业学院党委副书记、院长。曾任辽宁建筑职业学院副院长。教育部建设类高职高专施工类分指导委员会委员，辽宁省高等学校设置评议委员会专家，全国优秀科技工作者，全国纺织服装职业教育优秀校长。主持省部级科研课题13项，重要参与省部级科研课题10余项。

王雅军（1962—），男，1980—1984工业自动化专业本科。现任江苏新宁现代物流股份有限公司董事长、苏州锦融投资有限公司执行董事。先后获得"全国优秀民营科技企业家""全国优秀民营企业贡献奖"。

闻新（1963—），男，1980—1984工业自动化专业本科。南京航空航天大学教授、博士生导师。在北京飞行器总体设计部从事载人航天总体设计等项目，曾任项目主任设计师、副总师和总指挥等职务。

薛世勇（1962—），男，1980—1984工业自动化专业本科。现任中天伟业（北京）建筑设计集团党支部书记、董事长、总裁。兼任北京建筑节能与环境工程协会副会长。获中央国家机关"全国优秀青年知识分子"称号。

顾迎春（1963—），男，1980—1984供热通风与空调工程专业本科。现任沈阳华维工程有限公司副总经理。2007年，在华维设计研发了寒冷地区新风防冻、潜流水水源热泵等多项发明专利，推广和应用多种清洁能源组合技术。

周洪江（1964— ），男，1980—1984工业自动化专业本科。现任烟台张裕集团有限公司董事长、全国人大代表。烟台张裕集团已经发展成为产能遍布全球，产品行销全球70余个国家和地区的国际化企业，公司获得全国五一劳动奖状、全国模范劳动关系和谐企业等荣誉称号。

陈志列（1963— ），男，1980—1984计算机及应用专业本科。现任研祥高科技控股集团董事局主席，第十三届全国政协委员，国家特种计算机工程技术研究中心主任，最高人民法院特约监督员，全国工商联常委，深圳市工商联主席。当选"2021中国经济年度人物"。

邱则友（1962— ），男，1980—1984建筑材料与制品专业本科。现任妙盛动力科技有限公司董事长、全国工商联执委、沈阳建筑大学名誉教授。曾荣获国家星火科技进步奖，全国建材行业劳动模范，"建国60年中国建筑业十大卓越成就奖"等。

虞金木（1961— ），男，1980—1984建筑材料与制品专业本科。现任江苏华亨建材科技有限公司董事长。在央企工作17年，曾任中建八局总承包公司副总经理等职。在《混凝土杂志》《混凝土与水泥制品》等期刊上发表了多篇论文。

王晋良（1962— ），男，1981—1985工业与民用建筑专业本科。现任大连大学党委书记，大连市第十六届人民代表大会人大常委会副主任。曾任大连市土地储备中心党组书记、主任，大连市国土资源和房屋局党委书记。

赵春秋（1963— ），男，1981—1985供热通风与空调工程专业本科。曾任铁岭市建筑设计研究院党委书记。2003年被市委组织部确定为市建委后备干部，2008年荣获铁岭市首届20佳优秀科技工作者称号。

宫锡生（1963— ），男，1981—1985机械制造工艺与设备专业本科。研究员级高级工程师。曾任中国航天科工集团航丰公司总经理。他研发的WZJK空调机在1995年获"1995中国国际新技术名优产品博览会"金奖。

赵敏（1962— ），男，1981—1985机械制造工艺与设备专业本科。曾任大连市政协副主席，大连金州新区党工委委员、管委会副主任，大连金普新区党工委副书记，中共大连市金州区委书记，中共大连市中山区委书记。

翟智慧（1964— ），男，1981—1985建材机械专业本科。现任洛阳至圣科技有限公司董事长兼总经理。公司生产的产品获国家建筑业协会混凝土分会绿色环保混凝土设备称号，河南最佳科技型最具影响力企业等各种荣誉。

毕国臣（1963— ），男，1981—1985建材机械专业本科。现任内蒙古自治区呼和浩特市副市长，市政府党组成员。曾任赤峰市住房和城乡建设委员会主任、党组书记，多伦县委书记，呼伦贝尔市委常委、海拉尔区委书记。

王桂玲（1964— ），女，1981—1985建筑材料与制品专业本科。曾任中建八局副总工程师。曾获"上海市三八红旗手""全国五一巾帼标兵"称号。

端然（1962— ），男，1981—1985起重运输与工程机械专业本科。房谱网创始人。沈阳建筑大学客座教授，深圳大学工程管理硕士生导师，深圳房地产经纪协会监事长，中国房地产及住宅研究会常务理事，中国国家专家网房地产业专家。

刘金江（1963—），男，1981—1985起重运输与工程机械专业本科。曾任三一重工集团副总裁。曾担任辽宁"CIMS"工程试点企业副总设计师、副厂长兼总工程师。主要从事履带起重机研发，获中国机械工业联合会科技进步一等奖、上海市科技进步一等奖、国家科技进步二等奖。

史洪泉（1963—），男，1981—1985起重运输与工程机械专业本科。现任北京正和工程装备服务股份有限公司总经理。先后承接了中央电视台新台址、鸟巢、水立方、深圳平安金融中心、上海世博演艺中心等标志性建筑及大型工业厂房塔式起重机租赁安拆任务。被全国同行和用户公认为综合实力最强塔式起重机租赁企业。

杨俊秀（1962—），男，1981—1985工业自动化专业本科。现任天津欧能电气有限公司总经理。多次被评为中建六局十佳青年、中建总公司先进个人。2000年创建天津欧能电气有限公司，主要从事电气设备及密集无母线系统的设计、研发和制造。

韩彤（1963—），男，1982—1986工业与民用建筑工程专业本科。2016年9月，任辽宁省丹东市委常委、市纪律检查委员会书记。2018年1月，任政协锦州市第十四届委员会主席。辽宁省第十二届纪律检查委员会委员。

郁卫江（1963—），男，1982—1986工业自动化专业本科。现任上海中业电梯有限公司董事长，沈阳建筑大学上海校友会理事长。1999年发起创办上海中业电梯有限公司。无党派人士，上海闸北区第十二、十三届政治协商会委员。

王立巍（1963—），男，1982—1986供热通风与空调工程专业本科。沈阳市依力达建筑外加剂厂投资人。经过20多年的发展，公司发展成为固定资产过亿元的大型建筑外加剂生产企业，并成为东北地区的排头兵。先后参与国内外重大工程及基础设施建设。

王立颖（1963—），女，1983—1987给水排水工程专业本科。教授级高级工程师。曾任沈阳市给排水勘察设计研究院有限公司院长、董事长。辽宁省首届勘察设计大师，国家、辽宁省和沈阳市的评标专家。曾荣获沈阳市总工会标兵等称号。

张爱农（1967—），男，1983—1987工业与民用建筑工程专业本科。高级工程师。现任安徽祺润投资有限责任公司董事。1992年担任安徽省建科院设计一所所长。一级注册工程师。获得安徽省优秀设计二等奖及安徽省科技进步奖等奖项。

张振迪（1964—），男，1983—1987机械制造工艺与设备专业本科。任北京东方园林环境股份有限公司副总裁，公司是生态环保领域的领军企业，国际领先的生态运营商，拥有一条集规划、研发、设计、施工、投资、运营为一体的生态价值提升产业链。

鲁统卫（1963—），男，1983—1987建筑材料与制品专业本科。二级研究员。现任山东省建筑科学研究院副总工程师。曾获得"山东省千名技术专家""山东省有突出贡献中青年专家"等荣誉称号。

张增国（1965—），男，1984—1986城镇建设专业。现任辽宁富鹏建筑安装工程有限公司总经理。毕业后参与施工建设的沈阳市机器人示范中心工程获得鲁班奖，辽宁省金秋宾馆工程获沈阳市甲级优质工程奖。

刘宏奎（1965—），男，1984—1986城镇建设专业，大连理工大学博士。现任河南省建筑科学研究院有限公司法人。享受国务院政府特殊津贴。曾获国家有突出贡献中青年专家，全国劳动模范，全国先进共产党员，全国先进科技工作者等荣誉称号。

王庆国（1964—），男，1984—1986建筑机械管理专业。教授级高级工程师。现任辽宁省城乡市政工程集团有限责任公司董事长、总经理。一级注册建造师。全国建筑业先进工作者，中国工程建设优秀高级职业经理人。

尹旭东（1965—），男，1984—1987建筑学专业。现任沈阳都市建筑设计有限公司总建筑师。曾荣获辽宁省优秀青年建筑师、沈阳市劳动模范等荣誉。20余项作品获得省市各级奖项。

刘恒军（1965—），男，1984—1988计算机及应用专业本科。现任江西恒信集团董事长。九三学社江西省委委员，政协南昌市第十四届委员会委员，南昌市民营企业家协会会长。诸多项目获得"鲁班奖""杜鹃花奖"和"省优良工程奖"。

张文栋（1967—），男，1984—1988建筑材料与制品专业本科。现任张掖银星新材料工程有限公司董事长。公司主要致力于适应黄河中上游区域水性外墙涂料的研发、生产和销售，是国内最早将包膜、工程汽车颜料应用于建筑外墙涂料的企业之一。

高空亮（1965—），男，1984—1988建筑机械专业本科。现任河南天立建筑工程技术有限公司董事长。相继研制出了附着式升降脚手架、全钢智能整体升降防护屏等、发明专利、实用新型专利21项，国家级工法1项，省级工法2项。

付玲（1967—），女，1984—1988建筑机械专业本科。研究员级高级工程师。现任中联重科副总裁、总工程师、中央研究院院长、国家重点实验室主任，中共十八大代表。主持攻克了30多项关键技术、累计完成专利申请44件，主持或参与制订、修订国际标准等27项。

杨红卫（1966—），女，1985—1989供热通风与空调工程专业本科。曾任陕西省西安市金花企业集团投资建设管理中心总工程师。她带领金花集团涉足投资、制药、商贸、房地产、酒店及高尔夫等领域，以自己的卓越表现为地域经济的发展贡献了力量。

刘素梅（1967—），女，1985—1989起重运输与工程机械专业本科。安徽农业大学教授。中科院等离子体物理研究所特聘教授，中国科技大学外聘教授。第十二届安徽省政协委员。共发表论文50多篇，其中第一作者SCI、EI收录14篇。已授权发明专利6项。

李春林（1967—），男，1985—1989起重运输与工程机械专业本科。现任青岛冠中生态股份有限公司董事长，青岛市崂山区政协委员、常委，青岛市总商会副会长。中国建筑节能协会生态修复专委会副主任委员。

焦阿军（1967—），男，1986—1990给水排水工程专业本科。高级工程师。现任江苏源泰环境建设工程有限公司董事长。南京大学MBA校外兼职导师，南京市园林优质工程专家评委。企业被评为"江苏省民营科技企业"和"江苏省科技型中小企业"。

王孜睿（1967—），男，1986—1990供热通风与空调工程专业本科。现任中冶天工集团公司副总经理。亲自组织实施了多项国家、省部级大型重点项目工程，其中山西太钢新建工程荣获国家优质工程金质奖、中国建设工程鲁班奖。

孙立新（1967—），男，1986—1990机械制造工艺与设备专业本科。曾任中国建筑第六工程局有限公司党委副书记、总经理。先后荣获全国优秀施工企业家、天津市科学技术进步奖三等奖、中建总公司优秀共产党员等荣誉称号。

李玉霞（1968—），女，1986—1990机械制造工艺与设备专业本科。现任山东科技大学副校长、二级教授、博士生导师。主持国家863计划重大项目等20余项，在国际权威期刊及重要学术会议发表论文80余篇，获教育部自然科学二等奖。

吴本军（1968—），男，1986—1990建筑机械专业本科。高级工程师。现任深圳市中邑装饰设计工程有限公司董事长。一级注册建造师。承接全国各地大型综合性工程的设计施工及软装设计生产安装等配套服务。

于海（1967—），男，1986—1990建筑材料与制品专业本科。现任三河市燕郊隆达建筑工程有限公司董事长。公司多次荣获"长城杯""安济杯""市级文明工地""市级优质工程"等荣誉称号。

王立业（1964—），男，1987—1989工业与民用建筑专业本科。现任山西省住房和城乡建设厅党组书记、厅长，山西省人大十二届常委，全国总工会十六届执委。曾任山西省人大常委会副秘书长，山西省侨联党组书记，山西省总工会党组书记。

张金澎（1969—），男，1987—1989机械设计与制造专业本科。现任北京市卓代律师事务所创始合伙人、主任；兼任北京市法学会会员、北京市公益法律服务团成员等。主要执业领域为建筑及房地产法、投资法、金融法、知识产权法、公司法等。

李浈（1969—），男，1987—1991建筑学专业本科。同济大学教授。长期从事中国古代建筑技术史方面的科研工作，发表学术论文70余篇。主持完成国家自然科学基金项目5项，参加国家"十一五"科技支撑计划重大项目并负责子课题3项。

王艳红（1969—），女，1987—1991供热通风与空调工程专业本科。现任大连市建筑工程质量检测中心有限公司副总经理。荣获2021年度大连市五一劳动奖章、担任辽宁省建筑工程评标专家等。

张吉礼（1969—），男，1988—1992供热通风与空调工程专业本科。大连理工大学教授。现任大连群智科技有限公司负责人，大连理工大学暖通空调学科负责人。教育部新世纪优秀人才支持计划获得者，获专利发明23项。

辛向阳（1971—），男，1989—1993机械制造工艺与设备专业本科。同济大学教授。曾主持国家社科基金、中国工程院等不同科研机构的纵向课题，曾担任包括GMark、IXDA、红星奖等多个国际设计比赛评委。

曹桂喆（1971—），男，1990—1994工业与民用建筑专业本科。现任辽宁省住房和城乡建设厅副厅长。曾任辽宁省十三届人大环境资源城乡建设委员会副主任委员，辽宁省第十二届、第十三届人民代表大会代表。

欧向阳（1970—），男，1990—1994工业自动化专业本科。现任广东都华奕场环保科技有限公司总经理。先后在恒大地产集团产品研发设计中心、粤海房地产开发（中国）有限公司发展研究中心等从事设计管理工作。

朱效荣（1970—），男，1990—1994建筑材料与制品专业本科。曾任职于北京城建集团，参加北京奥运十大建筑建设，获得省部级科技进步奖10项。现任北京灵感科技发展有限公司首席科学家。

丁志华（1972—），男，1990—1994起重运输与工程机械专业本科。现任北京中建华宇机电工程有限公司董事长，北京市电梯商会监事长。公司多次被评选为"北京市电梯行业先进企业""北京市电梯安装十佳企业"等荣誉称号。

李靖宇（1970—），男，1991—1993城镇建设专业。现任北京承德企业商会常务副会长，中企华创集团董事长。公司曾被授予"中国房地产业优秀品牌企业"，2016年成为中国房地产营销协会常务理事单位。

刘文东（1973—），男，1991—1993给水排水工程专业本科。现任杭州新天地集团董事长。曾获中国房地产报社特约专家、曾任第十二届、第十三届上海市闸北区政协委员，第十五届沈阳市人大代表。目前公司总资产300亿元，净资产100亿元。

郑友取（1973—），男，1991—1993供热通风与空调工程专业本科。现任衢州学院院长、教授。荣获浙江省高校教学成果奖1项、省高校优秀科研成果奖1项、省自然科学优秀论文奖一等奖1项。

孟宪成（1972—），男，1991—1994计算机及应用专业本科。现任北京方胜有成科技股份有限公司任董事长兼总经理。任职北京宇电威达科技公司销售总监时，带领团队实现业务领域从传统电力行业向智慧城市、新能源等全面拓展。

张贵清（1972—），男，1991—1995给水排水工程专业本科。现任中海物业董事会主席，执行董事。2011年任中国海外发展助理总裁、中国海外宏洋集团有限公司执行董事、行政总裁。

王衍（1972—），男，1991—1995建筑材料与制品专业本科。高级工程师。曾任广东铁路建设监理有限公司总经理。一级注册建造师、英国皇家特许测量师学会会员。

胡立志（1973—），男，1992—1996起重运输与工程机械专业本科。现任中建西部建设股份有限公司副总经理。武汉市洪山区人大代表。获得武汉五一劳动奖章，武汉市优秀企业家等荣誉称号。

赵林（1974—），男，1992—1996工业与民用建筑专业本科。同济大学教授。发表期刊论文137篇，包括SCI论文40余篇和EI论文90余篇，参编专著3部和教材1部。获得教育部"新世纪优秀人才"称号，上海市科技进步一、二等奖5项。

刘启明（1973—），男，1992—1996建筑材料与制品专业本科。现任武汉大学物理科学与技术学院材料物理系教授、博士生导师。担任国际玻璃协会（ICG）技术委员（TC3）、美国Materials Science and Application编委等。主持国家自然科学基金3项及省部级项目7项。

任鸿鹏（1973—），男，1993—1997公路与城市道路工程专业本科。现任中国中铁集团公司副总裁。曾任中国路桥总公司副总经理。中国路桥获得2009年中国对外承包工程企业社会责任金奖，2010年以高票获得"中非友好贡献奖——感动非洲的十大中国企业"的荣誉称号。

刘卫民（1974—），男，1993—1997供热通风与空调工程专业本科。哈尔滨建筑大学供热通风及空调工程专业硕士研究生、上海交通大学企业管理专业博士。现任中国经济时报社纪委书记。曾任国务院发展研究中心研究员。

夏志国（1973—），男，1993—1997工业与民用建筑专业本科。现任朝阳环境集团党委书记、总经理。获辽宁省特等劳动模范、全国劳动模范、全国优秀党务工作者等称号。2013年研制出自吸式自动分解机，获得国家发明专利4项，实用新型专利8项。

李培约（1974—），男，1993—1998建筑学专业本科。现任大连老撒园林环境设计有限公司总经理、总设计师。完成的"沈阳市近代建筑研究及保护"项目获大连市科技进步一等奖、辽宁省科技进步二等奖。

董兴水（1972—），男，1993—1995电气技术专业。现任德州奥德曼葡萄酒庄有限公司总经理。农工党德州市委会社会活动部部长。德州市第十三届政协委员、常委。国家级葡萄酒品酒师，国家级酒水营销师。

李方（1975—），男，1994—1998房地产经营与管理专业本科。现任山东旭辉银盛泰集团有限公司副总裁。带领企业在山东省独树一帜、成绩斐然，企业在青岛、济南等城市均有项目落地。

王艳波（1975—），男，1994—1998计算机及应用专业本科。现任沈阳恒万溢科技电子有限公司总经理。2002年开始个人创业，率先以一卡通行业第一品牌"SYRIS"在东北成立营销中心；2007年以中国停车场行业第一品牌"捷顺"成立营销中心；2018年以人工智能行业品牌"旷视"成立营销中心。

铁大禹（1976—），男，1994—1998交通土建工程专业本科。现任中铁九局集团国际工程公司总经理兼集团国际事业部部长。为公司在沙特阿拉伯、刚果（金）等国家和地区注册成立了13个境外公司或办事处，开辟了南美、中东部非洲、东南亚及西亚等海外业务四大经营区域。

于成斌（1977—），男，1995—1999给水排水工程专业本科。现任沈阳润通机电设备安装工程有限公司董事长。带领集团致力于成为建筑设施效益领域的引领者，通过项目的全生命周期的管理与服务，为项目增值，为客户创造价值。

颜可珍（1975—），男，1995—1999交通土建工程专业本科。湖南大学教授、博士生导师。美国TexasA&M做访问学者。在国内外期刊发表高水平论文100余篇，已被SCI收录40余篇。

钟柏青（1976—），男，1995—2000建筑学专业本科。现任深圳华太国际建筑设计有限公司总经理。先后参与了深圳市茂业世界金融中心、深圳华润园、天津万科水晶城等10余个项目的设计。

冯娟（1977—），女，1995—2000电气技术专业本科。现任广西博成消防技术有限公司总工程师，广西建设工程消防协会消防技术专家委员会副主任，广西建设工程消防技术专家库首批专家成员。

姚启明（1978—），女，1996—2000交通土建工程专业本科。现任同济大学建筑设计研究院汽车运动与安全研究中心主任，博士生导师。获得全国建设系统先进工作者、中国设计业十大杰出青年、中国汽车摩托车运动"突出贡献奖"、光华龙腾奖–中国设计贡献奖银质奖章、全国"五一劳动奖章"、全国劳动模范等荣誉。

刘士红（1977—），男，1996—2000无机非金属材料专业本科。现任中建西部建设有限公司运管部总经理。2013年他开创专业公司和主业公司强强联合、优势互补的全新发展模式。曾发表《碳中和混凝土搅拌站的建设思路》等多项专利的试验与论文编制工作。

王林林（1977—），男，1996—2000建筑工程专业本科。现任中海地产集团公司助理总裁。历任中海地产上海有限公司、北京中海广场置业工程有限公司部门经理、董事、助理总经理等职务。

沈阳（1979—），男，1998—2002建筑环境与设备工程专业本科。现任北京城建集团建筑工程总承包部经理助理、高安分公司常务副经理。获2021年首都劳动奖章和江西省高安市"五一"劳动奖章。

4.3 科学研究

改革开放以来，随着教学工作的发展，特别是向新的办学目标奋进的步伐加快，学院的科学研究工作，在搞好学科和专业建设，促进教师学术水平和教学质量的不断提高等方面，越来越显示出它的重要性。

1. 学院实行科研项目分级管理

凡国家、部、省、市级下达的科研课题，招收硕士研究生的科研课题，协作项目及有价值的自选项目，均由学院统一管理，其余项目由系管理，科研经费也由院、系分级管理。这种管理办法的实施，一方面有利于集中人力、财力、物力，以保证重点科研项目的完成；另一方面，可以扩大科研范围，调动广大教师参加科学研究的积极性。

2. 完善科研管理制度

为了进一步加强科研工作，学校于1986年6月将学报编辑部和科技服务部划归科研处，重新制定和完善了一系列规章制度，加强了对科研计划和科研成果的管理。1985年9月，对建材机械研究室、计算机研究室和机电能量转换研究室重新调整，充实了力量。并根据每个研究室科研任务的轻重，设负责人和专、兼职科研人员，使之形成以专职科研人员为骨干的科研梯队。同时在原钢筋混凝土结构研究室、结构理论抗震研究室和结构理论研究室的基础上，于1985年4月23日建立了建筑工程研究所。这个研究所以钢筋轻骨料混凝土性能研究、已建砖混结构房屋抗震性能研究和轻骨料钢筋混凝土结构抗震性能研究为主要研究方向。其业务内容是：承担与本专业方向有关的科学研究；承担整体结构及构件的试验和测试，对已建结构抗震性能进行评定；承担建筑结构微机计算；承担与本专业方向有关的设计任务等。调整和充实后的研究所、研究室，增加了科研力量，承担了学院的重点科研项目，特别是招收研究生的课题项目。

3. 加速优秀青年科研人才培养

为稳定科研队伍，辽宁省特设了"优秀青年科研人才培养基金"，以资助具有博士学位或副高级以上专业技术职务，且为全省本学科或专业学术带头人，在本学科领域内具有一定的学术地位或较大影响，年龄在40周岁以下的青年人才，每年资助10人。学校以此为契机，加强优秀青年科技人才的培养，使一批科研人才脱颖而出。李宏男教授于1998年1月，在省内众多科技人才中，以自己的实力、坚实的科研基础和丰硕的科研成果，获得了省人才基金支持，年资助经费10万元，总资助金额为30万元。

4. 科研工作取得优异成绩

1985—1987年期间，学校共承担科研项目44项，其中部、省下达的科研项目18项，仅在1986年就完成了11项科研项目，并有8项通过了成果鉴定。据截至1991年上半年的统计，3年中，通过市级以上主管部门鉴定的17项，荣获部、省、市奖励的13项，其中5项获建设部科技进步三等奖。

在通过部、省级鉴定的项目中，不少达到了国内先进水平，有的还达到了国际先进水平。如由城建系董辅样教授和付金祥讲师经过4年试验研究成功的"NC粗粒化剂及高效粗粒化油水分离技术"，于1990年12月9日在辽宁省建委主持下，通过了技术鉴定。这项成果属于国内首创，并达到了同类研究的国际先进水平。

1996年以来，截至1999年成功申报了16项国家自然科学基金项目、国家教委优秀青年教师基金项目、国家科委"2000小康工程"等一系列高水平、高层次科研课题。申报科研课题464项，批准或实施372项，全院科技水平和科技实力有了很大的提高，纵向科研课题数增加了3倍，科研经费增加了8倍，课题鉴定数增加了1.75倍，科技成果数增加了1.9倍。根据科研发展的需要，新组建了8个科研机构，并成立了学校"科技协会"。

1997年度学校获国家自然科学基金资助项目3项，由副院长吴玉厚教授主持的"大功率超高速数控机床主轴系统"，土木系李宏男教授主持的"高层建筑与高耸结构利用TLD减震的新构想"，以及由建筑系李宝骏研究员主持的"太阳能光纤自贮能照明系统的研究"3项课题获得了国家自然科学基金资助，并分别获得了14万元、16万元和13万元的资助经费。

自1993年吴玉厚教授获得学校第一项国家自然科学基金项目以来，至1997年，学校已连续五年获得了国家自然科学基金项目，并且数量逐年递增。反映了学院在应用基础研究方面已有多个研究方向跻身国内先进行列，科研人员的科研水平和能力有了较大提高。3位获得者都是近年来第二次获得国家基金资助，而且吴玉厚教授和李宝骏研究员的项目均是在原国家基金项目基础上的深入研究，李宏男教授的项目则是在结构震动控制领域的拓宽。能再次获得国家基金项目，也说明学院在这些领域的研究保持了国内先进水平。

1998年11月7日，由院长陈伯超教授主持的"清前女真古城和皇宫建筑研究"成果，通过了鉴定委员会的审查。鉴定委员会认为：该课题取得了创新性研究成果，填补了国内建筑研究的空白，达到了国际领先水平。鉴定委员会还认为该项目对现代化城市建设提供了重要理论依据，其研究成果已被广泛应用于多项工程项目之中，取得了很大的社会效益和经济效益，并将在城市建设中持续发挥出重要作用。

1998年11月13日，由学校主持的国家2000年小康型城乡住宅科技产业工程项目中"智能型住宅能耗参数自动检测计量收费管理系统"课题的研究成果，通过了建设部科技司组织的鉴定，专家认为该课题的研究成果达到了国际先进水平，对全国住宅小区及住宅产品生产企业起到了引导和示范作用。该成果市场前景广阔，具有重要的推广应用价值。

1999年9月，1999年度辽宁省科技进步奖评审揭晓，由吴玉厚教授主持的"热压氮化硅陶瓷球轴承球加工工艺研究"荣获二等奖；陈伯超教授主持的"清前女真古城和皇宫建筑研究"，吴成东教授主持的"机器人顺应运动的速度与力控制研究"，周玉文教授主持的"城市暴雨强度公式推求系统"，周静海主持的"智能型住宅能耗参数自动检测计量收费管理系统"均获三等奖。学校荣获各级政府奖励的科研成果共22项。

4.4　合作交流

为适应学校教学科研发展的需要，经建设部和国务院外国专家局批准，从1987年开始，学校在继续聘任语言文教专家的基础上，每年还将聘任专业文教专家来院任教。先后邀请了美国、德国、瑞典、日本、匈牙利、英国等国家的专家、教授和学者来院作短期讲学。

合并改建学院以来，先后有22名中青年教师出国进修、学习、考察、工作和应邀参加国际学术会议。他们分别在美国加利福尼亚州立大学、英国谢菲尔德大学、日本东京大学、瑞典硅酸盐研究所等十几所大学和院、所进修学习。在这期间，他们带着学院的委托，勤奋攻读，刻苦钻研，顽强拼搏。有的在国外发表了多篇学术论文，有的还申请了专利，在学业上取得了长足的进步和令人瞩目的成绩。已归国回院工作的教师，把在国外专攻的有关专业课题项目与学院的教学科研相结合，在教学和科研第一线发挥着骨干和中坚作用，有的已成为学科带头人。

1984年5月，经学院语言文教专家、美国丹佛大学讲师南希·斯托勒夫妇的介绍，美国科罗拉多州曼彻波里顿州立学院（以下简称曼院）副院长索恩·德沃斯博士和工程分院主任哈罗德先生应邀于1984年5月29日来学院访问，并带来了该州副州长南希·迪克致学院谢元运院长的亲笔信。在他们来华访问期间，双方就建立和发展两校间校际交流关系问题达成了意向性协议。

1986年4月25日至5月6日，以院长祁国颐同志为团长、院党委书记马进才同志和翻译、外语教研室主任薛戈同志组成的学院访美代表团，应美国科罗拉多州曼彻波里顿州立学院院长马杰里先生的邀请，对曼院进行了回访，并就协议的修改与实施问题进行了会谈。双方本着平等互利的原则，对协议进行了充分而认真的讨论，就发展两校间的校际交流达成了一致意见，并签署了《关于建立"校际交流"关系的协议》。1986年11月，建设部对学院与美国曼彻波里顿州立学院建立校际交流关系的协议作了批复："同意你院与曼彻波里顿州立学院建立校际交流关系的协议内容"。学院的迅速发展推动着外事工作的进展，日趋活跃的外事活动和国际学术交流也为学院建设和发展起到了积极的促进作用。

1991年，校际交流不断扩展。与美国、俄罗斯等国家的8所院校建立了校际关系，开展了互访，截至1995年已聘请了30多名外国专家和国内著名学者来学院讲学。这对促进学术交流，开阔广大师生的视野，借他山之石，推动学院的建设和发展，起到了积极作用。

进入21世纪，学校顺应高等教育国际化潮流，不断扩大对外交流与合作，与美国迈阿密大学、英国谢菲尔德大学、德国维斯马大学等60多所大学建立了合作关系。2012年，学校在罗马尼亚建立了第一所孔子学院，正在与波兰琴希托霍瓦工业大学共建第二所孔子学院。学校建成了"中芬（北欧）木结构节能环保别墅建筑示范项目"和"中德建筑节能示范项目"，搭建了国际科技合作的高端平台。

截至2020年，学校的留学生规模快速增长，目前各类在校留学生800余人。学校成功获批"中国政府奖学金"项目，获批国家留学基金委的"中东欧学生专项奖学金"以及辽宁省政府外国留学生博士研究生奖学金等项目。学校获得了引进国外智力项目50余项，被授予辽宁省聘请国外知名专家工作先进单位称号。

4.5 教师风采

学校坚持开展教书育人、管理育人、服务育人工作，注重把思想政治工作与精神文明建设结合起来。在1996年7月学院召开的思想政治工作会议上，有26名同志被学院党委授予优秀思想政治工作者称号。四年来共涌现出了全国优秀教师1人，省、市优秀教师10人次，院级优秀教师14人。

1997年12月15日，学院召开了首批学科带头人及优秀中青年骨干教师选拔审批专项会议。在坚持标准、严格条件、认真审议的基础上，学院审定通过了首批学科带头人9名。他们是：傅金祥、李宏男、李宝俊、陈伯超、吴玉厚、吴成东、周兰玉、周玉文、赵颖华。此外，还评出14名优秀中青年骨干教师。首批选拔工作进展顺利，取得了较好的效果。这是学院加强师资队伍建设的重要举措，对学院各项工作的开展发挥了积极的作用。

近年来，学校大力推进"人才强校"战略，出台了《沈阳建筑大学高层次人才引进工作办法》《沈阳建筑大学招聘海外高层次人才条件和待遇》等一系列文件，加强对高端人才的引进。学校现有教育部"长江学者奖励计划"特聘教授4人，国家级专家3人，国家"万人计划"百千万工程领军人才1人，"百千万人才工程"国家级人选6人，国家有突出贡献中青年专家3人，"国家杰出青年基金获得者"1人，国务院学位委员会学科评议组成员、教育部教学指导委员会成员11人，享受国务院政府特殊津贴专家20人，全国模范教师、全国优秀教师、全国优秀科技工作者、教育部"新世纪优秀人才支持计划"入选者6人，中国博士后"香江学者计划"入选者1人，教育部长江学者创新团队、全国高校黄大年式教师团队、"兴辽英才计划"高水平创新创业团队及辽宁省创新团队11个，辽宁省高校"黄大年式教学团队"3个，"兴辽英才计划"科技创新领军人才（辽宁特聘教授）16人。学校教师获得了国家省市各级政府评选的优秀教师等多项荣誉称号。

郝兆星（1935—），男，1962年清华大学固体力学专业本科毕业来校执教。曾在国家重点工程建设"三抓"任务中解决了重大关键性技术问题。出版《塑性分析在工程结构设计中的应用》，并在《宇航学报》《力学与实践》和《国际结构与计算会议》等学术刊物发表20余篇论文。

陈伯超（1948—），男，博士研究生导师，1982年哈建工建筑学专业本科毕业，1985年重庆建筑工程学院建筑学硕士毕业，1982年来校执教，曾任沈阳建筑工程学院院长。主持完成国家自然科学基金研究课题3项；主持完成工程设计项目近百项，获国家鲁班奖，建设部、辽宁省优秀工程设计一等奖、二等奖6项。

赵颖华（1954—），女，博士研究生导师，1996年清华大学博士毕业，曾任沈阳建筑大学固体力学研究所所长。曾获全国优秀教师，辽宁省十佳科技女杰，获省、市科技进步奖11项。主持和承担国家自然科学基金，美国国家科学基金等30余项科研项目，在国内外学术刊物上发表论文110余篇。

吴玉厚（1955—），男，博士研究生导师，1982年辽宁建筑工程学院机械设计制造及其自动化专业本科毕业留校任教，1994年东北大学机械设计制造及其自动化专业博士毕业，曾任沈阳建筑大学党委书记。获全国优秀科技工作者称号，获国家科技进步二等奖、国家技术发明二等奖；国家发明专利金奖、国家发明专利优秀奖、国家教学成果二等奖等各类奖项20余项。

傅金祥（1955—），男，博士研究生导师，2000年哈尔滨建筑工程学院市政工程专业博士毕业，1982年来校执教，现任辽河流域水污染防治研究院院长。享受国务院特殊津贴专家，主持国家、部、省和市科研课题25项。完成国家和省部科研项目36项。获省部科技奖22项。发表论文200多篇，出版论著6部，获国家发明和实用新型专利26项。

张福昌（1956—），男，1982年辽宁建筑工程学院信息控制工程学院自动化专业本科毕业，曾任沈阳建筑大学党委书记。"十五"全国建设科技先进个人，主持科技部、建设部重点研究课题多项，主持科技部"十五"攻关研究课题1项。获省教育科学规划研究一等奖，省部级科技进步奖8项。发表论文50余篇，出版著作6部。

王岳人（1956—），男，硕士研究生导师，1982年辽宁建筑工程学院供热供燃气通风及空调专业本科毕业留校任教，1987年东北工学院热能工程专业硕士毕业。主持国家、省部级科研课题12项。获建设部科技进步二等奖1项、建设部科技进步三等奖3项，发表专业学术论文30余篇，出版学术著作6部。

齐宝库（1956—），男，硕士研究生导师，1982年辽宁建筑工程学院土木工程专业本科毕业留校任教，1993年哈尔滨建筑工程学院建筑经济与管理专业硕士毕业，曾任管理学院院长。主持省部和市级科研、教研课题10余项，获各级科技进步奖8项。出版《工程项目管理》《工程造价案例分析》等著作与教材9部。在国内外学术刊物发表学术论文40余篇。

李界家（1957—），男，硕士研究生导师，1982年辽宁建筑工程学院自动化专业本科毕业留校任教，2012年东北大学控制理论与控制工程专业博士毕业。主持国家、省部级科研项目30余项，获国家实用型专利3项，省级教研科研成果奖13项。发表学术论文100余篇，教材及专著10部。主讲《自动控制原理》被评为辽宁省精品课。

石铁矛（1957—），男，博士研究生导师，1982年辽宁建筑工程学院土木工程专业本科毕业，2000年中科院应用生态所生态学专业博士毕业，1975年执教，曾任沈阳建筑大学校长。主持完成国家自然基金、科技支撑等国家、省部级科研课题多项。国内外期刊发表论文160余篇，教材及专著10部。获建设部华夏、省、市科技进步及技术发明奖多项。

李宏男（1957—），男，博士研究生导师，1982年辽宁建筑工程学院工民建专业本科毕业留校任教，1990年中国地震局工程力学研究所防灾减灾与防护工程专业博士毕业，曾任沈阳建筑大学副校长。国家高层次人才，国家杰出青年科学基金获得者，获国家技术发明二等奖1项、国家科技进步二等奖2项。

张伶伶（1957—），男，博士研究生导师，1982年毕业于哈建工建筑学专业，2000年哈尔滨工业大学建筑设计及其理论专业博士毕业。2007年调入沈阳建筑大学，曾任建筑与规划学院院长。全国工程勘察设计大师。主持国家自然科学基金项目3项、国家博士点基金项目1项、总装备合作科研

15项、其他国内外科研课题120余项。获得国际、国家、省部级科研奖60项，出版专著10部，发表学术论文近200篇。

徐文（1957—），男，教授，硕士研究生导师，1986年鲁迅美术学院中国画专业毕业，中国美术家协会会员，长期从事建筑美术、艺术教学工作和绘画创作。多幅作品参加国家级重大展览并获奖和被收藏。主要代表作品有《英雄》《石油工人一声吼》《女兵》《志愿者》等。2016年美术创作《创·业·魂》获我校首项国家艺术基金资助项目。

赵唯坚（1958—），男，博士研究生导师，1996年日本长冈技术科学大学土木工程专业博士毕业，曾任土木工程学院名誉院长。辽宁省攀登学者，获辽宁省自然科学学术成果二等奖。主持国家科技支撑计划和国家自然科学基金、日本文部省、国土交通省等研究课题70余项，发表学术论文100余篇，授权发明专利近40项。

赵俭斌（1960—），男，博士研究生导师，1982年毕业于哈建工力学专业，1994年哈尔滨工业大学岩土工程专业硕士毕业，1982年执教。享受国务院政府特殊津贴专家，辽宁省名师。主持国家自然科学基金、省基金等30项课题，主编、参编标准6部，发表论文60篇。科研成果获得政府奖励10多项，辽宁省科技进步一等奖1项。

李亚峰（1960—），男，博士研究生导师，1984年辽宁建筑工程学院给水排水工程专业本科毕业留校任教，2006年东北大学安全工程专业博士毕业。获省部级科技进步7项；省教学成果5项。出版著作65部，其中包括国家"十二五"规划教材2部，省优秀教材1部，省精品教材1部。编写地方标准13部，获发明专利9项，发表论文150余篇。

吴成东（1960—），男，博士研究生导师，1983年沈阳建筑工程学院自动控制工程专业本科毕业，1994年东北大学控制理论与控制工程专业博士毕业。国务院政府特殊津贴获得者，荣获国家、辽宁省科学技术成果奖励10余项。发表学术论文200余篇，出版著作9部，主持完成各级科学研究项目20余项。

穆存远（1961—），男，硕士研究生导师，1983年辽宁建筑工程学院机械制造工艺及设备专业本科毕业留校任教，1993年东北大学机械设计制造及其自动化专业硕士毕业。发表科研论文30余篇，主编、参编全国高等院校设计艺术类专业创新教育规划教材3部，主持和参加国家级、部省级科研教研项目7项。

贾连光（1961—），男，博士研究生导师，1984年辽宁建筑工程学院土木工程专业本科毕业留校任教，1993年东北大学结构工程专业硕士毕业，曾任土木工程学院院长。主持国家基金项目、国家科技支撑计划、部（省）级科研和教研课题20余项，发表论文130余篇，出版著作、教材10部，编写标准6部。获专利授权6项，国家、部（省）教学成果奖等40余项。

刘明（1962—），男，博士研究生导师，2004年大连理工大学结构工程专业博士毕业，1983年执教。主持国家、省自然科学基金等课题30余项，获辽宁省科技进步一等、二等奖7项，发表20余篇被SCI、EI检索收录论文。主编、参编标准和教材20余部，主编《土木工程结构试验与检测》教材获辽宁省精品教材和"十二五"规划教材。

阎石（1962—），男，博士研究生导师，2000年大连理工大学水工结构工程专业博士毕业，1988年执教，曾任土木工程学院院长。主持国家自然科学基金等各级科研项目50余项；公开发表学术论文310篇，出版专著1部、教材5部；先后获省科技进步一等奖和省首批教学"名师奖"等奖励20项。

侯祥林（1962—），男，硕士研究生导师，2000年东北大学工程力学专业博士毕业。全国模范教师。主持参加国家自然科学基金课题2项，辽宁省自然科学基金2项，获辽宁省自然学术论文二等奖2项、三等奖4项，辽宁省教学成果二等奖1项，发表文章60余篇，出版专著3部。

孙迟（1962—），女，三级教授，硕士研究生导师，1983年毕业于清华大学美术学院环境艺术设计专业，沈阳建筑大学设计艺术学院学科带头人。中国高级环境艺术设计师、中国建筑装饰协会理事会理事、辽宁省装饰设计大师、辽宁省高校巾帼建功标兵、沈阳市优秀教师。作品获得国家级银奖1项、二等奖1项。省级一等奖1项、市级一等奖2项。出版专著3部。

阎卫东（1963—），男，二级教授，博士研究生导师，现任沈阳建筑大学校长。国务院特殊津贴专家、辽宁省优秀专家、辽宁省"兴辽英才计划"高水平创新创业团队带头人，获第三届黄炎培杰出校长奖。出版专著7部，发表论文40余篇，主持国家自然科学基金项目"火灾疏散人员行为特征数据库及应用研究"。

刘亚臣（1963—），男，博士研究生导师，2011年辽宁大学经济史专业博士毕业。曾任党委教师工作部部长、人力资源处处长、博士后流动站管委会办公室主任。主持省部级以上科研课题46项，发表科研论文72篇，出版专著、教材23部。主持6项省级高等教育质量工程项目，2次获得省高等教育教学成果奖励，省级教学名师和百人层次人选。

郑夕健（1963—），男，硕士研究生导师，1984年辽宁建筑工程学院机械设计制造及其自动化专业本科毕业留校任教，东北大学机械设计及理论专业博士毕业。获省市科技进步奖16项，获省教学成果奖6项。全国升降工作平台标准化技术委员会第二、三届委员，政协沈阳市第十二、十三、十四届委员，辽宁省教学名师。

张慧欣（1963—），女，硕士研究生导师，1985年东北师范大学思想政治教育专业本科毕业来校执教，曾任马克思主义学院院长。辽宁省优秀教师、省思想政治理论课名师工作室负责人、省一流本科课程负责人、省思想政治理论课学科带头人、省高校思政课分教指委委员、国家社科基金项目评审专家。承担课题30余项，发表论文40余篇。

刘剑（1963—），女，硕士研究生导师，1983年辽宁建筑工程学院自动化专业本科毕业，2015年东北大学模式识别与智能系统专业博士毕业，1988年执教。辽宁省百千万人才工程千人层次，曾被评为沈阳市优秀科技工作者、省优秀党务工作者。发表科研论文230余篇，出版著作13部。

宋晓宇（1963—），男，博士研究生导师，2007年中科院沈阳自动化研究所机械电子工程专业博士毕业，1983年执教。主持国家科技支撑计划课题1项、子课题2项；国家科技成果重点推广计划一项；国家科技攻关计划专题2项及其他科研课题40余项，发表论文150余篇，出版著作2部。获辽宁省科技进步二等奖1项、三等奖7项。

靖新（1963—），女，硕士研究生导师，2008年东北大学控制理论与控制工程专业博士毕业，1986年执教，曾任理学院院长。辽宁省教学名师。完成省部级教研项目8个，省级以上科研项目9项，获得省级教学或科研奖励7项，发表论文40余篇，出版专著、教材8部。指导学生在高级别数学建模竞赛中取得数10项大奖。

费烨（1963—），男，硕士研究生导师，1996年大连理工大学起重运输与工程机械专业硕士毕业，1988年执教。主持建设部课题1项、中国学位与研究生教育学会课题1项，主持参与国家十一五重大课题"信号采集与数据反馈、记录存储技术与装置研究"等2项。发表科研论文35篇，其中EI检索16篇。

刘军（1963—），女，博士研究生导师，1985年沈阳建筑工程学院工业与民用建筑专业本科毕业。获得辽宁省技术发明一等奖、辽宁省教育教学优秀成果一等奖等省、部级奖励共48项；获得"国家百千万人才工程"百人层次人选、国家有突出贡献中青年专家、国务院政府特殊津贴获得者、国家级教学名师等国家、省、部级荣誉称号33项。

冯国会（1964—），男，博士研究生导师，1988年沈阳建筑工程学院供热通风与空调工程专业本科毕业留校任教，2007年哈尔滨工业大学供热供燃气通风及空调工程专业博士毕业，现任沈阳建筑大学副校长。国家"百千万人才工程"百人层次，享受国务院政府特殊津贴，国家基金委学科评议组成员，国家科技奖会评专家。

李帼昌（1964—），女，博士研究生导师，1988年沈阳建筑工程学院工业与民用建筑专业本科毕业，1998年东北大学结构工程专业博士毕业，现任土木工程学院院长。主持国家科技支撑计划课题2项、国家自然科学基金项目4项，省部级课题40余项，获得各级科技进步奖18项。发表论文200余篇，出版教材、专著6部，授权专利25项。

董玉宽（1965—），男，博士研究生导师，2005年东北大学科技哲学专业博士毕业，现任沈阳建筑大学党委书记。国家社科基金通讯评审专家，教育部人文社会科学专家库专家，辽宁省社科规划基金课题评审专家，辽宁省社科联课题评审专家，辽宁省中青年决策征询专家。主持国家自然科学基金及省部级课题10余项，发表论文30余篇，主编及参编著作4部。

严文复（1965—），女，博士研究生导师，1987年同济大学城市规划专业本科毕业，现任沈阳建筑大学副校长。辽宁省政协委员，民盟辽宁省委员会副主任委员，辽宁省"巾帼建功"标兵。获中国优秀工程咨询成果三等奖、建设部优秀勘察设计一等奖等国家级奖励1项、建设部级奖励4项、省级奖励10项。在国家级、省级核心期刊发表论文多篇。

周静海（1965—），男，博士研究生导师，1987年沈阳建筑工程学院工业与民用建筑专业本科毕业留校任教，2001年沈阳建筑工程学院结构工程专业硕士毕业，2010年大连理工大学结构工程专业博士毕业。主持国家课题5项，主持获得辽宁省科技进步一等奖1项，二等奖1项，三等奖1项。参与国家、省部级奖项10余项。

王晴（1965—），女，博士研究生导师，2000年大连理工大学材料学专业硕士毕业，1988年执教，现任材料科学与工程学院院长。主持国家基金项目、"863"计划项目子课题、"十二五"国家科技支撑计划重大项目等20余项省部级以上科研项目。发表学术论文90余篇，出版著作、教材、标准规范9部，授权国家发明专利8项。

何恩光（1965—），男，博士研究生导师，1986年吉林工业大学工程机械专业本科毕业。国家百千万人才工程有突出贡献中青年专家，享受国务院政府特殊津贴，辽宁杰出科技工作者，辽宁省优秀专家。获辽宁省科技进步一等奖1项，辽宁省科技进步二等奖1项，中国机械工业科学技术二等奖1项。

刘永军（1966—），男，博士研究生导师，2002年大连理工大学水工结构工程专业博士毕业，

1993年执教。主持及参加各类研究项目20余项，在科学可视化方面的研究成果被作为学科发展典型成果写入中国学科发展蓝皮书。开发自主知识产权的计算机软件3套，获发明专利3项，发表学术论文90余篇，出版教材及专著6部。

王利印（1967—），男，研究员，硕士研究生导师。1998年辽宁大学企业管理专业硕士毕业，现任沈阳建筑大学党委常委、纪委书记，省纪委驻沈阳建筑大学监察专员。主持教育部、中国教育发展战略学会、辽宁省党建课题重点项目等教学和科研项目多项。多次在全国相关大赛中获奖。

孙红（1968—），男，博士研究生导师，1992年沈阳建筑工程学院机械设计制造及其自动化专业本科毕业留校任教，1998年沈阳建筑工程学院固体力学专业硕士毕业，2005年西安交通大学动力工程及工程热物理专业博士毕业，现任机械工程学院院长。主持包括5项国家自然基金在内的各级科研项目30项，获得包括国家科技进步二等奖、辽宁省科技进步一等奖等各级奖励12项。

张九红（1968—），女，博士研究生导师，1987年沈阳建筑工程学院工业与民用建筑专业本科毕业，2005年天津大学建筑技术科学专业博士毕业。辽宁省特聘教授，辽宁省优秀科技工作者，辽宁省高等学校创新团队带头人，获住房和城乡建设部华夏建设科学技术三等奖、辽宁省科学技术奖励二等奖等奖励6次。

张珂（1969—），男，博士研究生导师，1992年沈阳建筑工程学院机械制造工艺与设备专业本科毕业留校任教，1999年沈阳建筑工程学院固体力学专业硕士毕业，2007年东北大学机械制造及其自动化专业博士毕业，现任沈阳建筑大学副校长。国家高层次人才，国家"万人计划"专家。主持国家科技支撑计划、国家自然科学基金、教育部长江学者创新团队等项目32项。获国家技术发明二等奖、国家科技进步二等奖、辽宁省技术发明一等奖等奖项12项。

周越（1969—），女，硕士研究生导师，2005年沈阳师范大学美术学专业硕士毕业。辽宁省教学名师，教育部数字媒体专业教学指导委员会委员。在国家级中文核心及专业刊物发表论文及绘画作品20余篇，绘画作品多次在各级比赛中入选并获奖，动画作品在辽宁省首届动漫艺术展中获得金奖。

王凤池（1970—），男，博士研究生导师，1993年沈阳建筑工程学院土木工程专业本科毕业留校任教，2003年东北大学结构工程专业博士毕业，1999年执教，现任交通与测绘工程学院院长。主持和参与国家自然科学基金、国家"十三五"重大研发任务等科研项目40余项，教研项目5项。科研成果获辽宁省科技进步8项，教研成果获辽宁省教学优秀成果一等奖等7项。

付瑶（1971—），女，博士研究生导师，1999西安建筑科技大学建筑学专业硕士毕业，1992年执教，现任建筑与规划学院副院长。主持参与教研课题获得省级优秀教学成果奖励10项。主持"十二五"科技支撑计划子课题、国家自然科学基金面上项目及省部级课题15项，发表论文近30篇。

徐长伟（1972—），男，硕士研究生导师，1995沈阳建筑工程学院建筑材料与制品专业本科毕业留校任教，2002年沈阳建筑大学材料学专业硕士毕业，现任教务处处长。入选"兴辽英才计划"创新领军人才。获辽宁省技术发明一等奖1项，二等奖1项；辽宁省科技进步二等奖5项。发表论文48篇，出版著作4部，发明专利12项。

陆峰（1972—），男，硕士研究生导师，2000年沈阳建筑工程学院机械制造及其自动化专业硕士毕业留校任教，2003年东北大学流体机械及工程专业博士毕业，现任研祥图书馆直属党支部书记。

辽宁省百千万人才百人层次，获得中国专利金奖、辽宁省技术发明一等奖等重要科研奖励16项，获评辽宁省优秀科技工作者称号，承担国家、省（部）级科研项目60多项。

万晔（1972— ），女，硕士研究生导师，2005年中科院金属研究所材料学专业博士毕业，1995年执教。研究成果获辽宁省技术发明三等奖、华夏科学技术三等奖、辽宁省自然学术成果以及沈阳市自然学术成果等近20项。发表学术论文70多篇，出版专著、译著2部，发明专利21项。

杨彦海（1972— ），男，硕士研究生导师，2007年东北大学工程力学专业博士毕业，现任交通与测绘工程学院副院长。辽宁省特聘教授，辽宁省百千万人才百人层次，主持参与国家、省部级科研项目40余项，其中获辽宁省科技进步二等奖等20项。编写标准5部，著作3部。发表学术论文70余篇，授权专利5项。

王庆利（1972— ），男，博士研究生导师，1998年东北大学结构工程专业博士毕业。国务院政府特殊津贴获得者，辽宁省百千万人才百人层次，辽宁省优秀教师，获辽宁省科技进步二等奖1项、辽宁省自然科学学术成果一等奖1项。主持国家自然科学基金、教育部新世纪优秀人才支持计划、辽宁省自然科学基金等研究近20项。

孙丽（1974— ），女，博士研究生导师，1998年沈阳建筑工程学院建筑工程专业本科毕业，2001年沈阳建筑工程学院结构工程专业硕士毕业，2006年大连理工大学防灾减灾工程及防护工程专业博士毕业，曾任土木工程学院副院长。国家高层次人才。主持包括国家自然科学基金等纵向科研项目26项，获得国家科技进步奖1项、省部级科技进步奖10项。

李宇鹏（1977— ），女，二级教授，博士研究生导师，2005年美国圣路易斯华盛顿大学结构工程专业博士，机电一体化高工，学科带头人，现任沈阳建筑大学副校长。入选国家级引进人才计划，国务院特殊津贴获得者，获沈阳高层次杰出人才称号、美国Chi Epsilon优秀学者荣誉奖。国家技术发明奖和科学技术进步奖评审专家、国家留学基金委评审专家、国家人才计划评审专家。

李颂华（1977— ），男，博士研究生导师，2000年沈阳建筑工程学院机械电子工程专业本科毕业，2003年沈阳建筑大学机械电子工程专业硕士毕业，2011年大连理工大学机械制造及其自动化专业博士毕业，现任机械工程学院党委书记。国家百千万人才工程并被授予"有突出贡献中青年专家"荣誉称号。主持参与国家、省部级科研课题30余项，相关研究成果获科技奖9项。

李丽红（1978— ），女，硕士研究生导师，2009年天津大学工程管理专业博士毕业，2010年调入沈阳建筑大学，现任管理学院工程造价系主任，兼任教育部高等教育工程管理和工程造价专业教学指导委员会委员。完成教育部人文社科、住房和城乡建设部软科学、省科技计划等省部级课题及市级课题40余项。国内外期刊发表学术论文70余篇，出版专著、教材12部。获建设部华夏、省、市科技进步奖7项。

代岩岩（1979— ），女，2001年沈阳建筑工程学院土木工程专业本科毕业，2008年北京师范大学教育经济与管理专业硕士毕业，现任工程训练与创新学院党委书记兼大学生创新中心主任。获第十届全国大学生网络商务创新应用大赛优秀指导教师奖，全国移动互联创新大赛辽宁赛区决赛银奖，挑战杯辽宁省大学生创业计划竞赛银奖。

4.6　附录

附录4-1
1978—2000年系（部）
设置、人员情况

附录4-2
学校课程建设情况
（1994—1998年）

附录4-3
学校课程建设成果
（1999—2020年）

附录4-4
学校专业建设与教改项目
情况（1997—2020年）

附录4-5
学校教学研究成果
（1989—2020年）

附录4-6
学校教材建设情况
（2003—2019年）

附录4-7
学校硕士学科点建设情况
（1995—2000年）

附录4-8
学校博士学科点情况
（2001—2020年）

附录4-9
学校获得国家级和省部级
科技奖励情况（1978—
2000年）

附录4-10
学校承担国家和省部级
重大课题情况（1990—
2000年）

附录4-11
学校主编标准和规范情况
（2002—2020年）

第5章

西北建筑工程学院发展概览

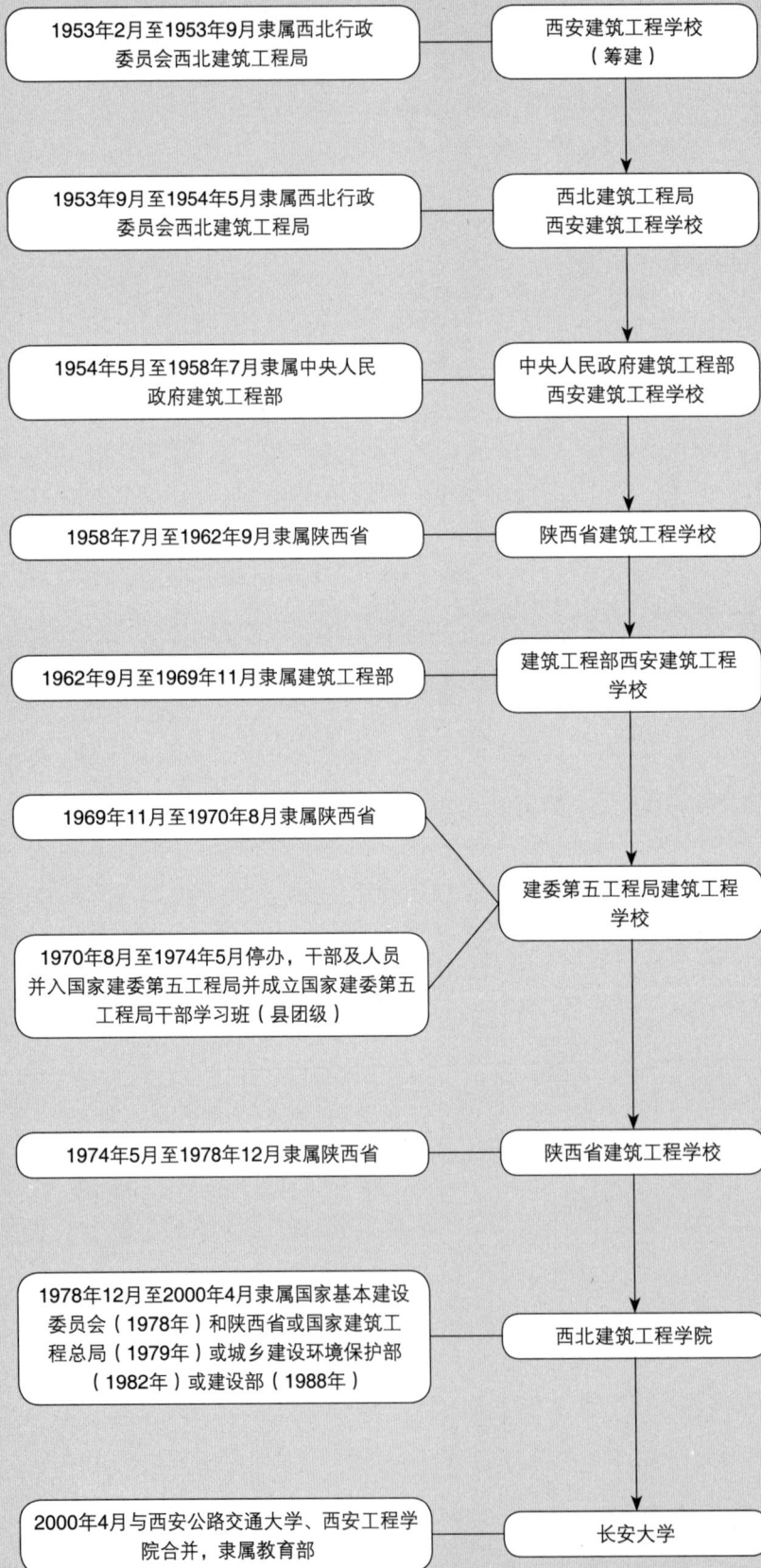

隶属时期	学校名称
1953年2月至1953年9月隶属西北行政委员会西北建筑工程局	西安建筑工程学校（筹建）
1953年9月至1954年5月隶属西北行政委员会西北建筑工程局	西北建筑工程局西安建筑工程学校
1954年5月至1958年7月隶属中央人民政府建筑工程部	中央人民政府建筑工程部西安建筑工程学校
1958年7月至1962年9月隶属陕西省	陕西省建筑工程学校
1962年9月至1969年11月隶属建筑工程部	建筑工程部西安建筑工程学校
1969年11月至1970年8月隶属陕西省	建委第五工程局建筑工程学校
1970年8月至1974年5月停办，干部及人员并入国家建委第五工程局并成立国家建委第五工程局干部学习班（县团级）	
1974年5月至1978年12月隶属陕西省	陕西省建筑工程学校
1978年12月至2000年4月隶属国家基本建设委员会（1978年）和陕西省或国家建筑工程总局（1979年）或城乡建设环境保护部（1982年）或建设部（1988年）	西北建筑工程学院
2000年4月与西安公路交通大学、西安工程学院合并，隶属教育部	长安大学

5.1　历史沿革

　　西北建筑工程学院，坐落在古城西安著名的文化区南郊小寨，是建设部所属的七所建筑类高等院校之一，是国务院学位委员会批准的学士学位授予单位。

　　学院成立于1978年，是在1953年成立的原西安建筑工程学校的基础上发展起来的。经过20余年的不断发展，在合校前已成为一所具有研究生、本科生、专科生、成人教育等学科门类较为齐全的建筑类工科院校。

　　学院设有建筑系、建筑工程系、环境工程系、机电工程系、管理工程系、城市建设系（专科部）、社会科学系、基础科学系、成人教育学院9个系14个专业。

　　学院分为东西两区，占地面积200余亩，校舍建筑面积10余万平方米。全院在职教职员工875人，其中专任教师330人，教辅人员202人，行政人员151人，工勤人员192人；教授、副教授等高级职称者130余人，讲师、工程师等中级职称者370余人。截至合校前，学校各类本、专科在校学生2709人，函授、夜大学、成人脱产班学生2615人。

　　学院有公开的出版物《西北建筑工程学院学报》，还有《西北建筑工程学院译丛》《西北建筑工程学院教学研究》等。图书馆藏书30余万册。有各类专业实验室28个，设有计算中心、外语语音室、电化教育中心、印刷厂、实习工厂等，为教学和科研提供了较好条件。学院还有建筑勘察设计院、建筑工程总承包公司、建筑工程监理公司、劳动服务公司和科技开发部等，在面向校内服务的同时面向社会服务。

　　学院与美国、俄罗斯等国家相关院校建立校际友好关系，经常互派教师进行学术交流活动，聘请专家来院讲学或任教，选派教师出国留学及进行学术交流活动，促进了教学科研的发展。

　　西北建筑工程学院是乘着改革开放的春风发展起来的，在党中央、国务院和所在省、市的关怀下，在建设部的领导下，全院师生"团结、敬业、求实、创新"，紧抓战略机遇，乘势而上，在改革和发展的大潮中不断获得升华，使学院的办学条件和办学实力有了长足的发展。

　　随着国家经济建设战略重点的调整和国家高等教育的整体布局，2000年4月，经教育部批准，学院与西安公路交通大学、西安工程学院合并组建长安大学，为教育部直属高校，一个新的历史起点开启，全院师生满怀豪情地走进了一个崭新的世纪。

5.1.1　1953—1978年学校发展

　　中华人民共和国成立后，经过三年的国民经济恢复，从1953年开始，迈入了大规模的工业化进程。原国家建工部西北建筑工程局决定在西安设立一所建筑工程类的中等专业学校，以适应第一个五年计划期间西北地区经济建设对基本建设人才的需求。学校校址确定在西安市南郊小寨，校园占地面积为120亩，校名为"西北建筑工程局西安建筑工程学校"。

1953年9月，学校正式成立，首先设置了工业与民用建筑和给水排水工程两个专业。1954年6月，学校划归建工部直接领导，更名为"中央人民政府建筑工程部西安建筑工程学校"。

1958年7月下放归陕西省领导，更名为"陕西省建筑工程学校"，1961年国家经济困难时期，学校停办一年，1962年底学校重新复课，并再次归属建工部领导，恢复了西安建筑工程学校原名。1969年驻建工部军管会决定，将学校交由陕西省建工五局革委会领导，校名又改称"建委第五工程局建筑工程学校"，1970年8月学校停办，学校房舍全部交由建字七一部队使用。1974年4月经陕西省人民政府和国家建委批准，学校又终于在原址复办，定名为"陕西省建筑工程学校"，委托陕西省建工局领导，同年10月恢复招生。

在办学期间，学校曾先后开设有工民建、给水排水工程、混凝土建筑制品、硅酸盐工艺、采暖通风工程、建筑机械、城市规划、村镇建设、水暖通风9个专业，学制和招生层次亦随时间的变化而有所调整，学生来源为初中毕业生或高中毕业生，学制二年、三年或四年。学校在校生人数最多时达1400余人，三十多年共为国家培养土建类中等专业技术人才5000余人。

学校设置有物理、化学、电工、建材、给排水、金相6个实验室和制图、建筑机械2个模型室及1个测量仪器室，连同教学实习工厂等基本可以满足各课教学大纲所列的实习实验项目。

为满足国家建设对技术人才的急需，在办学过程中，学校还挖掘潜力，适时开办过一年制的各种技术短训班，三年制的夜校部。

学生毕业后，除20世纪50年代在全国范围分配工作外，20世纪60年代以来，主要分配在西北五省区，特别是陕西省范围。

截至1978年，国家对学校的固定资产投资达355.2万元，学校共有建筑房舍面积28000m²，主要建筑有丁字楼、南北拐角楼、教学楼、学生和教职工宿舍等，图书馆藏书4万余册。

1979年，国家建委决定在建筑工程学校的基础上设立西北建筑工程学院时，原陕西省建筑工程学校改称为西北建筑工程学院中专部，对外称西北建院附设建筑工程学校。1989年底，经建设部与陕西省政府协商，决定撤销附设建筑工程学校。至此，历时37年的西安建筑工程学校的中专教育完成了自己的历史使命。

回溯西安建筑工程学校的办学之路，既有艰苦奋斗的历程，又有艰难曲折的风雨，尽管如此，它较好地守住了120亩办学用地以及近3万m²的教学及服务用房，这就为西北建筑工程学院的设立打下了一定的物质基础。

5.1.2 1978—2000年学院发展

西北建筑工程学院是国务院1978年12月28日批准设立并由当时的国家基本建设委员会主管的一所区域性建筑类普通高等院校，学院的设立改变了西北五省区没有建筑类直属高校的历史，为本地区建设人才的培养，推动西北地区城乡建设事业的发展发挥了重要作用。

国家建委当时的初步设想，将学院的办学地点选择在甘肃省兰州市，经与地方商讨，因种种原因未能实现，后与陕西省委、省政府商议最终确定以陕西省建筑工程学校为基础，设立西北建筑工程学院。

学院设立时，正值改革开放的重要时期，国家确立以经济建设为中心的大政方针，急需大量建设人才，同时又面临着经济调整、资金不足等情况，建院总体的办院思想是统筹谋划，勤俭办院，以利于快出人才，出好人才。因此，双方协议，以原建校的地址为基础，不再征地或少征土地；中专教育继续保留，规划为600人，招生与分配由省管；本科生的招生与分配按一定比例照顾陕西。为此，国务院在批准建院时明确指出：恢复增设西北建筑工程学院，建校基础为陕西省建筑工程学校。学院为双重领导，以国家建委为主。办学规模为2500~3000人，面向西北，照顾陕西。专业设置为工业与民用建筑、建筑机械、供热通风、给水排水4个专业，逐步增设城市规划、混凝土与建筑制品、工业企业电气自动化、建筑工程经济、工程地质与水文地质5个专业。

西北建筑工程学院于1979年3月14日正式挂牌成立。

西北建筑工程学院从1978年开始设立，到2000年合并组建长安大学，经过了二十几个年头，其间大部分时间都隶属于建设部。部领导和相关职能司局领导曾多次到校检查指导工作，帮助学院理顺关系，协调各方，甚至出主意想办法解决具体办学困难，有力地推动着学院事业的发展。

从学院内部讲，办学二十余年可以用"团结、敬业、求实、创新"的校训来概括。在学院历届党委的领导下，师生员工以解放思想、团结协作、忠于职守、严谨求实和自强不息的科学态度，一步步地开拓着学院工作的新局面。

从工作的角度讲，大体可以分为三个梯次。第一个梯次是"搭台唱戏"阶段；第二个梯次是磨合调整阶段；第三个梯次是开拓创新、跑步前进阶段。

1. 学院设立到1983年

学院坚持"边整顿、边建设、边发展"的工作思路，认真落实党的知识分子政策，拨乱反正，纠正冤假错案，同时扎实打好办学基础，积极选调师资，充实教学科研队伍，增添教学设备，建立正常的管理和教学秩序。先后从哈尔滨建筑工程学院、重庆建筑工程学院、西安冶金建筑学院、西安公路学院、西北建筑设计院、陕西省设计院、建研院和省建工局分别调人，支援了一批骨干教师及管理干部，初步形成了各学科的教学梯队，充实了管理机构。

在教学管理上，除按原计划抓好在校中专生的教学任务外，认真实施了本科各专业的教学大纲，并按国家计划完成了本科生的招录和培养工作，基本保证了教学质量。

学院经过认真调研，制定了初步的事业发展规划。在师资队伍建设上，根据学院规模和招生人数，进行了定编定员，制定了近期和长远的师资补充规划，并明确了从西北地区的建设需要出发，统筹安排、艰苦奋斗、积极充实、努力提高、加快建设、稳步发展的工作方针，力争通过5~10年的时间使学院成为一所初具规模的建筑工程类工科院校。

学院经国家建筑工程总局同意，在省市相关部门的支持下，按教育部规定的每生占地面积的下限51m²计算，确定学院总的占地面积为290亩，扣除原建校已有的120亩外，再划拨朱雀大街西侧170亩土地为学院发展用地。不巧的是，在征地批复下达不久，西安市的土地价格从1979年每亩1万余元猛升到了5万余元，并开始征收土地开发费，使国家建筑工程总局和1982年新成立的城乡建设环境保护部都难以承受这笔征地款项，给学院的发展平添了一定难度。尽管如此，在城乡建设环境

266

保护部和学院的努力下，仍在已规划的朱雀大街西侧征用土地近80亩，缓解了用地的紧张状况。

面对现实，城乡建设环境保护部对学院的发展规划和建设指导思想作了必要调整，提出了要本着稳步发展数量和努力提高质量的原则，将原定1992年实现在校生3600人的规模推迟实现，近期在校生规模为2000人。在基建方面，要求立足老区实行小配套，以保证教学的正常开展，同时做到远近结合，逐步发展西区。

到1983年末，学院已有教职工855名，其中专任教师414名。设有建工、建筑、水暖、机电4个系和工民建、建筑机械、水暖3个专业的中专部，在校学生数为1326人。

这一阶段，学院在办学过程中的一些主要事项及时间节点是：

1979年2月国家基本建设委员会决定成立西北建筑工程学院筹备领导小组，田禾丰为组长，冯占林为副组长；3月14日学院正式宣布成立，启用新印章，同时宣布原陕西省建筑工程学校印章作废。

国家建筑工程总局下文批复学院到1985年发展规模为3600人，其中大学部分3000人，设置10个专业；中专部分600人。

1979年9月，第一届大学新生200人入校。

1980年学院开始招收硕士研究生，专业为结构力学，林钟祺为指导教授。

1979年3月学院临时党委成立。1981年12月学院首次党代会召开，田禾丰同志代表临时党委会作了题为《改善和加强党的领导，为加快学院建设发展，提高教育质量而奋斗》的工作报告。大会选举产生了中共西北建筑工程学院委员会，党委委员田禾丰、冯占林、祁凤林、刘占枚、陈守治、徐秀林、呼世力、陈令仪、张之凡、王连璞、林钟祺、孙民权12人，常委田禾丰、祁凤林、冯占林、刘占枚、张之凡、呼世力6人，选举田禾丰同志为党委书记、祁凤林同志为党委副书记。1982年4月27日，中共陕西省委组织部陕组干〔1982〕140号下发了《关于中共西北建筑工程学院第一届委员会选举结果的批复》，同意选举结果。

1980年2月国家建筑工程总局下文任命张之凡、林钟祺、冯占林为学院副院长。1983年3月任命张之凡为代理院长，鲍约赍、李文轩为副院长。8月30日任命张之凡为学院院长。

1980年6月西安市规划局确定学院占地面积为290亩，可新增办学规划用地170亩，地址在朱雀大街西侧。

1983年3月国务院学位办、教育部批准学院为学士学位授予单位，学院代码为107104。

建设部批复同意学院调整发展规模的报告。截至1983年末，学院在校生数为1326人，教职工数为850人，其中专任教师386人。至年末的固定资产数从1979年的355.2万元达到1033.7万元。学院的基建投资额历年分别是109.3万元、107.5万元、472万元、363万元、317万元。

2. 1984—1993年

这一阶段，国家正处在改革开放的攻坚阶段，是旧体制向新体制转轨、旧秩序向新秩序过渡的重要时期。学院坚持党在社会主义初级阶段的基本路线，充分调动师生员工的积极性和创造性，团结一致、齐心协力、艰苦奋斗，加快和深化以教学为中心的各项改革，着力推进学院的基础建设，使管理水平、校风建设、教育质量、办学效益、办学条件等主要方面有了显著的改善和提高。

在办学方向上，学院从努力提高教育质量出发，进一步加强了和社会的联系，从更长远的角度考虑旧专业的改造、新专业的设置和教学内容的更新。同时积极探索与企业、与社会的联合办学，逐步在西北五省区增设新的教学点，挖掘教学潜力，并在内部管理体制上进行了改革的实验。

在教学管理上，认真落实了学院提高本科教育质量的十条措施，加强了教师队伍、教材、实验室和图书资料的建设，认真落实了对教师、教研室、实验室的三个考核办法，对改革教学内容和方法、编写教材、教书育人等方面做出显著成绩的教师予以表彰和奖励。

在制度建设上，着眼于党政干部实际管理水平的提高和基层各单位各部门管理状况的改善，建立健全和落实了以岗位责任制为核心的制度建设。

到1993年末，学院教职员工总数达987人，其中专任教师368人，学院固定资产达3731.1万元。各类实验室由13个增加到26个，实验开出率逐年增加，图书馆藏书由4万册增加到27万册，招生地区由西北五省区逐渐扩大到12个省市自治区，在校学生数3152人，涉及本科生、专科生、中专生、研究生、进修生、各类短训班等，形成了以本科生为主的建筑类各学科、多层次、多专业的学科体系。

学院的科研工作和学术活动也逐步开展起来，先后接受和完成了建设部和陕西省下达的科研项目和自选科研项目，不少项目获奖，学院还加强了同兄弟院校的学术交流活动，开展横向联合，出版了《西北建筑工程学院学报》《西北建筑工程学院译丛》《教学研究》等专业刊物，在行业中产生了一定影响。

学院还与美国、英国等建筑专业类学院建立了校际关系，开展了人员交流与学术交流，迈出了对外开放的新路子。

这一阶段，学校办学过程中的一些主要事项及时间节点是：

1984年8月学院东区教学大楼竣工，为7层框架结构，建筑面积9475m²，工程造价496万元。

1984年9月向城乡建设环境保护部上报了《西北建工学院事业发展规划》。1984年10月学院在建筑学、结构力学、市政工程、建筑热能工程、建筑机械制造、结构工程6个专业8个研究方向上开始招收硕士研究生。

1984年12月城乡建设环境保护部党组对学院领导班子作重大调整：安崐任院长，甘鸿仁、傅忠诚、海庆安任副院长；高全录、霍维国任党委副书记，高全录主持党委全面工作；高全录、安崐、霍维国、刘占枚、呼世力为党委常委；田禾丰任顾问；免去张之凡院长职务，免去鲍约赉、李文轩副院长职务。

1986年3月任命霍维国为副院长，免去党委副书记职务；同意甘鸿仁辞去副院长职务，呼世力不再担任党委常委。

1987年9月城乡建设环境保护部党组决定任命倪志坚为学院党委副书记，薛强为学院副院长，同意傅忠诚调出，免去其副院长职务，免去海庆安副院长职务。

1988年10月学院第二次党代会召开，高全录同志代表首届党委作了题为《坚持党的初级阶段基本路线，以改革促进学院基础建设，为提高教学质量而奋斗》的工作报告，大会选举高全录、倪志坚、安崐、霍维国、张存清、张文善、陈令仪7人为党委委员。选举高全录同志为党委书记，倪志坚同志为党委副书记。赵宏璐同志为纪委副书记。10月9日，中共陕西省高等学校委员会以陕高复〔1988〕002号文同意学院第二次党代会党委、纪委选举结果。

1990年9月，建设部党组经陕西省委同意，安崑兼任学院党委书记，免去高全录党委书记职务，任命王育才为学院党委副书记。

1992年6月建设部党组任命费国山为学院副院长、张存清为党委副书记、倪志坚为学院副院级调研员，免去王育才、倪志坚党委副书记职务。

九三学社陕西分社西北建院支社和民盟省委直属西北建院支部分别于1985年9月和1986年1月成立。

1988年起学院先后出台了《关于提高本科教育质量的十条意见》《学生学籍管理办法及实施细则》《西北建院青年教师科学基金暂行办法》《西北建院评选优秀青年教师的规定》《优秀教材评选办法》《西北建院院内管理体制改革方案》等。

《西北建筑工程学院学报》于1984年创刊，1989年4月经国家科委批准正式公开发行，国内统一刊号为CN61-1195，季刊。1990年经国际连续出版物数据系统中国国家中心审批，授予国际标准连续出版物编号证书，刊物编号：ISSN-7569。

1990年4月经国家教委批准，学院当年起招生地区扩大为12个省区，包括陕西、甘肃、宁夏、青海、新疆、河北、河南、四川、安徽、湖北、山东、山西。

1991年10月学院组织了112名师生成立抗洪救灾小分队，深入安徽阜阳地区所属的8县3市为帮助灾区人民重建家园，进行农村集镇和住宅的规划设计，历时26天，1992年国家防汛总指挥部、人事部、水利部对小分队予以表彰，授予"抗洪抢险先进集体"称号。

根据建设部与陕西省的协议，从1988年起中专部停止招生，将原中专生招生数额改招专科生。学院于1989年9月决定撤销中专部，改设专科部。

1985年1月学院设立了建筑经济管理系；1985年5月组建了社会科学部和基础科部，后又更名为社会科学系和基础科学系。1988年1月组建学院计算中心，1988年6月成立了成人教育部，1992年12月更名为成人教育学院。

1989年4月，根据国家教委、人事部和建设部的文件精神，经陕西省高教局批准，省建设厅委托学院开办"建筑施工与管理""建筑财会""暖通空调技术与管理"3个大专层次的专业证书班。1990年2月经省高教局与建设厅批准，学院与汉中建筑设计院联合举办了"建筑施工与管理"专业证书班。

1985年5月成立了西北建筑工程学院建筑勘察设计院，1988年12月又设立了设计院海南分院。1989年6月成立了西北建院科技开发部，制定了关于科技开发有偿服务若干问题的暂行规定。1990年8月成立了学院建筑工程总承包公司。1993年2月成立了西北城乡建设规划设计研究院。1993年7月成立了西北建院建设监理公司。

1993年1月学院向建设部上报了《西北建工学院内部管理体制改革总体方案》。

1993年11月建设部副部长毛如柏来院视察指导工作。

3. 1994—2000年初

这一阶段，学院在建设部的领导下，认真学习中国特色社会主义理论，不断增强贯彻党的基本路线的自觉性，努力建设稳定、团结、坚强、廉洁的学院和各级管理领导集体，稳妥推进学院的管理体制改革、深化教学改革、扎实改善办学条件，提高办学效益和管理水平，使学院基本发展成为一所办学规模比较适中、结构比较合理、学科专业设置比较齐全、办学条件进一步改善，质量和效益有了明显提高并具有鲜明地方特色的建筑类普通高等学校。

根据建设部的构想，学院从实际出发，抓住了世纪之交高等教育改革发展和布局调整的机遇，内强素质，外树形象，开放办学，把改革重心集中在两个方向，一个是以学科建设为龙头，以创建人才培养为核心的教育教学改革，二是为学科建设和人才培养提供运行机制与环境支持的内部管理体制改革。学院进行了联合办学的探索。在学院内部，扎实进行教学基本建设，在办好现有专业的基础上，不断优化专业结构，努力拓宽专业口径，提高专业的适应性，为提高学生的综合素质，增设了辅修专业，加强了工程实践训练，较好地突出了自己的办学特色。

学院在办学过程中，坚持高起点、高要求，重点抓青年教师的培养提高，出现了一批年轻的学术带头人。

学院在经费短缺的情况下，想方设法增加科研投入，通过多立项、多出成果使纵向和横向的项目经费等直接用于科研的资金逐年有所增加。

学院在后勤改革上坚持为教学科研和师生员工服务的思想，正确处理服务与创收的关系，抓住机制的转换，从传统福利型服务模式逐步转型成为管理服务型、有偿服务型和经营服务型三种形式。在产业开发上，适当扩大了院管企业，提高了效益和质量，实现了规范化管理。

学院认真落实了教育部开展的教学合格评价工作，并以此为抓手，动员师生以评促改、以评促建，使学院的办学实力得到充实，办学水平明显提高。

学院的办学规模有了较大发展，全日制在校生增加到2700余名。招生省份（市、自治区）由12个增加到23个。成人高等学历教育迅速发展，在册各类学生数达到6046名，各种继续教育和职业培训教育人数也迅速增加。学院的教育结构有了较大改善，系科专业设置更加合理，教学质量得到提高，其中英语四级通过率达61%，在全国和省内获各类各级竞赛奖百余项，学院在西北地区建筑界的学术影响力进一步增强。教师队伍不断得到提高和优化，在职教职工875名，其中各类教师333名，占教职工总人数的38%，教授、副教授73名，占教师总数的22%，青年教师中，具有研究生学历人数上升到青年教师的38%，教职工发表的论文300余篇，出版教材和专著近百部，取得各类科研成果30余项。学院的固定资产达6592万元，学院的教学用房和职工的工作和生活用房均有了较大改善。

这一阶段，学院办学中的一些主要事项及时间节点是：

1994年6月学院成立了"九五"教育事业发展规划调研小组，倪志坚任组长；1996年1月学院向建设部上报了学院教育事业发展"九五"计划和2010年远景目标；1997年1月建设部批准了该计划。

1994年5月7日学院召开全院党政干部大会，建设部副部长毛如柏，建设部人教司副司长王德楼，中共陕西省委教工委副书记余清华出席了会议，会上宣读了中共建设部党组对学院领导班子任免的决定，党新益任学院党委书记；免去安崑院长兼任的党委书记职务；同时宣布建设部张彬若来院帮忙工作一年。

1995年8月中共建设部党组任命党新益为学院党委书记，霍维国任院长，张存清、翟振东任副院长，栗守余任党委副书记兼副院长，赵宏璐任纪委书记。免去费国山、薛强副院长职务，费国山任副院级调研员。

1995年9月28—29日学院第三次党代会召开。党新益同志代表第二届党委作了题为《改革开放，勤奋务实，为把我院各项事业推上新台阶而奋斗》的工作报告。大会选举产生了第三届党委会及纪律检查委员会，大会选举党委委员党新益、霍维国、张存清、翟振东、栗守余、赵宏璐、刘伯权、吴红金、贾绪祥9人，选举党新益同志为党委书记，栗守余同志为副书记，纪委委员7人，选举赵宏璐同志为纪委书记，郑经福同志为副书记。1996年2月15日，中共陕西省教育工作委员会陕教字〔1996〕16号下发了《关于同意选举西北建筑工程学院第三届委员会、纪委选举结果的批复》，同意选举结果。

1997年6月建设部党组任命刘伯权为学院副院长，经党委会研究分管科研和产业工作。

1999年4月建设部党组任命刘伯权为学院院长，张存清、翟振东、栗守余、赵均海为学院副院长，赵宏璐任党委副书记兼纪委书记，免去霍维国院长职务。

1995年3月学院与西安市政府有关领导商谈了共建西北建筑工程学院的相关事宜，一致认为联合共建原则已有，方法较好，对各方有利，应将设想进一步细化。

1996年10月西安市长办公会原则通过了建设部与西安市共建西北建筑工程学院的协议。11月18日霍维国赴建设部汇报了共建事宜。12月25日西安市与建设部共建学院签字仪式在学院举行，建设部副部长毛如柏、西安市有关领导出席了签字仪式。

1998年3月党新益一行3人赴宁夏就行业合作和区域共建学院等问题进行调研。霍维国一行4人赴甘肃、青海等省区就学院办成区域性院校与当地教委、建设厅负责同志进行商讨。6月宁夏回族自治区人大和建设厅有关领导一行4人来我院考察，并就共建事宜交换了意见。

1998年7月，学院召开党委扩大会，听取张存清副院长关于建设部召开的部属高校筒子楼改造工作会议精神的汇报，研究成立了学院筒子楼及危房改造工作领导小组。8月，教育部、财政部、建设部、省教委有关领导来院检查筒子楼改造工作。当月，学院筒子楼改造工程正式开工。分别改造东区2号楼和西区单身楼，共增加面积3600m²。

1994年7月学院党委决定对院机关职能相近的处室进行调整或实行合署办公。8月下发了《关于加强师资队伍建设的决定》《关于加强重点学科建设的决定》《关于加强科学研究的决定》，9月成立了学院管理体制改革领导小组和教育改革领导小组，10月下发了《关于进一步深化内部管理体制改革的意见（20条）》。

1994年9月学院下发了《学科建设工作实施细则》，确定建筑系建筑专业、建工系建筑结构工程专业、机电系工程机械专业、环工系市政工程专业为学院重点建设学科。

1997年3月学院召开了科研工作及重点学科建设会议。9月学院设立了教学科研基金。1999年5月下发了《关于进一步加强科学研究工作的决定》。5月21日下发了《关于引进高层次人才的实施办法》。8月成立了《西北建筑工程学院学报（社科版）》编委会。

1994年6月学院成立了计算机辅助设计中心和建筑装饰实验室。10月召开了实验室建设工作会议。1996年11月学院表彰了优秀教学成果项目。1997年1月召开了财务、产业工作会议，对下发的基金管理等8个文件进行了讨论。9月学院成立了"智能建筑研究所"及"智能建筑培训中心"。11月学院计算中心微机实现联网。1998年6月学院多媒体教室建成并投入使用。9月学院派出34人的抗洪救灾小分队赴内蒙古呼盟扎兰屯市开展支援灾区重建家园工作。1999年10月为商洛地区举办了村镇建设管理人员培训班。

1996年5月学院召开迎评促建动员大会，党新益做动员，翟振东做工作安排。1997年3月霍维国小结了半年多来的教学评价工作的进展情况，对下一步的工作做了再动员。1997年6月党新益、霍维国、翟振东参加了省教委在学院召开的教学评价工作座谈会。12月建设部评价专家组对学院的评建工作进行了为时5天的检查。1998年4月学院再次召开全院教师的评价动员会。6月西安市政府向学院拨款50万元，支持学院的教学评价工作。10月教育部专家组一行10人来院进行教学评估工作，建设部教育司副司长李竹成参加了学院的评建工作汇报会。10月23日教育部专家组向学院反馈了评价意见，建设部副部长郑一军，陕西省副省长陈宗兴出席了反馈会议。

2000年4月，经教育部有关部委协商，批准西安公路交通大学、西安工程学院、西北建筑工程学院合并组建长安大学为教育部直属高校。

2013年2月5日教育部与住房和城乡建设部联合下发《关于共建长安大学的意见》文件（教直〔2013〕1号）。至此，长安大学成为教育部与交通运输部、国土资源部、住房和城乡建设部、陕西省"四部一省"共建的高校。

表5-1为西北建筑工程学院历任领导班子变化。

表5-1　西北建筑工程学院历任领导班子变化

校名	党委领导班子				行政领导班子			
	党委书记	任职时间	党委副书记	任职时间	院长	任职时间	副院长	任职时间
西北建筑工程学院	田禾丰	1980.2—1984.12	祁凤林	1980.2—	张之凡（代理院长）	1983.3—1983.8	冯占林	1980.2—
	高全禄	1988.10—1990.9	杜希文（未到职）	1980.2—	张之凡	1983.8—1984.12	张之凡	1980.2—1983.8
	安崀	1990.9—1994.5	齐铭盘（未到职）	1982.4—	安崀	1984.12—1994.12	林钟祺	1980.2—
	党新益	1994.5—2000.4	高全禄（主持工作）	1984.12—1988.10	霍维国	1995.8—1999.4	齐铭盘（未到职）	1982.4—
			霍维国	1984.12—1986.3	刘伯权	1999.4—2000.4	鲍约赉	1983.3—1984.12
			倪志坚	1987.9—1992.6			李文轩	1983.3—1984.12
			王育才	1990.9—1992.6			甘鸿仁	1984.12—1986.3
			张存清	1992.6—1995.8			海庆安	1984.12—1987.9
			栗守余	1995.8—1999.4			傅忠诚	1984.12—1987.9

校名	党委领导班子				行政领导班子			
	党委书记	任职时间	党委副书记	任职时间	院长	任职时间	副院长	任职时间
西北建筑工程学院			赵宏璐（纪委书记）	1995.8—1999.4			霍维国	1986.3—1995.8
			赵宏璐（兼纪委书记）	1999.4—2000.4			薛　强	1987.9—1995.8
							费国山	1992.6—1995.8
							张存清	1995.8—2000.4
							翟振东	1995.8—2000.4
							栗守余	1995.8—2000.4
							刘伯权	1997.6—1999.4
							赵均海	1999.4—2000.4

5.2　人才培养

人才培养分为中专培养、本科培养、成人教育培养等。

5.2.1　1953—1988年中专培养

中专培养分为两个阶段：一是1953—1978年陕西省建筑工程学校人才培养，二是1979—1988年西北建筑工程学院中专部人才培养。

1. 1953—1978年中专培养

（1）专业设置：1953年2月，西北建管局为了加快建筑工程人才培养，弥补西部地区没有建筑类专门学校的空缺，立足发展建设需要，紧跟时代步伐，积极学习苏联办学模式和经验，开始按"专业化""单一化"原则着手筹建西安建筑工程学校。当时专业设置为：厂房与民房建筑和给水排水两个专业，后又把厂房与民房建筑专业改名为工业与民用建筑专业，学制三年。1955年开办钢筋混凝土制造与装配专业。1958年开办硅酸盐工艺专业，同时将钢筋混凝土制造与装配专业改名为混凝土与建筑制品专业，并把各专业学制改为四年。1961年撤销硅酸盐工艺专业，将学生分别并入工民建和建筑制品两个专业。1964年开办采暖通风专业。"文化大革命"期间学校停办，各类专业停止招生。1974年学校复办，共设工民建、给水排水、建筑机械和采暖通风四个专业，学制为三年，招收工农兵学员，实际两年半毕业。1975年将给水排水和采暖通风两个专业合并，定名为水暖通风专业。1977年全国高考恢复，仍设置上述专业，学制三年。1978年开办城市规划专业，但只办了一届。1978年12月28日，教育部正式批文西北建筑工程学院成立，国家基本建设委员会主管，西北建筑工程学院人才培养掀开新的一页。

（2）招生人数：学校自1954年专业设置以来，历年招生要求不尽相同，学制亦有变化。1954—1957年招收初中毕业生，学制三年；1958—1971年，招收初中毕业生，学制四年；1971—1976年，招收工农兵学员，初、高中毕业生皆有，参差不齐；1977—1978年恢复全国统一招生，初、高中毕业生皆有。

学校刚成立时，校名为西安建筑工程学校，第一批以工业与民用建筑、给水排水两个专业招生，招生395名，加上原陕西省三原工业技术学校调整并入的土木科196名学生，近600人。当年开学时，校舍尚未建成，只好临时借用房舍，至12月23日房舍建成，才全部搬进小寨校区。1958年学校受"大跃进"影响，曾设想把学校由中专改为大专，学生规模1500人，终以主观想象脱离实际而未能实现。1961年因贯彻以调整为中心的"八字"方针，学校停止招生，并动员一、二年级的农村学生305人休学一年。1962年4月，根据上级指示，各中等专业学校暂停办学一年，学校亦随之停办，将500余名学生分别安置。1962年11月又根据上级指示，将1961年休学的农村学生和1962年停办回城的学生招回复课。"文化大革命"期间，学校停办。1974年3月经陕西省人民政府和国家建委批准，于1974年5月学校复办，同年10月招生，1976年曾停招一届，学校当时共有学生300余人。

为了满足国家建设对技术人才的需要，学校采取技术培训班（一年）的办法，分别于1954年、1956年办了两期干部班，一期给水培训班，共招学员200余人。

学校学生人数最多时有1400余人（不包括夜校学生），二十多年来共为国家培养土建类中等专业技术人才4100余人。其就业情况是：20世纪50年代被分配到全国范围，20世纪60年代主要分配在西北五省区，20世纪70年代以来主要分配在陕西省范围。经过实际锻炼，大多数成为建筑行业的技术骨干，为我国建筑业的发展做出了应有的贡献。

（3）课程建设：学校重视课程建设，把其作为人才培养的重要前提。当时开设的5个专业，涵盖建筑工程领域设计施工、环境设备、建筑制品与材料等课程。工业与民用建筑专业主要开设建筑材料、测量学、建筑学、建筑结构、建筑机械、建筑施工、建筑经济与计划、房屋卫生设备等课程；给水排水专业主要开设水力学、测量学、建筑材料、建筑业务基础、水泵和水泵站、给水工程、排水工程、给水与排水施工、房屋卫生设备、定额预算与组织计划、水分析化学等课程；混凝土与建筑制品专业开设建筑材料、建筑业务、建筑结构、配筋混凝土构件制造工艺、金属材料与焊接、生产机械、企业的经济组织等课程；水暖通风专业主要开设测量学、室内与厂区给水排水工程、供热工程、锅炉与锅炉房设计、通风与空调、工业管道等课程。

所有专业均开设政治、语文、俄语、数学、物理、化学、体育等普通课程和理论力学、结构力学、制图、电工学等基础技术课课程。除上述课程及实验参观外，在学习过程中还按年级及专业特点，有计划、有目的地组织学生在校内外企业中进行生产劳动，培养学生的实际操作能力和独立工作能力，以保证学生既有一定的理论知识，又有一定的实际工作经验。

（4）师资队伍：西北建筑工程学院成立之前，陕西建筑工程学校有教职工268人，专职教师101人。

2. 1979—1988年中专培养

西北建筑工程学院成立后，"保留中专，中专面向陕西"，将其设置为中专部。根据建设部与陕西省有关协议精神，从1988年起中专停止招生，改招专科生。至此，中专部完成了其历史使命，于1989年底撤销，同时宣布专科部成立。1953年西安建筑工程学校、西北建筑工程学院中专部到大专部两个阶段共招收中专生5380余名。在此期间，依托中专部，举办了数十期短训班，还为全国建工系统中专学校举办两期师资培训班，经过培训，这些师资在教学和生产中发挥了积极作用。

5.2.2 1978—2000年本科培养

西北建筑工程学院成立之后，二十余年的教学工作大体上可以分为3个发展阶段。1979—1985年为创业阶段，这一阶段学院设置6个本科专业，针对新建院校特点，学院重点工作是建章立制、完善教学基本条件和建立一支能满足教学需要的师资队伍。1985—1993年为充实和发展阶段。这一阶段学院增设了一些新专业，在校生规模也有所增加。学院的教学基本建设，尤其是软件建设和教学管理工作也逐步步入正轨，在建设部的领导及教育主管部门的指导下，师资队伍建设、课程建设、学风建设、实践教学环节建设均不同程度地得到加强。1993—1999年为提高阶段。学院进一步修订了各专业教学计划，并制定了"综合教育计划"，对课内、课外育人环节进行了统筹，加强了德育教育的力度。根据教育部1993年专业目录，进一步调整了部分专业。经过建设，专业总数没有过多增加，办学力量比较集中，办学规模已达3000余人，初步形成较为合理的专业布局。一些建院初期开始办的本科专业已在社会上站稳脚跟，毕业生质量进一步得到社会认可。教学检查制度和质量监控体系逐步完善，教学基本建设全面上轨道，教学秩序稳定，教学改革也取得了初步成效。

学院重视人才的培养。将人才培养的目标定位为"培养德、智、体全面发展、基础扎实、知识面宽、能力强、素质高的应用型高等工程技术人才"。其培养模式主要采用"加强基础、拓宽专业、按宽口径招生、高年级按需因材分流培养"。所有专业均设有不同专业方向或多个选课组模块，同时学院开设6个辅修专业，通过实行主辅修制等多种培养模式，使学生在知识、能力、素质等方面得到全面和协调发展。

1. 专业设置： 1978年12月28日，教育部正式行文批准西北建筑工程学院成立，学院以陕西省建筑工程学校为基础，主要面向西北招生，由国家建委和陕西省共同领导，以建委领导为主，办学规模为2500～3000人，批准工业与民用建筑、建筑机械、供热通风、给水排水4个本科专业，学制四年。随着学校办学实力不断增强可逐步增设城市规划、混凝土与建筑制品、工业企业电气化自动化、建筑工程经济、工程地质与水文地质等专业。从此，西北建筑工程学院与西安地质学院等学校一起成为当年由国家批准在陕西新设立的7所高等学校，而跻身本科办学。

专业调整改造进程：学院在建设发展过程中曾进行过3次专业调整，第一次是1979—1985年。由于学校刚刚复办并升格本科办学，主要任务是加强师资队伍建设和基础设施建设，改善办学条件。学校在原有专业基础上，进行整合改造，设置工业与民用建筑、建筑机械、供热通风、给水排水、城市规划、建筑学6个本科专业，其中1982年4月，国家建筑工程总局〔82〕建工教办字第37

号，教育部〔82〕教计事字059号通知，同意学院增设"建筑学"专业，同意学院原建筑学与城镇规划专业可分为"建筑学"与"城市规划"2个专业招生。第二次是1985—1993年。1985年4月，教育部〔85〕教高二字008号，批准高等工业学校本科专业名称整理方案，学院将原设建筑机械、建筑学、城市规划、工业与民用建筑、供热通风、给水排水工程分别调整为起重运输与工程机械、建筑学、城市规划、工业与民用建筑工程、供热通风与空调工程、给水排水工程6个专业。随着学校办学实力不断增强，影响力日益扩大，招生计划逐步由偏重地方向兼顾西部、辐射周边调整，为了稳步推进学校人才培养战略，学校成立了专门机构进行专业设置与调整改革调研，与西北五省区的省地县三级共81个用人单位进行沟通，了解西北地区建工领域专业设置需求。学校在充分调研的基础上加强各本科专业师资建设、课程建设、实践教学环节建设，为提高各专业的教学质量、形成合理的专业布局奠定了较好的基础。这一阶段陆续增开了建筑电气技术、建筑经济管理和建筑财务会计等专业；第三次是1993—1998年，立足于前两次成功实践的基础上，突出充实和提高两个主题进行系统性的改革，进一步修订各专业教学计划，并制定了学院"综合教育计划"，对课内、课外育人环节进行了统筹安排，加强了德育教育的力度。根据国家教委1993年新的专业目录，将原机制工艺及设备（机电一体化）专业调整为机械电子工程专业。考虑社会需要和学科之间的相互支撑，1994年将开设多年的建筑电气技术、建筑经济管理2个专科专业发展成本科专业，办学力量比较集中，初步形成了较为合理的专业布局。1996年起按照"厚基础、宽口径、多方向"的原则对各本科专业进行拓宽改造。较大规模地对各专业教学计划再次进行修订，进一步优化了知识能力结构，基础课基本贯通，技术基础课的覆盖面有所拓宽，实行了低年级共同打基础、高年级因材按需分流培养的培养模式。

专业调整与建设的总体目标：找准位置、拓宽口径、提高质量、办出特色。"找准位置"——专业结构布局要符合本地区、本行业经济建设的需要；"拓宽口径"——变狭窄的对口型教育为适应型教育；"提高质量"——办出几个西北地区的名牌专业和拳头专业。其中，名牌专业是指：专业的教育质量在西北地区居于先进水平；拳头专业是指：培养的人才，在西北地区建筑人才市场占有较大的份额。"办出特色"——在学生素质、服务面向、学科建设和教学内容等方面有学院自己的特色。其中，在学生素质方面突出"三实一强"，即：基础扎实、作风朴实、工作踏实、动手能力强；服务方向强调培养面向第一线和基层单位，能从事建筑设计、施工、管理等方面工作。

专业调整改造的措施："立足实际、分类实施"，逐步改造各专业。认真分析学院实际和市场需求，专业设置力求符合学院定位。对各专业分类分步进行改造，逐步到位。建筑学、城市规划、建筑工程、给水排水工程、供热通风与空调工程等几个传统专业，以抓教学质量为切入点，强化基础，拓宽专业口径，强化办学特色和提高办学水平；管理工程和电气技术等新专业，从抓办学条件和教学质量入手，同时考虑专业面拓宽问题，管理工程专业进入高年级后分为建筑管理工程和房地产开发与管理2个专业方向进行培养。

专业目录上变化较大的专业，如学院开办初期的原建筑机械专业几经调整改造，口径逐步拓宽，1996年与机械电子工程专业合并，基础课基本拉通，1998年按大类招生培养，如机械类（机械电子工程专业）下设机制工艺与设备和工程机械方向，使对口建筑的专业成为能适应新技术发展、适用范围更大的专业。

专业布局上逐步实现了以"本科为主"的办学指导思想，原设置的专科专业多数已停招（如房地产经营与管理、建筑电气技术和建筑财务会计），只保留了2个专科专业，学院专业设置是8个本科专业和2个专科专业。

从1993年开始开设全院性公共选修课，其中人文、社科方面的课程占较大比例，总数30门左右。从1994年开始建立主辅修制，并将其作为一种培养复合型人才的培养模式。共开办了计算机应用、燃气工程、建筑设备、经济法律、建设监理、工程造价管理6个辅修专业。

专业调整改造成效：经过专业调整改造，学院的专业结构布局趋于合理，更加符合学院的发展定位，各专业在拓宽口径方面均取得一定成效，教学基本建设和人才培养更加突出特色，目标明确，更加有利于提高人才培养质量。

学院专业结构布局更加符合学院的定位。学院专业设置层次是以本科教学为主，专业结构能够适应区域经济建设的需要，注意面向基层培养应用型人才，这些都是符合学院定位和办学指导思想的。现已初步形成"以土建类专业为主、兼有相近专业，土建专业较齐全、相近专业配套合理"这样一种专业结构的布局格式。其具体内涵是：按照新的专业目录，土建类所含的5个专业设置较齐全。与土建类专业相近、专业之间能互相支持配套的机械类、电气信息类、管理工程类的专业各设置1个。这种专业和服务面向形成了西北建筑工程学院专业结构布局的特色。特别是国家建设重心向中西部转移之后，这种专业布局将会更好地适应西北地区对建筑人才的需求。

各专业在拓宽口径方面取得一定成效。培养模式主要考虑了拓宽口径的问题，从1994年提出"加强基础、拓宽专业"的设想，经过几年的工作，教学计划几经修订已经比较合理，基础性课程初步通用化，高年级均设置了不同模块的选课组，学生的适应能力有所提高；主辅修制从1994年开始建立，其中多数辅修专业已开办了3届；与国家开展的注册建筑工程师、注册结构工程师培养方案的"接轨"工作也已基本完成。以上三种不同的培养模式均达到拓宽口径的目的。

各项教学基本建设均取得一定成效，各专业在培养方案、教学内容与方法、实验实习环节等方面初步形成了人才培养特色。

1994年新增设的电气技术和管理工程2个专业，在增设前都进行了可行性论证，这两个专业均是在开办了多年专科以后升为本科的。原专业办学条件（教师数量和结构、教学设备和实习基地、图书资料和教学文件）均有较好的基础，经过4年的建设，办学条件能够满足教学要求，教学质量得到较好的保证。

专业人才的需求量比较大，1998届毕业生受到用人单位欢迎，社会需求量大大超出毕业生数量。由于培养质量有保证，几年来招生和就业形势一直很好，即使到1998年，不少单位都在搞"增员增效"的时候，西北建筑工程学院毕业生也能顺利签约，各专业仍然出现供不应求的情况。

专业设置情况：学院共设5系1部12个专业：

（1）建筑系。建筑系共设建筑学、城市规划2个本科专业。

建筑学专业：培养从事建筑方面设计、科研、教学工作的高级工程技术人才。五年制本科。

城市规划专业：培养从事城市规划方面科研、教学工作的高级工程技术人才。四年制本科。

（2）建筑工程系。建筑工程系设工业与民用建筑工程本科专业。

工业与民用建筑工程专业：以建筑结构设计、施工和技术管理工作为主要内容，培养从事工业与民用建筑方面设计、施工、科研、教学等方面的高级工程技术人才。四年制本科。

（3）机电工程系。机电工程系共设起重运输工程机械、电气技术2个本科专业。

起重运输工程机械（建筑机械）：培养从事城市建设机械和建筑机械方面设计、制造、科研、教学与技术管理方面的高级工程技术人才。四年制本科。

电气技术（建筑电气）专业：培养从事建筑电气工程方面设计、安装调试、施工资质管理的工程技术人才。二年制专科。

（4）环境工程系。环境工程系共设供热通风与空调工程、给水排水工程2个本科专业。

供热通风与空调工程专业：培养能在采暖、供热、通风、空气调节工程等方面从事设计、施工、科研、教学的高级工程技术人才。四年制本科。

给水排水工程专业：培养给水排水工程设计、施工、科研、教学工作的高级工程技术人才。四年制本科。

（5）管理工程系。管理工程系共设建筑管理工程、建筑财务会计2个专科专业。

建筑管理工程专业：培养建筑安装企业管理的高级技术应用人才。二年制专科。

建筑财务会计专业：培养建筑财务会计高级技术应用人才。二年制专科。

（6）专科部。共设工业与民用建筑、供热通风与空调工程、起重运输与工程机械3个专科专业。

工业与民用建筑专业：培养具有分析解决一般工程实际问题和组织管理能力的高级技术应用人才。二年制专科。

供热通风与空调工程专业：培养在采暖、供热、通风、空调工程领域从事设计、施工、管理的高级技术应用人才。二年制专科。

起重运输与工程机械（机电设备安装）专业：培养从事机械设备、建筑电气安装调试、施工组织管理的高级技术应用人才。二年制专科。

2000年2月16日，教育部教高函〔2000〕2号批准学院设置信息与计算科学、自动化、计算机科学与技术、城市规划（学制由四年调整为五年）、环境工程5个本科专业。

2. 学科建设：学科建设是实现人才培养目标的关键，建院之初使用的教学计划是参照兄弟院校的相同专业计划制订的，在运行了一个周期（四年）以后，根据学院实际，分别于1983年、1985年、1989年、1993年、1995年，5次修订专业的教学计划。其中，"93综合教育计划"不同于传统的教学计划，主要由各专业教学计划和德育教育计划两部分组成。德育教育计划的内容和形式包含课内、课外各种专题讲座，校园文化活动，思想道德教育，社会实践活动，此计划还增加了全院公共选修课计划表。这一计划的制订对于培养学生德、智、体全面发展起到了较好的作用；"93综合教育计划"还对全院部分公共基础课进行了协调，统一了学时和开课时间；改造了部分专业，至此全院共设7个本科专业。"95教学计划"主要强调了精讲多练的原则，课内总学时均已压缩到2700学时以内；大多数本科专业的计算机课程实现了按三个层次安排教学；新增了建筑电气和管理工程2个本科专业。经过5次修订教学计划工作，使课程结构和学生的知识能力结构逐步得到优化，专业布局也逐步趋于合理。

结合学院教育事业"九五"计划和2010年远景目标,从1996年开始学科建设主要保持和发展土建类的学科、专业优势,适度发展与土建类学科、专业配套的机电、经管和人文社科类学科、专业。重点建设了6个重点学科。

3. 课程建设:学院课程建设起步于1988年。1989年学院制订了课程建设条例(讨论稿),1990年形成课程建设的正式条例和评估指标体系;1990年还抓了从修订教学计划——修订教学大纲——规范教案的一条龙建设;1993年以后开始执行住房和城乡建设部课程建设评估指标体系;1990年、1991年、1994年、1996年、1997年分五批立项进行共38门次的重点课程建设。11门课程被评为院级一类优秀课程。12门主要基础课程中有6门课程被评为院级一类优秀课程。1994年、1996年、1998年,学院高等数学等6门课程被建设部评为一类优秀课程和二类优秀课程。在此要特别提及的是,学院从1980年开始试点,1984年10月,正式成立数力合授部。数力合授是学院林钟祺教授创立的一门新的知识体系,深受学生欢迎。

4. 师资队伍:教师是教职工队伍的主体,在教学中起主导作用。学院始终把师资队伍建设作为提高教学质量的关键,为此先后制订了《西北建筑工程学院师资队伍建设计划》,出台了《关于加强师资队伍建设的决定》《关于加强重点学科的决定》《关于引进人才的决定》等文件。《西北建筑工程学院师资队伍建设计划》根据学院"九五"计划和2010年远景目标而制定。其师资队伍建设的目标是:建设一支具有坚定政治方向、业务素质优良、数量适宜、结构合理、热爱教育事业、充满活力的师资队伍。其任务是:教师比例从40%提高到45%左右,教师、教辅人员总数达到500人以上,专任教师330人,教授、副教授等高级职称者130人。青年教师中具有硕士以上学位人数比达到60%。重点培养和造就10名左右跨世纪学科带头人,形成20个左右稳定的科研方向。采取的措施是:加强学科梯队建设,重点培养和造就学科带头人。学院根据学科带头人的条件,组织教务、科研、人事等部门选好或引进学科带头人,继续执行学院关于引进和培养人才的实施意见,根据形势的发展需要进一步加大其力度,学院拨专款建设院级重点学科,各系自筹部分资金支持重点学科建设,在科研立项、教材专著编写和参加国内外学术活动等方面实行向重点学科倾斜的政策,贯彻建设教育工作会议精神,实施"百千万工程",抓学科建设与提高教学质量相结合,提高师资队伍水平和科研工作水平相结合,与争取硕士授予权相结合,1997年力争获得3个硕士授予权点。在教学实践和深化教学改革过程中加强师资队伍的建设。加强教师授课质量的检查,建立健全授课质量反馈和评估体系,对新到岗的教师安排组织学习教育理论,指定中老年教师担任"教学导师",重视老教师的作用,充分发挥"传帮带"作用、指导作用和示范作用,定期举办"青年教师讲课比赛"和"中老年教师教学观摩赛",定期组织各种形式的教师培训班或外出进修学习,每年在教师中有组织地开展一次"更新教育思想,深化教育教学改革"大型讨论活动,深入开展面向21世纪课程体系和内容的改革,在教学实践和深化教学改革过程中提高教师的素质和水平。

从1979年2月西北建筑工程学院筹建小组成立到1980年3月西北建筑工程学院临时党委成立,这一时期工作重心是加快选调优秀教师。学院先后从西安公路学院、哈尔滨建筑工程学院、重庆建筑工程学院、西安冶金建筑学院、西北建筑设计院及陕西省建筑设计院、陕西省建筑科学研究所和陕西省建筑工程局引进和调入一批骨干教师和管理干部，学院先后引进和接收教师52人，尤其是引进了以林钟祺为代表的多位著名学者和教授，对学院的学科建设和人才培养起到了非常重要的促进作用。这些教授、学者治学严谨，他们甘为人梯，奖掖后学，不仅在自己的学科领域大有建树，带动了学校学科实力的提升，而且胸怀博大，积极培养青年骨干，为青年教师的成长树立了楷模。

1991年建设部召开师资建设工作会议以后，学院共制订了提高队伍整体素质、重视发挥中老年教师作用、加强青年教师培养和提高、聘任兼职教师、加强师资队伍建设的领导和实行政策倾斜等5个方面、18条措施，从"八五"期间开始为落实这些措施共送出攻读硕士或博士学位的教师98人，有80%回校工作，成了教师队伍的主力军。同时，注意给年轻教师压担子，开展助课、讲课大赛等，促进年轻教师成长。经过多年的努力，教师队伍的高职比由17.4%提高到34.2%，97/98学年高职比提高到38.3%；学历结构中研究生比由16.6%提高到23.6%，通过5个院级重点学科建设培养了17名学科带头人。1999年末，学院已拥有教职员工875人，其中专任教师330人，具有高级职称的130余人。

5. 招生人数：招生省份不断扩大，由办学之初的西北五省区，20世纪90年代的12个省市区，到2000年合校前的23个省市区；招生人数不断扩大，从1979年招生200名到1999年招生近千名。西北建筑工程学院成立以来，共招生9000余名。

1983—1999年共招收专科生2860余名。

另外，学院从1984年10月开始，采取联合培养的方式，招收建筑学、市政工程、建筑热能工程、机械制造、结构工程、结构力学6个专业8个研究方向攻读硕士学位研究生40余名。

6. 教材编写：学院重视教材建设，1988年成立了教材建设委员会，学院还先后制订了《教材建设"九五"规划》，各系教改规划中对本科教材建设也制订了具体的建设规划，同时学院还制订了《优秀教材评选办法》《自编教材管理办法》《教材建设基金暂行管理条例》等文件，推动学院的教材建设。1987年以来，学院教师主编、参编并正式出版教材91部，自编讲义30部，这些教材从不同方面反映了学院教材特色；即区域性特色：教材中重点介绍西北地区建筑施工特点，如湿陷性黄土地基、建筑抗震、高浊度水处理技术、燃气工程、历史文化名城保护等，以及西北地区资源利用技术；应用性技术：学院教师在编写教材时，着重突出应用性，许多教材中配有工程实例及练习题，有利于培养学生解决实际问题的能力；专业性特色：学院基础课教材主要选用全国已有的优秀教材，教师所编的教材多为专业教材。1993年、1995年、1998年学院举办了三届优秀教材评选活动，共评出院级优秀教材一等奖5部、二等奖8部、三等奖7部。王维如教授参加编写的《建筑企业管理学》获1992年全国高校优秀教材奖、建设部优秀教材一等奖；蒋传章教授主编的《高等数学题解词典》获1992年、1993年西南、西北地区科技图书三等奖，此外还有11部电教教材获省级优秀电教教材奖。

7. 图书馆与实验室建设：学院图书馆是在原西安建筑工程学校图书馆基础上发展起来的。图书馆曾于1971年随同学校被迫关停，藏书均被陕西省建筑工程局所属单位接收，资料全部毁失。1974年学校复办时仅有由陕西省建筑工程局归还的技术书籍10000余册。复办后藏书逐年增加，至1978年12月国务院批准成立西北建筑工程学院时，有藏书40000余册，20世纪90年代后期藏书已达

276000册。其中中文图书24万余册，外文图书20000余册，期刊、声像资料16000余册（件）。期刊1010种，其中中文的544种，外文的266种，内部期刊200种。

学院加大现代化教学改革力度和设施设备投入，设有录像演播室、电视教材播放室、语言实验室、摄影制片室和简易电教设备的电化教室。有摄像、录像、编辑、播放的全套技术设备。几年来通过购置、复制、交换等方式汇集编目的各类电视录像教材已有430余部，外语录音带有英语58套共450余盒，日语7套共29盒，教学电影片42部。固定资产共60余万元。

学院有各种类型的计算机30余台，微机绘图系统1套，各种系统及应用软件盘带等。固定资产共150万元。

计算中心设有计算机教研室，计算机应用研究室及计算机室。可以为全院研究生、本专科生开设《微型计算机原理及应用》《工程设计常用计算法程序设计》《算法语言及计算方法》《FORTRAN程序设计》《碘酸在给排水中的应用》《土建结构程序设计》《计算机辅助设计（CAD）》《基建经济管理计算机方法》等课程。

为了加快学校建设，迅速提高办学水平，学院开始依照教育部本科教学评估的有关指标，集中力量做好实验室建设。

加大投入，实验仪器设备和实验用房有较大的改善。几年来，学院想方设法多方筹集资金，进一步加大对实验室硬件投入，使西北建筑工程学院教学仪器设备总值提高幅度较大：1995—1997年每年实验室投入经费增加约1000万～1700万元，教学仪器设备总台（件）数已达4901台（件），达到了教学评价相应指标体系的要求。购置一批具有一定先进水平的仪器设备，改善了实验室的装备条件，提高了实验室建设的现代化程度。投资100多万元改建了结构实验室，改建后的结构实验室设备先进、宽敞明亮、面目一新，工作环境、实验条件得到改善和提高。新建的计算中心多媒体教室、电教中心多媒体教室，配套齐全，设备先进，科技含量高，它必将促进西北建筑工程学院电化教学工作的开展。

调整了实验用房。在各系部的大力支持配合下，学院挖掘房源，下大力气调整了实验用房，扩大实验室面积。将环工系实验室集中于环工楼，不仅便于管理，而且充分发挥仪器设备的效能，提高实验开出率；扩大材料力学、物理等实验室面积300多平方米，保证了基础课实验开出率。与此同时，投入60多万元兴建了新的金工实习车间；新建了电子实验基地，将机电系的实验室也相对集中，便于开展实验工作。

在实验室调整和建设期间实验室的同志发扬艰苦奋斗、勤俭办事的主人翁精神，利用寒、暑假和节假日，自己动手研制、组装、集成一批现代化教学实验设备，为学院节约了大量资金，极大地提高了西北建筑工程学院的设备技术水平。环工实验室、电气实验室、材料力学实验室等许多实验室的同志们在这方面均作出了重要贡献。材料力学实验室的同志们研制了用于工字梁主应力测量的"GWJ-I形U杆式弯曲试验机"，其性能良好，达到设计要求，不仅通过了西北建筑工程学院组织的专家组鉴定，还获得了国家专利。不少实验室的同志们自己动手，修理改进实验设备，保证了西北建筑工程学院各实验室的设备完好率在90%以上。结构实验室的同志们自己动手花了很少的钱修复了一台多年不用的"万能试验机"，修复的试验机不仅面貌一新，而且性能与现在购买的试验机性能不相上下。

　　加强实验室师资队伍建设，提高实验开出率，保证了实验教学质量稳步提高。由于种种原因，以前西北建筑工程学院在实验设备、固定资产投入、实验用房、实验开出率等方面都存在一些问题。几年间，尤其是教学评价以来，全院上下抓住了这一难得的机遇，加大了对实验室软、硬件的投入和建设。实验教学大纲、实验教学指导书不断规范，实验室管理规章制度不断健全，实验教学内容不断完善，计算技术、分析测试技术、电化教学技术广泛应用。同时各系部重视实验室师资队伍建设，补充了一批政治素质高、业务素质较强的同志到实验室工作，还抽调一批事业心强，业务功底扎实的教师作为实验室的兼职教师，这些措施有力地保证了实验教学质量的稳步提高。基础课实验开出率均达到100％，技术基础课和专业课实验开出率都在90％以上。

　　调动了实验室工作人员的积极性，加强实验教学改革。对于各实验室的房屋、设备、人力、经费统一调配，加强了实验教学改革，对于实验教学质量提高起到了一定的促进作用。各实验室重视实验教学研究和学术活动。和教研室一样，各实验室每学期都有实验教学活动安排，每两周举行一次活动，大家就实验教学改革、实验教学内容、实验教学技术、设备检测、业务进修等多方面、多角度进行研讨，取得了一些成果。近年来在院内外公开杂志上发表了数十篇论文。如物理实验室在实验教学中重视启迪学生思维，让学生动手自己设计实验操作程序，成绩显著，他们的"加强物理实验教学、努力提高教学质量"实验教学研究成果获学院1998年教学成果二等奖。很多实验室还重视大家的在职进修、学习，提高业务水平。各实验室在完成实验教学任务的同时，利用实验条件，积极开展科研工作，拓宽为社会服务，承担一定量的工程检测、试验分析、技术鉴定等任务，扩大了学院的社会影响，提高了设备利用率和实验室工作人员的业务水平。总之，西北建筑工程学院实验室基本建设工作有了长足的发展，能够适应西北建筑工程学院教育教学改革的需要和本、专科教育的需要，并为学院的研究生教育、科学研究、社会服务提供了有力的技术支持。

　　学院成立之初，只有原陕西省建筑工程学校的化学、电工、建材、金相、建筑机械、测量6个实验室，试验用房面积640m²，试验设备总值仅有十几万元。经过十多年的不懈努力，逐步发展到25个实验室，其中，建工系4个：建筑材料实验室、地基基础实验室、工程结构实验室、建筑施工实验室。建筑系2个：建筑物理实验室、建筑造型实验室。环工系6个：暖通实验室、热工实验室、给水排水实验室、水文地质实验室、流体力学实验室、水微生物实验室。机电系9个：液压实验室、机械原理及零件实验室、电气工程实验室、测试技术实验室、公差实验室、金相热处理实验室、机制工艺实验室、建筑机械实验室、内燃机实验室。基础部4个：物理实验室、化学实验室、材料力学实验室、测量实验室。

　　各实验室用房面积共8400m²，试验固定资产总值达367万元，开设41门课程的196个实验项目。

　　1998年7月14日，学院召开了实验室工作会议。会上，交流了经验，肯定了成绩，表彰了先进，查找了问题。有7个实验室汇报了实验室建设情况。会议表彰了4个先进实验室、8个实验室优秀工作者。会议要求，要充分认识实验室在高教工作中的地位，抓住主要问题促进实验室建设，真正把学院实验室工作提高到一个新水平。

　　1999年5月21日，学院建筑材料实验室、电气工程实验室、流体力学实验室、材料力学实验室、物理实验室5个实验室被评估为合格实验室。

2000年1月5日，西北建筑工程学院给水排水实验室顺利通过建设部直属高校部级重点实验室评估，给水排水实验室成为建设部重点实验室。

8. 教学研究：学院在加强日常教学研究的同时，分别于1994年、1995年、1996年和1997年四次就贯彻"纲要"深化教育教学改革实施方案、贯彻落实全国教育工作会议精神、更新教育思想大讨论、修订教学计划召开研讨会、工作会。1994年结合学习贯彻《中国教育改革和发展纲要》，学院出台了《关于贯彻"纲要"深化教育教学改革的若干意见》，各个教学系结合各自实际，把加强教学研究作为有力举措，效果明显。1995年，为了落实全国教育工作会议精神，学院第二次开展了更新教育思想大讨论，经过讨论，统一了思想，明确了思路，制定下发《贯彻全教会精神的工作思路和意见》等文件，提出增开选修课，扩大专业面；建立主辅修制；增设若干专业，使毕业生更加适应人才市场的需要等。1995年10月，学院历时两月，开展了"更新教育思想，深化教学改革大讨论"，通过大讨论，取得了明显效果，对教学改革是高校改革的核心，要提高教学质量，适应市场经济对人才培养的需求，必须从转变教育思想入手等方面达成共识，共提出了许多有益的建议和看法。1996年暑期学院召开教学计划研讨会，对14个专业的教学计划进行了修订，96级新生按《新教学计划》授课。1997年7月21日，学院召开教学工作会议，会议主题为更新教育思想、深化教学改革，进一步明确学院教学改革的总体思路。会议取得了预期效果，为以评促建，推动学院教学评估工作做了积极准备。为加强教学工作研究，学院内部创办《教学通讯》《教学研究》《高教研究》等刊物，发表交流教学研究成果，有6个项目获得省级以上优秀教学成果奖，有7人被评为省、部级以上劳动模范、优秀教师。

9. 教学管理：建院初期，学院的教学管理制度大多是从办学历史较长的一些兄弟院校引进的。经过4年的运行和调整，1983年第一次将教学管理制度进行了修订和汇编，其中共包括38种教学管理文件；在此基础上，1990年6月第二次对教学管理制度进行了修订和汇编，其中共包括43种教学管理文件。通过这些管理文件的贯彻落实，初步形成了学校的管理风格。随着教育改革的不断深化，学院又进一步认识到教学管理不是要把学生"管死"，而是充分调动教与学两方面的积极性，使学生得到全面的发展。为此，学院在培养模式上进行了一些探索，增加了一些激励机制，配套了一些教学文件和管理制度。其中，"教学管理通则""教学常规工作一览表""教学检查实施细则""教学管理工作程序图（表）"等多种管理制度具有一定的特色，执行效果较好。管理制度的完善加上管理机构的健全，使学院的教学管理系统运转正常。为了提高教学管理工作，学院从领导、制度、队伍、落实、手段五个方面入手，即：确保领导在教学管理方面的精力投入；进一步健全教学管理制度；加强教学管理队伍建设；狠抓教学管理制度的落实；采用较先进的管理手段。

同时，学院建立较为完善的"教学质量监控体系"和"教学检查体系"。教学检查的形式主要有：集中教学检查、日常教学检查、集体检查与个别检查。教学检查的内容包括：开学初教学检查、期中教学检查、期末考试检查、实践教学检查等。学院在加强教学管理、坚持教学检查制度等方面能够做到持之以恒，教学检查信息比较完整，从1989年开始教师授课质量的评价情况均有记载，每学期进行的教学检查制度坚持到合校。教务部门1986年创办的内部刊物《教学通讯》共办

100多期，上面记载了大量的教学信息，并且注意对信息进行不断总结和反馈，促进了教学管理工作迈上新的台阶。

10. 教风学风校风建设：学院重视加强教风、学风、校风建设，以抓教风、促学风、树校风为契机，创造良好的育人环境。学院制订了"校训"，归纳了"师德规范"，修订了"教师教学工作细则"和"三育人条例"，强调教书育人、教学相长，教学检查中也加强了对教风和教书育人的检查。制订了关于加强校园文明建设的有关制度，持续开展创建优良学风班的活动，严格考风、考纪和学籍管理。同时开展各种形式的思想教育活动，加强思想政治教育、理想信念教育、人生观教育，使广大学生爱党、爱国、爱学校、爱自己所学的专业，增强信心，勇于奉献。同时，通过知识竞赛、学习竞赛、科技讲座和丰富多彩的校园文化教育和文体活动，促进了学生综合素质的提高。环工系暖9401班被国家教委评为全国先进班集体。学院还以"文明校园"建设为突破口，狠抓社会主义精神文明建设，投资近200万元，整治了校园环境。通过以上工作，在以校风和育人环境为主要内容的"文明校园"的评审工作中，学院1996年被评为陕西省10大"文明校园"之一，1997年省教委对文明校园进行复查，认为学院这方面的工作"在原有的基础上，有新的进展和提高，上了一个新的台阶"。

11. 社会服务：1991年，安徽阜阳遭遇特大洪涝灾害，为帮助灾区人民早日恢复生产、重建家园，遵照建设部的指示，学院抽调18名教师、94名学生，共112人组成"西北建筑工程学院支援灾区、重建家园规划设计小分队"。10月7日，小分队出发奔赴安徽省阜阳地区，分布在该地区所辖的8县3市，进行了大量卓有成效的工作，历时26天，于11月4日载誉返校。

"小分队"此行，在任务重、时间紧、点多、线长、工作和生活条件极其艰难的情况下，本着对灾区人民负责，为学院争光的决心和信心，团结一致、齐心协力、顽强拼搏，废寝忘食、夜以继日地工作，出色地完成了任务，同时，与阜阳人民结下了深厚的友谊。赢得了建设部、安徽省、阜阳地区等各级领导及人民群众的高度评价。在不到一个月的时间内，完成规划项目36项，单体设计方案135个，绘制图纸420余张。其中有9项为建设部、安徽省、阜阳地区的重点规划建设项目。"小分队"的全体成员把灾区人民的深情厚谊，全部倾注到设计方案中去。所有规划设计都注意并做到了"四个结合"，即：解决灾民临时过冬与永久性居住相结合；近期建设与远期建设相结合；规划与经济发展相结合；建设家园与建设社会主义新农村相结合。在单体设计上，深入调查研究，反复征求各方面意见，注意立足当地实际，基本做到了部领导提出的"造价不高水平高，标准不高质量高，面积不大功能全，占地不多环境美"的要求。被阜阳的领导赞誉为"观点新颖、思维敏捷，为阜阳人民办了一件大好事，为阜阳地区的规划和设计送来了强劲的西北风"。"小分队"的同志，用自己的实际行动，表明了当代知识分子和大学生对党、对人民、对社会主义祖国的无限热爱和无比忠诚。当地领导和人民称赞他们"热情高、干劲足、能吃苦、工作细、进度快"，"坚持了社会主义方向，充分体现和代表了当代大学生的精神风貌"。称"小分队"的工作，不仅是为灾区农村建设绘制了新的蓝图，更重要的是在阜阳大地上绘制了社会主义协作精神画图，绘制了社会主义制度无比优越的画图。"小分队"的全体师生，在规划设计过程中虚心向当地干部、群众学习，做到了思想、业务双丰收，为学院争得了荣誉。为此，院党委和学院决定，授予"西北建筑工程学院支援灾区、重建家园规划设计小分队"以"有突出贡献的先进集体"的荣誉称号，并将此决定载入"小分队"成员的个人档案，以资鼓励。

《人民日报》《光明日报》分别刊发了《建设部院校的五百师生赴灾区为群众设计新居》《泥水里寻重建路烛光下绘新蓝图——西北建院师生赴灾区进行搞设计》的文章称赞西北建筑工程学院支援灾区、重建家园规划设计小分队表现出色。其中，《泥水里寻重建路烛光下绘新蓝图——西北建院师生赴灾区进行搞设计》称：西北建筑工程学院支援灾区、重建家园规划设计小分队的一百多名师生，在安徽灾区不到一个月的时间里，克服重重困难，完成了规划设计36项，农宅单体设计126项，出图纸近千张，受到建筑专家们的高度赞赏，被当地干部群众称为"我们信得过的大学生"。

国家防汛总指挥部、人事部、水利部《关于表彰一九九一年全国抗洪抢险先进集体和抗洪抢险模范的决定》国汛〔1992〕22号中西北建筑工程学院支援灾区、重建家园规划设计队列入《一九九一年全国抗洪抢险先进集体和抗洪抢险模范名单》，受到表彰。

12. 教学评估：学院在1988年时即作为陕西省工科院校评估试点院校，接受了学科评估，1994年再次接收实验室评估，至1996年开始着手组织新一轮评建。

1998年10月18—23日，教育部本科教学工作合格评价专家组一行10人来到西北建筑工程学院对本科教学实际工作进行检查和指导。专家组听取了霍维国院长所作的本科教学合格评价汇报，查阅资料，走访考察，对照指标，认真评审。

专家组认为：学院对本科教学合格评价工作认识正确，精心组织，正确贯彻了"以评促建，以评促改，评建结合，重在建设"的评价原则；院领导班子团结投入，开拓进取，重视办学指导思想的研究，学院定位明确，人才层次、办学规模、服务方向符合实际；学院注重建设，专业布局符合学院定位。学院管理组织体系合理，制度执行严格；广大教职工敬业精神强，教师备课认真，执教严格；广大学生学习努力，遵守纪律，学风较好；学院重视实践教学，实践教学环节安排能够满足基本要求。

专家组充分肯定了学校的办学成绩，尤其是升格本科办学以来成绩突出：

（1）学校对本科教学合格评价工作认识正确，精心组织，争取各方面的支持，正确贯彻"以评促建，以评促改，评建结合，重在建设"的评价系统，通过评价工作，推动学校的发展，提高学校的质量，通过自评，学校参照评价指标体系，规范了各方面的工作，在经费十分困难的情况下，多方面筹集资金累计达到1427万元，改善了办学条件，完善教学管理，增强了凝聚力，促进了学校各方面工作的发展。

（2）通过全院教职员工的长期努力，已形成一定的办学规模和水平，学校在"三实一强"（三实：基础扎实、作风朴实、工作踏实；一强：动手能力强）这样一个总体要求下，为建设部门和西北地区培养了大批的建设人才。学校通过深化改革，成为陕西省40多个高校中第2所部委与地方共建的院校，学校还成为陕西省10个荣获"文明校园"称号的高校之一。

（3）广大教职员工敬业精神强，教师备课认真，执教严格，广大学生遵守纪律，学风较好，学校重视实践教学，大学生毕业设计反映了学生的基本理论、基本技能能够达到建设部评估指标体系的要求。

专家组同时指出了学校目前存在的问题，针对这些问题提出了原则性的改进意见和建议。

经过本次评估，学院领导对学校发展现状有了明确的认识，找准了学校目前存在的主要问题，比较其他学校找到了差距，促进了学院教学工作，对提高学院教学质量，提升办学水平和促进整体工作上台阶起到了非常重要的促进作用。

5.2.3　1987—2000年成人教育培养

成人教育取得长足的进步。1987年12月8日教育部批准学院举办专科函授教育。1988年6月，原教务处培训科撤销，学院成立成人教育部。同年开始，在陕西、甘肃、宁夏、新疆省区招生，专业为"工业与民用建筑"，招生300名。1988年12月，根据国家教委、人事部文件精神，经陕西省高教局批准，学院受陕西省建设厅委托，开办"工业与民用建筑""建筑财会""暖通空调技术与管理"三个专业大专层次"专业证书"成人教学班。1989年3月，国家教委批准学院举办函授教育、夜大学。1989年招生除"工业与民用建筑"外，还增加了"水暖与通风""给水排水"两个专业，招生地区除陕西、甘肃、宁夏、新疆外，还增加内蒙古、山西，招收学生310名。为完成函授教育任务，在各招生地还设立了函授站：有乌鲁木齐函授站、银川函授站、兰州函授站、白银函授站、呼和浩特函授站、太原函授站和西安函授站。1984年开办电视大学"工业与民用建筑"班，招生26名。1988年教育部批准开办夜大学，1989年招收"工业与民用建筑"本科生30名。经建设部与陕西省教育厅、西安市教育局批准，自1988年分别在陕西、新疆、甘肃等省区招收"图书馆专业""建筑施工与管理技术专业""给排水工程专业""暖通空调技术与管理专业"等专业证书教学班，共有学员314名。另外，从1982年开始，陆续为新疆、甘肃、陕西等省区开办"工民建""供热工程""机电工程""村镇规划""建筑学"等培训班35个，共有学员1651人。从1988年开始到2000年合校前夕，成人学历教育共招生5850余名。

5.2.4　合校系专业归属

2000年12月28日，长安大学颁布《长安大学二级教学机构设置方案》（长大党发〔2000〕123号）。具体情况为：建筑工程学院，由原西北建筑工程学院土木工程系、管理系、机电系（部分）和原西安公路交通大学建筑与环境工程系（部分）及原西安工程学院地质工程系（部分）合并组成；环境工程学院，由原西安公路交通大学建筑与环境工程系（部分）和原西北建筑工程学院环境工程系及原西安工程学院应用化学系合并组成；工程机械学院，由原西安公路交通大学筑路机械系、机械系和原西北建筑工程学院机电系（部分）合并组成；信息工程学院，由原西安公路交通大学信息与控制工程系、计算机系和原西安工程学院电子与信息工程系、原西北建筑工程学院计算中心合并组成；建筑系，由原西安公路交通大学建筑与环境工程系建筑学专业、原西安工程学院经管系装潢艺术及设计专业和原西北建筑工程学院建筑系合并组成；人文社科部，由原西安公路交通大学人文社科系、原西北建筑工程学院社科系和原西安工程学院经管系（部分）合并组成；基础课部，由原西安公路交通大学基础课部（不含外语教研室）、原西安工程学院数理科学系、原西北建筑工程学院基础科学系（不含外语教研室）合并组成；外语部，由原西安公路交通大学外语教研室、原西安工程学院外语系、原西北建筑工程学院外语教研室合并组成；体育部，由原西安公路交通大学体育部、原西安工程学院体育部、原西北建筑工程学院体育教研室合并组成。

表5-2为西北建筑工程学院1953—1999年专业设置及招生人数表。

表5-2　西北建筑工程学院1953—1999年专业设置及招生人数

时间	设置专业		招生人数
1953	1	工业与民用建筑	—
	2	给水与排水	—
1954	1	工业与民用建筑	—
	2	给水与排水	—
	3	建筑材料	—
	4	房屋构造学	—
	5	建筑设计	—
	6	测量学	—
1955	1	钢筋混凝土结构制造与装配	158
	2	工业与民用建筑	101
	3	给水与排水	52
1956	1	工业与民用建筑	178
	2	给水与排水	92
	3	钢筋混凝土结构制造与装配	88
1957	1	工业与民用建筑	160
	2	钢筋混凝土结构制造与装配	160
	3	给水与排水	336
1958	1	工业与民用建筑	305
	2	混凝土与建筑制品	300
	3	给水与排水	151
	4	硅酸盐工艺	—
1959	1	工业与民用建筑	305
	2	混凝土与建筑制品	256
	3	给水与排水	45
	4	硅酸盐工艺	—
1960	1	混凝土与建筑制品	31
	2	工业与民用建筑	130
	3	给水与排水	149
	4	硅酸盐工艺	103

续表

时间		设置专业	招生人数
1961	1	工业与民用建筑（专科）	—
	2	工业与民用建筑	—
	3	混凝土与建筑制品	—
	4	给水与排水（4年制）	—
	5	给水与排水（2.5年制）	—
1962	1	工业与民用建筑	324
	2	给水与排水	232
	3	混凝土与建筑制品	250
1963	1	工业与民用建筑	202
	2	给水与排水	118
	3	混凝土与建筑制品	120
1964	1	工业与民用建筑	222
	2	给水与排水	145
	3	混凝土与建筑制品	131
	4	采暖通风	—
1965	1	工业与民用建筑	127
	2	给水与排水	120
	3	混凝土与建筑制品	71
	4	供热供煤气及通风	82
1966	1	工业与民用建筑（半技）	—
	2	混凝土与建筑制品（半技）	—
	3	工业与民用建筑（全技）	—
	4	混凝土与建筑制品（全技）	—
	5	给水与排水（全技）	—
	6	房屋卫生技术与设备（全技）	—
1967—1973		未招生	
1974	1	采暖通风	教务处无数据
	2	工业与民用建筑	
	3	城市给水排水与道路	
	4	建筑工程机械	
1975	1	工业与民用建筑	教务处无数据
	2	建筑工程机械	
	3	水暖通风	

续表

时间	设置专业		招生人数
1976	1	建筑工程机械	教务处无数据
	2	工业与民用建筑	
	3	水暖通风	
1977	1	工业与民用建筑	教务处无数据
	2	建筑工程机械	
	3	水暖通风	
1978	1	建筑工程机械	教务处无数据
	2	工业与民用建筑	
	3	供热与通风	
	4	城市规划	
	5	给水与排水	
1979	1	工业与民用建筑（3年制）	40
	2	建筑工程机械（3年制）	30
	3	水暖通风（3年制）	30
	4	给水与排水（3年制）	30
	5	城市规划（3年制）	30
	6	工业与民用建筑（4年制）	40
	7	建筑机械（4年制）	40
	8	供热与通风（4年制）	40
	9	给水与排水（4年制）	40
1980	1	城市规划	30
	2	工业与民用建筑	70
	3	给水与排水	35
	4	供热与通风	30
	5	建筑工程机械	35
1981	1	工业与民用建筑（中专2年制）	80
	2	工业与民用建筑（中专3年制）	80
	3	工业与民用建筑（本科4年制）	121
	4	建筑力学与构筑物计算（3年制）	—
	5	建筑机械（中专2年制）	35
	6	建筑工程机械（本科4年制）	39
	7	水暖与通风（中专2年制）	35

续表

时间		设置专业	招生人数
1981	8	供热与通风（本科4年制）	41
	9	给水与排水	40
	10	城市规划	40
1982	1	工业与民用建筑	83
	2	建筑工程机械	41
	3	供热与通风	41
	4	给水与排水	40
	5	城市规划（4年制）	30
	6	建筑学	31
	7	建筑力学与构筑物计算	—
1983	1	建筑工程机械（中专2年制）	30
	2	建筑机械（本科4年制）	30
	3	建筑学	30
	4	城市规划	30
	5	工业与民用建筑（本科4年制）	71
	6	工业与民用建筑（中专2年制）	40
	7	基本建设经济（2年制）	40
	8	城镇建设（2年制）	40
	9	供热通风与空调工程（4年制）	35
	10	给水与排水工程	35
	11	供热与通风	40
1984	1	工业与民用建筑	71
	2	市政工程	1
	3	城镇建设	35
	4	工业与民用建筑	36
	5	建筑机械	34
	6	给水排水工程	35
	7	供热与通风	35
	8	城市规划	30
	9	建筑学	36
	10	建筑技术科学	1

续表

时间		设置专业	招生人数
1985	1	工业与民用建筑（本科4年制）	104
	2	工业与民用建筑（委托培养）	4
	3	工业与民用建筑（干部专修科）	38
	4	基本建设经济（干部专修科）	46
	5	给水排水工程（委托培养）	3
	6	给水排水工程（本科）	35
	7	供热通风与空调工程（委托培养）	2
	8	供热通风与空调工程（本科）	35
	9	起重运输与工程机械（4年制）	36
	10	汽车运用工程（4年制）	36
	11	建筑学（委托培养）	5
	12	建筑学（本科4年制）	30
	13	城镇建设	36
	14	城市规划	30
1986	1	建筑学	35
	2	城市规划	32
	3	工业与民用建筑	60
	4	给水与排水	31
	5	水暖与通风	31
	6	建筑机械	60
	7	城镇建设	30
	8	工业与民用建筑（专科）	40
	9	起重运输与工程机械	48
1987	1	建筑学	34
	2	城市规划	33
	3	工业与民用建筑	135
	4	给水与排水	66
	5	水暖与通风	66
	6	建筑机械	66
	7	建筑电气技术（专科）	28
	8	建筑经济管理（专科）	32

续表

时间		设置专业	招生人数
1988	1	建筑学	62
	2	城市规划	29
	3	工业与民用建筑	197
	4	给水与排水	62
	5	水暖与通风	64
	6	建筑机械	30
	7	工业与民用建筑（专科）	83
	8	水暖与通风（专科）	34
	9	建筑电气技术	34
	10	建筑经济管理	38
	11	起重运输与工程机械	24
1989	1	建筑学	33
	2	城市规划	30
	3	工业与民用建筑	30
	4	给水与排水	67
	5	水暖与通风	62
	6	建筑机械	30
	7	工业与民用建筑（专科）	68
	8	水暖与通风（专科）	34
	9	建筑机械（专科）	35
	10	建筑电气技术（专科）	41
	11	建筑经济管理（专科）	30
	12	建筑财会（专科）	34
	13	起重运输与工程机械	24
	14	建筑施工与管理（专科）	—
1990	1	建筑学	32
	2	起重运输与工程机械（本科）	30
	3	起重运输与工程机械（专科）	30
	4	工业与民用建筑（本科）	104
	5	工业与民用建筑（专科）	65
	6	城市规划	32
	7	供热通风与空调工程（本科）	63

续表

时间		设置专业	招生人数
1990	8	供热通风与空调工程（专科）	31
	9	给水排水	69
	10	建筑财务会计（专科）	33
	11	建筑经济管理（专科）	30
	12	建筑电气技术（专科）	61
1991	1	工业与民用建筑工程（本科）	107
	2	供热通风与空调工程（本科）	69
	3	给水排水工程（本科）	70
	4	建筑学（本科）	32
	5	起重运输与工程机械（本科）	35
	6	城市规划（本科）	32
	7	工业与民用建筑工程（专科）	61
	8	供热通风与空调工程（专科）	38
	9	起重运输与工程机械（专科）	30
	10	建筑财务会计（专科）	30
	11	建筑经济管理（专科）	30
	12	建筑电气技术（专科）	66
	13	工业与民用建筑工程（本科）	8
1992	1	起重运输与工程机械（本科）	33
	2	建筑学（本科）	33
	3	城市规划（本科）	33
	4	工业与民用建筑工程（本科）	187
	5	供热通风与空调工程（本科）	70
	6	给水排水工程（本科）	70
	7	工业与民用建筑工程（专科）	34
	8	供热通风与空调工程（专科）	34
	9	建筑电气技术（专科）	34
	10	建筑经济管理（专科）	34
	11	起重运输与工程机械（专科）	33
	12	建筑财务会计（专科）	30

续表

时间		设置专业	招生人数
1993	1	机械电子工程（国家任务）	33
	2	房地产开发（国家任务）	35
	3	采暖通风（国家任务）	79
	4	建筑安装（国家任务）	78
	5	建筑装饰（国家任务）	26
	6	采暖通风（委托培养）	10
	7	采暖通风（自费生）	9
	8	建筑机电（自费生）	3
	9	建筑装饰（自费生）	3
	10	城市规划	24
	11	给水排水工程	48
	12	建筑工程	100
	13	起重运输与工程机械	24
	14	建筑学	32
	15	房地产管理	24
	16	工业与民用建筑工程	212
	17	工业设备安装	24
1994	1	机械设计及制造（国家任务）	133
	2	机械电子工程（国家任务）	65
	3	电气技术（国家任务）	36
	4	机械电子工程（自费生）	3
	5	电气技术（自费生）	3
	6	机械电子工程	30
	7	建筑电气技术	26
	8	管理工程	28
	9	工业设备安装	24
	10	房地产开发	24
	11	建筑结构工程	100
	12	工业与民用建筑	24
	13	建筑装饰	24
	14	城市规划	24
	15	供热通风与空调工程	48

续表

时间	设置专业		招生人数
1994	16	给水与排水工程	48
	17	建筑财务会计	24
	18	建筑学	35
	19	机械电子工程	24
	20	市政工程	—
1995	1	机械设计及制造（本科）	38
	2	机械电子工程（本科）	38
	3	电气技术（本科）	76
	4	建筑学（本科）	64
	5	城市规划（本科）	34
	6	建筑工程（本科）	186
	7	供热通风与空调工程（本科）	76
	8	给水排水工程（本科）	76
	9	管理工程（本科）	38
	10	建筑财会（专科）	38
	11	建筑装饰工程（专科）	38
	12	城市建设（专科）	38
	13	工业设备安装（专科）	38
	14	房地产经营与管理（专科）	38
1996	1	机械设计及制造（本科）	34
	2	机械电子工程（本科）	34
	3	电气技术（本科）	74
	4	建筑学（本科）	56
	5	城市规划（本科）	33
	6	建筑工程（本科）	222
	7	建筑工程（城市建设）（本科）	37
	8	供热通风与空调工程（本科）	74
	9	给水排水工程（本科）	74
	10	管理工程（本科）	32
	11	建筑财务会计（专科）	37
	12	建筑装饰技术（专科）	38

续表

时间		设置专业	招生人数
1996	13	工业设备安装（专科）	38
	14	房地产经营与管理（专科）	37
1997	1	城市规划（本科）	34
	2	电气技术（本科）	72
	3	给水排水工程（本科）	75
	4	供热通风与空调工程（本科）	77
	5	管理工程（本科）	67
	6	机械电子工程（本科）	35
	7	机械设计及制造（本科）	36
	8	建筑工程（本科）	279
	9	建筑学（本科）	68
	10	财务会计（专科）	28
	11	电气技术（专科）	32
	12	工业设备安装工程（专科）	35
	13	建筑装饰技术（专科）	37
1998	1	机械类（本科）	64
	2	电气技术（本科）	73
	3	建筑学（本科）	73
	4	城市规划（本科）	38
	5	建筑工程（本科）	257
	6	供热通风与空调工程（本科）	69
	7	给水排水工程（本科）	69
	8	管理工程（本科）	92
	9	工业设备安装工程（专科）	32
	10	建筑装饰技术（专科）	28
1999	1	机械设计制造及其自动化（本科）	77
	2	电气工程及其自动化（本科）	85
	3	建筑学（本科）	82
	4	城市规划（本科）	36
	5	土木工程（本科）	270
	6	建筑环境与设备工程（本科）	85
	7	给水排水工程（本科）	82
	8	工程管理（本科）	119
	9	工业设备安装工程（专科）	36

5.2.5　部分校友情况介绍

梁鼎森（1935—），男，1954年毕业于陕西建筑工程学校工业与民用建筑专业。曾任重庆建筑大学校长。

闫建平（1955—），男，1980年毕业于西北建筑工程学院给水排水专业。曾任陕西省住房和城乡建设厅副巡视员。

高玉峰（1958—），男，1980年毕业于西北建筑工程学院工业与民用建筑专业。曾任西北综合勘察设计研究院书记。

王晓明（1959—），男，1980年毕业于西北建筑工程学院工业与民用建筑专业。曾任陕西建工集团第十建筑工程有限公司总经理。

张孝成（1957—），男，1981年毕业于西北建筑工程学院城市规划专业。曾任陕西省住房和城乡建设厅巡视员。

王建东（1957—），男，1981年毕业于西北建筑工程学院工业与民用建筑专业。曾任榆林市建设规划局局长。

张培林（1963—），男，1981年毕业于西北建筑工程学院建筑工程机械专业。曾任陕西建工集团第一建筑工程有限公司董事长、党委书记。

杜传志（1961—），男，1982年本科毕业于西北建筑工程学院工业与民用建筑专业。曾任日照港股份有限公司董事长。

张茂功（1957—），男，1983年本科毕业于西北建筑工程学院工业与民用建筑专业。曾任中国人民解放军总后勤部西安建工研究所所长，长安大学兼职教授。

尚鹏玉（1959—），男，1983年本科毕业于西北建筑工程学院工业与民用建筑专业。正高级工程师。陕西恒业建设集团董事长。陕西省有突出贡献专家，陕西省重点领域顶尖人才，陕西省政协常委，陕西省工商联副会长。西安市劳动模范。

代荣民（1961—），男，1983年本科毕业于西北建筑工程学院给水排水专业。曾任银川市人民政府副市长。

魏志敏（1961—），男，1983年本科毕业于西北建筑工程学院建筑工程机械专业。曾任北京航空航天大学党委副书记、纪委书记、党委常委。

童华炜（1962—），男，1983年本科毕业于西北建筑工程学院工业与民用建筑专业。广州大学土木工程学院教授。

李自忠（1962—），男，1983年本科毕业于西北建筑工程学院供热通风专业。中国市政西北设计研究院总经理。

王逢慧（1962—），男，1983年本科毕业于西北建筑工程学院给水排水专业。西安水务集团有限公司副总工程师。

蒲钢青（1963—），男，1983年本科毕业于西北建筑工程学院给水排水专业。获建设部有突出贡献中青年专家、甘肃省"劳动模范"等荣誉称号，中国建筑西北设计研究院有限公司董事长、党委书记。

魏效农（1963—），男，1983年毕业于西北建筑工程学院工业与民用建筑专业。陕西煤业化工建设（集团）有限公司董事长、党委书记。

宋祎（1964—），男，1983年本科毕业于西北建筑工程学院工业与民用建筑专业。海南省住房和城乡建设厅副巡视员。

宋巍（1964—），男，1983年毕业于西北建筑工程学院工业与民用建筑专业。海南省住房和城乡建设厅副巡视员。

肖玉龙（1964—），男，1983年毕业于西北建筑工程学院工业与民用建筑专业。陕西省建工集团总公司副总经理。

康旺儒（1959—），男，1984年本科毕业于西北建筑工程学院给水排水专业。教授级高级工程师。曾任中国市政工程西北设计研究院有限公司董事长、党委书记。甘肃省第十二次党代会代表，兰州交通大学兼职教授。

刘西宝（1960—），男，1984年本科毕业于西北建筑工程学院给水排水专业。中国建筑西北设计研究院有限公司副总工程师。

梅建平（1962—），男，1984年本科毕业于西北建筑工程学院城市规划专业。银川市国土资源局副局长。

胡建波（1963—），男，1984年本科毕业于西北建筑工程学院建筑工程机械专业。教授，西安欧亚学院董事长兼院长。陕西省政协常委、文教委员会副主任，西安市第十三届人大代表，陕西省青年联合会常委，陕西省青年科技协会副会长。

赵建平（1963—），男，1984年本科毕业于西北建筑工程学院城市规划专业。中国建筑科学研究院建筑环境与节能研究院副院长，建筑物理研究所副所长。

刘焱（1964—），男，1984年本科毕业于西北建筑工程学院城市规划专业。河南建筑职业技术学院建筑系主任、副教授。

齐科武（1964—），男，1984年毕业于西北建筑工程学院水暖通风专业。陕西省建筑科学研究院有限公司党委书记、董事长。

孙浩（1962—），男，1984年本科毕业于西北建筑工程学院城市规划专业。西安市规划局碑林分局局长。

郑嘉轩（1963—），男，1984年本科毕业于西北建筑工程学院城市规划专业。正高级工程师，曾任天津市规划局总建筑师，天津市城乡建设委员会党委委员、副主任。

韦红（1962—），女，1985年本科毕业于西北建筑工程学院城市规划专业。曾任宁夏城乡建设规划设计院董事长、党委书记。

康增产（1962—），男，1985年本科毕业于西北建筑工程学院城市规划专业。西安市自然资源和规划局总工程师。

陈坤平（1962—），男，1985年本科毕业于西北建筑工程学院城市规划专业。中国建筑西北研究院有限公司高级建筑师。

徐文（1963—），男，1985年本科毕业于西北建筑工程学院给水排水专业。航天科技集团公司发展计划部副部长、规划计划部副部长，中国资源卫星应用中心主任。

周典（1963—），男，1985年本科毕业于西北建筑工程学院城市规划专业。西安交通大学人居环境与建筑工程学院副院长。

安文中（1963—），男，1985年本科毕业于西北建筑工程学院建筑工程机械专业。西安市残联理事长。

葛万斌（1963—），男，1985年本科毕业于西北建筑工程学院给水排水专业。中国建筑西北设计研究院有限公司分所总工程师。

李晶原（1963—），男，1985年本科毕业于西北建筑工程学院城市规划专业。昆明理工大学教授。

陈鸿林（1964—），男，1985年本科毕业于西北建筑工程学院城市规划专业。曾任青海省海南州共和县委书记，海南州委常委，一级巡视员。

季铭（1964—），男，1985年本科毕业于西北建筑工程学院工业与民用建筑专业。新疆佳联城建规划设计研究院（有限公司）党委书记。

温进（1964—），男，1985年毕业于西北建筑工程学院工业与民用建筑专业。曾任陕西省鸿业房地产开发公司总经理，陕西省交通建设集团公司党委委员、董事、副总经理，现任陕西交控产业发展集团公司监事会主席。曾获陕西省第七届优秀青年企业家，中共陕西省委企业工委"优秀共产党员"称号。

赵和平（1962—），男，1986年本科毕业于西北建筑工程学院城市规划专业。兰州市规划局副局长。

王锋（1963—），男，1986年本科毕业于西北建筑工程学院工业与民用建筑专业。深圳市房地产和城市建设发展研究中心主任。

王晟（1963—），男，1986年本科毕业于西北建筑工程学院给水排水专业。陕西省住房和城乡建设厅副巡视员。

常军锋（1963—），男，1986年本科毕业于西北建筑工程学院给水排水专业。中国建筑西北设计研究院有限公司分所总工程师。

曹军（1964—），男，1986年本科毕业于西北建筑工程学院城市规划专业。甘肃省兰州市规划院院长。

师健（1964—），男，1986年本科毕业于西北建筑工程学院工业与民用建筑专业。青海省住房和城乡建设厅副厅长。

咸大庆（1964—），男，1986年本科毕业于西北建筑工程学院工业与民用建筑专业。中国建筑出版传媒有限公司总经理。

马卫东（1964—），男，1986年本科毕业于西北建筑工程学院给水排水专业。中国市政工程华北设计研究总院副总工程师。

白钢（1964—），男，1986年本科毕业于西北建筑工程学院给水排水专业。新疆市政建筑设计研究院院长。

胡东祥（1965—），男，1986年本科毕业于西北建筑工程学院建筑学专业。青海省建筑勘察设计院总工程师。

张亚平（1965—），男，1986年毕业于西北建筑工程学院城镇建设专业。甘肃省地基基础有限责任公司副总经理。

陶万艺（1966—），男，1986年毕业于西北建筑工程学院城镇建设专业。甘肃省临夏州自然资源局总规划师。

徐小锋（1966—），男，1986年毕业于西北建筑工程学院城镇建设专业。首钢股权投资管理有限公司党委副书记、总经理。

周萍（1964—），女，1987年本科毕业于西北建筑工程学院城市规划专业。西安碑林博物馆党委书记。

李岩（1965—），男，1987年本科毕业于西北建筑工程学院城市规划专业。宁夏银川市城市规划设计研究院有限公司董事长、总经理。

郭雁池（1966—），男，1987年本科毕业于西北建筑工程学院建筑学专业。一级注册建筑师。中国民航机场建设集团公司建筑院院长、规划设计总院副院长、总工程师、副总经理。

李卫东（1966—），女，1987年本科毕业于西北建筑工程学院城市规划专业。正高级工程师。一级注册建筑师，宁夏回族自治区政府副秘书长。

王新华（1955—），男，1988年毕业于西北建筑工程学院城镇建设与管理专业。曾任新疆维吾尔自治区交通运输厅党委书记、副厅长。

史耀华（1959—），男，1988年毕业于西北建筑工程学院工业与民用建筑专业。教授级高级工程师。曾任新疆民用建筑设计院有限公司董事长兼院长、党委书记，长安大学建筑工程学院兼职教授。

刘功毅（1963—），男，1988年本科毕业于西北建筑工程学院建筑学专业。陕西省西咸新区空港新城党委委员、管委会副主任。

秦文军（1966—），男，1988年本科毕业于西北建筑工程学院城市规划专业。教授级高级规划师，硕士研究生导师。沈阳市建委主任，辽宁省土木建筑学会副理事长，沈阳市政府副秘书长。

冯静（1967—），女，1988年本科毕业于西北建筑工程学院城市规划专业。广州市规划局处长，高级规划师。

席天海（1966—），男，1989年本科毕业于西北建筑工程学院城市规划专业。深圳市规划和自然资源局福田管理局局长。

李程飞（1966—），男，1989年本科毕业于西北建筑工程学院建筑学专业。高级规划师，硕士研究生导师。榆林市建筑设计研究院院长。

雷会霞（1966—），女，1989年本科毕业于西北建筑工程学院城市规划专业。西安建筑科技大学教授级高级规划师。

张长义（1967—），男，1989年本科毕业于西北建筑工程学院建筑学专业。中信证券股份有限公司党委副书记、董事、总经理。

陈辉（1967—），男，1989年本科毕业于西北建筑工程学院建筑学专业。北京东易日盛装饰有限责任公司董事长。

肖宏建（1967—），男，1989年本科毕业于西北建筑工程学院建筑学专业。渭南市建筑规划设计研究院院长。

陈建军（1967—），男，1989年本科毕业于西北建筑工程学院城市规划专业。陕西省西咸新区沣西新城城市管理与交通运输局局长。

陈韦（1963—），男，1990年毕业于西北建筑工程学院城市规划专业。湖北省武汉市规划设计研究院院长。

周文霞（1967—），女，1990年本科毕业于西北建筑工程学院建筑学专业。西安建筑科技大学教授。

贾云（1968—），男，1990年本科毕业于西北建筑工程学院城市规划专业。青海省消防总队总工程师。

崔勇（1968—），男，1990年本科毕业于西北建筑工程学院建筑学专业。北京市装饰工程总公司教授级高级工程师。

牛朝晖（1968—），女，1990年本科毕业于西北建筑工程学院建筑学专业。中广核集团设计公司高级建筑师。

王冬梅（1968—），女，1990年本科毕业于西北建筑工程学院建筑学专业。航天工程研究所高级建筑师。

张洪（1968—），女，1990年本科毕业于西北建筑工程学院建筑学专业。中国建筑西北设计研究院有限公司高级建筑师。

程安（1968—），男，1990年本科毕业于西北建筑工程学院城市规划专业。陕西省西咸新区沣东新城住房和城乡建设局党委书记。

董豫赣（1967—），男，1991年本科毕业于西北建筑工程学院建筑学专业。北京大学教授。

刘泽军（1967—），男，1991年本科毕业于西北建筑工程学院工业与民用建筑专业。青海省水利厅副厅长。

苟继东（1968—），男，1991年本科毕业于西北建筑工程学院城市规划专业。西安市阎良区区长。

李琪（1968—），男，1991年本科毕业于西北建筑工程学院建筑学专业。西安市规划院院长。

师军（1968—），男，1991年本科毕业于西北建筑工程学院建筑学专业。福建省交通规划设计院有限公司总工程师。

王军（1969—），男，1991年本科毕业于西北建筑工程学院建筑学专业。中国建筑西北设计研究院有限公司党委副书记、总经理。

张长安（1969—），男，1991年本科毕业于西北建筑工程学院建筑学专业。青海省土木建筑设计院有限公司总建筑师。

鲍东霞（1969—），女，1991年本科毕业于西北建筑工程学院建筑学专业。核工业设计研究院党委书记。

韩林飞（1969—），男，1991年本科毕业于西北建筑工程学院城市规划专业。北京交通大学教授。

王海鹰（1970—），男，1991年本科毕业于西北建筑工程学院供热与通风专业。青海省建筑建材科学研究院副院长。

米宏图（1968—），男，1992年本科毕业于西北建筑工程学院建筑学专业。甘肃省建筑设计研究院有限公司董事长。

王飞（1969—），男，1992年本科毕业于西北建筑工程学院城市规划专业。北京市住房和城乡建设委员会党组书记、主任。

刘贵明（1969—），男，1992年本科毕业于西北建筑工程学院工业与民用建筑专业。北京市通州区常委、常务副区长。

尚永明（1969—），男，1992年本科毕业于西北建筑工程学院城市规划专业。河南省规划院院长。

屈郁（1969—），女，1992年本科毕业于西北建筑工程学院建筑学专业。中国建筑西北设计研究院有限公司分所总建筑师。

胡文（1969—），女，1992年本科毕业于西北建筑工程学院建筑学专业。陕西省水利电力勘测设计研究院建筑分院总工程师。

宋艺（1969—），女，1992年本科毕业于西北建筑工程学院建筑学专业。中国电建集团福建省电力勘测设计院有限公司正高级工程师。

张建中（1967—），男，1992年本科毕业于西北建筑工程学院供热与通风专业。宁夏建筑设计研究总院董事长、党委书记。

张军英（1969—），女，1993年本科毕业于西北建筑工程学院工业与民用建筑专业。河北省城乡规划设计院高级工程师。

杨中合（1969—），男，1993年本科毕业于西北建筑工程学院建筑学专业。教授级高级建筑师，陕西省建筑设计研究院（集团）有限公司建筑四院院长。

齐铁营（1970—），男，1993年本科毕业于西北建筑工程学院工业与民用建筑专业。深圳市金通盛实业有限公司董事长。

刘晓坤（1971—），男，1993年本科毕业于西北建筑工程学院工业与民用建筑专业。亚缇集团董事长。

蒲济生（1972—），男，1993年本科毕业于西北建筑工程学院供热与通风专业。陕西中医药大学党委委员、党委副书记。

李晓龙（1973—），男，1993年本科毕业于西北建筑工程学院给水排水工程专业。曾任住房和城乡建设部房地产市场监管司副巡视员、住房和城乡建设部住房保障司副司长。现任住房和城乡建设部政策研究中心主任，研究员、博士生导师。

樊丽萍（1971—），女，1994年本科毕业于西北建筑工程学院工业与民用建筑专业。教授级高级工程师，西北综合勘察设计研究院建筑设计院副院长兼第五建筑设计所所长，中华全国总工会"全国五一劳动奖章"获得者。

任妍丽（1972—），女，1994年本科毕业于西北建筑工程学院建筑学专业。机械工业勘察设计研究院有限公司工程设计院总建筑师。

林杰（1970—），男，1995年本科毕业于西北建筑工程学院城市规划专业。陕西省西咸新区秦汉新城自然资源和规划局局长。

蒋延强（1971—），男，1995年本科毕业于西北建筑工程学院给水排水工程专业。四川建筑机械化工程公司董事、总经理。

王岳（1973—），男，1995年本科毕业于西北建筑工程学院城市规划专业。重庆市规划局副局长。

苏晶（1973—），男，1995年本科毕业于西北建筑工程学院建筑学专业。国务院商务部外资司副司长。

张奇林（1971—），男，1996年本科毕业于西北建筑工程学院城市规划专业。石家庄市国土空间规划设计研究院总工程师。

魏成（1972—），男，1996年本科毕业于西北建筑工程学院城市规划专业。华南理工大学教授。

张宁波（1972—），男，1996年本科毕业于西北建筑工程学院城市规划专业。江西省城乡规划设计研究院总工程师。

史怀昱（1972—），男，1996年本科毕业于西北建筑工程学院城市规划专业。陕西省城乡规划设计研究院院长。

陈明坤（1972—），男，1996年本科毕业于西北建筑工程学院城市规划专业。成都市公园城市建设发展研究院院长。

张卫东（1972—），男，1996年本科毕业于西北建筑工程学院城市规划专业。山西省城乡规划设计研究院总规划师。

徐剑华（1973—），男，1996年本科毕业于西北建筑工程学院城市规划专业。湄洲湾职业技术学院建筑系党支部书记。

黄建军（1969—），男，1996年硕士毕业于西北建筑工程学院城市规划专业。陕西省地质调查院副院长。

李纪明（1973—），男，1997年本科毕业于西北建筑工程学院工业与民用建筑专业。陕西省建筑科学研究院有限公司党委副书记、总经理。

裴学军（1973—），男，1997年本科毕业于西北建筑工程学院城市规划专业。银川市城市规划设计研究院有限公司总规划师。

孟莹（1973—），女，1997年本科毕业于西北建筑工程学院城市规划专业。西南民族大学建筑学院副院长。

朱文俊（1975—），男，1997年本科毕业于西北建筑工程学院工业与民用建筑专业。北京中建乐孚集团有限公司董事长。

刘奎生（1974—），男，1998年本科毕业于西北建筑工程学院建筑工程专业。北京城建集团土木工程总承包部经理，荣获2020年"全国劳动模范"称号。

许凯（1974—），男，1998年本科毕业于西北建筑工程学院城市规划专业。陕西省西咸新区沣东新城管委会住房和城乡建设局局长。

黄勇（1976—），男，1998年本科毕业于西北建筑工程学院城市规划专业。重庆大学教授、博士生导师。

马新（1976—），男，1998年本科毕业于西北建筑工程学院城市规划专业。常熟国家经济技术开发区规划建设局局长。

刘高波（1978—），男，1999年本科毕业于西北建筑工程学院建筑工程专业。陕西省西咸新区管委会副主任。

吕小辉（1975—），男，2000年本科毕业于西北建筑工程学院建筑学专业。西安建筑科技大学艺术学院教授、副院长。

虞志淳（1976—），女，2000年本科毕业于西北建筑工程学院建筑学专业。西安交通大学教授。

钟怡（1977—），女，2000年本科毕业于西北建筑工程学院建筑学专业。新时代（西安）设计研究院有限公司分所总建筑师。

闫亮（1976—），男，2000年本科毕业于西北建筑工程学院建筑工程专业。西安市灞桥浐灞新区建设局局长。

李鸿飞（1977—），男，2000年本科毕业于西北建筑工程学院城市规划专业。兰州理工大学建筑与城规研究所副所长。

张钢雨（1978—），男，2000年本科毕业于西北建筑工程学院建筑管理工程专业。中国二十冶集团有限公司副总经理。

5.3　科学研究

原陕西建筑工程学校设有科研科，但基本上没有开展科学研究工作，没有科研任务、科研项目和科研成果。西北建筑工程学院成立之后，科学研究工作才真正重视、开展起来。

5.3.1　科研机构设置

1981年10月，学院将"科研科"升格为"科研处"，作为处级单位主管和开展科研工作，该机构到合并组建长安大学前都没有变迁过。另外学院为加强和推动科学研究工作，不断提高教学科研水平及研究生培养质量，学院于1987年12月8日下发《关于组建科学研究室的试行条例》，对教学系、部组建研究室的条件、科研人员编制、科研室审批程序进行规定，各教学系、部陆续建立了科研室。

5.3.2　科研政策和制度

学院成立之后，历年党委工作要点、行政工作要点、教学工作会、科研工作会都对科研工作做了强调和安排。1996年4月，根据建设部指示精神，结合《中共中央关于制定国民经济和社会发展"九五"计划和2010年远景目标建议》以及学院实际，经院务会和党委会反复讨论修改，制定出了《西北建筑工程学院教育事业"九五"计划和2010年远景目标》，以西建院院字〔1996〕第22号文报部审批，获得部的批准。教育事业"九五"计划和2010年远景目标对科学研究作了重点论述："采取切实有效的政策和措施，努力改变我院科研落后的被动局面，使科研项目、成果数量及水平按期达到申请硕士授予权的评估标准。逐步组建几个科研所（室），约形成20个稳定的研究方向，重点配备一定数量的专职科研人员，形成一支具有博士、硕士学位的中青年教师为骨干的专兼职科研队伍"。在此基础上，学院还专门出台了《西北建筑工程学院科技发展"九五"计划》，其指导思想是：认真实施科教兴国战略，实施建设科技"九五"计划，围绕学院"九五"发展计划，抓紧引进及分流人才，迅速形成结构合理、高效精干、能够协同攻关的科研队伍。针对本行业、本地区经济发展的需要进行应用研究、技术开发和技术服务，争取在20世纪末把建筑理论与设计、结构工程、市政工程和工程机械办成本地区、本行业中具有竞争力的学科，切实走上以科研促教学、以科研带开发的轨道。为此，在发展目标及任务上，提出：到20世纪末，纵向和横向科研经费收入递增到300万元/年以上，学院的科技投入逐年增加到事业费的1.5%以上。逐步设置各类科研基金、专著及知识产权基金，力争达到60万元以上。实现4~6个硕士授予点。力争建立10个以上富有活力的科研所、院，成为科技开发、应用、服务、咨询和成果推广的中坚。力争形成4个以上省、部级的重点学科。其主要任务是：继续加强基础及应用基础研究，大力组织新技术的研究及开发，继续加强科技成果的推广和转化，力争在建筑节能、住宅建设、防灾减灾等方面获得国际科技合作与交流。为此，就改善科技发展的支持环境提出了加大科技投入，建立各类科技基金，结合重点学科建设及申报硕士授予单位，大力培养、引进跨世纪科技人才，进一步完善科研管理制度等措施。在此之前的1991年6月，学院印发《西北建筑工程学院青年教师科学基金暂行办法》西建院〔1991〕第026号，鼓励青年教师积极开展科研活动。1999年5月5日，西建院党字〔1999〕第22号、西建院〔1999〕第27号文《关于进一步加强科学研究工作的决定》，提出，根据学院当前科研工作实际，为抓住提高教学质量和办学效益这个中心，迅速把工作重点转移到提高我院学术水平和建设一支高素质的职工队伍，特别是教师队伍的轨道上来，促使我院科学研究工作再上新台阶，特提出14条加强科研工作意见。在此基础上，学院制定《关于进一步加强科学研究工作决定》的实施细则，对科研课题申报、科研启动资金、资金配套、职称晋升、表彰奖励作了明确规定，促进了科研工作的开展。学院还拨专款设立"青年科学基金""学科发展科研基金"，鼓励青年教师积极开展科研工作。

5.3.3　承担科研项目及获奖

从学院成立起，教职工共发表各类学术论文、专著900多篇（部），特别是从1990年起，科学研究有了长足的进步，科技进步奖和优秀论文奖在1990年有4项，1991年有11项，1992年有6项，1993年有16项，1994年有16项，1995年有17项，1996年有18项，1997年有30项，1998年有8项。学院先后完成了34项研究项目，其中国家自然科学基金项目3项，建设部下达的项目5项，省、市级科研项目3项，自选研究项目15项。从完成项目的获奖情况来看，达到国际先进水平的1项，国内首创1项，国内先进的3项，获得国家专利4项，获得厅（局）级以上奖励的5项，共获得科研经费120万余元。另外，学生在国际和国内的有关大赛中多次获得好的成绩。在英国皇家学会举办的国际大学生建筑设计竞赛中，学院学生有两个项目获奖；在全国"人环杯"奖学金竞赛中，学院学生连续两年获得一、二等奖；在全国高校建筑画评展中，学院学生也获得了较好的名次。学生获省、部级以上或在正式刊物上发表作品共计35项（包括论文）。

5.3.4　重大社会服务

林钟祺教授创立了数学力学合授部（数力合授），自编教材，亲自为学生上课，其教学法和合授教材对当时国内工科大学的数学与力学结合教学产生了重大影响。1992年3月，其撰著的《数力合授论》，由西北工业大学出版社出版。1994年5月，其撰写的《数力合授教程（第一章）》由陕西人民出版社出版发行。1980年12月21日，焦五一工程师根据自己创立的"弦线模量"理论向国际比萨斜塔维护委员会提出"反压荷重法"方案并被采用。

5.4　合作交流

西北建筑工程学院从1978年成立起到三校合并组建长安大学之前，在此期间，学校与美国内布拉斯加林肯大学、佛罗里达大学、俄罗斯莫斯科建筑学院、莫斯科建筑修复科学院、白俄罗斯明斯克综合技术大学及英国斯特拉斯克来德大学等院校建立了校际友好关系，互派教师、合作研究并进行交流活动。学校经常聘请国外专家来院讲学或任教，并选派优秀教师出国进修及进行交流活动，促进了学校教学、科研的发展。

建院后期，学校开始招收国外留学生，扩大了学校在国外的影响，提高了学校的知名度。

5.4.1　机构设置

西北建筑工程学院建校初期，学院的外事工作由学院办公室管理，并设有专职外事工作人员。后来学院办公室撤销，成立党委办公室和院长办公室，学院的外事工作连同外事工作人员一并划入院长办公室管理。1994年学院机构调整，党委办公室与院长办公室合并为学院办公室。学校在有外事活动和与其他外事单位有工作联系时，不以学院办公室或院长办公室名义，改用学院外事办公室称呼，即一个机构两个牌子。不管是学院办公室还是院长办公室，都是办公室一把手分管外事工作。1996年学院成立外事办公室，负责管理全院的外事工作和外国留学生工作，以及专家公寓和留学生公寓的管理工作。学院办公室不再管理外事工作。外事办公室成立后设有主任、翻译、干事、专家公寓和留学生公寓管理员等。

5.4.2　制度建设

学院外事工作的指导思想是以国家对外开放总政策为指导，认真贯彻我国教育工作和外事工作的方针、原则和政策，按照院党委提出的奋斗目标，以提高办学水平和效益为中心，解放思想、开拓进取、求实创新、加强管理、努力开拓学院外事工作的新局面。

在总结外事工作的基础上，从实际出发，制订了《西北建筑工程学院外事管理条例》。该条例对学院的专家聘请、人员派出、国际交流、合作科研、校际关系等外事工作等都有明确规定。由于该条例对学院各有关部门在外事工作时的职责都做出了具体的规定和要求，理顺了关系，调动了教务、后勤、科研、保卫等各方面的积极性，真正做到了齐抓共管，为提升外事工作效率提供了保障。

经上级批准，学院开始招收外国留学生。根据兄弟高校留学生管理的经验，结合学院实际情况，我们先后建立了《西北建筑工程学院外国留学生管理工作的若干规定》《西北建筑工程学院留学生招生办法》《西北建筑工程学院留学生学籍管理办法》《西北建筑工程学院留学生生活管理办法》等留学生管理制度。

外事办公室为了加强自身队伍建设，围绕提高素质、加强管理、改进服务质量这三项目标，对办公室全体工作人员提出了三个必须做到，即：

1. 必须做到努力学习，不断提高政策水平和业务素质，做到四个强化。

即强化政策观念、认真执行政策；强化纪律观念，严格按照有关规章制度办事，严格规范自己的言行，坚持请示汇报制度，自觉遵守外事纪律；强化全局观念，牢记"外事无小事"的原则，做到下级服从上级，局部服从整体，个人服从组织，站好自己的位置；强化经济观念，突出为学院的建设和发展服务的思想，加大外事活动的含金量，为引进资金、技术、人才搭桥、传递信息；强化服务观念，不断增强服务意识，做到热情，周到、务实、高效。

2. 必须认真执行《西北建筑工程学院外事管理条例》的有关规定，加强管理，不断提高管理水平和办事效率，根据管理规定中学院有关部门对涉外方面的职责，努力做好宣传、协调工作，理顺好关系，注意调动好各方面的积极性，提高外事工作效益。

3. 必须要根据工作的开展和拓宽，注重研究新情况，探讨新问题，及时提出修订制度和完善管理办法。在工作中既要按照分工和职责，尽职尽责，又要相互配合，加强协调，不断提高工作和服务水平。

5.4.3　重要合作交流

应城市建设环境保护部邀请，匈牙利建筑师代表团一行50人于1986年10月来西安进行考察访问，考察访问活动10天，我院负责接待工作。考察期间与我院师生进行了广泛的学术交流。

1987年1月由院长安崐带领教务、科研等部门一行4人赴美国内布拉斯加林肯大学进行友好访问，就两校建立合作交流关系与内布拉斯加大学建筑学院院长斯图尔德、工学院院长利伯特进行了交流，并对建立校际合作交流关系达成一致意见。同年7月，美国内布拉斯加大学建筑学院院长斯图尔德、工学院院长利伯特来院访问，并正式签订了《西北建筑工程学院与内布拉斯加—林肯大学关于建立校际关系的协议书》和《西北建筑工程学院与内布拉斯加林肯大学关于交换教学人员的协议书》。

应匈牙利城市发展与建设部邀请，由建设部组织的中国建筑师代表团一行24人于1984年5月6日赴匈牙利访问。代表团由部直属高校和部有关部门组成，学院孙民权、刘世忠、陶家旺三人参加。代表团对匈牙利的城市规划，建筑方面的历史、现状、发展趋势，特别是匈牙利的古建筑及现代建筑的风格、特点等有所了解。并对匈牙利高等教育情况以及改革经验也都进行了深入了解。在回国途中参观了莫斯科，了解莫斯科的城市建设情况。

1987年9月2—25日，由建设部组织的中国建筑师代表团一行23人赴匈牙利访问，学院付忠诚、阎万鹏、赵乱成参加。代表团对匈牙利的居住建筑、旅游建筑、公共建筑、古建筑的设计技巧和保护状况、建筑艺术以及建筑教育进行了参观和交流探讨。对借鉴匈牙利的经验，以及对我们的建筑教育有很大的启迪。

1988年10月，意大利建筑技术代表团一行26人来学院参观访问，与有关教师进行了学术交流。

1990年11月，联合工业发展组织Ezel Kendik博士来学院访问。

1991年6月，学院外籍教师朱迪丝·杰德罗女士被评为陕西省高校先进外籍教师。同年10月，她在北京荣获了国家外国专家局颁发的"友谊奖章"，并得到了李鹏总理等国家领导人的亲切会见。

1992年4月，应缅甸凯·新康柯公司的邀请，院长安崐与学院建筑设计院工程师刘家荣作为中国对外建筑设计总公司代表前往缅甸仰兴洽谈承包工程事宜。

1995年11月，英国斯特拉斯克莱德大学商学院纳波教授一行参观访问，并就建立校际关系等有关事宜进行了友好协商，并签订了建立友好校际合作关系的协议。

1996年6月，学院党委书记、校务委员会主任党新益一行三人赴英国斯特拉斯克莱德大学访问、讲学。正式签订了《英国斯特拉斯克莱德大学商学院与中国西北建筑工程学院建立友好学校关系协议书》(草案)。

1996年5月,学院接待俄罗斯建筑学院副院长Ilia G Lezhava教授一行四人访问讲学。经友好协商,双方签订《西北建筑工程学院与莫斯科建筑学院建立友好关系协议书》(草案)。

1996年5月,美国、加拿大、法国代表参加学院"国内设计装潢,设计技术研讨会"。

1997年10月,美国佛罗里达大学建筑学院罗伯特教授一行来院访问讲学,双方签署了建立友好校际关系协议书,并就科研合作的三个项目和举办联合培训达成初步合作意向。

1997年6月,俄罗斯莫斯科建筑修复科学院院长普鲁岑院士一行来院访问讲学。经友好协商,学院与莫斯科建筑修复科学院草签了建立友好校际关系意向书。

1997年11月,英国斯特拉斯克莱德大学海顿教授来院访问讲学。访问期间,经协商与学院签订了《1998—1999年交流合作实施意见》。海顿教授还在建筑系进行了学术交流及讲座。

1998年12月,建设部外事司组织部直属高校外事代表团到德国、法国等国访问、学习、考察。代表团由部属高校外事处(办)负责人及司工作人员组成,学院郑成参加。通过考察学习,收获了不少资料,扩大了视野,对如何借鉴国外先进经验,对学院的外事工作都有很大的启发以及进一步增强了同行间的友谊。

1998年12月,院长霍维国一行四人赴俄罗斯、白俄罗斯访问讲学。在俄罗斯与莫斯科建筑修复科学院签订科技合作协议书;与莫斯科建筑学院签订两校"关于交流教师协议书"。在白俄罗斯与明斯克综合技术大学签订两个学校建立友好关系协议书。

1999年9月,副院长栗守余一行四人赴美国佛罗里达大学访问、讲学。

5.5 教师风采

从1953年成立西安建筑工程学校、1978年成立西北建筑工程学院到2000年合校成立长安大学,几十年来,学校广大教职员工,特别是广大教师,教书育人,乐于奉献,谱写了一曲学为人师、行为世范的教师风采。

西北建筑工程学院成立之初,师资不足,教学力量薄弱。学院针对实际,采取措施:一是加快选调优秀教师,并增加教学设备;二是争取资金投入;三是加强教学管理,建立良好的教学秩序。学院先后从西安公路学院、哈尔滨建筑工程学院、重庆建筑工程学院、西安冶金建筑学院、西北建筑设计院及陕西省建筑设计院、陕西省建筑科学研究院和陕西省建筑工程局引进和调入一大批骨干教师和管理干部,尤其是引进了以林钟祺为代表的多位著名学者和教授,对西北建筑工程学院的学科建设和人才培养产生了较大影响。

学院1980年教职工数611人,教师数244人;1990年教职工数971人,教师数407人;合校前,学院教职工数875人,教师数330人,具有教授、副教授等高级职称者130余人。

1991年建设部召开师资建设工作会议后,学院积极贯彻会议精神,结合实际,共制订提高教师队伍整体素质、重视发挥中老年教师作用、加强青年教师培养和提高、聘任兼职教师、加强师资队伍建设的领导和实行政策倾斜5个方面、18条措施。为落实这些政策和措施，先后送出攻读硕士或博士学位的教师98人，有80%学成后回校工作，成为教师队伍的生力军。同时，注意给年轻教师压担子，开展助课、讲课大赛等，促使年轻教师成长。经过多年的努力，教师队伍的高职比由17.4%提高到34.2%，97/98学年高职比提高到38.3%；学历结构中研究生比由16.6%提高到23.6%。通过5个重点学科培养了17名学科带头人。

为培养一支政治思想好、业务素质强的师资队伍，学院采取措施，挖掘潜力，调动大家的积极性，广大教师一心扑在教学、科研工作上，教书育人蔚然成风，教学、科研水平有了较大的提高。学院教师先后共发表各类学术论文、专著900余篇（部），有数10个项目获得省以上优秀教学成果奖，有数10人被评为省、部以上劳动模范、优秀教师。

西北建筑工程学院之所以由小到大、由弱变强，成为一所以本科教育为主，立足西北，面向基层，为区域经济建设和社会发展服务，培养高质量的具有鲜明特色的应用型高等工程技术人才的建筑类高校，全在于有一大批德才兼备，热爱教育事业的广大教师，林钟祺、张之凡、金锥、丁慎思等教授事迹，在教育界、学校、广大师生员工中影响颇大，留下深刻的记忆。

林钟祺（1909—2003），男，教授。1949年毕业于美国伊利诺大学，获土木工程硕士学位，1979年来校。国务院政府特殊津贴获得者。曾任西南工业专科学校土木科主任，重庆大学土木系主任，西北建筑工程学院副校长，重庆市土建学会理事，重庆市人大代表，九三学社陕西省委员会顾问，陕西省力学学会副理事长。在国内首创数力合授的研究和教学。

蒋梦厚（1920—），男，教授。1943年毕业于上海交通大学土木系。1961年获苏联建筑科学院副博士学位。历任陕西工业大学、西北建筑工程学院建筑系主任。中国建筑学会建筑物理学术委员会名誉委员，中国照明学会理事，陕西省建筑学会建筑物理学术委员会副主任委员。

华冠球（1921—2016），男，教授。1947年本科毕业于国立中央大学建筑工程系，1980年来校，曾任西北建筑工程学院建筑系主任、建筑设计院总建筑师。曾与陈浩建筑师共同获得"居住空间国际奖"（1981年）。曾设计各种工业与民用建筑，如上海中苏友好大厦、陕西体育馆、武汉纺织厂等。

张之凡（1922—2001），男，教授。1945年本科毕业于国立重庆大学建筑系，1980年来校。曾任西北建筑工程学院第一任副院长、院长、党委常委。国务院政府特殊津贴获得者。在建筑理论和居住建筑方面学术水平比较突出，尤其在居住建筑的技术经济方面研究较深。曾主持中共西南局办公楼建筑设计和参加北京人民大会堂方案设计等规划设计数十项。

丁慎思（1926—2003），男，教授。1951年毕业于西北工学院土木工程系。1984年来校，全国木结构标准技术委员会委员，陕西省土建学会结构工程委员会委员。著有《钢结构》《力学·结构·选型》《木结构》等教材。发表的论文《用拟板法对变刚度双层网架的有限差分计算》《鞍形索网层盖的近似分析》《最小二乘配点法分析交叉索梁层道》入选国际钢结构会议。曾被评为建设部系统劳动模范。

张厚川（1928—2012），男，教授。1952年本科毕业于西北工学院土木工程系结构专业，1986

年来校。全国优秀教师、陕西省优秀教师、优秀教育工作者，享受国务院政府特殊津贴专家。研究方向：建筑施工管理现代化。曾任中国建筑学会建筑统筹管理研究会理事会学术委员会委员，陕西省土建学会施工学术委员会委员。主编和参编多本专著。

刘世忠（1931—2010），男，教授。1955年本科毕业于东北工学院建筑系，1982年来校。1984年被评为陕西省教书育人先进教师。编有《城市空间系列集》《东方园林图录》等教材，主编《关中地区社员新村规划与住宅设计》，负责完成的大荔县总体规划，获得省级规划设计二等奖，受到建设部表扬。

刘鸣岗（1931—2003），男，教授。1952年本科毕业于西北工学院土木工程系，1985年来校。主要从事钢筋混凝土结构、砖石结构的教学、科研和研究生培养工作。编著《混凝土结构及砌体结构》和《钢筋混凝土结构构建计算》等专著。多次被学校评为优秀教师和先进工作者。

金锥（1932—），男，教授。1956年毕业于哈尔滨工业大学土木系给水排水专业，1980年来校。第一届全国高校给水排水工程学科专业指导委员会委员，国务院政府特殊津贴获得者。2007年被全国泵站科技信息网授予"机电排灌事业发展作出突出贡献"称号。专著《停泵水锤及其防护》被哈尔滨工业大学等高校作为研究生主要教材。在黑龙江科学大会上获得个人奖，在全国科学大会上获集体奖，其提出的断流弥合水锤公式被称为"金锥公式"。

闫万鹏（1931—），男，教授。1955年本科毕业于天津大学建筑学专业，1978年来校。指导青年教师和学生参与的"延安火车站方案竞选"获佳作奖，完成了南大街31号楼等多项市政工程的方案设计，参编了《美术辞林》，发表论文多篇，1984年被评为西安市科协先进工作者。

石殿璋（1932—2002），男，教授。1953年本科毕业于东北师范大学数学系，1985年来校任教。编写的《微积分题解》（上、下册）共110万字，广受专家好评，发表论文多篇，曾荣获省级优秀教师荣誉称号。

王秩泉（1933—2020），男，教授。1959年毕业于西安交通大学工业企业电气化专业，1979年来校，国务院政府特殊津贴获得者。主要研究数字控制理论及实践，曾任机电系主任，牵头创建了电气技术专业。其完成的"民用电子防盗系统样机研制"项目被载入1991年"全国技术成果大全"，荣获省优秀教学成果奖等多项荣誉。

赵凤礼（1933—2010），男，教授。1960年毕业于重庆建筑工程学院建筑学专业，1979年来校。发表《论精神病院设计要点》《建筑设计的整体化教学》等多篇论文，编写《小住宅建筑设计》教材，参与完成《美术辞林·建筑艺术卷》《建筑空间构成与变异》等专著。

安崑（1935—1994），男，教授。1958年本科毕业于西安冶金建筑学院，1983年来校。曾任西北建筑工程学院院长，中国土木工程学会结构委员会委员及标准化委员会委员，中国土木工程学会部分预应力混凝土学会委员，陕西省土木建筑学会副理事长。参加编写《装配式大板居住建筑设计和施工规程》等规范，获国家计划委员会工程建设优秀国家标准规范二等奖。

王天富（1935—），男，教授。1958年本科毕业于同济大学，1965年来校。曾被评为陕西省教书育人先进教师、全国优秀教师、高校系统优秀共产党员、省土木建筑学会先进个人。曾任中国建筑学会暖通空调学术委员会第一、二、三届委员、陕西省土木建筑学会暖通空调学术委员会委员、西安市制冷学会常务理事兼空调学术委员会主任委员。

王维茹（1935—），女，教授。1957年本科毕业于西安动力学院河川结构及水利发电站建筑专业，1983年来校。1995年曾获"全国优秀教师"奖章。曾任中国建筑业协会、管理现代化协会理事。主编《建筑工程现代化管理方法》《系统工程在建筑企业管理中的应用》等专著，参编《建筑企业管理学》等教材，获全国高校优秀教材奖、建设部优秀教材一等奖。

姜永顺（1936—），男，教授。1960年本科毕业于哈尔滨建筑工程学院，1980年来校。国务院政府特殊津贴获得者。曾获建设部科技进步三等奖、西安市劳动模范、全国建筑节能先进工作者等荣誉称号。曾任中国建筑学会热能动力学术委员会委员、陕西省建筑热能学术委员会副主任、陕西省土木建筑学会理事。

黄克恕（1936—），男，教授。1961年毕业于同济大学给水排水专业，1982年来校。陕西省市政工程委员会副主任委员、中国基建优化研究会计算机应用学术委员会委员。先后发表论文十余篇，完成多项科研项目，"给水处理工程"获得建设部二类优秀课程。

彭福坤（1938—），男，教授。1963年毕业于武汉测绘学院工程测量专业，同年来校任教。主编《建筑测量学》《土木工程施工测量手册》，参编《土木建筑大辞典》《建筑工程测量学》，发表"建筑方格网主轴线测设精度探讨"等论文10余篇。

刘士铎（1938—2020），男，教授。1961年本科毕业于复旦大学无线电电子学专业，1982年来校。国务院政府特殊津贴获得者。撰写"教学技术与计算机应用技术相结合：工科建筑类非计算机专业计算机教育改革"等教改论文。研发软件"供热工程项目管理辅助优化决策软件系统的开发与设计"，编撰教材"水暖工程计算机方法"等。

吴宗海（1938—2020），男，教授。1961年本科毕业于福州大学计算数学专业，1980年来校任教。任教期间主动承担科研任务，并取得一定成果。其开设课程被评为建设部首批重点课程建设一类优秀课程。

那荣华（1938—），女，教授，满族。1960年本科毕业于沈阳建筑材料工业学院机械系，1975年来校任教，曾任西北建筑工程学院图书馆馆长，发表《履带滑转及超饱和滑转控制》等论文、译文20余篇，参编《建筑机械使用手册》等工具书和教材。

丁崇功（1939—2011），男，教授。1963年本科毕业于清华大学供热通风与空调工程专业，1982年来校。陕西省建筑热能动力学会、陕西省及西安市锅炉协会会员。主编《工业锅炉设备》《燃气技术》等多种教材，发表"煤粉经济细度分析"等多篇论文。

党新益（1939—），男，教授。1961年毕业于西北大学数学系，1994年来校。国务院政府特殊津贴获得者。曾任西北大学副校长、西北建筑工程学院党委书记。曾被建设部授予"建设部优秀领导干部"荣誉称号，获陕西省政府、省教委科技进步奖6次，获国家及省级学会优秀论文奖5次，获陕西省产学研联合开发优秀工作者称号。公开发表论文100余篇、专著2部。

李宽（1939—），男，教授。1965年毕业于西北工业大学航空发动机设计专业，获硕士学位，1984年来校。主编《叶片强度试验手册》，参与《航空发动机强度设计、实验手册》编写，主编的《叶片强度》分册，获得国家科技进步二等奖。著有《有限元素法基础》。

霍维国（1939—），男，教授。1959年毕业于西安冶金建筑学院建筑学专业，同年来校任教。国务院政府特殊津贴获得者。曾任西北建筑工程学院党委副书记、院长，中国室内建筑师学会理事，全国高等学校建筑学专业学科指导委员会委员，陕西省土木建筑学会副理事长，陕西省建筑科学技术委员会副主任。

孙家驹（1940—），男，教授。1963年本科毕业于同济大学力学系，1979年来校。国务院政府特殊津贴获得者。曾任西北建筑工程学院科研处处长，全国生物力学专业委员会委员，欧洲生物力学学会国外会员，《理论与应用力学学报》编委、《生物力学杂志》特邀编委。

李元钊（1940—），男，教授。1965年毕业于哈尔滨工业大学，1981年来校。主编《机械基础》《机械基础与建筑机械》《模具设计》等教材，发表"液压挖掘机工作装置转动惯量的计算""数字式液压逻辑流量阀的设计""数字式液压流量阀在工程机械中的应用"等论文10余篇。

万蔚杰（1940—），男，教授。1963年本科毕业于天津大学给水排水工程专业，1963年来校。编著《城乡供水施工与预算》，发表"居住小区排水管道的设计管径"等论文10余篇。

赵乱成（1940—），男，教授。1966年本科毕业于清华大学给水排水专业，1982年来校。曾任西北建筑工程学院环工系主任、系总支书记，陕西省资源综合利用协会理事。参与或主持建设部、学院"给水排水处理工程"课程建设，发表"管道中气——水锤探讨""城市给水工程规划研究"等论文十余篇。

黄金枝（1941—），男，教授，博士生导师。1967年研究生毕业于同济大学结构工程专业，1979年来校任教。国务院政府特殊津贴获得者。曾任西北建筑工程学院建工系主任，1984—2006年在上海交通大学恢复土建系后任第一任系主任、建筑工程与力学学院副院长，上海市土木工程学会理事、中国基本建设优化研究会理事、上海市建设科技委员会委员。

吴祖宜（1941—），男，教授。1963年毕业于西北大学，1979年来校。曾任当代改革发展理论研究中心特邀研究员，西安交通工程学会常务理事。曾获国家环境科学技术进步奖，陕西省及西安市科学技术进步奖。《城市道路交通规划设计规范》编委。发表论文40余篇。

叶思聪（1941—），男，教授。1981年硕士研究生毕业于华中工学院锻压自动化专业，1982年来校，曾任西北建筑工程学院科研处处长。积极开展教学科研工作，发表多篇学术论文，承担多项课题研究工作，自编的《液压伺服控制》教材荣获院优秀教材奖，曾被民盟陕西省委评为先进个人。

陈剑光（1943—2021），男，教授。1966年本科毕业于西安冶金建筑学院工民建专业，1988年来校任教。多年从事砖的标准化和检验方法研究，获得了丰硕的成果，负责起草了《砌墙砖检验规则》等多项行业标准，主持并参与了多项科研项目。

翟振东（1946—），男，教授。1969年毕业于陕西工业大学河川枢纽及水电站建筑专业，1969年来校。曾任西北建筑工程学院副院长，长安大学副校长、党委常委，教育部第二届普通高等学校本科教学工作水平评估专家委员会委员，教育部全国工程教育专业认证专家委员会委员，陕西省教育厅高等教育督导委员会副主任，陕西省高职高专人才培养工作水平评估专家委员会委员，陕西省力学学会常务理事。作为课程负责人，"材料力学"课程曾被评为陕西省省级精品课。

马铁丁（1948—2000），男，教授。1984年硕士毕业于中国建筑研究院物理所，1984年来校任教。曾任中国建筑学会第七届建筑物理学术委员会委员、中国声学技术标准化技术委员会建筑声学分技术委员会委员。其撰写的专著《环境心理学与心理环境学》具有较大影响。

郑爱平（1948—），女，教授，硕士生导师。1975年本科毕业于西安交通大学动力系制冷专业，1986年来校。曾任长安大学环境科学与工程学院建筑环境与设备工程系主任。先后主持完成了多项全国重点、省部级实验室开放课题或地方科研课题，荣获建设部"建筑节能先进个人"荣誉称号。

俞宗卫（1949—），男，教授。1977年本科毕业于同济大学地下建筑专业，1979年来校任教。从事岩土工程教学及科学研究工作，先后负责完成国家外专局专项项目及横向项目4项，完成主编、编著及参编著作7部，获全国基建优化学术论著二等奖等荣誉。

陆宁（1953—），男，教授。1987年毕业于陕西机械学院管理工程专业，获硕士学位，1983年来校。曾任长安大学科技处副处长，长安大学学术委员会委员，陕西省建筑经济委员会学术委员。主持多项省部级科研项目，获省部级多项教学成果奖励，先后发表学术论文共100余篇，多篇被EI收录。

傅光耀（1954—），男，教授。2007年博士毕业于长安大学道路与铁道工程专业，1982年来校任教。曾完成汉阳陵考古展览馆的工程建设，参与了长安大学风洞试验室建设工作，编写教材2部，发表学术论文近20篇。

田奇（1955—2010），男，教授。1996年毕业于日本国立秋田大学，1997年来校任教。曾任长安大学建筑机械及舞台机械研究所所长，中国机械学会陕西省机械学会物流工程学会理事长，中国物流工程学会常务理事等。主持完成了十余项科研课题。

王娜（1955—），女，教授。1982年毕业于西北大学物理系半导体物理专业，1993年来校任教。主编多部教材，其中住房城乡建设部土建类学科专业"十一五"规划教材一部、"十二五"规划教材两部、"十三五"规划教材三部，担任多项科研项目负责人，公开发表论文数篇。

王毅红（1955—），女，教授，博士生导师。2007年博士毕业于长安大学结构工程专业，1981年来校，国务院政府特殊津贴获得者。曾任长安大学建筑工程学院院长，陕西省政府参事。陕西省教学名师，陕西省优秀教育工作者，获得国家教学成果二等奖，陕西省教学成果一等奖。

吴梅星（1956—），男，教授。1979年本科毕业于西安体育学院，同年来校任教。曾任全国建筑系统高校体育研究会秘书长，曾获陕西省政府教学成果二等奖、长安大学教学成果二等奖。

刘伯权（1956—），男，教授，博士生导师。1994年博士毕业于重庆建筑大学结构工程专业，1982年来校。国务院政府特殊津贴获得者。曾任西北建筑工程学院院长，长安大学副校长，为建设部有突出贡献的中青年科技、管理专家。曾任全国高等学校土木工程学科专业指导委员会委员，中国基本建设优化研究会结构工程专业委员会副理事长，中国第五届地震学会地震工程专业委员会委员。出版多部学术专著。荣获全国教学成果二等奖，教育部科技进步二等奖，陕西省科技进步一等奖、二等奖。

李建峰（1956—），男，教授。1982年本科毕业于西安冶金建筑学院土木工程专业，同年来校任教。曾任陕西省工程造价协会常务理事，中国建设工程造价管理协会教育委员，陕西省建设工程专家库专家。编著教材12部。

祁今燕（1956—2017），男，教授。1975年毕业于西安美术学院，1983年来校任教。中国美术家协会会员，陕西省美术家协会会员。1981年获得中华人民共和国文化部、中国美协颁发的"全国第二届连环画创作评奖二等奖"。

刘鸣（1957—），女，教授。1982年本科毕业于西安交通大学固体力学专业，同年来校任教。获陕西省教委科技进步三等奖，陕西省科协优秀论文二等奖，陕西省土木建筑学会优秀论文二等奖，主讲的《结构力学》课程获评陕西省精品课程，获校优秀教学成果二等奖、校优秀教材一等奖、二等奖。

郭聪慧（1957—），女，教授。2004年硕士毕业于西安交通大学马克思主义理论与思想政治教育专业，1983年来校任教。主持并参与多项课题研究，发表多篇论文，主编并参编多部教材，曾被评为全国教育科研优秀教师、陕西省优秀教师，荣获国家教师科研基金科研进步奖、西安市第五次社会科学优秀成果三等奖。

石坚（1957—2019），男，教授，壮族。1987年硕士毕业于西安理工大学岩土工程专业，1987年来校任教，曾任西北建筑工程学院建工系副主任。出版了《基础工程》等多部教材，公开发表多篇学术论文，积极承担科研项目，曾为陕西省岩石力学学会理事。

官燕玲（1957—），女，教授。1983年本科毕业于西北建筑工程学院暖通专业并留校任教，曾任长安大学环境科学与工程学院党委书记，全国高等学校建筑环境与设备工程专业指导委员会委员、陕西省土木建筑学会暖通学会委员。获得陕西省科学技术奖二等奖1项。发表学术论文80余篇。

颜卫亨（1958—），男，教授。1982年毕业于重庆建筑工程学院土木工程专业，同年来校任教。曾任长安大学建筑工程学院副院长。曾荣获省级先进教育工作者称号。主编和参编教材获校级优秀教材奖，其主讲的《钢结构》为省级精品课程，多次荣获国家和省级教学成果奖。

许同海（1958—），男，教授。1983年本科毕业于西安体育学院，同年来校任教。曾任陕西省阳光心理研究所兼职研究员，曾获陕西省高校教学成果二等奖、全国第二届学校体育科学大会二等奖、陕西省高校人文社会科研成果三等奖。

曾乐元（1959—），男，教授。1983年本科毕业于兰州大学政治经济学专业，同年来校任教，曾任西北建筑工程学院社科系副主任、党总支副书记，长安大学新闻中心主任。多次被省委、高教工委、省教育厅授予"先进个人"称号。公开发表论文30余篇，荣获陕西省政治学会优秀科研成果一等奖，参编多本教材和专著。

赵均海（1960—），男，教授，博士生导师。1998年博士毕业于西安交通大学固体力学专业，1980年来校。国务院政府特殊津贴获得者。曾任西北建筑工程学院副院长、长安大学党委常委、副校长。曾为中国力学学会生物力学专业委员会委员、陕西省力学学会副理事长、陕西省土木建筑学会青年委员会副主任、陕西省生物医学工程学会理事。获陕西省高等学校优秀科学研究成果一等奖、陕西高等学校科学技术奖一等奖。

刘勇（1960—），男，教授。2009年博士毕业于长安大学交通运输规划与管理专业。1984年来校任教，中国建筑（室内）装饰协会理事。主持或参与了多项省部级纵向科研项目、多项大中型城乡规划与设计项目、多项室内装饰工程设计项目，荣获陕西省建设厅科学技术进步二等奖、陕西省城市规划设计一等奖等。

张炜（1960—），男，教授。1986年毕业于西安美术学院工艺系，1988年来校任教，主要从事建筑环境艺术设计和城市景观艺术研究。曾任长安大学建筑学院党委书记，中国美术家协会会员，中国建筑环境艺术设计委员会委员。出版著作3部、教材5部。

高俊发（1961—），男，教授。2006年毕业于西安建筑科技大学环境工程专业，获得工学博士学位。1983年来校任教，曾任长安大学环境科学与工程学院副院长。为全国高等学校给水排水工程专业指导委员会委员、陕西省土木建筑学会市政工程委员会委员、陕西省土木建筑学会给水排水工程委员会副主任委员、陕西省水利学会环境分委员会委员、日本水环境学会会员、陕西省环境保护厅生态咨询专家、长安大学教学名师。

王进（1961—），男，教授。1983年毕业于西北建筑工程学院建筑工程机械专业，同年留校任教。曾任中国工程机械工业协会挖掘机械分会理事。主持科研项目20多项。近年来主编教材2部，参编著作3部，撰写论文20余篇。获陕西省科技进步三等奖一项。

刘晓婷（1962—），女，教授。2005年博士毕业于长安大学机械设计及理论专业，1983年来校。曾任长安大学工程机械学院党委书记，副院长。主持多项国家级、省部级科研项目，参与编写教材2部，发表论文30余篇，荣获陕西省高校"巾帼建功标兵"荣誉称号，获陕西省教学成果一等奖。

蔡辉（1962—），男，教授。1984年本科毕业于西北建筑工程学院城市规划专业并留校任教。曾为中国城市规划学会第二、三、四届理事，西安市规委会专家咨询委员会委员。先后主持完成规划设计研究项目30余项，发表学术论文12篇。

周天华（1963—），男，教授。2004年博士毕业于西安建筑科技大学结构工程专业，1983年来校。国务院政府特殊津贴获得者。曾任长安大学建筑工程学院院长，中国土木工程学会会员、中国建筑学会会员、全国高等学校土建学科工程管理专业教学指导委员会委员。参编多种行业标准，先后获得国家科技进步二等奖、陕西省科技进步一等奖等多项奖励。

武联（1963—），男，教授。1985年本科毕业于西北建筑工程学院城市规划专业，同年留校任教，曾任长安大学建筑学院院长。主要从事建筑学、城市规划专业本科、研究生的教学及科研工作。注册城市规划师。现为中国建筑学会建筑史学分会学术委员。

宋琳（1963—），女，教授。1985年毕业于西北政法大学哲学专业，1988年来校任教，曾任长安大学马克思主义学院党委副书记。主持"当代马克思主义政治哲学""国家治理视角下毛泽东关于中央与地方关系改革思想研究"等多项国家级科研项目，公开发表多篇学术论文。

王慰（1964—），男，教授。1987年毕业于中国人民大学哲学系，同年来校任教。先后主持或参与教育部、国家社科基金、省社科基金等省部级课题10余项，主编教材1部，发表论文20余篇，获省部级学术奖励2项，曾获长安大学优秀教师和优秀共产党员称号。

霍小平（1964—），男，教授。1995年硕士毕业于重庆建筑大学建筑技术专业，1986年来校任教，曾任长安大学建筑学院院长。出版著作与教材3部，发表论文30余篇，主持科研项目10余项。

郑宏（1964—），男，教授。1991年硕士毕业于西安建筑科技大学。1986年来校任教，主持和参加了国家自然科学基金项目5项、教育部骨干教师资助计划、教育部博士后基金、省部级科研项目等多项研究项目。荣获国家教学成果二等奖、陕西省教学成果一等奖等。

刘志（1965—），女，教授。1993年毕业于西北政法大学法学专业，同年来校任教，现为陕西省妇联"妇女儿童规划"专家组成员，陕西省广播电视大学兼职教授，陕西省法学会刑法研究会理事等。2002年入选教育部"两课""精彩一课"名单，发表论文50余篇，主持及参与多项课题。

段晨东（1966—），男，教授。2005年博士毕业于西安交通大学仪器科学与技术专业，1996年来校。现任长安大学电子与控制工程学院副院长，主持学校教学改革课题，获得发明专利授权，曾先后参加了多项国家自然科学基金重点项目，参与编写教材4部，发表论文40余篇。

李晓光（1969—），男，教授，博士生导师。2006年博士毕业于西安建筑科技大学结构工程专业，1992年来校。2004年在日本名古屋大学进行国际合作项目研究。研究领域主要为建筑节能材料与结构一体化、绿色及新型建筑材料、工业固体废弃物在土木工程材料中的应用、高性能混凝土和预拌砂浆应用技术等。

徐春龙（1972—），男，教授。2010年博士毕业于陕西师范大学声学专业，1994年来校任教。陕西省物理学会会员。曾获长安大学"本科教学最满意教师"称号、长安大学优秀共产党员、长安大学优秀教师荣誉称号。

侯全华（1972—），男，教授。1995年本科毕业于西北建筑工程学院建筑学专业，同年留校任教。现为长安大学建筑学院院长，国家注册城市规划师。主持完成城市总体规划、控制性详细规划、修建性详细规划、城市设计、住区规划、景观规划设计、建设项目策划等数十项项目。获得国家级、省部级奖励多项。

5.6 附录

附录5-1
院系部变迁及历史沿革

附录5-2
1953—1979年历任专业
科主任名单

附录5-3
院系调整及系主任变化
情况

附录5-4
历年教职工人数统计

附录5-5
历年教育、科研经费及固定
资产总值统计表

附录5-6
历年基建投资及完成建筑
面积统计表

附录5-7
课程建设成果一览表

附录5-8
教材一览表

附录5-9
优秀教学成果一览表

附录5-10
国家级、省部级重大课题
一览表

附录5-11
国家级、省部级科技奖励
一览表

附录5-12
主编标准、规范情况一
览表

附录5-13
1997—2000年对外交流
合作协议

附录5-14
1984—2000年的合作
交流

附录5-15
教师获奖或奖励情况统
计表

附录5-16
报道选摘

第6章

南京建筑工程学院发展概览

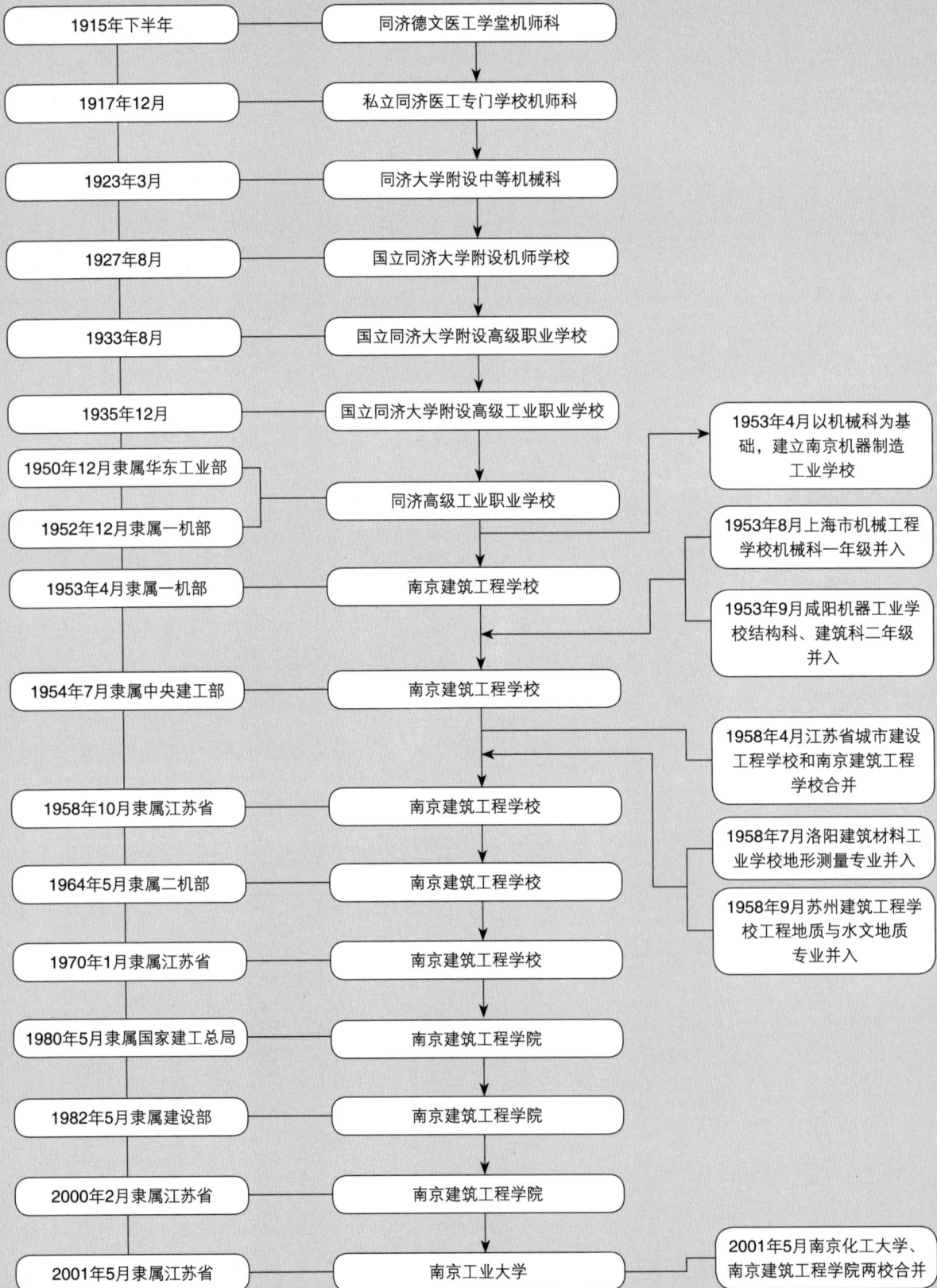

时间	学校名称	合并/分立
1915年下半年	同济德文医工学堂机师科	
1917年12月	私立同济医工专门学校机师科	
1923年3月	同济大学附设中等机械科	
1927年8月	国立同济大学附设机师学校	
1933年8月	国立同济大学附设高级职业学校	
1935年12月	国立同济大学附设高级工业职业学校	
1950年12月隶属华东工业部	同济高级工业职业学校	1953年4月以机械科为基础，建立南京机器制造工业学校
1952年12月隶属一机部		
1953年4月隶属一机部	南京建筑工程学校	1953年8月上海市机械工程学校机械科一年级并入
		1953年9月咸阳机器工业学校结构科、建筑科二年级并入
1954年7月隶属中央建工部	南京建筑工程学校	
1958年10月隶属江苏省	南京建筑工程学校	1958年4月江苏省城市建设工程学校和南京建筑工程学校合并
1964年5月隶属二机部	南京建筑工程学校	1958年7月洛阳建筑材料工业学校地形测量专业并入
		1958年9月苏州建筑工程学校工程地质与水文地质专业并入
1970年1月隶属江苏省	南京建筑工程学校	
1980年5月隶属国家建工总局	南京建筑工程学院	
1982年5月隶属建设部	南京建筑工程学院	
2000年2月隶属江苏省	南京建筑工程学院	
2001年5月隶属江苏省	南京工业大学	2001年5月南京化工大学、南京建筑工程学院两校合并

6.1　历史变迁

6.1.1　南京建筑工程学院沿革概览

表6-1为1980—2000年校领导班子。

表6-1　1980—2000年校领导班子

学校名称	院长	党委书记	副院长、副书记
南京建筑工程学院	林醒山 （1983.7—1988.6） 孙景武 （1988.6—1995.3） 宰金珉 （1995.3—2001.5）	王正方（党委副书记、代理书记 1981.3—1983.7） 陆锡书（1983.7—1987.12） 毛希球（主持工作、书记 1987.12—1992.7） 马天鑑（1992.7—1996.12） 李建生（1996.12—2001.5）	**副院长** 刘仰新（1981.3—1986.7） 施希安（1981.3—1990.2） 胡松林（1981.3—1983.6） 郑　宇（1986.7—1994.8） 孙景武（1987.12—1988.6） 宰金珉（1987.12—1995.3） 朱　浩（1988.10—1995.3） 张庙康（1992.6—1999.6） 李建生（兼，1993.7—1996.11） 严世富（1995.3—2001.5） 束　昉（1995.3—2001.5） 孙伟民（1996.12—2001.5） 吴建华（兼，1996.12—2001.5） **副书记** 薛凤鸣（1981.3—1983.7） 毛希球（1983.2—1987.12） 郑　宇（兼，1988.10—1994.8） 孙景武（兼，1991.1—1995.3） 李建生（1993.6—1996.12） 宰金珉（兼，1995.3—2001.5） 吴建华（1996.12—2001.5）

6.1.2　1980年以前的学校沿革

1. 同济德文医工学堂机师科时期

1907年10月，德国人在上海创办"德文医学堂"。宝隆被选为董事会总监督（董事长）兼学堂总理（校长）。1908年，学堂改名为"同济德文医学堂"。1911年，根据普鲁士商业部的推荐，由在德国科隆国立联合机械学校任教的特许工程师贝伦哈尔德·贝伦子负责筹建工学堂。1912年6

月，工学堂正式上课。校址在上海金神父路。1912年，医、工两学堂合并为"同济德文医工学堂"。1914年，工科内增加土木科。

1915年下半年，由工科监督贝伦子倡议，江苏省当局支持，学堂增设机师科，学制四年，梁鋆任主任。11月1日机师科开学。1917年3月，华人董事会接办。1922年6月10日，学校为向教育部申报改名"同济医工大学"，校董会决议改机师科为"附设中等机械科"。1926年，同济大学申报国立，校董会决议将附设中等机械科改名为附设机师学校。

2. 国立同济大学附设高级职业学校时期

1933年5月，国民党政治会议决议将前劳动大学在江湾的房屋、机器、工厂等划归同济大学，后教育部令饬原附设于同济大学之中等机师学校，于前劳动大学江湾校园原址成立国立同济大学附设高级职业学校。8月1日，学校成立，定名"国立同济大学附设高级职业学校"，简称"同济高职"，设土木、机械二科，学制三年。唐英教授任主任。1935年5月，教育部为使同济高职能更好地体现办学意图，提高培养质量，又下令将校名冠以"工业"二字，定名为"国立同济大学附设高级工业职业学校"，将学制改为四年。

1937年"七七事变"爆发，日本发动全面侵华战争。同济高职随同济大学六次迁校，一迁上海地丰路121号，二迁浙江金华，三迁江西赣州，四迁广西八步，五迁云南昆明，六迁四川李庄，辗转浙、赣、湘、粤、桂、滇、黔、川等地，越过千山万水，行程几千公里，冒着日寇飞机轰炸扫射，忍受颠沛流离，克服艰难险阻，在战乱中一面坚持开展教学工作，一面开展抗日救国活动。

1942年秋，迁李庄后，祝元青教授继任同济高职主任。1945年初，奉令改主任制为校长制，祝元青教授转任校长。

1946年4月23日起，同济高职随同济大学迁回上海。原江湾校舍全然无存，重新兴建，需款浩巨，经费无着，乃租借魏德迈路370号同德医学院作为临时校舍。12月1日迁入，正式开课。

1949年5月27日，上海解放。6月25日，军管会接管学校。8月3日，同济大学校务委员会聘任朱振德教授为同济高职校长。为适应国家建设之迫切需要，校务委员会会议议定将学制改为三年。

3. 同济高级工业职业学校时期

1950年11月29日，华东教育部下发教高行第8155号通知，同济大学附设高级工业职业学校由华东工业部直接领导，定校名为"华东工业部同济高级工业职业学校"，简称"同济高工"。朱振德教授任校长。

1951年8月，学校原有校舍狭隘简陋，难以扩充，奉华东工业部命迁往南京市中山北路200号原国民党资源委员会旧址，谋求发展。华东工业部划转给学校房屋20886m²，图书1874册。实际用地50708.68m²。迁校后，兴建实习工厂，设置锻工场、木工场、铸工场、机工场、钳工场、泥工场。

1952年10月，学校改属中央人民政府第一机械工业部领导。

4. 南京建筑工程学校时期

1953年1月30日，第一机械工业部〔53〕机教秘字第16号指示，决定以原同济高工之土木科和机械科为基础，分别筹建南京基建工程学校及南京机器制造工业学校。1349名学生平均分拨，全部建筑物归基建工程学校。成立筹备处，由朱振德校长和林楷副校长统一领导。2月9日，第一机械工业部基本建设局机人字第16号令，派朱振德暂兼南京基建工程学校筹备处主任。4月14日，一机部下发〔53〕机教行字第96号令，学校正式成立，定名为"南京建筑工程学校"。5月19日，一机部基本建设局〔53〕基干字第149号令，任命田惠民为南京建筑工程学校校长。10月16日，一机部下发〔53〕教秘字第296号通知，修正校名为"中央第一机械工业部南京建筑工程学校"。8月31日，上海市机械工程学校机械科一年级275名学生并入，改读工民建专业。9月24日，咸阳机器工业学校结构科、建筑科二年级184名学生并入。

1954年7月16日，第一机械工业部下发〔54〕机教秘字第80号令，将学校从7月20日起移交给中央建筑工程部领导。学校遂改校名为"建筑工程部南京建筑工程学校"。设有工民建、测量两个专业。8月23日，建筑工程部中建〔54〕教人字第28号决定，任命黄坚为校长。

1955年3月17日，建筑工程部下发中建〔55〕教秘字第9号通知，任命王正方为校长。

1957年1月，王一心任学校第一届党委书记。

1958年4月15日，建筑工程部下发〔58〕教中字第24号通知，江苏省城市建设工程学校与南京建筑工程学校合并。合并后的校名为建筑工程部南京建筑工程学校，校址设在南京建筑工程学校原址。7月18日，建筑工程部洛阳建筑材料工业学校地形测量专业45名二年级学生并入。

1958年，增设给水排水专业、建筑材料（硅酸盐）专业。9月18日，建筑工程部苏州建筑工程学校工程地质与水文地质专业调整至南京建筑工程学校，93名二年级学生迁入。

1958年10月17日，建筑工程部决定将学校下放给江苏省，改校名为"江苏省南京建筑工程学校"。

1959年3月16日，王正方任第二届党委书记。

1960年5月，学校代表出席江苏省文教群英会，学校被评为先进集体。6月，学校代表出席全国文教群英会，学校获得全国先进单位称号。

1960年秋，增设建筑和筑路机械与装备（建筑机械）专业。

1961年12月16日，王正方任第三届党委书记。

1963年3月27日，江苏省建设厅转省人委苏民章字第1586号通知，陈刚任校长。7月3日，江苏省建设厅下发〔63〕建人便字第124号文，省人民委员会第28次会议通过，任命王正方为校长。

1963年秋，改学制为四年。

1964年4月1日，学校改属第二机械工业部领导。5月15日，定校名为"南京建筑工程学校"，设工业与民用建筑、建筑和筑路机械与装备、建筑测量、水文地质与工程地质、给水排水5个专业，学制四年。12月31日，中央第二机械工业部政治部任命蔡琦为学校第四届党委书记。

1966年，学校停止招生。1973年，恢复招生。

1970年1月2日，中国人民解放军第二机械工业部军事管制委员会下发〔69〕二军字806号文，将学校移交江苏省。

江苏省革命委员会生产指挥组政工组1972年10月5日下发苏革生核〔72〕第19号通知，陈扬任学校党的核心小组组长；11月15日，下发生干〔72〕第17号通知，王正方任学校革委会主任。中共江苏省革命委员会基本建设局核心小组1973年12月20日下发苏基核〔1973〕第28号通知，王正方任校长；1974年4月25日下发苏基核〔1974〕21号通知，校长王正方改任本校革委会主任；1976年5月19日下发苏基核〔1976〕16号通知，马传典任学校党委副书记兼革委会主任。

1978年11月22日，江苏省委组织部下发苏委组复〔1978〕129号文，王正方任校长、党委书记。

1979年1月，招收1978级工业与民用建筑专业、给水排水专业专科生。

1979年5月，学校获全国体育卫生工作先进单位称号。

中华人民共和国成立以来，为国家输送了5824名毕业生（至1979年7月）。1953年以来，采取多种形式办学，举办物理、制图、化学、语文、数学、体育等师资班和培训班，以及农村建筑、砖瓦、地质、电工、建筑施工、定额等短训班36期，培训了1340名学员和专业技术干部。

6.1.3　1980—2000年的学校沿革

1980年5月5日，教育部下发《关于同意建立南京建筑工程学院等六所高等学校的通知》（〔80〕教计字208号），以南京建筑工程学校为基础，建立"南京建筑工程学院"，实行国家建工总局和江苏省双重领导，以国家建工总局为主的领导体制。规模2000人。设置工业与民用建筑工程、建筑机械、工程测量、水文地质与工程地质、给水排水5个专业，学制四年。1980年暑期，5个本科专业开始招生。

1980年11月28日，江苏省人民政府与国家建工总局签署《关于南京建筑工程学校改为南京建筑工程学院交接工作的协议》，江苏省继续建设建工中专校，在省中专校的建设未形成招生能力之前，学院为江苏省每年招收土民建、建筑机械、给水排水3个专业200人的中专班，中专班是学院的一部分。至1986年学院不再招收中专班。

1980年11月29日，江苏省向国家建工总局上报移交报表：教职员工291人，其中，专任教师110人（含讲师和工程师5人，教师96人，助教9人），教辅人员27人，行政人员47人，工勤人员52人，实习工厂42人，其他附设机构13人。在校生1018人，其中，本科生306人，专科生202人，中专生510人。图书馆藏书8.5万册，期刊410份，资料578份。全院占地面积110.4亩。校舍总建筑面积33806.8m²。其中，办公用房2636m²，教学用房6847m²，实验室用房2210m²，学生宿舍3172m²，教工宿舍12427m²。固定资产总值3554217.25元（1979年12月清点）。

为保证授课质量，1980/1981学年第一学期，学院筛选21名教师为本、专科学生上课。利用地理位置好、南京高校集中度高的区域优势，从南大、南工、华工、华水、南邮等高校聘请32名教师为本、专科生上课。同时，选派10名教师到清华、同济、南工等土木建筑名校进修。

1981年3月14日，国家建筑工程总局下发〔81〕建工党字16号，任命王正方为南京建筑工程学院党委副书记、代理书记；薛凤鸣任南京建筑工程学院党委副书记；刘仰新、施希安、胡松林任南京建筑工程学院副院长。

4月13日，中共江苏省委《关于建立中共南京建筑工程学院委员会的通知》（苏委组字〔1981〕91号），省委研究决定，建立中共南京建筑工程学院委员会。委员会由王正方等五位组成。王正方任党委副书记、代理书记；薛凤鸣任党委副书记；刘仰新、施希安、胡松林等为党委委员。

1981年暑期招生，考虑到师资力量和办学条件，为保证培养质量，本科层次只招收工业与民用建筑专业，水文地质与工程地质、工程测量两个专业改招专科，建筑机械、给水排水两个专业缓招本科。为江苏省招收工民建、建筑机械、给水排水三个专业中专生。

8月27日，国家建筑工程总局下发《关于南京建筑工程学院机构设置问题的批复》（〔81〕建工党字第43号），学院目前党群系统可设党委办公室、组织部、宣传部、纪律检查委员会、共青团委员会和工会委员会，行政系统可设学院办公室、人事处、教务处、总务处、基础部、建筑工程系、勘测系、建筑经济管理系和图书馆。10月16日，江苏省委科教部下发苏委科教干〔1981〕94号文，批复同意党委宣传部、教务处、总务处、建筑工程系、勘测系等首批5个部门（单位）副职领导任职。

9月起，相继颁布各项管理制度。

9月，虹桥7号教工宿舍竣工，建筑面积2378m²。

1981年度，调进教师71人。其中正副教授4人，讲师20人，工程师21人。按照授予学士学位的标准，任课教师除本院130人次（上半年62人、下半年68人）外，外请43人（上半年18人、下半年25人）。派出15名教师外出进修。

1981年底至1982年初，在国家建工总局的支持和胡松林副院长的联系之下，宰金珉、姜学拯等11名硕士研究生来到学院工作。1982年初，接收高校毕业生44名。1982年暑期，接收高校毕业生38名。1982年2月9日，江苏省高等教育局下发苏高教人〔82〕11号通知，同意杨之瑞等54人为讲师，减轻了任课教师职称结构压力。

1982年3月18日、10月5日，分别下发〔82〕南建院字第18号、第77号文，设立20个教研室，建立和健全了基本教学单位。

新进教师来源广泛，青年教师比例加大，3月25日，学院下发〔82〕南建院字第24号《关于教师培养工作的意见》，要求每一位教师都要在教研室指导下，制定个人三年提高规划，教研室、系（部）、院都要制定三年教师提高规划。教研室要安排老教师带青年教师。

5月10日，国家新设立城乡建设环境保护部，国家建工总局并入。学院改属城乡建设环境保护部和江苏省双重领导，以城乡建设环境保护部领导为主。

1982年初对实验室进行清产核资，清查结果为：教学设备153.9万元，实习工厂设备40.6万元。在清查的基础上，5月15日，出台《仪器设备管理试行办法》（〔82〕南建院字第43号）。至此，实验室达27个（基础课3个、技术基础课14个、专业课10个）。实验项目增至165项，开出实验224个，开出率达76%，基本满足大纲要求。

8月，3号学生宿舍竣工，建筑面积6206m²。

9月，开工建造新一村、新二村教工宿舍，分别于1983年9月、1984年3月竣工，建筑面积4514m²。

1982年，全年共开出143门课（下半年61门）。下半年，任课教师178人。除党史及地测专业的部分课程外请17名（上半年8名、下半年9名）老师外，任课教师基本上实现自给。

1982年，为落实教师培养工作要求，举办校内进修班。进修的教师，上半年参加全脱产德语学习班两期14人；线性代数学习班 35人；下半年参加英语业余学习提高班100人，中级班40人，初级班35人。校外脱产进修1个月～2年20人，在南京高校旁听课程22人，跟本科班学生听课10人，去北京大学德语中心学习18人。

1983年1月20日，发布〔83〕南建党字第4号，经党委会讨论决定，成立中共南京建筑工程学院纪律检查委员会。

2月2日，中共城乡建设环境保护部党组发布文件〔83〕城党组字第15号，任命毛希球为南京建筑工程学院党委副书记。

3月8日至20日，城乡建设环境保护部教育局秦兰仪处长等3人来学院检查学士学位授予单位条件，在学院召开部属高校设置城镇建设专业碰头会。

3月26日，教育部与德意志联邦共和国汉斯－赛德尔基金会正式签订合作协议，在南京建立建筑职业培训中心。根据先前的协商，该中心由学院牵头。

4月23日，成立学术委员会。4月25日颁发《南京建筑工程学院学术委员会暂行条例》。

4月26日上午，城乡建设环境保护部李锡铭部长到学院视察实验室。

5月，设立马列主义教研室（处级）。

7月13日，城乡建设环境保护部党组下发〔83〕城建党组110号文，决定南京建筑工程学院领导班子由5人组成。陆锡书任代理党委书记，林醒山任代理院长，施希安、刘仰新为副院长，毛希球为党委副书记。

1983年暑期招生，新增"城镇建设"专业，学制三年；建筑机械专业恢复本科招生。

10月31日，下发〔83〕南建院字第108号通知，以现有建机、电工部分为基础，组成机电系；成立基建处；成立设备科，为学院直属科室。

11月15日，中共城乡建设环境保护部党组下发〔83〕城党组150号通知，经中央同意，陆锡书任党委书记，林醒山任院长。

1983年度，94名教师参加学院举办的英语普通班、口语班、出国考试训练班、德语学习班、电算学习班；15名中青年教师在清华大学、同济大学等高校脱产进修。

1984年1月6日，学院党委下发《党政中层干部任职的通知》（〔84〕南建党字第4号），学院中层干部配备到位。

1984年1月21—23日，召开首届党员大会。党委书记陆锡书作了题为《做好整党工作，加强党的领导，为开创我院新局面而努力奋斗》的报告。大会报告提出奋斗目标：到1990年在校生规模2000人，20世纪末实现3000～4000人的设想；1986年开始培养研究生；迎接新技术革命，将联邦德国科学技术和先进经验同我国的实际结合起来，改进教学，形成自己的特色；培养的学生，不但基础理论扎实，动手能力强，适应性强，而且有较高的政治素质，力争在培养质量上尽快达到国内同类高校先进水平，并逐步形成特色。实现目标的首要举措是把基建搞上去，为办学创造良好的物质条件。针对土地、投资两个基本矛盾，在土地利用上应贯彻"教职工宿舍争取向外发展，校园内教学区建设向高层发展，寸土必争"的方针。大会选举产生首届党委。

首届党员大会之后，党委于2月24日下发本学期要做好的几项工作，要求要克服消极无为的保守思想，统一对1987年实现办学规模2000人的认识，1986年以前要将"三支队伍"配备齐全。

5月28日，召开全体教职员工动员大会，对管理改革做出部署。继续抓紧研究和制定1983—1990年教育事业发展规划（即"五定方案"）；继续抓紧做好定编定员工作；尽快明确岗位责任制和教师工作规范，与此同时着手考虑实行津贴补贴办法；积极制定创收和提成分配办法。

7月7日，与江苏省省级机关事务管理局签署协议，1997年底前收回教一楼、教二楼、工程馆，建筑面积3439.96m²，学院补偿150万元作为搬迁费。

7月9日，举行首届本科生毕业典礼。毕业生290人，结业生8人。7人考取全国重点高校研究生。

7月10日，国务院学位委员会、教育部下发〔84〕学位字012号文，批准学院为第三批授予学士学位的高校。

完成一轮本科生培养，在高校行列站稳脚跟，全院上下充满信心，为四化建设多培养人才、培养更高层次人才的愿望强烈。

8月17日，为振兴地方经济，与南京市大厂区政府签订意向协议，在技术咨询、成果转让、人才培训、新产品开发、原材料供给等方面给予支援与合作。

8月，新三村、新四村教工宿舍竣工，建筑面积4657m²。

1984年暑期招生，新增经济管理专业，学制三年。工程测量、工程地质与水文地质两个专业恢复本科招生。

中德合作的南京建筑职业技术教育中心Ⅱ级培训第一个专业——水暖通风专业（中专）开始招生，学制两年半，招收高中毕业生。

8月31日，召开党委扩大会，进一步确定管理体制改革的内容、方法和分工。做好人员定编工作，放权和建立各种责任制，制定教师工作规范及考核办法，在搞好教学的基础上积极搞好创收。9月6日，颁发各部门、单位工作职责（草案）。12月4日，下发各类人员岗位职责。确定在年终对全体教职工进行全面考核，并制订了考核试行办法及下半年奖金分配发放办法，第一次将奖金拉开档次。12月5日，召开全体教职工大会，进行考核动员布置。12月25日，考核工作结束。

9月9日，教育部何东昌部长来学院视察，并检查建筑职业技术教育中心的工作。

9月13日，举行夜大学首届新生开学典礼。经教育部批准，学院夜大学开始招生，设工业与民用建筑专业专科，学制四年。

9月26日，向城乡建设环境保护部上报《关于南京建筑工程学院1983至1990年教育事业发展规划的请示》（〔84〕南建院字第100号）。9月28日，邀请省、市、区及有关业务部门领导，省政府副秘书长蔡秋明、潘祝平，省高教局副局长徐福基、叶春生等22人，进一步研究"五定方案"。

10月9—25日，陆锡书、刘仰新等前往江苏省6个市商谈安排1985年代培生计划及今后开展的科技协作等。

10月10日，召开全体师生员工大会，举行新生开学典礼，开展整顿校风校纪活动动员。1984年招收来自11个省市区的672名新生，是建院以来最多的一年。至1984年10月18日，在校生1627人（其中本科生632人、专科生400人、中专生595人）。

11月1—6日，城乡建设环境保护部系统高校实验室管理研究会协作组委托学院主办的部系统高校第五次实验室建设参观交流活动在学院举行，来自部系统16所高校和南京工学院、天津大学、西安交通大学等11所高校的64位代表参加活动。在筹备会议过程中，学院加强实验室管理，加大实验室经费投入。

没有运动场的问题困扰多年，学院下决心将实习工厂迁出。11月22日，南京市城建委批准学院征用南京雨花区石门坎乡政府所在地，面积15.152亩，作为实习工厂基地。

11月26日，学院向城乡建设环境保护部教育局报告（〔84〕南建院字第134号文），为挖掘办学潜力，支持地方经济建设，经与江苏、新疆等地9个地区（单位）协商，确定1985年为江苏、新疆等地代培学生407名（本科生66名、专科生341名）。

为营造科研氛围，交流科研成果，学院举办首届科学报告会。11月23日举行开幕式，江苏省人大常委会副主任、南京大学名誉校长、著名教育家匡亚明，中科院学部委员、江苏省政协主席、南京工学院名誉院长钱钟韩出席并讲话。开幕式后共进行了30场次报告，宣讲论文112篇。12月10日，历时18天的首届科学报告会结束。之后，学院每年11月举办科学报告会。

12月3日，城乡建设环境保护部发布〔84〕城教字789号文，同意学院协助南通市举办南京建筑工程学院南通分院，属专科学校，由南通市领导。

1984年底组建经济管理系。

1984年全年引进教职工161名。至1984年底，教师343人，其中，正副教授16人，讲师163人，助教50人。

自1981至1984年，投入事业费773.65万元，基建费854.6万元，教学设备费221万元。

1985年1月18日，城乡建设环境保护部发布〔85〕城教字18号批复学院教育事业发展规划"五定"方案：1990年前，继续采取有力措施，进一步提高教育质量，培养质量较好的本科生、专科生；在主要办好本科的同时，应积极办好建筑职业教育中心，并创造条件争取1986年招收硕士研究生；在以教学为主的前提下，逐步开展科学研究，并注意使重点学科、专业形成特色；积极发展夜大、函授为主要形式的继续教育，适当承担城乡建设环境保护部系统专科及中专教师的培训任务。1990年前在校生规模2000人（含研究生60人及建筑职业教育中心），函授生720人，夜大生440人，委托代培生不超过400人。除继续办好现有的6个本、专科专业外，陆续开办建筑学等5个专业。教职工总数为1133人，其中包括科研编制100人，设计室50人。

2月9—10日，召开院首届教职工代表大会。林醒山院长作题为《在改革的实践中创新，为培养适应"三个面向"的人才多作贡献》的工作报告。

2月12日，为加快推进新征地的建设，成立石门坎筹备组。6月25日，下发〔85〕南建院字第76号通知，设立石门坎筹建处。

3月4日，学院建立第一个科研机构——建工系建筑工程研究室。

3月23日，城乡建设环境保护部〔85〕城党组字第18号通知，朱浩任中共南京建筑工程学院纪律检查委员会书记（副司局长级）。

1985年5月，党中央、国务院召开全国教育工作会议，颁布《中共中央关于教育体制改革的决定》，学院迅速行动，组织学习宣传、贯彻落实会议精神。

7月上旬，组建建筑系。

7月10日下午，举行第二届本科生毕业典礼。124名工民建专业毕业生中，有12人考取研究生（含1名出国研究生）。

8月19日，于3月2日开工建设的石门坎单身教工宿舍竣工验收，建筑面积2785m²。

为早日实现办学规模，为建设行业多培养人才，学院决定从1985年开始增加招生规模，将石门坎作为过渡教学点，新生入住一学年后迁回本部。

1985年暑期招生，新增建筑学专业，学制四年；水暖与通风专业，学制三年。建筑机械专业更名为起重运输与工程机械专业。招收代培生108人。开始招收工民建专业本科函授生。

10月15日，下发〔85〕南建院字第101号文，成立生产设备处，下设设备科、校办工厂、印刷厂。

12月10—13日，城乡建设环境保护部高教协作组委托哈尔滨建筑工程学院和本院主办的"提高教学质量"专题研讨会在学院举行。

1985年全年引进教职工94人。90多名教师参加各种进修提高。

1986年2月20日，学院下发《关于举办助教进修班的决定》，决定从1986年开始举办结构工程、机械工程、水文地质与工程地质、工程测量四个专业的进修班。17名35岁以下青年教师就读。

3月20日，城乡建设环境保护部周干峙副部长来学院视察工作。

3月22日，城乡建设环境保护部〔86〕城外字176号文批准，学院与联邦德国慕尼黑高专签署校际关系议定书（草案）。

5月7日，城乡建设环境保护部萧桐副部长在江苏期间来学院石门坎教学点察看。

6月30日，城乡建设环境保护部〔86〕城计字322号文，同意学院扩征石门坎土地8亩，经费自筹。

7月10日，城乡建设环境保护部党组下发〔86〕城干字第342号通知，郑宇任副院长。

7月10日，建筑面积15531m²的教学主楼竣工验收。教学主楼具有电化教学室、语音室、教室、实验室、图书馆等多种功能。投入使用后，学院有教学用房10407m²，实验用房7575m²，初步缓解了教学、实验用房紧张的压力。

1986年暑期招生，新增建筑电气专业，学制三年。招收5个本科专业、4个专科专业学生625人，其中代培生170人。

9月26日，城乡建设环境保护部杨慎副部长来学院听取基建工作情况汇报，并察看教学主楼和教工宿舍。

11月1日，党委决定成立学院学工组、体育军训教研室、财务处。

12月10—16日，城乡建设环境保护部、江苏省落实政策检查组对学院自十一届三中全会后8年来落实政策情况进行检查。

1986年，与南京工学院、河海大学联合培养研究生5名。

1987年3月18日，下发〔87〕南建党字第8号文，党委研究决定，原马列主义教研室改为社会科学部。

4月1日，城乡建设环境保护部《关于南京建筑工程学院"五定"修订方案的批复》（〔87〕城建教字第211号），强调发展速度应注意与基建进度相协调。

1987年暑期招生，新增物资管理专业，学制三年。招收工业与民用建筑专业师资班。新生进校后，在校生达2129人，提前实现2000人规模。本科生1281名，占学生总数的60%。

全日制学生达到规模后，学院在不断提高教学质量的前提下，将调整结构、提升层次、办出特色作为工作的重中之重。同时教职工人数也接近编制上限，调整结构、加强管理、提高效益问题也提上议事日程。

10月13日，学院下发〔87〕南建院字第107号，经党委研究决定，成立科研处，撤销科研科。

10月17—27日，城乡建设环境保护部教育局秦兰仪副局长等三人来学院调查、检查本科教育质量及教育改革工作。

12月25日，城乡建设环境保护部干部局郁锡麟局长受部领导委托来学院，向中层干部宣布城乡建设环境保护部党组〔87〕城干字第652号文，孙景武、宰金珉任副院长；党委书记陆锡书离职休养，党委副书记毛希球主持党委工作。

12月30日，参加南京市下关区五所村住宅小区开发建设的172套教工宿舍竣工，建筑面积10045m²。

1985—1987年，事业费投入881.7万元，基建费投入1391.4万元，教学设备投入171.63万元。

1988年1—2月，在机电系试点首批教师聘任，聘期半年。

1988年2月2日，最后一届中专毕业生（196人）毕业。

5月6日，江苏省教委高教局在学院召集驻模范马路地段七所高校研究联合开发科技服务活动。

6月23日，建设部下发〔88〕建人字第91号通知，孙景武任院长；林醒山不再担任院长职务，继续从事教学、科研工作。

9月10日，学院下发〔88〕南建院字第68号文，成立学工处，教务处高教研究室升为学院高教研究室（处级），院建筑设计研究室改为建筑设计研究院（处级）。

10月6日，召开教务扩大会议，党总支书记、系主任和相关部门负责人参加，各系通报专业调查情况，研究专业设置。

10月11日，建设部〔88〕建人字第278号通知，任命朱浩为副院长；中共建设部直属机关委员会下发〔88〕建党办字第18号通知，郑宇增补为南京建筑工程学院党委委员、兼任党委副书记。

10月22—24日，建设部副部长叶如棠来学院检查工作，为学院题词："严格管理，确保质量，注重效益，稳步提高。"

10月30日，江苏省教委下发〔88〕苏教人107号文，批准学院成立技术开发部。技术开发部为学院开发新技术、新产品服务的平台。

1988年，学院进行7次职称评审，高级职称33人、中级职称59人、初级职称81人通过评审。

根据国家教委"整顿高校秩序，加强对学生的管理"通知精神，学院把加强对学生的管理作为1988年下半年的工作重点，抓基础文明建设，整顿校园秩序，抓考风考纪。从制度建设入手推动学风建设。

1989年3月4日，学院召开教职工大会，强调教师要为人师表，发挥教书育人的主导作用；各级干部、职工是教书育人的组织者和管理者，做好教书育人和服务育人工作。狠抓教风与学风建设，从严施教，从严治学。加强校园管理，调整校园布局，达到校园不大却宜人、条件不佳却整洁的境况。

3月31日，受建设部人才开发司委托，学院与苏州城建环保学院联合负责在华东六省一市进行建筑类专业调查。

5月10日，建设部周干峙副部长等来学院视察。

8月，4号学生宿舍竣工，建筑面积3580m²。学生食堂扩改建工程结束。校园布局调整第一期实现，一年级学生不再入住石门坎分部，为第二期将实习工厂、印刷厂按时搬迁、兴建运动场奠定了基础。

教师节前，建工系施工教研室金正芳老师获全国优秀教师称号。

9月，石门坎实习工厂厂房、配电房建成，建筑面积2027m²。

10月12日，成立成人教育部、监察审计处，将科研处与生产设备处合并为科研设备处。

10月17日，建设部干志坚副部长来学院察看基建工作。

10月19日，各系（部）分别召开教务会议，研究所属专业方向调整的意见。10月26日，各系（部）主任汇报专业调整意见。11月23日，分管副院长与机关相关部门人员研究专业调整，调整专业方向，拓宽专业面，提高社会适应性。

11月1日起，在全体学生中组织开展以贯彻落实《江苏省大学生行为准则》为主题的第一个"文明行为月"活动，清除课桌文学、文明就餐、义务劳动、美化宿舍。

首次职改工作自1986年开始，至1989年底结束。学院计有7人取得正教授任职资格，67人取得副教授或高级工程师任职资格，159人取得中级职务任职资格。

1990年2月14日，学院明确提出抓好"三风"（教风、学风、工作作风）建设，坚持"三育人"，形成举院一致的育人环境。"三风"首要的是机关工作作风。治理整顿教学秩序、工作秩序和生活秩序是全年的工作重点，借以提高和改进校风、校纪和校貌，优化育人环境。3月1日开始，全院师生开展"学雷锋树新风文明行为月"活动。

3月27日，学院下发〔90〕南建人字第9号通知，成立体育教研室，撤销体育军训教研室。

5月23—25日，建设部叶如棠副部长等来学院检查工作。在检查学生宿舍时，为学生题词："自己动手，创造文明环境，培养自立精神"。

1990年暑期招生，新增建筑设备安装专业，学制两年。

10月8日，第三次"文明行为月"活动开始，教职员工以"三育人"，提高教育质量为主要内容；学生以贯彻执行"大学生行为准则"，提高学习质量为主要内容。

10月底，在院内兴建的300m跑道运动场交付使用，结束了长达15年没有运动场的历史。11月16—17日，学院在自己的运动场上举行第十届运动会。

至1990年10月30日，教职员工总数887人。其中，专任教师353人，教辅人员126人，行政人员174人，工勤人员135人，其他附设机构人员99人。全日制在校生1830人。其中，本科生1255人，专科生575人。非全日制在校生320人。其中，函授生170人，夜大生150人。藏书量28万册，期刊7235本，资料6635份。占地面积148.6亩。校舍总建筑面积80614m²。其中，办公用房6004m²，教学用房

7526m²，实验室用房8131m²，图书馆2010m²，学生宿舍14130m²，教工宿舍34830m²。

353名专任教师中，教授9人，副教授60人，讲师173人，助教91人，教员20人。

共有11个专业。其中，本科专业5个：工业与民用建筑、起重运输与工程机械、工程地质与水文地质、工程测量、建筑学。专科专业6个：城镇建设、水暖与通风、建筑经济管理、建筑电气技术、建筑物资管理、建筑设备安装。

11月12—14日，建设部部属高校学风检查组来学院检查学风建设。认为学院学风建设克服了许多困难，做了大量细致的工作。学生的学习风气、学习和生活纪律均有明显好转，而且提高的幅度较大，成绩显著。

12月18日，学院举行首届函授生（32名）毕业典礼。

12月30日，经江苏省科技进步奖评委会评定，机电系茅承钧、孙伟、殷晨波、刘海教、蔡宁跃等承担的《建筑机械动力设计分析研究》获1989年度省科技进步二等奖，该课题的研究接近国外先进水平，在国内属于首创。

1991年1月17—19日，召开第二次党员大会。主持工作的党委副书记毛希球作了题为《加强党的建设，坚持社会主义办学方向，为培养社会主义需要的合格人才而努力奋斗》的报告。大会确定今后一个时期的发展目标是：认真贯彻党的路线方针政策，坚持社会主义办学方向，把德育放在首位，以加强党的建设为重点，以教学科研为中心，以培养合格人才为标准，以深化改革为动力，大力开展思想政治工作，不断提高教育质量，积极推进学院发展，使学院逐步走上提高质量和充实内涵为主的稳步发展的轨道。大会选举产生第二届党委和第二届纪委。

1月24日，省委高校工委苏委高〔91〕16号批复，毛希球为学院第二届党委书记，孙景武、郑宇为副书记，郑宇为第二届纪律检查委员会书记。

4月1日起，开展第四个"文明行为月"活动。通过学雷锋、学焦裕禄，以贯彻《大学生行为准则》，提高责任感、事业心和职业道德为中心抓"三风"。

5月12日—13日，召开校友科技信息交流会，来自全国各省市区的90余名校友代表参加了会议。期间，举办了学术报告会、座谈会、优秀校友报告会。

5月25日，学院下发〔91〕南建办字第8号文，颁布《南京建筑工程学院教育事业十年规划和"八五"计划》。今后十年发展以"坚持方向，深化改革，充实内涵，提高质量"为指导思想。今后十年学院发展不在规模和层次上，而在质量和内涵上。经过十年的努力，使学院成为教学质量较高、内在素质较好，以建筑工程为主干，学科配套齐全的建筑类高等院校。为使所培养的人才满足社会主义建设的需要，必须坚持全面发展的方针。对本科专业要加强基础、拓宽专业、注重实践、着重在能力的培养上，贯彻因材施教的方针，使优秀人才能脱颖而出。对专科专业应加强专业基础，注重技艺训练。提高适应社会需求的能力。将引进慕尼黑应用技术大学的办学模式，以培养应用型人才为方向，逐步形成特色。

上半年，被省级机关长期占用的教一、二楼已全部收回。

1991年暑期招生，新增供热通风与空调工程专业，学制四年。专科恢复学习期限为3年。建筑设备安装专业改名机械设备安装专业，建筑经济管理专业改名建筑施工管理专业。

10月22日，〔91〕南建党字第17号发文，经党委扩大会议讨论研究，并报上级同意，决定将"团结、严谨、求实、创新"作为学院的校训，以激励和规范校风建设。

通过前几年的工作，学院逐步加深了对校风建设重要性的认识，并把这一工作作为长期性、根本性的工作认真抓好。通过几年来的努力，逐步形成了"三风"建设一起抓，以学风为突破口，教风、工作作风带学风；以"文明行为月"为基础，重点抓和反复抓相结合；以思想教育为先导，耐心教育和严格管理相结合的校风建设体系。1992年1月10日，江苏省教育委员会授予学院"1991年高校校风建设成绩显著单位"。

1988—1991年，事业费投入1723.7万元，基建费投入842.8万元，教学设备投入146.69万元。

1992年3月12日，召开党委扩大会，讨论暖通、建机两专业按德国模式办学。

3月20日，南京地区部分高校大学生英语教学研讨会在学院举行。3月30—4月2日，建设部教育司在学院召开部属高校外语教学研讨会。

中央〔92〕2号文件下发后，学院于4月6日请江苏省委党校陈兆德副校长为全体党员和中层以上干部作辅导报告。4月15日、4月18日，分别召开系（部）处负责人、部分教师座谈会，听取贯彻意见。

4月30日，建设部干志坚副部长来学院视察。

5月9日，建设部侯捷部长来学院，听取学院情况汇报，与机关部分中层干部见面。

5月11日，党委决定，体育教研室为副处级机构。11月29日，将体育教研室更名为体育部。

5月，青年公寓竣工，建筑面积6200m²。

6月20日，学院1990级本科生参加英语四、六级统考，本科1990级英语四级一次通过率达到41％，其中41901班达到65％。

7月11日，学院召开中层以上干部会，建设部周干峙副部长宣布建设部党组建党〔1992〕55号对学院领导班子调整的决定：任命马天鑑为党委书记，张庙康为副院长，免去毛希球党委书记职务，改任正司局长级调研员。

1992年暑期招生，建筑施工管理专业改名为建筑工程管理专业。

8月30日和9月7日，学院部署工作，提出要加快改革步伐，提高办学质量和效益，主动适应经济社会发展需要，用改革的精神来落实工作，把学院的整体水平推上新台阶。

8月，江苏省公布首次优秀青年教师评选结果，黄士钧、刘伟庆获"优秀青年教师"称号。

9月1日，学院下发《关于青年教师（干部）社会实践的若干规定》（〔92〕南建人字第23号）。

9月2日，成立学院内部管理体制改革小组，根据学院内部管理体制改革的总体思路，起草人事制度、分配制度的具体实施方案。

9月10日，学生宿舍3号楼公寓化管理改造工程完成。

10月12—11月14日，开展第六个"文明行为月"活动，以抓工作作风带教风和学风，推进学院改革和发展为主要内容。

10月20日，党委召开扩大会议，学习党的十四大报告，强调用建设有中国特色的社会主义理论统一思想，抓住机遇，深化改革，使学院工作再上新台阶。

学院设立科技进步奖。11月3日，首次评审，评出二等奖1名、三等奖4名。

勘测系高国瑞教授研究的题为《黄土湿陷变形的结构理论》项目，荣获1991年江苏省科技进步二等奖。

人事部下发《关于享受1992年政府特殊津贴人选审批通知》（人专发〔1992〕22号），胡松林、李志浩、吕子华、张庙康、孙景武、林醒山6位专家、学者被批准获得享受自然科学50元档政府特殊津贴。

1993年2月12日，学院第五次院务会议研究决定，成立学院经济委员会。经济委员会为计划外收入及分配工作的决策机构，对院务会议负责。

3月18日，院党委决定，成立学生工作部，与学生工作处一套机构两块牌子。

3月27日，建设部叶如棠副部长来学院进行工作视察，在学院中层机构负责人会议上作了重要讲话。学院党政迅速传达讲话精神，层层发动，号召各级干部、全体党员和教职员工团结奋斗、真抓实干、开拓进取，在今后九年的关键时期内上规模、上水平、上层次（简称"三上"），把学院办成具有特色的都市型建筑类院校。

4月8日，学院党委会议研究决定，按照教学、科研、创收、基建开发、后勤保障、党建和思想政治工作6个方面，分别研究制定"三上"具体方案，在此基础上，汇总和修订学院"八五"计划，形成总体目标，以实施全院目标管理。

4月，建设部下发建人〔1993〕277号文，批准学院成立成人教育学院，撤销成人教育部。

5月15日，在江苏省检查工作的建设部侯捷部长来学院视察工作。

6月1日，建设部党组下发建党〔1993〕23号通知，李建生任学院党委副书记。

1993年学院决定以英语四级统考为切入口，全面促进教学质量的提高。91级本科生参加四级统考，通过率68.4%，优秀率达10%，建工系21911班通过率87.5%。

7月10日，学院申报硕士学位授予单位和结构工程、岩土工程、工程机械3个硕士学位授权点，经建设部审核同意并转国家教委。

7月13日，建设部党组批准同意学院内部体制管理改革方案。学院决定从9月1日起实行改革方案。按照聘任条件和要求，全院除总务处、建筑设计研究院、实习工厂等单位外，受聘教职工691人，缓聘32人，未聘11人。

7月21日，建设部党组下发建党〔1993〕31号文，经部党组会议研究决定，李建生兼任副院长。

1993年暑期招生，新增房地产开发与经济管理专业，学制四年；给水排水专业，学制三年；设备安装工程管理专业，学制三年。城镇建设专业改名为城镇规划与建设专业，机械设备安装专业改名为工业设备安装专业，建筑物资管理专业改名为物资管理与营销专业。

9月4日，新五幢高层教工住宅楼举行开工仪式。该项目系学院出地，校外单位出资，计划建20层，建筑面积16000m²，学院得房8000m²。最终建成时，增加两层，归出资方。与此同时，另两项合建项目在洽谈之中。

9月初，自筹资金202.68万元建造的培训楼竣工，建筑面积3170m²。

9月10日，建设部毛如柏副部长来学院视察工作。

半年内，3位部领导来到学院视察，并作出重要指示，师生员工精神振奋，信心倍增，全院上下下定决心抓住机遇，加快发展。

根据部领导的指示，院党委多次开会进行研究，并决定：1）重新明确办学的路子和方向，不等不靠，解放思想，发挥优势，千方百计把学院搞上去。2）要办好就必须坚持"三上"，即上规模——1996年在校生达2500人，成人教育1000人，当量人数3000人，2000年当量人数达到3500人；上层次——争取硕士点授予单位，先争办结构工程、工程机械、岩土工程3个专业11个方向，20世纪末，争取达到6~8个专业；上质量——争取本科质量达到国内较好水平。3）动员力量，挖掘潜力，增强信心，一定要把学院办好。4）借助社会力量，争取多方支持，发挥地域优势，解决经费来源，促进学院发展。

10月6日，中国建设教育协会成人高教委员会1993年年会在我院召开，就建筑类高校成人教育如何适应社会主义市场经济的要求和开考建筑经济管理自学考试进行讨论。

10月11日，第七次"文明行为月"活动开始。这次"文明行为月"活动到12月10日结束，历时两个月。

10月16日，江苏省高校教材会议在学院召开。10月20—21日，我院接受江苏省教委高校教材工作评估，顺利通过。12月份召开的江苏省高校教材工作年会上，学院教材工作受到表彰。

12月4日，召开规划座谈会，研究学院总体规划调整方案及合作建房规划。建设部及省、市有关部门负责人应邀出席。学院领导班子全体成员参加。

1993年，加强有组织的创收，全年毛收入613.4万元。培训中级岗位人员近3000人，颁发结业证书2199人。

1994年1月5—7日，召开学院第三届教代会，院长孙景武作了题为《抓住机遇，加快发展，为实现"三上"目标而努力奋斗》的工作报告。

2月，接建设部通知，学院6人获准享受1993年批准的政府特殊津贴。孙景武享受100元档政府特殊津贴（原享受50元），宰金珉、高国瑞、侯昶、蒋桐、关建适5人享受50元档政府特殊津贴。至此，学院有11人享受政府特殊津贴。

3月26日，设立计算中心，为系（部）级教学、科研机构，以加强计算机教学。

3月26日，成立城市建设工程系筹备组。6月27日，学院下发〔94〕南建组字第32号通知，成立城市建设工程系。

学院决定从1994年起建立选拔和培养优秀青年骨干教师制度，每两年选拔一次。5月6日，评选出首批10名优秀青年骨干教师，由学院青年教师工作领导小组实施宏观管理。6月1日，学院党委党校举办的为期两周的青年骨干教师培训班开学。

5月10日，建设部毛如柏副部长视察学院。

5月20—6月10日，学院进行民主评议党员工作。在民主评议党员的基础上，6月13—16日，党委召开党建和思想政治工作经验交流会，旨在加强党的建设，加强和改进思想政治工作，为实现"三上"目标提供有力的思想组织保证和良好的舆论环境。

6月8日，学院通过江苏省学士学位管理工作评估。

336

为推动科研工作的开展，成立反映学科特点的研究机构，6月20日，学院成立工程勘察研究所、机械工程研究所、工程应用科学研究所、建筑工程研究所、城市规划研究所、建筑工程与房地产经济研究所、设备工程研究所7个系管研究所，各研究所的行政管理分别归相关系（部），科研业务管理归科研设备处，暂不设专职科研编制。

6月，学院468名本科生参加了全国大学英语四级统考，取得了比较突出的成绩。1992级本科英语四级通过率达到87.5%，比1991级的68.6%提高了19个百分点，超过全国重点高校平均通过率13.7个百分点，进入全国优秀行列。3年向前跨了3大步。建工系21921班通过率100%，21924班通过率97%。

1994年暑期招生，新增管理工程、电气技术专业，学制四年；会计学、市场营销专业，学制二年。建筑学专业学制改为五年。物资管理与营销专业改名为物资管理专业，水文地质与工程地质专业改名为岩土工程专业，起重运输与工程机械专业改名为机械设计及制造专业，工业与民用建筑工程专业改名为建筑工程专业，给水排水专业改名为给水排水工程专业，工程测量专业改名为测量工程专业。

至此，学院有9个本科专业，6个专科专业。

在江苏省录取的新生中，最高分为647分，超过分数线近100分，最低分为572分，平均为583.5分，高出江苏省重点院校分数线3.5分。

9月8日，学院下发〔94〕南建组字第39号通知，改社会科学部为社会科学系。

1994年9月，3号学生宿舍楼加层，建筑面积1102m²。1号学生宿舍楼扩建（0号楼）600m²。

10月10日，全日制在校生2424人（其中本科1621人、专科803人）。成人教育在籍学生已达千人，提前完成"三上"目标任务。

10月22日，学院第八次"文明行为月"活动开始，至11月底结束。这次"文明行为月"，加强了领导环节、宣传发动环节、检查环节、评比环节。

11月3日，全国建筑物诊断、加固、改造与维修学术讨论会于10月30—11月3日在学院召开。来自全国26个省、市的150余名专家教授出席会议。

11月21—23日，建设部直属单位专家管理与职称改革工作座谈会在学院召开。参加会议的单位有14家。

11月29日，宰金珉、蒋桐两位教授，被聘为东南大学兼职教授。

12月14—15日，学院召开教学工作会议，提高对教学工作是学院经常性中心工作地位的认识，在深化教学改革、增加教学投入、改善教学条件的同时，要增加领导和教师的精力投入。

1994年，基建全年实际完成1108万元（其中，国家计划拨款180万元，自筹808万元，超额120万元）。全年创收总产值近1000万元，上交学院160万元。各种培训2500人次。

1992—1994年，事业费拨款2430.8万元，自筹425万元；基建费拨款655万元，自筹1458万元；教学设备投入234.61万元。

1995年3月1日，建设部党组下发建党〔1995〕25号通知，决定宰金珉任院长兼党委副书记，严世富任南京建筑工程学院副院长。

3月31日，宰金珉院长代表党政领导班子向全体教职工布置年度工作，要在"抓住机遇、深化改革、扩大开放、促进发展、保持稳定"总方针下，继续围绕"三上"目标，进一步确立以深化改革、促进内涵建设求发展的基本思路，以教学和科研工作为中心，以提高教育教学质量和办学效益为目标，以强化管理为手段，把工作重点放在深化教育教学和管理体制改革、改善办学条件、全面提高教育质量、办出自身特色上面。

3月，学生浴室竣工，建筑面积582m²。

4月21日，学院下发〔95〕南建办字第11号通知，成立学院规划建设委员会，以加强学院长远规划和建设工作。5月9日，学院规划建设委员会着手校园规划方案的研究与设计和综合实验楼、图书馆的定位。

4月25—28日，建设部直属高校财务工作研讨会暨中国建设会计学会预算会计学术委员会（高校分会）首届年会在学院召开。会议就高校财会体系、后勤承包机制和校办产业财务管理模式等进行研讨和交流。

5月4日，学院召开教学评价工作会议，针对国家教委颁发的《高等工业学校教学工作评价方案》指标体系，研究进一步提高管理水平，使学院的教育质量上一个新台阶。院长宰金珉做动员报告，指出评价不仅仅是对教学工作，而是对全院各方面工作的评价，要以评价为契机，抓住机遇，加快发展。教务处详细介绍教学评价工作的基本思路。科技处模拟填写硕士点申请表，寻找差距，促进学科建设，人事处就师资队伍建设、培养学科带头人等提出意见和要求。院长助理孙伟民部署教学评价工作。党委书记马天鑑对具体落实提出要求。

5月5日，学院颁发《关于教师队伍建设工作的意见》（〔95〕南建人字第25号）。

5月26—30日，建设部直属高校成人教育工作会议在学院召开。会议主题是推动部属高校成人教育事业的发展，为部属高校成人教育的评估工作做好准备。

1995年暑期招生，新增电气技术，物资管理专业，学制四年；建筑室内外装潢专业，学制三年。

招生总人数701人，其中本科生523人，专科生178人。录取考生第一志愿共692人，占招生总数的98.72%。在江苏，本科生平均录取成绩为580分，超过江苏省一批本科线15分。

9月20日，学院下发《南京建工学院教职工津贴实施办法（试行）》（〔95〕南建人字第48号），津贴分配向教学一线倾斜。

10月14日，举行办学80周年、建院15周年庆祝活动。600多名校友参加庆祝活动。

11月7—10日，全国建设系统高校政研会95年会在学院召开，来自全国20个省市的23所高校代表60人参加了会议。

12月5日，教代会主席团召开会议，讨论通过《南京建筑工程学院改革与发展"九五"计划和2010年远景规划（草案）》。规划提出的总目标是，三年达标，五年创优，十五年建成一流建工学院。到2010年，把学院建成一个教学质量高、办学效益好，以土木建筑工程为主干，工程、经济、管理、人文相结合的一流建工学院；并成为土木建筑类成人教育中心和江苏省土木工程应用技术开发研究中心，使学院成为适应社会主义建设需要的开放式、社会化、都市型、优质高效的新型高等工科院校。"九五"目标为：全日制在校生达3000人（含走读生500人），成人教育在校生2000人；

1997年通过本科教学工作评价；建筑工程（工业与民用建筑工程）、建筑学两个专业通过评估；继续申办3～5个硕士点，独立招收研究生。培养应用型、复合型人才。

至1995年底，382名专任教师中，有教授20人、副教授72人、讲师173人。

1995年度，成立院系两级专门工作小组，具体负责硕士点授权单位和三个硕士点申报准备工作。以硕士点申报，推动重点学科建设，加强三个重点学科建设，设备经费重点投向三所一室。添置各种科研设备176.2万元，设备固定资产上升到1343.3万元。对照申报硕士点要求，加强学术梯队建设，初步建立起建工系、勘测系、机电系学术梯队。为鼓励教师科研，修订《科研奖励条例》。科研合同额90.6万元，摆脱了多年一直在20万元左右徘徊的局面。

1995年度，创收总产值1600万元，上交学院近400万元。

1995年度，基建完成投资1519万元，其中自筹资金1307万元，新增建筑面积10150m²。高校教师新村3000m²进入前期阶段，内部集资建设综合实验楼进入准备工作阶段。

1996年3月14—16日，学院召开第三届教代会第二次全会。会议期间，全体代表和全院教职工听取了宰金珉院长所作的题为《团结拼搏，负重奋进，为实现"三年达标、五年创优、十五年建成一流建工学院"而奋斗》的报告。

3月31—4月3日，全国高等学校给水排水工程学科专业指导委员会专科指导小组会议在学院召开。

4月2日，学院成立第一个跨系研究所，由勘测系和建工系联合成立"岩土工程研究所"，挂靠勘测系。

4月5日，建设部叶如棠副部长来学院视察。

4月30日，向建设部申请在1997年上半年接受本科教学工作评价。成立教学建设与评价领导小组，准备工作正式启动。同时，成立校风建设领导小组。9月9日，国家教委下发高教司〔1996〕108号通知，确定南京建筑工程学院为第二批本科教学工作合格评价的64所普通高校之一。

5月24日，学院跨系、跨学科的建筑物智能化研究所正式挂牌并召开成立大会。

5月30日，江苏省智能建筑专业委员会在学院成立。学院为主任委员单位。

1996年暑期招生，新增工业设备安装、给水排水工程专业，学制四年。

1996年本科实行招生"并轨"改革，招收新生724人。新生入学后，全日制在校生达2523人。

10月8—11日，建设系统高校学报研究会1996年年会在学院召开，建设系统14所高校参加会议。

10月27—30日，全国建设系统高校后勤管理研究会1996年年会在学院召开，来自全国16个省、市19所高校共57名代表参加会议。

11月1—5日，江苏省教委函授夜大学评估验收专家组来学院进行检查和验收，一致建议评估结果为优良。

11月22日，建设部谭庆琏副部长、中纪委驻部纪检组郑坤生组长、建设部总工程师姚兵来学院视察工作。

11月25日，学院召开第三次本科教学工作会议，排定迎评促建（改）工作日程。

12月3日，建设部党组下发建党〔1996〕94号通知，李建生任党委书记，严世富兼任纪委书记，孙伟民任副院长，吴建华任党委副书记兼副院长。

12月5日，建设部毛如柏副部长来学院，与新任领导班子成员谈话。

1996年，与外校联合培养的3名博士研究生、8名硕士研究生毕业。

1997年是关键之年，"两评一申"（本科教学工作评价、校风建设评估、申报硕士点）进入冲刺阶段，全院上下坚持"以评促建，以评促改，评建结合，重在建设"，以志在必得的信心和决心，投身于"两评一申"工作之中。

1997年1月2日，建设部下发建教函〔1997〕1号，同意《南京建筑工程学院教育事业"九五"计划和2010年远景目标》。

1997年1月15日，"两评"整改动员大会隆重召开。

3月3日，将石门坎分部更名为石门坎产学研基地。

3月20—25日，召开全院教职工教学工作会议，旨在加强教学工作，深化教学改革，进一步贯彻落实国家教委《高等工业学校本科教学工作评价方案》精神，明确办学思想和教学工作的中心地位，推动"两评"工作的深入开展。会议进一步明确了现阶段办学指导思想，"坚持立足江苏、服务建设、质量第一的办学方针；发扬团结奉献、求实创新、负重奋进的创业精神；培养素质精良、勤奋务实、面向基层的高级专门人才；创建开放式、社会化、都市型的一流建工学院。"

3月，人事部《关于批准第七批有突出贡献中青年科学技术、管理专家人选的通知》，陈国兴研究员被评为1996年度国家级有突出贡献中青年专家。

4月4日，江苏省非学历教育评估专家组对学院进行非学历教育评估，评定学院非学历教育等级为优良。

4月18日，张庙康教授牵头与南京航空大学胡海岩教授联合申请的项目，经中美双方专家评审，技术咨询委员会（TAC）正式批准，获得5万美元的资助。

4月18日，宰金珉教授被重庆建筑大学遴选为博士生指导教师。

4月21—22日，建设部直属高校编制核定工作会议在学院召开。

5月19—23日，建设部人事教育劳动司李竹成副司长率专家组一行9人来学院指导教学和评建工作。

6月10日，学院下发《关于加强南京建筑工程学院本科教学工作的意见》（〔97〕南建办字第23号）。

为改善教师队伍学历结构，学院与哈尔滨建筑大学联合举办同等学力申请硕士学位的研究生班，6月13日在学院举行开学典礼，37名教师参加学习。另有21人参加江苏省教委举办的高校教师进修班学习。

6月25—27日，学院召开第三次党员代表大会。党委书记李建生作了题为《同心同德，开拓进取，为实现"九五"计划提出的目标而努力奋斗》的报告。报告指出，为了实现"三步走"的总目标，今后四年，学院要在硬件建设、教学质量和办学效益方面达标创优，各项指标进入全国同类院校先进行列，为学院在21世纪的发展奠定坚实的基础。大会选举产生第三届党委和纪委。

1997年暑期招生，新增建筑工程（涉外），学制四年。招生730人，是实行本、专科全面并轨的第一年。

9月4—8日，党委召开全委扩大会议，落实各级党组织及全体党员在"两评"工作中的责任。

在评建过程中，学院开展教育思想大讨论。9月23—29日，党委党校举办教育思想研讨班，先在部分干部、教授中开展教育思想的研讨，以推动全院加强质量意识、加强素质教育为中心的教育思想大讨论。

9月，宰金珉教授被确定为江苏省"333跨世纪学术、技术带头人培养工程"第二层次培养对象，孙伟民、刘伟庆、刘郁馨、陈国兴4人被确定为江苏省"333跨世纪学术、技术带头人培养工程"第三层次培养对象。

10月16—18日，建设部直属院校第三次校办产业工作会在学院召开。

10月21—23日，江苏省教委校风建设评估专家组一行12人在江苏省教委副主任葛锁网带领下进驻学院，对学院校风建设进行合格评估。建设部人教司副司长李竹成专程参加评估。江苏省教委下发苏教德〔1997〕43号文，学院成为第五批江苏省高校校风建设达标单位。

11月9—14日，国家教委本科教学评价专家组一行10人，对学院本科教学工作进行了实地评价。11月14日，建设部副部长叶如棠、江苏省常务副省长季允石、江苏省政府副秘书长王斌泰、建设部计财司司长张耀儒、建设部人教司副司长李竹成、江苏省教委副主任葛锁网、江苏省建委主任颜伟等来学院听取国家教委专家组反馈意见，并参加学院新图书馆奠基仪式。

1997年，学院本着"突出重点，全面反映硕士点授权单位整体水平"的原则，确定申报建筑学、结构工程、岩土工程、测量工程、机械工程等五个硕士点。

在"两评一申"进程中，通过深入发动和广泛宣传，全院师生确立起爱家意识，把个人的生存与发展和学院的前途命运紧密结合起来，上下一心，干群一致，"爱我南建工，拼搏做奉献"。

1995—1997年，事业费拨款3815万元，自筹1023.9万元，基建费拨款682万元，自筹2917万元，教学设备费433.2万元。

1998年1月17日，学院召开第三届教代会第三次会议，院长宰金珉作题为"深化改革，促进发展，同心同德，开拓前进"的工作报告。报告强调要巩固"两评"阶段性成果，深化教学改革，不折不扣完成整改计划，做好专业评估的准备工作，加强硬件建设，加快推进各项改革，提高办学效益，认真研究和对待建设和发展过程中出现的新情况新问题，坚定不移地抓好各项工作。

2月23日，学院下发《关于我院部分教学机构名称变更的通知》（〔98〕南建人字第1号），部分教学机构的名称为：勘测工程系（原勘测系）、机电工程系（原机电系）、管理工程系（原经济管理系）、城市建设系（原城市建设工程系）、基础科学部（原基础课部）。

3月3—6日，建设部系统1997年基建企业财务决算会议在学院召开。

3月6日，院系无偿集资建设的综合实验楼举行落成竣工典礼。该项目于1997年4月28日开工，建筑面积7316m²。为了学院的生存和发展，院系投入980万元用于建设实验楼，以改善实验条件。

4月10日，宰金珉教授与中国建筑科学研究院合作研究课题《带裙房高层建筑地基基础与上部结构共同工作计算方法》，获1997年度建设部科技进步一等奖。孙景武教授主持的科研课题《长螺旋钻孔机参数研究及应用》，获1997年度建设部科技进步二等奖。

5月22日，学院收到教育部《关于公布沈阳大学等高等学校本科教学工作评价结论的通知》（教高〔1998〕3号），学院通过本科教学工作合格评价。

5月26日，江苏省教委公布了第五批江苏省高校校风建设达标单位，学院被列入八所达标单位之一。

5月27—28日，由江苏省委教育工委组织的党委工作评价专家组对学院党委工作进行了评估。9月，公布结果，学院党委通过评估。

6月22日，按照"资源共享、优势互补、促进发展、共同提高"的原则，新模范马路高校群合作办学协议书签字仪式在中国药科大学举行，南京化工大学、中国药科大学、南京铁道医学院、南京经济学院、南京邮电学院、南京机械高等专科学校、南京建筑工程学院等七校将在教学、科技、学生、后勤管理方面进行合作。协议签订后，七校在学生选课、就业信息共享、后勤采购、重点实验室开放方面迈出实质性的步子。

为拓宽专业口径，充分利用人力资源和物力资源，与新的专业目录接轨，6月26日，学院决定撤销建筑工程系和勘测工程系，成立土木工程系。

7月5日，建设部部长俞正声等部领导来学院视察工作。

7月7日，国务院学位委员会《关于批准新增博士、硕士学位授予单位的通知》（学位〔1998〕46号文），学院被批准为硕士学位授予单位，岩土工程、结构工程专业获硕士学位授予权。

8月，经国家计委、财政部批准拨款的筒子楼、危房改造计划，由建设部下达学院财政拨款580万元，计划改造石门坎产学研基地单身宿舍、青年公寓和中村。

1998年暑期招生，建筑室内外装潢专业改名为建筑装潢专业。

学院根据建设部的要求，派出以副院长严世富为组长，建筑系主任、院办主任为副组长的灾后重建规划工作组，赴江西进行灾后重建规划设计。工作组由教师11人、学生15人组成，9月22日赶往江西都昌。10月3日，赴江西都昌灾后重建规划工作组返回。10月20日，向建设部人事教育司呈报《南京建筑工程学院赴赣灾后重建规划工作总结》。10月23日，学院召开党员大会，赴赣灾后重建规划工作组向大家作报告。10月30—31日，江西省都昌县建设局来学院请求灾后重建规划设计工作援助，经学院研究，继续对都昌县灾后重建的规划设计进行完善，立即对已完成的五个乡镇的总体规划进行修建性的详规。至11月12日，五个乡镇灾后重建规划设计任务顺利完成，该方案可安置灾民2788户、11980人。

10月12—16日，学院召开全委扩大会议，研究讨论深化学院改革和发展事宜。会议传达了全国及省有关会议精神，讨论《关于加快我院改革与发展有关问题的决定》（简称《决定》）。11月6日，学院召开党委全委会，讨论通过《决定》。11月11日，学院印发《决定》。

12月28日，中纪委驻建设部纪检组组长郑坤生来学院视察。

11月1日，第九个"文明行为月"活动开始，活动主题为端正学风，改进教风，净化考风，转变作风。

12月16—18日，建设部直属高等学校首次教育工作会在学院召开。

1999年1月8日，学院下发南建人〔1999〕1号文，设立研究生处，与科研设备处合署办公。

1月20日，江苏省公安厅在学院举行了授牌仪式，授予学院"安全文明校园"的称号。在江苏省教委、公安厅评比的安全文明校园活动中，学院被评为江苏省安全文明校园。

1月，青年公寓筒子楼改造工程竣工，增加建筑面积1002m²。

3月8日，建设部总工程师姚兵来学院检查工作。

3月20日，学院下发南建人〔1999〕37号通知，设立南京建筑工程学院职业技术学院，与成人教育学院合署办公。

3月，石门坎产学研基地教职工宿舍筒子楼改造竣工，增加建筑面积3062m²。此前参建的高教新村32套3000m²也已竣工。

为加强学科建设，优化教职工队伍结构，提高整体素质和办学水平，实现学院中长期发展目标，4月1日印发《南京建筑工程学院引进人才暂行办法》（南建人〔1999〕11号）。规定引进人才，必须以学科建设为依据，符合梯队建设要求，充分考虑职称结构、学历结构、年龄结构和学缘结构，对急需人才实行政策倾斜，10%左右的新建房和周转房用于引进人才。

学院地处闹市，校园偏小，发展一直受到制约，难以形成规模效益。几代人都曾谋求拓展理想的发展空间，但都未能如愿。1999年4月，学院获悉南京半导体元器件总厂位于南京市沧波门的老厂区可以租售。经过两个月的调查论证，6月2日，决定采取"租船出海、抢占滩头、扩展发展空间"的策略，采取征地与租赁形式，在沧波门建立新校区，并上报建设部立项。6月25日，党政主要领导到建设部向郑一军副部长汇报学院筹建沧波园新区情况，表达学院自力更生、不靠外援求发展的意愿。部领导同意学院租赁南京半导体元器件总厂办学的思路，指示学院要尽快签约，先租后买再征。6月29日，学院与南京半导体元器件总厂签订土地有偿征用与房地产租赁合同。与此同时，建设部下发《关于对南京建筑工程学院沧波门新校区征购土地的批复》（建综计〔1999〕60号），同意学院在南京半导体元器件总厂（沧波门地区厂区）内征购30亩土地，用于教学用房和学生宿舍的建设。

6月29日，成立沧波园校区管理委员会。

1999年暑期招生根据新的专业目录，招收土木工程专业（建筑工程、岩土工程并入），新增勘查技术与工程、投资经济专业，学制四年。电气工程专业改名电气工程与自动化专业，机械设计与制造专业改名为机械工程及自动化专业。1999年暑期招收全日制学生共1554人，是1998年的两倍。在校生规模达3769人（含研究生8人）。

9月初，学生公寓5号楼交付，建筑面积2750m²。

9月15日，经过60天的昼夜加班，沧波园校区107亩土地及原有20000m²建筑物改造工程顺利完成并通过验收。9月20—21日，550名新生顺利入住。

9月15日，学院首届硕士研究生开学典礼在院本部举行。

6月16—18日，中共中央、国务院召开第三次全国教育工作会议，颁发《中共中央国务院关于深化教育改革全面推进素质教育的决定》。江苏省在8月底召开全省教育工作会议，提出江苏省贯彻中央精神的24条意见，并推出江苏省教育现代化实施纲要（草案）33条。学院作出形势发生了重大变化的判断，提出要抓住机遇，加快工作，做好规划，搞好建设，把坚持加快发展，努力搞好建设，作为今后相当长一段时间的重要任务。

为适应经济社会发展需要，同时遵循高等教育规律，做到规模、质量、结构、效益协调发展，10月13日召开专业发展讨论动员会，提出学院发展要以学科、专业发展为龙头，院系尽快做出3～5年的学科、专业发展规划，充实内涵，加强建设，以此带动学院各项事业加快发展，全面提高。

10月19—20日，建设部京外直属单位调整劳资计划会议在学院召开。

11月1日，为期一个月的第十个"文明行为月"活动开始，主题为"努力提高教育质量，全面推进教育素质"。

11月16日，以省政协常委、副秘书长、教文委副主任任江平为组长的政协视察组一行10人来学院沧波园校区视察。11月25日，江苏省人大视察团省直一组徐燕等17名人大代表来学院沧波园校区视察。

11月18日，学院下发南建人〔1999〕38号通知，成立南京建筑工程学院（南湖校区）职业技术学院，负责南湖校区职业技术教育的组织和管理工作。11月22日，学院与南京建筑工程学校签署联合举办高等职业技术教育协议。建设部人教司李竹成司长参加签字仪式并发表讲话，希望学院在高等职业教育和中等职业教育的连接上做出成绩，并总结出新的做法。江苏省建委、教委、计经委领导参加签字仪式。

12月1日，德国莱比锡市市长Welfgang Tiefensee先生率市政府代表团一行25人来学院访问。宰金珉院长与莱比锡科技大学校长克劳斯·史太因博士（Klaus Sleinbock）签署两校合作协议。

12月，中村筒子楼、危房改造工程竣工，增加建筑面积9550m²。学院拿出86套作为新增房源有偿分配，269户住房得到调整，大幅度改善教师居住条件，为学院加快发展注入新动力。为引进高层次人才，学院预留部分房源。

1999年，结构工程、岩土工程被评为建设部重点学科，结构工程实验室被评为部级重点实验室。岩土工程学科梯队被评为江苏省优秀学科梯队，宰金珉被授予江苏省优秀学科带头人称号。

1999年，学院购买的月光广场安居房1000m²竣工。

2000年2月18日，国务院办公厅国办〔2000〕11号文件和教育部、国家计委、财政部《关于调整国务院部门（单位）所属学校管理体制和布局结构的实施意见》，学院划转江苏省管理。

划转后，学院确立"立足江苏、服务建设，在服务中取得支持，在贡献中取得地位"的工作方针，除了全方位、多形式、开放式办学外，还努力成为江苏省以至华东地区的专业技术人才培养和建筑技术研究与推广的重要基地，为地方经济建设贡献力量。

继续围绕"规模恰当、结构优化、布局合理、全面提高"长期发展目标，加强内涵建设，促进学院事业的长期发展。

按照"优化结构、突出重点、协调发展"的方针，修改并制定学科发展规划。在培养规格和办学层次上，坚持以本科为主，努力发展研究生教育，积极开拓相关专科、高职人才的培养，以教学为主，抓好科研。在办学类别上，以全日制为主，抓好非全日制教育；以学历教育为主，抓好非学历教育。在专业结构上，以建筑工程类专业为主干，适度发展人文社科类专业。

在校区布局上，本部3000名学生，以高年级为主，重点发展沧波园校区。

5月16日，建设部赵宝江副部长视察新校区。

2000年硕士点扩点，学院获批建筑设计及其理论专业硕士点。

7月13日，江苏省副省长王珉、省教育厅厅长王荣等来学院检查工作。

8月31日，校本部建筑面积11800m²的新图书馆落成，举行竣工典礼。新图书馆除满足藏、借、阅功能外，还设有综合活动室、计算中心，并有多个研究所迁入。图书馆工程桩基采用新技术，节省投资额100多万元。

2000年暑期招生，新增艺术设计、工商管理、环境工程、计算机科学与技术、地理信息系统专业，学制四年；工程造价、楼宇自动化专业，学制三年；供热通风与空调工程专业改名为建筑环境与设备工程专业。在全国20个省、市、自治区计划招收本科生1650人，高等职业教育计划招生300人。

至此，学院设置本科专业14个：建筑学、艺术设计、测绘工程、勘查技术与工程、土木工程、工商管理、建筑环境与设备、环境工程、给水排水工程、计算机科学技术、工程管理、电气工程与自动化、机械工程与自动化、地理信息系统。设置专科专业7个：建筑装饰与技术、工程造价、工业设备安装、房屋设备安装与管理、房屋营造与管理、汽车维修、楼宇自动化。设置硕士学位专业3个：结构工程、岩土工程、建筑设计与理论。

9月18日，成立计算机科学与技术系，与计算中心合署办公。

9月22日，沧波园校区教学主楼竣工剪彩。教学主楼为内庭院式建筑，建筑面积15800m²。

9月，沧波园校区3栋学生宿舍竣工，建筑面积12000m²；1栋教工宿舍竣工，建筑面积1500m²。改造面积达4400m²的学生食堂竣工。

10月9—10日，2000级新生入学报到，校本部报到177人，沧波园校区报到1620人，高职南湖校区报到142人。

2000年10月10日，教职工人数906人。其中，专任教师356人，教辅人员168人，行政人员128人，科研机构人员数14人，工勤人员45人，实习工厂114人，其他附设机构81人。硕士生29人。普通在校生4908人（普通本科生4273人，普通专科生635人）。成人在校生2035人（本科生503人，专科生1532人）。图书馆藏书336739册。固定资产7477.2461万元，教学科研仪器设备资产值2730万元。占地面积130732m²。校舍建筑面积170478m²。其中，办公用房3973.4m²，教学及辅助用房67808.3m²（教室36845.3m²，图书馆11800m²，实验室、实习场所及附属用房10213m²，学生宿舍教工住宅52292.87m²）。

10月21—22日，学院隆重举行办学85周年、建院20周年庆祝活动。校庆期间，举行图书馆开馆启用剪彩仪式。新图书馆开馆，结束了学院长期没有正规图书馆的历史。

12月，沧波园校区建筑面积13000m²的学生宿舍开工。校本部建筑面积5000m²的现代化教学中心开工。

2000年，投资近500万元建成校园网。

　　2000年，获得建设部和教育部科技进步一等奖各1项，教育部科技进步（推广）一等奖1项，结构工程实验室被遴选为江苏省重点实验室。

　　1998—2000年，事业费拨款6703.7万元，自筹7519.8万元；基建费拨款2400万元，自筹4413万元；教学设备费1683.1万元。

6.1.4　2000年以后的学校沿革

　　2001年5月19日，召开南京工业大学成立大会。经省政府和教育部批准，南京化工大学和南京建筑工程学院合并组建为南京工业大学。

　　2002年1月6日，南京工业大学党委常委会研究决定，整合原两校各学院和系部，组建19个二级学院（部）。两校原有的公共课和基础课教学、社会科学、机械、电学、计算机、艺术等学科合并，组建新学院（部）。原南京建筑工程学院的土木工程系更名为土木工程学院，建筑系更名为建筑与城市规划学院，经济管理系更名为管理科学与工程学院，城市建设系与原南京化工大学的安全学科组成城市建设与安全环境学院。

6.2　人才培养

6.2.1　1980年以前的人才培养

　　1915年下半年，同济德文医工学堂设机师科，培养中等机械技术人员，为较大的企业培养一批能讲德语，会制造机械设备，又能为中小企业介绍机械设备知识的人才。学制4年，采用半天课堂教学、半天工厂实习模式，每学期笔试一次。实习课培养学生实操本领。

　　机师科在1917年时，开设中文（同时讲授公民须知、簿记和商业学）、德文（同时讲授德文史地、工艺知识及欧洲商业）、算术、应用数学及几何、几何画及随手画、化学、物理（力学）、电气工程、机械学、机械画等课程。改为中等机械科后，增设了代数、三角、工艺画、工具学及工作机学、汽锅发动机、起重机及唧筒、商业学等17门课程。

　　1916年，教师6人，其中德籍4人，由工科教师兼任，贝仑子授工作母机、工艺学，德贵林授力学，厚恩授抽水机械学，米谢尔授机械画及工场学；中国教师2人，分别教授德文和中文。另有德籍技师3人指导工厂实习。学生70人。与工科共同使用实验室与机器等。

　　机师科在学堂形成的注重实际、注重培养学生自主研究能力的德式教育模式中成长。教材均采用德国工科原版教材。德语为第一外语。教师上课采用演讲式，着重讲清概念、规律等基本内容，重启发引导。有些教师联系个人实践经验，讲课更为生动实际。学堂在学习年限、课程设置方面，特别重视学生实习，更多地让学生自己动手。

　　1919年6月，举行机师科第一届毕业式，毕业生共12人。

　　1922年6月10日，办学宗旨明确为："教授工业应用之技能，培养成技师"。

1925年5月30日，机师科学生、共青团员尹景伊带领学校同学参加全市反帝示威，遭到英帝国主义镇压而英勇牺牲，年仅20岁，为"五卅"惨案十三烈士之一。

至1928年1月，机师科（中等机械科）毕业学生123人。

1933年8月1日，同济高职成立。学制三年。第一学年授课及实习皆为基本课目，其余两年授课及实习时间各半。

1933年后，选用的专业课教材或为翻译的德国教材，或为以德国教材为蓝本自行编印的教材。设有机械、土木等四个工场，制备部分直观教具，作为教学实习、实验之用。安排校外实习半年。在同时期的教育界中，独树一帜。

1935年5月，同济高职将学制延长一年，为四年毕业。以"授予青年较高深之生产知识与技能，以养成实际生产管理人才，并培养其向上研究之基础"为宗旨，参照德国工程教育标准，确定培养目标、课程设置和教学要求。

1933—1937年期间，教师队伍主要由两部分人构成：一部分为工学院教授兼任，一部分为同济大学毕业生留德归国者。他们专心致志教学，教学质量较高，此时所编讲义和部分公开出版的教材均成为全国职教蓝本。

1937年前的课程设置，一年级时，机械、土木两科均开设公民、国文、德文、物理、化学、数学、工程画、应用力学等11门课程；二年级时，机械科开设材料力学、工艺学、热力学、汽锅、机械原理、军训等12门课程，土木科开设材料力学、静力学、房屋构造、水利、铁道、测量等13门课程；三、四年级时，机械科开设工具机、蒸汽机、电工学、抽水机及压气机、起重机、工厂管理等13门课程，土木科开设房屋设计、基础工程、道路及城市、给水排水、桥梁、钢筋混凝土等13门课程。

对实习的安排，一年级时有锻工及热处理、木模工，二年级时有钳工、铸工，三年级时有机工、混凝土工、油漆工，四年级时有焊工、校外实习等。上列实习安排，对机械、土木两科有不同侧重。此外，土木科有测量实习。

内迁期间，校内实验实习受到很大影响，乃加强理论教学，以弥补实验实习不足的缺憾。

1949年8月17日召开的同济高职第一次校务委员会会议，决议改良教学，议定将学制改为三年，以适应国家目前建设之迫切需要。

9月4日，新生报到注册。招生82人，其中，机械科44人，土木科38人。1949年下半年在校生共184人。

1950年2月6—7日，召开师生代表大会，对学时、精简课程、教学计划、改善师生关系和新的教学观念等问题进行讨论，统一思想，制定计划。1950年3月新修订的课程体系以土木科为例：政治、国文、外国语、体育、物理、三角、大代数、解析几何、微积分、工程计算、工程画、应用力学、材料力学、水力学、房屋结构、房屋设计、结构设计、桥涵、水利、给水、排水、铁道、道路、普通测量、定线测量、工厂实习。第一个暑假实习内容为木工、墙工、混凝土工、模型工、钳工、锻工，共两个月。第二个暑假实习内容为简单测量一个月，地形测量大实习一个月。

1950年2月24日校务会议决定，成立教学委员会（8人组成：教导主任沈传良、机械科主任王蓉孙、土木科主任黄静安、实习工厂主任吴忠道、机械科教员徐世钰、土木科教员何祚丰、两科最高级学生各1人），作为常设机构，负责研究、改进教材内容、教学方法等重大决策，拟具计划，决定原则。将教务处扩改为教导处，与全体学生共同商量，设立各科年级（班）导师，建立导师会议制度。以上两项决定自本学年度第二学期开学起实施。

1950年增加春季招生。3月在校生215人，下半年在校生320人。

1950年12月，华东工业部接管后，学校进行教材建设工作。成立教材编审委员会，责令各专业科任课教师分工合作，着手整编历年教学用讲义，并根据政府颁布的教学法令，予以修改整理，精心绘制图表，誊缮清本，以便送交上级审阅核印。各科教材统称为"同济高工丛书"。

1951年10月，在校生451人。

1952年9月，机械、土木两科学生共17个班675人。

1952年秋季开学，华东干部子弟学校转来222名学生。

1952年开始学习苏联模式，变土木为厂房与民用建筑。

自改隶建筑工程部领导后，进行教学改革，明确各个专业的培养目标，订立各个专业的教学计划，编写有关课程的教学大纲与一部分教材，健全各种组织与制度，成立各学科委员会（后改为教研组）。

在此期间，先后代海陆空三军、森林工业部及江苏省建设厅培训技术干部；并为部先后举办制图、结构、理化、语文、数学（前后两次）、体育等师资培训班，培训了208名师资和干部。

1956年招收工民建12个班591人，测量4个班194人。

1956年，学校接收4名越南留学生培训任务。

1958年，落实教育与生产劳动相结合，培养学生劳动精神，至11月底，勤工俭学完成施工承包任务6700m²（6m高仓库3栋，2层楼房1栋，3层楼房2栋），测量专业为30个单位测量250km²。

1958年9月，学校共有5个专业，在校生1841人。

1961/1962学年第一学期起，硅酸盐专业学制由三年改为四年（1961年6月6日建设厅给教育厅的函，建人齐字第0265号）。

1962/1963学年第一学期部分专业学制四年，硅酸盐专业学生改读工业与民用建筑专业，改学习年限为四年。

1963年秋，招生4个专业160人（工业与民用建筑、建筑和筑路机械与装备、建筑测量、水文地质与工程地质），学制四年。1964年恢复给水排水专业招生。

1966年停止招生。

1973年10月3日，恢复招生，计划内招房屋建筑、建筑机械、测量3个专业新生226人，学制两年；计划外的短训班学员173人。

1974年7月，江苏省下达中专校招生计划，共招140人，其中国家职工30人，集体所有制职工40人，知识青年70人。房屋建筑2个班（其中1个为1年制训练班），建筑机械2个班。

1975年秋季招收1年制进修班，房屋施工36人，建筑机械修理40人。

1976年招收房屋建筑83人，建筑机械67人，城市测量27人，1977年3月入学。

1977年招收工业与民用建筑专业98人，建筑机械专业83人，1978年3月9日入学，学制三年。

1978年12月19日，学校向江苏省申请举办大专班。1979年1月，招收专科生工业与民用建筑专业119人，给水排水专业37人。

中华人民共和国成立以来，为国家输送了5824名毕业生（至1979年7月）。1953年以来，采取多种形式办学，举办物理、制图、化学、语文、数学、体育等师资班和培训班，以及农村建筑、砖瓦、地质、电工、建筑施工、定额等短训班36期，培训了1340名学员和专业技术干部。

6.2.2　1980—2000年的人才培养

1. 本专科生培养

1980年学校升格为本科院校，暑期招收工业与民用建筑工程、建筑机械、工程测量、水文地质与工程地质、给水排水等五个专业本科生306人。

学院以保证教学质量为重点，围绕抓好整顿教学秩序，提高课堂教学质量，加强实验室建设，做好行政管理等开展工作。认真整顿教学秩序，加强教学管理；在德智体全面发展思想指导下，重视课堂教学的质量；紧抓实验室建设，确保本科班实验按大纲如期开出。1981年秋季学期开学初，《关于加强教学管理建立正常教学秩序的若干意见》（〔81〕南建院字第28号）颁发，层层把关，促进教学秩序逐步趋于稳定。

1982年围绕思想品德领先、教学为主、体育为基础、培养学生德智体全面发展的方针，严格按本科大学生学士学位的四条标准，努力把教学质量抓上去，重点抓好课堂教学、实验实习、图书资料、阅览室、师资进修等工作。建立教师和教辅人员业务档案，制定教师和教辅人员业务考核办法，进一步搞好教师和教辅人员职称的评定工作。

1982年颁布9个教学管理文件，进一步规范教学的主要环节。3月10日，印发《关于试行南京建筑工程学院学生学籍管理暂行规定的通知》（〔82〕南建院字第14号）。4月15日印发《关于建立学生考勤制度实行评比记分暂行办法（讨论稿）》，对考勤内容、考勤办法、评分细则作出相应规定。5月15日，下发《关于印发"南京建筑工程学院仪器设备管理的试行办法"的通知》（〔82〕南建院字第43号）。7月1日，颁发了《关于试行实验室有关制度的通知》（〔82〕南建院字第58号）。9月10日，下发《关于兼课教师酬金的暂行办法》（〔82〕南建院字第70号）、《关于印发〈教研室职责〉和〈关于对教师搞好几个主要教学环节的要求〉》（〔82〕南建院字第71号）的通知。11月11日，颁发了《教务工作的暂行规定》（〔82〕南建院字第91号），对教师出差、调停课、排课程序、选修课、教学及生产实习、休（复）学及退学办理、考场纪律、监考人员职责、教材管理、接受进修及旁听生等方面作出相关规定。11月5日，颁发了〔82〕南建院字第89号文件，将《关于实验室对外开放管理试行办法》《学生实验守则》等下发给各系（部）、处、教研室及有关科室。

在运动场地只有两片篮球场和一条100m跑道这样极其困难的条件下，按照《国家体育锻炼标准》，想方设法开展群体和竞赛活动，达标率达到81.45%，超过江苏省高教局提出的70%的要求，在1982年9月份南京高校评比中获得第一名。

1983年开始，要求教师每学期期末出两份试卷并要求有标准答案。积极推进教学手段现代化，电化教学普遍用于建筑结构、地质、测量等课程，尤其是政治课，按教育部要求运用电视录像，达到充实第二课堂目的，是在南京市高校中唯一达到要求而且效果较好的院校。据不完全统计，全年共组织了8000人次收看14个学科的录像。

1984年是本科生培养完成第一次循环的一年，更是在原来基础上全面规划、迈开新步子的一年。1月，学院颁发《南京建筑工程学院本科毕业设计（论文）工作条例暂定规定》，对毕业设计（论文）目的要求、选题原则与类型、时间、指导教师、答辩、成绩评定、工作流程、经费等方面作出相应规定。根据学院教育事业发展规划，组织各系制定、修改和稳定各专业各年级的教学计划。组织1983级的数学课程和1982级的外语课程参加建设部统考，外语成绩名列第二。制定评价教学质量的标准，并对1980级本科学生学习质量进行分析。组织各系制定专业课教学大纲。继续抓好师资培训和师资队伍建设工作，制定1984—1990年教师培养规划，重点为前三年的规划，为学院1986年招收研究生做好准备。

9月，学院下发《关于班主任工作的若干决定》（〔84〕南建党字第51号）。文件规定，班主任是学院党政派往班级进行工作的全权代表，是全班学生的组织者和领导者。中青年教师原则上要担任一届班主任，任期二年左右。

10月，学院印发《南京建筑工程学院教师工作规范》（〔84〕南建院字第114号）和《南京建筑工程学院教师工作考核和奖惩办法（试行）》的通知。分别规定了助教、讲师、正副教授的工作规范；从完成工作数量和完成工作质量两个角度给出考核和奖惩方式。

11月25—30日，学院举行首届大学生科协活动周。钱钟韩出席开幕式并对学子们提出希望。活动周期间，举办学生论文报告会，数学、英语、力学竞赛和足球、象棋、桥牌比赛，以及书画展览。此后每年举行大学生科协活动周。

前四年，学院的中心任务是围绕"学士学位四个条件"，争取获得学士学位授予权。1984年国务院学位委员会、教育部发布〔84〕学位字012号文，批准学院为第三批授予学士学位的高校。

在重点抓教学的同时号召教师积极开展科学研究，以科研促进教学。创办《南京建筑工程学院学报》，组织首届科学报告会，策划招收研究生，加速向老高校看齐，争取在高校评估中超过四级，进入三级行列。

1985年，学院出台教学改革8条措施。根据教育部制定的最新"工科本科教学计划的原则和规定"和"杭州会议"关于专科教学计划的规定的新精神，统一公共课、基础课的时数，加强了实践性教学环节，压缩了总学时，增加了选修课。初步做到本科（四年制）必修课和指定选修课总学时在2500学时以内，专科（三年制）必修课和指定选修课总学时在2100学时以内。1985级本科生全面实行英语新教学大纲的分级教学，与专业英语有机衔接，英语教学四年不断线。开办了六年制工民建本科函授。1985年初成立高教研究室。组织人员参加"专科教育""人才培养""提高教育质量"等课程研讨会，并提供有关研究材料和"人才预测"数学模型的科研项目，出版了《高教研究与探索》刊物。

1986年，学院在坚持改革、整顿建设、巩固发展、稳步提高的指导思想下，齐心协力，克服困难，努力做好教学管理和高教研究工作。加强电算教学，将算法语言提前到第一学期，在后期课程、大型实验课题、课程设计、毕业设计等教学环节都贯穿电算的实际应用，使之四年不断线。对建工系工民建专业、基础部的高等数学及理论力学课程、勘测系考试教学环节和机电系毕业设计开展教学自评的试点工作。加强教材建设和管理，制定《教材管理暂行规定》，保证自编优秀教材得到尽快印刷出版，并制定优秀教材的奖励办法。"火山喷发作用"和"六朝春"两部电视片被部系统高校电教会评为优秀教材奖。出台《学生学籍管理办法的补充规定》《关于加强课堂纪律的通知》等文件。与南京工学院（现东南大学）合招研究生。8月，按照建设部及江苏省的计划，112名师生赴广东、浙江、安徽、江苏、湖北五省共15个点参加村镇建设"星火计划"和"百点播火"计划社会实践活动。从此开始，以后每年学院都组织学生利用假期开展社会实践活动。9月25—26日，召开首次教学经验交流会。12位教师分别从讲课、辅导、实验、写教案、运用计算机、毕业设计等不同侧面介绍了进行教学改革、提高教学质量的经验。建工系党总支报告抓教书育人工作情况。会上介绍了日本的教学情况和德国的教育情况。

自1987年开始，学院在不断提高教学质量，办出自己特色方面下功夫。制订87级教学计划，对英语、计算机应用、实践性环节三个重要环节课程设置做调整。开展教材包括统编教材、自编教材、讲义指导书等的使用状况的调查分析，协助各系部开展教材建设工作，拟定1987—1990年教材建设计划。完成自编教材29本。第三次修订学生学籍管理办法。首次组织1985级本科生参加全国英语四级统一考试。4月22日，建工系施工教研室、机电系建机教研室向全院教职工介绍工作经验。施工教研室的教师严谨教学，以身作则，有意识地利用课堂、实习、业余时间与学生接触，对学生进行思想教育。建机教研室加强横向联系，发展教学、科研、生产三结合形式，从而提高教学质量，为社会服务，取得经济效益。7月，学院颁发了《南京建筑工程学院教书育人工作条例》（〔87〕南建党字第32号），文件细化了教师教书育人实施细则、教书育人奖惩办法、教书育人工作的组织领导等。12月30日颁发《实验室工作暂行条例等三个管理制度》（〔88〕南建院字第2号）。

1988年，学院对工程地质与水文地质、工程测量、建筑经济管理、建筑电气技术、水暖与通风、城镇建设等专业的专业方向和人才需求进行了调查，根据调查情况，对招生人数、专业方向、课程设置及内容等方面作出调整。3月20日，学院颁发《南京建工学院评选优秀教学质量奖试行办法》（〔88〕南建院字第28号），决定从1988年起，试行开展优秀教学质量奖的评选活动。组织省、院两级优秀教学质量奖的评选工作，其中获江苏省教委优秀教学质量奖二等奖1人、三等奖3人，获学院优秀教学质量奖10人。首次开展教师教学的测评工作，1988年下半年结合期中教学检查，组织全体学生对本学期任课教师的教学工作分5项指标（内容熟悉，概念准确；重点突出，说理透彻；启发思维，培养能力；条理清晰，进度适中；语言生动，吸引学生），按4级制进行打分，打分结果按权重计算综合分。6月9日，下发修订后的《关于严格考试过程的若干规定》。12月20日，下发修订后的《生产实习管理办法》《本科毕业设计（论文）工作条例暂行规定》《关于新教师上课的规定》《学生学籍管理办法的补充规定（草案）》《关于学生申请免修考试的通知》等文件。

1989年，学院在组织专业调查的基础上，确定了专业调整与拓宽的方案。对专业基础较好、适应性较强的老专业，如工业与民用建筑、起重运输与工程机械等专业，和部分有一定社会需求量的新专业，如建筑电气技术、建筑物资管理等专业，采取拓宽专业面的做法，争取有更大的适应性；个别新专业，如建筑学专业，社会虽有一定的需求量，但是正处于积累办学经验和进一步改善办学条件的时期，则要求稳定现有专业方向，局部调整和加强主干课程；对一些社会需求量不大的专业，如工程地质与水文地质专业在原专业的基础上调整专业方向，派生为岩土工程方向；有些有一定社会需求量的专业，但专业方向尚不十分明确，如建筑经济管理、水暖与通风、城镇建设、机械安装等专科专业，主要采取明确专业方向，确定专业主干课程的做法。

自1989级开始国家不包分配。为此，以调整专业方向，适应社会需求；改教学计划为教育计划，在计划中落实德智体全面发展；具体表现为加强基础课，使外语、计算机、制图真正落实四年不断线；专业课的课内课时数削减，增加学生课外自学时间；生产实习和毕业设计时间适当增加等为要求，修订1989级的教学计划，进一步明确专业的服务方向和培养目标，从而确定教学计划中的课程设置和教学时数，初步实现"大口径培养、小口径定向"，逐步从培养"专才"向"通才"过渡。

自1989年起重点抓好外语、计算机、制图、工程力学等11门课程的建设。抓好教风建设，带学风转变。加强对教师在教学过程中几个主要教学环节的管理和考核，建立院、系、教研室三级听课制度。

优化1990级教学计划，落实德育教育时间，其中法律基础和形势政策两门课作为必修课，保证教学时间和成绩考核质量；将考试课程由原来2～3门增加至3～4门，逐步增加考试课程，有利于保证考试质量，同时也不影响学籍的管理；进一步落实必修课与选修课，公共课、基础课、技术基础课与专业课之间的比例。严格学籍管理，对退学、留级生严格把关，及时处理；严格课堂纪律，检查迟到早退现象，实行严格考勤；严格考场纪律，对作弊行为严肃处理；检查晚自习出勤率。实现教学管理制度规范化和办事程序化，规范期末学生对教师的测评和干部听课制度。

1990年，修订、制定了与教师、实验人员、科研人员直接相关的教学与科研管理制度，编制了《教学与科研管理手册》。1月10日，颁发《关于函授教学管理的若干规定》。11月，颁发《关于第二课堂活动管理暂行办法》（南建团字第13号）。

学院"八五"计划确定，"八五"期间办好6个本科专业和6个专科专业，专科由两年制改为三年制，争取建筑学由四年制改为五年制，在办学层次上积极争取硕士点，各专业办出特色。为此，从1991年开始，组织开展以课程建设为龙头的教改工作。组织制定课程建设五年规划，制定好课程建设实施办法和评估标准，并组织实施上半年完成对"高等数学"的初步评估试点工作。前两年建设好14门课程，后三年再建设10门课程，共计24门课程。

抓好自编教材的编审质量以及教材的选用工作，以保证所开课程的教材质量。修订教材管理办法，制定自编教材的评优条例。

1991年1月7日，颁发《关于严格考试过程的几点补充规定》。10月，颁发《关于修读大学英语的本科生参加（CET4）的规定》。12月20日颁发《关于进一步严格期末考试的若干规定》。

随着国家改革开放步子加大加快，1992年，学院适时提出了对基础课程和公共课程的基本要求，以适应社会主义市场经济的需要。在专业基础课和专业课的安排上尽量考虑学科对课程的基本要求，同时有利于拓宽学生的知识面，培养能力，加强实践性环节的教学，优化现行的教学计划，以利于人才的培养。加大学生管理改革力度，9月21日颁发《关于对留（降）级生、试读生收取培养费的规定》。

为更好地贯彻落实党的十四大及全国教育工作会议精神，学院进一步解放思想，更新观念，主动适应我国社会主义市场经济和教育事业迅速发展的要求。将学生培养目标确定为培养基础理论扎实、知识面较广、实验能力较强的专业人才，即培养通才与专才相结合的人才。调整学生知识结构，变应试教育为能力教育。学生在校学习期间应该接受马克思主义基本理论、思想道德、人文、心理素质教育，参加社会实践、第二课堂，接受基础知识及专业知识教育。修订了1993级教学计划，拓宽专业、增加方向，调整主修与选修的比例。较大幅度地修订学籍管理条例，坚持目标管理与过程管理相结合。以1993级工民建专业为试点，试行学分制。召开教材建设工作会议，完成教材工作的自评。10月份通过江苏省教委组织对学院教材工作状态的试点评估，11月份学院教材工作受到江苏省教材研究会表彰。课程建设成效明显，《高等数学》被评为江苏省第一批二类优秀课程和建设部A类课程。《高等数学》课程建设和工程机械构造与修理校内实习基地建设被评为省优秀教学成果三等奖。英语四级一次通过率达到68.6%，改写了1992年之前低于全国高校平均水平的历史。为学院"上层次、上水平、上规模"目标的顺利实现，迈出了坚实的步子。

以市场对人才的需求为导向，1994年增加管理工程、电气技术、房地产经营管理三个本科专业；水文地质与工程地质专业调整为建筑工程专业岩土工程方向；建筑工程管理及城镇建设专业暂停招生。对课程体系进行整体优化，减少不必要的交叉与重复，要求基础课提高教学起点，增强课堂教学的信息量。新修订的教学计划必须体现知识培养、素质培养、专业培养，以及适应性培养。成立学院教学委员会，对全院专业建设、课程建设、教学检查与评估、教学成果的立项与评定、校风建设以及师资队伍建设等工作进行规划与指导。召开以"深化教学改革，提高教学质量"为主题的第一次教学工作会议。选用自编出版的教材37本。《钢筋混凝土结构》被评为建设部A类优秀课程和江苏省二类优秀课程；《材料力学》被评为建设部B类优秀课程和江苏省二类优秀课程。3月，学院颁发《优秀青年骨干教师选拔与培养暂行办法》（〔94〕南建人字第23号）。

1995年，以贯彻《中国教育改革和发展纲要》为契机，紧紧围绕提高教育质量和办学效益，以"上层次、上水平、上规模"为目标，进一步深化教学改革。以适应建筑业发展为基点，以市场对人才需求为导向，转变观念、增强竞争意识为原则，设置新专业。给水排水工程、工业设备安装工程、物资管理均由专科升为本科专业，新增建筑与室内外装潢设计专科专业，电气技术本科专业增设建筑物智能化方向。为进一步激励青年教师的奋发进取精神，提高青年教师的授课艺术和教学水平，调动青年教师的教学积极性，弘扬学院优良传统，11月24日，下发《南京建筑工程学院青年教师授课竞赛暂行规定的通知》（〔95〕南建教字第5号），决定每两年举行一次青年教师授课竞赛，并组织了全院首届青年教师授课比赛，共有12位获奖者，其中一等奖2名，二等奖4名，三等奖6名。以省级竞赛和英语四级统考为抓手，促进学风建设。组织学生参加江苏省非物理专业大学生物理竞赛，其中2名获得二等奖2名，8名获得三等奖，获奖人数居非重点院校第三名，获奖率居第二名。调整外语教学指导委员会。英语四级一次通过率达到73.8%。

1996年是实施"九五"规划和2010年远景目标的第一年，更是学院争取1997年顺利通过"本科教学工作合格评价""校风建设评估"工作的关键年。以"减少专业，拓宽基础，柔性设置"的原则，适时调整学科结构和专业设置，建筑工程专业增设"涉外建筑工程"方向，停招市场营销和会计学专业。3月26日，颁布《南京建筑工程学院本科学生修读辅修专业试行办法》（〔96〕南建教字第3号），开设房地产开发与经营、建筑工程（工业与民用建筑工程）和市场营销三个辅修专业。机械工程及自动化和电气工程及其自动化两个专业的四个方向，均采用了"2.5+1.5"的模式，前两年半的教学计划相同，后一年半按方向分流培养。进一步明确各门课程的性质和任务，并在教学内容上注意各门课程的衔接和优化，为系列课程建设打下了基础。为了加强学生文化素质和综合素质的培养，面向全院开设了多门公共选修课。教材建设成果喜人，《高层建筑基础分析与设计》和《建筑工程事故处理手册》2本教材被评为建设部第三届全国优秀建筑科技图书一等奖和二等奖。根据《优秀教学成果奖的实施办法》（〔95〕南建字第8号），10月份进行院级优秀教学成果的评审工作，评出9项优秀教学成果。组织申报建设部面向21世纪教学内容和课程体系的改革项目，6项（主持4项、参与2项）获得建设部立项。评选院优秀教学质量奖，10位教师获奖。

1996年4月北京昌平会议后，学院进一步做好"高等工业学校本科教学工作评价方案"的自评工作，建立教学工作评价委员会，加强对教学工作自评的领导和协调，改善教学条件，优化教学状态，提高教学水平。1996年，先后出台了《南京建工学院党政领导干部听课制度》（〔96〕南建教字第12号）、《南京建工学院教学督导组工作条例》（〔96〕南建教字第13号）、《关于课程评估的实施办法的通知》（〔96〕南建教字第14号）。

坚持以评促建、以评促改、评建结合。确定以加强基础，拓宽专业口径，提高学生的综合素质为培养目标。1997年在教师及管理人员中进行了"加强质量意识，加强素质教育为中心"的教育思想大讨论，举办教育思想研讨班。召开以"牢固树立教学工作中心地位"为主题的第二次教学工作会议，进一步确立了以教学为中心，提出了深化教学改革具体措施。5月建设部领导对学院本科教学评价工作进行检查和指导后，学院下发《关于开展调查、研讨，进一步落实教学工作在学校各项工作中的中心地位的通知》。在以评促建的过程中，进一步完善了教学检查制度，完善了期初教学检查，期中教学检查，毕业设计中间检查，教学督导和领导听课制度。

为全面提高培养质量，1997年先后出台了《关于进一步加强教考分离、完善考试制度的通知》（〔97〕南建教字第1号）、《学生实验守则》（〔97〕南建教字第2号）、《关于加强本科教学自评工作的实施意见》（〔97〕南建教字第10号）、《关于评选优秀毕业设计（论文）暂行办法》（〔97〕南建教字第11号）、《南京建工学院本科计算机应用能力等级考试实施细则》（〔97〕南建教字第12号）、《关于进一步深化教学改革加强教学和教学管理的九项措施》（〔97〕南建教字第16号）、《关于印发"南京建筑工程学院本科专业办学水平评估的实施办法"（试行）的通知》（〔97〕南建教字第17号）、《关于进一步提高课堂教学质量的决定》（〔97〕南建教字第20号）、《关于本科生修读大学外语课程的暂行规定》（〔97〕南建教字第21号）、《关于修订"教学管理手册"的通知》（〔97〕南建教字第22号）。

1997年11月国家教委教学评价专家组对学院进行了五天的考察和检查评价。1998年5月收到教育部正式通知，学院通过国家教委组织的本科教学工作合格评价。

专家组对学院提出的人才培养目标、办学指导思想及教学质量、教学状态、教学管理和教学秩序给予了充分的肯定，赞扬了广大教师的敬业精神，同时也指出了存在的一些问题。为了巩固和发展评建所取得的成果，根据专家组提出的建议，学院结合建设和发展规划，进一步加强教学工作在全院各项工作中的中心地位，继续开展教育思想的学习和研究，转变教育思想，更新教育观念，增强改革意识，推动教学改革向纵深发展；努力落实办学思路和人才培养目标，进一步做好专业建设和专业调整工作；以教学内容、教学方法的改革为重点，推动教学改革向深层次发展；围绕学科发展目标，切实抓好师资队伍建设。

1998年6月学院根据国家教委颁布的专业目录重新调整和规划了所有专业，并按新专业目录招生。加强学科建设，以服务建设、宽基础、重实践为特色，朝着"大专业、精品型、高质量、高效益"的专业建设方向发展。增设了计算机应用辅修专业。结合"面向21世纪教学内容与课程体系"的改革，充分利用全面修订1999级培养计划的时机，根据新时代"知识、素质、能力"相结合的人才培养要求，全面开展教学内容、课程体系和教学方法及人才培养模式的改革研究，开展系列课程建设。加强学生的素质教育，加强外语和计算机教学，在英语四级考试成绩与学位挂钩后，又建立计算机等级考试制度，并将成绩与学位挂钩；公共选修课安排一方面在原来公共选修课基础上根据形势发展和学生反映作了精选，另一方面增加了新兴学科的分量，增设了反映时代前沿、利于素质培养、符合知识经济发展的公共选修课；积极组织学生参加江苏省高校数学竞赛和全国大学生数学建模竞赛，提高学生的动手能力和分析问题、解决问题的能力。在1998年全国大学生数学建模竞赛中，有两个队分获江苏赛区二、三等奖；在江苏省第四届高等学校非理科专业数学竞赛中共有12人获奖，在同类高校中竞赛成绩名列前茅。1998年下半年结合"文明行为月"活动，开展了以端正学风、改进教风、净化考风、加强素质教育为主题的期中教学检查。

1998年9月模范马路七所高校首先推出跨校选课的举措，各校面向七校学生各推出一门公共选修课，互通有无，互认学分。在教学上七校还实行教师互聘，互开实验和科研合作。例如学院给水排水专业的化学实验课，由南京化工大学开设；机电系的金工实习也由南京化工大学承担。

1999年学院拟定专业发展规划，确立了坚持走内涵与外延发展相结合，以学科、专业建设为龙头，带动其他方面共同发展的思路：从国家大局出发，处理好社会需求和学校发展的关系；从实际出发，处理好社会需求和学校办学能力的关系；从办学特色出发，处理好新兴学科发展和传统学科发展的关系；从规模效益出发，处理好硬专业和软专业的关系；从素质教育目标出发，处理好文科专业和理科专业的关系。组织了城市规划、土地资源与城乡规划、工业工程、电子信息科学与技术、应用数学5个专业的申报工作。

明确1999级教学计划应坚持如下原则，即（1）以掌握知识为基础，以培养能力为重点，以提高素质为目标，注重知识、能力、素质的协调发展；（2）进一步拓宽专业口径，改变大学教育内容偏窄、偏深、偏专的倾向；（3）构建数学、自然科学基础、工程技术基础、人文社会科学基础、基本技能有机结合的大基础教育，加强基础课和技术基础课的教学，突出基本知识的掌握和实际应用能力的培养；（4）整体优化培养方案，进一步进行教学内容和课程体系的改革，改进教学手段，强化现代教学手段的应用；（5）加强工程实践训练，多安排有利于培养学生科学思维和创新能力的综合性、开发性和设计性的实验、课程设计和毕业设计。1999级培养计划在保证基础课课时要求的同时，压缩了专业课学时，加大了选修课和任选课的比例，保证了基础课的课时。

落实学院土木工程、工程管理、建筑学等3个专业在今后3年分别通过教育部的专业评估的决定，筹备上述专业评估工作。

世纪之交，学院教育事业继续保持良好的发展势头。扩招后在校生规模的迅速扩大，确保培养质量，是重中之重。明确2000级教学计划应具备"一宽二少三强"的特点：专业口径和学生的知识面拓宽；总学时减少，并减少必修课、增加选修课；强化基础课、实践教学环节和文化素质教育与前沿交叉课程的教学。实行跨学科选课制和主辅修制，培养复合型人才，形成理工交叉、文理结合的辅修专业群。将总学时缩减为四年制2500学时，五年制3200学时，拓展学生自主学习和个性发展的空间。2000级教学计划实行了"宽口径、厚基础"的人才培养模式，前两年按统一方案培养，打通基础课和专业基础课，后两年不分专业方向，而是根据学生的兴趣学习不同的课程群。

根据课程建设规划，学院重点抓量大面广的公共、基础课的建设，各部系重点抓主干学科和学科主干课程建设，进行系列课程的建设与改革。鼓励开设综合交叉课程和前沿课程。以评选优秀课程为立足点，全面推动全院的课程建设。根据新世纪教改工程和高等教育大众化的要求，组织修订了课堂教学大纲和实践环节教学大纲，并对创新精神和训练有明确要求。鼓励教师积极参与教学改革。2000年共确立35项教改项目。

11月6日，学院颁布《关于进一步提高教学质量的若干措施》（南建教〔2000〕19号）。文件从重视学生素质教育和创新精神的培养，以外语和计算机教学为突破口，全面提高教学质量，加强课程建设，制定新的教学计划，完善激励机制，建立健全教学质量监控体系，加强青年教师队伍建设，改进教学方法等方面提出若干措施，进一步提高教学质量。

制定学生创新活动规划，积极支持全校不同类型创新小组的活动；将素质教育纳入培养计划。在2000年全国大学生数学建模竞赛中，荣获1个江苏赛区一等奖，1个江苏赛区二等奖，2个江苏赛区三等奖。在2000年江苏省非理科专业高等数学竞赛中，11个学生荣获三等奖。在2000年全国大学生英语竞赛中，有1个学生荣获二等奖，1个学生荣获三等奖。

1980—2000年，为国家输送全日制毕业生10407名（其中，本科毕业生5395名、专科毕业生3535名、中专毕业生1477名），成人教育本专科毕业生2133名。

表6-2和表6-3为本专科生和成人教育各专业招生情况（1980—2000年）。

表6-2　本专科招生情况（1980—2000年）

时间	建筑学（五年制）	艺术设计（四年制）	城镇建设（三年制）	建筑装饰技术（建筑室内外设计）（三年制）	建筑装饰技术（建筑室内外装饰）（三年制）	建筑装饰技术（三年制）	城镇建设（二年制）	工业与民用建筑（四年制）	建筑工程（工业与民用建筑）（四年制）	建筑工程（涉外建筑工程）（四年制）	建筑工程（四年制）	土木工程（四年制）	工业与民用建筑（三年制）	工业与民用建筑（二年半制）	测量工程（四年制）	工程地质与水文地质（四年制）	建筑工程（岩土工程）（四年制）	勘查技术与工程（四年制）	测绘工程（四年制）	地理信息系统（四年制）	测量（三年制）	工程地质与水文地质（三年制）	建筑机械（四年制）	起重运输与工程机械（四年制）	机械设计与制造（四年制）	电气技术（四年制）	电气技术（建筑电气工程）（四年制）	电气技术（建筑智能化）（四年制）	机械工程及其自动化（四年制）	电气工程及其自动化（四年制）	房屋营造与管理（三年制）	楼宇自动化设备运行及维护（三年制）	建筑电气技术（三年制）
1980								120							35	40							75										
1981								119						95								40											
1982								121					117	100							40	40											
1983			32					121													40	41	40										
1984	17		72					179							67							62	43										
1985	35		81					53							62	63								37									
1986	35		111					174							32	31								40									68
1987	32		41					175							63	60								72									37
1988	38				28		45	140							35	34								43									
1989	56						35	127							30	30								37									
1990	36						51	139							35	34								43									
1991	39		30	30				130							64	40								40									70
1992	68		31	34				143		60					64	40								38									83
1993			33					162		36					40	34								40									71
1994	76								152						34		34								37	41							42
1995	68								144						35		38								35	69		35					
1996	61								149						34		33								39		35						35
1997	60								120						39		60												59	70			35
1998	78										171				33		52	39	80										60	70			
1999	101					30						398						76	77										80	84			
2000	112	30				35						427							77	79									160	33	76	153	

续表

时间	建筑机械（二年半制）	机械设备安装（二年制）	管理工程（建筑管理工程）（四年制）	管理工程（物资管理）（四年制）	工程管理（四年制）	房地产开发与经济管理（四年制）	房地产经营管理（四年制）	工商管理（四年制）	建筑物资管理（三年制）	管理工程（物资管理）（三年制）	物资管理营销（三年制）	建筑工程管理（三年制）	建筑施工管理（三年制）	市场营销（三年制）	工程造价管理（三年制）	建筑经济管理（三年制）	建筑物资管理（二年制）	建筑工程管理（二年制）	会计学（二年制）	市场营销（二年制）	建筑经济管理（二年制）	供热通风与空调工程（四年制）	建筑环境与设备工程（四年制）	给水排水工程（四年制）	环境工程（四年制）	工业设备安装工程（四年制）	水暖与通风（三年制）	给水排水工程（三年制）	工业设备安装工程（三年制）	设备安装工程（三年制）	房屋设备安装与管理（三年制）	给水排水工程（二年半制）	水暖与通风（二年制）	计算机科学与技术（四年制）
1980																								40										
1981	50																															50		
1982	50																															50		
1983																																		
1984																46											39							
1985																27												39						
1986																65											68							
1987									30							45											34							
1988		32															41				41												85	
1989		31															35				36												84	
1990										4			30				28	30															63	
1991		35							60			30					60					30					35							
1992			40			35						39										34					35		37					
1993							39				33			34					35	33		41						39	36	29				
1994			33	32			35												41			38						38	61					
1995			35	35			35							32								33		35				39	34					
1996			35	34			35															35		75		34								
1997				74			40															40		34										
1998					114			41							114							71							41					
1999					75			81															119	120										
2000																							114	114	76						68			81

表6-3　成人教育招生情况（1980—2000年）

时间	本科									专科														
	土木工程	建筑工程	电气工程及其自动化	工程管理	环境设计	工业设计	交通土建工程	工业设备安装工程	工业与民用建筑	建筑工程	工业与民用建筑	建筑工程与计算机应用	建筑工程造价与审计	建筑工程造价	建筑工程管理	房地产经营与管理	交通土建工程	建筑电气	给水排水工程	工业设备安装工程	财务学	城镇规划	管理工程	城镇建设
1980																								
1981																								
1984											33													
1985									39		40													
1986									47		40													
1987									35		19													
1988									36		32													
1989									14		34													
1990									15		33								40						
1991									6		20													
1992									31		19													
1993									45		220						32			30					
1994									51		262						65			29		33	13		
1995		61								346						21			20		23			13
1996		29								466						56	74		37	24	21			
1997		306				39		32		75						54	34		25		12			
1998		279					76	2		68						75			31				26	
1999	85		9	15	8	27				347				106	54		30							
2000	238	95				9	78			180		48	73		26									

2. 研究生培养

1986年开始，与南京工学院、河海大学等高校联合培养研究生。

1998年获批结构工程、岩土工程2个二级学科硕士点，1999年开始招收硕士研究生。

1999年，岩土工程专业、结构工程专业各招收4名硕士研究生。2000年，岩土工程专业、结构工程专业分别招收7名、14名硕士研究生。

6.2.3　2000年以后的人才培养

工程管理、土木工程、给排水科学与工程、建筑环境与能源应用工程、建筑学、城乡规划等专业自2001年起分别通过住房和城乡建设部专业评估。土木工程、建筑环境与能源应用工程、测绘工程、建筑学、工程管理、地质工程等专业，2019年入选国家一流本科专业建设点。城乡规划、交通工程、城市地下空间工程等专业，2020年入选国家一流本科专业建设点。

2006年，获土木工程一级学科硕士学位授予权，岩土工程二级学科博士学位授予权。2011年，获土木工程一级学科博士学位授予权。

6.2.4　部分校友情况介绍

陈柏林（1961—），男，1979.2—1982.1南京建筑工程学院工民建专业学习。研究员级高级工程师。现任连云港建院科技控股有限公司董事长。曾任连云港市建筑设计研究院院长。曾获全国优秀勘察设计院长称号。

周锦涛（1961—），男，1979.2—1982.1南京建筑工程学院工民建专业学习。曾任江苏省国防科学技术工业办公室副主任、江苏省工业和信息化厅二级巡视员。

戴雅萍（1962—），女，1979.2—1982.1南京建筑工程学院工民建专业学习。全国劳动模范，十一届、十二届、十三届全国人大代表。享受国务院政府特殊津贴，江苏省有突出贡献中青年专家，江苏省"333工程"第二层次培养对象。现任启迪设计集团股份有限公司董事长。近二十项设计作品获省部级建筑结构专业奖项。

周乃翔（1961—），男，1979.2—1982.1南京建筑工程学院工民建专业学习。现任山东省省长。中国共产党第十九届中央委员会候补委员。曾任江苏省委常委、苏州市委书记，中国建筑集团有限公司党组书记、董事长。

贺志良（1961—），男，1979.2—1982.1南京建筑工程学院工民建专业学习。教授级高级工程师。曾任江苏省住房和城乡建设厅二级巡视员。

顾倩（1961—），女，1979.2—1982.1南京建筑工程学院给水排水专业学习。高级工程师、高级审计师。曾任江苏省审计厅直属二局局长、江苏省审计厅二级巡视员。

王骏（1961—），男，1979.2—1982.1南京建筑工程学院给水排水专业学习。现任扬州市政协副主席。曾任扬州市建设局长、扬州市政府副秘书长、扬州市交通局长、扬州市政协秘书长。

邓亚光（1965—），男，1979.9—1982.6南京建筑工程学院水文地质与工程地质专业学习。江苏省有突出贡献中青年专家，发明劲性复合桩。获国家科技进步一等奖1项，获国家专利50多项（包括16项发明专利），主编三部《劲性复合桩技术规程》，主编国家一级工法1项。

王挺（1964—），男，1979.9—1982.6南京建筑工程学院水文地质与工程地质专业学习。现任中国五环科技工程公司和中国化学工程集团公司第七建设公司董事。获岩土工程勘察省部级一、二、三等奖20余项，参编行业规范20余部，获授权发明专利4项。

陆建新（1964—），男，1979.9—1982.6南京建筑工程学院工程测量专业学习。荣获全国道德模范、全国五一劳动奖章、国企敬业好员工、央企楷模、全国劳动模范、钢结构建筑施工专家。参建工程总高度达3600m，被誉为"中国摩天大楼第一人"。

朱建平（1962—），男，1980.9—1984.6南京建筑工程学院工民建专业学习。教授级高级工程师。现任中材国际工程股份有限公司副总工程师。江苏省"333高层次人才培养工程"首批中青年科学技术带头人，一级注册结构工程师，江苏省注册咨询专家。

顾国忠（1962—），男，1980.9—1984.6南京建筑工程学院工民建专业学习。现任常州第一建筑集团有限公司董事、副总经理、总工程师，享受国务院政府特殊津贴，创出国家工法、QC成果及专利10多项，获中国建筑业优秀总工程师，及江苏省有突出贡献中青年专家称号。

蒯文龙（1963—），男，1980.9—1984.6南京建筑工程学院工民建专业学习。上海普英特高层设备有限公司董事长，公司创始人。公司获上海市科委"高新技术企业"和"专精特新企业"称号，科技部及上海市科技型中小企业创新基金。公司于2017年在新三板上市。

陈风杨（1964—），男，1980.9—1984.6南京建筑工程学院工民建专业学习。现任北京华夏顺泽集团有限公司执行董事。先后担任深圳中国宝安集团武汉公司总经理、集团副总裁，深圳恒安房地产开发有限公司董事长，香港莱蒙国际集团有限公司执行董事兼联席行政总裁。荣获二项部级奖励。

张一平（1963—），男，1980.9—1984.6南京建筑工程学院工民建专业学习。现任深圳市中集产城发展集团有限公司执行总经理。长期从事建筑及房地产投资、管理工作，曾被深圳媒体誉为地产"三剑客"，在中国建筑地产界首创"5+2"居住和发展模式，提出了园区开发的"双基""双东"等模式。

高冲平（1963—），男，1980.9—1984.6南京建筑工程学院工民建专业学习。现任中国房地产开发集团南通有限公司、苏州百智通信息技术有限公司、湖州瑞辉房地产开发有限公司等高管。曾任中国房地产开发集团南通有限公司、上海盛高投资有限公司、南通联达置业有限公司等法定代表人。

沈俊强（1962—），男，1980.9—1984.6南京建筑工程学院工民建专业学习。现任深圳市晶宫设计装饰工程有限公司董事长兼总经理。正高级工程师，一级注册建造师，获改革开放30周年中国建筑装饰行业杰出贡献企业家、中华人民共和国建国70周年装饰行业功勋人物称号。

殷惠光（1961—），男，1980.9—1984.6南京建筑工程学院工民建专业学习。二级教授，博士生导师，曾任徐州工程学院副校长。获教育部科技进步奖、住房和城乡建设部华夏科学技术奖等11项，主持完成国家自然科学基金等各类各级科研课题32项，获国家专利5项，获江苏省有突出贡献的中青年专家等称号。

俞宏福（1963— ），男，1980.9—1984.6南京建筑工程学院建筑机械专业学习。现任三一重工副总裁、三一重机董事长。

孙众志（1962— ），男，1980.9—1984.6南京建筑工程学院工程测量专业学习。现任吉林省住房和城乡建设厅党组书记、厅长。曾任中国市政工程西北设计研究院党委书记，吉林省地质矿产勘查开发局副局长，吉林省国土资源厅副厅长，吉林省有色金属地质勘查局局长。

张建东（1963— ），男，1981.9—1985.6南京建筑工程学院工民建专业学习。教授，博士生导师，国家高层次人才、江苏省创新团队领军人才，入选交通运输部重点领域创新团队，在役长大桥梁健康与安全国家重点实验室副主任。

薛彦涛（1963— ），男，1981.9—1985.6南京建筑工程学院工民建专业学习。研究员，博士生导师，现任中国建筑科学研究院有限公司建研科技工程咨询院副院长。获国家科技进步二等奖3项，省部级科学技术一等奖2项、二等奖2项。

史有涛（1963— ），男，1981.9—1985.6南京建筑工程学院工民建专业学习。现任中国建筑技术集团有限公司建筑设计院二院院长，结构优化设计专家。获中国土木工程詹天佑大奖两项。

沈元勤（1963— ），男，1981.9—1985.6南京建筑工程学院工民建专业学习。享受国务院政府特殊津贴。曾任中国建筑工业出版社社长兼总编辑。曾获北京市优秀教师称号，3次被建设部授予"优秀共产党员"称号，入选全国新闻出版行业领军人才，获韬奋出版奖，获"2016年度中国十大出版人物"称号。

杨伟民（1962— ），男，1981.9—1985.6南京建筑工程学院工民建专业学习。高级工程师。现任金地集团有限公司监事会主席。国际注册商业房地产投资师。曾任金地集团规划设计部副经理、工程部经理、深圳地产部总经理、金地集团北京公司总经理、董事长、公司总裁助理。

欧剑（1964— ），男，1981.9—1985.6南京建筑工程学院工民建专业学习。历任中国建筑工业出版社常务副总编辑、知识产权出版社总编辑、中国知识产权报社总编辑。获全国首届优秀中青年图书编辑、建设部有突出贡献优秀中青年专家、全国新闻出版行业领军人才称号。

谢玉琢（1963— ），男，1981.9—1985.6南京建筑工程学院工民建专业学习。深圳市中建西南院设计顾问有限公司法定代表人。担任深圳市中建西南院设计顾问有限公司、美家美墅科技（深圳）有限公司股东、高管。

张远（1964— ），男，1981.9—1984.6南京建筑工程学院工程测量专业学习。教授级高级工程师，现任重庆市规划和自然资源局副局长。长期从事城市规划、交通规划，长期致力于数字重庆和新型智慧城市建设、应用和推广。曾获全国优秀设计院院长称号、夏坚白奖，当选2020年智慧城市先锋榜领军人物。

陈代华（1963— ），男，1981.9—1984.6南京建筑工程学院工程测量专业学习。现任北京城建集团有限责任公司党委书记、董事长，北京城建投资发展股份有限公司董事长，北京市十二届市委委员。兼任中国建筑业协会副会长，北京建筑业协会副会长。曾获全国优秀施工企业家、中国百强杰出企业家称号。

王勇（1962—），男，1981.9—1984.1南京建筑工程学院给水排水专业学习。研究员级高级工程师、高级经济师。曾任徐州市市政设计院有限公司董事长、总经理。两次荣获江苏省勘察设计系统优秀企业家（院长）称号。

王祥明（1963—），男，1982.9—1986.6南京建筑工程学院工民建专业学习。全国劳动模范，享受国务院政府特殊津贴。现任华润（集团）有限公司董事长，兼任华润置地有限公司董事会主席。曾任中国建筑工程总公司董事、总经理、党组副书记，中国建筑股份有限公司董事、总裁。

白蓉（1965—），女，1982.9—1986.6南京建筑工程学院工民建专业学习。教授级高级工程师，享受国务院政府特殊津贴。现任中国建筑第四工程局有限公司副总工程师、基础设施事业部总工程师。参建中太中银铁路、哈大高铁，主持哈大沈北制梁场认证，主持广州西塔技术标编制工作。

李家驹（1964—），男，1982.9—1986.6南京建筑工程学院工民建专业学习。现任北京中关村科学城建设公司副总裁，兼北京中科创新置业公司董事长，北京中科国金工程管理咨询有限公司董事长。

仇志斌（1965—），男，1982.9—1986.6南京建筑工程学院工民建专业学习。现任启迪设计集团股份有限公司董事、副总裁、副总工程师，一级注册结构工程师、研究员级高级工程师。曾任苏州赛德投资管理股份有限公司董事、中正检测董事等。

王水成（1963—），男，1982.9—1986.6南京建筑工程学院工民建专业学习。现任美国鸿蒙公司董事长。1997年起在母校设立"王水成奖学金"，资助优秀贫困学生完成学业。

刘永健（1966—），男，1982.9—1986.6南京建筑工程学院工民建专业学习。教授，博士生导师，享受国务院政府特殊津贴。入选国家百千万人才工程等支持计划，获国家级有突出贡献中青年专家等荣誉称号。获国家科技进步二等奖1项，省部级科技进步一等奖6项、二等奖6项。

倪照鹏（1966—），男，1983.9—1987.6南京建筑工程学院工民建专业学习。现任公安部天津消防研究所消防规范研究室主任。曾获全国优秀科技工作者、全国科技强警先进个人称号。享受国务院政府特殊津贴专家。兼任全国消防标准化技术委员会建筑消防安全工程分技术委员会副主任委员。

刘佑祥（1965—），男，1983.9—1986.6南京建筑工程学院水文地质与工程地质专业学习。正高职高级工程师，享受国务院政府特殊津贴。主编国家标准1部、参编3部；主编地方标准3部、参编4部；审查标准5部；获国家专利9项。获得国家、湖北省优秀工程奖40余项。

谭新平（1966—），男，1984.9—1988.9南京建筑工程学院水文地质与工程地质专业学习。正高级工程师，享受国务院政府特殊津贴。获陕西省工程勘察设计大师等称号。获全国优秀工程勘察设计金奖1项、银奖1项，国家优质工程奖4项，获国家专利5项，编审国家团体、省部级标准6部。

谈旭东（1966—），男，1984.9—1988.6南京建筑工程学院水文地质与工程地质专业学习。现任南京市安居和辉投资集团董事长。曾获"2008年奥运中国城市开发十大创新人物"、2010年度"中国长三角十大杰出青商"等荣誉。热心公益事业扶贫帮困，捐建希望小学，设立"知合奖学金"助力学子成长。

张孝成（1966—），男，1984.9—1987.7南京建筑工程学院工程测量专业学习。教授级高级工程师，享受国务院政府特殊津贴。现任重庆市规划和自然资源调查监测院院长。主持或参与国家级、省部级项目30余项，获省部级以上科技奖项10余项、优秀工程奖近20项，获国家专利2项。

叶斌（1964—），男，1984.9—1987.6南京建筑工程学院城镇建设专业学习。现任南京市规划和自然资源局局长、党组书记。曾任南京市河西新城区开发建设指挥部副指挥长，南京市规划局局长、党组书记。

蔡洪（1967—），男，1985.9—1988.6南京建筑工程学院城镇建设专业学习。现任浙江省交通运输厅副厅长。曾任武义县委副书记、县长，舟山市普陀区委书记，舟山市人民政府副市长，中国（浙江）自由贸易试验区管理委员会副主任。

肖代胜（1966—），男，1985.9—1989.6南京建筑工程学院水文地质与工程地质专业学习。正高级工程师，山东省工程勘察设计大师。获国家优质工程银质奖3项，部级优秀勘察设计一等奖1项、三等奖4项，省优秀工程勘察设计一等奖6项、二等奖7项。参与编制山东省地方和行业规范4部。

韦平（1969—），男，1986.9—1990.6南京建筑工程学院工民建专业学习。现任北京昆泰房地产开发集团董事长。公司成立于1992年，隶属于朝阳区国资委，注册资金10080万元。现有全资及参股企业10余家，开发项目和所属物业超过20个，资产总额超过50亿元。

周世林（1967—），男，1986.9—1990.6南京建筑工程学院工程测量专业学习。现任中建安装集团有限公司党委副书记、董事、总经理。曾任中建八局天津公司总经理，中建八局党委常委、纪委书记、监事会主席。

陈宝智（1967—），男，1987.9—1991.6南京建筑工程学院工民建专业学习。研究员级高级工程师。现任中国核工业建设股份有限公司董事长。曾任中国核工业建设股份有限公司副总经理、投资事业部总经理（兼），中国核工业华兴建设有限公司党委书记、董事长。

李未（1969—），男，1987.9—1991.6南京建筑工程学院工民建专业学习。现任中建港航局董事、总经理、党委副书记。

沈剑荣（1969—），男，1987.9—1991.6南京建筑工程学院水文地质与工程地质专业学习。现任南京市委常委，南京市江宁区委书记，江宁经济技术开发区党工委书记，南京市麒麟科技创新园（生态科技城）管委会党组书记（兼）。曾任南京市人民政府副市长。

赵建国（1968—），男，1987.9—1991.6南京建筑工程学院水文地质与工程地质专业学习。现任广东建材地质勘查局局长，中国建筑材料工业地质勘查中心广东总队党委书记、总队长。主编国家规范1部，主编和参编行业规范共12部，获省部级一、二、三等奖共20余项。

张爱民（1969—），男，1987.9—1991.6南京建筑工程学院工程机械专业学习。正高级工程师，现任中国建筑第六工程局有限公司党委书记、董事长。曾任中国建筑发展有限公司党工委书记、董事长兼中建水务环保有限公司董事长。

卢正刚（1970—），男，1988.9—1992.6南京建筑工程学院建筑学专业学习。现任北京水晶石数字科技股份有限公司董事长。

方小朋（1971—），男，1988.9—1992.6南京建筑工程学院建筑学专业学习。现任南京亚太嘉园智慧空间营造有限公司董事长。

王晖（1970—），男，1988.9—1992.6南京建筑工程学院工民建专业学习。一级注册建筑师，正高级建筑师，高级城市规划师。现任尤安建筑设计股份有限公司常务副总经理。曾任南京市建筑设计研究院有限责任公司执行总经理。

梁云红（1969—），男，1988.9—1992.6南京建筑工程学院工民建专业学习。现任应急管理部消防救援局南京训练总队总队长。曾任江苏省公安消防总队政治部主任，青海省公安消防总队政治委员，浙江省公安消防总队政治委员，浙江省消防救援总队政治委员、党委书记。

马合生（1970—），男，1988.9—1992.6南京建筑工程学院工民建专业学习。现任中国建筑发展有限公司党委副书记、总经理、中建环能科技董事长。曾任中建二局副总经理兼中建电力建设有限公司董事、总经理，中建水务环保有限公司总经理，中国建筑发展有限公司党委副书记、副总经理。

李万乐（1971—），男，1988.9—1992.6南京建筑工程学院工民建专业学习。现任路劲地产集团首席运营官。曾任温州经济技术开发区房地产开发总公司工程处处长、总经理助理，荣盛房地产发展有限公司副总裁、执行总裁、董事、战略委员会委员，兼任荣盛康旅集团执行董事、总裁。

许阿强（1970—），男，1988.9—1992.6南京建筑工程学院工民建专业学习。现任福建龙麟集团有限公司总裁，福建龙麟环境工程有限公司董事长。曾任龙岩龙麟水泥有限公司总经理、龙岩路强物流有限公司董事长、龙岩市华麟混凝土有限公司董事长、漳州市漳浦国福混凝土有限公司董事长。

陈新（1969—），男，1988.9—1992.6南京建筑工程学院工民建专业学习。教授级高级工程师。现任中建方程投资发展集团有限公司纪委书记、监事。曾任中建八局中南公司常务副总经理，中建八局西南公司党委书记，中建股份安全质量环境部副总经理，中建股份安全生产监督管理部副总经理。

徐晓明（1967—），男，1988.9—1992.6南京建筑工程学院工民建专业学习。研究员级高级工程师。现任中国核工业集团副总工程师。曾任中国核工业建设股份有限公司总经理、党委副书记。

黄晓毅（1971—），男，1988.9—1992.6南京建筑工程学院水文地质与工程地质专业学习。正高级工程师，中国石油和化工行业勘察设计大师。获省部级优秀勘察一等奖3项，二等奖5项，三等奖4项。主编省部级行业技术标准1项，参编省部级行业技术标准、规范、规程等6项。

朱卫东（1969—），男，1988.9—1992.6南京建筑工程学院水文地质与工程地质专业学习。高级工程师。现任中国建筑股份有限公司基础设施事业部副总经理、中建（云南）投资发展有限公司党委书记兼董事长、中建浙江投资有限公司董事长。曾任中建七局副总经理。

彭炎华（1969—），男，1988.9—1992.6南京建筑工程学院水文地质与工程地质专业学习。新三板挂牌上市企业——广州市吉华勘测股份有限公司创始人，现任广东省物联网防灾监测工程技术研究中心主任。获专利20余项，参编《基坑工程自动化监测技术规范》等7本规范。

顾菊平（1971— ），女，1988.9—1992.6南京建筑工程学院电气技术专业学习。现任南通大学副校长、教授，硕士生导师。主持国家自然科学基金2项，主持或主要参加完成省部级科研项目10多项。获江苏省科技进步二等奖2次，三等奖1次。

林健（1971— ），男，1989.9—1993.6南京建筑工程学院水文地质与工程地质专业学习。享受国务院政府特殊津贴，中国煤炭行业工程勘察设计大师。获全国优秀工程勘察设计奖2项、国家优质工程奖1项、省部级勘察设计奖10项，获国家专利9项，编审国家团体、省部级标准3部。

魏俊（1971— ），男，1989.9—1993.6南京建筑工程学院建筑机械专业学习。现任深圳建工集团有限公司董事长、党委书记。

朱德勇（1973— ），男，1990.9—1994.6南京建筑工程学院工民建专业学习。现任深圳市昱百年机电设备有限公司董事长。曾就职于中建四局珠海公司及深圳公司。曾创业成立深圳市华通星宇太阳能光电有限公司，任董事长。

段宝平（1973— ），男，1990.9—1993.6南京建筑工程学院水暖与通风专业学习。现任中建六局建设发展有限公司党委书记、董事长。曾获天津市"九五立功之人"、天津市五一劳动奖章、全国优秀建造师、中国建筑六局60周年"功勋员工"等荣誉称号。

苗林庆（1972— ），男，1991.9—1995.6南京建筑工程学院工民建专业学习。现任北京城建建设有限公司总经理。公司获得"十一五全国建筑业科技进步与技术创新先进企业""全国用户满意企业""建筑业企业AAA级信用企业""创鲁班奖工程特别荣誉企业""中国建筑业领先企业"等多项荣誉。

聂黎明（1972— ），男，1991.9—1995.6南京建筑工程学院建筑机械专业学习。现任招商局蛇口工业区控股有限公司总经理。

任虎（1974— ），男，1992.9—1996.6南京建筑工程学院工民建专业学习。现任绿地集团副总裁、绿地集团华中事业部总经理。

熊爱华（1973— ），男，1992.9—1996.6南京建筑工程学院工民建专业学习。现任中信正业控股集团有限公司总经理、中信正业投资发展有限公司总裁、中信正业（武汉）投资发展有限公司董事长、中信正业成都投资发展有限公司董事长。

田作留（1975— ），男，1992.9—1996.6南京建筑工程学院建筑机械专业学习。现任机汇网（深圳）科技有限公司总经理。

戴苏平（1972— ），男，1992.9—1995.7南京建筑工程学院水暖与通风专业学习。创立朗高科技有限公司，任董事长。公司注册资金10018万元，员工200余人，国家高新企业，年营业额5亿元以上。兼任荆门楚商联合会副会长、江苏省湖北商会常务副会长。

陈卫国（1975— ），男，1993.9—1997.6南京建筑工程学院工民建专业学习。现任中国建筑第三工程局有限公司党委书记、董事长，中建铁路投资建设集团有限公司董事长。曾兼任"两山医院"建设总指挥。2020年9月8日被评为全国抗击新冠肺炎疫情先进个人。

肖飞（1974— ），男，1993.9—1997.6南京建筑工程学院工民建专业学习。现任江苏省苏科建设技术发展有限公司、江苏建研建设工程质量安全鉴定有限公司总经理，江苏省建设工程质量鉴定检测专家。主持或参与了逾千项工程的质量鉴定、事故鉴定、司法鉴定、灾后鉴定。

梅国雄（1975—），男，1993.9—1997.6南京建筑工程学院工程测量专业学习。博士生导师，长江学者特聘教授，霍英东青年教师基金、国家优秀青年基金获得者。获中国岩石力学与工程学会青年科技奖、茅以升土力学及岩土工程青年奖，入选2021年全球前2%顶尖科学家榜单。

龙万学（1971—），男，1993.9—1997.6南京建筑工程学院水文地质与工程地质专业（岩土工程）学习。现任山地交通灾害防治技术国家地方联合工程实验室主任。先后荣获全国优秀工程勘察设计银奖1项、行业一等奖1项，贵州省科学技术成果转化一等奖1项、科学技术进步二等奖1项。

陈军（1975—），男，1994.9—1998.6南京建筑工程学院工民建专业学习。现任绿地集团执行总裁，绿地香港董事局主席兼行政总裁。从事房地产及建筑业逾20年，积累了行业内非常丰富的管理经验。历任绿地控股集团下属事业部项目经理、总经理助理、副总经理等职位。

李冬（1976—），男，1994.9—1998.6南京建筑工程学院工民建专业学习。现任中国工商银行（亚洲）有限公司副行政总裁。

李锋（1975—），男，1994.9—1998.6南京建筑工程学院工民建专业学习。现任江苏瑞承幕墙装饰工程有限公司董事长。曾任江苏瑞承幕墙装饰工程有限公司、南通峰之杰装饰工程有限公司、南通四建装饰工程有限公司昆明分公司等高管。

马小军（1973—），男，1994.9—1998.6南京建筑工程学院工民建专业学习。现任广东腾越建筑工程有限公司党委书记、总经理，碧桂园集团党委委员。曾任职中建五局广东公司、河南公司。

吴红涛（1974—），男，1994.9—1998.6南京建筑工程学院工程管理专业学习。现任中建三局副总经理。曾担任雷神山医院建设指挥长。

王斌（1975—），男，1995.9—1999.6南京建筑工程学院电气技术专业学习。创立上海德衡数据科技有限公司，担任公司法人代表、董事长。2016年成功收购IBM在中国大陆地区数据中心的业务部门。德衡数据现为全国最专业的大数据基础设施开发运营商。

赵汀（1977—），男，1995.9—1999.6南京建筑工程学院电气技术专业学习。现任上海德衡数据科技有限公司总裁，为德衡数据的联合创始人。

蔡国军（1977—），男，1997.9—2001.6南京建筑工程学院建筑工程专业（岩土方向）学习。教授，博士生导师，国家重点研发计划项目首席科学家。全国百篇优秀博士学位论文、教育部新世纪优秀人才、江苏省杰出青年基金、茅以升土力学及岩土工程青年奖获得者。

肖军华（1980—），男，1998.9—2002.6南京建筑工程学院建筑工程专业（岩土方向）学习。博士，教授，博士生导师。"茅以升铁道科学技术奖"（人物奖）获得者，世界交通运输大会轨道交通学部联合主席。获国家技术发明二等奖、教育部科技进步一等奖、上海市科技进步一等奖、上海市教学成果一等奖各1项。

注：按入学年份排序。

6.3 科学研究

6.3.1 2000年以前的科学研究

20世纪80年代之初，科研工作归教务处管理，1983年3月教务处下设科研科。1984年，科研科为学院直属科。1987年10月13日，学院下发〔87〕南建院字第107号通知，成立科研处。

1983年4月23日，学院成立学术委员会。4月25日颁发《南京建筑工程学院学术委员会暂行条例》。

1983年10月8日，学院召开系（部）主任等19人参加的科技工作座谈会，推动科研工作起步。分管教学工作的副院长施希安指出，前段时间学院强调抓教学质量，保证首届本科生能授予学位，这是完全必要的，不能放松，但学校不搞科研，师资水平、教学质量也很难提高，科研绝不是可搞可不搞，而是一定要搞。林醒山院长在总结时要求系（部）在安排工作时要多强调一些科研工作，如果现在不做，五年之后还得从零开始！会后，学院下发科研工作座谈会专题简报。在科技工作座谈会的基础上，学院决定：大力开展科研工作，为招收研究生创造条件；1984年试办学报；1984年召开科学报告会。

1984年6月，学院获得首批纵向科研项目，城乡建设环境保护部下达1984年科研计划，学院承担"钢筋混凝土组合结构设计理论和方法的研究"等6个项目。

1984年11月，《南京建筑工程学院学报》（试刊）第一期出版，发表学术论文和研究成果共14篇。

1984年11月23日，学院举行首届科学报告会开幕式，江苏省人大常委会副主任、南京大学名誉校长、著名教育家匡亚明，中科院学部委员、江苏省政协主席、南京工学院名誉院长钱钟韩同志出席并讲话。开幕式后共进行了30场次报告，宣讲论文112篇。12月10日，历时18天的首届科学报告会结束。

1985年3月4日，学院建立第一个科研机构：建工系建筑工程研究室。

1985年11月25—30日，学院举办首届大学生科协活动周。

1986年4月，学院建机综合实验室受到城乡建设环境保护部表彰，获"全国城乡建设系统科技工作先进集体"称号。1987年4月22日，学院组织全体教职工听取机电系建机教研室加强横向联系，发展教学、科研、生产三结合形式，从而提高教学质量、服务社会、取得经济效益的经验介绍。

1988年10月30日，江苏省教委下发〔88〕苏教人107号文，批准学院成立技术开发部。技术开发部为学院开发新技术、新产品服务的平台。

1988年，高国瑞教授获得国家自然科学基金项目《湿陷性黄土湿陷变形发展机理研究》。

1989年，《南京建筑工程学院学报》被批准为正式刊物（季刊）。

机电系茅承钧、孙伟、殷晨波、刘海教、蔡宁跃等完成的《建筑机械动力设计分析研究》项目，获1989年度江苏省科技进步二等奖。

1990年，宰金珉副院长获得国家自然科学基金项目《在竖向荷载下桩与承台共同作用的设计原理及分析方法》。

勘测系高国瑞教授完成的《黄土湿陷变形的结构理论》项目，获1991年度江苏省科技进步二等奖。

1992年3月，颁布《南京建筑工程学院科技进步奖励条例（暂行）》，从1992年开始评选科技进步奖，以后每两年进行一次。11月3日，首次评审，评出二等奖1名、三等奖4名。

1992年8月31日，宰金珉副院长荣获江苏省科学技术协会第二届"中青年科技奖"。

1993年，高国瑞教授获得国家自然科学基金项目《我国区域性的工程特性形成的研究》。

1993年，学院准备试申报硕士点，对学术梯队进行初步整合，对科研方向进行初步凝练。

1993，ISTP数据统计，学院被收录论文居全国高校（科研机构）第172位；EI数据统计，学院被收录论文居全国高校（科研机构）第163位；1219种国内科技期刊检索统计，学院被检索论文居全国高校（科研机构）第275位。

1994年4月2日，学院成立第一个跨系研究所，由勘测系和建工系联合成立"岩土工程研究所"，挂靠勘测系。5月24日，学院跨系、跨学科的建筑物智能化研究所正式挂牌并召开成立大会。

1994年6月20日，成立"工程勘察研究所""机械工程研究所""工程应用科学研究所""建筑工程研究所""城市规划研究所""建筑工程与房地产经济研究所""设备工程研究所"等7个反映学院学科特点的研究机构，各研究所的行政管理分别归相关系（部），科研业务管理归科研设备处。

1994年，SCI数据统计，学院被收录论文居全国高校（研究机构）第214位；1246种国内科技期刊检索统计，学院被检索论文居全国高校（研究机构）第288位。

1995年12月20日，为实现学院"三上"奋斗目标，推动科技进步，提高学院学术水平和声誉，鼓励教职工（包括退休人员）撰写论文、出版著作、积极承担科研项目，出台《南京建筑工程学院科技奖励条例》，对科技成果、专利、鉴定成果、论文、著作、用科研经费购买仪器设备，进行奖励或匹配奖励。

1995年，学院通过进一步摸底、调研、论证，组建起以建工系、勘测系、机电系为主的三支学术梯队，确定工程结构抗震减震、高层建筑基础土与结构物共同作用的理论与应用、工程机械动态设计理论和应用等11个方向或领域为科研重点。

1995年，刘郁馨副教授获得国家自然科学基金项目《悬挂高层建筑结构分析及试验研究》。

1995年，《南京建筑工程学院学报》获江苏省首届优秀期刊奖、江苏省高校自然科学优秀期刊奖、建设系统高校期刊一等奖。经江苏省新闻出版局和江苏省科委评估分级，《南京建筑工程学院学报》为一级期刊。

1995年，科研合同经费达90.6万元，摆脱了多年来科研经费一直徘徊在20万元上下的被动局面。

1995年，ISTP数据统计，学院被收录论文居全国高校（科研机构）第162位；1246种国内科技期刊检索统计，学院发表论文居全国高校（研究机构）第257位。

1996年，周虎城教授主持国家科委重大科技产业工程项目子专题《居住区水质、水压保障技术及节水技术》。

1996年，《高层建筑基础分析与设计》《建筑工程事故处理手册》被评为建设部第三届全国优秀建筑科技图书一等奖和二等奖。

孙景武教授等人与哈尔滨工业大学共同完成的《液件静压支承动态过渡特性的研究及应用》项目获1996年度建设部科技进步一等奖。

1996年，SCI数据统计，学院发表论文居全国高校第233位；EI数据统计，学院发表论文居全国高校第206位；1227种国内科技期刊检索统计，学院发表论文居全国高校第238位。

1997年4月18日，张庙康教授牵头与南京航空大学胡海岩教授联合申请的福特－中国研究和发展基金资助项目《新型车辆悬架智能控制系统的理论和应用研究》，经中美双方专家评审，技术咨询委员会（TAC）正式批准，获得5万美元的资助。1999年，因课题完成出色，追加2万美元资助。

1997年，孙家齐教授参加国家科委"九五"攻关项目《觉罗塔古生态构造演化与成矿关系研究》，李洪泉副教授获得国家自然科学基金项目《钢筋混凝土结构地震损伤识别与耗能减振修复技术》。

宰金珉教授与中国建筑科学研究院合作研究《带裙房高层建筑地基基础与上部结构共同工作计算方法》项目，获1997年度建设部科技进步一等奖。孙景武教授主持的《长螺旋钻孔机参数研究及应用》项目，获1997年度建设部科技进步二等奖。

1997年，SCI数据统计，学院发表论文居全国高校第223位；EI数据统计，学院发表论文居全国高校第222位；ISTP数据统计，学院发表论文居全国高校第198位；1214种国内科技期刊检索统计，学院发表论文居全国高校第229位，被引证论文居全国高校280位。

1998年上半年，院系无偿集资980万元建设的建筑面积为7316m²的综合实验楼投入使用，改善了试验条件。

1998年9月14日，学院修订科技奖励条例，奖励范围增加申请到主持国家自然科学基金项目和国家科委的各类攻关项目奖项。

1998年，EI数据统计，学院发表论文居全国高校第211位；ISTP数据统计，学院发表论文居全国高校第174位；SCI数据统计，学院被引证论文居全国高校第235位；1286种国内科技期刊检索统计，学院发表论文居全国高校第289位，被引证论文居全国高校第246位。

1999年，结构工程、岩土工程被评为建设部重点学科，结构工程实验室被评为部级重点实验室。岩土工程学科梯队被评为江苏省优秀学科梯队，宰金珉教授被授予江苏省优秀学科带头人称号。

1999年，ISTP数据统计，学院发表论文居全国高校第173位；1372种国内科技期刊检索统计，学院发表论文居全国高校第281位，国内被引证论文居全国高校第307位。

2000年，李洪泉副教授参加的《钢筋混凝土结构损伤理论与应用》项目，获建设部科技进步一等奖；董军副教授参加的《钢筋混凝土结构损伤理论与应用》项目，获教育部科技进步（推广）一等奖；陈新民副教授参加的《优势面理论在特大型工程中的应用》项目，获教育部科技进步一等奖。

2000年，结构工程实验室被遴选为江苏省重点实验室。

6.3.2　2000年以后的科学研究

2000年以后，优势学科土木工程学科逐步形成了新材料结构及新型结构、地下工程及基础设施韧性技术、工程结构及灾害防御技术、桥梁智慧建造与运维、建筑环境与水资源应用、智慧建造与管理等特色方向。

近五年获得包括国家自然科学基金重点项目、国家重点研发计划在内的各类基金项目200余项，科研经费超亿元；获得了包括国家科技进步二等奖，江苏省科学技术一等奖、二等奖，中国公路学会科技进步一等奖，中国产学研合作创新成果一等奖，中国专利奖在内的多项奖励；主编国家强制性工程建设规范《木结构通用规范》等国家和省级标准30余项，参编重要标准15部。加强校企融合，推动政产学研深入合作，重视科研成果转化，与中国建筑等行业龙头企业和国家级南京江北新区等地方政府开展战略合作，科技成果在昆明新国际机场航站楼、第十届园博会木结构主展馆、常泰长江大桥防船撞研究、南京博物院智慧运维等百余项重大工程中得到应用，为相关行业、区域工程建设和社会发展作出了积极贡献。

6.4　合作交流

学院的国际合作交流由院长办公室负责。院长办公室在外事工作中称外事办公室。1984年，院长办公室下设外事科，专门从事外事工作。与德国汉斯·赛德尔基金会、爱德基金会，澳大利亚海外事务局建立了相对稳定的关系。

1. 主持南京建筑职业技术教育中心

1982年4月19日，教育部〔82〕教外综字307号转发国务院批准的教育部、外交部《关于接受西德巴伐利亚州资助我国建立职业学校、师资培训中心和德语中心建议的请示》，西德巴伐利亚州教育文化部经西德外交部和经济合作部的同意，向教育部提出三个合作项目的建议，其中之一是协助我国建立一个培养建筑方面技工、技师和工程师的三级职业学校。国家建工总局和南京市教育局将南京建筑工程学院和南京市一所中学作为建筑职业学校的教学中心，实习培训由南京市第一建筑公司承包。

1982年9月16日，教育部、建设部发出《关于发送〈关于建立南京建筑职业技术教育中心的方案〉的通知》（〔82〕教专字009号）。方案明确南京建筑工程学院负责二、三级培训的课堂教学和实习教学，二、三级培训学生的全面管理工作，对外代表教育中心。

1982年10月25—27日，南京建筑职业技术教育中心与西德巴伐利亚州教育代表团就落实建筑职业技术教育中心的具体事宜在学院进行两天会谈，教育部、建设部、江苏省高教局的代表参加会谈。

1983年3月26日，教育部与德国汉斯·赛德尔基金会正式签订在南京建立建筑职业培训中心的协议。

5月10—6月5日，以胡松林副院长为团长一行五人的南京建筑职业技术教育中心考察团赴联邦德国考察职业教育情况。

8月，汉斯·赛德尔基金会派联邦德国霍尼克先生来南京建筑职业技术教育中心任教。

1984年4月24日，江苏省政府发布劳改函字〔84〕28号文，成立南京建筑职业教育中心领导小组。组长为江苏省政府副秘书长许京安；组员包括南京市副市长丁永安、江苏省高教局副局长胡基才、南京建筑工程学院副院长刘仰新。

1984年暑期，二级培训第一个专业——水暖专业（中专）开始招生，学制两年半，招收高中毕业生。

1985年9月12日，南京建筑职业教育中心领导小组确定由南京市承担第二个协议的合作项目。

2. 校际合作交流

1986年3月22日，学院与联邦德国慕尼黑高专签署校际关系议定书（草案）。两校校际关系首先致力于教师的交流、共同进行科学研究、技术图书资料的交流、现代化工程技术人才培养经验交流的目标，在可能的范围内，经协商可以促进两校学生之间的交流。4月11日，建设部〔86〕城外字176号文批复。5月31日，两校签署备忘录。1990年6月20—21日，两校续签校际合作协议。1990年11月16—17日，两校签订第二期合作补充协议。

1988年6月29—7月1日，美国普拉特学院院长助理安迪先生及图书馆主任乔治·劳埃先生应邀来学院访问，双方就校际交流交换图书资料签订备忘录。

1990年12月13—15日，以A. M. 图嘎院长为首的苏联基辅建工学院代表团一行4人应邀来学院访问，商议两院合作、交流事宜。

1999年12月1日，德国莱比锡市市长Welfgang Tiefensee先生率市政府代表团一行25人来学院访问。院长宰金珉教授代表学院授予德国莱比锡市市长Tiefensee先生荣誉教授称号。

宰金珉院长同莱比锡市市长和莱比锡科技大学校长会谈，并与莱比锡科技大学校长克劳斯·史太因博士（Klaus Sleinbock）签署两校合作协议。

2001年3月7日，日本东北大学工学院井上范夫教授来学院访问，访问时间为3月7—3月13日。井上范夫教授代表日本东北大学签署了与学院合作的意向书。

3. 聘请外国文教专家

1985年8月27日，第一批通过爱德基金会聘请的两名外籍语言教师到校。外教的主要任务是帮助外语教师提高外语教学能力和水平，培训出国人员，教授高年级学生的外语。此后几年，除校际交流外，都以聘请长期英语、德语类文教专家为主。

1987年8月30日，聘请美籍语言教师帕蒂尔·泰伦托拉到校，聘期一年。1988年8月31日，荷兰籍英语教师玛丽亚、联邦德国德语教师拉姆到院任教。1990年8月29日，荷兰籍英语教师Couprie女士来院任教。1991年7月5日，德国文教专家拉姆先生来学院任教三年。

从1992年开始，聘请外传侧重点放在与专业的结合上。1992年5月3日　德国李耐克女士来学院经管系讲学，为期一个月。1996年8月20日，澳大利亚海外服务局派出的伯忍（中文名）来学院建筑系讲学，为期一年。1999年2月28日，英国教师金威马来学院计算中心，为期一年。

6.5　教师风采

胡松林（1919—2001），男，教授。1940年同济高职土木科毕业，1953年哈尔滨工业大学研究生毕业。1981年晋升教授，享受国务院政府特殊津贴。1981年来校任教，曾任南京建筑工程学院副院长。著名的力学专家，为我国的力学人才培养做出了重要贡献。参与创建土木工程学科。设立"胡松林"奖学金，已资助60余名贫困大学生完成学业。

林醒山（1925—2016），男，教授。1956年苏联莫斯科建筑工程学院研究生毕业，副博士。1983年11月由南京工学院土木系主任调任南京建筑工程学院院长。享受国务院政府特殊津贴。著名的钢结构专家，是学院土木工程学科的主要创立者。

高国瑞（1927—2019），男，教授，博士生导师。1949年本科毕业于上海大同大学土木系。1985年来校任教。享受国务院政府特殊津贴。国内外知名"土微结构"专家、我国"近代土质学"学科奠基人。长期从事土微结构研究，取得一系列创新性成果，创立了以"土结构理论"为中心的"近代土质学"理论，获江苏省科技进步二等奖1项、国家教委科技进步二等奖1项。

侯昶（1928—2018），男，教授。1952年本科毕业于同济大学。1984年来校任教。享受国务院政府特殊津贴。曾兼任华东运筹学会常务理事兼应用咨询委员会副主任等职。在结构及工程优化、软科学计算方法等方面有较精深的研究。获国家一级学会优秀成果一等奖2项，二等奖1项，著有《土建结构优化设计》《土建工程现代计算方法》，发表学术论文约50篇。

吕子华（1929—2006），男，教授。1951年本科毕业于西北工学院。1953年来校任教。享受国务院政府特殊津贴，首任基础部主任。从教50年，一直坚守在力学教学和科研工作第一线，教学技术精湛，是学生心中的好老师。在国内外刊物上公开发表科研论文60余篇，正式出版著译7部，累计字数近300万。

殷志建（1930—2011），男，1952年同济高工土木科毕业留校，1956—1962年在南京工学院工民建专业进修。曾任学院基建处处长、经济管理系主任，兼任江苏省土木建筑学会理事，南京工学院兼职导师。先后为学生主讲《钢筋混凝土结构》《工程力学》等课程，为青年教师开设《工程数学》等课程。为学校的基本建设做出突出贡献。

李志浩（1930—　），男，教授。1952年本科毕业于浙江大学机械系。1985年来校任教。享受国务院政府特殊津贴。曾担任机械工业部第六设计研究院副总工程师，为中国建筑学会暖通空调分会荣誉理事。2000年被评为江苏省优秀科技工作者。获部、省级科技成果二等奖2项。编写著作与规范3本，发表论文数10篇。

胡伯骞（1933—2005），男，1952年本科毕业于华南工学院建筑学专业。先后在南京工学院建筑系任教、南京化工设计院工作。1984年来校任教。为学院建筑学专业的重要创始人，曾获江苏省优秀教育工作者称号。

钱士英（1933—1996），男，1958年本科毕业于清华大学。1958年来校任教，一直从事教学工作，为我国培养了大批优秀土木人才。先后担任《建筑结构施工》以及《建筑材料》的教学工作，教学成绩突出。发表多篇研究论文，具有实际应用价值。

金正芳（1934—）女，1961年本科毕业于太原工学院土木系。1977年来校任教。1989年获全国优秀教师称号。教书育人，立德树人，培养了大批优秀人才。在《高教研究与探索》《建筑技术开发》等学术期刊上发表学术论文多篇。编译有教材《建筑物缺陷检测和修理》，合作编写《建筑施工技术》《建筑安装工程质量检验评定标准讲座》等教材。

孙景武（1934—），男，教授。1959年本科毕业于哈尔滨工业大学机械系。享受国务院政府特殊津贴。1987年来校任教，曾任院长。先后承担过国防科研等多项研究项目，多年来在"桩工机械""静压技术"及"汽车造型"等方面作较深入的研究，获全国科学大会奖3项、建设部科技奖3项。主编《汽车造型设计》，发表20篇论文。

王赫（1935—），男，教授。1957本科毕业于浙江杭州大学。1981年来校任教。长期工作在教学与科研第一线，主讲《建筑工程质量事故分析》《现代建筑施工技术理论》等课程，为我国土木工程事业发展培养了大量人才。编写教材《建筑工程质量事故分析》，以副主编编写监理手册等教材。参编国家技术标准《砌体结构施工与验收规范》。

严继中（1936—），男，1953年同济高工土木科毕业留校，1956—1958年同济大学进修，1958—1964年南京工学院夜大学学习。曾任建筑工程系主任。长期从事《混凝土结构》与《高层建筑结构设计》的教学工作，深受学生欢迎。参编《钢筋混凝土与砖石结构》，至1987年已发行29万余册。教书育人，为人师表，行为世范。被评为江苏省劳动模范。

王文涛（1936—），男，教授。1956毕业于东北工学院建筑系，1956—1958年在西安冶金建筑学院学习。1980年来校任教，曾任计算中心主任。先后主讲《结构力学》《弹性力学》等课程，深受学生喜爱。主持和参与科研项目4项，发表学术论文20余篇，国际刊物和会议论文4篇。主持编写教材《结构矩阵分析Fortran程序设计》。

蒋桐（1936—），男，教授，博士生导师。1957年毕业于武汉水利电力学院水利工程系。1992年来校任教。享受国务院政府特殊津贴。曾任基础部主任。主讲《弹性与塑性力学》《计算力学》等课程；主持省部级科研项目10余项；在国内外学术期刊上发表学术论文16篇。曾获部科技进步奖1项，省教委科技先进工作者1次。

金建三（1937—），男，教授。1961年本科毕业于西北工业大学工程力学专业，1984年来校任教，曾任基础部主任，先后主讲《弹性力学》《工程力学》等课程，合作编写教材《弹性力学》《弹性力学及有限单元法》。主持多项科研项目，在《工程力学学报》等期刊上发表学术论文11篇。

周虎城（1938—），男，教授。1963年本科毕业于清华大学给水排水专业。1979年来校任教。曾任城市建设系主任。主编、主审多本行业手册、规范和专业教材。主持1项国家科委重大项目子专题。2007年获中国工程建设标准化协会建筑给水排水专业委员会"突出贡献奖"。2017年获"中国建筑学会建筑给水排水研究分会终身成就奖"。

张庙康（1939—），男，教授，博士生导师。1962年本科毕业于北京矿业学院矿山机械专业，1986年从重庆大学调入。享受国务院政府特殊津贴。曾任南京建筑工程学院副院长。主持国家自然科学基金委福特–中国研究与发展基金资助项目，经费5万美金，发明专利5项。

茅承钧（1939—），男，教授。1964年本科毕业于同济大学建筑机械专业，1984年来校任教。

享受国务院政府特殊津贴。曾任机电工程系主任。先后承担省部市级科研课题10多项，获省部市级科技进步奖5项，出版专著7部，发表论文60多篇，研发新型工程机械产品20余种。

韩选江（1945—），男，教授。1981年硕士研究生毕业于中国建筑科学院，分配至本校。曾任全国房屋增层改造技术委员会常务理事、江苏省土木建筑学会理事等。主编教材《土力学与地基工程》，译著《岩土工程土性分析原理》，出版专著《建筑物增层改造基础托换技术应用》。撰写科技论文60余篇，部分论文被中国土木工程学会评为优秀论文。

宰金珉（1945—2009），男，教授，博士生导师。2000年获同济大学工学博士学位。1981年同济大学硕士研究生毕业分配来校。享受国务院政府特殊津贴。曾任南京建筑工程学院院长。土与结构物相互作用理论与工程应用领域的主要开拓者，茅以升土力学及基础工程大奖获得者。获省部级科技进步一、二等奖共6项、部级优秀图书和省教学成果一等奖3项。

汪永平（1948—），男，教授，博士生导师。1985年硕士研究生毕业于南京工学院建筑历史与理论专业，毕业分配至本校。曾任建筑系主任。从事中国建筑历史与理论、古建筑保护，历史文化遗产保护、藏式建筑与城市等方面的教学和科研工作，主持国家自然科学基金面上项目4项，出版专著10部，发表论文80余篇。

袁灿勤（1952—），男，副教授，硕士研究生导师。1978年毕业于南京大学水文地质与工程地质专业，分配至本校。长期从事岩土工程勘察、岩土工程监测与检测的教学与研究工作，1989年获得江苏省科技进步奖，获华夏建设科学技术二等奖1项。2003年主编《岩土工程勘察》，2016年参编教材入选国家"十二五"规划教材。坚守三尺讲台，潜心教书育人，深受学生爱戴。

孙伟民（1952—），男，教授，博士生导师。1984年硕士研究生毕业于哈尔滨建筑工程学院结构工程专业，分配至本校。曾任南京建筑工程学院副院长、南京工业大学副校长。获江苏省高校教学名师称号。获省部级科技进步一等奖1项，国家级教学成果一等奖1项。主编出版教材5本。曾任高等学校土木工程学科专业指导委员会委员。

叶燕华（1955—），女，教授。1982年本科毕业于重庆建筑工程学院土木工程系，分配至本校。南京工业大学首届"师德十佳"。多次受到学校表彰。潜心教书育人，深受学生喜爱。主持多项国家级以及省部级科研项目；研究成果获华夏建设科学技术进步三等奖，南京市科学技术进步三等奖。

赵和生（1958—），男，教授，硕士研究生导师。1985年南京工学院城市规划与设计专业硕士研究生毕业。1985年来校任教。从事城市规划理论、城市设计理论教学工作，培养研究生60余人；出版学术专著2部，主编出版《中国城市规划建筑学园林景观博士文库》共68部，发表学术论文50余篇；完成工程项目90余项，多次获省级奖项。

吴骥良（1962—2010），男，教授，硕士研究生导师。1983年重庆建筑工程学院城市规划专业本科毕业分配至本校。2002年起担任南京工业大学建筑与城市规划学院院长。主持创办城市规划专业，组织的建筑学专业、城市规划专业接受评估并取得好成绩。获多项部省市优秀规划设计奖。获包括一等奖在内的重大国际方案竞赛奖多次。

龚延风（1962—），男，教授，博士生导师。1995年南京航空航天大学人机环境工程专业硕士毕业。1983年重庆建筑工程学院本科毕业分配至本校。承担国家自然科学基金、"十二五"国家科技支撑计划项目、江苏省科技厅社会发展重大项目、江苏省节能减排专项资金项目等。发表论文70余篇。获得华夏建设科学技术进步一等奖1项，江苏省科技进步三等奖2项。

陈新民（1962—），男，教授，硕士研究生导师。1998年获南京大学工学博士学位。1984年南京大学本科毕业分配至本校。1999年建设部有突出贡献的中青年专家。获省部级科技进步一、二、三等奖各1项，获国家级教学成果二等奖1项，2002年2部主编教材获全国高等学校优秀教材二等奖，1部主编教材入选国家"十一五"和"十二五"规划教材。

胡振宇（1963—），男，教授，硕士研究生导师。2006年获东南大学工学博士学位。1996年2月来校任教。从事公共建筑设计与理论、居住建筑设计与理论，绿色建筑设计与理论等方面的教学和科研工作。曾任建筑学院院长。参加国家自然科学基金项目2项，主持和参加省部级课题10项，主编和参编专著、译著6部，发表论文90余篇。

周佶（1963—），男，教授。1985年南京建筑工程学院本科毕业留校。一直从事工程制图教学与研究工作，致力拓展学生素质，坚持多年组织指导学生参赛。指导学生参加全国大学生先进成图技术与产品信息建模创新大赛，获团体、个人一等奖51项。获测绘科技进步三等奖（排名第2）；省优秀教学成果二等奖（排名第1）。全国建设类多媒体课件大赛一等奖3次。

陈国兴（1963—），男，教授，博士生导师。1993年中国地震局工程力学研究所博士毕业。1995年来校任教。曾任勘测系主任。1996年获国家有突出贡献中青年专家、2003年获江苏省高校教学名师、2012年获全国优秀科技工作者、2019年获首届黄文熙-陈宗基岩土力学奖成就奖等荣誉称号。获国家科技进步二等奖2项。

徐秀丽（1963—），女，教授，博士生导师。1985年南京建筑工程学院工民建专业本科毕业留校，2009年获东南大学工学博士学位。主持国家自然科学基金等多项科研项目。获江苏省科技进步一等奖1项，建设部科技进步三等奖1项，为学校首批青年教学名师培养人，曾获"师德十佳"，江苏省高等学校土木工程专业"教学名师"，入选"绿扬金凤计划"创新领军人才。

殷晨波（1963—），男，教授，博士生导师。1984年南京建筑工程学院建筑机械专业本科毕业留校，2000年获东南大学工学博士学位。主持和承担国家自然科学基金等国家级项目2项，省级项目6项，开发了10余种新产品。为江苏省"333"跨世纪学术带头人培养工程人选，江苏省高层次学术带头人和江苏省教委"青蓝工程"跨世纪学术带头人。

王旭东（1963—），男，教授，博士生导师。1984年南京建筑工程学院水文地质与工程地质专业本科毕业留校任教，2008年获河海大学岩土工程专业工学博士学位。"师德十佳"。获省部级科技进步二等奖3项，主编和参编行业规范5部。2007年入选江苏省"333高层次人才培养工程"首批中青年科学技术带头人，2009年获"六大人才高峰"项目资助人选。

董军（1964—），男，教授，博士生导师。1998年毕业于同济大学结构工程专业，获博士学位，1999年来校任教。负责和参与完成国家自然科学基金等纵横项科研项目50余项；在国内外学术期刊上发表论文70余篇，主编出版教材5本，出版专译著7部。获教育部科技进步一等奖1项、国家科技进步二等奖1项、江苏省科技进步二等奖1项。

刘伟庆（1964—2020），男，教授，博士生导师。1985年南京建筑工程学院工民建专业本科毕业，1995年获东南大学工学博士学位。1998年来校任教。曾任土木系主任、南京工业大学副校长。江苏省有突出贡献的中青年专家，江苏省"333高层次人才培养工程"首批中青年领军人才。获得国家科技进步二等奖1项、江苏省科技进步一等奖2项。

李明峰（1964— ），男，教授，硕士研究生导师。1996年获武汉测绘科技大学博士学位，1988年来校任教。武汉大学兼职博导。主编或参编教材4部，发表教改论文10余篇；获国家级、省级教学成果三等奖3项。承担国家级、省级科研项目8项；发表论文83篇，获发明专利和著作权22项；获国家级、省级测绘科技进步二等奖5项。

张广明（1965— ），男，教授，博士生导师。1987年南京建筑工程学院建筑机械专业毕业留校，2001年获中国人民解放军理工大学博士学位。获国家教学成果二等奖，江苏省研究生教育改革成果、教学成果一等奖各1项，省部级科技进步奖3项。江苏省有突出贡献的中青年专家、江苏省"333工程"中青年科学技术带头人、江苏省"青蓝工程"优秀青年骨干教师。

朱隆斌（1966— ），男，教授，硕士研究生导师。柏林工业大学建筑学专业博士毕业，1990年同济大学硕士研究生毕业来校任教。发表学术论文30余篇（其中SCI、EI论文9篇），出版专著5部。获英国土木工程师学会Telford奖、美国LEED Homes铂金奖以及国内各类规划设计奖多项。

陆伟东（1970— ），男，教授，博士生导师。1992年南京建筑工程学院工民建专业本科毕业留校，2009年获东南大学工学博士学位。入选江苏省"333高层次人才培养工程"中青年科学技术带头人。先后主持国家重点研发计划课题等多项科研项目。主编国家标准2部、国家行业标准1部、江苏省建设工程技术规程6部，发表论文100余篇。

郭华瑜（1970— ），女，教授，博士生导师。1992年南京建筑工程学院建筑学专业本科毕业，2001年获东南大学工学博士学位。主持完成40余项文物建筑保护及建筑工程项目与5项国家自然科学基金项目；获中国勘察设计协会优秀勘察设计奖、江苏省土木建筑协会建筑创作奖、省优秀勘察设计奖共11项，发表论文50余篇，出版专著2部。

王曙光（1972— ），男，教授，博士生导师。1999年东南大学结构工程专业博士毕业。1999年来校任教。江苏省普通高等学校"青蓝工程"优秀青年骨干教师。入选江苏省"六大人才高峰"项目、江苏省第四期"333高层次人才"第三层次培养对象。兼任国际隔震消能控制学会（ASSISI）委员，中国建筑学会抗震防灾分会高层建筑抗震专业委员会委员。

注：按出生年排序。

6.6 附录

附录6-1
院系设置

附录6-2
课程建设成果

附录6-3
教材编写

附录6-4
教学研究成果

附录6-5
承担国家级或省部级课题
情况

附录6-6
获得国家级和省部级科技
奖励情况

附录6-7
出版的主要学术专著

第7章

武汉城市建设学院发展概览

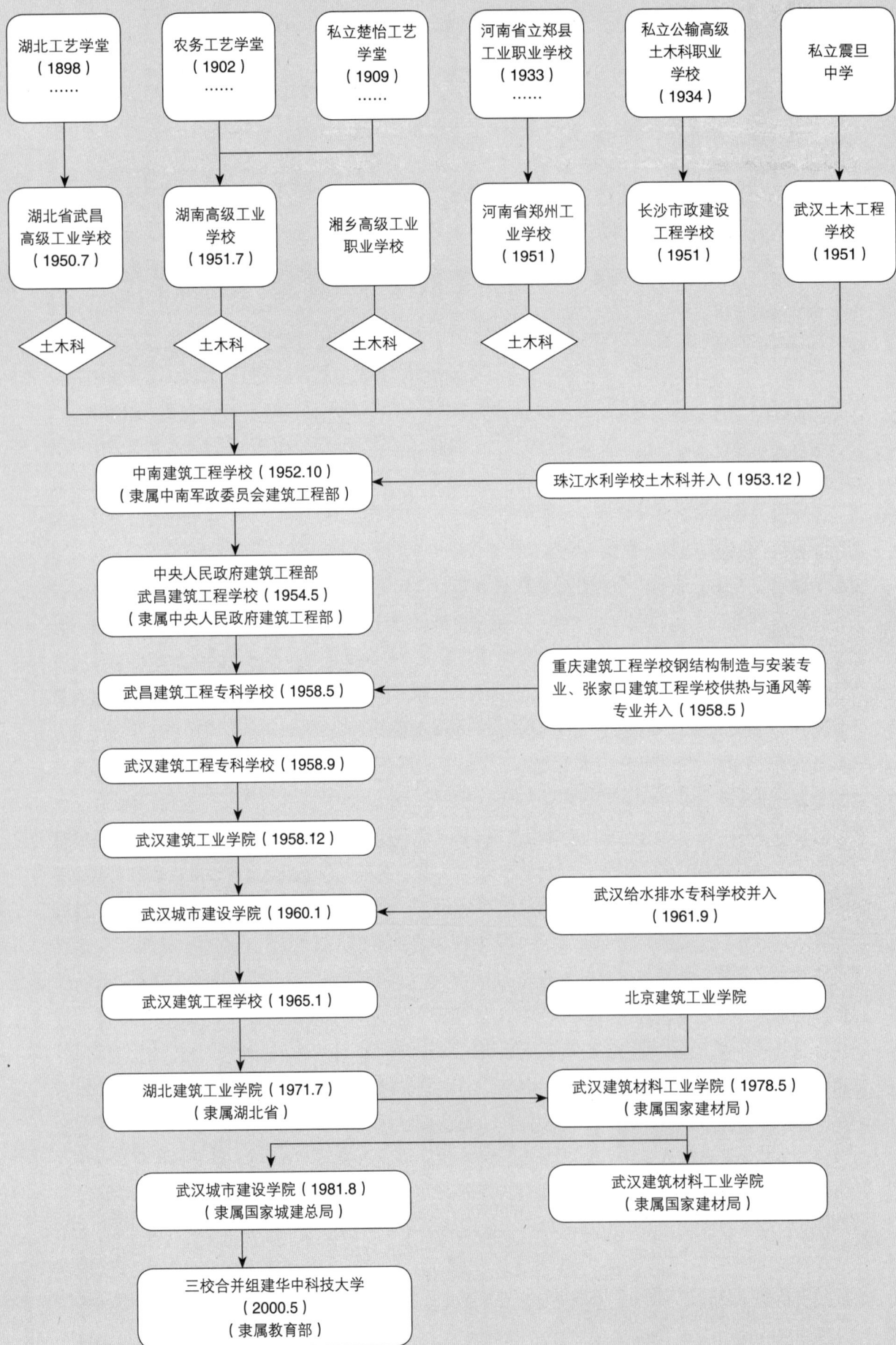

湖北工艺学堂（1898）……	农务工艺学堂（1902）……	私立楚怡工艺学堂（1909）……	河南省立郑县工业职业学校（1933）……	私立公输高级土木科职业学校（1934）	私立震旦中学

↓ → 湖南高级工业学校方向

湖北省武昌高级工业学校（1950.7）	湖南高级工业学校（1951.7）	湘乡高级工业职业学校	河南省郑州工业学校（1951）	长沙市政建设工程学校（1951）	武汉土木工程学校（1951）

◇ 土木科　　◇ 土木科　　◇ 土木科　　◇ 土木科

中南建筑工程学校（1952.10）
（隶属中南军政委员会建筑工程部）　　←　珠江水利学校土木科并入（1953.12）

↓

中央人民政府建筑工程部
武昌建筑工程学校（1954.5）
（隶属中央人民政府建筑工程部）

↓

武昌建筑工程专科学校（1958.5）　　←　重庆建筑工程学校钢结构制造与安装专业、张家口建筑工程学校供热与通风等专业并入（1958.5）

↓

武汉建筑工程专科学校（1958.9）

↓

武汉建筑工业学院（1958.12）

↓

武汉城市建设学院（1960.1）　　←　武汉给水排水专科学校并入（1961.9）

↓

武汉建筑工程学校（1965.1）　　　　　北京建筑工业学院

↓

湖北建筑工业学院（1971.7）
（隶属湖北省）　　→　武汉建筑材料工业学院（1978.5）
（隶属国家建材局）

↓

武汉城市建设学院（1981.8）
（隶属国家城建总局）　　　　武汉建筑材料工业学院
（隶属国家建材局）

↓

三校合并组建华中科技大学
（2000.5）
（隶属教育部）

7.1　历史沿革

7.1.1　武汉城市建设学院沿革概览

武汉城市建设学院于1981年7月经国务院批准恢复重建，时隶属国家城建总局。学校历史可追溯到20世纪50年代，前身是中南建筑工程学校，由中南地区的武昌高级工业学校、湖南高级工业学校、郑州工业学校、湘乡高级工业职业学校等4校的土木科与武汉土木工程学校、长沙市政建设工程学校为基础合并成立，隶属中南军政委员会建筑工程部领导，校址初设江西庐山，1952年12月3日，在庐山大礼堂举行开学典礼。

1953年，学校迁入武昌，校址设在武昌马房山。1954年，学校更名为武昌建筑工程学校，直属中央人民政府建筑工程部领导。1958年5月，学校升格为大专，更名为武昌建筑工程专科学校，1958年9月，学校更名为武汉建筑工程专科学校，同年底升格为本科，更名为武汉建筑工业学院。1960年，学校更名为武汉城市建设学院，是当时全国唯一一所城市建设专业性的高等学府。

1958—1962年，学校以本科教育为主，包括城市规划、城市建设、建筑学、工业与民用建筑、钢筋混凝土制品、园林绿化、给水排水等专业本科和硅酸盐、给水排水专科，为国家培养了一批城市建设高级专门人才。"文化大革命"前，学校一直是建筑工程部和湖北省的重点单位和先进单位，1960年派代表出席全国教育战线群英会。

1962年5月，建筑工程部教育局根据中央"调整、巩固、充实、提高"八字方针，决定学院仅保留中专部，本科专业学生毕业后大学部撤销。10月，建筑工程部经商教育部，将学校更名为建筑工程部武汉建筑工程学校。1971年10月，学校与南迁的北京建筑工业学院合并为湖北建筑工业学院，隶属湖北省领导。1972年，学校开始招收工农兵大学生，建工系的工民建、给水排水等专业先后共招收五届工农兵大学生。1978年，学校被国务院列为新增的全国重点高等学校。同年5月，经国家建材局同意，学校更名为武汉建筑材料工业学院。

1981年7月，经国务院批准，原武汉城市建设学院相关专业另行组建新的武汉城市建设学院，"由国家城建总局与湖北省双重领导，以国家城建总局为主"。学校规划为本科学制4年；办学规模为本科生2800名，研究生100名；设置专业为城市规划、给水排水工程、工业与民用建筑、城市道路与桥梁、交通工程、园林绿化、城市测量等。

新校园于1983年在武汉东湖之滨、马鞍山麓动工建设，1984年招收新生，1987年完成基本建设，实现边建设、边招生办学。建成后的校园占地面积近700亩，校舍建筑面积16万m²。1999年在校本专科学生近5000人，硕士研究生70人，成人教育学生3200余人。毕业生分布在北京、上海、广东、湖北、湖南等全国23个省、市、自治区。重新组建到2000年合校，学院共为国家培养本、专科毕业生近两万人。

1997年10月，建设部和武汉市人民政府决定共建武汉城市建设学院。2000年5月26日，武汉城市建设学院与华中理工大学、同济医科大学合并组建华中科技大学，为教育部直属高校，翻开了学校发展新的一页。

表7-1为武汉城市建设学院历史沿革。表7-2为历任党政负责人。

表7-1 武汉城市建设学院历史沿革

时间	学校名称	校址	学校隶属	历史简介
1952.8	中南建筑工程学校	江西庐山	中南军政委员会建筑工程部	1952年，由武昌高级工业学校、湖南高级工业学校、郑州工业学校、湘乡高级工业职业学校四校的土木科和武汉土木工程学校、长沙市政建设工程学校合并而成，12月在江西庐山临时校址举行开学典礼。1953年5月，学校迁回武昌马房山。1953年12月，广州珠江水利学校土木科并入
1954.5	武昌建筑工程学校	武昌马房山	中央人民政府建筑工程部	1954年，上级决定变更学校隶属关系，由中央政府建筑工程部领导。学校迁回武昌，新建新校区
1958.5	武昌建筑工程专科学校			1958年5月28日，建筑工程部决定学校升格为专科并更名，同时决定重庆建筑工程学校钢结构制造与安装专业和张家口建筑工程学校供热与通风、钢筋混凝土结构制造与装备专业并入
1958.9	武汉建筑工程专科学校			1958年9月，学校更名
1958.12	武汉建筑工业学院			1958年12月，建筑工程部批准学校升格为本科并更名
1960.1	武汉城市建设学院			1960年1月11日，学校更名，是当时国内唯一一所城市建设专业性的高等学府。6月，被建筑工程部列为4所部属重点院校之一。9月，给水排水设计院中南分院所办武汉给水排水专科学校并入。 1963年8月1日，为贯彻中央"调整、巩固、充实、提高"八字方针，建筑工程部会商教育部后通知学校降格为专科并更名武汉建筑工程学校
1965.1	武汉建筑工程学校			1964年12月，学校本科生全部毕业，武汉城市建设学院校名停止使用。1965年1月，启用新校名。 1966年，"文化大革命"开始，学校停止招生。1969年11月11日，学校被军管委下放给一零二工程指挥部革委会领导
1971.7	湖北建筑工业学院		湖北省	1971年7月，国家基本建设委员会会商湖北省革委会，决定将迁至湖南常德601矿的北京建筑工业学院与武汉建筑工程学校合并，组建湖北建筑工业学院。10月，完成合并工作
1978.5	武汉建筑材料工业学院		国家建筑材料工业局和湖北省双重领导	1978年2月17日，国务院转发教育部通知，确定湖北建筑工业学院等22所高校为新增全国重点高校，学校领导体制改由国家建材局和湖北省双重领导。5月10日，学校更名为武汉建筑材料工业学院
1981.8	武汉城市建设学院	武昌马鞍山	国家城建总局和湖北省双重领导	1978年，国务院批准增设武汉城市建设学院，由国家城建总局与湖北省双重领导，以国家城建总局为主。1979年11月，国家城建总局与建材部达成协议：武汉建筑材料工业学院的城市规划、给水排水两个专业的师生和工民建专业部分教师转入新设的武汉城市建设学院；抽调部分干部筹建新学校。1981年7月和8月，教育部、国家城建总局分别发文。1983年8月，新校破土动工，1984年开始招生，1987年完成学校基本建设，实现边建设边招生办学

续表

时间	学校名称	校址	学校隶属	历史简介
2000.5	华中科技大学		教育部	2000年5月26日，学校与华中理工大学、同济医科大学合并组建成华中科技大学

表7-2　武汉城市建设学院历任党政负责人

学校名称	主要负责人姓名	职务	任职时间	班子成员姓名	职务	任职时间
中南建筑工程学校 1952.8—1954.5	郑奕	校长兼政委	1952—1954.8			
武昌建筑工程学校 1954.5—1958.5 武昌建筑工程专科学校 1958.5—1958.9	方起	党总支书记	1954.8—1957	徐国通	副校长	1954.8—
	方起	校长	1954.5—1958.9	张秉照	副校长	1954.8—
	刘德仁	党总支书记	1957—1958.9	侯绍级	副校长	1958.5—1958.9
				刘仁德	副校长	1958.5—1958.9
				席味笙	副校长	1958.5—1958.9
武汉建筑工程专科学校 1958.9—1958.12 武汉城市建设学院 1960.1—1965.1	方起	党委书记	1959.3—1960.1	刘仁德	副书记	1959.3—
	方起	院长	1958.12—1960.1	侯绍级	副院长	1958.12—1960.1
	方起	党委副书记代理书记	1960.10—1964.12	席味笙	副院长	1958.12—1960.1
				刘仁德	副院长	1958.12—
武汉建筑工程学校 1965.1—1971.10	方起	党委书记	1964.12—1966	李维东	副书记	1965—1966
				方起	副院长	1960.1—1965.1
				宗明	副院长	1960.1—1964.2
				席味笙	副校长	1965.3—1966
				晨光	副校长	1965.3—1966
	方起	校长	1965.3—1966	李维东	革委会第一副主任	1968.10—1971.7
				陈松叶	革委会副主任	1968.10—1971.7
湖北建筑工业学院 1971.7—1978.5	刘天明	临时党委书记	1972.12—1974.9	郭全	副书记	1972.12（未到职）
				胡醒		1972.12—1974.8
				徐多礼		1972.12—1978.5
	胡醒	临时党委书记	1974.9—1978.5	戴云中		1972.12—1978
				高海宏		1972.12—1974.3
				李书品		1975.9—
	徐多礼	革委会主任	1975.12—1978.7	周布芳	副主任	1975.9—
				戴云中		1975.12—1978
				常丙子		1975.12—1978.7
				贾道恒		1975.12—1978.7
				万启鹏		1975.12—1978.7
				李维东		1975.12—1978.7
				塞风		1978.2—1978.7
				程仲梅		1978.3—1979.1

续表

学校名称	主要负责人姓名	职务	任职时间	班子成员姓名	职务	任职时间
武汉建筑材料工业学院 1978.5—1981.8	胡醒	临时党委书记	1978.5—1980.2	贾道恒	副院长	1980.2—1981.12
	胡醒	党委书记	1980.2—1984.11	徐多礼		1978.5—1980.2
				塞风		1980.2—1984.11
	塞风	院长	1980.2—1984.11	常丙子		1980.2—1984.11
				纪铁中		1980.2—1984.11
	徐多礼	革委会主任	1978.5—1980.2	常丙子	副主任	1978.5—1980.2
				贾道恒		1978.5—1980.1
				李维东		1978.5—1980.2
				万起鹏		1978.5—1980.2
				塞风		1978.5—1980
				程仲梅		1978.5—1979.1
武汉城市建设学院 1981.8—2000.5	贾道恒	副书记（主持工作）	1982.4—1986.5	吴江	副院长	1983.7—1985.3
				白明华	副院长	1990.10—1995.9
	贾道恒	代院长	1983.11—1985.3	吴盛球（兼）	副书记	1983.11—1995.8
					纪委书记	1992.6—1995.8
	吴江	代院长	1985.3—1987.1	武止戈	副院长	1984.9—1990.8
				余正凤	副院长	1985.3—1998.3
	马耀东	党委书记	1987.1—1999.3	金儒霖	副院长	1986.7—1994.7
				袁大波	纪委书记	1985.10—1990.12
				李建忠	副书记	1990.12—1992.12
	白明华	院长	1987.1—1990.10	雷一鸣	副书记	1993.2—1998.3
				杨伦全	副院长	1998.3—1999.3
	任周宇	院长	1990.10—1999.3	丁烈云	副院长	1994.8—1999.3
				袁汉桥	副书记	1998.4—2000.5
					副院长	1998.4—2000.5
	丁烈云	党委书记	1999.3—2000.5	肖显材（兼）	副书记	1995.1—2000.5
					副院长	1998.4—2000.5
	丁烈云	院长	1999.3—2000.5	杜忠献	副书记	1995.1—2000.5
				李杰	副院长	1999.3—2000.5
				徐金鑫	纪委书记	1995.1—2000.5

7.1.2　学校历史渊源与组建（1952—1954年）

1952年8月22日，中南军政委员会颁布《中南区工业性质中等技术学校整顿、调整和发展方案》（〔52〕会厅字第4475号令），决定以中南地区的"四大高工"，即武昌高级工业学校、湖南高级工业学校、郑州工业学校、湘乡高级工业职业学校等4校的土木科与武汉土木工程学校、长沙市政建设工程学校为基础，合并组建中南建筑工程学校。学校选址在武昌马房山，占地100万m²，临时校址在江西庐山。10月23日，中南军政委员会教育部以〔52〕教技字第3287号文向湖北、湖南、河南省文教厅发出"武汉土木建筑工程学校（正式定名为中南建筑工程学校）正式成立，负责将所属应迁并各科（校）移交该校接收"的指示。

武昌高级工业学校的前身为武昌洋务局1898年开办的湖北工艺学堂，经过近50年的历史变迁、近10次校名变更，1950年（校名为汉阳高级工业学校）与武汉高级工业学校等武汉几所学校合并、分设成立而成，开设有土木、机械、化工、纺织等4科；湖南高级工业学校的前身为1902年设立的湖南农务工艺学堂、湖南省陈润林1909年设立的私立楚怡工艺学堂等，其中私立楚怡工艺学堂1949年7月更名私立楚怡高级工业职业学校，设有土木、矿冶、机械等3科，1951年，几所学校合并组建湖南高级工业学校；郑州工业学校的前身为1933年创建的郑县工业职业学校，校名也多次变更，1951年更名河南省郑州工业学校，设有化工、酿造、土木、水利、机械、电机等6科；长沙市政建设工程学校的前身为1934年创设的私立公输高级土木科职业学校，1951年更名；武汉土木工程学校1951年由汉口私立震旦中学改设。

中南建筑工程学校合并组建后，学校成立了校党委，由政委郑奕（副军级）主持工作。行政工作亦由校长郑奕负责。学校下设行政处、教务处、政治处，筹建了教育工会、中苏友协、学生会等群团组织。1952年11月1日，学校制定"教育实施计划草案"，决定分中级部和初级部。中级部内设建筑结构、建筑设计、建筑施工、建筑勘测4个专业科，学制三年；初级部含瓦工、木工、钢筋混凝土工、铁工等，学制二年。1953年1月31日，中南军政委员会建工部批复：初级部毕业升入中级部，以后不再招初级部。

1952年11月24日，各地师生迁至江西庐山正式上课。学校接收教职员工和学生共1615人，其中，学生1337人，教职工278人。12月3日，学校在江西庐山大礼堂举行成立大会暨开学典礼。中南军政委员会财经委员会副主任兼建筑工程部部长唐天际、建筑工程部政治部副主任石世良等领导到会讲话。校长兼政委郑奕发表讲话。

1953年3月，学校召开关于开展提高教学质量运动的动员大会，校长郑奕作动员报告，号召全校师生"人人立功"，并制订了集中力量为提高教学质量而奋斗的3个月工作计划。

5月18日，在庐山严寒和艰苦环境中坚持完成了5个月的教学工作后，师生员工分四个大队，从庐山徒步到达九江港码头乘船，19日晚到达武昌大堤口码头。到武昌后，暂时分住何家垅、姚家岭、张家湾等武汉军区用房、省委宿舍，同时开始新校区建设。根据建筑工程部6月会议精神，学校在保留建筑勘测、建筑结构、建筑设计、建筑施工等4个专业和初级科的基础上，新设厂房与民房建筑、房屋卫生与技术设备、给水与排水等3个专业。

根据中南建筑工程局、长江水利委员会和中南高教局的决定，广州珠江水利学校土木科教师和5个班学生并入。11月13—15日，广州珠江水利学校相关人员乘火车抵达武昌。

1953年10月，散居校外的部分师生迁到马房山新校区。1954年1月10—11日，师生全部迁入新校区。至此，中南建筑工程学校结束一年多的颠沛流离，开始了在马房山校园的工作、学习、生活。3月，学校在教学组织、教学制度、教学计划、教学大纲、教材、教学方法等方面学习苏联，全面加强教学管理措施，教育教学进一步走上正轨。

7.1.3　学校的发展、暂停与合校（1954—1981年）

1954年5月，上级决定学校改由中央人民政府建筑工程部直接领导，校名改为"中央人民政府建筑工程部武昌建筑工程学校"（1955年4月5日正式启用此校名）。8月23日，建工部任命方起为校长兼任党总支书记，免去郑奕兼任的校长之职；任命徐国通为教务副校长，张秉照为总务副校长。同年，学校增设城市道路与桥梁专业，撤销房屋卫生与技术设备专业，学生转入城市道路与桥梁专业；厂房与民房建筑专业改为工业与民用建筑专业。1955年开始设立实验室，成立教研室。

1956年6月2日，学校根据中央关于"大力开展从小学到大学正规业余教育"的指示精神，设置了夜校部和汉口分校，开启非学历教育。

1957年2月，学校根据上级要求，实行党总支领导下的校长分工负责制，党总支由原来的保证作用改为领导作用。2—3月，学校召开第一次党员代表大会，刘仁德代表总支委员会作工作报告。报告总结了过去一个时期的工作：第一，党的集体领导、党的团结是党在学校领导的首要保证；第二，党对教学工作的领导，发挥了知识分子在国家社会主义建设中的作用；第三，党对行政各职能机构的领导，充分发挥了各级组织的力量；第四，党加强了其他方面的工作，把肃反、审干工作的成绩巩固下来。

1958年2月，为贯彻教育为无产阶级政治服务，教育与生产劳动相结合的方针，学校制定了苦战3年，彻底改变学校面貌的规划，并实行了一年一个月休假、四个月生产劳动、七个月教学的"一·四·七教学制度"，《人民日报》《光明日报》《中国青年报》《湖北日报》《长江日报》等媒体对此进行了报道。2月16日，中共湖北省委在学校召开武汉地区大中专院校会议，省委书记许道琦出席大会，听取学校的经验介绍。3月1—6日，建筑工程部组织部属及省、市属30所中等学校来校召开教育与生产结合现场会议，学习学校3年彻底改变学校面貌、1958年实现经费自给自足的经验。5月，学校开始大办工厂，多时达7个作业区；大量承担社会单位基建工程，最多时达11个单位基建工程，且这些基建工程从设计到施工全部由师生承担；派出三批学生分赴汉阳、汉川、黄陂参加规划设计工作。

1958年5月28日，建筑工程部决定以武昌建筑工程学校为基础建立建筑工程部武昌建筑工程专科学校，同时决定将重庆建筑工程学校的钢结构制造与安装专业，张家口建筑工程学校的供热与通风、钢筋混凝土结构制造与装备专业并入本校。7月，中共湖北省委在庐山召开全省教育工作会议，学校党总支书记刘仁德介绍了学校自给自足办教育的经验。

1958年9月，学校更名为建筑工程部武汉建筑工程专科学校。12月31日，学校升格为本科，更名为建筑工程部武汉建筑工业学院。

1958年，学校共招收本专科学生419人，在校生达1589人；招收夜大、函授155人；毕业生558人。截至1958年，累计培养毕业生2736人。本年度内，学校会计科改为财务科；明确总务副校长分管出版科、人事档案科、总务科、伙食管理科、卫生室、保卫科和财务科；教务副校长分管教务科、学生科、生产实习科、科学研究科、图书馆、实习工厂和各专业科；设立附属小学。

1959年3月，经湖北省委文教部批准，中共武汉建筑工业学院党委会成立，由方起、刘仁德、侯绍级、袁润章、周沄、席味笙、夏沧海、刘传秀、杨述愿等9人组成，方起任党委副书记，代理书记职务。7月16日，学校成立院务委员会，方起任主任委员，刘仁德、侯绍级、席味笙任副主任委员，常务委员由方起、刘仁德、侯绍级、郭宙曙、席味笙、李泽民等组成。

1960年1月11日，经教育部批准，学校更名为武汉城市建设学院，方起任副院长（主持工作），宗明任副院长。4月2—3日，学校召开第二届党员代表大会，党委书记方起作"遵循党的总路线胜利前进"的工作报告。大会选举13人组成党委会，方起为代理党委书记，刘仁德任党委副书记。

1960年5月，硅酸盐教研室因在文教方面社会主义建设中贡献卓越，在湖北省文教群英会上被评为先进集体，受到湖北省省长张体学的嘉奖。

1960年6月2日，建筑工程部以〔60〕建教字第62号文函告教育部，学校被列入建筑工程部4所部属重点院校之一，同批的还有同济大学、北京建筑工程学院和哈尔滨建筑工程学院。10月17日，经湖北省委批准，方起任武汉城市建设学院党委副书记、代理书记。

1960年度，学院成立了科学技术工作委员会；被评为全国先进文教单位，派代表出席全国教育战线群英会；重新调整内部机构，设置党委办公室、组织部、宣传部、团委、工会、院办公室、人事科、保卫科、财务科、总务处、教务处、图书馆、科研设备生产管理处、教学实习工厂、附属设计室。

1961年，根据建筑工程部的指示，给水排水设计院中南分院所办的给水排水专科学校给水排水专业的4个班并入本校。

1962年3月，学校召开第三届党员大会，代理书记方起作工作报告。大会选举产生了由12人组成的新一届党委会和5人组成的常委会，方起任书记。

1962年，学校教学单位和党政管理机构设置齐全，有教职工459人，其中教学人员236人，管理人员115人，学校发展规模处于历史阶段性高位。同年5月，建筑工程部教育局根据中央"调整、巩固、充实、提高"八字方针，决定学院仅保留中专部，本科专业学生毕业后大学部撤销。10月，建筑工程部经商教育部，将学校更名建筑工程部武汉建筑工程学校。

从1958至1962年，学校以本科教育为主，培养了一批城市规划、城市建设工程、建筑学、工业与民用建筑、钢筋混凝土制品、园林绿化、给水排水等专业的本科毕业生和硅酸盐、给水排水等专业的专科毕业生，为国家培养了一大批高等专业技术人才。

1963年4月，学校召开第四届党员大会，方起作了"加强政治思想教育工作，发挥党的战斗核心作用"的工作报告。大会研究了在"下马"的形势下学校的发展问题和工作任务，提出"人人做政治思想工作"。大会选举产生了由11人组成的新一届党委会。

1964年12月，武汉建筑工程学校召开第一届党员大会。方起代表上届党委作工作报告。大会选举产生了由10人组成的新一届党委会。同年12月，武汉城市建设学院本科学生离校。1965年1月，学校启用武汉建筑工程学校校名，仍直属建筑工程部领导，举办专科教育，师生规模大幅压缩。建筑工程部任命方起为校长，任命晨光、席味笙为副校长，免除他们所担任的武汉城市建设学院的职务；任命李维东为党委副书记。

1966年1月，中共武汉建筑工程学校政治处成立，下设办公室、组织科、宣传科。

1971年7月，国家基本建设委员会（71）建革函字114号决定，将下放湖南常德的北京建筑工业学院迁往武汉，与武汉建筑工程学校合并，定名为湖北建筑工业学院，由湖北省领导，由两校军宣队负责人徐春富、张金、高玮，革委会负责人胡醒、常丙子、李维东组成六人临时领导小组，徐春富为组长，高玮、胡醒为副组长。10月16日，北京建筑工业学院师生从湖南到达武汉，两校合并，塞风任院长，方起、贾道恒、李介民、万启鹏为副院长，任命李维东、纪铁中为党委副书记。

1972年1月，湖北建筑工业学院革委会成立。12月27日，经中共湖北省委批准，学院临时党委会成立，成员15人，刘天明任临时党委书记，郭全（未到职）、胡醒、徐多礼、戴云中、高海宏任副书记。1974年1月8日，根据湖北省委指示精神，驻学院军宣队除徐副指挥长与党委副书记戴云中外，全部撤离；9月，胡醒任临时党委书记。1975年12月，中共湖北省委任命徐多礼为学院革委会主任，戴云中、常丙子、贾道恒、万启鹏、李维东为副主任，增补万启鹏、王玉铭、余正凤为临时党委委员。

1972年2月，学校开始招收工农兵大学生，45名招生工作人员分赴全国12个省、市、自治区开展招生工作。开设的水泥工艺、建材机械、非金属矿选矿工程、工业与民用建筑等4个专业共招收三年制大学生175人，其中党员29名，团员100名。根据规定，新学员的任务是"上好大学，管好大学，用毛泽东思想改造好大学"。1972—1976年，学院招收5届三年制工农兵学员，共2144人。学校实行开门办学，厂校挂钩，与24个厂矿挂钩，开展了23个培训项目，培训了700多名厂矿技术骨干。

学校合并后，在临时党委和革委会领导下开始恢复办学。因校舍严重不足，在国家基本建设委员会和湖北省的支持下，学校开始一期扩建工程。一期扩建按照2100名在校学生规模实施。1972年，全年基建扩建工程经费85万元，新建图书馆、实验楼及教工宿舍。到1974年底，征地48亩，获批投资约1300万元，共批准建设校舍面积12万m²，校园基本建设得到了一定改善。

1973年3月31日，学院召开第一届团员代表大会。

1976年10月，唐山发生地震，学校抽调部分人员支援唐山、天津灾后重建。

1977年10月，国务院批转教育部有关意见，决定恢复高考，考生1978年2月入学。学校根据国家下达计划，面向全国26个省、市、自治区招收四年制本科生680人。学校设有硅酸盐工学、新材料、建筑工程、非金属矿、机械工程、电气自动化和基础课部6系1部，开办水泥工艺、玻璃工艺、玻璃纤维工艺、玻璃钢工艺、胶凝材料及制品、工业与民用建筑、给水排水工程、建筑材料机械、工业电气自动化、非金属采矿和非金属选矿等11个专业和数学、力学、英语3个师资班。1978—1980年，学校先后增设了陶瓷工艺、材料科学、城市规划3个专业，撤销了3个师资班，并把水泥工艺、玻璃工艺和陶瓷工艺3个专业合并为无机材料工程专业。7个专业招收硕士研究生。

1978年2月17日，国务院转发教育部《关于恢复和办好全国重点高等学校的报告》（国发〔1978〕27号），确定了88所全国重点高校，占全国406所高校的22%。湖北建筑工业学院被列为新增的22所全国重点高校之一。2月，学校领导体制改由国家建筑材料工业局和湖北省双重领导，以国家建筑材料工业局为主。

3月，全国科学大会召开，学院的"利用含皂素植物作为加气混凝土的外加剂"等5项成果获全国科学大会奖。另有20项成果获省部级奖励。5月10日，湖北建筑工业学院更名为武汉建筑材料工业学院。

1980年2月5日，国家建筑材料工业局调整学校领导班子，胡醒任党委书记，塞风任院长兼党委副书记。同年4月16日，中共武汉建筑材料工业学院第四次党员代表大会召开。会议回顾了临时党委7年来的工作，提出要充分发挥知识分子的作用办好社会主义大学，要落实知识分子政策，在政治上关怀、在工作上支持、在生活上关心知识分子；思想政治工作要紧紧围绕教学科研工作开展，保证教学科研任务的完成。会议选举胡醒等21人组成学院党委，胡醒为书记。

7.1.4　新址重建　快速发展（1981—2000年）

1978年，国务院批准增设"武汉城市建设学院"，"由国家城建总局与湖北省双重领导，以国家城建总局为主"。1979年11月，国家城建总局与建材部达成协议：武汉建筑材料工业学院的城市规划、给水排水两个专业的师生和工民建专业部分教师转入新设的武汉城市建设学院；抽调部分干部筹建武汉城市建设学院。1981年7月11日，教育部〔81〕教计事字157号文通知各省、市、自治区和有关部委：国务院同意增设武汉城市建设学院等22所高等学校。8月1日，国家城建总局以〔81〕城发科字192号文发出《关于国务院批准增设武汉城市建设学院的通知》，明确以武汉建筑材料工业学院的相关专业为基础组建新校，校址设在武汉市；学制四年，未来办学规模为本科生2800名，研究生100名；设置专业：城市规划、给水排水工程、工业与民用建筑、城市道路与桥梁、交通工程、园林绿化、城市测量等。12月18日，国家建材部调武汉建筑材料工业学院党委常委、副院长贾道恒和8名处级干部开始进行武汉城市建设学院的筹建工作。

1983年8月30日，新校破土动工，1987年，完成基本建设。学校位于武汉东湖之滨、马鞍山麓。建成校园占地面积近700亩，校舍建筑面积16万m²。校园内教学主楼、图书馆、力学馆、物理馆、计算机中心等建筑错落有致，大学生活动中心、标准运动场、游泳池以及篮球场、排球场、网球场等教学活动基础设施配备齐全。

1983年1月27日，贾道恒在学校表彰先进大会上发表题为"如何开创我院建设新局面"的讲话。他强调，开创新局面，必须实事求是，从实际出发；学校是一个新校，又不完全是新校，要总结30年办学经验，要总结新经验、发现新问题、解决新问题；学校建设千头万绪，要调查研究，抓住主要矛盾；新校建设，基建是头等大事，但同时必须注意师资队伍建设；师资培养不是短时间见成效的，必须尽早准备；教师、教材、图书资料是学校的三大基本建设，而师资队伍又是重中之重。他强调，师资队伍建设，一定要有战略眼光；除引进一批外，重点要抓好青年教师的培养；要发挥老教师的作用，为他们配备青年助手；要挑选一批思想进步、身体健康、基础扎实、有培养前途的青年人作为重点培养对象，创造条件，帮助他们尽快成长。他强调，要尽可能地逐步开展科研工作；学校未来将建成教学、科研两个中心，专业教师，一定要既搞教学，又搞科研；科学研究是提高教师水平的重要途径。

师资是办学之本。办学之初，学校大力引进和培养师资，1984年，学校有教职工394人，其中教师222人；教师中，正副教授15人，讲师84人。1988年学校首批专业技术职务评聘工作结束，共有11人晋升正高，74人晋升副高，191人晋升中级，330人晋升或确认初级。经过几年努力，学校共有专业技术人员637人（含在岗工人58人）；10人担任正高级职务（不含聘后即退休人员），占1.5%；80人担任副高，占12.6%；261人担任中级职务，占41%；201人担任助理级职务，占31.6%；教师377人，其中教授10人，占2.7%；副教授68人，占18%；讲师169人，占44.8%；助教及见习教师130人，占34.5%。

1984年9月10日，学校隆重举行首届新生开学典礼，城乡建设环境保护部、湖北省、武汉市领导和有关部门负责人、部分兄弟院校负责人近百人出席大会。城乡建设环境保护部副部长储传亨、省委科教部部长尤洪涛在会上发表讲话。武汉市建委副主任孙宗汾、武汉大学副校长童懋林也发表热情洋溢的讲话，对学校的建设发展表示支持。武汉市市长吴官正到校，对学校建设发展做出指示。湖北省人民政府，城乡建设环境保护部副部长戴念慈，城乡建设环境保护部教育局、干部局，湖北省教育厅、哈尔滨建筑工程学院等单位和个人发来贺信、贺词，向学校表示祝贺。

学校新址重建，时值改革开放之初，基建工作也进行了改革探索，试行了投资包干制和招标承包制。新校建设中，拆迁农户36户，安置劳动人口170余人。基建部门干部职工不辞辛劳，到湖北新洲和武汉市白沙洲、江岸等地亲自采购运输建筑材料，发放给拆迁农户还建住宅，顺利实施了拆迁还建工作。1986年6月12日，武汉地区大专院校基建包干经验交流会在学院举行，学院领导作了校园基建工程建设经验介绍；同年12月，城乡建设环境保护部在学院召开部属7所院校负责人现场会，推广学校基建管理经验。

1982年经中共湖北省委批准，学校成立临时党委。1987年12月25—26日，中共武汉城市建设学院第一次代表大会召开。大会选举产生了中共武汉城市建设学院第一届委员会，马耀东任党委书记，吴盛球任副书记；选举产生了第一届纪律检查委员会，袁大波任纪委书记。党的领导，成为学校快速发展的政治保证。

1985年5月28日，学校第二届团代会和第一届学代会召开。9月10日，学校隆重举行第一个教师节庆祝大会。1998年6月1日，学院第六届学代会召开，团省委学校部、省学联有关负责人和武汉大学等九所大学学生会代表作为特邀嘉宾出席大会。校团委、学生会组织在新的办学阶段不断规范和壮大，在学校人才培养工作中发挥了重要作用。

1985年11月6—9日，学校召开首届教职工工会会员代表大会，湖北省科教部、省教育工会负责人和部分兄弟院校代表莅会指导。会议听取了代院长吴江的学校工作报告和院工会筹备组负责人吕元龙的工会工作报告。会议审议通过了《机关工作岗位责任制》《教师工作规范》《学校基金管理办法》《教职工住房分配暂行办法》等规章制度。

学校致力于搭建促进教育质量快速提升的学术交流平台，高度重视、积极主办和承办国内国际学术活动。1985年5月6日，学校与中国建筑学会城市规划学术委员会、中国城市规划设计院共同主办的第一届"全国开放城市规划研究班"举行开学典礼，来自上海、天津、福州、厦门等25地城市规划部门技术干部和管理干部40余人参加研修。1988年10月，受建设部委托，学院举办我国首次城市住房维修管理研讨班，全国60多个大中城市的200多位学者和工程技术人员参加了为期一周的研讨，来自内地和香港的专家学者应邀作报告。此后，学校陆续举办各类学术研讨会、专业培训班。

1987年1月，上级任命马耀东为学院党委书记、白明华为学院院长。

1988年，学校召开第二届教职工和工会会员代表大会，提出了新的改革思路：引进竞争机制，深化教育改革；开展有偿社会服务，提高办学效益；加快后勤改革，提高服务质量；加速管理体制改革，提高管理水平；同时强调要加强学生思想政治工作和学生事务管理。

1989年6月，根据《中华人民共和国学位条例》及《中华人民共和国学位条例暂行实施办法》的有关规定，学校成立首届学位评定委员会，院长白明华任主任委员，副院长金儒霖、武止戈任副主任委员。

学校高度重视师资队伍建设，积极引进、招聘专业技术人员，改善教师专业技术职务结构。截至1989年10月，全院有专业技术人员637名，其中具有高级职称的专业技术人员由15名增加到129名，中级职称专业技术人员由131名增加到261名。多名教师被派到国内外进修，同时在院内开办各种助教进修班、硕士课程学习班，参加学习的教师达170余人（次）。到1991年底，学院专任教师总数已达348人，其中副教授以上教师74人，讲师111人，教师队伍的知识结构、职称结构、年龄结构均有所改善。

1991年，国务院学位委员会批准学院为市政工程学科硕士学位授予单位，标志着学校新址新建后办学层次上了一个新台阶。同年，学校将城市规划系、风景园林系、城市管理系与城市建设系等4个系进行结构调整，新组成了城市规划与建筑系、城市道路与交通工程系。同时，学校进行中层领导班子调整，加强思想作风建设。

1992年6月26—27日，中共武汉城建学院第二次代表大会召开。会议选举产生了由9位同志组成的中共武汉城建学院委员会，马耀东任党委书记。选举产生了由7位同志组成的第二届纪律检查委员会，吴盛球任纪委书记。10月，建设部任命任周宇为学院院长，任命建设部挂职干部李建忠为学院党委副书记，白明华改任副院长。

1992年，学院设有城市规划、建筑学、风景园林、工业与民用建筑工程、给水排水工程、城市燃气工程、公路与城市道路工程、交通工程等8个本科专业和房地产经营管理、环境卫生工程两个专科专业，面向全国22个省、市、自治区招生。在校本专科生达2272人。加上计划外各种形式成人教育学生，全校在校学生3100余人、91个班。本年度，学校招收研究生6名，分别从事市政工程、交通工程、城市规划与设计、桥梁工程、结构工程等5个方向的学习与研究。全校在册教职工1034人，其中教授、研究员11人，副教授、副研究员及相当职称人员111人，讲师、工程师及相当职称人员331人，助教及相当职称人员218人。全院教职工中，专任教师356人，生师比为6.39∶1。1993年学院新增房地产经营管理、城镇建设两个本科专业和建筑电气、涉外公关文秘两个专科专业。新增城市规划（含风景园林）硕士点。

1994年3—6月，首期全国建设监理工程师培训班在学院举办，由城市建设与管理系具体承办。至2000年，该项目共举办20余期，培训学员3000余人。

1994年，学院设有城市规划与建筑、城市建设与管理、环境工程、城市道路与交通工程、基础科学等5个系和社会科学部，共13个专业。市政工程、城市规划学科具有硕士学位授予权。学院设有建筑市政工程设计研究院、城市规划设计研究院、风景园林研究所、交通工程研究所、环境工程与机械研究所等科研设计机构。本年度，学院共有教职工1032人，其中教师400多人，副教授以上高级专业技术人员130多人；在校学生4000名，其中硕士研究生20名。成人教育学院设有函授、干部专修科、自学考试等项目。

1995年11月，学院召开第四届教职工和工会会员代表大会。大会选举并经上级批准，徐金鑫任工会主席，潘素英任常务副主席，镇英文任副主席，段泽琪任兼职副主席。

1996年4月，学院成立科学技术委员会，负责指导和协调学校科研工作。院长任周宇任主任，副院长余正凤、副书记雷一鸣、副院长丁烈云任副主任。

1996年9月，倪伟桥获中国教育工会"三育人"先进个人荣誉称号。1997年5月，院工会、院党委宣传部做出决定，在全院开展向倪伟桥老师学习活动。

1996年，学院开办环境艺术设计专业，面向湖北省招收26名学生。6月，学院基础科学系启用"电气与计算机工程系"名称，以"两块牌子、一套班子"模式运行。7月，为支援三峡建设，学院与秭归县签订系列对口支援协议，包括为秭归二中新校区免费进行规划设计、以成人教育形式为当地培养城建人才、定向录取优秀大学生、对愿回当地工作的毕业生减免部分学费、派出专家为当地旅游开发提供咨询等。本年度，学院开展建筑工程专业系列CAI课程软件（总称建筑结构测试与指导课件）的研制与开发，混凝土结构测试与指导课件（简称CSCAI）即是其中之一。

国家实施注册建筑师制度后，首次认定一批国家一级注册建筑师。经全国注册建筑师管理委员会、建设部勘测设计司等权威部门考核，学院何心如、金裕民、罗文博、刘必成、吴年等5名教师获认定并注册。同一时期，梁建琳、冷御寒通过一级注册建筑师考试并注册，肖贵泽、王珩通过一级注册结构工程师考试并注册。

1997年12月5日，学校隆重举行办学四十五周年庆祝大会，国务院副总理邹家华、国务委员李铁映、建设部部长侯捷、湖北省省长蒋祝平、建设部常务副部长叶如棠、建设部副部长赵宝江、原副部长毛如柏和中国科学院中国工程院院士清华大学教授吴良镛等领导、院士为校庆题词，建设部原副部长萧桐、湖北省副省长王少阶、湖北省政协副主席崔建瑞、湖北省顾委常委尤洪涛等出席大会。建设部人事教育劳动司副司长李先逵到会宣读了建设部贺信。参加会议的还有省教委副主任谈云龙、省建设厅副厅长张发懋、武汉市副市长李昌禄和省市有关部门、建设部部属七所兄弟高校及武汉地区几十所兄弟高校负责人，广西钦州、湖北荆州等地领导。加拿大土木工程学会代表团团长克劳德·詹森教授、美国北达科他州立大学盖伦·纳逊博士及其夫人等外宾，建设系统30多家大中型企业负责人和校友参加大会。党委书记马耀东主持大会，院长任周宇发表题为《抓住机遇，开拓进取，把充满生机和活力的武汉城市建设学院带入21世纪》的讲话。

校庆期间，12月4日，举行了教育部和武汉市共建武汉城建学院新闻发布会，建设部人教司副司长李先逵、武汉市副市长李昌禄等出席发布会，湖北省、武汉市主要新闻媒体参加发布会并予以报道。根据协议，实行共建后，学校仍隶属建设部，在管理上实行建设部为主、建设部与武汉市双重领导体系；建设部继续提供相关经费并发挥在行业指导、信息提供、科学研究、毕业生就业等方面的优势，为学校做好促进、指导、协调工作的同时支持学校根据武汉市建设和发展战略，在人才培养、科学研究、成果转让、成人教育、科技服务等方面优先服务于地方经济社会发展；武汉市把学校建设发展纳入武汉市经济社会发展规划，并将其作为本市城建行业高级人才培养和城市建设科学研究重要基地，在学校用地、校园环境建设、科学研究、高新技术开发、人才和项目引进、对外交流、教学实习、社会实践等方面给予经济和政策上的支持。

同日，学校第一届董事会成立大会举行，这是高等学校建立与社会主义市场经济体制、科技体制相适应的教育体制的一种尝试，为社会参与学校的教育事业提供了一个新的平台。建设部人教司副司长李先逵、武汉市政府副秘书长路策、省建设厅副厅长张发懋、中建三局副局长陈学锋等出席。李先逵对董事会成立的意义和任务做了阐述，路策代表武汉市副市长李昌禄对董事会成立表示祝贺并表示一定要履行董事会章程规定的义务，张发懋对董事会的工作提出了意见建议。董事会成员、校友谢格会上发言，表达了对母校的深厚感情和为母校发展做贡献的心愿。会议通过了董事会章程和第一届董事会成员名单。学院院长任周宇任第一届董事会常务副董事长，部分政府部门代表、校友代表任董事。

1997年12月24—26日，学校召开首届学科建设工作会议。省教委副主任袁继凤等应邀出席并讲话。学院党委书记致开幕词。院长任周宇作题为《解放思想，抓住机遇，为促进我院学科建设进一步发展而努力奋斗》的报告，总结了1984年招生办学以来学科建设和师资队伍建设成就，分析了现状，指出了存在的主要问题和薄弱环节，阐述了今后的任务、目标和具体措施，强调学校学科建设的重要任务就是要建设一支结构合理、能适应高等教育未来发展需要的高素质师资队伍，造就一批跨世纪的学科带头人和后备人员，建立起面向21世纪我国城市建设事业和现代化建筑科学技术发展趋势的学科专业结构、课程结构和教学体系，为在21世纪把学校建设成为突出城市规划、建设和管理学科专业特色，以工为主、工经管文相结合、实力雄厚、水平较高、特色鲜明、管理科学的城市建设大学而奋斗。会议审议通过了"学科带头人产生及管理办法""教师继续教育规程"等制度性文件。

1997年，学院本科专业包括城市规划、建筑学、城市燃气工程、城镇建设、建筑工程、建筑电气技术、房地产经营与管理、给水排水工程、供热通风与空调工程、环境工程、计算机应用技术、交通工程、交通土建工程、经济法，专科专业包括财务会计、公关与文秘、环境艺术设计。本年度，学校6个系17个专业共招收学生980人；共申请省部级以上科研项目20余项，获批重点科研项目10项，计划经费42万余元。

1998年5月29日，学院党委召开专题会议研究后勤改革方案。会议明确，后勤改革是大势所趋，势在必行；后勤改革坚持"三服务、两育人"的宗旨，遵循"服务、管理、积累、发展"的方针。会议同意后勤改革基本思路：在12个科室基础上，办成若干独立核算的经济实体，实行经济承包，承担后勤有关服务项目。会议决定成立后勤改革领导小组，推进后勤管理干部的聘任制改革。

1998年7月14—17日，学校开展第一阶段教育思想大讨论。在第一天的动员大会上，党委书记马耀东围绕"认真学习邓小平教育理论，深入开展教育思想大讨论"和"进一步端正办学指导思想，培养高层次的城市建设人才"作了动员讲话，院长任周宇就活动意义及内涵、如何迎评促建、怎样做到以教学为中心等问题作了专题报告。四天的集中学习研讨中，干部教师围绕主要领导的专题报告进行了深入学习和讨论交流。期间，学校邀请华中理工大学教科所教授文辅相作了题为"论素质教育和方法教育"的学术报告。在总结大会上，副院长丁烈云充分肯定了大讨论的成果并就如何理解和落实办学指导思想以及如何做好迎评促建工作作了进一步阐释。

1998年8月19日和9月11日，学校两次组织集中捐赠救灾活动，为受洪水影响的灾区居民捐款捐物。全校师生员工及家属两次共捐款28.8万余元，衣物1.5万余件，其中，学生捐款3.7万余元。

1998年11月18日，受省教委委托，省高校后勤专业委员会组织19名专家来校对校园绿化工作进行全面考核。来校期间，专家组听取了院长任周宇、副院长杨伦全、总务处长季玉明的汇报，对照指标体系进行了核查并实地考察了校园绿化建设。最后，专委会副理事长于清双代表该会授予学校

"园林式学校"牌匾。党委书记马耀东代表学校授牌。

1999年1月21—22日，学校思想政治教育研究会第五届年会召开。会议总结了近两年的研究成果和经验，27名德育学科教学先进个人、19篇优秀论文作者受表彰。

在学校新址重建和持续发展过程中，建设部和湖北省给了大力支持，各级领导热情关心学校的建设与发展，或亲自参与学校选址、设计方案审查，或多次到学校视察调研，或亲自参加学校的开学典礼等重要活动，或为学校活动发来贺信、题词勉励。

学校筹建初期，城乡建设环境保护部原副部长谢北一、戴念慈亲自审查学校总体建设方案，城乡建设环境保护部计划财务局等有关部门领导多次来校实地勘察选址和检查工程进度。1982年1月9日，湖北省副省长田英，省委副书记、市委第一书记王群，副市长王杰、王家吉和武汉市城建、规划、蔬菜供应等部门负责人到新选校址视察，现场办公，解决学校基建方面面临的问题。1983年4月26日，湖北省建委召开会议，确定学校建设工程为省重点建设项目，要求省市有关建设管理部门、规划建设施工单位高度重视，大力支持，确保完成当年投资，确保1984年招生。5月19—20日，建设部在武汉召开学校扩初设计方案审批论证会，副部长戴念慈出席并邀请华中工学院建筑学教授周卜颐、黄康宇参加论证会，对学校基建设计方案给予具体指导。城乡建设环境保护部计财局、教育局有关负责人和专家，省建委、市建委有关负责人，湖北工业建筑设计院（学校建筑设计单位）、湖北省建一局及其二公司（建筑施工单位）有关负责人参加评审会。

1986年10月21日，湖北省人大常委会副主任田英来学院视察，田英在吴江代院长、余正凤副院长的陪同下视察了教学主楼、电教科演播室和基础科学系的计算机房。田英详细询问了学校基建、教学情况。11月7日，湖北省委科教部副部长任心廉一行三人来学院检查工作，吴盛球、金儒精、武止戈等学院领导分别就学院开展精神文明建设和教育改革等方面的工作情况作了详细汇报。任心廉对学院教学工作提出了意见建议。

1987年3月31日，城乡建设环境保护部顾问萧桐来校视察指导工作。萧桐对学校各项工作进展给予了充分肯定，称赞吴江同志带领师生员工所做工作，对校园建设特别是绿化工作提出了指导意见。他希望全院教职工在院党委领导下，努力把学校办好。最后，萧桐为学院题写"城建学府培育英才，装点江山造福人民"。

1993年9月23日，建设部副部长毛如柏在部村镇司郑坤生司长、湖北省建设厅胡己立陪同下视察学校。在参观院图书馆、建筑设计研究院和力学馆、水工馆等实验室，听取院长任周宇关于学院情况汇报后，毛如柏对学校快速发展和各方面建设成绩表示肯定，对学生学习生活表达了关心。

1994年3月2日，建设部副部长谭庆琏来校检查工作。谭庆琏十分关心学校建设和发展，认真听取了院领导马耀东、吴盛球、余正凤、雷一鸣等工作汇报并询问了师生员工工作、学习、生活情况。在院党委书记马耀东和省建设厅厅长胡己立等陪同下，谭庆琏察看了学校教学、生活设施和校园环境。

1994年12月11—15日，建设部人事教育劳动司副司长李竹成、高教处副处长何京华来校调研。李竹成一行听取院党委书记马耀东、院长任周宇等领导的工作汇报并分别召开教师、教学、科研、学生管理干部、党政干部、后勤服务部门人员、学生代表等系列座谈会，广泛听取各方面的意见。调研组还在校领导陪同下考察了图书馆、计算机中心、电教中心、实验室等基础设施。李竹成还给全院学生干部作了关于适应时代要求、努力成为城市建设合格人才的报告。

1995年1月9日，建设部副部长叶如棠在湖北省建设厅胡已立厅长及建设部教育司原司长秦兰仪陪同下来校检查工作。在听取学校党委书记马耀东、院长任周宇的工作汇报过程中，叶如棠关切地询问了学院近几年发展状况和所面临的困难、问题，对学校的工作表示肯定。他提出，学院要进一步完善配套设施，集中精力狠抓教学质量；要充分发挥城建专业优势，办出自己的特色；要充分利用房地产管理和规划设计两大专业优势，保质保量完成各项任务，使学院发展更上一层楼。

1997年4月11日，建设部毛如柏副部长来我院检查工作，听取了院领导马耀东、任周宇的工作汇报。毛如柏对学院近期工作进展和所取得成绩表示肯定并视察了施工中的成教培训楼。

1997年5月4日，建设部副部长赵宝江来校视察，听取了学校办学情况和四十五周年校庆活动汇报。

1998年3月25日，建设部人事教育劳动司副司长李竹成、处长何京华来学校检查迎接国家教委本科教学评价准备工作。

1998年4月1日，建设部部长俞正声在湖北省副省长周坚卫、建设部政策研究室副主任顾云昌、武汉市副市长涂勇、省建设厅厅长张发懋、市建委主任吴长钧、副主任胡建武、建设部城建司处长刘昌兴等陪同下来校视察并就学校下一步发展问题进行了座谈。座谈会上，院党委书记马耀东、院长任周宇汇报了学校基本情况和当前面临的一些问题。俞正声在听取汇报后，就学院的体制改革、联合共建、住房货币化改革、土地增容等问题发表了意见，同时就教学评估工作以及曾经负责学校基建工程的省建二公司临时工棚区搬迁等问题同省市领导进行了研究并达成初步解决方案。俞正声还向全院师生员工表示慰问。

1998年5月8—10日，建设部科技司副司长李秉仁来校考察调研科技工作。学院党委书记马耀东、院长任周宇、副院长丁烈云、副院长袁汉桥参加调研会。学院科研处处长向才旺就"九五"以来学院科技工作开展情况，以及如何发挥重点学科人才优势培养学科带头人，科研工作如何围绕提高办学层次办学水平、更好地为培养人才服务、为社会主义市场经济服务等问题作了汇报。李秉仁对学院"九五"以来科技工作取得的成绩给予了充分肯定，对加强科研工作管理、培养科研骨干和学科带头人的做法表示赞同。他强调，建设部直属院校的科研工作一定要密切结合国民经济可持续发展这个大局，发挥专业优势，重点在有自己专业特色的领域内，选准项目，集中优势兵力进行科技攻关，取得更大成果，不断扩大自己的知名度，努力在行业内找到自己的学术位置。李秉仁还就申报国家自然科学基金项目、科技成果如何向现实生产力转化、建设部科技项目申报论证及建设部科技进步奖评审等议题发表了自己的意见。

1998年11月12日，学校召开跨世纪学科带头人和后备人员工作会议。这是学校根据首届学科建设工作会议精神评选产生两支队伍之后召开的第一次工作会议。院长任周宇在讲话中强调，学科建设是核心，师资队伍建设是重点；要培养高素质、高质量的城市建设专门人才，必须有一支高水平的师资队伍；学校要发展，上台阶，必须有学术水平高、科研能力强并在国内外有影响的突出人才，学校评出这两支队伍，就是朝这个方向迈出的第一步。他表示，学校将从政策、经费上给予重点支持。副院长丁烈云强调，学科带头人和后备人员的培养是动态的，学校出台的《跨世纪学科带头人和后备人员管理实施细则》，旨在鼓励和扶持专业人员出成果，做贡献。

随后，学校根据会议精神，出台一批引进高层次人才优惠政策，以改善学校师资队伍结构、提高师资队伍整体水平。这些政策包括：（1）到学校工作的45岁以下教授解决配偶调动并按国家房改政策分配一套三室二厅住房；提供3万元安家费和5万元科研启动费；若被确定为学科带头人，按学校跨世纪学科带头人和后备人员管理制度享受每月150元科研津贴，每年补助5000元学术活动经费；（2）具有硕士专业学位的副教授、35岁以下的紧缺人才，解决配偶调动并按国家房改政策分配一套三室一厅住房；提供2万元安家费和2万元科研启动费；若被确定为学科后备人员，按政策享受每月80元科研津贴，每年补助2000元学术活动经费。相应地，对博士研究生和硕士研究生设置了相应的激励政策。上述人员需签订至少五年的服务合同。

1998年11月16日，由湖北省教委、湖北省国家保密局及有关高校党办负责人组成的联合检查组对学校进行了保密评估检查。院党委书记马耀东会见了检查组成员，副书记、副院长、院保密委员会主任肖显材汇报了学校保密工作情况。检查组根据评估标准对学院贯彻落实有关保密法规的情况进行了检查评估。

1998年11月16—29日，建设部人事教育司副司长李竹成率专家组一行9人来校检查指导本科教学评价工作。对于教育部1999年5月即将开展的本科教学合格评价，作为上级主管部门，建设部人事教育司高度重视。本次检查，可视为一次预诊断。12月3日，学校召开中层干部、教研室主任、评价办工作人员和各系教学秘书会议，通报了专家组反馈意见，布置了整改计划，提出了整改要求。

1999年3月12日，建设部人事教育司在学校召开中层干部会议，建设部副部长郑一军、中共湖北省委组织部副部长胡永继、中共湖北省委高校工委副书记张默英等领导出席会议。会议宣布组建学校新一届领导班子，丁烈云任学院党委书记兼院长、袁汉桥任党委副书记、肖显材任副院长、杜忠献任党委副书记、李杰任副院长、徐金鑫任纪委书记、杨伦全任副院级调研员。郑一军在会上发表讲话，对学校十多年的建设成就给予了高度评价，对上一届领导班子的工作给予了充分肯定，对建设系统高校的办学指导思想以及如何提高办学质量提出了指导意见。他希望班子认真领会党和国家的教育方针和政策，努力提高民主决策和科学决策水平；改革内部管理体制，积极改进人才培养模式，认真抓好本科教学合格评价工作。来校期间，郑一军一行还视察了校园、学生食堂并与学生共进午餐。

1999年4月2日，学校召开新址办学以来的第六次教学工作会议，院党委书记、院长丁烈云发表讲话。会议总结了1998年4月启动教育思想大讨论以来，学校为迎接本科教学合格评价所做的以评促建、深化教改工作。会议强调，在新址建校招生以来，学校逐步形成了自己的办学指导思想；随着形势的发展、认识的深化，办学指导思想得到进一步完善；特别是开展新一轮教育思想大讨论以来，围绕指导思想、学院定位、培养目标、培养模式进行了深入讨论，达成新的共识。4月16日，学校举行本次会议中期研讨交流会，教务处和各系有关负责人做专题发言。4月30日，学校举行本次会议闭幕式。本次会议凝练出新的办学指导思想，这就是：以邓小平理论为指导，全面贯彻党的教育方针，深化教育、教学改革，不断提高教育质量、学术水平和办学效益。坚持以教学为中心，以本科教育为主。立足湖北，面向中南，为区域经济发展和城市基础设施建设服务。围绕把城市规划好、建设好、管理好的要求，培养合格的应用型城市建设人才。

1999年5月16—21日，教育部专家组对学校进行本科教学合格评估。专家组一行10人，经过一周的"听""看""查""议"，对学校本科教学进行了全方位考评。5月21日，专家组向学校反馈评价意见，在充分肯定学校十多年来，特别是开展以评促建近三年来建设成就的同时，也提出了存在的问题和改进意见及建议。建设部和湖北省作为学校上级主管，对此次评价高度重视，建设部副部长赵宝江、湖北省副省长王少阶看望了专家组成员并出席意见反馈会。省委高校工委书记、省教委主任余凤盛、副主任陈传德，省建设厅厅长张发懋、副厅长王仁坤，建设部人事教育司副司长李竹成，省政府副秘书长汤农生等参加有关会议。5月25日，学校召开全校教师和中层干部会议，对如何发扬评建精神、认真做好整改工作进行了部署。

1999年7月8—10日，学院第三次党员代表大会召开。大会选举产生了由7人组成的中国共产党武汉城建学院第三届委员会，丁烈云任书记，袁汉桥、杜忠献任副书记；选举产生了由7人组成的第三届纪律检查委员会，徐金鑫任纪委书记。大会为学校承前启后迎接新世纪、锐意改革开创新局面作了组织准备。第三次党代会对第二次党代会以来的成就作了总结。七年来，学校乘改革东风，上规模上层次，借评价契机，发展内涵提高质量，党的建设和各项工作取得丰硕成果。学校党委始终把用邓小平理论武装师生员工头脑作为一项战略任务，坚持不懈抓好邓小平理论的学习。各个层面的政治理论学习注重把邓小平理论学习同学习贯彻党的十四大、十五大精神相结合，同学习社会主义市场经济理论、贯彻落实《中国教育改革和发展纲要》相结合，同贯彻党的基本路线、解决学校改革与发展中的实际问题相结合，增强了各级干部贯彻执行党的基本路线的自觉性，提高了贯彻执行党的教育方针、发展学校教育事业的政治理论水平和决策执行能力。经过七年发展，学校在校普通本专科学生规模由不足2000人发展到3867人，硕士学位点由1个发展到7个，硕士研究生由12人发展到81人，成人教育也得到了一定发展。7年来，学校在管理体制上也进行了一定的探索，利用办学45周年庆典，加强与全国各地校友的联系，成立了学院董事会，实现了建设部与武汉市政府共建学校；开展内部体制改革，注意理顺院系关系，增强了基层办学活力；实施后勤改革，实行部分承包，并按国家政策逐步推进住房和医疗制度改革。

1999年，新旧世纪的交替节点，也是学校发展历史的关键节点。站在这个历史的关键节点回望过去，学校十多年的快速发展有目共睹：办学规模不断扩大，质量不断提升，设有城市规划与建筑系、城市建设与管理系、环境工程系、城市道路与交通工程系、电气与计算机工程系、社会科学系，共12个本科专业；城市规划与设计、市政工程、建筑经济管理等7个学科具有硕士研究生学位授予权；在校全日制本科生3800余人，硕士研究生80余人；全院教职工1000余人，其中专业教师400余人。学校图书馆藏书近34万册；建有19个实验室，出版有《武汉城市建设学院学报》等刊物。学院以本科教育为主，兼办其他层次教育，内设成人教育学院、高等职业技术学院、湖北省建设系统继续教育培训中心。在搞好教育教学的基础上，学院积极支持广大教师参与科学研究和城乡规划、建筑设计、施工监理等社会服务活动，建立了建筑设计研究院（甲级）、城市规划设计研究院（甲级）、风景园林研究所、交通工程研究所、房地产经营管理研究所、结构工程研究所、房地产估价事务所、环境治理工程与机械研究所、环境艺术研究所等科研设计机构，设有全国监理工师培训中心、全国房地产估价师培训中心、湖北省城镇发展工程研究中心。通过国家认定和个人考试，一批教师获得国家专业执业资格，其中有国家一级注册建筑师7人、国家注册结构工程师3人，相关专业社会服务能力显示出强劲优势，承担了一大批国家、部委、省市科研、设计项目。新址重建以来，学校科研设计队伍先后承担国家、部、省、市科研、设计项目150余项，一批成果获得部、省级奖励，取得良好的经济效益和社会效益。学校积极开展国内外科学技术交流活动，与美、日、荷、法、意等国的高等院校建立了较为密切的校际关系，并选派一批学者出国访问讲学、进修、参加国际学术交流活动。在长期的办学实践中，学校形成了"严谨、勤奋、求实、创新"的校风，逐步建立起面向21世纪国家城市建设事业需要和适应现代科学技术发展趋势的学科体系。

7.1.5 领导管理体制

1. 领导体制和党的建设

1952年10月，中南建筑工程学校成立校党委，由政委主持党委工作，形成学校的领导核心，为贯彻党和国家的教育方针提供了政治保障。党委实行集体领导和分工负责制度。全校有1个党支部，36名党员。根据上级关于进行第二批建党的指示精神，加强建党工作成为学校的重要政治任务。稍后，学校党委改为党总支，政委改称党总支书记。至1953年12月，学校有党支部2个，党小组9个，党员48名。

1956年12月底，学校党总支根据省委文教部指示，开展整风运动。学校在党建工作上提出反对保守思想，也反对忽视质量的做法。党总支通过各支部及党员加强与群众的联系和举办党团训练班，使党建工作得到健康发展。从1954年到1956年10月，学校共上党课26次，发展党员94人。到1956年底，全校有党支部3个、党员78名。

1957年2月23日—3月2日，学校召开第一次党员大会。刘仁德代表党总支作工作报告，总结了加强党对教学、行政以及学校各方面工作领导的经验，提出今后一个时期的工作任务，就是要贯彻党的二中全会提出的"勤俭办校、团结办校"的方针和中央组织工作会议关于"加强对干部的思想政治和业务水平的教育与提高"的精神。会议对总结党对各项工作领导的基本经验，正确分清党的集体领导和校长负责制，关心、培养教师，学习苏联的先进经验和世界各国现代科学的最新成就，建立同党外人员合作共事的良好关系，学习新党章，以及勤俭办学、团结办校等提出了要求。

1958年，学校党总支就党建工作提出：哪里有群众，哪里就要开展群众工作，并且要团结、培养一批积极分子和骨干力量。本年度，学校发展党员40名，其中教师8名、职工7名、学生25名。到1959年5月，学校有党员114人，其中职工64人（占党员总数的21.1%），教师党员26人（占党员总数的22.8%）、学生党员24人（占党员总数的21.1%）。

1959年，学校党总支改为党委。在上级党委统一领导下，学校开展党内"反右倾"的整风运动。到1960年9月，武汉城市建设学院有党支部9个、党员121名。

1960年4月20—23日，学校召开第二次党员大会，党委书记方起代表上届党委作题为《遵循党的总路线胜利前进》的工作报告。大会选举方起、宗明、侯绍级、席味笙、郭宙曙、周瀛、李清、刘传秀、夏沧海、蔡国勋、金恩舜、黄仕成、杨述愿等13人组成党委会，方起、宗明、侯绍级、周瀛、席味笙等5人当选为常委，方起为党委书记（上级批复为党委副书记，代理书记），刘仁德任党委副书记。会议还通过了《1960—1962年学院工作纲要二十条》。

1962年3月3—10日，武汉城市建设学院召开第三次党员大会。党委代理书记方起代表上届党委作了工作报告。大会选举产生12人的党委会，其中方起、宗明、侯绍级、席味笙、郭宙曙为常委，方起任党委书记。

1962年，学校党委开展党员重新教育工作，通过每月一次的党课进行党的基本知识教育；健全党的各级组织生活以解决党内矛盾；严格民主集中制以维护党的集中统一领导。到1962年12月，学校党委下设1个党总支、9个党支部；党员123名（含5名预备党员），其中职工党员72人，教师党员26人，学生党员25人。

1963年4月26—28日，学校召开第四次党员大会。方起代表上届党委作《加强政治思想教育工作，发挥党的战斗核心作用》的工作报告。会议选举产生了11人组成的党委会，方起、宗明、侯绍级、席味笙、郭宙曙等当选常委。会后，校党委对个别力量薄弱的支部进行了调整、充实，加强了对支部工作的具体指导，加强了党的组织建设，使党支部的战斗堡垒作用得到较好发挥。

在送走最后一届本科生、重新回到中专教育办学层次的形势下，学校党委1964年12月19—21日召开中共武汉建筑工程学校第一次党员大会。方起代表上届党委作工作报告，总结了半年多"五反"工作收获，阐述了培养无产阶级革命接班人的任务和7个方面的措施。会议选举产生了10位党委委员，方起为书记。

1965—1966年，学校党委在党内通过批评与自我批评的方式和交心谈心的方法开展组织生活，活跃党内民主、加强团结。同时，加强对党员的思想教育，要求党员在日常工作中做到"三老"（做老实人、说老实话、做老实事）、"四严"（严肃的态度、严明的纪律、严密的组织、严格的要求）。针对教师党员少和学生中无党员的状况，党委制订了1965—1966年新党员发展计划，明确了工作重点。学校党委加强了党的基层组织建设，将党支部调整为5个，各支部根据党委要求开展了新党员发展工作。到1966年2月，全校有党员88人（含预备党员3人），其中，教师党员27人、干部党员47人、工人党员13人、学生党员1人。1966年12月，党的正常活动停止。

1970年，学校有党支部7个。9月，根据上级安排，学校开始整党建党工作。

1971年，湖北建筑工业学院合并组建时，全校有临时党支部13个，党员268人。1972年12月27日，经中共湖北省委批准，学院临时党委会成立，成员15人，刘天明任临时党委书记，郭全（未到职）、胡醒、徐多礼、戴云中、高海宏任副书记。1973年3月，学校成立临时党总支6个、直属党支部5个、党支部23个、党小组57个、党员406人。1974年1月8日，根据中共湖北省委指示精神，驻学校军宣队大部分撤离。9月，胡醒任临时党委书记。

1974年，学校有党总支6个、党支部64个、党员674人，其中干部党员278人、工人党员88人、学生党员301人。到1976年，学校有党总支8个、支部70个，党员827名，其中干部党员346名、工人党员96名、学生党员370人，发展新党员80人。

1974年12月，为健全党的组织，学院临时党委增补9名委员，设立有9人组成的临时党委常委会。1975年12月，中共湖北省委任命徐多礼为学院革委会主任，戴云中、常丙子、贾道恒、万启鹏、李维东为副主任，增补万启鹏、王玉铭、余正凤为临时党委委员。

1978年，学校各党总支和党支部开始举行新党员入党宣誓活动，并规定凡是十一大以后发展的新党员，都要进行入党宣誓。1979年，各临时党总支分别召开党员大会，按照党章规定选出总支委员会；各直属党支部同时进行了改选。

1980年4月16—18日，中共武汉建筑材料工业学院第四次党员代表大会召开。本次大会也是与北京建筑工业学院合校后召开的第一次党代会。建筑材料工业部副部长高铁出席大会并代表部党组致辞。胡醒代表临时党委作题为《全面贯彻党的教育方针，调动一切积极因素，为培养又多又好的建材科技人才而努力奋斗》的工作报告。报告提出，学校今后的任务是继续加强思想政治工作，激发广大师生员工的积极性，努力提高教学质量和科研水平；制订教师培养规划，建立教师业务档案；加强教学秩序，完善规章制度；加强实验室建设，提高实验课质量；发挥教研室作用，提高教学质量；积极开展科研工作，加强科研管理；加强党的建设，继续做好落实知识分子政策等工作。会议选举产生了21人的学校党委会，9人组成的党委常委会，胡醒任党委书记。会后，学院党委对党员分期分批进行了轮训。

从1972年学院临时党委成立到1980年第四次党代会召开，学校共发展新党员351人。到1980年末，全校有党总支9个、支部70个、党员677名（含预备党员32名）。

武汉城市建设学院新址重建后，学校党的组织建设、思想建设进入一个新阶段。

1982年经中共湖北省委批准，武汉城市建设学院成立临时党委，为教育事业发展提供了领导核心、政治核心和组织保证。

1987年12月25—26日，中共武汉城市建设学院第一次党员代表大会召开。吴江致开幕词，党委书记马耀东代表学院临时党委作题为《在党的十三大精神指引下团结奋斗，努力培养高质量的城市建设人才》的党委报告，袁大波作纪委工作报告。会议选举产生了由马耀东、白明华、余正凤、吴盛球、袁大波组成的中共武汉城市建设学院第一届委员会，马耀东任党委书记，吴盛球任副书记；会议选举产生了由毛本能、吴文德、杨振玉、袁大波、雷一鸣组成的第一届纪律检查委员会，袁大波任纪委书记。

新址建校近五年来，根据"党要管党"的原则，学院党委注重抓好党的思想建设和组织建设，通过集中培训、上党课等形式，组织党员学习《关于党内政治生活的若干准则》《关于建国以来党的若干历史问题的决议》等文件，加深党员对党的基本路线方针政策的理解。1985年3—11月，学校党委遵照中央整党决定，根据"统一思想，整顿作风，加强纪律，纯洁组织"的要求，始终把增强党性、加强理想和纪律教育作为中心环节。学校党委积极抓好党员发展工作，近五年，党的基本知识培训班和业余党校共培训积极分子430人次，共发展新党员148人，党员人数达308人；在基层组织建设方面，全校共建立8个党总支和4个直属党支部。学校党组织建立了"三会一课"制度，开展"创先争优"活动，广大党员在各项工作中积极发挥了模范带头作用。以1986年为例，95%的教师党员担任了教学一线的工作，全校20多个科研项目负责人中90%是党员，学校表彰的37名先进工作者中73%是党员，2名党员教师被评为建设部先进科技工作者，5名党员被省委科教部评为模范共产党员和优秀政治工作者。

1991年10月26日，学院成立党校，院党委书记马耀东任校长，朱照家副教授任专职副校长（副处级），11月28日第一期学习班开学。党校的成立，为党员教育和积极分子培养提供了新的机制化平台。

1992年6月26—27日，中共武汉城市建设学院第二次党员代表大会召开。党委书记马耀东代表上届党委作了题为《加强党的建设，全面推进改革，齐心协力开创我院建设和发展的新局面》的工作报告，雷一鸣代表上届纪委作纪委工作报告，任周宇致闭幕词。建设部人事劳资司、中共湖北省委高校工委发来贺信。会议选举产生了由马耀东、吴盛球、任周宇、白明华、余正凤、金儒霖、雷一鸣、徐金鑫、丁烈云等9位同志组成的中共武汉城市建设学院委员会，马耀东任党委书记。选举产生了由吴盛球、雷一鸣、吴文德、毛本能、胡赛君、杜忠献、钟明等7位同志组成的第二届纪律检查委员会，吴盛球任党委副书记兼纪委书记。

上次党代会四年以来，学校坚持党的"一个中心，两个基本点"的基本路线，坚持党的教育方针和社会主义办学方向，各项工作取得显著成绩。在党建和思想政治工作方面，面对淡化党的领导等错误思潮的冲击，学院党委旗帜鲜明地反对和制止动乱，坚持党对学校工作的领导，加强领导班子建设，坚守住了思想政治工作阵地，保证了学校的社会主义办学方向。党委坚持从严治党的方针，根据中央和省委统一部署，认真开展党员重新登记工作，对党员开展新时期合格党员的教育。坚持积极慎重地发展党员，注意把工作重点放在对党员的培养教育上，四年来发展党员95人。1991年学校成立党校，一年内举办培训班4期，培训党员103人，培训入党积极分子235人。学校党委制订《党总支工作条例》《党支部工作条例》《关于端正党风的暂行规定》《关于进一步健全和落实我院党风责任制的若干规定》等制度，不断加强党建工作制度建设。

1999年3月12日，建设部人事教育司在学校举行中层干部会议，宣布了中共建设部党组的决定：经建设部党组会议研究并征得中共湖北省委高校工委同意，决定由丁烈云、袁汉桥、肖显材、杜忠献、李杰、徐金鑫组成新一届校领导班子，丁烈云任学院党委书记兼院长。建设部决定，学校实行党委领导下的院长任期制，任期四年。

1999年7月8—10日，中共武汉城市建设学院第三次党员代表大会召开。中共湖北省委组织部组织处、企事业干部处派出干部出席大会。建设部人事教育司、西北建院党委发来贺电贺信。会上，学院党委书记、院长丁烈云代表第二届党委作了题为《锐意改革，加快发展，努力开创我院21世纪教育事业新局面》的工作报告。报告总结了第二次党代会以来的学校工作，提出了今后四年学校的指导思想和任务，号召全院党员坚定不移地高举邓小平理论伟大旗帜，以"严谨、勤奋"的精神风貌和"求是、创新"的昂扬斗志，带领全校师生员工抓住机遇，锐意改革，团结一致，扎实工作，把一个充满生机活力的城建学院带入新世纪。院纪委书记徐金鑫代表第二届院纪委作题为《努力做好纪检工作，为学院跨世纪的发展保驾护航》的工作报告。杜忠献宣读了大会审议通过两个工作报告的决议，袁汉桥致大会闭幕词。大会选举产生了由丁烈云、肖显材、杜忠献、李杰、袁汉桥、徐金鑫、陶涛等组成的中国共产党武汉城市建设学院第三届委员会，丁烈云任书记，袁汉桥、杜忠献任副书记；选举产生了由刘满、肖来元、吴力克、张宏、金文成、徐金鑫、彭承伟等组成的第三届纪律检查委员会，徐金鑫任纪委书记。

第二次党代会以来的七年间，学校党政领导班子三度调整，基本完成了新老交替。在校级班子建设上，始终把思想政治建设放在首位，不断提高班子整体素质和驾驭全局的能力。党委制定颁布了《中共武汉城建学院委员会议事制度》，使党委决策程序逐步规范，整体工作水平不断提高。党委较好地发挥了领导核心、政治核心和团结核心作用，学校被评为"1994—1998年湖北党的建设和思想政治工作先进高等学校"。在作风建设上，坚持院党委基层联系点制度，党委成员坚持过双重组织生活。中层班子和干部队伍建设方面，加大干部调整、选拔、教育和管理力度，实行干部轮岗制度。基层组织建设方面，建立了《党总支委员会工作条例》《党支部委员会工作条例》等多项制度，基层组织建设进一步制度化、规范化。党委高度重视在青年教职工和大学生中发展党员，截至1999年6月底，学校学生中的党员比例由2.3%提高到9.7%，青年教工党员比例由13.5%提高到40%。

2. 管理机构和群团组织

中南建筑工程学校组建之初成立了校党委，设行政处、教务处、政治处。

1953年8月，学校撤销行政处和政治处，改设校长办公室和总务处，教务处改称教导处；增设图书馆、实习工厂；同时，学校设立校务会议。

1954年8月，按照高等教育部规定和建筑工程部决定，学校设教务副校长和总务副校长职位，同时撤销教导处和总务处，其所属单位分别由两位副校长负责。校长办公室改为学校办公室。

1958年，学校相继更名，校务会议改为校务委员会；学校下设办公室、财务科、人事档案科、保卫科、总务科、伙食管理科、出版科、卫生室、教务科、学生科、科学研究科、生产实习科、图书馆和实习工厂。

1959年3月，学校成立党委会，7月，成立院务委员会。教育工会和团委也于同年成立。

1960年，武汉城市建设学院重新调整内部机构，设置党委办公室、组织部、宣传部、团委、工会、院办公室、人事科、保卫科、财务科、总务处、教务处、图书馆、科研设备生产管理处、教学实习工厂、附属设计室。同年3月，湖北省武汉市土建学会武汉城市建设学院分会成立。

1964年，武汉建筑工程学校内设机构调整为：办公室、人事科、保卫科、财务科、总务科、伙食科、卫生所、教务科、图书馆、生产设备科、科学技术情报站和实习工厂。

1966年1月，中国共产党武汉建筑工程学校政治处成立，下设办公室、组织科、宣传科。

合并组建新校后，1972年1月，湖北建筑工业学院革命委员会成立。学院下设：办事组、政治工作组（同年6月成立保密委员会）、后勤组、教育革命组、调查材料组、工厂、基建连、北京留守处、常德留守处。11月，学校内设机构为：政治部、人武部、院办公室、教育处、院务处，撤销办事组、政治工作组、后勤组、教育革命组、湖南常德留守处；12月，成立中共湖北建筑工业学院临时委员会。

1973年，硅工系、机电系、非金属矿系、建工系、教育处、院务处分别成立临时总支委员会；院办公室、政治部、基础部分别成立直属临时支部；成立院团委；8月，撤销北京留守处，成立治安保卫委员会。

1978年，撤销院革命委员会、政治部，学院临时党委会下设办公室、组织部、宣传部、保卫部和人民武装部，行政机构设院办公室、人事处、教务处、科研生产处、院务处和基建处。

1979年，建立中共武汉建筑材料工业学院临时纪律检查委员会、院工会、设计室，图书馆改为直属单位。

1980年，选举成立中共武汉建筑材料工业学院委员会；同年成立院体育运动委员会、学术委员会、爱国卫生运动委员会。

1981年，武汉建筑材料工业学院的党政管理体制实行院、处（部、系）、科三级制。全院机构分为党群系统和行政系统，党群系统包括：党委办公室（与学院办公室合署办公）、组织部、宣传部、纪律检查办公室、人民武装部和团委、工会。行政系统包括：院办公室、教务处、人事处、保卫科、总务处、财务科和图书馆、基建办公室、设计室。

1982年，筹建中的武汉城市建设学院基建机构设基建处、办公室、工程组、材料组、财务组等。

1983年，学院在城乡建设环境保护部和湖北省的领导下，基本建设全面铺开。为加强施工现场安全保卫和学院内部重点保卫工作，根据教育部关于普通高等学校机构设置的暂行规定和城乡建设环境保护部关于武汉城建学院机构设置的意见，经学院临时党委研究，决定设立武汉城市建设学院保卫科。

1986年，根据教育部关于《普通高等学校人员编制和机构设置的暂行规定》（1983年4月30日发布），结合学校实际，经上级批准，设立风景园林研究所和城市规划设计研究所（正处级）。同时党群机关设有党政办公室、组织部、宣传部、工会、纪委办公室、团委；行政机关设有教务处、人事处、科研处、财务处、保卫处、总务处、基建处及图书馆。

1991年，学校党政管理机构设有党办、纪委、组织部、宣传部、人事处、学工处、工会、团委、院办、监察审计处、财务处、教务处、科研处、物质设备管理处、保卫处、基建处、总务处。

3. 教学单位（系、科）设置

1952年11月，学校设置中级和初级两部，中级部设建筑材料科、建筑设计科、建筑施工科、建筑勘测科。

1953年9月，学校增设厂房与民房建筑科、房屋卫生技术设备科、给水与排水科；12月，增设土木科。

1954年，学校增设城市道路与桥梁科；厂房与民房建筑科改为工业与民用建筑科；撤销房屋卫生技术设备科。

1955年8月，撤销建筑材料科、建筑设计科、建筑施工科、建筑勘测科、土木科和初级部。

1956年，城市道路与桥梁科改为城市道路与工厂道路铺设管理科。

1958年，学校相继更名，专业科设置为：工业与民用建筑科、给水与排水科、硅酸盐工艺科、供热供煤气及通风科、化工机械制造科、预科；撤销城市道路与工厂道路铺设管理科。

1959年3月，增设城乡规划与建设科，撤销供热供煤气及通风科、化工机械制造科。

1960年，武汉城市建设学院重新调整内设机构，设4个系：建筑工程与制品系、卫生工程系、城市规划及建设系、城市园林绿化系。1961年3月，学校将上述4个系整合为建筑工程与制品系、城乡建设工程系；9月，设中专部。1962年9月，中专部撤销。

1964年，武汉建筑工程学校专业科设置为：工业与民用建筑科、给水与排水科、城市道路与桥梁科。

合并组建新校后，1972年，湖北建筑工业学院系（部）设置为：硅酸盐工学系、机电系、非金属矿系、建筑工程系、基础部和马列主义教研室。1975年10月，机电系分为机械系和电气自动化系。1976年11月，成立新材料系。

1983年新址重建后，学校内设二级教学单位变化如下：

1985年1月7日，学院发文，确定各系名称：城市规划系（含建筑学、城市规划专业）、城市建设系（含工民建、公路与城市道路、交通工程专业）、城市管理系（含城市房地产管理、城市管理专业）、环境工程系（含给水排水、城市环卫工程专业）、风景园林系（含风景园林专业、风景园林研究所）、基础科学系。

1991年3月10日，学校调整城市建设系、风景园林系，合并成立城市规划与建筑系；同年5月24日，调整成立城市建设与管理系、城市道路与交通系。

1994年11月7日，为更好地适应人才培养和深化教育改革的需要，学校将社会科学部更名为社会科学系。

1996年6月12日，学校同意基础科学系启用"电气与计算机工程系"名称，以"两块牌子、一套班子"的模式运行。

1999年，学校二级单位设置为：城市规划与建筑系、城市建设与管理系、环境工程系、城市道路与交通工程系、基础科学系、社会科学系、成人教育学院。

2000年5月26日，武汉城市建设学院与华中理工大学、同济医科大学合并组建华中科技大学。武汉城建学院相关专业融入新学校的相关学科体系，其中，建筑学、城市规划、风景园林、环境艺术设计专业并入建筑学与城市规划学院，土木工程、工程管理、交通工程专业并入土木工程学院，给水排水工程、建筑环境与设备工程、环境工程专业调整组建环境工程学院，电气工程及其自动化专业并入电气与电子工程学院，计算机科学与技术专业并入计算机科学与技术学院，法学专业并入法学院。华中科技大学是教育部直属重点大学，是国内规模最大、水平一流的高等学府之一，也是首批列入国家"211工程""985工程"建设的高校之一。在新的综合性大学中，在新的发展平台上，原武汉城建学院相关学科获得了新的发展机遇，也焕发出了新的活力。

7.2 人才培养

7.2.1 专科、本科生培养

（一）武汉城市建设学院新址重建前（1952—1980年）

1. 培养目标与培养计划

建校初期，学校作为一所中等技术学校，确定的人才培养目标是，以理论与实践相结合的教育方法，培养具有一定文化和科学知识、掌握一定现代技术、身体健康、全心全意为人民服务的建筑工程技术人才。在技能上，中级部学生毕业后要能担负设计、施工及勘测的任务，初级部学生毕业后要能实际动手并指导工人操作。1958年，学校相继升格为专科、本科，人才培养目标确定为培养又红又专、身体健康的高级工程技术人才。大学本科停办后，人才培养目标调整为培养在德育、智育、体育诸方面得到发展的有社会主义觉悟、有文化，并且具有本专业基本理论知识和实际工作能力的劳动者，使学生毕业后成为又红又专、身体健康的无产阶级革命事业的接班人。

与北京建筑工业学院合并后，1972年，新的学校开始招收工农兵大学生。1972—1976年五年间，学校招收了5届工农兵学员，学制三年。

相应地，不同时期，学校制订了不同的教学计划。

1952年，学校中级部学制三年，共计152周，其中理论教学96周，考试14周，教学实习6周，生产实习16周，毕业论文6周，假期14周；初级部学制二年，共计100周，其中理论教学68周，考试10周，教学实习6周，生产实习8周，假期8周。理论教学实习及生产实习每周均为48学时。中级部第一、二学年及初级部第一学年均为52周，自9月1日起至翌年8月31日止；中级部第三学年及初级部第二学年均为48周，自9月1日起至翌年8月2日止。寒假每学年为2周，暑假为4周。中级部总授课时数为3456学时，其中普通课为1415学时，占41%；基础技术课为812学时，占23%；专业技术课为1229学时，占36%。初级部总授课时数为2448学时，其中普通课为1175学时，占48%；技术课为1273学时，占52%。教学实习在校内工厂、试验室、制图室及野外分别进行。生产实习在建筑工程部各设计公司、工程公司的各种作业中进行。考试在校历上规定的考试期间举行，考查在学期考试前举行；中级部毕业论文的题目在第三学年下学期生产实习前半个月发给学生，学生完成毕业论文（设计）及参加毕业论文评议委员会审查答辩的时间为6周。

1957年，学校对学生培养计划适时做出调整，试行四年制工业与民用建筑专业教学计划：教学总时数为3400学时，其中普通课1212学时，基础技术课530学时，专业技术课1470学时，体育课188学时；教学、测量、生产实习共计33周；毕业设计及答辩9周。

1958年，学校修订工业与民用建筑专业四年制教学计划，教学总时数调整为3165学时，其中普通课1203学时，基础技术课538学时，专业技术课1218学时，体育课206学时；劳动生产与实习64周；毕业设计及答辩10周。

为贯彻教育为无产阶级政治服务，教育与生产劳动相结合的方针，学校于1958年制订了苦战3年、彻底改变学校面貌的规划，并实行了一年一个月休假、四个月生产劳动、七个月教学的"一·四·七教学制度"、两年半制和四年制特别班教学计划，其计划教学总时数分别为2882学时、2000学时、3726学时，其中普通课1082学时、256学时、1860学时，基础技术课426学时、464学时、426学时，专业技术课1196学时、1152学时、1196学时，体育课178学时、128学时、244学时，教学实习和工地劳动生产实习为49周、41周、62周。

升格为本科后，学校对教学计划做出重大调整。1959年制订的四年制本科教学计划，学生在校总周数为203周，其中理论教学117周（学时为2942学时，其中基础课1894学时，占总学时的64.3%；专业课958学时，占32.3%；选修课90学时，占3.4%），生产劳动27周，考试12周，农业劳动或社会公益劳动7周，毕业设计及课程设计13周，科学研究2周，机动整风5周，假期20周。同年，学校制订了两年制专科教学计划，现场教学16周，生产劳动12周。此外，还制订了总学时为5851学时的五年一贯制专科教学计划。

随着降格和本科停办，学校对专业设置和教学计划做出调整。1965年制订了三年制企业管理专业教学计划：3年共计128周，教学时数安排为政治课429学时，普通课616学时，技术基础课531学时，专业课804学时，合计2380学时。

1972—1976年这五年间，学校共招收了5届工农兵学员，学制三年。

20世纪70年代末到80年代初，学校经历了恢复高考、改名、分设新校等一系列重大变革，培养目标与教学计划也随之多次进行调整。1977年10月，国务院批转教育部有关意见，决定恢复高考，考生1978年2月入学。学校根据国家下达计划，面向全国26个省、市、自治区招收四年制本科生680人。对于该批新生，学校的培养目标是：为国家培养德、智、体全面发展的建筑材料工业、非金属矿工业和建筑工程方面的高级工程技术人才。相应的教学计划为：本科学生在校总学时数为2600～2800学时，平均周学时21～22学时；选修课3～4门；生产实习5～12周；毕业设计（论文）8周左右。

2. 专业设置

1952—1980年，学校的专业设置见表7-3。

表7-3　1952—1980年专业设置及招生、毕业人数

时间		设置专业	招生人数	毕业人数	层次学制
1952	1	建筑结构	1337		中专3年
	2	建筑勘测			
	3	建筑施工			
	4	建筑设计			
1953	1	厂房与民房建筑	577	297	中专3年
	2	房屋卫生技术设备			
	3	给水与排水			
	4	建筑结构			
	5	建筑勘测			
	6	建筑施工			
	7	建筑设计			
	8	土木			
1954	1	城市道路与桥梁 （原房屋卫生技术设备转入）	257	295	中专3年
	2	工业与民用建筑 （原厂房与民房建筑专业）			

续表

时间		设置专业	招生人数	毕业人数	层次学制
1954	3	给水与排水	257	295	中专3年
	4	建筑勘测			
	5	建筑结构			
	6	建筑施工			
	7	建筑设计			
	8	土木			
1955	1	城市道路与桥梁	592	429	中专3年
	2	工业与民用建筑			
	3	给水与排水			
	4	工业与民用建筑			中专4年
	5	给水与排水			
1956	1	城市道路与工厂道路铺设管理	788	921	中专3年
	2	工业与民用结构			
	3	工业与民用建筑			
	4	给水与排水			
1957	1	城市道路与工厂道路铺设管理			中专3年
	2	工业与民用结构			
	3	工业与民用建筑			
	4	给水与排水			
1958	1	工业与民用建筑	229		本科3年
	2	供热供煤气及通风	547	588	专科2年
	3	硅酸盐工艺			
	4	化工机械制造			
	5	给水与排水			
	6	工业与民用建筑			中专3年
1959	1	城乡建设	130		本科4年
	2	工业与民用建筑			
	3	硅酸盐工艺			专科2年
	4	给水与排水			
	5	工业与民用建筑			
	6	混凝土及建筑制品	133	464	中专3年
	7	给水与排水			

时间	设置专业		招生人数	毕业人数	层次学制
1960	1	城市工业燃气供应	229		本科4年
	2	城市建设			
	3	城市园林绿化			
	4	城乡规划			
	5	工业与民用建筑			
	6	混凝土及建筑制品			
	7	给水与排水			
	8	建筑学			
	9	硅酸盐工艺	178	157	专科2年
	10	给水与排水			
	11	城市工业煤气供应			专科4年
	12	硅酸盐工艺			
	13	给水与排水			
	14	城市测量			专科5年
	15	城市道路与桥梁			
	16	城市工业燃气供应			
	17	硅酸盐工艺			
	18	工业与民用建筑			
	19	混凝土及建筑制品			
	20	给水与排水			
1961	1	城乡规划			本科5年
	2	建筑学			
	3	城市园林绿化			本科4年
	4	城乡建设工程			
	5	混凝土及建筑制品工艺			
	6	给水与排水			
	7	建筑结构与施工			
	8	给水与排水	165	48	专科2.5年
	9	城市工业煤气供应			中专3.5年
	10	硅酸盐工艺			
	11	给水与排水			
	12	城市道路与桥梁			中专3年
	13	混凝土及建筑制品			

续表

时间		设置专业	招生人数	毕业人数	层次学制
1962	1	城市园林绿化			本科5年
	2	城乡规划			本科2年
	3	城乡建设工程			本科4年
	4	混凝土及建筑制品工艺			
	5	给水与排水			
	6	建筑结构与施工			
	7	建筑学			
	8	给水与排水			专科2.5年
	9	城市工业煤气供应			中专3.5年
	10	硅酸盐工艺			
	11	给水与排水			
	12	城市道路与桥梁			中专3年
	13	混凝土及建筑制品			
1963	1	城乡规划			本科5年
	2	建筑学			
	3	城乡建设工程			本科4.5年
	4	混凝土及建筑制品			
	5	建筑结构与施工		149	
	6	城市园林绿化			本科4年
	7	城乡建设工程			
	8	给水与排水			
	9	建筑结构与施工			
	10	给水与排水		48	专科2.5年
	11	城市道路与桥梁	120	55	中专4年
	12	工业与民用建筑			
	13	混凝土及建筑制品			
	14	给水与排水			
1964	1	建筑学			本科5年
	2	城市园林绿化			本科4年
	3	城乡建设工程		258	本科4年
	4	混凝土及建筑制品			
	5	给水与排水			中专5年
	6	建筑结构与施工			

续表

时间		设置专业	招生人数	毕业人数	层次学制
1964	7	城市道路与桥梁	311	110	中专4年
	8	工业与民用建筑			
	9	混凝土及建筑制品			
	10	给水与排水			
1965	1	城市道路与桥梁	551	22	中专4年
	2	城市园林绿化			
	3	工业与民用建筑			
	4	混凝土及建筑制品			
	5	给水与排水			
	6	企业管理			中专3年
1966	1	城市道路与桥梁			中专4年
	2	工业与民用建筑			
	3	给水与排水			
	4	园林绿化			
	5	企业管理			中专3年
1967	1	城市道路与桥梁			中专4年
	2	工业与民用建筑			
	3	给水与排水			
	4	园林绿化			
	5	企业管理			中专3年
1968	1	城市道路与桥梁			中专4年
	2	工业与民用建筑			
	3	给水与排水			
	4	园林绿化			
	5	企业管理			中专3年
1969	1	城市道路与桥梁			中专4年
	2	工业与民用建筑			
	3	给水与排水			
	4	园林绿化			
	5	企业管理			中专3年
1970	1	城市道路与桥梁			中专4年
	2	工业与民用建筑			

续表

时间		设置专业	招生人数	毕业人数	层次学制
1970	3	给水与排水			中专4年
	4	园林绿化			
1972	1	非金属矿选矿工程	175		大普3年
	2	工业与民用建筑			
	3	建筑机械			
	4	水泥工艺			
1973	1	玻璃			大普3年
	2	玻璃纤维与玻璃钢			
	3	非金属采矿			
	4	非金属选矿			
	5	工业与民用建筑			
	6	建筑工程材料及制品			
	7	建筑工业电气化自动化			
	8	建筑机械			
	9	给水与排水			
	10	水泥			
1974	1	玻璃			大普3年
	2	玻璃钢			
	3	非金属采矿			
	4	非金属选矿			
	5	工业与民用建筑			
	6	建筑工程材料及制品			
	7	建筑工业电气化自动化			
	8	建筑机械			
	9	给水与排水			
	10	水泥			
1975	1	玻璃			大普3年
	2	玻璃钢			
	3	非金属采矿			
	4	非金属选矿			
	5	工业与民用建筑			
	6	建筑工程材料及制品			

时间		设置专业	招生人数	毕业人数	层次学制
1975	7	建筑工业电气化自动化			大普3年
	8	建筑机械			
	9	给水与排水			
	10	水泥			
1976	1	玻璃			大普3年
	2	玻璃钢			
	3	非金属采矿			
	4	非金属选矿			
	5	工业与民用建筑			
	6	建筑工程材料及制品			
	7	建筑工业电气化自动化			
	8	建筑机械			
	9	给水与排水			
	10	水泥			
1977	1	玻璃	680		本科4年
	2	玻璃钢			
	3	玻璃纤维			
	4	非金属采矿			
	5	非金属选矿			
	6	工业与民用建筑			
	7	建筑工程材料及制品			
	8	建筑工业电气化自动化			
	9	建筑机械			
	10	给水与排水			
	11	水泥			
1978	1	玻璃	636		本科4年
	2	玻璃钢			
	3	玻璃纤维			
	4	非金属采矿			
	5	非金属选矿			
	6	工业与民用建筑			
	7	建筑工程材料及制品			
	8	建筑工业电气化自动化			
	9	建筑机械			

续表

时间		设置专业	招生人数	毕业人数	层次学制
1978	10	给水与排水	636		本科4年
	11	陶瓷			
	12	水泥			
	13	电工基础（师资班）			师资班4年
	14	电工学（师资班）			
	15	建筑材料机械（师资班）			
	16	力学（师资班）			
	17	数学（师资班）			
	18	物理（师资班）			
	19	英语（师资班）			
	20	制图（师资班）			
1979	1	玻璃	490		本科4年
	2	玻璃钢			
	3	城市规划			
	4	非金属采矿			
	5	非金属选矿			
	6	工业与民用建筑			
	7	建材工业电气化自动化			
	8	建材机械			
	9	胶凝材料与制品			
	10	给水与排水			
	11	水泥			
	12	陶瓷			
1980	1	玻璃	491		本科4年
	2	城市规划			
	3	复合材料			
	4	非金属采矿			
	5	非金属选矿			
	6	工业与民用建筑			
	7	建材工业自动化			
	8	建材机械			
	9	给水与排水			
	10	凝胶材料及制品			
	11	水泥			
	12	陶瓷			
	13	无机材料科学			

注：按设置专业名称首字母排列。

1954年，学校增设城市道路与桥梁专业；撤销房屋卫生技术设备专业，学生转入城市道路与桥梁专业；厂房与民房建筑专业改为工业与民用建筑专业，专业设置进一步规范。1958年5月28日，重庆建筑工程学校的钢结构制造与安装专业和张家口建筑工程学校的供热与通风、钢筋混凝土结构制造与装备专业并入本校，丰富了学校专业构成。到1960年，学校的学系及专业设置形成如下局面：设有建筑工程及制品系、卫生工程系、城市规划及建设系、城市园林绿化系等4个学系；开办有工业与民用建筑、建筑学、混凝土及建筑制品、城乡规划、城市建设、城市园林绿化等四年制本科专业；开办有混凝土及建筑制品五年制专科，硅酸盐工业和给水排水两年制、四年制和五年制专科，煤气供应四年制专科等。1961年给水排水设计院中南分院所办专科学校给水排水专业的4个专科班并入，专业设置构成进一步丰富。

1962年，根据上级决定，学院仅保留中专部，学校更名为武汉建筑工程学校，本科专业学生毕业后大学部撤销。1965年学校启用武汉建筑工程学校校名，举办专科教育，师生规模大幅压缩。学校设置工业与民用建筑、给水与排水、城市道路与桥梁、混凝土与建筑制品和城市园林绿化5个专业，教职工减少至297人，其中教师141人，在校学生964人。

1977年，湖北建筑工业学院设有硅酸盐工学、新材料、建筑工程、非金属矿、机械工程、电气自动化和基础课部6系1部，开办水泥工艺、玻璃工艺、玻璃纤维工艺、玻璃钢工艺、胶凝材料及制品、工业与民用建筑、给水排水工程、建筑材料机械和工业电气自动化等11个专业和数学、力学、英语3个师资班。1978年2月17日，学校被列为新增的22所全国重点高校之一。当年，学校水泥工艺、建材工业自动化、非金属选矿、非金属采矿、工业与民用建筑工程、胶凝材料及制品和建材机械7个专业招收30名硕士研究生。1978—1980年间，学校先后增设了陶瓷工艺专业、材料科学专业、城市规划专业，撤销了3个师资班，并把水泥工艺、玻璃工艺和陶瓷工艺3个专业合并为无机材料工程专业。

20世纪70年代末，以武汉建筑材料工业学院的相关专业为基础组建新校的事宜开始筹划并得到国务院批准。1979年11月21日，就新的武汉城市建设学院设立问题，国家城建总局与建材部达成协议：城市规划、给水排水两个专业的师生和工民建专业部分教师转入新校；抽调部分干部筹建武汉城市建设学院。

3. 课程设置与教材建设

中南建筑工程学校1952年组建伊始，根据中南军政委员会财经委员会的指示，学校土木建筑工程全部教材由中南工业部转让所得。为了提高教学质量，学校于1953年大量采用新教材。1954年3月，学校开设课程34门，其中14门课程采用苏联教材；6月以后，使用的苏联翻译教材达到了72%。

20世纪50年代末，学校教材设置不够完善、自编教材数量较少的情况逐渐改善。1957—1958学年以前，除苏联教材外，学校自编教材有12门，另有部分课程教材短缺；到1958—1959学年时，学校全部课程采用结合生产和科研的自编教材。1964年，学校贯彻"少而精"的精神，课程设置16门，主编和参与编写中专教材20种。1963—1965年间，建筑类中等专业学校使用教材39种，其中14种由武汉城市建设学院主编或参与编写。

1972年，湖北建筑工业学院将教材改革列入教育工作重点。除基础部教师一面进行教学，一面编写教材外，各系180多名教师深入厂矿结合实际编写教材。对原有教材根据不同情况加以分析、批判、改造，推陈出新，使教材适应对工农兵学员教育的需要，适应社会主义革命和社会主义建设发展的需要。到1973年，学校在总结实践经验的基础上已编写29门课程的教材，还有53种教材在编。1976年，学校新编教材41种，修改15种，共计743万字，教材编写成果斐然。

4. 教学研究与教学改革

建校初期，中南建筑工程学校成立了由学校全体教师组成的教学研究会，开展教学研究及科学研究工作，有步骤、有计划地学习苏联经验，不断改进教学工作并组织教师学习理论，提高教学质量。教学研究会还制订了会议汇报、检查和总结制度。

为进一步提升教学质量，学校于1953年3月召开提高教学质量运动动员大会，制订了集中力量为提高教学质量而奋斗的3个月工作计划，从整顿思想、加强和调整组织机构、精简课程、适当支配时间、整顿业务、决定运动中的重点单位和计划工作等方面着手提高教学质量。此外，学校还通过大量采用新教材、实行课堂组织教学、课堂复习提问、讲授新课和布置作业5个环节，重点组织了几门课程的公开教学与观摩教学、生产实习和教学实习。当年8月，学校全面学习苏联，推行苏联教学制度，执行教学大纲，填写教学日历和课时授课计划，在此基础上系统地学习凯洛夫教育学，并在个别班试行口试制度。1954年3月，学校进一步在教学组织、教学制度、教学计划、教学大纲、教材和教学方法等方面学习苏联，全面推行"教学14种表格""教学5个环节""五级记分""学生升留级考试考查办法"，强调以课堂为主，开展苏联式教学实习。学校从组织机构上着手变革，加强专业科建设，充实实习工厂和图书馆等，试行毕业设计答辩，在全校普遍推行口试制。学校贯彻毛主席"学少一点，学好一点"的指示，在教学时间上实行了每周学生自学18学时、上课36学时的54学时学习制度，并以分数高低比例作为衡量教学质量高低的标准。

学校重视教学质量，积极开展经验交流活动。1956年3月14日，建筑工程部在学校召开毕业设计会议，部属各省、市、自治区33所建筑性质的中等专业学校在会上交流了工民建、给水排水、城市道路、卫生设备等专业的毕业设计工作经验，并举办了展览会。同年，为加强教学工作，上级任命席味笙为教务副校长；并制订了12年教育工作规划，强调"必须使教学工作成为一切工作的中心"；强调领导干部也要学习技术，在7～12年达到高校毕业生水平，教务副校长要达到副教授、副博士水平。1958年3月1—6日，建筑工程部组织部属及省市属30所中等学校来校召开教育与生产结合现场会议，学习本校3年彻底改变学校面貌、1958年实现经费自给自足的经验。同年7月，湖北省委在庐山召开全省教育工作会议，学校党总支书记刘仁德介绍了学校自给自足办教育的经验。

学校以提升教学质量为目标，多次进行教学改革实践。1958年，学校实行每年一个月休假、四个月生产劳动、七个月教学的"一·四·七教学制度"，《人民日报》《光明日报》《中国青年报》《湖北日报》和《长江日报》均对学校的这一做法进行了报道。同年10月，学校开展"师生工人课堂比武"活动，以解决如何教的问题。结合"课堂比武"，将体育课改为军体课；对教师，学校提出要"五同"（同吃、同住、同劳动、同学习、同科研）、"三化"（生活集体化、组织军事化、行动战斗化）；对学生，工业与民用建筑专业三年级学生将施工组织计划、工业建筑、钢混结构、地基基础等课程搬到工地，边生产、边上课，学生主要发言，工人工长补充，教师总结，谓之工人、技术员、学生、教师"四结合"课程。20世纪60年代初，学校为提高基础课教学质量，制订了12项措施，即稳定教学计划，明确各课程在整个教学中的地位；认真制订和执行教学大纲；采取措施解决课本讲义；课堂教学贯彻"少而精"精神；发挥教师潜力，充实教学第一线；加强习题课；改善和加强试验课；加强和改善辅导课；加强教研室的教学法研究工作；保证教师必需的教学条件；正确处理师生教学关系；认真推行教学制度。

1963年学校组织参加"五反""四清"等政治运动，根据毛泽东主席"春节座谈会"关于"学制要缩短"的要求，进行校内教学改革、计划调整。1964—1965年，学校贯彻毛泽东主席"少而精"的指示和党的教育方针，修订了教学大纲：删减庞杂、烦琐的内容，在教学时数上作了不同程度的缩减；在讲授内容上，常用的基础知识要过硬，与其他课重复而又不宜在本门课讲的内容坚决砍掉，高、大、精、尖、新的内容仅作简略介绍；改进课堂教学，运用矛盾论、实践论的观点指导贯彻少而精、启发式教学；设置政治辅导员，建立教导小组，在教学工作中重视突出政治；通过阶级斗争、生产斗争和科学实验，特别是通过劳动实践培养教师；教学实习，对按苏联老框框的做法进行变革，引用郭兴福教学法，实行学生、工人、教师的"四同""三结合"；体育课增加军事体育内容。

恢复高考后，湖北建筑工业学院开始强化课堂教学，建立课堂教学日记，加强课堂教学纪律，恢复"文化大革命"前建立起来的行之有效的教学规范。

（二）武汉城市建设学院新址重建后（1981—2000年）

1. 培养目标与培养计划

1981年8月1日，国家城市建设总局制发《关于国务院批准增设武汉城市建设学院的通知》，明确武汉城市建设学院本科学制四年。本科学生在校总学时数为2300学时左右，平均周学时18～19学时；选修课14～18门，生产实习9～14周；毕业设计（论文）10周左右。1987年开始，学校增加新生军训，加强国防教育。

在办学实践中，学校不断加强学生思想政治教育，提高学生思想政治素养；积极搭建学术讲座平台，丰富学生专业学习和人文、美学素养养成课堂；拓展困难学生帮扶渠道，解决贫困学生生活之忧。

1997年5月28日，学校在革命老区红安烈士陵园举行爱国主义教育基地挂牌仪式。1998年10月23日，为加强大学生精神文明建设，规范大学生行为举止，努力推进学校"青年跨世纪人才工程"和"青年跨世纪文明工程"，全面提高大学生品德修养、文明规范意识、人文素质及适应社会的能力，院团委举行了"文明、修身、养成"誓师大会，开启大学生"文明、修身、养成"教育活动。1998年11月14日，中科院院士、华中理工大学原校长杨叔子应邀来校作"面向新世纪——谈谈青年人的成才问题"的主题讲座。12月8日，大学生马列主义研究会召开第二届年会。1998年4月9日，武汉市人大常委会副主任、常委会法制委员会主任、武汉校友会会长蔡仲玉应邀作题为"谈谈中华人民共和国建筑法的几个问题"的学术报告。蔡仲玉曾任武汉市中级人民法院院长。报告会前，院长任周宇颁发聘书，聘请其担任经济法专业兼职教授。1999年5月18日，著名历史学家、华中师范大学原校长章开沅教授应邀作题为"辛亥革命与五四运动"的人文讲座。6月1日，著名红学专家、湖北大学中文系教授张国光应邀作题为"两种《红楼梦》，两个薛宝钗"的人文讲座。9月，师生员工举办一系列活动，热烈庆祝建国50周年。10月25日，河北省交响乐团应邀来学校演出。2000年4月11日，武汉乐团应邀来校举办交响音乐会。

1998年9月23日，举行了武汉泰格集团公司向学校贫困生提供"1+1"资助基金启动仪式。该基金由泰格集团总经理、1990届校友谢格发起，为资助本校学生专门设立。资助方式为：该集团总裁、总经理及各部门、分公司主要负责人共20人，采取一对一方式资助20名学生，每人每月200元，以缓解学生在校期间的学习生活困难。该项目唯一要求是学生毕业工作两年后，以同样方式资助母校一位贫困生。

1999年5月16日，"中建栋梁"基金1997—1998年度奖学金颁奖仪式暨学术讲座举行。中建一局董事长、学校兼职教授袁忠旺为获奖学生颁奖并为师生作了题为"国有大型企业内部资产的重组和实践"。"中建栋梁"奖励基金是该公司为奖励建管系建筑工程、城镇建设专业德智体全面发展的大学生和在教学、科研、专业建设方面成绩突出的教师，于1995年12月设立的。此次颁奖是第三次，共有81名品学兼优的学生获奖。

2. 专业设置

1981年，武汉城市建设学院重新组建后，设置了城市规划、给水排水工程、工业与民用建筑、城市道路与桥梁、交通工程、园林绿化、城市测量等专业。

其后近20年，学校按照拓宽专业口径、增强适应性的要求，积极进行专业调整、打通、合并和改造。调整改造后，学校专业设置更为合理，学生适应能力增强，基本符合社会需求，就业率也达到预期。1984年学院招收第一批大学生155人，开办城市规划、工民建、给水排水、城市道路、风景园林等5个专业。12月21日，学院成立风景园林系及风景园林研究所。1985年1月7日，学院发文确定各系名称及其所含专业，其中城市规划系含建筑学、城市规划专业，城市建设系含工民建、公路与城市道路、交通工程专业，城市管理系含城市房地产管理、城市管理专业，环境工程系含给水排水、城市环卫工程专业，风景园林系含风景园林专业，与风景园林研究所合署。1995年，学校新增供热通风与空调工程、建筑财务会计两个专业。1996年6月12日，学校同意基础科学系启用"电气与计算机工程系"名称，以"两块牌子、一套班子"的模式运行，除承担理工类基础课，重点工作是举办新增的建筑电气技术专科专业；同年学校还增设环境工程、经济法本科。1997年3月，城市规划与建筑系开设环境艺术设计专业，面向湖北省招收26名学生，首次招生为三年制专科，次年招生为四年制本科。1998年3月，学校首次招收经济法辅修专业。1999年12月，学院获准新办4个本科专业：工商管理、交通运输、信息与计算机科学、公共事业管理，办学规模不断扩充。

1984—1999年专业设置及招生情况见表7-4和表7-5。

表7-4 1984—1999年本科专业设置及招生人数

专业名称	1984	1985	1986	1987	1988	1989	1990	1991	1992	1993	1994	1995	1996	1997	1998	1999
城市规划	31	35	51	41	30	69	59	63	66	66	99	92	76	71	83	112
园林绿化	31															
工业与民用建筑	31	35	62	78	32	35	75	130	139	125						
城市道路与桥梁	31															
给水排水工程	31	31	93	80	59	63	96	96	104	102	104	109	109	103	69	154
建筑学			36	63	34	45	62	67	76	64	132	115	110	59	69	148
风景园林		32	63	70	30		30	35	34	59						
公路与城市道路		30	30	70	29	31	64	95	90	91						
交通工程		30	31	39	30	30	33	31	31	33		75	91	33	35	71
城市燃气工程				41	29	30	31	60	58			34	35	35	28	
城市燃气工程（含供热通风与空调）										68	62					
城市房地产经营管理										67	32					
城镇建设										37	36	38	38	39	37	
建筑工程											106	155	207	137	150	
城市道路与交通工程											40					
交通土建工程											86	75	54	107	110	
房地产经营与管理												38	36	35	38	

续表

专业名称	1984	1985	1986	1987	1988	1989	1990	1991	1992	1993	1994	1995	1996	1997	1998	1999
供热通风与空调工程												72	72	32	38	
经济法													40	151	84	
建筑电气技术													59	69	69	
环境工程													32	35	42	81
计算机及应用技术														35	75	
环境艺术设计															32	74
计算机科学技术																129
环境建筑与设备																115
工程管理																138
电气工程及其自动化																106
土木工程																340
法学																263
年度总计	155	163	366	482	273	303	450	577	598	712	697	803	959	941	959	1731

表7-5 1984—1999年专科专业设置及招生人数

年份	环境卫生工程	城市建设管理	城市房地产管理	房地产经营与管理	城镇建设	工业与民用建筑	建筑电气技术	现代文秘与公关关系	计算机	建筑财务会计	环境艺术设计	年度总计
1984												—
1985	30											30
1986	30	29	30									89
1987	60	68	67									195
1988	32	37	36									105
1989	30		39									69
1990	33		41									74
1991	34			55								89
1992	34			70	36	34						174
1993	36			77			45	37				195
1994	34			39		75	64	35	30			277
1995	32						74	28	30	35		199
1996								26	28	27		81
1997								32		49	35	116
1998								30		30		60
1999												—

3. 课程设置与教材建设

在课程建设方面，学校将部分优秀课程确定为院级重点课程，加大建设力度与研究投入。1989年4月6日，学校公布了首批院级重点课程，"城市规划原理"等18门课程被评为重点课程，并于1990年代初分两批验收。第一批（1990年12月）通过验收的重点建设课程包括给水工程、交通工程、高等数学、固废处理、城规原理、马克思主义原理、制图；第二批（1992年12月）通过验收的重点建设课程包括美术、结构力学、排水工程、城市燃气、桥梁工程、钢筋混凝土结构、算法语言、英语、中国革命史、高等数学、城规原理。

经过学校大力支持和有效组织实施，课程建设取得显著成效，多项课程获得国家级、省级认可。1993年，美术、交通工程被评为建设部一类优秀课程，结构力学、排水工程被评为建设部二类优秀课程。1994年，市政工程、道路交通工程被评为省级重点学科，桥梁工程被评为省级优秀课程。1995年，城市规划、大学物理被评为建设部一类优秀课程，中国社会主义建设被评为建设部二类优秀课程，给水排水工程、道路桥梁与交通工程被评为省级重点学科。1998年，高等数学被评为建设部一类优秀课程，建筑设计及理论、道路工程、公关文秘等3门课程被评为建设部二类优秀课程，高等数学、给水工程、混凝土结构、桥梁工程等4门课程被评为湖北省优质课程。

在推进课程建设过程中，学院重视并积极鼓励学术专著、专业教材编写工作，也取得了不少实质性成果。1984—1994年这十年间，中国建筑工业出版社、中国建材工业出版社、华中理工大学出版社先后出版了本校教师编写的专著、教材40余种（包括声像教材），其中学术专著8种，获奖教材5种，正式出版物累计字数达到1100万字。其中范跃华、袁有康、张元军、陈锦章共同编写的《城市水厂》被评为省部级优秀电视教材，本校房地产专业全体教师参与编写的"房地产开发、经营、管理丛书"（系列教材），由一线教育工作者与一线的房地产开发、经营、管理单位实际工作者广泛合作编写而成，理论联系实际，具有很强的教学与实践参考意义。在1990年湖北省教委组织的全省教材工作评估中，本校被评为湖北省高等学校教材工作先进单位。在学校大力支持下，数种教材相继获得了省级、部级乃至国家级认可，其中丁烈云、骆汉宾主编的《房地产开发理论和实践》被列为第三届全国普通高校建筑类专业中青年优秀教材。

除建筑行业相关教材外，学校积极开展思教方面教材的编写，到1995年时，学院已出版马列主义基础理论和思想教育方面的教材、专著共12部（含合编），共发表思想政治教育方面的论文53篇，其中，《中国社会主义建设》一书获湖北省思想政治教育研究会1993年优秀著作奖；《论高校思想政治教育的模式》和《社会主义市场经济与大学生自我位置》两篇文章分别获1993年建设系统高校思想政治教育研究会优秀论文二等奖和三等奖；《建立竞争激励机制与高等教育改革》一文获湖北省思想政治教育研究会1993年年会优秀论文奖；《做好高校非党知识分子工作之我见》一文获湖北省统战理论研讨会优秀论文奖。

为进一步加强学科建设与教材遴选工作，学校还开展了校级优秀教材评选活动。在1996年第一届优秀教材评选活动中，《测量学》《房地产开发理论与实务》《房地产管理系统》《建筑结构》《城镇自来水企业管理》《城市环境卫生管理》《大学生品德修养概念》《当代世界经济概论》等8本教材被评为优秀教材。

4. 教学研究与教学改革

新址重建后，学校在大力开展校园基本建设的同时，积极开展教学准备工作，包括制定教学计划、编写教学大纲以及送大批教师到外校培训，担任教学、辅导工作。1984年8月，学校招收第一批大学生。此后16年，学校一直注重教学研究，积极组织并支持教师参与教学研讨交流会议，进行了许多教学上的改革与创新。

（1）教学交流与研讨

学校在教学理论、方法方面高度重视吸取国内外经验，多次组织国内外教育教学研讨交流活动，鼓励广大教师以国际化视角分析教学现状，不断改进教育教学方法。

为加强城市规划专业建设，学校于1984年12月邀请联合国人居中心培训部主任苏德拉先生前来参观访问，学校负责人同湖北省建设厅、武汉市有关方面领导专家在晴川饭店与来宾研究了联合国相关组织在武汉城建学院开办中国城市规划等专业急需人才培训班的有关事宜。次年，学校举办了全国开放城市规划研究班。学校多次举办中外园林研讨班，1985年3月底至4月初组织的研讨班，全国24个省、市、自治区190余人参加了园林专业教育教学研讨。次年4月底至5月初举办的研讨班，来自德国的园艺专家玛丽安娜·包切特女士和赫尔穆特·福格尔先生、本院教授陈俊愉、山东农业大学教授喻衡、南京农业大学教授李鸿渐、上海植物园高级工程师王大均等中外园林专家应邀讲学，全国18个省、市、自治区的32个单位60余名学员参加学习交流，为园林专业建设与教育教学提供了宝贵经验。

1987年11月15日，学校召开武汉城市科学研究会城建学院分会成立大会暨武汉城建学院首届学术报告会。随后，学校继续积极举办或承办高层次、跨区域学术研讨活动。1988年10月10日，学校承办了由建设部委托的我国首次城市住房维修管理研讨班，全国60多个大中城市的200多位学者和工程技术人员参加了为期一周的研讨，来自内地和香港的专家学者应邀作报告。1991年5月29日—6月5日，由本校规建系、湖北省土木建筑学会、鄂州市政府等单位主办的"跨世纪城市与建筑学术研讨会"在学校召开，中南建筑设计院、湖北省美术学院、湖北省规划院等18家单位的专家学者参加研讨。1993年11月11—14日，全国高校建筑学科专业指导委员会第三届城市规划与景园建筑专业（专门化）教学研讨会在学校召开。1999年3月29日，学校举办道路与交通工程学科发展问题研讨会，邀请同济大学周商吾教授、东南大学徐吉谦教授、武汉大学孙宗汾教授等专家学者来校研讨交流。同年6月3日，全国给水排水工程专业指导委员会扩大会议在学校召开，与会专家共商给水排水专业新世纪发展大计。

在吸收不同国家、不同院校的教研经验的基础上，学校内部也积极召开系级研讨会议，经常性地总结分析学校内部教育教学经验和问题。1997年7月14日，学校召开全院教育思想大讨论动员大会，并在随后分阶段开展了6次大讨论活动。教育思想大讨论旨在进一步端正办学指导思想，确立教学中心地位，并为迎接1999年教育部本科教学合格评价做进一步思想动员。1999年4月底，学校召开教学工作会议，确定了新的办学指导思想，强调坚持以教学为中心，以本科教育为主；立足湖北，面向中南，为区域经济发展和城市基础设施建设服务；围绕把城市规划好、建设好、管理好的要求，培养合格的应用型城市建设人才。

（2）教研政策与举措

在认真组织教育教学研讨交流活动基础上，学校制定了一系列保持对教学研究长期投入、对教育教学成果评价给予奖励、促进教学工作质量与效率不断提升的政策和措施。

学校重视学生对教师教学的感受，于1985年12月建立"院领导接待日"制度，积极听取意见。为提升教师开展教学研究的积极性，1989年3月7日，学校决定设立优秀教学成果奖并出台优秀教学成果奖励办法。随后，学校不断强化教学管理，到1992年，共修订完善教学管理文件22个，开展了多种形式的评估教师课堂教学质量活动，建立了教学巡视员制度，使教学管理逐步制度化、规范化；加强基础课教学和基本技能的培养训练，数学、物理课采用试题库命题以确保教学质量；加强实验室建设和实践性教学环节，教学计划规定的实验开出率有较大增加，部分专业建立起比较稳定的校外实习基地，各专业毕业设计结合科研、生产任务，真题真做，锻炼和提高了学生解决实际问题的能力。为进一步做好教学相关工作，迎接教育部对学校的本科教学合格评价，学校于1996年6月7日成立教学工作评估领导小组，领导和推动全校性的教育教学质量提升工作。1999年3月24日，学校成立教学工作委员会，学院党委书记、院长丁烈云任主任委员，副院长李杰任常务副主任委员，马鹤龄、陈锦章教授任副主任委员，集中研究和解决教学管理中的一些重大问题。

为夯实本科教育、提升教师教学水平，学校举办一系列评比、评选活动。1997年9月举办首届教师讲课大赛，汪成伟、冯亚明老师获一等奖。此类校内比赛活动鼓励教师对教学活动投入更多的精力，激发了教师的教学热情、活跃了学生的学习气氛。1998年6月，学院评选出首批学科带头人和后备人员，其中学科带头人8名，后备人员19名。这批队伍中，2人被评为湖北省跨世纪学科带头人、3人被评为学术骨干。为扶持和鼓励大学生科技活动，学校于1998年6月25日和10月8日分别出台《大学生科技活动管理规定》和《大学生科技活动管理条例》，使校内大学生的科技活动有例可循、有规可依。

（3）教学改革与创新

学院积极进行了多项教学改革，不断创新教学方法、提升教学质量。为保证学校人才培养工作适应社会主义市场经济发展需要，院党委坚持党的教育方针和社会主义办学方向，提出了发展规模、优化结构、理顺关系、充实内涵、加强队伍建设、提高教学质量和办学效益的办学指导思想，使教学工作得到较大发展。主要做法为：（1）相近专业低年级课程打通，拓宽了专业面，加强了基础，提高了毕业生就业适应能力；（2）增设新专业，并通过对现有专业进行改造等措施使专业设置完善配套，显示出较强的适应性和灵活性，学科结构更加合理；（3）加强了重点课程建设，一批课程被评为建设部或湖北省的优秀课程；（4）增设了学科前沿新课程，加强了外语、计算机教学，注重学生人文素质的培养。

1985年底，学校在给水排水专业1985级进行学分制试点，提升了学生学习的自由度。为加深教学改革，学校多次召开研讨、交流会议。1986年5月10日，学院召开首届教改经验交流会，以期深化教学改革经验推广交流。同年，学校对毕业生分配办法进行改革，引进竞争机制，以更好地体现优才优分的原则。为加强学风建设，学校从1991级开始对新生集中管理一年，帮助学生端正学习态度，加强学习氛围，培养良好学习习惯。为提升学生的外语水平，学校引入多门全外语授课课程。校内首门全英语授课课程《房地产市场营销》于1994年9—12月开设，由加拿大专家威尼·罗杰（Wayne Knoch）主讲，这对学生而言既是挑战，更是不可多得的锻炼机会。

1986年7月，学校响应国家号召，为促进地方经济发展组织了60余名大学生和16名指导教师分赴多地参加城乡建设环境保护部首次实施的村镇建设"星火计划"。这类具有政治意义和专业实践意义的活动，有效丰富了学校的教学活动，成为学校后来长期保有的人才培养方面的一个显著特点。

在"八五"期间，学校制订了关于进一步深化教学的改革方案，对指导方针与目标、学校与社会的联系、新增与改造专业、调动和发挥师生教与学的积极性与创造性、教学内容与教学方法改革、招生与分配制度、加强与改进政治课和德育教育等八个方面作出了明确指引，对深化学校教学改革，提高教学质量起了重要作用。1994年初，国家教委正式提出制定并实施"高等教育面向21世纪教学内容和课程体系改革计划"。学校结合实际提出了现阶段教学改革的基本思路，即以邓小平同志的"教育要面向现代化、面向世界、面向未来"的思想为指导，全面贯彻党的教育方针，不断更新教育思想和教育观念，以教学改革推动学院教育改革，拓宽专业口径，改革课程体系、教学内容和方法，加强素质教育，使教学改革工作有利于人才培养、有利于全面提高人才质量、有利于提高办学效益。

"九五"期间，学校围绕教学合格评价这一中心工作积极推进教学改革，教学和教育管理工作呈现新的面貌。首先，加强了专业、学科建设。根据国家经济建设和社会发展的需要，新增环境工程、经济法、建筑电气、环境艺术设计、计算机技术与应用等本专科专业；制订了建筑学、城市规划、建筑工程等专业建设规划，重点加强英语、建筑工程和交通土建工程等课程的CAI教学，开设了计算机应用、文秘等辅修专业和全院性公共选修课程，完成了1993级城市规划专业改造工作。1996年编制颁布了《教育事业"九五"计划和2010年远景目标》《教学改革"九五"计划》《师资队伍建设"九五"计划》和《学科专业建设"九五"计划》等"一总四分"计划方案。1997年12月24—26日，学校召开首届学科建设工作会议，制定了《教师继续教育规程》和《跨世纪学科带头人和后备人员产生及管理办法》，促进了学科和师资队伍建设。1996—1999年间共有11门课程被评为省部级优质重点课程。1998年评选产生了（首批）跨世纪学科带头人8名和后备人员19名，加速了学院中青年学科带头人队伍的建设和发展，开启了依托学科开展科研而带动教学及产业发展的新思路。其次，严格教学管理，努力提高教学质量。重新调整了教学计划，认真修订了教学大纲，对工科类、经济管理类、工程技术类专业增加了互补性课程；对建筑学、建筑工程、城市规划三个专业毕业设计进行了校级评估；举办讲课竞赛，重点抓课堂教学环节的管理；坚持领导听课和教学巡视制度，建立信息反馈机制，考教分离，题库、阅卷等管理趋于规范，严肃考试纪律，考风明显好转；加强了实验、实习、毕业设计等实践教学环节的规范化要求，各项教学活动基本上做到有章可循。第三，增加教学经费投入，加强教学基本建设。学校投入逾千万元，加强了计算机、图书资料、实验设备等基础设施建设。建立了校园网，实现了信息资源共享。新建语言实验室、多媒体教室、多功能教室，大大提高了教学设施的容量和效率。第四，研究生教育迅速发展。第五，成人教育逐步趋于规范化。第六，抓科研、促教学。

为进一步深化教学改革，学校于1999年6月22日印发《武汉城建学院本科教学工作整改报告》，结合教育部本科教学工作评价专家组反馈意见，就教学改革、师资队伍建设、教学经费与办学条件、教学管理改革等方面向全校各单位提出了整改任务、整改思路与目标措施。学校明确教改工作总体思路，一是继续抓教育思想大讨论，进一步明确教学改革的任务和要求，转变教育观念及教学思想；二是明确人才培养目标，积极探索更好地适应市场经济需要的人才模式；三是从调整专业结构、加强专业和学科建设着手，制订人才培养计划；四是重点抓课程体系与教学内容及教学方法的改革；五是加强教师队伍建设，提高教师教学水平、学术造诣；六是改善办学设施，加强教学管理，做好其他部门的工作，完善基础条件与保障。整改方案强调，教学改革是学校各项改革的中心，学校将加大对教改的经费投入，不断改善办学条件，学校各职能部门要努力为教学服务。

（4）教研成果与奖项

在积极推动教学研讨交流、不断出台相关政策措施、大力推动教学改革基础上，学校教学研究有了实质性成果。

学校在四年一度的湖北省优秀教学成果奖项评选中多次有所斩获。1989年的湖北省优秀教学成果奖项评选中，顾敏煜副教授的"建立生产实习基地，改革教学实践环节"获得湖北省高校优秀教学成果一等奖，杨振玉副教授的"精讲严练，教书育人"、张伯葵副教授的"教书育人，提高教育质量"获二等奖；1993年的湖北省优秀教学成果奖项评选中，段泽琪、谢建麟等完成的"建立教学、科研、生产三位一体的校外实习基地，强化实践教学环节"获湖北省优秀教学成果二等奖，王远平、李先润、陈良才的"双向同步多技法渗透式教学"及金康宁的"在结构力学教学中提高学生电算能力"获三等奖；1997年的评选中，体育教研室谢彬副教授的"高等学校体育管理应用软件"获得湖北省优秀教学成果三等奖。此外，卢寿丙于1989年获得"湖北省教委优秀教育工作者"称号，肖泽贵于1997年获得"湖北省优秀教师"称号。环工系给水排水实验室1991年荣获"国家教委先进实验室"称号，给水排水教研室荣获1995年"湖北省普通高校先进教研室"称号。

教学研究论文的发表也是教学研究成果的体现。湖北省教委、省高教学会于1997年6月开展了全省第四次优秀高教科研论文评奖。由学院教务处高教室组织申报，学院共获得六项奖，其中二等奖一项，为社科系蒋小兮副教授的《暗示和直陈原则在政治课教学中的运用》；三等奖三项，分别为规建系辛艺峰副教授的《对建筑及相关专业构成教学发展取向的思考》、建管系张先进副教授、金康宁教授的《建筑工程专业毕业设计教学的改革和实践》、环工系唐友尧教授的《抓好毕业设计评估，促进毕业设计质量的提高》；成果奖二项，为环工系宓亢琪教授的《关于城市燃气工程专业建设的探讨》和道交系张海龙教授的《专业课教师应注意对学生进行思想品德教育》。

在上述省级奖项之外，学校对其他许多优秀教学研究成果和对学校教研工作做出贡献的教师给予了表彰奖励。1998—1999学年度，获得学校年度优秀教学成果奖一等奖的有：金康宁、张先进等4人的《建筑工程专业本科生计算机应用能力培养教学体系研究》，郭建华等5人的《混凝土结构测试与指导课件》（CSCAI）；获二等奖的有：王远平的《绘画基础教学改革中素描、色彩画教学体系间的中介环节》，肖来元的《面向21世纪工程力学课程系列研究——弹性力学课程体系与方法改革》，戴萍等4人的《面向21世纪力学系列课程改革——结构力学教学体系与方法改革》，蒋小兮的

《高校政治课教学法及实施系统研究》，熊志伟等4人的《教学管理监控体系研究与实践》；获三等奖的有：徐顽强的《科技与人文并重——试论理工科大学的人文素质教育》。

7.2.2　研究生培养

武汉建筑材料工业学院研究生教育始于1978年，首批硕士学位研究生学制三年（1979年改为二至四年）。培养目标为：在党的教育方针指引下，坚持又红又专、理论联系实际的原则，通过认真学习马克思列宁主义、毛泽东思想和参加一定的生产劳动及实际工作锻炼，努力树立无产阶级的阶级观点、劳动观点、群众观点和辩证唯物主义观点；在具备大学本科毕业水平的基础上，更牢固、系统、深入地掌握本专业的基础理论与知识，熟悉学科的主要发展方向；懂得两门外语并能较熟练地掌握其中一门；能进行科学研究和相应的教学工作；身体健康。相应的培养计划为：政治课、外国语、专业基础课、专业课及选修课；课内外总学时数3648学时。

武汉城市建设学院重新组建后，研究生教育从零开始。经过近10年的努力，1991年7月，学校获批硕士学位授予单位，获批学科专业为市政工程。次年，招收首届硕士研究生，标志着学校办学层次跃上了一个台阶。其后，学校不断加强研究生专业建设，增强自身办学能力与科研实力，积极申报新的硕士学科点。1993年，新增城市规划（含风景园林）硕士点，1995年，新增房地产经营与管理专业硕士研究生点。

1998年，学校与铁道部大桥局桥梁研究院签订联合培养硕士研究生协议，共同培养桥梁工程方向硕士研究生。这类合作，既加强了学校与社会的联系，又发挥了学校与科研院所各自优势，拓展了硕士研究生培养渠道。到1999年，学校已有7个硕士点，涵盖21个研究方向，分别为：市政工程学科（含污水处理新技术与污泥处理方向，给水工程新技术、新理论方向，结构分析方向，城市燃气方向，城市废物处理系统设计与管理方向）、城市规划与设计学科（含城市规划理论与方法方向，城市理论与历史、城市设计方向，城市设计理论与方法方向，区域规划理论与方法方向）、管理科学工程学科（含房地产投资与开发方向，房地产经营与管理方向，房地产价格与项目评估方向）、建筑设计与理论学科（含建筑设计与理论方向，室内设计方向）、道路与铁路工程学科（含道路交通投资决策方向，桥梁理论与工程实践方向，桥梁结构分析及其计算机程序方向）、交通运输规划与管理学科（交通工程方向）、经济法学科（含建筑经济法理论方向，房地产经济法理论方向，涉外建筑经济法理论方向）。

为提升研究生教育水平，规范和加强研究生培养工作，学校出台了相关规章制度，并积极组织开展校内外研讨交流。1994年4月12日，学校出台《武汉城建学院研究生指导教师遴选和职责暂行条例》，从师资建设与规范入手推动研究生教学工作；1996年10月30日—11月3日，来自清华大学、同济大学等全国八所高校房地产管理专业的专家在学院召开本学科研究生教育工作研讨会。

7.2.3　成人教育

重生的武汉城建学院于1984年即开始举办成人教育。1993年，经建设部批准，学校正式成立成人教育学院，1996年9月通过湖北省教委组织的评估。1999年6月，成立湖北省建设系统继续教育中心。十多年来,学校成人教育经历了起步、稳定发展、快速发展三个阶段,尤其是邓小平南方谈话和党的十五大之后,成人教育出现大发展的局面,成教学生从最初的100多人发展到1300多人。1997年9月,北京中集公司以合作办学的方式出资400万元在校内兴建成教楼,较大程度地改善了成人教育条件。1999年,成人教育学院开始举办高等职业技术教育,开办工程造价专业。5月27日,教育部、湖北省教委有关领导、专家一行5人就我校职业技术教育学院办学情况进行了考察调研。截至1999年,学校成人教育办学体制从过去单纯的校本部办学发展到以校内为主并向社会延伸的新格局,在湖北、湖南、江西、广西、海南、甘肃等地设立函授站十余个,专业由最初的工民建与城市规划两个专业到涵盖全校所有专业,办学层次从纯学历教育发展到以专科为主,同时开办高层次的"一长三总(即建设局长、总工程师、总经济师、总会计师)""工商管理干部培训班"等非学历教育,毕业、结业成人教育学生5000余人。

7.2.4 部分校友情况介绍

黄以庄(1942—),男,1964年毕业于工业与民用建筑专业。教授级高级工程师,四川省工程设计大师。曾任电子十一院副总工兼武汉分院院长,主持数十项大中型工程项目设计,获七项国家和部、省级优秀设计奖,其中武汉长飞一期获国家优秀设计铜奖;长飞六期获国家优秀设计金奖;上海华虹NEC获市优秀结构第一名;奥镁获省优一等奖。

戴逢(1942—),男,1964年毕业于城乡规划与建设专业。高级规划师,教授。历任广州市规划局副局长、局长。广州市政协副主席。中国城市规划协会高级顾问,中国城市规划学会荣誉理事,中国城市交通规划学术委员会副理事长,国际欧亚科学院院士。

陈学峰(1946—),男,1968年毕业于给水排水专业。曾任中建三局副局长。作为承建单位负责人,深圳国际贸易中心获1987年鲁班奖,辽宁广播电视塔获1990年鲁班奖,上海国际贸易中心大楼项目获1992年鲁班奖,巴基斯坦贾姆肖罗电厂获首届中建海外工程一等奖。

袁忠旺(1947—),男,1968年毕业。曾任中国建筑一局董事长、总经理。

樊凤兰(1946—),女,教授级高级工程师。1968年毕业于工业与民用建筑专业。曾任中建三局总承包公司总经理。主持大型工程项目20余项,获国优、鲁班奖共8项。获得全国五一劳动奖章、建设部劳动模范称号,第九届全国妇联执行委员,荣获国家人事部一等功,享受国务院政府特殊津贴。

刘宪明,女,1977年毕业于工民建专业。曾任湖北省规划院院长。先后承担、主持大中型工程和国家重点研究项目100多项,其中,"湖北省鄂西生态文化旅游圈生态专项规划""湖北省环一江两山交通沿线景观规划设计"获湖北省优秀城市规划设计一等奖。

杨书平(1966—),男,1985年本科毕业于给水排水专业。教授级高级工程师。历任中信工程设计建设有限公司党委副书记、副董事长、总经理,中国市政工程中南设计研究总院执行董事,武汉市人大代表、武汉勘察设计协会会长。主持大型工程设计120余项,获省部级以上优秀成果奖20余项。

李国洪(1964—),男,1985年本科毕业于给水排水专业。教授级高级工程师。现任中国市政工程中南设计研究总院副院长、总工程师,兼任湖北省勘察设计协会副会长、住房和城乡建设部高等教育给排水科学与工程专业评估委员会委员、中国土木工程学会水工业分会常务理事、中国勘察设计协会水系统分会副会长。荣获"百佳中信人""湖北五一劳动奖章"。

刘向荣（1965—），女，1986年毕业于给水排水专业。教授级高级工程师。任职于中国市政工程中南设计研究总院，主持或参与完成重大项目数十项，获省部级以上优秀设计、咨询奖24项，获授权发明专利5项，国家级刊物发表论文17篇。

柯昌春（1964—），男，1986年毕业于给水排水专业。任武汉市政工程设计研究院有限责任公司董事长。曾主持武汉市多项水污染治理重点项目，主持完成市重大科技成果"武汉地区排水管道通用图""武汉市暴雨强度公式"等项目。

刘厚炎（1946—），男，毕业于桥梁工程专业。武汉市政工程设计研究院有限责任公司副院长。武汉市"五一劳动奖章"获得者，获评湖北省中青年专家、武汉市中青年专家、武汉市"老劳模新贡献"先进个人。

林昌梅，男，1988年毕业于环境卫生工程专业。现任中国城市环境卫生协会监事长，中国市政工程协会副会长，福建省城市建设协会会长，住房和城乡建设部科学技术委员会城市环境卫生专业委员会专家。曾任福建省建设厅城建处副处长。

高艳（1965—），女，1988年毕业于风景园林专业。教授级高级工程师。现任杭州园林设计院股份有限公司董事，主持项目获得国家级、部省级奖百余项。获评浙江省最美风景人、杭州市财贸旅游系统服务保障G20峰会金牌职工。

熊辉，男，1988年毕业于环境卫生工程专业。后入职宜昌市环卫处。1993年参加湖北省第一批世界银行贷款环保项目的建设。2004年参加湖北第一排医废处理项目建设及运营，2010年参加国家第一批危废项目的建设及管理。

赵俊超（1966—），男，1989年毕业于环境卫生工程专业。现任合肥市文学艺术界联合会党组书记、常务副主席。历任合肥市城管局处长、总工程师、副局长，合肥市委宣传部副部长、市文明办主任。

战金奎，男，1989年毕业于环境卫生工程专业干部培训班。任乌鲁木齐市容环境卫生管理局副局长。曾获得燃气集团"全国特殊贡献奖""优秀工作者""先进党员"等多项荣誉称号。

张文京，男，1990年毕业于公路与城市道路专业。正高级工程师。宁波市政工程建设集团股份有限公司第二事业部副总经理。2005年获全国市政金杯奖，2012年获评全国优秀建造师。

胡红雨（1968—），男，1990年毕业于交通工程专业。教授级高级工程师。现任安徽交控工程集团公司党委书记、董事长，2000年获得安徽省科技进步一等奖，2014年获得第十二届中国土木工程詹天佑奖。

黄雨龙，男，1990年毕业于城市管理系。上海城市规划设计院高级工程师。参编城市基础设施教科书。

王洪星（1969—），男，1991年毕业于城市燃气工程专业。2005年加入具有"红色央企"之称的世界500强企业华润集团，现任华润江西区域工委副书记、驻江西省首席代表、华南大区副总经理，兼南昌市燃气集团总经理。

金会容（1968— ），男，1991年毕业于工业与民用建筑专业。高级工程师。现为华德莱工程咨询有限公司、湖北天工建筑勘察设计有限公司、武汉江城建设咨询有限公司、湖北宏大工程咨询有限公司等公司董事长，曾荣获资深造价工程师称号，武汉市和湖北省两库专家评委。

朱昱（1970— ），女，1992年本科毕业于给水排水专业，教授级高级工程师。就职于中国市政工程中南设计研究总院，注册公用设备工程师。担任20余项大型市政项目设计总负责人，荣获国家、省市级奖项若干。负责设计的"南阳市城市环境综合治理项目城市民用沼气工程"获两项国家发明专利授权。现任中国勘察设计协会质量管理专家、《中国勘察设计》杂志社副理事长、湖北省勘察设计协会副会长、武汉勘察设计协会秘书长。荣获中信集团"五一巾帼标兵"称号。

赵星（1970— ），女，1992年毕业于建筑学专业。现任中建（深圳）设计公司董事，一级注册建筑师。主持的中国国际（深圳）高新科技会展中心获广东省优秀建筑设计二等奖。

王福林（1971— ），男，1993年毕业于城市燃气工程专业。现为清华大学建筑学院副教授，出版著作5部，获得专利5项。设计的烟台新牟华联商厦获山东省优秀工程勘察设计二等奖。

郭启华（1971— ），男，1993年本科毕业于城市燃气工程专业。正高级工程师。现任中国市政工程中南设计研究总院第三设计院总工程师，设计项目多次获得全国、省部级优秀奖。

曹连海（1970— ），男，1993年毕业于环境卫生工程专业。教授，博士生导师。现任华北水利水电大学测绘与地理信息学院院长。发表论文100余篇（SCI/EI收录30余篇），出版学术专著1部、教材2部，获国家发明专利8项，近五年主持科研项目20余项。

程前（1972— ），男，1993年毕业于风景园林专业。现任深圳市希尔景观设计公司设计总监，一级注册建筑师。主持设计的马鞍山深业华府、长沙融科东南海均获2003年全国人居环境金奖。

饶世雄（1973— ），男，1995年本科毕业于给水排水专业。正高级工程师。现任武汉市政工程设计研究院副总经理。武汉市黄鹤英才，武汉市十百千人才，水专业分会机械设备专家委员会委员，省政府投资项目咨询专家，省环境影响评价审查专家。获国家、省、市优秀工程奖近40项。

涂海毅（1973— ），男，1995年毕业于给水排水专业。北京城建道桥建设集团有限公司总经理。

曹常海（1970— ），男，1995年毕业于房地产经营与管理专业。北京六建集团有限责任公司党委书记，参与汶川抗震救灾、北京大兴机场、城市副中心等重大工程，受邀参加建国70周年和建党100周年天安门广场观礼。获北京市国资委系统优秀共产党员、优秀党务工作者称号。

汤雨明（1973— ），男，1996年本科毕业于城市燃气工程专业。现任港华燃气集团高级副总裁，中国城市燃气协会标准工作委员会专家。参编标准《燃气服务导则》，《城镇燃气用户工程设计规范（征求意见稿）》《城镇燃气室内工程施工与质量验收规范》。

胡小龙（1972— ），男，1996年毕业于环境卫生工程专业。先后主持绍兴市垃圾填埋场、粪便污水处理厂等大型环境卫生工程项目，主持绍兴市社发重点科研项目两项，参与《农村生物质废弃物低碳高值化处理利用技术研究》获浙江省科学技术二等奖。

周爱姣（1977— ），女，1997年本科毕业于武汉城市建设学院。2008年获华中科技大学工学博士学位。现任华中科技大学环境学院教授，长期从事水质控制理论与技术的研究、教学及实践。担任Science of the Total Environment、Chemosphere、Bioresource Technology等国际知名期刊的审稿人。

甘明生（1975—），男，1997年毕业于给水排水专业。教授级高级工程师。曾任中国建筑集团有限公司市场与项目管理部副总经理。获得江苏省建筑施工安全生产先进个人、共青团河南省新长征突击手、湖北青年五四奖章等荣誉。

李沅（1975—），男，1997年毕业于城市燃气工程专业。教授级高级工程师。现任武汉市燃气热力规划设计院有限公司总经理（兼总工程师）。主持的民生公司常码头液化气加气站工程获湖北省勘察设计"四优"评选优秀工程设计二等奖。

赵玉落（1974—），男，1997年毕业于城市燃气工程专业。武汉市燃气热力规划设计院有限公司副总经理（兼总工程师）。中国标准化协会城镇基础设施分会城市燃气专家组组长。主持的设计咨询项目多次获得省级奖。

戴菲，女，1997年本科毕业于武汉城市建设学院城市规划专业。华中科技大学建规学院景观学系教授、博导、副主任。国家自然科学基金项目通讯评审专家、中国风景园林学会女风景园林师分会委员、《中国园林》杂志特约审稿专家、《风景园林》杂志特约编辑与审稿专家。

李辉，男，1998年毕业于城市规划专业。任职于中信建筑设计研究总院（原武汉市建筑设计院），一级注册建筑师。主持的武汉万科四季花城东区二、三期，获2005年度建设部优秀勘察设计二等奖，2006年度全国优秀工程勘察设计奖铜质奖。

张敏，女，1998年毕业于交通土建工程专业。高级工程师。新疆通艺市政规划设计院有限公司董事长。华中科技大学新疆校友会会长。主持的项目获评全国优秀工程勘察设计园林景观一等奖。连续八年获得昌吉市优秀企业经理称号。

陈志辉（1977—），男，1998年毕业于环境工程专业。高级工程师。先后获"桂林市市领导跟踪服务的重大项目推进工作先进个人""桂林市城市管理系统四大项目建设工程指挥部先进工作者"。

钟卫元（1975—），男，1998年毕业于环境工程专业。福建省龙岩市环境卫生中心副主任，高级工程师，分管龙岩市固体废弃物综合处理园区。

翁晓军（1977—），男，1998年毕业于环境卫生工程专业。温州生态园管委会发改和文化旅游局局长。获评浙江省重点建设立功竞赛先进个人、"五水共治"工作先进个人、温州市"担当作为好干部"。

谢光宏（1975—），男，1998年毕业于环境卫生工程专业。任职于河南省城乡规划设计研究院，从事生活垃圾处理工程设计工作，完成生活垃圾填埋场工程、餐厨垃圾处理工程、城市环境卫生专项规划等相关设计300余项，获得相关工程设计奖项30余项。

商宏（1976—），男，1999年毕业于建筑学专业。CCDI中建国际设计公司集团副总裁。2012年创立LINK设计公司，任董事长兼首席执行官。作为主创，参与设计的奥林匹克体育场获国家优质工程银质奖、中国建筑优秀勘察设计建筑工程二等奖。

王松林（1974—），男，2000年市政工程专业毕业，获硕士研究生学位。华中科技大学环境科学与工程学院教授，湖北省水质安全与水污染控制工程中心主任，中国环境卫生协会专家委员会委员，中国环境科学学会水处理与回用委员会委员。

刘晶昊（1979— ），男，1996年9月本科入读环境工程专业。教授级高级工程师。现任中国城市环境卫生协会副会长兼秘书长，住房和城乡建设部科学技术委员会城市环境卫生专业委员会秘书长及国家发展和改革委员会循环经济专家咨询委员会等多个政府部门咨询专家。

刘涛，男，1997年本科入读环境工程专业。高级工程师。现任中国城市建设研究院监事、环境工程设计研究院院长，国务院国资委双百改革试点企业中城院（北京）环境科技有限公司董事长，住房和城乡建设部咨询专家。主持环境专项规划项目等近百项，获4项国家专利。

占美丽（1978— ），女，2002年毕业于环境工程专业。现任青岛市固体废弃物处置有限责任公司副总经理。在全国核心期刊发表学术论文7篇，分别向各级科研院所提报科技论文8篇。先后获评全国共青团员、全国三八红旗手、山东省十大杰出青年等20多项荣誉。

吴标彪（1981— ），男，1998年本科入读环境工程专业。高级工程师。现任广州市信诚环保科技有限公司总裁，中国城市环境卫生协会理事、中环协垃圾分类与减量化等多个行业专委会专家。参编20多个国家行业标准，获发明专利1项、实用新型及外观专利20多项。

注：以毕业年份为序；次级以姓氏笔画为序。

7.3 科学研究

7.3.1 1952—1980年的科学研究

基于历史的原因，学校经历了多次变更，这期间的科研工作处于波动发展阶段。1956年，学校开展"跑步进入社会主义"运动，号召师生大搞科研、抓业务。学校升格为本科学院后，开始开展群众性的科学研究活动，先后进行了145个项目的研究，取得了一定成果，自动化沼气灯浇铸、棕绳混凝土、耐火混凝土和汉口水厂水量翻番设计等项目在当时达到了国内先进水平。

1959年，学校结合国家建设规划中的重点项目，提出综合研究项目12项，一般研究项目和技术革新项目400项。

1960年，学校更名为武汉城市建设学院，成立科学技术工作委员会。按照省科学技术委员会下达的任务，并结合国家1960年建筑科学技术发展规划中的重点项目，学校提出了重点综合研究项目10项（其中国家项目3项），一般科研及技术革新项目150项。学院先后承担建筑工程部编制的"建筑工程10年（1963—1972年）科学技术发展规划"城市建设部分项目及武汉市部分科研项目。期间，硅酸盐教研室因"在文教方面社会主义建设中贡献卓越"，在湖北省文教群英会上被评为先进集体，受到湖北省省长张体学的嘉奖。

1966年"文化大革命"伊始，招生停止，科研工作也陷入停滞状态。

1971年，两校合并组建湖北建筑工业学院后，学校坚持开门搞科研，实行工农兵学员、技术人员、教师的"三结合"和学校、科研机关、生产单位、使用单位的"四结合",建立起教学、生产、科研"三结合"的新体制,科研工作逐步回归正轨。截至1978年6月底,全校共有科研人员53人。1972—1978年间,学校共承担172项科研和技术革新任务,其中138项取得成果或阶段性成果,22项达到国内先进水平或填补了本行业空白。在1978年召开的全国科学大会上,学院"利用含皂素植物作为加气混凝土的外加剂""玻璃钢在体育器材上的应用(玻璃钢单人皮艇)""离子氮化工艺设备及应用的研究""高层建筑剪力墙设计计算理论及工程应用""锅炉电接点水位计"等5项成果获奖。在全国建筑材料科学大会和湖北省科学大会上,另有14项、20项科研成果分别获奖。

1978年,国家确定88所全国重点高校。作为新增的22所全国重点高校之一,学校根据"重点院校既是教学中心又是科研中心"的要求,高度重视、积极开展科学研究工作,科研工作进入高速发展阶段。全国科学大会后,学校制订了3年(1978—1980年)和8年(1978—1985年)科学研究发展规划。1979年7月,学校成立由贾道恒任主任、共31名委员组成的学术委员会,开启了学校科研工作新局面。

7.3.2 1981—2000年的科学研究

1981年,武汉城市建设学院获准新址新建,并于1983年破土动工。在边建设边招生办学的同时,学校科研工作也正式启动。经过十余年的发展,学校的科研队伍不断壮大,科研项目和成果不断积累,为国家城市建设科学发展做出一定贡献。

1. 科研队伍的壮大

据1985年9月制订的"七五"教育发展规划,1987年全校各类人员编制总数应达到837人,其中教学人员257人,专职科研人员52人;到1990年,全校各类人员编制数应达到1540人。1987年9月,学校教师和工程技术人员队伍中,具有高级职称的有60余人,具有中级职称的有140余人,形成了一支涵盖各层次职称结构的师资队伍。1989年10月,全校共有637名专业技术人员,其中高级职称专业技术人员129名,中级职称专业技术人员261名。学校积极鼓励教师到国内外进修,同时在院内开办各种助教进修班、硕士课程学习班,参加学习的教师共计170余人(次)。1994年,全校有教职工1032人,其中教师400余人,副教授以上高级专业技术人员130余人。1998年,学院共有教师391人,其中教授20人,副教授104人,讲师151人,职称结构合理,基本满足教学、科研工作的需要。

1980—2000年间,学校科研队伍构成虽然不很稳定,但科研人员数量和质量逐年提高,基本上形成了一支基础较好、实力较强的科技研究队伍。

2. 科研投入加大

为推动科研工作深入开展,学校不断加大科研支持力度,完善科研体制机制,给予科研配套经费支持。

科研机构不断健全,科研规划全面具体。1985年9月,学校积极响应国民经济建设"七五"计划对科学教育事业发展提出的任务与要求，制订"七五"教育发展规划，对学校"七五"期间的科研工作做出全面谋划。1996年4月19日，学校成立科学技术委员会，负责指导和协调学校科研工作，并编制《教育事业"九五"计划和2010年远景目标》《科技发展"九五"计划》。1997年6月6日，为贯彻国务院《关于加强高等学校科学技术工作的意见》和国家教委《社会发展科技计划纲要》精神，经省科委批准，"湖北省城镇发展工程咨询研究中心"在学校成立，省建设厅厅长胡已立、省科委委员杨延芳等出席挂牌仪式。中心依托武汉城建学院，旨在开辟一条以智力型为主导、全方位多层次的科研道路。至1999年时，学校建有19个实验室，同时设有建筑设计研究院（甲级）、城市规划设计研究院（甲级）、风景园林研究所等服务机构。2000年4月13日，学校召开第三次科技工作会议。学院党委书记、院长丁烈云在报告中总结了"九五"以来的科研工作。

新址办学十多年来，学校科研项目数量不断增加，水平不断提高，经费逐年增长。1988—1992年期间，学校共承担各类科研任务151项，其中部、省级以上科研25项，横向科研27项，自选科研99项；1997年，学校申请省部级以上科研项目20余项，被批准立项的省部级以上重点科研项目计划经费达到42万元；1998年，学校承担国家自然科学基金和部省市科委、建设主管部门各类纵向、横向以及校设科研基金项目共67项，立项总经费达到100万元。特别是校设科研基金，由"八五"期间每年1万元增加到1998年的15万元，以每年20%的速度增长，对教师申报国家、部、省、市纵向科研项目及对学校科研队伍整体素质及水平的提高都起到了较大促进作用，对教师教学水平提高也具有重要意义。

3. 社会服务

学校的科研工作，充分发挥专业特色和行业背景，聚焦于城乡规划建设，开展规划、设计、建设、咨询服务。1988年10月19日，河南省焦作市领导和有关部门负责人一行15人来学校推进合作事宜。在听取了风景园林系关于"焦作太行风景名胜区规划"成果的汇报后，来宾希望继续与学院合作，共同开发太行风景区。该风景区的总体规划和详细规划包括云台山风景区规划、修武县县城规划和五龙口部分风景区规划。学院承担的"八五"国家科技攻关计划85-908-01课题"武汉东湖污染综合防治技术"子专题"面源污染的控制与净化技术"经过三年多的科技攻关，完成东湖流域农业区与林区的面源污染研究，通过建设部科技司终期检查。

1998年特大洪灾之后，为响应建设部、湖北省有关做好灾区重建工作的号召，学校于下半年开学伊始成立支援灾区技术小组，主动向省建设厅请战。随后，学校先后派出11名规划专家和技术人员分赴黄梅、公安、松滋、石首、宜昌、枝江、荆州、监利、洪湖等地，参加灾区重建规划和技术服务。

4. 科研成果

改革开放以来，学校在科研工作上坚持理论与实际相结合，在提高理论水平的同时，高度重视科研工作与实际项目相结合，精准选择课题，在广大教师、科技人员和学生的努力下，科研工作取得了可喜成果。

（1）1980—1985年

期间，学校科研工作共获建设部科技进步三等奖1项，湖北省科技进步二等奖1项，湖北省科技进步三等奖1项。金儒霖、顾鼎言、陆宏圻等完成的"污水生化处理新型射流曝气装置"获湖北省科技进步二等奖。该装置通过对射流曝气生物净化法的试验研究，提出了新型双级射流曝气装置和相应的处理构筑物，利用提出的射流曝气机设计的各种方程，通过电算制成图表，达到实用化。该装置可以用作污水充氧，加速传质，促进生化反应，生产试验表明效果良好，达到同行业的较高水平。金儒霖副教授完成的"青岛市城市污水回用于工业（中试）"获部级科技进步三等奖。陈锦章教授等完成的"'四合一'湖水净水池生产性试验研究"获湖北省科技进步三等奖。

竞赛方面，丁先昕老师在国家体委计财司和建设部设计局联合主办的全国体育场馆设计竞赛中获得2个二等奖（一等奖空缺）。城规系青年教师林良伟、丁建民、张海兰获长沙市芙蓉路规划设计方案一等奖。数学教研室主任刘作述《不分明随机测度的扩张定理》获1983—1984年度省科协系统优秀论文一等奖。

（2）1986—1990年

期间，学校科研工作共获建设部科技进步一等奖1项、二等奖2项、三等奖2项。学校完成的"不同类型城市环卫基础设施等级划分与发展水平研究（总课题）"获建设部科技进步一等奖，其中徐仁琼、周于德、吴学农等完成"环卫基础设施部分"，于志熙、江长桥、陶列平等完成"园林基础设施部分"。课题报告对城市基础设施的性质、作用、特点以及建设与经营管理中长期存在的问题，进行了严谨的分析与探讨，采用系统工程方法对我国城市基础设施的层次结构和发展水平深入分析研究，提出了分类指导的等级划分方法和概略性指标体系。于志熙教授等完成的"南方草坪地被植物试点研究"、陈锦章教授等完成的"'四合一'湖水净水池生产性试验研究"获建设部科技进步二等奖。唐友尧、程道银、郝文保等完成的"虹吸滤池自动冲洗装置"以及李泽民、吴云辉、易汉文等教师完成的由武汉市建委和武汉城建学院联合承担的建设部重点科技攻关项目"提高城市平面交叉路口通行能力的实验研究"获建设部科技进步三等奖，后者提出了"左转车超前候驶时差放行新法"（即左转待转区），在武汉市大东门路口进行试点时取得良好成效。

此外，李永洁副教授完成的《N边连通图的临界理论》（论文）（甲类）获教育部科技进步三等奖；陈邦富老师完成的"农用不织布新技术的引进研究与应用"获农业部科技进步三等奖；环境工程系段泽琪老师关于"武昌巡司河水污染综合治理可行性研究"获湖北环境保护局科技进步二等奖；范勤年副教授参加的贵州省镇宁、关岭、普定三县岩溶旅游资源调查与评价研究项目获得贵州省科学技术进步三等奖。

重点课题及项目方面，道桥教研室为湖北省第一条一级公路武黄公路设计的最大互通式立交桥——桐城铺立交桥通过湖北省计委组织的评审。由环卫教研室和工程机械教研室承担的河南省新乡市生活废物无害化处理场可行性研究报告通过由中央爱卫办、建设部、全国环卫情报中心、同济大学，以及北京、天津、河南等省、市环卫部门负责人、高校专家参加的技术论证，该项目是我国第一个机械翻堆式动态堆肥垃圾处理场。

竞赛方面，我校学生在此期间共获湖北省大学生优秀科研成果一等奖4项，二等奖7项，三等奖13项。朱佳林副教授与武汉市政府秘书处阮祥坤处长合著的《企业秘书学》获全国秘书学会主办的有关赛事的"银杯奖"。青年教师周丹的作品《思源屋》获第一届世界大学生"伊斯兰建设设计与研究竞赛""法赫德优秀奖"和"阿沃迪奖"，是本届唯一获奖作品。学校教师黄浩然设计的"中厅防厨污染多组合住宅"设计方案继获得中南五省（区）城镇设计竞赛优秀设计奖后，又获北京"国际住房年——中国'七五'城镇住宅设计竞赛"优秀奖。城规系8507班学生鲁晓东的论文《系统·结构·经验》获得全国青年城市规划论文竞赛优秀论文奖，是唯一获奖的在校大学生论文。青年教师王晓鸣的《城市住宅规划设计的管理需求》获"国际住房年"全国论文竞赛优秀论文奖，是获奖的20篇论文之一。于一丁老师获中国城市科学研究会优秀青年论文佳作奖，潘志伟老师获三等奖。社科部教师马绝尘创作的传记文学作品《马超》通过描写马超为实现蜀汉平定天下的宏图而奋战的一生，生动地再现了三国时代的激荡风云，获国际奖和全国奖。

（3）1991—1995年

期间，学院科研工作稳步发展，共获建设部科技进步一等奖1项、三等奖3项，国家教委科技进步二等奖1项。李泽民教授、易汉文教授等完成的"城市停车场分类、规划布局及停车场（库）标准（总课题）"获建设部科技进步一等奖。范勤年副教授等完成的"黄果树区域旅游资源研究"获国家教委科技进步二等奖。李泽民教授的"村镇道路交通系统规划指标体系研究"获建设部1991年度科技进步三等奖。于志熙教授等5人完成的"萌生植物与室内装饰研究"、周公宁老师完成的"风景区内旅游设施规划研究"获建设部科技进步三等奖。

课题及项目方面，易汉文副教授申请的科研项目"城市交通规划与预测逆向模式研究"荣获1993年度国家自然科学基金委员会五万元人民币资助，该项研究是学院承担的首项国家级基金项目，标志着学院申请国家自然科学基金项目实现零的突破。规建系承担的由国家科委、建设部主持的国家2000年小康住宅示范小区规划设计项目通过建设部评审，洪良平等设计的山东临沂罗庄双月湖方案被评为良。

竞赛方面，学生邵强、朱明、余忠等完成的"山东省海阳县城总体规划"，邱文航、谢坚完成的广州市中山大学"永芳堂"建筑设计方案均获湖北省大学生优秀科研成果一等奖，学院另获二等奖2项、三等奖5项。魏建平同学在丹江口市开展农村"小康型"住宅优秀设计和实例评选中获得三等奖，受到丹江口市城乡建设环境保护委员会和丹江口市土木建筑学会的联合表彰。规建系建筑学9212班学生林丽的《建筑系馆设计》获1995年全国大学生建筑设计竞赛一等奖，范向光、董贺轩获佳作奖。章建立、刘英俊、周伟康三名同学组成的队伍获得全国数学建模大赛二等奖。王晓鸣教授的论文《房地产市场的变化与房地产发展商的应变》获中国基本建设优化研究会学术研讨会优秀论文一等奖。美术教研室教师李先润创作的水彩画《攀登》、黄建军创作的水彩画《暮秋》入选中国美术家协会在徐州举办的第二届全国水彩画大赛并获本届展览唯一奖项"优秀作品奖"。

（4）1996—2000年

期间，学院共获建设部科技进步二等奖1项、三等奖7项，湖北省科技进步奖2项。于志熙教授等完成的"南方草坪与地被植物在园林绿化中的应用研究"获建设部科技进步二等奖。章北平、金儒霖教授等完成的"面源污染的控制与净化技术"，陈海滨教授等完成的"城市环卫行业职工需求/激励因素分析研究"，学院同中国市政工程中南设计研究院等单位共同完成、章北平教授为第二完成人的"湖泊外源污染综合防治技术"，丁烈云教授等完成的"GIS支持的城市地价评估与规划决策支持系统"，易汉文教授等完成的"城市交通规划与预测逆向模式研究与应用"均获建设部科技进步三等奖。道交系王国鼎教授等人完成的"无桥台的桥梁"通过了省科委组织的鉴定，该成果节省了桥台，构思新颖独特，后被广泛采用，获建设部科技进步三等奖。陈海滨教授等完成的"湖北城镇垃圾处理技术、政策与措施"获建设部、湖北省科技进步三等奖。吴小平副教授等完成的"市政工程CAD系统"项目获湖北省科技进步三等奖。

课题及项目方面，学院建筑设计研究院与中南工学院等单位联合承担的国家混凝土结构设计规范第五批科研课题《混凝土叠合结构应用的研究》通过建设部组织的部级鉴定。学院设计的"武汉经济技术开发区高科技园总体规划方案"从几家重量级单位的设计方案中脱颖而出，一举中标。

竞赛方面，余柏椿教授等6人参加合肥市2000年小康住宅示范小区设计竞赛，在11个单位的方案中被评为二等奖（第二名），该小区是安徽当时唯一的国家级小康住宅示范小区。学院教师黄浩然的硬笔书作《笔墨驰情》获现代中国书画艺术学术研讨会一等奖。学院教师李秉毅的《地理美学初探》获湖北省自然科学优秀论文一等奖，学院另有2人获二等奖、3人获三等奖。

5. 科技刊物

1982年11月，《武汉城建学院院报》正式创刊。院报保持较为稳定的发刊频率，内容丰富，覆盖教育、科研、校园文化、政治思想工作等方面的情况，为交流和推广教学和科研成果，促进学院发展做出了贡献。

1990年，《武汉城建学院院报》相继获湖北省高校学报质量评比一等奖、编辑甲等奖之后，又在全国高校自然科学学报研究会组织的587家高校自然科学学报优秀编辑质量评比中获三等奖。负责院报编辑工作的韩振华、孙礼、黄自力、万丹分别获得由国家新闻出版署期刊司和国家教委科技司联名颁发的荣誉证书。学报在内容质量上得到了国家认可，也反映出学院较强的科研实力。

1999年，经国家新闻出版署批准，《武汉城市建设学院学报（社会科学版）》作为正式刊物出版，这标志着学院在向教学改革、学科建设的深层次上又迈出了一大步。

7.4　合作交流

7.4.1　新址重建前的合作交流（1952—1980年）

学校的对外交流与合作始于20世纪50年代。1952年，中南建筑工程学校建立了中苏友好协会，注意学习苏联的教育教学经验。1955年2月8日，苏联专家彼·鲍·戈尔布申应邀到学校作《苏联建设新成就》的报告，掀开了学校国际交往的第一页。同年，外交部、建工部同意学校与苏联乌克兰查坡洛什建筑中等技术学校建立书信联系，交换教学工作和政治工作经验。1957年，建筑工程部教育局决定学校与苏联古比雪夫建筑工程学校建立联系。同年，捷克斯洛伐克教育代表团来校访问。1956—1960年，还有法国学联主席一行、苏联教育专家、朝鲜建筑师代表团、越南建筑教育考察团等来校参观、访问与交流。1979年，学校开始选派教师到国外留学、研修。

国内兄弟学校之间，1956年3月1—6日，建筑工程部部属及省市属30所中等学校到学校召开"教育与生产结合"现场会议，了解和学习学校变革历程与方法。同月14日，建筑工程部在学校召开毕业设计会议，33所建筑性质的中等专业学校到会，就工民建、给水排水、城市道路、卫生设备等专业的毕业设计工作经验进行了交流，并展览了一系列优秀作品。

学校与地方政府和企业、科研院所也有一些合作交流。1959年1月，学校与省建一公司、给排水设计院建立了技术协作关系；1960年5月，学校与武汉市第四建筑公司签订合办业余建筑工程学院协议；1965年10月，学校与武汉市建设局合办科研所。

7.4.2 重建后的合作交流（1981—2000年）

新址分设重建后，为促进教育事业快速发展，满足人才培养需要，提高学术研究水平，武汉城市建设学院积极开展与国内外高校和建筑企业的合作与交流，请进来、派出去，邀请国内外知名高校和研究单位专家学者讲学，派出部分教师赴法国、日本、朝鲜等国进修、讲学。

1985年6月，为培养高水准高质量人才，学校聘请福井工业大学工学博士、著名城市污水处理专家岩井重久先生为学院名誉教授，武止戈副院长代表学院向岩井重久先生发了聘书和校徽。10月23日，学校邀请大桥局高工唐寰澄先生到学校讲学，分享其桥梁设计经验和技术并热情为学生答疑解惑。12月3日，联合国人才培训中心主任苏德拉先生应邀来学校考察访问，对学校人才培养工作给予高度评价，对今后的教育教学工作提出了相关建议。

1986年5月19—20日，英国皇家城市规划委员会前主席鲍尔、英国威尔士科技大学副校长布鲁顿教授来学院参观访问，双方就办学理念、相关学科的发展趋势等进行了探讨。10月11日，美国管理学博士、著名管理学家欧文·希瓦茨应邀来学院作了"美国城市与房地产发展"的学术报告。11月21日，法国交通企事业代表团来学院参观访问，与校领导就学院建设与人才培养等问题进行了深切交谈。

1987年10月22日，美籍华人、交通工程专家张秋来校讲学并受聘为兼职教授。

1988年9月26日，日本福井工业大学教授岩井重久夫妇、京都大学教授简井天尊夫妇来校访问讲学。

1989年6月1日，美国辛辛那提大学土木与环境工程系主任L.毕索普教授来学院访问，与环工系教师就给水排水及固体废物处理等问题进行了交流。6月2日，美国波尔大学的歇尔教授来学院参观、指导学生设计并就两校间的交流事宜与学校领导进行了会谈。10月30日美国加州大学巴努赫·吉沃尼教授来校进行为期3天的访问并举办题为"建筑物的被动式制冷与采暖"的学术讲座。此间，吉沃尼考察了武汉市关山村村民住宅，对静谧、祥和的居住环境和大学生下基层锻炼的做法表示赞赏。12

月6日，北京建工学院钱申贤教授来校作关于燃气事业的学术报告，并与师生进行了深入探讨。

1990年5月18日，全国煤气学会李猷嘉教授、中国市政工程华北设计院刘书贞高级工程师应邀来校讲学，结合实际经验对相关理论知识作了详细讲解。7月10日，应建设部国际合作司邀请，世界银行派出以坎贝尔为组长的三人垃圾处理专家小组来学校考察、讲学。专家组同意在学校设立环卫干部培训中心。该中心是世界银行资助的在中国建立的第一个环境工程培训中心。

1992年4月25日，联合国教科文组织成员交敏先生一行3人访问学校并考察环境工程系的科研工作，对学校教学及其他工作表示赞许，并与校领导就后期人才培养计划的制定与执行进行了深入交流。

1992年5月18日，应环卫系邀请，日本环卫专家针生昭一博士来校举办为期半个月的讲学。筹办此次系列讲学，旨在提高环卫工程专业学生学术水平、拓展学生知识面、提高我国环卫技术人员专业技能、发展我国环卫工程事业。期间，来宾与师生就环卫相关问题进行了深入探讨。10月23—25日，全国著名房地产专家许绍基先生应邀来校讲学，许绍基结合自身实际工作经历，为师生生动讲解了房地产相关知识。12月10日，国内著名房地产专家顾云昌先生应邀来校作学术报告，顾云昌就房地产行业发展与师生分享了自己的所见所想。12月16日，著名作家李尔重先生来校访问，对学校的文化建设做出了较高评价。

1993年3月26日，中国科学院学部委员、清华大学吴良镛教授，重庆建筑大学赵长庚教授来校讲学并指导学科建设和专业教学工作。同日，瑞士著名画家约克·莫勒特先生在校举办题为"意大利文艺复兴时期建筑艺术及西方美术史与现代艺术"的学术讲座。4月26日—5月8日，美国亚利桑那大学空间与工程机械系副教授昌德拉博士来校讲学。10月6日，世界著名桥梁专家林同炎教授应邀来学校讲学。林同炎在长跨度桥梁及抗震结构等高大建筑项目方面造诣颇深，作了题为《新颖桥梁设计与施工探讨》的学术报告后，题写了"培养现代化城市建设人才"。

1994年9月—1995年6月，加拿大房地产专家弗恩·罗杰先生为建管系房地产专业研究生、本科生及专科生开设国际房地产系列课程。12月2日，广州市建委开发部高级工程师、华南建设学院黄庆逵教授应邀为师生作了关于房地产开发的学术报告并向有关图书馆室赠送一批关于房地产开发的著作。在报告会上，黄庆逵就如何利用外资、土地管理及房地产"产供销"的系统问题作了阐述；院长任周宇代表学院接受赠书并向黄庆逵颁发兼职教授聘书。

1996年1月16日，为增进学生对理论知识的理解和掌握，提高学生理论应用于实际的能力，学校邀请湖北省土管局总工程师王思奇来校作题为"土地产权制度的历史沿革及发展趋势"的学术讲座。5月22—25日，日本大阪产业大学古谷理事长一行来校访问。12月16日，由广西壮族自治区高工委组织的高校宣传思想政治工作考察团在湖北省高工委有关同志陪同下来校考察调研，学院领导马耀东、任周宇、雷一鸣、杜忠献会见了来宾，党委副书记雷一鸣介绍了学院宣传思想政治教育工作情况。

1997年3月29日，世界最大厌氧生物处理工程公司之一的荷兰帕克斯环保技术公司总工程师舒尔特·费林哈先生应邀来学院讲学，让学生对厌氧生物处理原理与技术有了更深刻的理解。10月27日，美国联邦住房企业监督办公室经济学家邓永恒博士，应学院房地产学会邀请，为师生作了一场题为"美国住房金融市场运作与管理"的学术讲座。讲座中，他对居民住房市场及房屋抵押市场在国民经济中的地位及历史沿革、美国房屋抵押市场的主要管理部门及其功能作了详细介绍，并就房屋抵押贷款风险及预测等有关问题进行了分析。10月30日，日本城市废物处理专家、学院顾问针生昭一博士应邀再次来学院访问讲学。围绕"日本城市垃圾处理技术"这一主题，针生昭一系统介绍了日本城市垃圾处理概况、焚烧技术在垃圾处理中的广泛应用以及应用焚烧法处理垃圾可能带来的不利后果。

1998年6月1—5日，美国堪萨斯大学土木与环境工程教授卡尔·柯特先生应学院邀请来校作系列学术报告。柯特教授第一场学术报告为"地理信息系统即GIS系统在交通工程中的应用"，报告对GIS系统的性能、特点、用途、使用以及堪萨斯大学在交通运输、应用软件开发中所取得的成绩作了详细介绍，对美国交通规划模式方法与中国交通规划方法作了比较。

1999年5月5日，建设部风景名胜专家、北京林业大学兼职教授、建设部城市建设研究院科委委员陈明松教授应邀来校举办有关我国环保问题的专题讲座。承办单位、社会科学系主任周玉承与部分师生一道听取了讲座。11月29日—12月1日，日本大阪产业大学古谷理事长一行3人对学院进行访问。11月29日，学院党委书记、院长丁烈云和其他院领导一起会见了日本客人。11月30日，院领导丁烈云、杜忠献、李杰和院长助理陶涛等与古谷理事长一行就两校互派学生和专家开展学习交流事宜进行了商谈。

学校也注重以主办或承办研讨班、研讨会等形式，为师生提供学习交流平台。

1985年3月26日—4月10日，为加强人才培养，学校举办研讨班，邀请中外园林专家讲学，受到学校师生的热烈欢迎。

1986年4月28日—5月4日，学院举办学术会议，邀请中外园林专家讲学，全国18个省、市、自治区32家单位60余名学员参加学习交流。来自德国的园艺专家玛丽安娜·包切特女士和赫尔穆特·福格尔先生、本院教授陈俊愉、山东农业大学教授喻衡、南京农业大学教授李鸿渐、上海植物园高级工程师王大均等应邀讲学。

1987年6月1—7日，"法国城市交通设备展"在武汉城市建设学院举办，法国16家公司、2个研究所、1个联合会的60多套（件）展品参展。建设部副部长廉仲和法国驻华大使馆参赞雅克·华雷出席并为展会揭幕剪彩。建设部教育局、科技局、外事局负责人，国家科委、公安部、交通部、湖北省有关部门负责人出席活动。来自北京、上海、天津、湖北等省、自治区、直辖市的千余名专业人士参观展览。

1988年10月10日，由建设部委托举办的首次城市住房维修管理研讨班在学院开班，全国60多个大中城市的200多位学者和工程技术人员参加了为期一周的研讨。来自内地和香港的专家学者应邀作报告。

1989年11月13日，我国小城镇发展问题学术研讨会在学院召开，来自河北、广东、北京等地区的25位城市规划专家、学者参会，根据国家"控制大城市，发展小城镇"的建设方针，探讨了小城镇规划、建设、管理的政策、方法。

1991年5月29日—6月5日，由武汉城建学院规建系、湖北省土木建筑学会、鄂州市政府等单位共同主办的"跨世纪城市与建筑学术研讨会"在学校举行，中南建筑设计院、湖北省美术学院、湖北省规划院等18家单位的专家学者参加了研讨。

1996年11月7—14日，由人事部考核培训司与建设部人事教育劳动司联合举办的首届全国城市垃圾管理国际高级研修班在学校开班，加拿大、日本等国专家应邀参加研讨活动。会上，专家就城市垃圾处理问题展开了深入谈论，有力拓展了城市建设管理者的城市卫生管理思路。

在"请进来"的同时，学校也注意"走出去"，学习国内外高校的经验。

1986年10月26日—11月2日，代院长吴江、副院长金儒霖一行访问日本福井工业大学、京都大学，学习两所院校的教学经验。9月，李泽民教授应法国住房、国土整治与交通部城市交通研究中心邀请，到法国进行了为期半个月的访问与讲学。

1996年5月，余柏椿副教授赴美参加中美第一届都市发展研讨会。9月15日—10月3日，建设部直属高校院（校）长代表团一行7人赴英国进行考察访问，学院院长任周宇参加活动。本次考察访问的目的在于了解英国建筑类高等教育的教学、科研、咨询、师资培训及高校教育管理等情况，了解英国建筑类大学、学会、企业之间的相互关系和作用，便于部属高校结合自身实际，学习借鉴英国高校的办学经验，增进未来的国际交流与合作。10月21—26日，以院党委书记马耀东教授为团长的高校校际交流访问团应日本大阪产业大学邀请，对该校和日本建设省土木研究所进行了考察访问。活动旨在促进学校与日本大阪产业大学间的友好协作和校际交流深入发展。访问期间，代表团还开展了广泛对外宣传，积极扩大学校的影响。通过考察访问，学校也进一步明确了开放办学、面向世界、国际接轨的新思路。

1998年4月16—19日，学院道交系教学合格评价工作领导小组及其办公室主要成员在系主任李杰、总支书记金文成带领下到长沙交通学院考察学习。学院党委副书记杜忠献、教务处处长马鹤龄参加此次活动。系副书记韩蔚、副主任李明伦重点考察了对方的学生管理模式，收集了可借鉴的经验。通过考察，道交系领导班子进一步明确了今后工作重点与难点，开拓了解决问题的思路，同时也增强了顺利通过合格评价的信心与决心。

1999年6月22日，国际建协第20届建筑师大会在北京举行。香港企业资助内地74所建筑专业院校的部分学生参加了研讨会，武汉城建学院规建系43名学生得到资助。21日，学生在系主任李玉堂等老师带领下赴京参会。

7.5 教师风采

席味笙（1919—1999），男，教授。1941年重庆国立中央大学土木工程专业毕业，1949年任郑州高级工业学校土木科主任。1952年到合并的中南建筑工程学校任职，历任科主任、副教务主任、副校长、教务长。

贾道恒（1920—1986），男。曾任武汉城市建设学院党委副书记、代理院长。1947年武汉大学外国语学系毕业。中华人民共和国成立后历任武汉市文教局股长、武汉市教师学院副院长、武汉工学院副院长、武汉建材学院副院长。为武汉城市建设学院新址重建做出了重要贡献。

李泽民（1923—2002），男，教授，硕士生导师。1947年毕业于湖南大学，1952年入职中南建筑工程学校任教。曾任武汉城市建设学院城建系主任。获评建设部先进科技工作者，科研项目获建设部科技进步一等奖。享受国务院政府特殊津贴。

吴江（1925—），男。曾任武汉城市建设学院代院长（正司局长级）。1945年参加革命工作，曾任代县长、副县长。中华人民共和国成立后历任建筑工程部办公厅副处长、湖北省城建局副局长。1985—1987年任武汉城市建设学院代院长。

丁德孔（1928—），男，教授。1952年毕业于东北工学院建筑系。1983年任武汉城市建设学院教务处处长，曾任湖北土建学会土工基建委员会委员，《武汉城建学院学报》编委。获评学院科研先进工作者。

罗文博（1929—），女，教授。1955年毕业于东北工学院建筑学专业，后留校任教。1965年入职重庆建筑工程学院。1984年调入武汉城市建设学院。曾任武汉城市建设学院建筑系系主任。

陈锦章（1930—），男，教授，硕士生导师。1953年毕业于武汉大学土木工程系，1960年调入武汉城市建设学院任教，曾任环境工程系主任。获评建设部优秀教育工作者，享受国务院政府特殊津贴。

武止戈（1930—），男，教授，曾任武汉城市建设学院副院长。1949年参加中国人民解放军。1953年湖南大学土木系毕业，入职中南建筑工程学校。

陈敬常（1932—2003），男，武汉城市建设学院环工系教授。1957年北京钢铁学院本科毕业，1982年调入武汉城市建设学院。主编《应用电磁学与机械振动学原理》，研制电磁振动头，设计出激光干涉测绘仪。

张承安（1933—2002），男，教授，硕士生导师。参与创建城市管理系和风景园林研究所，曾任系主任、所长。出版《城市发展史》《城市设计美学》等10余部著作，主编我国第一部园林艺术词典。享受国务院政府特殊津贴。

辛克靖（1934—），男，教授。1956年毕业于华中师范学院美术系，后留校任教。1986年入职武汉城市建设学院，任风景园林系（后并入城市规划与建筑系）美术教师。

金儒霖（1934—），男，教授，硕士生导师。曾任武汉城市建设学院副院长。1958年毕业于同济大学给水排水专业，入职武汉建筑工程学院。全国高等学校给排水科学与工程专业指导委员会委员、中国土木工程学会排水委员会委员、中国城市污水回用学会副理事长、湖北省环保学会常务理事。

马耀东（1935—2018），男，教授。曾任中国地质大学（武汉）党委副书记、武汉城市建设学院党委书记。1961年北京地质学院毕业。获评建设部优秀领导干部和湖北省高校工委优秀党务工作者。中共湖北省第五、六、七次党代会代表。享受国务院政府特殊津贴。

王国鼎（1935—），男，教授，硕士生导师。1960年毕业于湖南大学，1984年调入武汉城市建设学院任教。曾任全国高等学校路桥及交通工程教学指导委员会委员。参编的《拱桥边拱计算》获全国优秀科技图书奖，《桥梁工程》获国家教委全国优秀教材奖。

周玉承（1936—2009），男，教授。曾任武汉城市建设学院社会学系主任。1960年毕业于湖北大学（现中南财经政法大学），1984年调入武汉城市建设学院任教。曾任湖北省城镇发展工程咨询研究中心常务副主任，湖北省建设法规协会副理事长。

顾敏煜（1936—），男。曾任城市建设与管理系副主任，全国监理工程师培训中心主任。获全国建筑科技图书二等奖、湖北省优秀教材一等奖。2017年获武汉市建设监理协会行业功勋人物奖。享受国务院政府特殊津贴。

白明华（1937—），男，教授级高级城市规划师。1963年波兰华沙理工大学城市规划专业（六年制）毕业，获工学硕士学位，入职建设部建筑科学研究院。历任湖南省建设厅副厅长，武汉城市建设学院院长、副院长。享受国务院政府特殊津贴。

任周宇（1937—），男，研究员。曾任重庆建筑工程学院副院长、武汉城市建设学院院长、《高等建筑教育》主编、武汉市土木学会副理事长。获评建设部优秀领导干部，获省优秀教学成果二等奖。享受国务院政府特殊津贴。

全宏东（1937—），男，教授。1965年本科毕业于南华大学，入职武汉钢铁学院任教，1985年调入武汉城市建设学院，从事固废处理研究教学工作。

余正凤（1937—），女，教授。曾任武汉城市建设学院副院长。1965年毕业于北京师范大学，入职武汉建筑工程学校，历任系党总支书记、学院临时党委委员、学院办公室主任。

雷一鸣（1937—），男，研究员。曾任武汉城市建设学院党委副书记（厅局级）。1960年武汉城市建设学院建工系毕业后留校。

于志熙（1938—2005），男，教授，硕士生导师。1961年毕业于北京林业大学城市园林系。曾任武汉城市建设学院风景园林研究所所长。出版《城市生态学》等著作。湖北省有突出贡献中青年专家。

王远平（1938—2016），男，教授。1957年毕业于西北师范学院美术专业，后留校任教。1982年调入武汉城市建设学院。曾获学院优秀教师、优秀党员、教学系先进工作者等奖励7次。1999年获国际美术家联合会国际金奖。

宓亢琪（1938—），男，教授。1963年毕业于同济大学，1982年入职武汉城市建设学院，曾任环工系主任。住房和城乡建设部城建燃气专家组委员，第三届全国高等学校建筑环境与设备工程专业指导委员会委员。

唐友尧（1940—），男，教授，硕士生导师。1966年毕业于湖南大学，1984年到武汉城市建设学院任教，曾任系主任。中国土木工程学会水工业分会理事。获评湖北省有突出贡献中青年专家和建设部优秀教育工作者。

赵宪尧（1941—），男，教授。1964年武汉城市建设学院本科毕业，1983年调回武汉城市建设学院任教。曾任海口市城市规划委员会特聘专家。勘察设计注册土木工程师（道路工程）。获省部级科技进步三等奖。

朱佳林（1942—），男，教授，硕士生导师。1965年毕业于中国地质大学。1987年调入武汉城市建设学院任教。曾任武汉市房地产估价师协会会长及专家委员会主任。

陈佳骆（1942—2020），男，教授。1964年毕业于华中师范大学地理系，1986年到武汉城市建设学院任教。曾任中南村镇建设研究会委员，湖北旅游学会理事。2000年被武汉城市建设学院授予"九五"期间科研先进工作者。

马鹤龄（1945—），男，教授，硕士生导师。1968年华中工学院电机系本科、1980年研究生毕业，1983年调入武汉城市建设学院任教。曾任华中科技大学武昌分校校长。获评部级一类优秀课程奖、湖北省有突出贡献中青年专家。

金康宁（1946—），男，教授，硕士生导师。1982年武汉建筑材料工业学院结构工程硕士毕业，曾任武汉城市建设学院建管系主任、建设部高校专业设置委员会委员、湖北省力学学会理事。获得湖北省优秀教师、湖北省有突出贡献中青年专家等称号。

余柏椿（1948—），男，教授，博士生导师。曾任武汉城市建设学院城市与景观设计研究中心主任。中国城市规划学会理事、城市设计学术委员会委员、中国高等教育城市规划专业评估委员会委员、国家精品课程评审专家。

范跃华（1948—），男，教授，硕士生导师。1981年研究生毕业于武汉建筑材料工业学院。湖北省暨武汉市土木学会市政工程学术委员会委员。获建设部科技进步奖、优秀电视教材奖。

张海龙（1949—），男，教授。湖北省铁路、公路、桥梁学术委员会委员，武汉市科技智囊团成员，武汉科学、技术、经济咨询专家库专家。多次受邀到访奥地利、美国、日本等国。获评湖北省省级优秀教师。

夏扬（1951—），女，教授。1982年毕业于华中师范大学政治系，入职武汉城市建设学院。曾获优秀教学成果奖、建设部二类优秀课程、院一类重点课程等奖项。学院跨世纪学科后备人员。

李杰（1954—），男，教授，博士生导师。1982年同济大学路桥系毕业，任教于武汉城市建设学院，意大利都灵理工大学访问学者。曾任武汉城市建设学院副院长、党委委员，武汉工业大学校长、党委副书记，武汉工程大学校长、党委副书记。

李玉堂（1954—），男，教授，硕士生导师。曾任武汉城市建设学院城市规划与建筑系主任。中国勘察设计协会高等院校分会常务理事，湖北省建筑师学会副会长。获评中国勘察设计协会"全国优秀勘察设计院院长"。

章北平（1954—），男，教授，博士生导师。莫斯科建筑大学、新加坡国立大学等访问学者，国际水质协会会员。获评湖北省有突出贡献专家、国家八五科技攻关先进个人、国家跨世纪"111"项目第一层次人才。享受国务院政府特殊津贴。

丁烈云（1955—），男，教授。中国工程院院士。曾任武汉城市建设学院院长、党委书记，华中师范大学党委书记，东北大学校长，华中科技大学校长。国务院学位委员会委员、国家自然科学基金委管理科学部主任、教育部工程管理和工程造价专业教学指导分委员会主任。

黄建军（1955—），男，教授，硕士生导师。1988年毕业于湖北美术学院，获硕士研究生学历，1982年入职武汉城市建设学院，曾任设计学系主任。获中国建设文化艺术协会中国环境艺术奖，主持项目获"中南星奖"专业组银奖。

陶涛（1955—），男，教授。1988年毕业于北京环科院，曾任武汉城市建设学院党委委员、院长助理。主持和参加的科研项目获国家和省级教学成果二等奖、部级科技进步奖，获两项国家专利。获评湖北省有突出贡献中青年专家。

王晓鸣（1956—），男，教授，博士生导师。华中科技大学城镇建设与人居环境研究所所长，中国可持续发展研究会理事，科技部国家可持续发展实验区专家委员会委员。华中科技大学"全球变化及应对"专项召集人。获华夏建设科学技术奖二等奖。

陈海滨（1956—），男，教授，博士生导师。1981年武汉建筑材料工业学院毕业。主持完成的课题成果获建设部、教育部、湖北省、海南省科技进步奖，获批五项成果专利，十多项成果作为国家行业标准颁布实施。建设部有突出贡献中青年专家，享受国务院政府特殊津贴。

廖利（1956—），男，教授。1997年法国贡比涅科技大学博士研究生毕业，入职武汉城市建设学院环境工程专业。获餐厨垃圾预处理设备等多项发明专利，发表论文100余篇，承担科研项目100余项。

肖来元（1957—），男，教授。曾任华中科技大学软件学院副院长，中国机械工程学会、中国力学学会、中国计算机学会会员。出版专著2部、国家"十一五"规划教材1部、网络版电子教材1部。获省级精品课程1门，省部级成果奖2项。

倪伟桥（1957—），男，副教授。全国高校建筑学学科专业指导委员会及建筑数字技术教学工作委员会委员，获评全国"三育人"先进个人。

何依（1959—），女，教授、博士生导师。1983年武汉建筑材料工业学院本科毕业。住房和城乡建设部科学技术委员会历史文化保护与传承专业委员会委员、中国城市规划学会历史与理论学术委员会委员、中国女规划师委员会副主任委员。获省部级优秀规划设计一等奖6项，全国巾帼建功标兵。

辛艺峰（1961—），男，教授，硕士生导师。国家人文社会科学基金项目评审专家、国家艺术基金评审专家。多次获校级教学研究成果一等奖，优秀学术论文奖。

耿虹（1961—），女，教授，博士生导师。1982年同济大学城市规划专业毕业，到武汉城市建设学院任教。中国城市规划学会理事、小城镇规划学术委员会副主任委员，湖北省城市规划协会副会长。获省部级科研及设计项目奖30余项，获评全国城市规划优秀科技工作者。

吴洁（1962—），女，教授，华中科技大学数学中心主任。1982年重庆师范大学本科毕业，1995年华中理工大学研究生毕业。获评湖北省"楚天园丁奖"、宝钢优秀教师奖、华中科技大学教学名师。

王劲柏（1963—），男，教授。1984本科毕业于华中理工大学，1987年入职武汉城市建设学院任教。2000年获香港理工大学屋宇设备工程博士学位。曾任华中科技大学环境学院副院长。高等学校土建学科建筑环境与设备工程专业指导委员会委员。

陈锦富（1963—），男，教授，博士生导师。1986年毕业于重庆建筑工程学院，入职武汉城市建设学院。国家首批注册城市规划师，中国城市规划学会规划实施学术委员会委员、详细规划学术委员会委员。华中科技大学教学名师。

胡平放（1963—），男，教授，博士生导师。1983年本科毕业于华中工学院动力系，1992年调入武汉城市建设学院任教。曾任华中科技大学环境科学与工程学院副院长。获湖北省科技进步三等奖2项。获评中国地源热泵行业技术推动人物，入选武汉市"黄鹤英才"。

骆汉宾（1963—），男，教授，博士生导师。俄罗斯工程院外籍院士。现任华中科技大学土木与水利工程学院副院长，教育部工程管理和工程造价专业教学指导分委员会秘书长、住房和城乡建设部高等教育工程管理专业评估委员会委员。获国家和省部级科技进步奖计6项。

苏原（1964—），男，教授。1958年毕业于华东工学院（现南京理工大学）机械制造工艺与自动化专业。获湖北省教学成果奖2项、华中科技大学教学质量一等奖，学科竞赛多次获国家级奖励。

黄亚平（1964—），男，教授，博士生导师。华中科技大学建规学院院长，2007年重庆大学城市规划专业博士。1984年入职武汉城市建设学院，全国首批注册规划师，全国高等学校城规专业教育指导委员会委员，湖北省城乡规划学会理事长，《城市规划学刊》等专业杂志编委。

洪亮平（1965—），男，教授，博士生导师。1984年毕业于武汉建筑材料工业学院，入职武汉城市建设学院；2004年获东南大学城市规划专业博士学位。住房和城乡建设部科学技术委员会城市设计专业委员会委员、全国高等教育城乡规划专业评估委员会委员。获省部级优秀规划设计奖5项。

董尚文（1965—），男，教授，博士生导师。华中科技大学哲学学院院长。1988年武汉大学毕业，到武汉城市建设学院任教。后获武汉大学法学硕士、哲学博士学位。教育部哲学类专业教学指导委员会委员，中华全国外国哲学史学会理事。获省部级人文社会科学优秀成果奖3项。

万艳华（1966—），男，教授，硕士生导师。1986年本科毕业于武汉城市建设学院并留校任教，2010年获武汉理工大学历史城市与古建筑修复工程专业博士学位。

李红斌（1967—），女，教授，博士生导师。华中科技大学电气学院副院长。1987年华中理工大学本科毕业，1994年获博士学位，1995年到武汉城市建设学院任教。教育部高等学校电气类专业教学指导委员会委员。获国家科学技术进步二等奖和多个省部级科技奖励。

白舸（1968—），男，教授。华中科技大学艺术设计系主任。1998年入职武汉城市建设学院，第十届湖北省文代会代表，中国建筑学会室内设计分会会员，湖北省美术家协会壁画艺术委员会委员。

邹志云（1968—），男，教授，博士生导师。华中科技大学交通工程系主任。1990年毕业于武汉城市建设学院交通工程专业并留校。任教育部交通运输类专业教学指导委员会交通工程教学分委员会委员。

秦磊华（1968—），男，教授。湖北省教学名师。1992年湖北大学物理专业、计算机软件专业双学位毕业后入职武汉城市建设学院。国家一流课程《计算机组成原理》课程负责人，获国家教学成果一等奖、湖北省科技进步一等奖、湖北省教学成果一等奖和五一劳动奖章。

王宗平（1969—），男，教授，博士生导师。1992年毕业于武汉城市建设学院给水排水专业，2003年获武汉大学博士学位。1999年入职武汉城市建设学院。高等学校给排水科学与工程教学指导委员会委员。

陈志军（1969—），男，教授。1999年毕业于武汉城市建设学院桥梁与隧道工程专业，获硕士学位。曾任华中科技大学土木工程与力学学院道路与桥梁工程系主任、湖北省土木建筑学会理事，湖北省铁路与公路桥梁专业委员会副主任委员。

赵逵（1969—），男，教授，博士生导师。1991年毕业于武汉城市建设学院，1999年入职规建系。任中国文物学会会馆专业委员会副会长，中国会馆建筑遗产保护研究中心主任，美国佛罗里达大学访问学者，国际古迹遗址理事会ICOMOS国际会员。

邹春（1970—），男，教授，博士生导师。1991年城市燃气专业本科毕业后留校。现于煤燃烧国家重点实验室任教。2018年获中国轻工业联合会科学技术一等奖，2016年获国际日内瓦国际发明博览会发明金奖。宁波方太灶具专属燃烧专家。主持和参与多项国家重点研发计划。

郭亮（1971—），男，教授，博士生导师。华中科技大学建筑与城市规划学院城市规划系主任。1993年武汉城市建设学院城市规划专业毕业后留校。住房和城乡建设部乡村规划研究中心华中分中心副主任，国家自然科学基金委评审专家，湖北省城乡规划专家库专家，全国首批注册规划师。

袁晓辉（1971—），男，教授，博士生导师。1993年华中理工大学本科毕业，1996年入职武汉城市建设学院。主持国家自然科学基金等项目30余项。获华中科技大学首届"华中学者""学术新人奖"。

董贺轩（1972—），男，教授，博士生导师。1996年武汉城市建设学院建筑学专业本科毕业后留校任教，2008年获同济大学建筑设计与理论博士学位，哈佛大学GSD访问学者。国家自然科学基金项目通讯评审专家，建筑学会地下空间分会理事，《新建筑》等杂志审稿人。

贺慧（1974—），女，教授，博士生导师。1996年武汉城市建设学院本科毕业后留校。中国建筑学会环境行为学术委员会副主任委员，中国风景园林学会园林康养与园艺疗法专业委员会委员。

吴晓晖（1975—），男，教授。华中科技大学环境学院副院长。1997年武汉城市建设学院本科毕业后留校任教。任湖北省发改委、湖北省环保厅、武汉市科技局和福建省科技厅等政府部门咨询评议专家，获省部级科技进步三等奖一项。

注：以出生时间为序，次级以姓氏笔画为序。

7.6　附录

附录7-1
院系设置（1981—2000年）

附录7-2
1981—2000年课程建设
成果

附录7-3
硕士学科点设置及人才
培养

附录7-4
承担国家级或省部级重大
课题情况（部分）

第8章

苏州城市建设环境保护学院发展概览

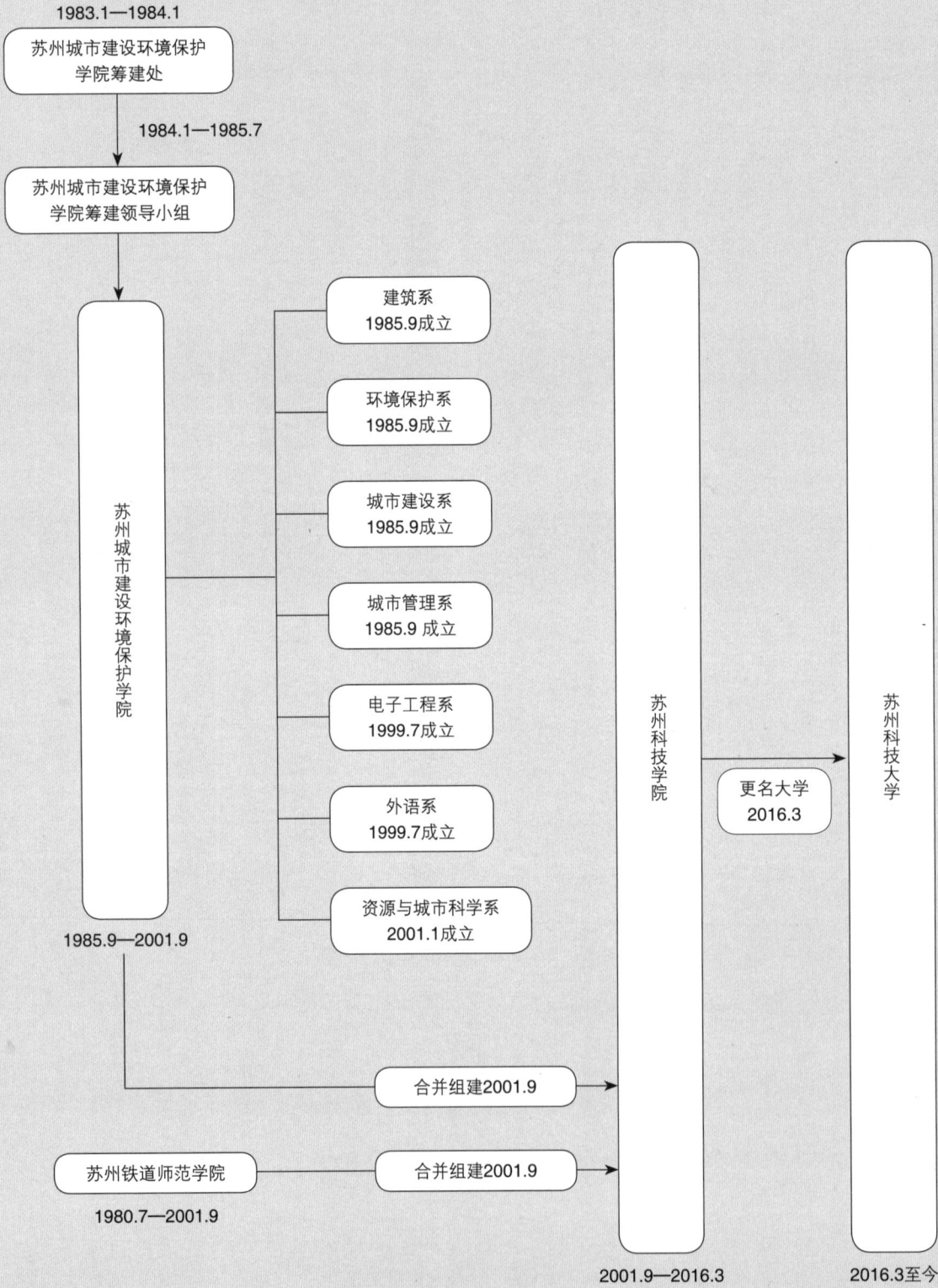

1983.1—1984.1

苏州城市建设环境保护
学院筹建处

1984.1—1985.7

苏州城市建设环境保护
学院筹建领导小组

建筑系
1985.9成立

环境保护系
1985.9成立

城市建设系
1985.9成立

苏州城市建设环境保护学院

城市管理系
1985.9 成立

电子工程系
1999.7成立

外语系
1999.7成立

资源与城市科学系
2001.1成立

1985.9—2001.9

苏州科技学院

更名大学
2016.3

苏州科技大学

合并组建2001.9

苏州铁道师范学院

合并组建2001.9

1980.7—2001.9

2001.9—2016.3

2016.3至今

8.1　历史沿革

8.1.1　苏州城市建设环境保护学院历届领导班子成员

苏州城市建设环境保护学院（简称苏州城建环保学院）历届领导班子成员如表8-1和表8-2所示。

表8-1　苏州城市建设环境保护学院筹建期间领导班子成员

姓名	职务	任职时间
齐铭盘	临时党委副书记、代理书记	1984.1—1985.7
王　趆	临时党委委员	1984.1—1985.7
张沧禄	临时党委委员	1984.1—1985.7

表8-2　苏州城市建设环境保护学院历届领导班子成员

书记	院长	班子成员
齐铭盘（1985.7—1987.7） 姚炎祥（1988.9—2001.8）	张世煌（1988.8—1990.8） 姚炎祥（兼，1990.8—1998.12） 何若全（1998.12—2001.8）	**副书记：** 张沧禄（1985.7—1988.9） （其中：1987.7—1988.9主持工作） 倪德辉（1990.8—1998.3） 张国平（1995.3—2001.8） 何若全（1998.12—2001.8） **纪委书记** 潘九根（1990.8—1996.6） 张国平（兼，1996.6—2001.8） **副院长：** 张沧禄（1985.7—1991.8） 张玉祥（1985.7—1988.1） 王　趆（1985.7—1987.7） 姚炎祥（1985.7—1990.8） 张世煌（1987.2—1988.8） 沈仲棠（1988.8—1995.3） 汪国伟（1990.8—1995.3） 沈德植（1990.8—1998.3） 张国平（1995.3—2001.8） 沈达锋（1995.3—2001.8） 张文明（1995.3—2001.8） 黄　勇（1998.3—2001.8）

8.1.2 苏州城市建设环境保护学院建设历程与发展概览

苏州城建环保学院1980年10月开始筹建工作，1984年12月经教育部同意正式建立，1985年9月25日招生开学，正式成立。从筹建开始，苏州城建环保学院经过了21年的发展历程，走出了一条抢抓机遇、快速发展、办学特色鲜明、办学形式多样的独特发展之路，成为一所以本科为主、具备较强教学和科研实力的普通高等工科院校，为改革开放以来我国高等教育的繁荣贡献了一份力量。

苏州城建环保学院的发展历程大致可分为四个阶段。

1980—1985年，是学校筚路蓝缕、艰苦创业、全面筹建及成立的阶段。学校是在一片稻田地上建立起来的，选址、征地、扩初设计、校舍建设、师资引进、设备购置、生活配套等，都是在相对困难的条件下完成的。到1985年初，学校按照教育部新建院校的五项标准完成了各项办学准备，9月25日，苏州城市建设环境保护学院正式成立并举行首届新生开学典礼。

1986—1990年，是学校边基建边教学、规范办学、初具规模的阶段。到1990年，完成基本建设面积约75000m²，除图书馆外，扩初设计规定的主要建设项目大都建成，各种教学、运动场地和生活用房基本齐全，校园景观初步呈现，本科教学秩序正常稳定，9个招生专业全部有了毕业生并取得相应学位授予权，学校的科学研究和社会服务工作也顺利起步。从整体上看，学校建设已经初具规模，办学条件获得较大改善，办学水平得到较大提高，为今后的开拓创新、跨越发展奠定了良好基础。

1991—1998年，是学校开拓创新、以评促建、全面提升的阶段。学校积极推进教育教学改革、校内管理体制改革、后勤社会化改革，推动大口径多方向、夯实基础性、增加适应性的专业建设和改革，科研工作蒸蒸日上，思想政治建设和校风建设不断深入，国际合作交流蓬勃展开，成人学历教育规模也日益扩大，进入到一个全面提升办学水平的新阶段。1998年7月，学校顺利通过教育部本科教学工作合格评价，这既是对学校以往办学成果的肯定，也标志着学校教学整体工作上了一个新台阶。

1998—2001年，是学校与时俱进、踔厉奋发、跨越发展的阶段。学校以巩固和扩大教学评价成果为动力，通过加强教改力度和深度、规范和强化教学管理、推进课程建设等，实现了教学工作重心向内涵建设的转移；为适应国家扩大高等教育规模的总体要求，积极规划专业发展，有序调整系部设置，在优化专业布局基础上增设新的本科专业，扩大招生规模；同时，学校联合社会力量，经历一年多时间，创办了公有民办二级学院——苏州城市建设环境保护学院天平学院，并于2000年正式招生。学校以争取教学优秀和硕士学位授予权为目标，大力加强学科建设，把学科建设放在全校工作的突出地位，专门制订学校学科建设与发展规划，在师资队伍建设、推进科学研究、对外学术交流等方面取得可喜进展。

1. 艰苦筹建扎实创业

苏州城市建设环境保护学院的前身，可以上溯至20世纪50年代。为满足国家建设需要，1953年10月16日，隶属于建筑工程部的苏州建筑工程学校成立，校址位于今苏州市南门的孔庙前，占地150余亩。1958年，电力部苏州建筑工程学校（原燃料工业部苏州电业土木工程学校）整体并入苏州建筑工程学校。1960年，苏州建筑工程学校升格为苏州城市建设学院。随后因遭遇三年困难时期，苏州城市建设学院于1961年停办，仍改为苏州建筑工程学校。1970年7月，苏州建筑工程学校经江苏省革命委员会批准撤销。

改革开放之初，国家基本建设委员会与江苏省革命委员会商洽恢复苏州城市建设学院。1980年1月，国家城市建设总局报请国务院申请复设"苏州城市建设学院"。1980年10月，苏州城市建设学院筹建处在苏州市人民路145号正式挂牌，开始了制定规划、选择校址和征用土地等前期工作，初步确定校址为苏州枫桥曙光大队地段内，拟征用土地105亩。

1982年7月，国务院机构进行调整，新成立了城乡建设环境保护部。李锡铭、谢北一等领导同志极为重视城市建设和环境保护人才的培养。1982年9月，城乡建设环境保护部关于筹建苏州城市建设环境保护学院的报告正式递交国务院。国务院于1982年12月批准筹建苏州城市建设环境保护学院。次年1月17日，教育部在〔83〕教计第008号文件中明确了筹建苏州城市建设环境保护学院的建制、规模、专业设置和建设经费渠道等重要问题。文件指出："该校由城乡建设环境保护部和江苏省双重领导，以部领导为主。规模2500人，学制四年，设置城市规划、建筑学、工业与民用建筑、城市建设与管理、园林、环境工程、环境规划与管理专业。建校所需投资在城乡建设环境保护部的投资中调剂解决，经过一段时间筹办，具备了办学的基本条件时，再由我部会商国家计委批准，正式建校并开始招生。"

城乡建设环境保护部对苏州城市建设环境保护学院的筹建工作非常重视。1983年1月22日，城乡建设环境保护部〔83〕城教字第48号文确定"撤销苏州城市建设学院筹建处，成立苏州城市建设环境保护学院筹建处"，并决定由齐铭盘、羊超两位同志负责苏州城市建设环境保护学院筹建处的工作，组建领导班子；同时要求"积极创造条件，做好各项准备工作，争取早日招生开学。"

1983年5月，学校筹建办公室从人民路原苏州城市建设学院筹建处办公室迁至新庄新村47幢，办公条件依然艰苦。学校筹建领导小组根据新建院校实行两次审批制度（筹建与正式成立）和教育部关于新建院校验收必须具备的五条标准与要求，结合城乡建设环境保护部下达的任务和指示，明确了边建设、边招生开学的指导思想，并提出了"以基建为中心，开展全面筹建"的工作方针，强调要秉持实事求是、艰苦创业、勤俭节约、缩短周期、提高效益的筹建原则，力争1990年将学校建成初具规模、质量较高、具有中国特色的社会主义高等工科学院的目标。为了实现上述筹建任务，又确立了分三步实施的具体目标，即第一步完成征地和扩初设计，第二步完成施工图纸设计和基建施工，第三步迎接验收并准备招生开学。此外，在狠抓基本建设的同时，也同时推进以师资为主的教学队伍建设、购置图书资料和实验仪器设备等，为开学招生创造条件。

学校的基建工作是在一片稻田地上展开的，当时的江枫校园周边河汊交错，稻田阡陌纵横，一片水乡田园风光。为加强基建工作，1983年5月重新组成新的基建办公室，由筹建领导小组成员潘九根兼任基建办公室主任。此后，根据城市建设环境保护部《关于苏州城建环保学院基建计划任务书的批复》（〔83〕城市字315号）和苏州市人民政府计划委员会《关于城建环保学院征用土地函》（苏计〔83〕647号），学校在市郊横塘乡（今高新区横塘街道）曙光大队第一、三、四、十、十二生产队征用土地77.94亩，在吴县枫桥乡（今高新区枫桥街道）支津大队第二生产队征用土地71.74亩，再加上1982年原苏州城市建设学院筹建处已征用的105亩，共计254.68亩（不含水面20亩）。从1983年10月12至12月26日，前后不到三个月，基建办公室利用曙光大队拉丝厂的三间厂房，又盖了四间简易房，进驻校园建设现场办公。在当地政府的支持下，学校顺利完成了征地工作，没有留下任何后遗症，为之后的基本建设奠定了良好基础。

征地工作完成后，紧随而来的就是扩初设计方案的落实，这是决定校区基本建设能否如期开工的关键一环。1983年7月，校基建办公室与承担学校设计任务的华东工业建筑设计院的专家密切配合，共拿出三个不同的总体规划方案。7月27日，学校扩初设计方案进行了第一次会审，会后设计方根据各方意见，又重新设计总图，提出新的总图方案。同年10月25日，扩初设计方案在苏州接受第二次会审，对新的总图方案进行了实质性论证。

1984年1月，城乡建设环境保护部党组决定（〔84〕城党组第2号），成立苏州城市建设环境保护学院筹建领导小组，由齐铭盘、王趱、张沧禄、潘九根、陆乃麟五位同志组成，组长由齐铭盘担任。同时，成立中共苏州城市建设环境保护学院临时委员会，齐铭盘、王趱、张沧禄为临时党委委员，齐铭盘任临时党委副书记、代理书记。部领导还指示："学院要上得快一点，标准要高一点，建设要好一点，不要等万事俱备后才招生。"

1984年4月9—10日，城乡建设环境保护部会同苏州市人民政府联合在苏州饭店召开学校扩初设计审批会议，出席会议人员包括城乡建设环境保护部副部长戴念慈，部专家郑孝燮、顾康乐和陶逸钟，清华大学专家吴良镛、陶保楷，华东工业建筑设计院副总工程师方鉴泉，苏州市人民政府副秘书长秦文艺等65人。与会专家一致认为扩初设计功能区分明确、建筑密度适合、层次高低错落，校内主要道路布置基本合理、绿化相对集中，是个比较优秀的扩初设计。苏州市政府对该方案也非常满意，认为不仅解决了学校的建设问题，对苏州城市规划和建设也有帮助，特别是对新兴建筑起到了榜样作用，希望把学校建设为姑苏一景。

1984年5月，城乡建设环境保护部下发《关于苏州城市建设环境保护学院扩初设计的批复》（〔84〕城计字第306号），批准了学校上报的扩初设计方案，指示建设工期"争取1990年建成"，并富有远见地指出，"鉴于城建、环保事业大量需要人才，为考虑今后发展，学院规模拟增加到3500人，并相应增加建设用地100亩。请你院与苏州市联系，办理预留用地手续。"至此，学校扩初设计宣告提前完成，为学校基建施工创造了良好基础。华东工业建筑设计院的此项设计也荣获国家"银质奖"。

为尽快实现招生开学，学校临时党委和学校筹建领导小组制定了一项"小配套工程"建设计划。所谓"小配套工程"是指校区内第一教学楼、办公楼、学生宿舍、教工宿舍、单身宿舍、食堂、浴室、运动场等的建设，以及校区道路、桥梁、绿化等同步工程，这是实现招生的必备条件。1984年5月底，城乡建设环境保护部同意学校基建工程于6月正式开工。第一个破土动工的是"江枫园"内第一幢建筑面积1560m²的教工宿舍，9月作为学院主体工程之一、列为苏州市重点工程之一的第一教学楼开工。在各方重视之下，到1985年8月，"小配套工程"胜利完成，完成校舍建筑面积计22368m²，大多数工程达到优良等级，初步满足了师生的教学、生活和运动需要。

除了加紧完成基本设施建设外，学校临时党委和筹建领导小组还高度重视师资力量、图书资料、实验仪器设备等的引进和配备。

学校始终坚持把师资配备作为准备和提高教育质量的根本大事。为了构建一支结构合理、形成梯队的理想师资队伍，学校依据城乡建设环境保护部〔83〕城教字第48号文件对已经确定的专业设置和引进教师的要求，确立了先考核、后调入，宁缺毋滥的师资引进原则。借助苏州得天独厚的天时地利条件，学校从1983年2月至1984年12月，从全国18个省市自治区65所大专院校、科研单位共引进教学骨干和应届毕业生109名，其中正副教授25人，讲师64人，硕士研究生13人。学校还从上海、南京、杭州聘请素有声望的正副教授15人担任兼职教师。经过不懈努力，学校在招生开学前已经建立起一支结构较为完善的专职教师队伍，各学科均有一定数量的较高水平学科带头人和教学科研骨干，既确保了招生开学的需要，又为学校的未来发展奠定了良好的师资基础。

图书资料和实验仪器设备是学校开展教学和科研活动的必备条件。学校在图书馆未建前，将所征土地上留下的一座三间石头房仓库作为图书馆办公用房和库房。起初仅有工作人员10余名，不仅条件简陋，教职工上下班和查阅资料也非常困难，要通过一条泥泞的田埂小路。直到第一教学楼竣工后，图书馆才搬入其中，在一层开辟了三个阅览室和藏书室。馆藏图书资料主要有两方面的来源，一是兄弟高校的支持赠送。重庆建筑工程学院、哈尔滨建筑工程学院、同济大学分别赠送3万、1.1万和1万余册图书。二是自购新书，平均每月进书1千多册。到1984年8月，学校图书馆图书拥有量已达11万余册，其中各学科专业书占八成。

实验仪器设备的购置工作起步晚、经费少。但在校筹建领导小组的重视下，专门制定了各类实验仪器设备采购计划，并组织专职采购人员，与各系专业教师分工合作，共同采购了化学实验仪器、测量实习仪器、微机、外语视听设备，相关专业所需要的照相机、幻灯机、晒图机、制图机、美术仪器工具，以及体育运动器具等。至1985年秋季招生开学时，学校配置的图书资料和实验仪器设备已经能初步满足师生的教学和科研需求。

各个专业的教学计划、教学大纲和教材选用，也是招生开学的前提条件之一。根据教育部和城乡建设环境保护部的指示，学校召开了专业设置和教学计划专题咨询会，邀请清华、北大、同济、南大、北师大、哈工大等十多所大学的专家予以论证。同时组织学校专业教师，制定了1985年首次招生的四年制本科的建筑学、城市规划、风景园林、环境工程、环境规划与管理等五个本科专业的教学计划和教学大纲，预购了第一学年所开课程的全部教材。

1984年11月15—21日，教育部、城乡建设环境保护和江苏省高教局对学校的筹建工作进行了正式验收。验收分两步进行，先由学校筹建领导小组组长、校临时党委书记齐铭盘向各位专家介绍关于学校筹建的依据和指导思想、筹建实施过程，并按照教育部的五条标准，对招生开学等各项准备工作进行全面汇报；有关部门负责人分别就基建"小配套工程"、教学准备、人事状况和后勤保障作了专门汇报，并回答验收组各位专家提出的相关问题。接下来数天，验收组专家现场查看了所有基建工地，以及师资人员、教学计划、器材设备、图书资料等各方面的情况，并提出了不少富于建设性的建议。在最后举行的验收成果座谈会上，教育部计划一司一处徐敦潢处长代表教育部谈了验收总看法，他表示学校的建校环境很艰苦，但领导班子精干、心齐、懂行，学校气氛朝气蓬勃、团结一致、干劲十足，基建工作和师资准备工作均超出了预期的水准。

2. 正式成立稳健前行

1984年12月22日，教育部以《同意苏州城市建设环境保护学院正式建立的通知》（〔84〕教计字第248号）回复城乡建设环境保护部，明确称"你部〔84〕城教字第666号《关于请核批苏州城市建设环境保护学院一九八五年正式招生的函》收悉，经研究批复如下：（1）鉴于苏州城市建设环境保护学院已基本完成筹建工作，同意该院正式建立，并从1985年暑期开始招生；（2）1985年可先安排建筑学、城市规划、风景园林、环境工程、环境规划与管理等五个专业招生，请你部协助学校抓紧教学准备工作，并将具体落实后的招生计划于明年1月底前报送我部；（3）请你部继续抓紧该院基本建设工作，确保明年招生所需校舍的落实，并望按原定计划，加快建设速度，尽快实现按规模招生，为国家培养急需人才；（4）自接文之日起，该院即可以'苏州城市建设环境保护学院'名义，开展各项工作。"

1985年1月4日，城乡建设环境保护部下达《关于转发教育部〈同意苏州城市建设环境保护学院正式建立的通知〉》（〔85〕城教字第002号），指出："（1）你院即日起，以'苏州城市建设环境保护学院'名义开展各项工作，学院印章由部刻制后颁发；（2）为保证1985年暑期正式开始招生，希望你院做好各项准备工作，并将已批准的五个专业及房地产经济与管理专科的招生计划于今年1月25日前报我部。"

两份文件的颁布，标志着苏州城市建设环境保护学院即将诞生。喜讯传来，校园上下一片欢腾。接文后第二天，学校临时党委和筹建领导小组在校园内望狮桥的简易会议室内召开了庆祝大会，全体教职工共同庆贺苏州城市建设环境保护学院的诞生，这也是我国仅有的一所融城市建设和环境保护为一体的新型工科高校。

1985年7月，城乡建设环境保护部党组征得中共江苏省委同意，组建了学院正式建立后的首届领导班子，决定由齐铭盘同志任临时党委书记，张沧禄任副院长、临时党委副书记，张玉祥、王趄、姚炎祥任临时党委委员、副院长。

领导班子随即把招生开学提上了议程表。学校召开第一次党委会，提出了当前工作任务是：以招生开学为中心，基建为重点，抓整党、促改革，开创办学新局面，认真做好开学前的各项准备工作，以迎接招生开学的新时期。

根据教育部关于新建院校机构设置规定和改革、精简机构的精神，学校确定了相关职能部门：行政机构包括院长办公室、教务科研处、人事处、总务处、基建处；党委机构包括党委办公室、组织部、宣传统战部、人武保卫部。实行干部任期制，任期两年。教学机构方面，学校下设四个系，即建筑系、环境保护系、城市建设系、城市管理系，一个部即基础部，两个室即体育教研室、马列主义（德育）教研室，以及图书馆。教师实行聘期制，任期两年。

按照教育部的要求，学校确定了1985年首届招生计划。包括4个本科专业和1个专科专业，共计招生183人。4个本科专业是建筑学、城市规划、环境工程、环境规划与管理，学制四年，每个专业招生30人；1个专科专业是房地产经营与管理，学制三年，招生33人。在这些专业中，环境规划与管理专业和房地产经营与管理专业属于全国高校中首次设置、招生的新专业，充分体现了这一新建高校的特点。学院在全国范围内统一招生，生源来自江苏、浙江、安徽、福建、江西、山东、河南、湖北、湖南、广东、广西、四川、云南、贵州等14个省区，其中江苏招生46名，其他各省区8～14名。

1985年9月20日，来自全国各地的183名新生和城镇建设培训班72名学员来校报到，迎接他们的，是苏州城市建设环境保护学院的标志形象、由杭鸣时教授设计的竹牌楼式学校大门，碧竹沁心、飞檐翘角。在未来的四年中，这些莘莘学子将在寒山寺畔、大运河侧的江枫园内学习求知，与刚刚诞生的苏州城市建设环境保护学院共同成长、共同拥抱未来。

1985年9月25日，学校隆重举行了正式成立仪式暨首届新生开学典礼。

庆典当天，校园内彩旗飘扬，500多名师生员工欢欣鼓舞，共庆喜日。应邀出席庆典的来宾有城乡建设环境保护部储传亨副部长、江苏省建委王朝元主任、省环境保护局顾问侯西亭、苏州市政协方明主席、市委周治华副书记、市政府冯大江副市长等，还有同济大学、重庆建筑工程学院、苏州大学等兄弟院校的负责同志，上海市环境保护局、华东工业建筑设计院、中国环境科学研究所等单位的负责同志，以及《新华日报》《中国环境管理》等新闻机构的记者，共81个单位、160余位来宾参加。庆典大会从上午8时整开始，在悠扬的乐曲和广大师生员工的热烈掌声中，储传亨副部长和周治华副书记为典礼剪彩揭幕，镌刻着"苏州城市建设环境保护学院"的大型校名牌悬挂在新建的竹牌楼校门左侧门柱上，熠熠生辉，激励着所有师生员工奋发图强。剪彩结束后，学校临时党委书记齐铭盘发表讲话，他满怀深情地介绍了学院筹建过程、发展规模和远景规划，表示要尽心尽力把学校办成一所具有中国特色的社会主义城建环保学院。随后多位来宾发表了热情洋溢的讲话，他们对学校正式成立暨首届开学典礼表示热烈祝贺，对学校为国家四化建设多出人才、快出人才、出好人才寄予殷切期望。

9月26日，中央人民广播电台详细报道了我国第一所融城市建设与环境保护于一体的新型工科大学在苏州成立的新闻，《中国环境保护报》《中国教育报》《新华日报》《解放日报》《文汇报》和《中国环境管理》等报纸、期刊均先后登载了苏州城市建设环境保护学院在苏州正式成立的消息。

苏州城市建设环境保护学院孕育在党的"十二大"期间，诞生在古城苏州，在党的路线方针的指引下，在上级党委的正确领导下，在各方面的大力支持下，学校全体教职工筚路蓝缕、艰苦创业，和衷共济、团结奋斗，短短两年六个月的时间就完成了选址、征地、设计、基建等各项繁重任务，一座服务于现代化建设、兼具古典园林特色的新型工科大学拔地而起。

3. 克服困难建设发展

学校于1985年9月招生开学后，就进入边教学、边建设阶段。在完成基本建设、保证基建质量的同时，陆续征用周边一些零星土地，进一步扩大了校园面积，为学校的教学科研活动提供了良好的基础保障。根据学校筹建时期确定的扩初设计方案，批准的基建投资是4300万元，其中，城乡建设环境保护部投资三分之二，为2881万元，国家环保局投资三分之一，为1419万元。至1985年底，学校完成基建投资1360万元，占扩初设计批准投资总额的31.63%，其中，城乡建设环境保护部投资510万元，国家环保局投资850万元。

1987年城乡建设环境保护部更名为建设部，国家环保局独立设置，学校隶属建设部。此后，来自国家环保局的投资有所减少。由于学校处于建设初期，各方资金缺口很大，学校除积极向部里争取资金外，也向国家环保局争取提前拨给建设投资。经过反复努力，国家环保局体谅学校的实际困难，决定提前拨付学校的建设投资。学校基建部门也想方设法，尽量减少费用支出，争取到缓交和减免城建开发费300万元，缓解了学校建设资金紧张的困难。截至1990年底，学校共完成基建投资4460万元，其中国家环保局投资1350万元。

基建投资的主体是校园各类建筑，扩初设计批准学校的建筑面积是105200m²，分两期完成，筹建初至招生开学为第一期，招生开学后至1990年为第二期。到1985年底，建筑竣工面积是24072m²，占批准面积的22.8%，第一期的建设任务全部完成。随后学校开始了第二期建设，1986年，学校迎来了基建投资的高峰，开工和竣工了一大批建筑，包括第二教学楼、学生第二和第三食堂、教工住宅4～7号楼等。

从1987年开始，国家宏观调控国民经济，大力压缩基建投资，学校基建投资拨款也受到影响，呈逐年下降趋势。到1990年底，学校完成建筑面积75258m²，仅为批准建设建筑面积的71.5%。但除图书馆外，扩初设计规定的主要建设项目大都建成，在困难条件下仍保证了学校的教学运行和学生居住生活。

此后，学校克服种种困难，大力争取资金，有序推进基本建设。1992年，学校完成结构工程试验大厅建设工程，使得城建系的教学环境大为改善；1994年，学校扩初设计的最后一项主要建设项目——总面积达10710m²的图书馆大楼建设工程，举行了隆重的开工典礼。1996年12月，图书馆大楼建设完成，并与成人教育学院、东方建筑分院同时在图书馆一楼大厅举行揭牌仪式。图书馆新楼坐西向东，面对学校的东大门，成为学校的一项标志性建筑，同时也结束了建院10年图书馆无独立馆舍的历史。1999年，建筑系馆大楼获得建设部立项并开工，次年竣工，层高6楼，建筑面积6000多平方米，内设报告厅有250个座位，设施齐全，可以举办国际级学术会议；该系馆大楼的设计获得了江苏省城乡建设系统优秀设计勘察二等奖。2000年，为进一步建好环保系环境科学与工程省重点实验室，学校投资新建一栋高4层、建筑面积2650m²的环境科学与工程省重点实验室大楼，2001年5月动工，次年投入使用。随着学生人数的不断增多，学校于1998年12月利用社会资本，破土动工第五栋学生宿舍楼，次年9月新生入住。该楼高6层，建筑面积6680m²，每间宿舍配备独立的卫生间，每位学生配有写字桌和书架，还安装有电话、吊扇等。在教工住宅方面，建院之初，学校坐落在市区之外，于是学校投资兴建多栋教工住宅楼，以满足教职工和新进青年教师的居住需要。到1994年，共兴建教工住宅13栋。1998年，根据教育部和建设部等加快普通高校筒子楼改造、改善青年教师住房条件的精神，学校确定了筒子楼改造方案。到年底，学校的筒子楼改造工程顺利通过验收，建筑面积达到2480m²，共54户单元房，均为铜质地砖、铝合金窗，厨卫齐全。筒子楼改造工程得到省教委组织的筒子楼改造工作检查组的认可和赞赏。1999年8月，又开始动工兴建20层的高层教工住宅楼。高层住宅楼每层四户，每户建筑面积117m²，总建筑面积9500m²，于次年10月竣工。此举大大改善了学校教职工的居住条件，也为学校引进高端人才创造了有利条件。

从建校初期起，学校就十分重视扩展校园土地面积，为学校教育事业的不断发展争取更多的空间和基础条件。建校初期，上级批准学校征用的土地面积为254.68亩。招生开学后，学校根据实际需要，陆续征用了周边一些零星小块土地，使得校园面积逐步扩大。通过陆续征地，加上征用土地后改造河道，河道面积划归学校，以及建造驳岸时向河道延伸后增加的面积，到1990年底，学校实际占地面积为315.74亩，净增了61.06亩；到1994年，实际占地面积达到327.24亩。2000年前后，学校跟随苏州高新区的快速发展步伐，抓住机遇，扩大校园面积。1999年7月将位于学生宿舍南侧和邓尉路北侧的30亩地征下，开启学校南大门；2000年8月，在建设部和省市相关部门的支持下，经与苏州新区多次商洽，征下何山路南侧和学校北侧的55亩土地，开启了学校北大门。加上1999年10月天平学院与木渎镇签署首期征地250亩的协议，学校在短短2年多时间里，自筹经费征用土地335亩。至此，学校占地面积达到了750亩左右。

4. 事业发展党建引领

党的组织建设、思想建设和作风建设，是高等学校建设与发展的根本保证。从筹建开始，学校就把贯彻落实党的路线、方针和政策，执行上级党组织的决议和各项任务放在首要位置。

（1）领导班子建设。学校筹建之初，成立3个党支部，挂靠苏州市委机关党委。为加快学校筹建工作的进度，加强党对筹建工作的领导。

1984年1月，经城乡建设环境保护部党组批准，成立学校临时党委，由齐铭盘同志任副书记、代理书记，王趄、张沧禄为临时党委委员。临时党委成立后，学校党的组织关系由原隶属于苏州市直属机关党委转为苏州市委直接管理。

1985年7月，城乡建设环境保护部党组征得中共江苏省委同意，决定组建苏州城市建设环境保护学院党政领导班子（〔85〕城党组字第55号），任命齐铭盘同志为临时党委书记，张沧禄同志为副院长、临时党委副书记，张玉祥、王趄、姚炎祥同志为副院长，增补张玉祥、姚炎祥同志为临时党委委员。此后，学校一直执行党委领导下的院长负责制，学校建设和发展的重大决策都由党委会讨论通过，实行集体领导，分工负责。

1987年2月，建设部党组任命张世煌同志为副院长并增补为临时党委委员。7月，齐铭盘和王趄同志离职休养。临时党委的工作由副书记张沧禄同志主持。

1988年1月张玉祥同志调往建设部工作。

1988年8—9月间，建设部党组对学校领导班子进行了调整：任命姚炎祥同志为学校临时党委书记，增补沈仲棠、倪德辉两位同志为临时党委委员；任命张世煌同志为学院院长，姚炎祥同志为副院长（兼），张沧禄、沈仲棠同志为副院长。

1990年8月，学校召开中层干部大会，建设部人才开发司副司长马瑞宝在会上宣读了建设部〔90〕建人字第426号文《关于姚炎祥等六名同志职务任免的通知》：任命姚炎祥同志为苏州城建环保学院院长（兼），张世煌同志不再担任院长；任命沈德植、汪国伟同志为副院长；倪德辉同志参加苏州城建环保学院党委的领导工作，潘九根同志为苏州城建环保学院纪委负责人。

1991年8月，张沧禄同志退休。

1992年5月22—24日，学校召开第一次党员大会，选举产生学校党委和纪委。大会通过差额选举方法，选出姚炎祥、倪德辉、沈德植、潘九根、沈仲棠、张国平6位同志组成中共苏州城市建设环境保护学院第一届委员会，姚炎祥任党委书记，倪德辉任党委副书记。选举佘栋栋、陈洪昌、金福民、潘九根4位同志组成纪律检查委员会，潘九根任纪委书记。学校第一次党员大会是在邓小平同志南方谈话发展的形势下召开的，对于加强党的建设有着重要意义。与会200多名党员经充分审议后，通过了姚炎祥同志所作的党委工作报告，充分肯定了建院以来党委各项工作所取得的显著成绩。大会号召，全校各级党组织和广大共产党员，在新党委会领导下，振奋精神，团结一致，艰苦奋斗，开拓进取，为更好地培养社会主义建设者和接班人，为把学校建设成为有自身特色的社会主义大学而努力奋斗。

1995年，建设部党组对学院领导班子作部分调整，决定张国平同志任苏州城建环保学院党委副书记兼副院长，沈达峰、张文明同志任党委委员、副院长。沈仲棠、汪国伟同志不再担任学院领导职务。

1998年3月，建设部党组任命黄勇同志任学院党委委员、副院长。倪德辉、沈德植同志不再担任学院领导职务。

1998年12月，经建设部党组研究，决定何若全同志任学院院长兼党委副书记。次年3月，建设部党组成员、人事教育司司长傅雯娟来院宣布部党组的决定，何若全同志正式来院任职。

（2）基层组织建设。基层党组织也随着学校的不断成长而扩大，党员人数随着工作任务的不断加重和复杂而日益增多。1985年底，全校教职工人数312人，其中党员人数73名，比例为23.4%。到1986年，学校临时党委发展新党员13人，其中大部分都是教师和科技人才，还有16名预备党员转正。此后，发展新党员人数逐步增多，到1989年学校共有党员179名。学校机关建立了机关党总支、教务党总支、基建党总支3个总支委员会，马列教研室成立了直属党支部，机关党总支下面设立了党支部。教师人数相对较多的建筑系、环保系、城建系、城管系，分别建立起党的总支委员会。1989年后为贯彻中央关于加强党的建设一系列方针政策，于1990年初为4个系的党总支配齐了专职总支书记和副书记，改变了以往系主任兼任系党总支领导的状况。学校实行由总支书记兼任系行政副主任，党员系主任进总支委员会的做法，在加强了基层党组织的领导力量的同时，也利于党政互相配合、协调工作。

学校于1987年11月成立业余党校，直属校临时党委领导，由党委副书记张沧渌任校长。参加首期业余党校学习的学员有76名，其中青年教师积极分子和新近入学的青年教工33名，学生积极分子43名，学习时间持续14周，计10单元。业余党校成立后，每年都安排至少两次培训。1990年9月，根据中共中央《关于加强高校党的建设的通知》精神，业余党校改成正式党校，由9人组成校务委员会，党委书记姚炎祥任校长。1993年党校获得苏州市先进基层党校称号。1987年11月以后发展的党员均进入党校接受系统学习，并接受严格的考察培养。到1994年底，党校共举办培训班、轮训班27期，受训1334人次。1994年7月，学校正式成立党建研究会，8个总支3个直属支部为团体会员，个人会员74人，选举姚炎祥为会长。1992年8月，学校还隆重召开党建工作会议，传达贯彻全国高校第三次党建会议、建设部高校党建会议、江苏省高校党建会议精神，动员并部署学校的综合改革。

大学生是社会主义事业的接班人和社会主义现代化事业的建设栋梁，因此对大学生的培养是基层党组织的重要工作内容之一。为适应学生工作日益加重的需要，各系配置了专职总支副书记分管学生工作，力争实现低年级班有党员、高年级班有党小组、系一级建有学生党支部。1989年，在细致考察、培养成熟的前提下，学校发展了首批3名学生党员，分别是李映蓉、卢小英、相秉军。1991年下半年，学校党委还专门召开会议，研究和部署在学生中发展党员的工作，要求新生一入学就注意培养积极分子。同时进一步规范党员发展工作，明确规定未经学校培训不发展，积极分子一般经2年考察才能发展，并要求严格履行入党、转正手续。同年，城建系率先成立学生党支部，此后各系相继成立学生党支部。到1994年底，共发展学生党员188名。

在部党组和省、市党委的领导和指导下，学校党委带领基层党组织、全体党员师生、全校教职工和学生，坚决贯彻落实党和国家的路线、方针和政策，坚持党的教育方针和社会主义办学方向，围绕不同时期的中心工作，努力加强和不断改进党的思想、组织和作风建设，较好地发挥了党的政治核心作用、党组织的战斗堡垒作用和党员的先锋模范作用。

（3）思想作风建设。思想建设和作风是党风建设的根本，也是保证学校办学保持正确方向的基本保证。

党的十二届三中全会决定，为彻底肃清"文化大革命"的流毒，解决党内存在的思想、组织和作风严重不纯的问题，在全党展开一次整党运动。这次整党的突出特点是把纠正新的不正之风与推进改革结合起来，以整党促进改革，以改革推动整党。根据苏州市委的安排，学校为第二期第一批整党单位。1985年2月，学校成立整党办公室，遵照中央决定精神和上级党组织的部署，具体制定了整党计划和各阶段整党的安排。3月，整党工作全面开始，分为三个阶段，第一阶段为学习整党文件，第二阶段为对照检查，第三阶段为党员登记、检查总结。10月，学校党委向苏州市委整党办公室提交了请求验收的报告、整党总结和整改方案，得到苏州市委整党办批准结束。

根据江苏省教委党委《关于在本学期内搞好八八年度学风检查的通知》，学校于1988年11月—次年1月开展了党风检查工作。此次党风检查的任务是要使全体党员在贯彻党的十三届三中全会"治理经济环境，整顿经济秩序"的重大决策过程中，再次受到党风党纪教育，进一步明确在改革开放形势下做廉洁奉公、全心全意为人民服务的好党员的努力方向。党风检查采取自上而下、学习和检查总结相结合的方式展开，各总支和支部认真学习中央相关文件，开展学习讨论，同时在组织活动中安排民主生活会进行认真自查。城建系等党总支还提前召开党内外群众座谈会，广泛地听取各方面群众的意见。通过检查，大家认为学校党风现状总体上是可以认可的，党委领导班子团结，能够从学校实际出发，自觉在政治上同党中央保持一致，整顿校风校纪措施得力、成效明显，多数党员都能发挥先锋模范作用等。党风检查也反映出一些相关问题，如党的生活制度和党内监督制度尚未健全，在廉洁奉公方面尚未建立明确的既便于遵守、又便于监督的规章制度，党的生活枯燥无味等。针对上述问题，党委立即采取相应措施，着手制定从学校实际出发的廉政条例，陆续建立健全党的组织生活制度和党内民主监督制度。

按照从严治党的要求，在党中央和上级党委的安排部署下，学校于1990年4—6月开展了首次民主评议党员工作。整个民主评议党员工作分为教育、个人总结、党员互评、组织鉴定和定格评优4个阶段，各总支、支部在党员自我鉴定的基础上进行了组织鉴定和定格，全校共有178名党员参加定格，评出优秀党员5名，合格党员156名，基本合格党员17名。通过民主评议党员工作，广大党员受到一次深刻的党性、党纪教育，全校上下出现了安定团结、积极向上的新气象。此后，学校仍然坚持每年一次的民主评议，并于1993年开始实行党支部目标管理、党员目标管理，制定并落实相关实施意见，在全校8个总支24个支部推行，进一步规范了对党员的教育、管理和监督。

1997年10月，校党委举办首期十五大精神学习轮训班，41名中层以上领导干部、优秀青年骨干教师、社科部教研室主任参加了轮训。一个月后，又举行了第二期十五大精神学习轮训班。通过学习党章、观看录像报告、专题讲座和讨论等环节，全校80多名党员干部和优秀青年骨干教师得到了一次很好的党性教育和理论提高。1999年，根据《中共中央关于在县级以上党政领导班子、领导干部中深入开展以"讲学习、讲政治、讲正气"为主要内容的党性党风教育的意见》（中发〔1998〕17号）和《中央"三讲"教育联系会议办公室、教育部党组关于普通高等学校领导班子、领导干部深入开展"三讲"教育的实施意见》，学校遵照建设部组织要求在11月启动"三讲"教育。

2000年9月，按照江苏省委下发的《中共江苏省委关于在全省普通高等学校领导班子、领导干部中深入开展"三讲"教育的实施意见》（苏发〔2000〕21号）的要求，9月，学校召开党委会议，深入领会和学习文件精神，对学校开展"三讲"工作作出了周密布置和安排，并决定成立校"三讲"教育领导小组，党委书记姚炎祥任组长，下设"三讲"教育领导小组办公室，具体负责日常工作。10月，学校向省委正式提交《中共苏州城建环保学院委员会关于报送"三讲"教育实施方案的报告》（苏城环党〔2000〕23号），省委派出以原苏州医学院党委书记何寿春为组长的巡视组来学校帮助和指导"三讲"教育工作的开展。10月15日—12月12日，"三讲"教育的具体进程分为四个阶段，第一阶段主要内容是"思想发动、学习提高"，第二阶段主要内容是"自我剖析、听取意见"，第三阶段主要内容是"交流思想、开展批评与自我批评"，第四阶段主要内容是"切实整改、巩固'三讲'教育成果"。12月12日下午，学校召开"三讲"教育总结大会，党委书记姚炎祥主持大会并代表院党委作总结发言，省委巡视组组长何寿春同志在会上讲话。至此，"三讲"集中教育告一段落，但作为一项长期任务，"三讲"精神要贯彻到实践中，要落实到工作的方方面面，尤其要把"三讲"教育激发出来的政治热情和积极性转化为推进学校教育事业改革和发展的强大精神动力。

5. 踔厉奋发成效显著

苏州城市建设环境保护学院的办学历史不算长，从筹建之初算起，也只有短短的21年。学院在各级领导的关心支持下，在学院党委的坚强领导下，全院师生员工齐心协力，团结奋斗，攻坚克难，开拓进取，使学院各项事业持续推进，不断跨上新的台阶。在历经四个阶段的发展后，学院的办学条件持续改善、办学规模不断扩大、办学水平显著提升，并初步形成了自己的办学特色。

学院将培养德智体全面发展的合格人才作为根本任务，以教学工作为中心，深化改革，发挥优势，办出特色，不断提高教学质量。学院以"团结、勤奋、求实、创新"为校训，努力培养重品德、宽基础、大口径、强能力、高素质的应用型、复合型人才；发挥城市建设与环境保护相结合的优势，突出环境保护，立足行业，依托苏南，服务江苏，服务全国。1998年7月，学院正式通过了教育部本科教学工作合格评价。

学院正式成立15年来，教育事业得到了长足的发展。截至2000年，学院教学单位设置由成立之初的4系1部2个教研室，发展成为7系3部1中心，即建筑系、环境保护系、城市建设系、城市管理系、电子工程系、外语系和资源与城市科学系；基础学科部、社会科学部和体育部，以及计算机中心。招生专业由成立之初的4个本科专业和1个专科专业，演变增加至16个本科、2个高职和1个专科专业，即建筑学、城市规划、园林、艺术设计，环境工程（国家专业目录调整后的宽口径专业，含原环境工程、环境规划与管理和环境监测3个专业）、给水排水工程、应用化学、环境科学、土木工程（国家专业目录调整后的宽口径专业，含原建筑工程、交通土建工程等专业）、工程管理、工商管理、电子信息工程、计算机科学与技术、英语、资源与城乡规划管理、地理信息系统等本科专业，工业与民用建筑工程专科专业和土木工程施工与监理、应用电子技术等高职专业。

学校师资队伍的规模逐步扩大，结构逐渐优化，整体水平不断提升。截至2000年，学校的教职工总人数为703人，其中专任教师320余人，内含教授21人，副教授92人，讲师97人。学校招生规模由1985年的183人，增加到2000年的2048人，本专科在校生总人数达到4800余人，生源地区扩展至24个省、自治区和直辖市，绝大部分省市区均为第一志愿录取，表明学校的专业设置和人才培养质量得到了广泛认可，形成了良好的社会声誉。

从1985年正式办学招生起至2000年，苏州城建环保学院总计培养了各专业本科毕业生4087人，专科毕业生1273人，还有成人学历教育毕业生约1450人，培训各类专业人员1.5万余人，为我国城乡建设和环境保护行业的专业人才培养做出了积极贡献。

学院积极探索办学体制改革。1996年采取校企联合的形式与江阴东方建筑集团联合建立了"苏州城建环保学院东方建筑分院"；1999年起开始举办高等职业技术教育；2000年民办二级学院——苏州城建环保学院天平学院开始招收本科生。

学院从建校初期就鼓励教师积极开展科学研究和社会服务。学院的科学研究水平逐步提升，共承担纵向科研项目112项，其中国家级项目4项，省部级项目20余项。承担社会企事业单位委托项目近200项。科研总经费600余万元。获得省部级科技奖励15项。积极为地方经济建设服务，开展人才培训和工程设计咨询、城镇规划、环境评价、工程监理及技术开发等科技服务。

学院校园面积从建校初期征地的254.68亩扩展到750亩，总建筑面积约17.4万m^2，其中教室建筑面积3.3万m^2，实验室建筑面积1.5万m^2，图书馆建筑面积1.07万m^2，藏书29.2万册。学院固定资产总值3亿元，教学仪器设备总值2091万元。

学院注重校风建设。1990、1991年两年被评为江苏省校风建设先进单位，1995年通过江苏省教委的校风建设达标评估。曾连续5年被中共中央宣传部、共青团中央和国家教育部授予"社会实践活动先进单位"称号，连续3年被江苏省教委评为社会实践活动先进单位。

学院积极开展国际学术交流，先后派出45名教师赴8个国家和地区进修学习、合作科研。其中大部分学成回国，在学院的教学、科研和管理方面发挥了重要作用。邀请12个国家的100多名专家学者来院讲学。学院与荷兰、英国、瑞典、澳大利亚、新加坡等国的多所大学建立长期合作关系，联合举办环境保护、工程项目管理等10多期培训班。受外经贸部和国家环保局委托，从1993年起每年举办一期"环保技术国际培训班"，为世界41个国家培训了130余名环保官员和技术人员。

20余年来，作为国内唯一一所以"环境保护"命名的普通高校，也是由建设部和国家环保局共同投资建设的普通高校，面对现代化建设中日益突显的资源与环境问题，学校办学力求实现"城建与环保"相结合，突出环境保护特色，并涵盖环境工程、环境规划、环境监测三大方向。在学校的建设规划中，发展和扩大环保及其相关学科总是作为重心体现，环保系教师中研究生学历、高级职称、留学进修人员在全校各系中所占的比例最高，师资队伍整齐、力量雄厚，形成了"有机废水生物处理"等有特色的研究方向，完成了一大批污染治理工程、环境影响评价、环境规划项目，产生了较大的经济和社会效益。20世纪90年代初，学校与荷兰水力与环境工程学院合作举办三期环保培训班，培训国内环保人才；2000年，环境科学与工程实验室获批建设部重点实验室。人们甚至习惯性地称苏州城市建设环境保护学院为"苏州环保学院"，并从苏州市到江苏省，甚至国内外都享有一定知名度。学校的办学特色已经初步形成。

2000年2月，在国家高等教育管理体制改革的背景下，根据国务院部门所属高校管理体制调整方案，苏州城建环保学院由建设部主管划转为江苏省主管。

2001年3月19日，教育部下发《教育部关于同意苏州城市建设环境保护学院与苏州铁道师范学院合并组建苏州科技学院的通知》："根据高等教育管理体制改革和布局结构调整的有关精神，经研究，同意苏州城市建设环境保护学院与苏州铁道师范学院两校合并组建苏州科技学院，同时撤销原两所学院的建制。"

2001年4月6日，江苏省政府下发《省政府关于苏州城市建设环境保护学院与苏州铁道师范学院合并组建苏州科技学院的通知》："为加快我省高等教育体制改革步伐，优化高等教育布局结构，提高教育质量和办学效益，更好地为现代化建设服务，经省政府研究，并报教育部批准，苏州城市建设环境保护学院与苏州铁道师范学院合并，组建苏州科技学院，并筹建苏州科技大学，同时撤销原两所学校建制。"

2001年9月1日，在江枫园大礼堂举行了苏州城建环保学院与苏州铁道师范学院合并组建苏州科技学院［苏州科技大学（筹）］大会。

合并组建后，苏州城建环保学院建筑系、环境保护系、城市建设系、城市管理系、电子工程系转设为苏州科技学院建筑系、环境科学与工程系、土木工程系、管理科学与工程系、电子与信息工程系；资源与城市科学系、外语系、体育部分别与苏州铁道师范学院地理系、外语系、体育部合并组建为苏州科技学院城市与环境学系、外语系和体育部；基础部数学教研室、电子系物理教研室和社科部分别并入苏州科技学院数学系、物理系和政治系；基础部制图教研室和力学实验室、电子系物理实验室和电工电子实验室与苏州铁道师范学院的相关实验室整合，组建成为苏州科技学院基础实验教学中心。

2016年3月，苏州科技学院经教育部批准，更名为苏州科技大学。

8.2 人才培养

在党的十一届三中全会路线、方针、政策指引下，苏州城市建设环境保护学院初创时期的教学建设，以健全各项规章制度、加强师资队伍建设、完善图书资料和建设实验室为主，以确保教学工作的正常运转。1985年暑假，学校首次参加全国普通高校统一招生，设置4个本科专业，分别是建筑学、城市规划、环境工程、环境规划与管理，学制四年，1个专科专业，即房地产经营与管理，学制三年。1986年新增3个本科专业，分别是风景园林、工业与民用建筑工程、城镇建设，1个专科专业，即市政公用事业管理。这9个专业的招生工作一直较为稳定，招生地区为18个省市自治区。

8.2.1　重视师资培养，加强教学建设

1.　加强师资队伍建设

对于新建的本科院校，必然要引进一定数量的青年教师，到1990年，学校35周岁以下的青年教师达140人，占教师总数的52.2%。为此，学校除了在引进大学本科毕业生和硕士生时坚持从优选择、专业对口外，更高度重视青年教师的培养工作，学校制定下发一系列指导性文件，各系、教研室都制定了青年教师培养计划，指定教授、副教授指导帮助青年教师提高政治思想素质和业务水准，并制定各种政策鼓励青年教师提升自己，还建立起优秀青年教师选拔制和优秀教学质量评奖机制。学校以举办助教进修班、计算机提高班、外语口语班的方式，鼓励青年教师参加在职进修，挑选优秀者出国留学、访学，或参加国际学术会议。与此同时，学校还推行淘汰制，将不适应教学岗位的青年教师调离教学岗位。

自1987年以来，学校举办各种师资进修班7期、共12个班，有324人次参加学习，送国内高校委培研究生14人、进修生19人，公派出国专业进修19人。学校经常举办教书育人经验交流会，重视教师的备课、试讲工作，开展各类教学观摩和听课评议制度。尤其是旨在提高课堂教学质量的听课制度日益完善，教务处专门拟定《实行我院各级领导深入课堂听课的规定》并得到学校批准，实行院处、系部、教研室三级听课制，并规定各级参加听课的人员和听课量。通过听课评议，可以深入课堂一线，有的放矢地解决教学过程中的问题，同时对良好教风和学风的建立也有着明显的推动作用。与此同时，学校还积极加强对外交流，邀请美国、法国、德国、加拿大和苏联等国家的专家、教授来院讲学57人次，多次组团到美国、荷兰、意大利等国访学，学习对方的先进教学经验和科学技术。1988年，瞿志展副教授、张文洁讲师获得江苏省1986—1987年度优秀教学质量三等奖。

从1986年开始，学校开始进行专业技术职务评聘工作。根据国家有关规定和江苏省、建设部的具体要求，学校组织了多次职称评定。到1990年共晋升教授4人、研究员1人、副教授37人，高级工程师、副主任医师、副编审23人，讲师、工程师、经济师127人。从1990年开始，又在评审中实行了个人述职报告和教案讲稿展评，申请晋升的教师要在校评委会上对自己的思想政治表现和业务工作进行自我总结和评估，并提交历年来的教案和讲稿公开展览，再接受评委的审查和评议，从而形成了透明度较高的职称评审机制。职称评审工作的开展，有助于学校建立起一支梯队合理、业务素质过硬、教学能力突出的教师队伍。

2. 确保实验室和图书建设

建校初期，学校并没有专门的实验室，靠向外单位借用实验场地进行实验教学，并在第一教学楼安排了几间临时实验室。作为一所工科院校，这种情况显然是一种缺陷。于是，在校领导的高度重视下，学校多方筹集资金，迅速开工建设各类实验室，到1990年陆续建成环保实验楼、电工物理楼、计算中心、结构实验大厅、电化教学楼等，共建成实验室32个，设备经费投入累计400万元，配备60多名实验室工作人员。

实验室的建成和相关设备的购置，极大地提高了学校的实践教学水平。例如计算中心拥有计算机实验室（机房）面积1130m²，机房专职人员6人，配置386型PC机27台，其他机型32台，一套带有6个图形工作站的AX/785CH型机。计算机教学水平也随之提高，1985年开设BASIC语言课程，1988年开设PASCAL语言和数据库技术课，并不断提高学生的上机实践课时，达到每学期人均上机80学时数，使得学生的上机实践经验大为丰富。电化教学方面，学校于1985年成立电教筹备组，次年购入一批彩电电视和录像机，装备了5间教室，1987年成立电教中心，拥有近千平方米的电教楼，3间电化教室，1间电视演播厅，可进行幻灯、录像、投影方面的课堂教学，并拥有教学录像片500余部，每年播放2万多人次，还摄取了2部制图教学片和多部反映学校教学和大学生社会实践活动的录像短片。

在学校初创阶段，图书馆大楼为条件所限未能兴建。招生开学前，大量图书堆放在简易的石头房子内，开学后借用第一教学楼一层的几间教室，进行借阅工作，并设立中文社科阅览室和外文期刊阅览室。当时学校已经拥有一定规模的图书和资料，共有中外图书4.8万余册，中文期刊769种，外文期刊24种，影印期刊557种。随着学校办学规模的不断发展，图书馆馆舍面积也逐年增加，条件也日益改善。书库搬至第二教学楼，先后增加中外文过刊阅览室、中文现刊阅览室、建筑类书刊阅览室、基础课图书阅览室、文献检索室等，设立5个开架、半开架和闭架书库。图书馆工作人员还发挥教育功能，经常配合学生处、团委出专刊或专题，结合各种纪念活动对学生进行爱国主义教育。图书馆还设立情报室，不定期编印《信息窗》，为全校师生的教学、科研活动提供专门性的信息和目录。到1990年，图书馆拥有图书近20万册，每年订购中外文期刊300余册，报纸58份，为学校的教学科研活动提供了基本保障。

3. 申请学士学位授予权

学校自开始招生办学后不久，就积极准备申请学士学位授予权的工作。1986年9月，学校成立学士学位授予权申请工作领导小组，由张世煌院长负责。同年12月，建设部〔88〕建才字第436号文批准了学校上报的校学术委员会组成名单，主任委员为张世煌，副主任委员为姚炎祥、胡玉才、朱聘儒、张家骥。同时，学校向建设部人才开发司报送了《关于申请学士学位授予权的报告》，以及申请增列为学士学位授予单位的学校简况表和申请增列为学士学位的建筑学、城市规划、环境工程、环境规划与管理等4个本科专业的专业简况表。

1989年1—3月，学校学士学位授予权申请工作领导小组在张世煌院长主持下，多次召开会议，协调各部门关系，落实各项具体工作。同年3月，建设部人才开发司组织28位专家，对学校学士学位授予权的申请进行了评议。评议会由建设部人才开发司张玉祥副司长主持，经过3天时间的全面实地考察，与会专家一致认为：学校拥有一支较强的师资力量，在专业设置、教材建设等方面具备了获得学士学位授予权的条件和能力。

1989年7月，国务院学位委员会和国家教育委员会下发〔89〕学位001号文，批准苏州城市建设环境保护学院为学士学位授予单位，建筑学、城市规划、环境工程、环境规划与管理等专业为学士学位授予专业。文件要求学校建立学位评定委员会，制定学士学位授予细则，坚持标准化原则，严格要求、认真审核，以确保授予学士学位的质量。文件明确，今后学校的其他本科专业只需由学校学位评定委员会讨论通过，报建设部审批即可成为学士学位授予专业。1989年11月初，建设部〔89〕建才字第509号文批复，同意学校成立学位评定委员会，由张世煌任主任委员，姚炎祥、沈仲棠任副主任委员。同时，学校制定了《本科毕业生学士学位授予工作细则》，确立了授予学士学位的审批程度，至此，学校的学士学位授予工作步入正常化轨道。

1989年6月，于1985年9月入学的学校首批4个本科专业的学生如期毕业，大都获得了学士学位。同年11月，学校学位评定委员会召开会议，听取了工业与民用建筑、城镇建设、风景园林3个专业申请学士学位授予权的有关情况汇报。1990年1月，建设部人才开发司〔90〕3号文批复同意学校的工业与民用建筑、城镇建设、风景园林3个专业为学士学位授予专业。至此，全校9个本科专业全部获得了学士学位授予权。

4. 推进教学建设和改革

1991年1月27—29日，学校召开了为期两天的首次教学工作会议，全校中层以上干部、教研室和实验室负责人、讲师以上教师、政治辅导员和部分教学管理干部200余人参加会议。会议旨在对建院5年来的教学工作进行总结，肯定成绩、找出问题，明确目标、制订措施，以进一步提高教学质量。会议上，副院长沈仲棠作了题为《提高教育质量　培养合格人才》的工作报告。该报告全面回顾了教学准备阶段和5年来各个方面的教学工作，指出学校5年来"边基建边教学"，完成了一个教学过程，为国家培养和输送了一批人才，但学校毕竟是新生院校，办学水平还不够高，教学经验还不丰富，目前仍然面临着各种不同的问题和困难，为此要进一步改进教学工作，推进教学研究和教学改革。

（1）全面修订教学计划。1987—1988年，学校根据拓宽专业、适应需求的指导思想，对开设的9个专业的教学计划进行了第一次修订。经过广泛调研和征求意见，再经反复讨论，统一了27门公共课、基础课和技术基础课的课时，修订后的教学计划呈现出专业口径扩大的特点。例如建筑系将建筑学、城市规划、风景园林3个专业前两年的基础课统一安排，以夯实学生的基础知识，加强学生适应社会需要的能力。此外，学校高度重视政治理论课的建设和改革，坚持把学生政治素质和道德素质的培养放在第一位。马列主义教研室于1985年率先开展教学改革，将党史、政治经济学和哲学改成中国革命史、中国社会主义建设和马克思主义原理，教学内容密切结合形势、国情和学生的思想实际。1989年后，学校成立了思想政治教研室，先后开设大学思想修养、法律基础、人生哲理和形势政策4门思想品德课，对提高学生政治素质和规范道德行为起了积极作用。

1991—1992年，学校根据首届教学工作会议的部署，开展了第二次全面修订教学计划的工作。教务处专门下发《关于修订教学原则意见》，明确了修订教学计划的指导思想。

1991年4月，各专业的教学计划修订工作相继展开。各系普遍组织了针对毕业生的跟踪调查，了解毕业生的工作实况，征询用人单位对人才的要求和对学校教育的意见，并反复讨论培养目的、课程设置、课程比重、实践环节等，进一步明确各门课程的任务和要求，以及整个教学计划中的地位和作用。9月，学校先后召开修订教学计划研讨会和院教学委员会扩大会议，进一步听取各相关部门对修订教学计划的意见和建议。校领导姚炎祥表示，在培养目标上，要把德育教育放在首位，坚持德智体全面发展；专业领域，在从教学实践和社会需要出发，淡化专业界限，抓好基础课和专业基础课，拓宽专业面、增强适应性。

1992年4月，各专业的教学计划经过再次论证审定后，进入最后审批阶段。建筑系实行模块式教学结构，把低年级的公共课和基础课统一起来，还把一些为拓宽知识面而设置的选修课列入必修课；城建系3个专业加强了课程设计等实践环节；环保系三个专业的教学计划变动较大，调整了基础课学时分配，专门增加了课程设计环节。经过本轮修订后，1992级新生执行新计划，其他年级学生执行原有计划。

1995年上半年，根据国家教委《普通高等学校工科本科教育培养目标和毕业生的基本要求》和《普通高等学校制定工科本科专业教学计划的原则规定》两个文件精神，同时为1995年秋季开始实施的每周5天工作制创造条件，学校进行了第三次教学计划修订。这次修订教学计划的指导思想为：贯彻党的教育方针，体现"教育要面向现代化、面向世界、面向未来"的发展方向；遵循工科人才培养规律，努力实现培养适应社会主义现代化建设需要、德智体全面发展、获得医师基本训练的高等工程技术人才。经过修订后的教学计划，课程结构和比例进一步趋向合理，"少而精"的原则得到强化，各专业课内总学时严格控制在2700学时以内，较以往减少10%左右；加强了计算机课程的比重，所有专业都开设《计算机基础》《程序设计语言》《CAD基础》或《数据库技术》三个层次的基础课程，计划上机学时达到100小时；设置了约100学时的全校性选修课，组织开设一批人文社科、经济、法律和管理方面的课程，以扩大学生的知识面、加强学生的文化素质；每节课时间减少到45分钟，以此解决计算机上机的利用率、课外体育锻炼和外语听音问题。

（2）加强重点课程建设。学校于1991年制定了《开展课程建设的若干意见》和《课程建设评审指标和评估标准》，1992年制定《课程建设暂行办法》，为课程建设工作的展开提供了基本依据。根据文件，学校每年拨出一定比例的专款作为课程建设专项经费，有关课程负责人根据各自的情况，分别提出书面申请，提出本课程的具体实施计划和经费预算，最后由学校教学委员会负责申报课程的审批、检查和评估等工作。

1991年4月，学校在主要基础课和专业骨干课中精心比较和选择，确定了首批9门重点建设课程，分别是：《英语》《力学》《高等数学》《工程制图》《计算机基础及程序设计语言》《钢筋混凝土与砌体结构》《水污染控制工程》《建筑设计》《管理信息系统》。学校希望通过重点课程建设，摸索经验、总结方法，以主干带一般，推动大面积的课程建设工作，以达到进一步提高教学质量的目标。

1991年5月，校教学委员会召开第三次会议，专门听取重点课程建设情况汇报。会议先由9门重点课程的负责人汇报开展课程建设的情况和教学状况，从师资、教材、教学手段、教学内容、教学模式等多个方面提出当年的改革设想和方案。然后委员会针对汇报内容进行深入探讨，并一致认为课程教学是学校教学活动的基本内容，课程教学质量的高低，直接决定了整个专业教学质量的高低，因此，课程建设是高校最重要的教学基本建设之一；通过建设对专业发展有重要影响的重点建设课程，可以起到提纲挈领的示范效果，带动课程建设的全面开展。

1992年1月，校教学委员会组织了对9门重点建设课程的中期检查。在听取各门课程负责人的工作汇报，参观课程建设的成果展览之后，校教学委员会成员一致认为9门课程的建设情况达到了预期效果，并以投票形式评议了9门课程的建设情况。

1993年3月，在经过为期两年的努力建设后，学校对首批重点建设课程的6门课程进行了终期评审。《钢筋混凝土及砌体结构》《力学》(后为《理论力学》和《材料力学》)《水污染控制工程》3门课程评为院一级优秀课程，《英语》《管理信息系统》《计算机基础及程序设计语言》3门课程评为院二类优秀课程。同年秋季，学校又组织了第二批重点课程的申报。经过评审，确定了《美术》《桥梁工程》《体育》等9门课程为新一轮的重点建设课程。

1995年，数年前制定的《课程建设暂行办法》已不能适应评建工作的需要，于是学校重新制订并颁发《优秀课程评估和奖励办法》，凡被列为学校重点建设课程的公共基础课、专业基础课和专业主干课，经学校组织验收，完成课程建设任务，并自评达到该办法提出的优秀课程评估标准的，可申报参评学校优秀课程；经自建、自评，达到优秀课程评估标准的其他课程，也可申报参加。优秀课程的等级分为一类优秀课程和二类优秀课程。新办法放宽了申报校优秀课程的门槛，细分了校优秀课程的级别，旨在提高教师申报优秀课程的积极性。

1995年10月，学校又启动了第三批重点课程建设工作，确定了修读学生较多的14门重点建设课程。

1996年初，学校进行了第二次优秀课程评审工作，凡被列入第一、二批重点课程建设项目的课程，以及经自建、自评达到优秀课程标准的课程，均被纳入评审范围。经校教学委员会最后审核，确定《体育》《大学英语》为院级一类优秀课程，《高等数学》为院级二类优秀课程。1997年12月，第四批重点课程建设启动申报工作。

经过持续不懈的努力，到2000年，学校有5门课程获江苏省优秀课程称号，8门课程获建设部优秀课程称号，15门课程获学校优秀课程称号。其中，《水污染控制工程》评为江苏省一类优秀课程，《钢筋混凝土与砌体结构》《水污染控制工程》《理论力学》《大学英语》《环境分析化学》《体育》等6门课程评为建设部一类优秀课程，《材料力学》《测量学》《美术》等9门课程评为省、部二类优秀课程。

（3）培养青年骨干教师。作为一所新生的本科院校，学校中青年教师占教师总数的52%，而50岁以上的教师占副教授以上高职称人数的87%，由于自然规律，这批高职称老教师将逐年退休，因此，青年教师的政治思想素质、业务水平直接关系到学校的教学质量，直接影响到学校的教学声誉，只有迅速建立起一支政治思想素质高、业务水平高的青年教师队伍，才能既解决日益严峻的教师梯队断层，又解决中远期的战略发展问题。

1990年12月，学校召开了青年教师工作会议。会议分两个阶段、历时6天，有近200人参与。会议明确提出青年教师是学校的未来和希望，要把培养青年教师放在学校建设与发展的战略地位。会议讨论通过了5个关于青年教师培养问题的文件，分别是《关于在青年教师中发展党员工作的意见》《关于组织青年教师学习马列主义基本理论和参加社会实践的意见》《关于培养青年教师实行导师制的若干规定》《关于选拔和培养优秀青年教师的暂行规定》《关于青年教师科学基金试行办法》。这次会议是建校以来规模最大、发动最广、影响最深的会议之一，是为学校未来的建设和发展打下良好基础的重要契机，更令所有青年教师精神振奋。建设部人才开发司对这次会议也高度重视，将此次会议作为建设部人事工作座谈会经验交流材料之一。

在青年教师工作会议精神的指导下，学校采取了一系列举措着力提高青年教师的思想素质和教学水平。1991年4月至年底，学校举办青年教师马列主义基本理论学习班，共有42名1985年以后毕业分配来院工作的青年教师参加学习，通读《共产党宣言》，举办8次讲座，并撰写读书笔记、组织课堂讲座。

1992年3月，根据建设部的统一安排，学校选派吴健荣、赵霖平、李勇等10名青年教师赴北京的中建一局安装公司、南京的中建八局安装公司等进行为期10个月的下基层劳动锻炼，学校专门召开教职工大会进行欢送。通过理论学习和社会实践，青年教师普遍反映收获明显，对自己是极好的提升和鞭策。

在教学方面，更是从多方面鼓励青年教师提升业务能力。1991年，学校举办有116名青年教师参加的教学业务系列讲座，邀请富有教学经验的老教师对青年教师传、帮、送，还为20多名青年教师选聘了导师，结成一对一的帮教，签订聘约、明确职责、制订计划、进行考核。

1993年5—12月，学校组织了第一次青年教师讲课竞赛，采取自愿报名和推荐相结合的方式产生人选，经过选拔，共有16名青年教师参加了竞赛。学校专门成立了听课评审组，对参赛选手随堂听课，并根据课程教学质量评估指标进行评分。经综合评审，有6名青年教师获奖，其中张毅获一等奖，周常明、王坚获二等奖。

学校还鼓励青年教师采取在职学习的方式读研读博，提升学历层次，并在工作和待遇方面予以照顾。青年教师黄勇经过定向委培，于1993年获得博士学位，成为青年教师中第一位博士，还获得学校1994年优秀教学质量奖中唯一的个人一等奖。在学校的提倡下，仅1995年，就有12名青年教师攻读硕士、博士研究生。

经过坚持不懈的努力，一批优秀青年教师脱颖而出，并逐渐成长为学校的中坚力量。如基础部青年教师张毅荣获"1993年度苏州市劳动模范"和"1994年度江苏省普通高等学校优秀青年骨干教师"称号，环保系青年教师沈耀良荣获"1994年度江苏省普通高等学校优秀青年骨干教师"、建设部"优秀教育工作者"称号等。

8.2.2 把握评建契机，实现快速发展

1. 团结拼搏，以评促建

经过连续数年建设，学校教学工作稳步迈上新台阶。1995年2月，学校接到国家教委高教司〔1995〕1号文件通知，被列为接受全国首批本科教学工作评价的高等学校，也是建设部所属高等院校中第一所接受评价的高校，将于1997年5月接受评价。在建设部和江苏省教委的关心和领导下，学校党委决定以教学评价为机遇，把教学评价和建设工作作为学校中心工作，认真贯彻"以评促建、以评促改、评建结合、重在建设"的指导思想，确立"高标准、严要求、确保评价合格"的奋斗目标。经过近三年的本科教学工作评价，学校教学状态和教学管理都有了较大改进，教学质量进一步提高，办学条件进一步改善，育人环境更加优美。到1998年7月，学校顺利通过教育部本科教学工作合格评价，这标志着学校的教学和整体工作上了一个新台阶。

（1）自评自建，做好各项准备。1995年2月，学校首次召开教学评价试点院校情况介绍会，由此拉开了教学评价工作的序幕。7月，学校召开教学工作会议，学习国家教委有关开展高等学校本科教学工作评价文件，部署学校教学工作自查自评工作，这次会议的召开说明学校教学评价准备工作已经进入具体实施阶段。

为了确保评价目标的实现、落实自查自评的各项任务，学校专门成立了校教学工作评价领导小组，院党委书记兼院长姚炎祥为组长，副院长沈德植、沈达峰，副书记倪德辉为副组长。领导小组下设教学工作评价办公室，由院长助理兼教务处处长黄勇为主任，下设材料组和简报组，负责评价工作信息、资料的收集和整理。又根据国家教委普通高校本科教学合格指标体系和高等工业学校教学工作评价方案等级标准，按学校教学工作状态设立5个建设组，即教学建设组、师资建设组、实验室建设组、学风建设组、水平测试组。各系、部也相应成立了以系主任为首的教学工作评价领导小组和工作机构，行政各处都指定专人负责本部门评价工作的日常事务。这样，形成了覆盖全校、渠道通畅的评价工作网络。

1995年9月，在新学期开学的第一次全校教职工大会上，院党委书记兼院长、校教学工作评价领导小组组长姚炎祥作评价工作动员报告，进一步明确教学工作评价是全校性的中心工作，是关系到学校建设和发展的大事，号召全体师生员工树立"校兴我荣、校衰我辱"的鲜明意识，形成人人了解评价、人人参与评建工作的局面，各系也相应召开了学生动员大会。

两个月后，学校开始了第一阶段的教学工作评价自查工作，各系、部和有关职能部门，对照评价指标体系，逐条回顾、对比检查，汇总专业建设、师资队伍建设和实验室建设等方面的工作，找出差距和薄弱环节，制定改进方案和计划，完成自查报告。

1996年1月，全校召开首次教学工作评价准备工作汇报会。院领导与院教学评价办公室听取了各系、部和教务处、人事处、学生处、图书馆、科研设备处等单位的汇报，对第一阶段自查自评工作加以总结，并部署了第二阶段的自查自评工作，要求在4月底前完成。3月，在全校教职工大会上，院党委书记兼院长姚炎祥在会上作1995年工作总结和1996年学校工作要点的报告，并对教学工

作评价进行再动员，汇总前一阶段的工作，部署第二阶段的自查自评工作。

自查自评工作中，城建系、水污染控制教研室、体育教研室分别举办了自查自评展览，分为教学条件、教学状态、教学效果三大部分，具体展示了其三年来的教学工作情况，并附上详细的原始资料和数据。这是学校以举办评价资料展览的典型引路方法，推动各系、部深化自查、自评、自建工作的一次成功尝试。各系、部和教研室观看后反响强烈，给予了极高评价，并纷纷表示要认真学习借鉴，做好本系、部和教研室的自查工作。同时，为配合教学评价工作，学校在狠抓自查自评工作的同时，还组织了对各专业教学计划的第三次全面修订，对全校200余门课程的教学大纲加以完善，并开展了第三批重点课程建设工作，又有14门课程列入重点建设课程。

学校还重点抓了师资队伍建设、实验室建设、图书馆建设和教学管理、教学改革等工作。针对学校青年教师高学历比例偏低的情况，有计划地培养和推荐优秀青年教师进入"青蓝工程"，并与兄弟院校签订联合培养协议，选派12名青年教师赴哈尔滨建筑大学深造。在实验室建设方面，自筹资金313万元购买相关教学实验仪器设备和计算机，使得实验室和计算中心机房条件大为改善。图书馆建设方面，新楼于1996年末正式启用，同时引入新型图书管理理念和技术，书刊借阅管理由原来的闭架、半开架改为全开架管理，实行现刊、过刊一体化布局，并配备26台微机实现了图书从编目到流通的全程计算机管理。常规教学方面，强化制度建设和规范流程，重新修订20多个教学和学籍管理文件，汇编成册，下发执行。

学校对自评工作非常重视。《苏州城建环保学院本科教学工作评价自评报告》由吴景城、沈志军、黄勇先后起草了3个版本，到1996年8月基本定稿。经过全校上下的不懈努力，院教学工作有了极大改进，阶段性成果明显，接受本科教学评价的条件基本成熟。

（2）精心组织，顺利通过评价。1996年12月，由部属院校11位负责教学工作的院校领导和教务负责人组成的建设部专家组，开始对学校进行为期五天的预评价。专家组根据国家教委制定的3个方面、14个体系、31项指标，逐条检查学校的教学工作，通过听取汇报会、召开座谈会、现场听课和走访、考查实验室和图书馆、观察学生早操与晚自习、查看生产实习、抽查试卷和课程小结原始材料等方式，对学校教学情况做了全面查验。预评价结束后，专家组向院领导反馈了预评价意见。专家组认为，学校虽然建校时间短，但11年来克服种种困难，努力建设发展，已经成为初具规模的建筑类院校；学校主动适应社会需要，面向基层、服务一线，为社会培养了相当数量的急需人才，为社会主义"四化"建设作出了贡献；学校能够将教学作为学校的中心工作，始终以本科教学为主，并注重办学特色。专家组还提出了具体的18条意见和5点建议。

针对建设部预评价专家组对学校教学工作提出的意见和建议，学校决定成立三个评查组，依照建设部专家组评价方式，对四系即建筑系、城建系、环保系、城管系，二部即社科部、基础部，一室即体育教研室，一中心即计算中心，合计八个教学单位的自评自建情况进行全面检查。三个评查组认真听取各系、部的自评情况汇报，召开了5个教师座谈会和5个学生座谈会，听课26门36人次，查看实验室15个，还抽查部分年级的毕业设计、生产实习、课程试卷以及教研室的活动情况。学校领导和校教学评价领导小组在听取三个评查组的情况汇报后，决定进一步抓好师资队伍建设、实验室建设、常规教学管理和后勤服务等，同时加大宣传和动员力度，在全校师生中进一步激发使命感、增强凝聚力，以确保第二年顺利通过国家教委对学校的教学评价。

1997年2月，学校隆重召开确保评价合格骨干动员大会，院党委书记兼院长姚炎祥作动员报告，号召全校师生员工积极行动起来，人人为教学评价作贡献、个个为教学评价立新功。全体与会同志围绕姚炎祥的动员报告和即将上报国家教委的《苏州城建环保学院本科教学工作自评报告》，结合本单位实际，分组展开了热烈讨论。

同年4月，以东北大学李金文教授为组长，北京工业大学骆雪君教授为副组长，以及清华大学江见鲸教授组成的国家教委专家组一行3人，前来学校进行教学工作预评价检查评建工作。专家组听取学校关于评建工作的总体汇报后，先后召开3个教师座谈会、3个学生座谈会和1个中层干部座谈会，参观检查了实验室、图书馆，以及相关教学资料。随后，专家组在反馈意见中充分肯定了学校两年多来评建工作的成绩，并真切感受到全校师生的精神是积极的，对教学工作评价是欢迎的，对学校未来发展是有信心的，还希望学校抓住当前的良好时机，进一步在以评促建、重在建设上苦下功夫，把各项工作更向前推进。

1997年5月国家教委专家组以北京工业大学骆雪君教授为组长、东北大学王师教授和成都电子科技大学竺家隆教授为副组长，一行10人于5月12—17日来到学校开始了正式评价。专家组按照本科教学指标体系所涉及范围，先后查阅了学校的各类教学资料和原始材料，参观了图书馆、计算中心和各类实验室，听课38门次，对各个年级119名不同专业的学生分别进行了英语翻译、力学知识、化学实验、计算机操作、文献综述及专业综合应用能力的实际考查和考试，还走访了建筑系、城建系、环保系、城管系、基础部、社科部等主要教学部门以及教务处、学生处、人事处、财务处等主要职能部门，查看了学生宿舍、餐厅、教室，检查了早操、上课、实验、毕业设计及晚自习情况，召开了有各类教师、学生、干部、教学管理人员、学校领导班子参加的8个座谈会，并与建设部人事教育劳动司、学校主要领导进行了交谈和讨论。

经过整整6天的全方位考查，专家组在《对苏州城市建设环境保护学院本科教学工作的评价意见》中指出，学校经过两年多的自评、自建，尤其是近一年的辛苦努力，整体面貌发生了很大变化；学校把整理材料的过程与总结办学经验、规范教学管理有机结合，在专业建设、课程建设、师资队伍建设等方面，都取得了有目共睹的成绩；在办学条件方面，学校在建设部的大力支持下，千方百计筹借经费，教学评建两年来，对教学设备的投资，超过建校十年来教学设备的投资总额，基本达到国家教委规定的最低标准；学校的办学规模、办学层次和人才培养规模均比较合理，符合学校的自身条件。同时，专家组针对学校办学方向、人才培养、教学改革、师资队伍建设、教学设备投入等问题，提出了许多具有针对性的宝贵意见和建议。

建设部副部长毛如柏、人事教育劳动司李竹成副司长莅临学校，参加了专家意见反馈会。毛如柏副部长代表建设部对专家组在进校考查期间的辛勤工作及对学校教学工作给予的肯定表示感谢，并要求学校根据专家组提出的意见和建议进行认真整改，以教学评价为契机，推动提高学校整体的办学质量和水平。

专家组结束评价工作后，学校立即制定整改计划，开展了新的一轮教学工作建设和改革。经学校党委批准，制定了校教学工作整改计划，核心内容是在国家教委调整专业设置精神的指导下，做好学科发展规划和专业建设工作，同时以教学内容、方法的改革和教学手段现代化为重点，推动教学改革，提高课程建设水平，还要加强师资队伍建设、继续加大教学经费投入等。通过整改，全校进一步巩固和扩大了评建成果。到1998年4月，以骆雪君为组长、王师为副组长的教育专家组一行5人，再度来到学校，对学校近一年来的教学整改工作进行了实地考查。经过深入细致的考查后，专家组充分肯定了学校教学整改工作所取得的成绩，同时也指出了学校当前教学工作中存在的问题，并对学校教学工作进一步提高水平、再上台阶提出了建议。

1998年7月，学校接到教育部《关于公布苏州城建环保学院本科教学评价结论的通知》（教高〔1998〕9号），确定苏州城市建设环境保护学院为本科教学工作评价的合格学校。喜讯传来，全校师生欢欣鼓舞，这是在建设部和江苏省领导下，全校领导和师生员工团结拼搏的结果，在学校发展史上留下了光辉的一页，更标志着学校的建设和发展进入到一个新阶段。

2. 巩固和扩大教学评价成果

学校通过本科教学工作合格评价后，院领导决定结合学校实际情况，加强教学工作的内涵建设，巩固和扩大教学工作评价成果。为此，学校继续开展更新教育思想、转变教育观念、增强改革意识的学习和讨论，同时以教学为中心，加强教改课题研究，进一步修订本科专业教学计划和教学大纲，优化专业布局结构，继续进行系列课程建设和抓好教学常规管理等工作。

（1）展开教育思想大讨论，更新教育观念。1997年5月，国家教委专家组对学校的教学工作进行评价后，学校党委就把开展教育思想学习讨论列为整改的一项重要工作。学校认真组织教职工学习、领会邓小平的教育思想，学习贯彻江泽民同志提出的"教育要实现两个根本性转变"和《中国教育改革和发展纲要》，以及中央、国家教委领导关于高等教育改革的指示精神，紧紧围绕教学评价后学校整改工作和以内涵建设为主的发展主题，进一步明确办学思路，改革人才培养模式，提高教学质量和办学水平。

同年9月下旬，在学习党的十五大报告、第六次全国高校党建会议和国家教委党组《关于加强高校精神文明建设的若干问题》的基础上，学校党委结合学校情况，制定并下发了《关于开展教育思想学习和讨论的意见》，并以领导带头、分层展开、点面结合、多管齐下的方式组织实施。中层干部以上领导，每周一下午学习，3周时间共计学习13个单元时间；教职工用两个月时间学习8个单元时间，其中教授、中青年骨干教师、教研室主任学习10个单元时间以上。通过学习讨论，全校分7个专题，精心组织了7场专题研讨会，参与人员之多、重视程度之高、研讨热情之高，都是前所未有的。

通过教育思想学习和专题研讨会，全校形成五点基本共识：1）要从高校"条块分割"的管理体制转变为中央宏观管理下以地方统筹为主的新体制。2）要从狭窄的"专业对口"的教育思想转变为按大类培养，适应社会需要的教育思想。3）要从以知识传授为重点的教育思想转变为以素质教育为重点，知识、能力、素质协调发展的思想。4）要从传统的继承性教育思想转变为创造性教育思想。5）要从习惯于统一模式的教育思想转变为注意学生个性发展的教育思想。

次年，教育部专家组对学校整改工作再作实地考查后，学校作出决定，自1998年5月—1999年

1月继续深入开展教育思想学习讨论，主要针对面向21世纪对培养什么人和怎样培养人这两个根本问题。学校分别召开教师和学生两个教育思想学习座谈会，围绕21世纪需要什么样人才以及怎样培养展开了热烈讨论，10月，院党委分两期举办中层以上干部和民主党派、侨台联负责人理论学习班，认真学习邓小平理论，指导新时期教育工作。经过本轮学习讨论，全校师生更深刻认识了21世纪人才培养和知识创新的要求，增强改革、创新和推进素质教育的意识进一步强化。

1998年7月，苏州市长陈德铭，副市长沈长全、朱永新等来校视察工作。10月，中纪委驻建设部纪检组组长郑坤生来校视察工作。11月，建设部副部长赵宝江来校视察工作。部、省、市领导在听取学校的工作汇报后，对学校的各项工作给予了充分肯定，并指出要进一步学习邓小平教育理论，加强学校内涵建设，巩固和扩大教学工作评价成果，并抓住教育发展的良好机遇，进一步扩大办学规模，办出自己的鲜明特色，为教育事业作出更大贡献。

（2）多措并举，强化内涵建设。教学工作评价顺利通过后，学校教学工作逐步向以内涵建设为中心的轨道转变，在抓好常规教学管理的同时，大力开展了修订教学计划、推进课程建设、强化师资培养、加强教改研究、推广现代教学手段、优化专业布局等工作。

进一步加强教学管理。常规教学管理工作琐碎却非常重要，可以在很大程度上影响学校的整体教学水准。学校专门制订和下发《关于加强教学工作的若干规定》，明确了每学期期初、期中、期末进行三次教学检查，并进一步加强了实践教学环节的建设与管理、考试管理和成绩管理，使得教学常规管理有章可循，更加规范化。此外，学校还专门召开毕业设计（论文）专题会议，进一步规范毕业设计（论文）工作，对实施过程、能力训练、计算机应用、内容要求、格式和打印、存档等环节均作出了明确要求。学校还于2001年3月正式成立了校教学督导组，由沈达峰副院长牵头，退休老领导沈仲棠、沈德植具体负责，成员由教学和管理经验丰富的老教师组成。教学督导组按照《教师教学工作规范（试行）》等有关规定，对学校教学工作进行监督和指导，为学校提供教学工作的现状和相关信息，以促进提高整体教学水平和质量，也供教学管理决策参考。教研室工作也受学校的重视，学校制定并下发《教研室工作暂行条例》，使得教研室工作的开展有了依据。学校首次编印了《苏州城建环保学院教学一览》，内容包括学院概况，各系（部）简介和教研室、实验室设置，专业设置情况及本专科各专业教学计划，全校的必修、选修课课程目录，以及全部必修、选修及全院公共选修课程的简介，完整展现了学校教学工作的全貌。还修订汇编了37个教学管理制度文件，编印了学校第一本《教学管理手册》。

改革完善人才培养模式。1999年1月，学校启动新一轮本科专业教学计划修订工作，由黄勇副院长牵头。学校制定并下发《关于修订1999年本科专业教学计划的原则意见》，指出本次教学计划修订的指导精神是转变教育观念，要在素质教育领域下功夫，把思想道德素质放在第一位，其次是文化素质，要特别重视人文素质，同时要注重培养学生的创新精神和实践能力。本轮教学计划修订，按教育部颁布的新专业目录进行，也体现了学校在人才培养模式改革方面的思路。修订完成后取得的主要成果是：1）进一步拓宽了专业口径，多数专业形成了通识课程（公共基础和人文课程），由学科基础、技术基础和基本专业知识及相关知识构成的专业平台课程，以及方向和选修课群三个层次的知识结构体系。部分专业参照专业指导委员会提出的人才培养方案，对教学内容和课程体系进行重组和整合，优化了学生的知识结构；2）加强了实践环节，增加了实习，尤其是课程设计的周数，增设了两个纳入教学考核要求的社会实践周，其中一个与"两课"教学挂钩，一个与专业教学挂钩；3）进一步加强计算机教学要求，将四年课内总上机时数提高到200学时；4）压缩了总学时，增加了选修课学时，扩大了选修范围。此后，学校又根据新制定的专业教学计划，展开了本科专业教学大纲的全面修订工作，至2000年6月完成。

不断推进课程建设。 学校自1990年以来，先后进行了四批重点课程建设和多门单项课程建设。1998年，根据国家教委提出的"面向21世纪教学内容和课程体系改革计划"的精神，学校大力加强以教学内容和课程体系改革为核心的系列课程建设，并根据新修订的1999年教学计划，有选择地确立一批在各专业教学计划中起到关键作用的系列课程进行重点建设。学校还专门下发《关于加强课程建设工作的意见》，强调在课程建设中抓好重点课程建设立项、中期检查和最终验收三个环节，后两个环节要由专家组进行，最终提交院教学委员会审议。到2001年，学校有5门课程被评为江苏省优秀课程，8门课程被评为部优秀课程，13门课程被评为院优秀课程。

完善师资培养制度。 学校重新制定《学科带头人引进、选拔和培养办法》《引进高层次人才的优惠措施》和《学位津贴实施办法》等，到2000年落实调入各类高层次人才25人。在引进高层次人才的同时，学校更注重对在职教师的培养，制定了《优秀青年教师选拔制度》《加强我院优秀人才培养指导工作的通知》等，到2000年，学校共有江苏省跨世纪学术带头人培养人选2名，省"333工程"培养人选7名，省优秀青年骨干教师13名，苏州市优秀专业技术拔尖人才1名，苏州市跨世纪高级人才14名等。学校每年还投入15万元作为青年教师的培养费，鼓励青年教师报考在职定向研究生，并继续选派优秀青年教师对口攻读研究生课程班或参加省教师进修班。

积极鼓励教改研究。 学校专门制定《教学改革研究基金管理办法》，规定每年投入5万元资助教改课题研究。仅1997—1998年度，就有16项课题成为院教学改革立项资助项目，还有多个项目获得省级、部级教改立项。此后，学校涌现出一大批获奖教改成果。1997年，《建筑美术》课程教学改革实践和成果、《水污染控制工程》课程教学改革和实践获得省优秀教学成果三等奖，《制图电化教育》教材获得省优秀电教教材一等奖；1999年，《改革基础实验教学 强化学生素质能力的培养》获得省优秀教学成果二等奖；2001年，《开设英语辅修专业的研究与实践》获得省优秀教学成果一等奖，《面向21世纪工程管理专业教学改革研究》获得省优秀教学成果二等奖，《跨世纪城市规划专业人才培养方案改革研究》获得上海市教育成果一等奖，等等。

大力推广现代教学手段。 学校一方面召开电化教学经验交流会，进一步提高各级领导和广大教师对现代化教学手段优越性和重要性的认识，另一方面不断加大对现代化教学硬件和软件的投入，改善教学条件，建立健全电化教学管理制度。至2000年，全校电教设备总值已经接近百万元，先后装备了16个电化教室，大部分教师在课堂教学中引入计算机多媒体、投影、录像、幻灯等多种教学手段，有效地扩大了课堂教学信息量、提高了课堂教学质量，效果明显。1998年，学校首期投入100万元建设校园网，并于2000年6月建成连通。2001年4月，在北京举办的全国"信息技术及应用远程培训"教育工程第四批培训机构授牌仪式大会上，学校被教育部信息中心批准成立"信息技术及应用远程培训基地"。

8.2.3 持续专业建设，夯实发展根基

1985年建院后，学校根据自身的专业定位，围绕城市建设和环境保护两个行业领域，陆续设置了相应的专业，并不断进行配套完善。与此同时，也十分重视对传统专业进行不断地调整改造，适应社会和经济发展的需求变化。建校伊始，在专业设置方面就体现出明显特色。环境规划与管理、房地产经营与管理和市政公用事业管理三个专业是苏州城建环保学院在国内最先设置并招生的新专业。总体上讲，学院大多数专业毕业生供不应求，新生生源质量较好。但也存在专业面较窄，适应性不强的问题。随着20世纪90年代中期国家逐步取消毕业生定向分配制度，改由用人单位和毕业生双向选择，自主择业，这方面的矛盾也日益显现出来。1985—2000年，学校组织进行了四轮教学计划修订，根据社会对专业人才知识和能力的要求，结合各专业领域的内涵变化与技术发展，持续调整专业的知识结构，更新课程体系和教学内容，优化人才培养模式，尤其注重增强毕业生就业的适应能力。从1992年开始，加大了专业调整改造和人才培养模式改革力度。

传统专业的调整改造。本科教学工作合格评价之前，专业建设的主要任务是对传统专业进行调整改造，遵循的指导思想是：为经济建设服务，主动适应社会主义市场经济体制改革的发展；按教育规律办事，把人才市场需求的多变性、多样性和学校办专业的稳定性有机地结合起来；立足于城市建设、环境保护行业并服务于江苏省地方经济和社会发展；将学院现实条件和发展需要有机地结合起来。专业调整改造的方向是：1）拓宽专业面，增强适应性；2）加强基础；3）强化工程实践能力培养；4）增强外语计算机适应能力。采取的几个主要措施是：按大类招生分流培养；拉通基础交叉渗透；对管理类专业实行工管结合。

大类招生分流培养。这一措施突出体现在环境保护系和建筑系的专业调整改造和培养模式改革上。

环保系环境工程、环境规划与管理和环境监测三个专业存在专业划分过细、适应性不强等问题。1992年首先把环境工程、环境监测两个专业统一招生分流培养（环境监测作为环境工程的专业方向）。1994年三个专业实行按大类招生分流培养，实行了"3+1"教学计划，以环境工程作为三个方向的共同专业基础，统一教学计划，根据市场需求和个人志愿选择方向课程。经1995年修订教学计划，进一步明确了环境类的学科基础为化学、工程流体力学，加强了基础。同时，增设了排水与雨水管网、水泵与泵站等工程类课程。前3年共安排了5个课程设计，增强了工程设计能力。1998年的教学计划修订，进一步明确了以水、气、固废和噪声污染控制以及环境系统分析作为环境工程专业的共同专业课平台，在此基础上深化或拓展专业知识，设置水污染控制、环境监测与环境规划管理三个专业方向选修模块课程，形成了富有特色的宽口径培养模式。

建校初期，依据苏州作为中国园林名城的优势，拟将建筑系风景园林专业作为特色专业加以建设。1986年招生后，根据人才市场调查，发现学生就业困难，学院及时采取措施加以调整。从1989年起，逐步把风景园林专业调整为建筑学专业的一个专业方向，实行"2.5+1.5"教学计划（建筑学专业改为五年制后，称为景园建筑方向，实行"3.5+1.5"的教学计划）。这样使学生毕业后，既能从事建筑设计方向的工作，又具风景园林的特长，拓宽了专业面，增强了适应性，从根本

上解决了就业困难的问题。

拉通基础，交叉渗透。城市规划专业和建筑学专业基础知识相通，专业知识互补。因此，这两个专业一开始就实施"2+2"教学模式，即前两年合并教学，后两年开始分流，一部分课程仍共同组织教学。两专业交叉渗透，拉通基础，在较高层次上促进了专业的发展和教学质量的提高。对城市规划专业的学生来讲，其建筑基础扎实本身就是专业技术能力的体现。同样，对建筑学专业学生来说也有助于今后专业领域的全面发展。实践证明，这种教学模式大大增强了学生毕业后的适应能力。

工管结合办好管理类专业。1985年学院在国内首先创办房地产经营与管理专业。在借鉴香港大学和新加坡国立大学教学经验和对国内房地产市场调研基础上，制订了我国内地第一个该专业的三年制专科教学计划。经过七年的专科教学实践，1992年学院组织了一次江浙沪地区房地产业的市场调查和毕业生跟踪调查，在此基础上制订了本科教学计划，并于1993年开始招收本科生。为适应房地产业的多种需要，同时充分发挥我院作为建筑类院校的学科优势，办出自己的特色——"工管结合型"房地产经营管理专业，使学生懂工程会管理，教学计划中强化了工程学科知识，加强了建筑力学、建筑结构、房屋建筑施工等课程，拓宽了专业面，受到用人单位和毕业生的好评。学院的调研报告和教学计划多次在全国房地产教育工作会议上交流，受到兄弟院校的重视。

调整改造城镇建设专业。城镇建设专业作为试办专业，我院1985年开始招生。该专业是面向小城镇，培养道路、桥梁、给水排水工程，即"路、沟、桥"的设计与施工技术人才的宽口径专业。在专业试办过程中存在着毕业生就业困难等问题。改革开放后，我国道路交通事业和城市给水排水事业迅猛发展，道路桥梁和城市给水排水技术人才缺乏，需求量大，人才市场对毕业于道路桥梁专业和给水排水专业的毕业生深受欢迎，而对面向小城镇的城镇建设专业毕业生则颇受冷落。因此我院于1988、1989年分别在城镇建设专业下设给水排水和道路桥梁两个专业方向作为过渡，于1992、1993年经批准，分别设置了给水排水工程专业和交通土建工程专业。这样不仅满足了社会需求，也增加了学院土建学科的综合能力。

专业拓展与新专业建设。1998年，学校通过本科教学工作合格评价后，正值教育部完成了新一轮本科专业目录的整体调整。新专业目录大大减少了专业的数量，拓宽了专业口径和知识覆盖面。学校环境类专业前期的培养模式改革，完全符合了这一调整方向。然而，经此次专业目录调整后，学校的本科专业总数只剩8个。而此时，又恰恰面临国家扩大高等教育规模，鼓励高校"扩招"的宏观背景。专业数量减少对完成扩招任务产生了极大的制约，更重要的是对学校的长远发展也将产生明显的影响。

为把握发展机遇，实现跨越发展，学校提出了突破单一的大土建学科的专业设置格局，扩大专业学科的覆盖面，优化学科布局结构的专业发展思路。学校在充分挖掘现有学科和师资潜力，保障人才培养质量的前提下，根据社会对专业人才的需求状况，分析已有学科支撑的基础与交叉渗透的新增长点，组织对学校的专业发展进行广泛酝酿研讨、论证，明确了专业拓展的方向是：立足现有专业拓展外延、瞄准新学科和技术领域、面向地方经济建设需要；新专业设置原则为：新专业的建设应有利于支撑现有专业的内涵发展和学科水平提高，有利于强化学校的学科特色，有利于教学资源共享，并能构成密切相关的具有发展潜力的学科群体，还应注意在硬件投入上量力而行。在各系、部申报新建专业的基础上，形成了学校专业发展规划，并积极争取上级主管部门的支持。经建设部、江苏省教育厅批准，学校于1999年7月成立电子工程系和外语系，在电子工程系设置电子信息工程专业，在外语系设置英语（科技）专业，并从当年9月开始招生。10月学校又新增计算机科学与技术、应用化学2个本科专业，土木工程施工与监理和应用电子技术2个高职专业，于2000年9月开始招生。2001年，学校成立了资源与城市科学系，增设环境科学、资源环境与城乡规划管理、园林、地理信息系统4个本科专业，均从当年9月开始招生。

至2001年9月，学校共设置7个系16个本科专业和1个专科专业、2个"高职"专业。这些系和专业的设置，为学院规模的迅速扩张和持续发展创造了条件和空间，为完成国家的扩招任务奠定了基础。同时，也标志着学校朝着建设以土建类专业为主、环境类学科专业齐全，兼有理科、文科和艺术类专业的新型工科院校，形成学科交叉、文理渗透，各专业之间相互依存、相互支撑，有利于在人才培养、科研研究方面发挥综合优势，进一步提升办学层次、办学效益和办学水平的新发展目标迈开了坚实的步伐。

表8-3为苏州城建环保学院专业设置及首次招生时间。

表8-4为苏州城建环保学院历年专业招生情况。

表8-3　苏州城建环保学院专业设置及首次招生时间

序号	系	专业名称	学制	招生时间	备注
1	建筑系（1985年成立）	建筑学	四年制本科	1985	1994起为五年制本科
		城市规划	四年制本科	1985	1999起为五年制本科
		风景园林	四年制本科	1985	1990年改为建筑学专业风景园林方向
		艺术设计（室内设计方向）	四年制本科	1997	
		园林	四年制本科	2001	1998年国家专业目录调整后的专业名称
2	环境保护系（1985年成立）	环境工程	四年制本科	1985	1992—1993年环境工程专业中设环境监测方向；1994年起按大类招生培养；1998年国家专业目录调整，将环境监测、环境规划管理专业并入环境工程
		环境规划与管理	四年制本科	1985	1994—1998年按环境工程大类招生，设环境规划与管理方向
		环境监测	四年制本科	1993	1994—1998年按环境工程大类招生，设环境监测方向
		给水排水工程	四年制本科	1995	由城市建设系调转而来
		应用化学	四年制本科	2000	
		环境科学	四年制本科	2001	

续表

序号	系	专业名称	学制	招生时间	备注
3	城市建设系（1985年成立）	工业与民用建筑	四年制本科	1986	1994年专业名称改为建筑工程
		城镇建设	四年制本科	1986	1993年调整为公路与城市道路专业
		给水排水工程	四年制本科	1992	1995年调转至环境保护系
		公路与城市道路工程	四年制本科	1993	1994年专业名称改为交通土建工程
		建筑工程	四年制本科	1994	1998年国家专业目录调整，并入土木工程专业
		交通土建工程	四年制本科	1994	1998年国家专业目录调整，并入土木工程专业
		土木工程	四年制本科	1999	1998年国家专业目录调整，将建筑工程、交通土建等专业合并而成
		工业与民用建筑工程	三年制专科	1993	2000年停招
		土木工程施工与监理	三年制高职	1999	
4	城市管理系（1985年成立）	房地产经营与管理	三年制专科	1985	1995年停招
		市政公用事业管理	三年制专科	1986	1993年停招
		房地产经营管理	四年制本科	1993	1999年转设为工程管理和工商管理专业招生
		建筑工程管理	四年制本科	1996	1999年转设为工程管理专业招生
		工程管理	四年制本科	1999	1998年国家专业目录调整后的专业名称，含原建筑工程管理、房地产经营管理等专业
		工商管理	四年制本科	1999	1998年国家专业目录调整后的专业名称，含原房地产经营管理等专业
5	电子与信息工程系（1999年成立）	电子信息工程	四年制本科	1999	
		计算机科学与技术	四年制本科	2000	
		应用电子技术	三年制高职	1999	
6	外语系（1999年成立）	英语	四年制本科	1999	
7	资源与城市科学系（2001年成立）	资源环境与城乡规划管理	四年制本科	2001	
		地理信息系统	四年制本科	2001	

表8-4 苏州城建环保学院历年专业招生情况一览表

年份	建筑学	风景园林	城市规划	艺术设计(室内设计)	环境工程	环境规划与管理	环境监测	给水排水工程	应用化学	工业与民用建筑	城镇建设	公路与城市道路工程	建筑工程	交通土建工程	土木工程	工业民用建筑工程(专科)	土木工程施工与监理(高职)	房地产经营管理	建筑工程管理	工程管理	工商管理	房地产经营管理(专科)	市政公用事业管理(专科)	电子信息工程	计算机科学与技术	应用电子技术(高职)	英语
1985	40		38		35	35																35					
1986	38	37			38	37				42	39											41	37				
1987	32	20	31		77	38				73	63											78	38				
1988	35	17	20		60	36				72	77											73	35				
1989	31		19		59	33				51	69											80	39				
1990	56		21		51	31				70	72											74	40				
1991	62		22		60	30				72	70											73	36				
1992	66		33		64	32		38		77	37					31						101	36				
1993	72		36		33	34	31	40		78		73				40		40				80					
1994	70		32		95			36					70	70		78		68				70					
1995	94		32		70			72					124	98		70		70									
1996	94		32		96			72					124	72		70		36	74								
1997	98		32	30	126			68					115	70		36		108	72								
1998	90		29	32	137			73					122	72		38		106	71								
1999	98		65	67	176			109							242		37			149	115			74		67	58
2000	100		61	59	169			99	63						177		39			129	106			73	74	38	68

8.2.4　部分校友情况介绍

王明炫（1965—），男，房地产经营与管理专业1988届毕业。现任福建省住房和城乡建设厅副厅长。

徐延峰（1967—），男，建筑学专业1989届本科毕业。研究员级高级建筑师，任江苏省建筑设计研究院有限公司总建筑师、副院长。入选"当代中国百名建筑师"、江苏省"333工程"中青年科技领军人才、首届江苏省优秀勘察设计师。

相秉军（1967—），男，城市规划专业1989届本科毕业。研究员级高级规划师，现任北京清华同衡规划设计研究院总工程师兼长三角分院院长。曾任苏州市规划局总规划师。

顾平（1967—），男，城市规划专业1989届本科毕业。研究员级高级规划师，现任南通市规划设计院有限公司董事兼总经理。

顾文凯（1968—），男，城市规划专业1989届本科毕业。现任福建众合开发建筑设计院有限公司总建筑师，福建省建筑科学研究院有限公司建筑文创/人居环境研发中心主任。

兰骏（1967—），男，环境规划与管理专业1989届本科毕业。现任云南省生态环境厅副厅长，民建云南省委会副主任委员。曾任云南省文山州人民政府副州长。

陈程（1967—），男，环境规划与管理专业1989届本科毕业。现任贵州省生态环境厅党委书记。曾任贵州省环境保护厅副厅长、党组成员，贵州省政协人口资源环境委员会副主任。

陈敏标（1967—），男，环境工程专业1989届本科毕业。广东省江门市人大常委会副主任，民建江门市委会主委。

张小宏（1968—），男，房地产经营与管理专业1989届毕业。现任住房和城乡建设部党组成员、副部长。

钟治峰（1969—），男，房地产经营与管理专业1989届毕业。现任安徽省亳州市人民政府副市长。

魏伟（1967—），男，建筑学专业1990届本科毕业。研究员级高级建筑师，现任厦门合立道工程设计集团总建筑师。曾获"厦门市十佳建筑师""厦门市拔尖人才"荣誉称号。

蓝健（1967—），男，建筑学专业1990届本科毕业。研究员级高级建筑师，现任南京市建筑设计研究院有限公司总建筑师。

汪晓敏（1968—），男，建筑学专业1990届本科毕业。研究员级高级建筑师，现任江苏省建筑设计研究院有限公司副总建筑师，入选江苏省"333工程"中青年科技领军人才，曾获首届江苏省优秀青年建筑师、江苏省优秀工程勘察设计师荣誉称号。

曹继文（1966—），男，建筑学专业1990届本科毕业。现任湖南建设集团有限公司总建筑师、第一设计院院长。

倪林（1968—），男，建筑学专业1990届本科毕业。高级工程师，现任苏州金螳螂建筑装饰股份有限公司董事长，江苏省建筑行业协会副会长，江苏省建筑市场管理协会副会长。

王春（1969—），男，风景园林专业1990届本科毕业。教授级高级规划师，现任贵州省住房和城乡建设厅党组成员、副厅长。曾任贵州省自然资源厅副厅长、贵阳市副市长。

杨辉（1968—），男，风景园林专业1990届本科毕业。现任苏州市政协常委，苏州市明加美术馆（明·美术馆）馆长。曾任苏州市园林局副局长。

闵一峰（1969—），男，房地产经营与管理专业1990届毕业。现任中共南京市玄武区委员会书记。曾任南京市建邺区区长，南京市人民政府办公厅主任、党组书记。

庞玉坤（1968—），男，市政公用事业管理专业1990届毕业。现任山东省临沂市政集团党委书记、董事长、总经理。享受国务院政府特殊津贴，曾获全国住房城乡建设系统先进工作者、山东省劳动模范、山东省优秀共产党员荣誉称号。

周红雷（1969—），男，建筑学专业1991届本科毕业。研究员级高级建筑师，现任江苏省建筑设计研究院股份有限公司副总建筑师。曾获江苏省优秀青年建筑师、优秀勘察设计师荣誉称号、中国建筑学会"优秀青年建筑师奖"。

廖杰（1969—），男，建筑学专业1991届本科毕业。研究员级高级建筑师，现任南京大学建筑规划设计研究院有限公司执行总建筑师。曾获江苏省优秀勘察设计师荣誉称号。

侯雷（1969—），男，城市规划专业1991届本科毕业。教授级高级工程师，现任厦门市城市规划设计研究院有限公司总经理、住房和城乡建设部科学技术委员会城市设计专业委员会委员。

李锋（1970—），男，城市规划专业1991届本科毕业。教授级高级工程师，现任苏州规划设计研究院股份有限公司董事长。

马文忠（1968—），男，环境工程专业1991届本科毕业。现任广西壮族自治区南宁市江南区政协党组副书记、副主席，江南区总工会党组书记。曾任江南区人大常委会副主任。

覃卫文（1969—），男，环境工程专业1991届本科毕业。现任广西壮族自治区南宁市生态环境局党组成员、副局长。

李勇（1969—），男，环境工程专业1991届本科毕业，教授。现任苏州科技大学环境学院院长。

范文忠（1968—），男，城镇建设专业1991届本科毕业。教授级高级工程师。现任江苏省苏州交通工程集团有限公司董事长。

秦道标（1969—），男，城镇建设专业1991届本科毕业。教授级高级工程师，现任苏州规矩交通市政设计咨询有限公司董事长。曾获江苏省优秀工程勘察设计师、苏州市劳动模范荣誉称号。

吴刚柱（1968—），男，市政与公用事业管理专业1991届毕业。现任中建新疆建工（集团）有限公司总经理。

欧阳国辉（1968—），男，建筑学专业1992届本科毕业。教授，现任长沙理工大学建筑学院副院长。

徐克明（1968—），男，城市规划专业1992届本科毕业。现任江苏省苏州市自然资源和规划局副局长。

朱晨（1971—），男，城市规划专业1992届本科毕业。研究员级高级规划师，现任苏州吴江区自然资源和规划局副局长。入选江苏省"333工程"学术技术带头人。

黎亮（1970—），男，城市规划专业1992届本科毕业。现任基准方中建筑设计有限公司高级董事、集团执行总建筑师、创意中心董事长。曾获四川省优秀青年工程勘察设计师荣誉称号。

姜健（1970—），男，城市规划专业1992届本科毕业。教授级高级规划师，现任河北省保定市城乡规划管理局副局长，保定市城乡规划设计研究院院长。

丁圆（1970—），男，风景园林专业1992届本科毕业。教授，现任中央美术学院建筑学院景观专业教研室主任。

王文标（1972—），男，环境工程专业1992届本科毕业。高级工程师。上海泓济环保科技股份有限公司创始人，董事长。入选国家"万人计划"科技创新领军人才、科技部"创新人才推进计划科技创新创业人才"和"上海市领军人才"。

陈希国（1969—），男，环境工程专业1992届本科毕业。高级工程师，济南鲁发环保科技有限公司总经理。

张志明（1971—），男，环境工程专业1993届本科毕业。现任中共江苏张家港市委常委、市人民政府常务副市长。

汪妹玲（1971—），女，环境规划与管理专业1993届本科毕业。现任上海芯聚实业集团有限公司董事长、好屋集团董事长。曾获江苏省优秀女企业家、江苏省"三八红旗手"荣誉称号、"苏州市科技创新创业市长奖"。

张鹤（1972—），女，环境规划与管理专业1993届本科毕业。现任江苏省苏州市生态环境局副局长。

石立彬（1970—），男，工业与民用建筑工程专业1993届本科毕业。研究员级高级工程师，现任苏州建筑工程设计院副院长，总工程师。

尹政雯（1972—），男，工业与民用建筑工程专业1993届本科毕业。教授级高级工程师，现任重庆市建筑科学研究院有限公司设计院院长、重庆市建筑科学研究院有限公司副总工程师。

施素芬（1971—），女，工业与民用建筑工程专业1993届本科毕业。教授级高级工程师，现任宁波城建设计研究院有限公司副总工程师。

薛斌（1971—），男，城镇建设专业1993届本科毕业。高级工程师，现任江苏绿和环境科技有限公司董事长、江苏省环境学会建筑垃圾分会会长。

卢潮（1971—），男，城镇建设专业1993届本科毕业。现任江苏省苏州市高新区党工委委员、虎丘区委常委、苏州科技城党工委书记。

张炎（1971—），女，房地产经营与管理专业1993届毕业。现任苏州市政府副秘书长。曾任苏州市国土资源局、自然资源与规划局党组成员、副局长。

王笃政（1969—）男，市政与公用事业管理专业1993届毕业。现任苏州正豪建设工程有限公司等4家企业董事长。江苏省苏州市姑苏区政协委员。

屠伟军（1971—），男，建筑学专业1994届本科毕业。现任苏州园林设计院院长。曾获"苏州市劳动模范"、"苏州市十大杰出青年"等荣誉称号。

万勇（1972—），男，城市规划专业1994届本科毕业。研究员，现任上海社会科学院城市与房地产研究中心主任。

汪乐军（1971—），男，城市规划专业1994届本科毕业。现任浙江省宁波市自然资源和规划局副局长。

钮卫东（1972—），男，城市规划专业1994届本科毕业。教授级高级规划师，苏州规划设计研究院股份有限公司总经理。

王玉华（1972—），男，环境规划与管理专业1994届本科毕业。现任江苏省生态环境厅副厅职环境监察专员。

董建军（1971—），男，工业与民用建筑工程专业1994年本科毕业。现任苏州建设集团天诚分公司经理。曾获"江苏省劳动模范"荣誉称号。

梅耀林（1971—），男，城市规划专业1995届本科毕业。现任江苏省规划设计集团总经理、党委副书记，中国城市规划协会副会长。享受国务院政府特殊津贴，江苏省有突出贡献中青年专家。

张秋玲（1972—），女，城市规划专业1995届本科毕业。研究员，现任农业农村部规划设计研究院设施农业研究所所长。

高明磊（1973—），女，城市规划专业1995届本科毕业。研究员级高级工程师，现任北方工程设计研究院副总建筑师，曾获河北省"三八红旗手"荣誉称号。

高大辉（1972—2012），男，环境工程专业1995届本科毕业。生前任北京市房山区韩村河镇副镇长，2012年7月在北京特大暴雨抢险救灾一线救助群众中因公牺牲，中共中央组织部追授"全国创先争优优秀共产党员"荣誉称号。

潘杨（1972—），男，环境工程专业1995届本科毕业。教授，现任苏州科技大学环境学院副院长，入选江苏省"333工程"学术技术带头人。

卫丽亚（1975—），女，城市规划专业1996届本科毕业。教授级高级工程师，现任上海市园林设计研究总院有限公司党委副书记、院长。曾获上海市"三八红旗手"荣誉称号。

何静（1976—），女，城市规划专业1996届本科毕业。正高级工程师，现任上海市城市建设设计研究总院（集团）有限公司规划交通院副总规划师。

杨洁（1972—），女，环境规划与管理专业1996届本科毕业。教授，现在苏州科技大学环境学院任教，入选江苏高校"青蓝工程"中青年学术带头人。

李翠梅（1974—），女，给水排水工程专业1996届本科毕业。教授，现在苏州科技大学环境学院任教，入选江苏省"333工程"学术技术带头人，苏州市第十四届政协委员，第十五届政协常委。

常军（1973—），男，工业与民用建筑工程专业1996届本科毕业。教授，现在苏州科技大学土木工程学院任教。

王皓（1975—），男，城市规划专业1997届本科毕业。现任南宁市西乡塘区人民政府党组成员、副区长，曾任广西隆安县副县长。

郭永福（1973—），男，给水排水工程专业1998届本科毕业。教授，现任苏州科技大学环境学院市政工程系主任，入选江苏省"六大人才高峰"高层次人才培养项目。

顾晓东（1975—），男，交通土建工程专业1998届本科毕业。现任江苏省苏州市吴中区委副书记，区长。

王平（1976—），男，工业与民用建筑工程专业1998届毕业。苏州罗伯特木牛流马物流技术有限公司联合创始人，总经理。入选苏州市"创新创业领军人才"。

杨庆（1977—），男，房地产经营管理专业1998届本科毕业。现任中共江苏太仓市委常委、市纪委书记、市监委主任。

姚旭江（1975—），城市规划专业1999届本科毕业。现任江苏省无锡市滨湖区人民政府党组成员、副区长。

林振锋（1975—），男，给水排水工程专业1999届本科毕业。正高级工程师，现任江苏苏净集团苏州苏净环保新材料有限公司总经理。

王震（1976—），男，房地产经营管理专业1999届本科毕业。现任常州立方达科技（集团）有限公司董事长。

林林（1977—），男，建筑学专业2000届本科毕业。现任上海同济城市规划设计研究院有限公司名城所所长，同济大学国家历史文化名城研究中心总规划师，上海阮仪三城市遗产保护基金会副理事长。

钟晟（1976—），男，城市规划专业2000届本科毕业。研究员级高级城市规划师，现任江苏省规划设计集团江苏省城镇与乡村规划设计院有限公司执行董事兼总经理。

鲁晓军（1977—），男，城市规划专业2000届本科毕业。研究员级高级规划师，现任无锡市规划设计研究院院长，入选江苏省"333工程"学术技术带头人。

何辉鹏（1978—），男，城市规划专业2000届本科毕业。现任镇江市规划勘测设计集团有限公司总经理、党委副书记。曾任拉萨市城市规划设计院院长。

孙昕（1977—），男，环境工程专业2000届本科毕业。现任江苏省苏州市生态环境局副局长。

孙加山（1978—），男，环境工程专业2000届本科毕业。现任苏州宏宇环境科技股份有限公司董事长。

张后虎（1977—），男，给水排水工程专业2000届本科毕业。研究员，现任生态环境部南京环境科学研究所固体废弃物污染防治技术研究中心主任。入选江苏省"333工程"学术技术带头人。

段毅（1977—），男，房地产经营管理专业2000届本科毕业。深圳市房多多网络科技有限公司创始人兼董事长。入选教育部高等教育司"优秀创新创业导师"人才库。

赵毅（1979—），男，城市规划专业2001届本科毕业。研究员级高级城市规划师，现任江苏省规划设计集团江苏省城市规划设计研究院院长。入选江苏省"333工程"中青年领军人才。

李方（1979—），男，环境工程专业2001届本科毕业。教授，现任东华大学环境学院副院长，国家环境保护纺织工业污染防治工程技术中心主任，中国印染协会环保专委会主任。

丁年龙（1979—），男，环境工程专业2001届本科毕业。现任江苏省南通市生态环境局副局长。

彭天真（1978—），男，给水排水工程专业2001届本科毕业。现任苏州舜狄建筑工程有限公司董事长兼总经理。

平家华（1980— ），男，建筑学专业1998级。研究员级高级建筑师，现任中衡设计集团平行建筑工作室主持人，集团副总建筑师。

高怀波（1977— ），男，给水排水工程专业1998级。现任北京排水集团河北区域公司董事长，曾获"北京市青年榜样——北京市青年岗位能手"，"国企楷模·北京榜样"十大人物。

黄琳（1981— ），男，建筑学专业1999级。研究员级高级工程师，现任中衡设计副总经理（集团）、建筑创作设计研究院院长，获江苏省优秀工程勘察设计师荣誉称号。

曾健华（1980— ），男，环境工程专业1999级。现任广西壮族自治区生态环境厅生态环境监测与应急处副处长。

鲁春辉（1981— ），男，环境工程专业1999级。教授，现任河海大学长江保护与绿色发展研究院常务副院长。曾获江苏青年"五四"奖章、江苏特聘教授、江苏"双创人才"。

田家宇（1979— ），男，给水排水工程专业1999级。教授，河北工业大学"元光学者"。获黑龙江省技术发明二等奖2项，河北省自然科学三等奖1项。

8.3　科学研究

8.3.1　科研工作的起步

1985年正式招生后，在一边进行基本建设一边开展教学工作的同时，学校着手推进科研工作。1985年9月，学校成立教务科研处；1988年1月，科研设备处成立，对全校科研工作和各类科研项目进行归口管理，制定了《科技咨询服务暂行规定》；自此，学校每年从教育事业费中拨出部分经费，资助学术思想新颖、学术和实用性兼备的自选课题研究。同时加强与上级科研主管部门的联系，积极争取支持和指导。1990年，正式印发《苏州城建环保学院科研基金实施办法》，首批通过了12个项目申请。之后定期组织校内科研课题申报和资助，推动了学校科研工作的起步发展。

建校初期的科研工作主要面向社会、面向生产一线。学校教师主动联系和承接地方和企业的科研项目，积极为地方经济和社会发展服务。环保系主任胡玉才教授、刘金春副教授、杨铨大副教授及其团队，先后承担苏州、洛阳、南平、安阳等地的课题，为地方政府和企业解决了许多亟待解决的难题。1990年，胡玉才教授主持的科研攻关小组，完成了国家"七五"重点科技攻关课题"太湖水系水质保护研究"，通过国家环保局组织的鉴定验收。城市建设系沈锦华副教授历时三年多，主持完成国家"七五"科技发展重点项目《城市道路立交工程评估系统》，通过建设部科技司主持的技术鉴定，项目整体达到了国内领先水平。到1990年底，学校承担各级各类课题近50项，总经费达50余万元。

学校通过举办各类学术报告会，活跃学术气氛、促进学术交流。1985年正式成立伊始，学校即邀请多位专家学者前来做学术报告，内容涉及文学、计算机应用、古典园林、外国建筑教育、房地产发展趋势、环境保护和苏州历史沿革等。1986年11月，学校举行了第一届教学科研报告会，分别由4系1部和马列教研室举办，近60名教师在会上宣读了论文，还邀请了部分外国专家报告。1989年9月，学校举办第二届科研报告会，按6个学科组分别进行，共收到会议论文52篇，有47名教师在会上宣读了论文。

1984年10月学校成立了学报编辑委员会，胡玉才教授为主编，刊印了不定期出版的内部交流刊物《城建和环保》。1985年刊出三期 40余篇文章。1988年经建设部批准，刊物正式更名为《苏州城建环保学院学报》，在国内内部发行，主编朱聘儒，副主编许醇义；1989年学报明确为定期刊物。到1990年底出版了6期，发表论文80余篇，其中5篇被苏州市科协评为优秀论文。

到1990年，全校教师在全国各级各类学术期刊公开发表论文228篇，其中自然科学类196篇，社会科学类17篇，教育科学类15篇，部分论文获得苏州市优秀论文奖励；公开出版专著、教材35部，其中自然科学类18部，社会科学类12部，文艺作品5部。此外，还发表艺术作品43件，杭鸣时教授有2幅作品被中国美术馆收藏。

8.3.2 科研工作的发展

1991年6月，学校召开首次科研工作会议，总结建校以来的科研工作，制订科研发展规划，对"八五"期间的科研工作提出了设想和要求。党委书记兼院长姚炎祥在会议总结时指出，教学和科研的关系应该是以教学为中心，同时大力开展科研工作，要做到科研、教学与生产相结合。会议提出了加强科研工作的多项举措，成为学校开创科研工作新局面的起点。

1991年，学校增设"青年教师科研基金"，当年批准资助了6项青年教师的自选课题。学校修订了《苏州城建环保学院科研基金管理办法》，由校学术委员会根据"同行评仪、择优支持"的原则，对教师申报的课题进行评审立项，并进行合同管理。专项科研经费也增加到每年3万元，进一步鼓励和推动教师开展科学研究。1993年，学校的科研基金拨款提高到5万元。两项基金制度实施后，每年定期评审和立项。到1995年，学校共立项资助92项课题，有效调动了教师科研的积极性。

根据第一次科研工作会议的精神，学校制定了《苏州城建环保学院科研成果奖励办法》，规定每2年进行一次科研成果评奖，对教职工的高质量科研成果进行奖励。1992年底，学校开展首次科研成果评奖，成果范围包括建院以来至1991年底的科研成果。经过个人申报、评委会评审、校学术委员会审议通过，共评出39项成果为1992年度优秀科研成果，其中科技成果4项、专著1项、论文34项。城建系沈锦华副教授主持的《城市道路立交工程评估系统》获科技成果一等奖，这是建设部"七五"期间的重点科技项目之一，建设部科技司主持的技术鉴定认为，项目整体达到国内领先水平，具有很高的实用价值和经济效益。1994年9月，学校组织了第二次科研成果评奖，经过严格评审，共有45个项目获得优秀著作、论文奖。

1991年，《苏州城建环保学院学报》由一年两期改为季刊。1992年8月，经国家科委批准，成为国内外公开发行刊物，并从当年第3期起公开发行。1995年秋，江苏省教委委托省高校学报研究会组织开展全省高校自然科学学报系统"三优"评比工作，《苏州城建环保学院学报》以鲜明的特点和一定的优势被评为优秀学报。1995年10月，建设系统高校首次开展了学报质量评比，《苏州城建环保学院学报》被评为优秀学报二等奖。1995年5月，《苏州城建环保学院学报（社科版）》获批准正式出版。

"八五"期间学校的科研工作取得了可喜成绩。1991—1995年间，学校共立项科研项目112项，其中国家级科研项目2项，分别为许广明副教授主持的国家社会科学基金项目《环境伦理学》、石剑荣高级工程师主持的国家自然科学基金项目《危险品泄漏爆炸对城市大气环境的成灾评估》。这是学校首次获得国家科学基金项目。获建设部和国家环保局科研项目5项，胡玉才教授主持2项，徐德嘉副教授、彭振耀副教授、陈荣昭副教授各主持1项；黄勇副教授主持1项国家教委资助优秀年轻教师基金项目；获江苏省科技计划项目、社会科学基金项目3项，分别由黄勇副教授、胡玉才教授、刘洁林副教授主持。

"八五"期间学校在科研获奖方面也有了突破。沈仲棠教授主持的《城市燃气管道水力计算公式的选择》获1993年度建设部科学技术进步三等奖，这一成果经鉴定达到国内领先水平，纳入《城镇燃气技术规范》，成为国家标准。这是学校获得的第一个省部级科技奖励。此后，姚炎祥教授主编的《环境保护辩证法概论》一书获得江苏省高校人文社会科学科研成果三等奖，胡玉才教授主持的《苏州七子山垃圾填埋场环境研究》获得苏州市1996年科技进步三等奖，徐建明的《产权法理新论》论文获苏州市第三次哲学社会科学优秀成果二等奖，刘洁林老师的《房地产开发》论文、邹益华的《苏南合资企业保持兴旺发达》论文分获苏州市第三次哲学社会科学优秀成果三等奖。

8.3.3　科学研究屡上台阶

在学校高度重视和全力推动下，相关管理和激励制度接连出台，全校教师的科研热情大大激发，形成一支学科覆盖面宽、实力较雄厚、年轻有活力，具有一定影响力和竞争力的科技队伍，学校的科研工作不断登上新台阶，取得新进展。多名教师的研究成果获得省部级科研奖励。刘金春、姚炎祥完成的"中国高等环保人才需求预测"获1997—1998年度江苏省哲学社会科学优秀成果三等奖，姚炎祥主编的丛书"生命的源泉——水"获1998年建设部科技进步三等奖，徐德嘉完成的"南方古树名木复壮技术研究"获1999年建设部科技进步三等奖。

1999年，学校科研立项取得建院以来的最好成绩，共获得省部、市厅级科研项目26项，其中建设部科研项目10项，江苏省科研项目6项，省教委和省一体局科研项目4项，苏州市科研项目6项，学校两项基金项目15项。科研项目申请经费达240多万元，其中获国家拨款17万元，学校匹配经费63.7万元，创下学校年度科研项目立项数、经费数和学校经费投入数的纪录。科研成果方面，发表论文130多篇，出版著作12部，完成科研项目24项。还完成2项部级成果鉴定，1项省级成果鉴定，获得苏州科技进步三等奖1项，获得苏州市优秀学术论文42篇，苏州市第五次哲学社会科学优秀成果三等奖4项。

2000年，学校科研立项工作又上新台阶。获批国家级项目1项，省部级项目17项，苏州市科研项目1项。学校与中国城市规划设计院联合申报的"基于空间信息的小城镇规划建设与管理决策支持系统"研究课题获得国家"863"计划资助，何若全、袁中金两位教授领衔的团队获批研究经费28万元，这也是学校获得的最高级别科研项目。耿安朝教授申报的《水体颗粒物表面有机特性及对重金属的作用机制》项目，获教育部资助优秀年轻教师基金资助，袁中金教授申报的《资本流动与大城市空间结构变化研究——以上海为例》项目，获教育部"高等学校骨干教师资助计划"的资助。科研成果方面，何若全教授参加的《钢管混凝土压弯构件动力延性的研究》获得建设部1999年度科技进步二等奖，建筑系徐德嘉副教授编著的《古典园林植物景观配置》获得三等奖，基础部袁铭副教授主持的《苏州市地面沉降与环境保护研究》项目，通过江苏省科技厅组织的鉴定，其成果达到国内先进水平。此外，城管系盛承懋教授主编的《物业管理丛书》共十册在当年出版完毕。

学校的对外学术交流也日益频繁，通过举办全国性高层次学术报告会，邀请国内外知名专家、教授前来作报告，全校师生增加了科研信息量，开拓了科研视野，扩大了学校在全国的影响。1997年4月，中国工程院院士王光远教授来校作《工程设计理论的展望》学术报告。1999年6月，清华大学陈肇元院士、江见鲸教授受聘为学校兼职教授，并分别为城建系师生做了《高强混凝土和高性能混凝土》和《工程质量事故分析与处理》的专题学术报告。9月，中国工程院院士、总参谋部军事科学技术委员会副主任钱七虎教授来校作题为《城市可持续发展与地下空间的开发利用》的学术报告，中国工程院院士、上海建工集团副总裁、学校兼职教授叶可明来校作题为《土木工程建筑施工技术》的学术讲座。2000年4月，中国建设教育协会普通高等教育委员会二届三次会议、建设部高等学校工程管理学科专业指导委员会第三次会议分别在学校举行。5月，由中国土木工程学会高强与高性能混凝土委员会主办、学校承办的"全国高强混凝土裂缝控制与质量检验专题研讨会"在学校召开，来自国内外的134名专家学者出席。6月，全国物理声学研讨会在学校召开，来自全国20多家单位的47名代表出席，中国科学院魏荣爵、应崇福院士和江苏省科协副主席张淑仪院士到会，并分别作《非线性声学研究新发展》《声空化空间》和《微型超声器件研究进展》的学术报告。2001年4月，科技部社会公益研究专项资金项目《全国小城镇可持续发展评价指标体系研究》在学校召开推进会。6月，中国工程院院士、东南大学土木工程学院吕志涛教授来校作题为《新世纪的土木工程》和《磁悬浮列车工程》的学术报告。

学校还先后成立环保技术应用研究所、土木工程应用技术研究所、房地产研究所、城市规划研究所等研发机构，环保技术应用研究所坚持产学研相结合的道路，为环保工程提供资讯和技术服务，1999年承担的中英合作项目，通过省科委的成果鉴定，达到国际先进水平；还先后承担工程设计、调试等科技项目20余项，并对UASB技术在低温及特殊水质条件下的应用进行深入研究，成功设计并调试了单体6200m³的UASB，这是世界上最大的反应器之一，其成果受到国内外客户的青睐，承担项目的地域从江苏拓展到安徽、山东、云南等地。土木工程应用技术研究所完成了南通市一座跨径为40m的桁架拱桥的静、动载桥梁试验研究，确定该桥有改造加固的价值，避免了对该桥梁的全部拆除重建，为国家节省了大量资金。

2000年1月，环保系环境科学与工程实验室经建设部专家组评审，被列为部级重点实验室，这是学校环境工程学科建设迈出的坚实一步。同年10月，环境科学与工程实验室又被江苏省教育厅批准为省级重点实验室，成为全省30个省级重点实验室之一。为加强这一重点实验室的建设，2001年省教育厅和学校分别投资100万元用于购置实验设备，学校投资286万元新建了环境科学与工程省重点实验室大楼，建筑面积达2650m²。环境科学与工程省重点实验室，成为学校的示范性实验室之一，进一步夯实了学校的学科建设基础，助推了学校科研水平的提升。

8.4 合作交流

8.4.1 国际交流开始起步

自1985年正式成立开始，学校就聘请外国教师和专家来学校教学和研究。学校先后聘请美国、瑞典的7位教师来给本科生和教师进修班学员讲授英语，聘请4名外国专家来短期讲学和参与课题研究。外籍教师主要担任本科生的听说和写作课，培训中青年教师和出国留学预备人员，有效提高了本科生和中青年教师的英语听说水平。1987年5月，联邦德国康拉特·示特和雷屹特·冯德尔哈斯两位教授来访，并分别作《计算机软件在建筑中的应用》和《联邦德国有关预应力混凝土和铁路设计概况》的专题报告。10月，日本群马大学工学部黑田正和教授来访，并作《废水厌氧处理新动向》的专题讲座。1985—1990年，先后有57位来自美国、荷兰、英国、日本、加拿大、联邦德国、法国、苏联等国的专家学者应邀来学校参观访问，并作学术报告或短期讲学。外国专家通过学术讲座，介绍国外生物、化学、环境保护、建筑工程理论和经验，开设各类专题讨论50多次，参加人员500多人次；还与校内教师开展了计算机应用、软件开发方面科研合作。

学校高度重视校际交流和合作，先后与荷兰国际水力与环境工程学院、瑞典查尔莫斯理工大学、意大利威尼斯建筑学院等多所大学建立了校际合作关系。1987年6月，荷兰国际水力与环境工程学院副院长、环境工程系主任La Riviere教授和环境工程系副主任Alaerts教授来院访问，签订了两校合作的理解备忘录。1989年双方签订合同，商定从1989至1991年两校连续三年合作举办《河流流域水质管理》《生态学在流域管理中的应用》《废水厌氧处理》三期环保技术研讨培训班，由荷兰方面派出专家主讲，我方负责翻译并组织实验设计练习、实例研究和现场参观。项目实施中，来自全国27个省市自治区的环保局、监测站、科研单位和大专院校的专家、教师、干部100多人参加，产生了良好效果和巨大影响。

学校也以出国访问和派出教师留学的方式，不断了解国外最新学术动态和先进技术，提高教学科研水平。1987—1990年，学校先后有4批7人次参加国家教委、建设部组团出国访问：1987年4月党委书记齐铭盘同志参加国家教委组团的"中国建筑教育赴美回访团"，考察美国的教育现状和发展；1987年5月王越副院长、建筑系董旭华副教授、城建系夏心安主任3人参加建设部组团的"中国建筑师首批回访团"，到匈牙利考察城市规划、建筑历史及发展；9月建筑系高雷副教授、城建系主任沈树奎副教授2人参加建设部组团的"中国建筑师第二批回访团"，再次访问匈牙利；1989年4月党委书记姚炎祥参加建设部人才开发司组织的建筑、城规访问团，前往意大利罗马、威尼斯、米兰、佛罗伦萨等地高校参观访问，学习相关领域的最新教学与研究动态。

1987年5—6月，由副院长张玉祥带队的"苏州城建环保学院环境规划与管理专业访问团"前往美国的相关院校，深入考察和了解环境规划和管理专业的教学计划、专业内容、课程设置、课时安排、教学特点和发展方向等。1988年1—2月，张世煌副院长率团先后访问了荷兰国际水力与环境工程学院、比利时叶鲁纹大学，并与荷兰国际水力与环境工程学院商谈合作项目。1989年1月，张沧禄副院长率团访问了意大利威尼斯建筑学院，考察建筑类专业设置情况，磋商建立校际合作。

从1985年到1990年，学校选派送往澳大利亚、英国、荷兰等国进修和攻读博士生17人，10名教师参加国际学术会议，短期访问及其他15人。到2000年，学校先后派出45名教师赴8个国家和地区进修学习、合作科研，其中大部分都学成归国，成为学校的教学科研骨干。

8.4.2　国际交流深入发展

进入20世纪90年代后，学校对外开放的步伐迈得更大，不仅与国外大学和专家学者的交流合作更加频繁，还接受国家有关部门的委托，举办各类国际培训班和研讨研修班。在日益频繁的各类国际合作和交流活动中，学校立足土建类工科院校的定位，彰显环境保护的交流主题和特色，既有力地促进了学校的教学工作，又扩大了学校在国内外的影响和知名度。

从1993年起，国家对外贸易经济合作部、国家环保局委托学校举行环保技术国际培训班。这是中国政府援助发展中国家的一项国际合作项目。10—11月，为期一个月的首期环保技术培训班开班，由环保系教师用英文授课，重点学习水污染控制的基础理论和工业废水生活污水治理技术。尼泊尔、伊朗、菲律宾、以色列、坦桑尼尔、博茨瓦纳等11个国家的19名学员参加学习。1995年4月，第二期环保技术国际培训班开班，来自亚洲、非洲和大洋洲14个国家和地区的17名学员参加学习。1997年10月又举办了第三期环保技术国际培训班。从这一年起，培训班由每两年一期转为每年一期，至2001年共举办了8期援外环保技术培训，极大地提升了学校的声誉和影响。

学校还与英国格拉摩根大学展开了深度合作。该校是英国一所具有近百年历史的高校，其房地产与开发系拥有较高知名度。1993年初，姚炎祥院长与该校代表姜良博士达成合作协议。11月，受建设部委托，学校和英国格拉摩根大学联合举办的"房地产估价"研讨班在苏州举行，来自国内大专院校、房地产企业的教师、企业管理人员40人参加了学习。1994年10月，两校联合举办"房地产评估与投资分析"高级研讨班，由英国专家讲授国际通用的房地产投资分析、开发评估和房地产法定估价等课程。1995年10月，江苏省建委、格拉摩根大学和学校联合举办了"国际物业管理"研修班，由格拉摩根大学和国内部分专家、学者联合授课，共有来自全国各地从事物业管理、房地产开发、高校教学工作的96名人员参加。

1994年中国苏州-新加坡工业园区启动后，学校作为苏州市唯一的土建类理工科高校，与新加坡理工学院开展了校际合作。双方商定学校每年接受20名左右的新加坡理工学院师生来苏州进行建筑施工和房地产管理方面的教学实习交流，并协助新加坡赴长三角和西安等地了解中国传统文化。从1996年起，每年有约40名外国留学生来苏州进行为期1～1.5个月的实习。1996年5月由美国国际教育交流协会、江苏省环保局、南京大学和学校联合主办的中国环境问题研讨班先后在南京和苏州举行，姚炎祥院长做了"中国传统哲学与环境保护"的专题发言。1999年4月，学院环保应用技术研究所和美国阿瑞申工业国际公司联合举办了水处理技术研讨会。

1997年，学校与澳大利亚昆士兰理工大学达成了互派师生交流的校际合作意向，于1998年和2000年分别接待该校的24名和19名师生来苏州学习交流和进行古城考察。1999年学校与德国亚克森州东北应用科技大学签订校际合作意向书；2000年与芬兰赫尔辛基大学环境学院达成校合作意向；2001年与法国汉斯理工学院达成校际合作协议。1997年，学校在与英国格拉摩根大学长期合作的基础上，签订了向英方推荐毕业生和同等学历人员赴英自费攻读硕士学位的协议，到2001年共推荐5期，合计57人。

从1996年到2001年，除国际培训和研讨班外，学校还接待了大量来访、考察、讲学和参加合作项目的各类外国朋友，包括美国、英国、法国、德国、荷兰、加拿大、澳大利亚、日本、新加坡、俄罗斯等15个国家和联合国环境开发署、世界银行组织、南太平洋环境开发团、亚太经合组织等机构的学者、专家和官员，共计66批、235人次。

在此期间，学校共组团出访6次。1993年5月，副院长汪国伟率团一行3人访问英国格拉摩根大学；同年6月，院长姚炎祥率团一行5人访问了瑞典查尔莫斯理工大学；1996年姚炎祥院长参加建设部属高校访问英国的教育管理考察团；1997年姚炎祥院长率团访问日本大学和科研机构；1998年张文明副院长参加建设部属高校赴澳大利亚昆士兰理工大学教育访问团，厉建宁和王晓宇同志参加建设部属高校外事干部赴欧洲的外事工作访问团。此外，学校教师参加在泰国、印度、日本等地区召开的国际学术会议6次，公派教师到美国、日本、新加坡、越南等国进修培训7批8人次，办理教师自费赴美国、加拿大、日本、欧洲多国访学考察5批23人次。

8.5 教师风采

此部分简要介绍苏州城建环保学院的部分骨干教师，侧重体现在苏州城建环保学院任教期间的主要工作与贡献，限于篇幅，未能完整反映对个人的学术成就与职业发展，敬请谅解。以到苏州城建环保学院任教的时间先后排序。

胡玉才（1925—2000），男，教授。1953年7月研究生毕业于厦门大学化学系，后任教于内蒙古大学，任教授，硕士生导师。1984年来校，筹建环境规划管理专业，担任环境保护系首任系主任。1992年获江苏省教委"高校先进科技工作者"称号。

张家骥（1931—2013），男，教授。1956年本科毕业于同济大学建筑学专业后留校任教，1958年调入哈尔滨工业大学，之后任教于哈尔滨建筑工程学院建筑系，任副教授。1983年来校，筹建建筑系并担任首任系主任，1988后任建筑园林研究室主任。出版专著《中国建筑论》《中国造园史》《中国造园论》《中国造园艺术史》等。

高家隆（1924—2006），男，教授。1951年毕业于兰州大学化学系并留校任教，任副教授，硕士生导师。1983年来校，负责环境保护系化学实验室筹建，主持分析监测课程建设，担任环境保护系首届副系主任。出版专著《无机离子色谱分析》等。

徐国樑（1932—），男，教授。1961年北京大学西方哲学史专业毕业，1962年南开大学攻读研究生后在苏师大专任教。1983年来校，曾任党委宣传部长、社科部主任等。获全国优秀宣传工作者、享受国务院政府特殊津贴。曾任江苏高校马克思主义理论研究会咨询委员，参与编著《环境保护辩证法概论》《环境伦理学》等教材。

高雷（1934—），男，教授。1959年清华大学建筑学专业本科毕业后留校任教，后在广西建筑综合设计院工作。1984年来校任教，曾任建筑系主任。出版《高雷建筑画集》等专著。

黄勇（1958—），男，教授。1982年重庆建筑工程学院本科毕业、1984年市政工程硕士研究生毕业后来校任教。曾任教务处处长、副院长，1993获博士学位。建设部"有突出贡献的中青年专家"，享受国务院政府特殊津贴；曾任高校给排水专业教指委和评估委委员，苏州科技学院副院长，苏州科技大学党委副书记，苏州市十四、十五届人大代表。

杭鸣时（1931—），男，教授。1955年东北鲁迅文艺学院本科毕业后留校任教。1985年来校，在建筑系任教，曾任中国美协水彩画（含粉画）艺术委员会副主任，苏州美术家协会名誉主席，出版《擦笔水彩年画技术》《粉画技法》等。

姚炎祥（1938—），男，教授。1962年于哈尔滨建工学院（入学时为哈尔滨工业大学）给水排水工程专业毕业后留校。1985年来校工作，曾任副院长、党委书记、党委书记兼院长。享受国务院政府特殊津贴，获评省、部优秀教育工作者，获全国科学大会奖和省部级哲学社会科学优秀成果、科技进步奖励。出版《科技人才修养十二讲》《环境保护辩证法概论》等著作。

沈锦华（1938—），男，教授级高级工程师。1964年毕业于同济大学，分配到哈尔滨建工学院从事教学、设计和研究工作，曾任道桥教研室副主任。1985年来校任教，主持筹建城镇建设专业，曾任城建系主任、苏州天狮建设监理公司总经理兼苏州城建环保学院建筑设计院院长。

许醇义（1936—），男，教授。1953年就读东北工学院结构专业，1956年院系调整至西安建筑工程学院毕业后，到重庆建工学院任教，曾任教研室主任、教授，硕士生导师。1986年来校任教，曾任结构力学教研室主任、科研设备处长、学报编委会副主任。出版《结构动力学》等专著。

沈耀良（1961—），男，教授。1983年本科毕业于重庆建工学院。1986年清华大学环境工程硕士研究生毕业后来校任教。1998年获博士学位，曾任环境保护系主任、高校环境类专业教指委委员。获建设部优秀教育工作者、江苏省高校教学名师等荣誉称号。曾任苏州科技学院副院长，现任苏州科技大学副校长。

沈仲棠（1934—2012），男，教授。1954年毕业于同济大学建筑设备专业。后在哈尔滨建工学院任教，曾任水力学教研室主任、教授。1986年来校，曾任教务处处长、副院长。享受国务院政府特殊津贴，获建设部科技进步奖，参编统编教材《流体力学泵与风机》，出版专著《非牛顿流体力学》。

陈忠汉（1947—），男，教授。1968年同济大学工民建专业本科毕业、1981年硕士研究生毕业后到华侨大学土木系任教，曾任结构教研室主任、副教授。1987年来校任教。曾任城建系主任，江苏省土木建筑学会地震工程专业委员会副主任委员。

许家珍（1935—），女，教授。1957年同济大学建筑学专业本科毕业后分配至重庆建筑工程学院建筑系任教，教授。1987年来校在建筑系任教，曾当选苏州市人大代表。

杨铨大（1939—2013），男，教授。1964年本科毕业于南京大学，同年进入哈尔滨建工学院市政与环境工程系任教。1987年来校任教，曾任环境保护系主任。

张世煌（1932—），男，研究员。1953年毕业于武汉大学水利系，先后任教于西北工学院、西安交通大学等高校，曾任西安交通大学教务处处长兼高教研究室主任。1988年来校，曾任苏州城建环保学院副院长、院长。

邵俊仪（1931—2021），男，教授。1958年南京工学院建筑学专业研究生毕业后，在重庆建工学院建筑系任教，任教授。1988年来校任教，曾任建筑系主任。参编《中国建筑技术史》《中国美术全集》，所著《中国古代建筑简史》获建设部科技进步一等奖。

朱聘儒（1927—2020），男，教授。1951年于北京大学工学院毕业后，在哈尔滨工业大学随苏联专家攻读研究生，1954年留校任教；曾任哈尔滨建工学院土木工程教研室主任、教授。享受国务院政府特殊津贴，黑龙江省劳动模范。1988年来校任教，曾任城建系主任。

张毅（1964—），男，教授。1983年东南大学力学师资班本科毕业，1988年一般力学专业硕士研究生毕业后来校任教。曾任基础部主任、教务处处长，教育部首届高校力学教指委委员；获江苏省劳动模范、江苏省师德模范等荣誉称号。1999年获博士学位，入选江苏省"333工程"中青年学术带头人；曾任苏州科技学院副院长、苏州科技大学副校长。

陈家瑾（1938—），男，教授。1960年毕业于哈尔滨建工学院（入学时为哈尔滨工业大学）工民建专业，后在哈尔滨建工学院、福州大学任教。1988年来校任教，曾任力学教研室主任，中国土木工程学会风工程专业委员会委员、苏州市力学学会理事长等。

刘金春（1938—2017），男，教授。1962年毕业于南京大学声学专业，毕业后在国防科委第七研究院第706研究所、中船总公司七院702研究所等单位工作。1985年来校任教，曾任环境工程教研室主任、环保系副主任，江苏省声学学会物理声学专业委员会副主任委员。

石剑荣（1943—），男，教授。1966年于南京大学气象专业毕业后，到广西气象局、气象科学研究所工作，任气象研究室主任，当选自治区第五、六届人大代表。1988年来校任教，曾任环境科学教研室主任，著有《城市环境安全》。

蔡英俊（1937—），男，教授。1961年北京大学西语系英语专业毕业，在北京函授学院和郑州粮食学院基础部任教，晋升副教授。1988年来校任教，曾任外语教研室主任。

沈德植（1937—2004），男，教授。1966年研究生毕业于南京工学院土木系，在辽宁省交通科学研究所等单位工作，曾任沈阳建筑工程学院副院长，获建设部有突出贡献中青年专家称号。1990年来校，曾任苏州城建环保学院副院长。主编高校教材《土建工程基础》。

陈越（1938—），男，教授。1962年毕业于同济大学岩土工程系地基基础专业，先后在哈尔滨建工学院、福州大学任教，任教授。1990年来校任教，曾任土力学地基基础教研室主任，江苏省第七、八届政协委员。

郭维华（1938—），男，教授。1962年毕业于哈尔滨建工学院（入学时为哈尔滨工业大学）给水排水工程专业，留校任教，任教授。1992年来校任教，曾任给水排水工程专业负责人，科研成果获北京市科技进步奖。

濮宏魁（1942—），男，教授。1964年毕业于南京大学外语系英语专业，先后在张家港梁丰高级中学、苏州教育学院任教。1992年来校任教，曾任外语系大学外语部教研室主任。

沈传尧（1948—），男，研究员。1973于合肥工业大学地质系毕业后，在淮南矿业学院任教，曾任图书馆情报咨询部主任。1994年来校，从事图书情报和文献检索课程教学，曾任图书馆馆长、江苏省图书馆学会学术委员会副主任。

盛承懋（1941—），男，教授。1965年毕业于北京师范大学数学系，在安徽师范大学、华东冶金学院等单位工作和任教，任教授，享受国务院特殊津贴。1994年来校任教，曾任城市管理系主任，高校工程管理（房地产）专业教指委、建设部房地产估价与经纪专家委员。获江苏省教学成果奖二等奖，出版专著20余部。

严更（1944—），男，教授。1967年毕业于中国科学技术大学物理系本科。1982年重庆建工学院计算力学硕士研究生毕业后留校任教，任教授。1996年来校任教。

仲嘉霖（1941—），男，教授。1963年毕业于江苏师范学院，曾任常熟高等专科学校物理系主任，教授。1997年来校任教，曾任基础部主任、电子工程系首任系主任。编著《半导体器件》《传感器技术和物联网系统》等教材。

耿安朝（1962—），男，教授。1982年河北化工学院化工分析专业本科毕业后，在抚顺石油学院任教，曾任系副主任、副教授，获全国环境教育先进个人荣誉称号。1997年来校任教，2002年获博士学位；曾任环保系副主任，入选江苏省"333工程"学术技术带头人。

何若全（1949—2018），男，教授。1981年于哈尔滨建工学院建筑结构专业研究生毕业后留校任教，曾任哈尔滨建筑大学副校长、教授。1999年来校任苏州城建环保学院院长。曾任苏州科技学院院长，高校土木工程专业教指委副主任、专业评估委副主任。获国家教学成果二等奖，享受国务院政府特殊津贴。

袁中金（1963—），男，教授。1983年河南大学地理科学专业本科毕业，1986年人文地理专业硕士研究生毕业后留校任教，任教授。1999年来校任教。曾任城市与环境学系主任，住房和城乡建设部村镇建设专家委员会成员。获江苏省乡村振兴先进个人称号、华夏建设科技进步奖一等奖。现任苏州乡村振兴研究院常务副院长。

夏心安（1935—2018），男，副教授。1957年毕业于浙江大学土木系，先后在河南郑州建筑专科学校和郑州工学院土木系任教，曾获河南省重大科技奖，编著出版教材《钢筋混凝土》。1980年来校参加筹建工作，并从事施工技术教学，曾任城市建设系副主任。

潘昌（1930—），女，副教授。1952年毕业于中国人民解放军第二高级步兵学校俄语专业，后随苏联专家进修语音语法学。先后在四川外国语学院、重庆建工学院等单位任教，曾任教研室主任、副教授。1983年来校，筹建并担任公共英语教学工作，参编多种俄语、英语教材。

张沧禄（1931—2021），男，副教授。1953年复旦大学化学系毕业后，在哈尔滨工业大学任教，曾任哈尔滨建工学院基础学部副主任、副教授，黑龙江省劳动模范。1983年来校负责筹建工作，曾任学院党委副书记、副院长。

饶玉铮（1929—2020），男，副教授。1952年本科毕业于北京师范大学体育系，先后在唐山铁道学院、马鞍山钢铁学院等院校任教，任副教授。1983年来校，筹建体育教研室并任主任。

沈树奎（1926—），男，副教授。1950年于上海光华大学土木系毕业后，在武汉测绘学院任教，任副教授。1983年来校参加筹建工作并任教。担任城建系首任系主任。

王国骥（1927—2013），男，副教授。1953年于四川大学数学系毕业后，在西北农学院任教，任副教授。1983年来校参加筹建工作并任教，曾任基础部副主任，江苏省政协第八届委员会委员。

张柏雄（1937—），男，副教授。1962年本科毕业于重庆大学电子工程专业。曾在上海电器科学研究所、中国科技大学等单位工作和任教。1983年来校参加筹建工作并任教。曾任城市管理系副主任，苏州微电脑应用协会副理事长，出版《工作站上UNIX基本教程》等。

吴力煌（1935—2019），男，副教授。1960年西安交通大学电气绝缘专业毕业后，在西安交通大学电机系任教。1983年来校参加筹建工作，曾任教务处处长、城市管理系主任等。

张一先（1946— ），男，教授。1968年南京大学化学系本科毕业，1981年北京师范大学化学系硕士研究生毕业。1983年由南京化工学院化工系教师来校任教。曾任环境保护系副主任、产业管理办公室主任，出版《工程化学原理》等教材。曾任苏州科技学院基础实验教学中心主任。

洪道珠（1932— ），女，副教授。1953年复旦大学化学系毕业，先后在武汉大学、哈尔滨工业大学任教，任副教授。曾参与获得国家技术发明三等奖。1984年来校，筹建并担任分析化学课程教学工作。

倪德辉（1937— ），男，副教授。1961年西安交通大学反应堆工程专业毕业后留校任教，曾任教研室党支部书记，参与获得国家科技进步二等奖。1984年来校，参加筹建工作并任教，曾任人事处处长、学院党委副书记，享受国务院政府特殊津贴。

林曼莉（1938— ）女，副教授。1961年西安交通大学毕业后留校任教，曾获西安交通大学先进工作者称号。1984年来校任教，筹建并从事工程制图课程教学工作，曾任工程制图教研室主任、基础部副主任，获江苏省普通高等学校优秀教学质量奖个人三等奖。

夏健（1963— ），男，教授。1984年南京工学院建筑学专业本科毕业后来校任教。曾任建筑系副主任，获"中国建筑学会建筑教育奖"等，出版专著3部。现任苏州科技大学建筑城规学院院长，中国建筑学会建筑教育分会理事、江苏省土木建筑学会建筑创作专委会副会长。

杨新海（1962— ），男，教授。1984年同济大学城市规划专业本科毕业后来校任教，2000年在英国获硕士学位。曾任建筑系主任，入选江苏省"333工程"学术技术带头人。出版专著丛书6部，获省级教学成果特等奖。曾任苏州科技学院副院长、苏州科技大学副校长，江苏省人民政府督学。现任高校城乡规划专业教指委委员，中国城市规划学会常务理事。

章德甫（1932— ），男，副教授。1955年东北鲁迅文艺学院（鲁迅美术学院前身）毕业，后调入鲁迅美术学院任教。1984年来校，在建筑系任教，曾任建筑系党总支副书记，参与编写出版《绘画透视学》《水彩画作品选》（合集）等。

瞿志展（1933—2014），男，副教授。1952年毕业于上海高级机械职业学校，曾长期在洛阳工学院力学教研室任教，任副教授。1984年来校任教，曾任力学教研室主任，获江苏省普通高等学校优秀教学质量奖个人三等奖。

刘志武（1936— ），女，副教授。1960年于苏联莫斯科建筑工程学院工民建专业毕业，先后在广西大学、苏州丝绸工学院任教。1984年来校任教，曾任城建系党总支副书记，荣获苏州市"三八"红旗手荣誉称号。

董旭华（1928—2011），男，副教授。1953年于清华大学建筑系毕业后留校任教，1956年清华大学建筑系研究生班毕业，先后在南京工学院建筑系和苏州市建筑设计院任教和工作。1984年来校任教，曾任建筑系副系主任。

王作学（1933—1995），男，副教授。1952年毕业于解放军第二高级步兵学校，集体转业至重庆建工学院任教。1985年来校任教工作，曾任图书馆馆长。

顾乃汉（1932— ），男，副教授。1952震旦大学化工系（院系调整后并入上海化工学院）毕业留校任教，后转入江西工学院任教，任副教授。1985年来校任教，参加环境工程专业筹建，曾任环保系副主任。

袁珑（1936—），男，副教授。1951—1958年先后就读于开封艺术学校、北京师范大学美术系及北京艺术师院美术系，后执教于山西艺术学院、山西大学。1985年来校任教，曾任建筑系党总支书记。中国美术家协会会员，出版《袁珑水彩画——作品与技法》等。

沈云龙（1941—），男，副教授。1964年北京体育学院田径系毕业后，在太原重型机械学院任教，曾任体育教研室副主任。1984年来校任教，曾任体育教研室主任，编著《大学体育课教材》。

吴崇德（1935—2019），男，副教授。1958年毕业于北京钢铁学院，1960年毕业于中国科学院与清华大学合办的工程力学研究生班。先后在清华大学工程力学系、太原重机学院、国防科委第九研究设计院任教和工作。1984年来校担任工程力学教学工作，曾任基础部主任。

丁惟坚（1930—），男，副教授。1952年于浙江大学土木系本科毕业。1953年起先后在哈尔滨工业大学、哈尔滨建工学院任教，曾任道桥系党支副书记、副教授，主编全国统编函授教材。1985年来校任教，担任城市管理系首任系主任，主持房地产管理及市政工程管理新专业建设。曾当选苏州市人大代表。

张宇铭（1932—），男，副教授。1956年东北人民大学数学系毕业，曾在北京大学、内蒙古大学任教，任电子系副主任、副教授，硕士生导师。1985年来校任教。曾任计算机中心主任、中国计算机学会首届理事、内蒙古计算机学会主任等。主编《计算机控制系统及其设计》。

高为辉（1933—），女，副教授。1953年西北工学院化学工程专业本科毕业后，在吉林大学化学系任教，任副教授。1985年来校任教，曾当选苏州市虎丘区政协委员。

俞印亮（1943—），男，副教授。1967年于复旦大学化学专业毕业，1981年催化专业硕士研究生毕业后，在无锡轻工业学院化工系任教。1985年来校任教。曾任环境保护系主任，江苏省人大城建环保委员会委员。

贺善镛（1932—），男，副教授。1954年哈尔滨外国语专门学校研究生毕业后，在哈尔滨外国语学院、黑龙江大学任教，任副教授，曾任大学英语部主任。1985年来校任教，曾主持教研室工作。参与编写和主审多部教材，参加中澳合作项目《麦夸里英汉双解词典》的编译和总审核。

沈达峰（1942—），男，副教授。1964年同济大学路桥系毕业后，在东北林业大学土木系任教，任副教授。1990年来校任教，曾任城建系副主任，教务处处长，苏州城建环保学院副院长。编著出版《结构优化设计》。

陈甦（1962—），男，教授。1983年南京工学院公路工程专业本科毕业，1987年岩土工程专业研究生毕业后来校任教。曾任城建系副主任、党总支书记。现任苏州大学教授，江苏省岩土力学与工程学会理事、苏州市土木建筑学会地基基础专业委员会主任委员等。出版教材5部，《高层建筑基础设计》获全国普通高等学校优秀教材二等奖。

吴健荣（1963—），男，教授。1985年南京师范大学数学专业本科毕业，1988年哈尔滨工业大学基础数学专业硕士研究生毕业后来校任教。曾任基础部主任，2000年获博士学位。获江苏省有突出贡献的中青年专家、江苏省优秀教育工作者等荣誉称号。曾任苏州科技学院副院长，现任苏州科技大学副校长，高校大学数学课程教学指导委员会委员。

8.6 附录

附录8-1
系（部）设置与教师人
数表

附录8-2
省部级优秀课程

附录8-3
教学成果

附录8-4
获各类人才称号、人才工
程入选者名单

结束语

2000年，国家高校管理体制改革后，七所高校不再隶属建设部管理。除沈阳建筑大学独立办学外，重庆建筑大学等六所高校均与其他院校合并组建新的大学，相关院系在新的学校、新的平台上，以新的形式继续办学，继续为建设行业培养专业人才。虽然七所高校在管理体制上已脱钩，但20多年来仍与住房和城乡建设部保持着密切的联系，部分高校与住房和城乡建设部签署了省部共建协议，为学校发展注入新的动力。

一、重庆建筑大学

2000年5月31日，原重庆大学、重庆建筑大学和重庆建筑高等专科学校合并组建为新重庆大学。原重庆建筑大学建筑学科中的建筑城规学院、建筑工程学院、城市建设学院和管理学院成建制保留。材料科学与工程系并入重庆大学材料与工程学院，机电学院的机械、电气部分分别与原重庆大学机械学院、电气学院合并，安装工程系（直属）合并到建筑工程学院，其他公共课、基础课教学单位分别与原重庆大学相应单位合并组建成新的学院。住房和城乡建设部一直对新重庆大学建筑学科的发展和建设给予高度关注和大力支持。重庆大学高度重视建筑学科的发展，2011年9月成立了建筑学部，确保了建筑学科的快速持续发展。

目前，建筑城规学院拥有建筑学、城乡规划学、风景园林学三个一级学科博士点及博士后流动站，城市规划（含风景园林）是国家重点学科。学院三个学科均是重庆市"十三五""十四五"重点学科，且是国家一流学科群建设学科，城乡规划学、风景园林学入选重庆市一流学科。学院建筑学、城乡规划、风景园林3个专业均入选"双万计划"首批国家一流专业、重庆市一流专业和"三特行动计划"特色专业建设点。建筑学和城乡规划入选国家级特色专业建设点，建筑学专业入选教育部"卓越工程师教育培养计划"及"国家级专业综合改革试点项目"。学院拥有1名国家教学名师，1个国家级教学团队，1名海外优青，2名国务院学科评议组成员，2名重庆市英才，1名两江学者，5名巴渝学者特聘教授，3名重庆市工程勘察设计大师，1个重庆市教学团队，1名重庆市教学名师，8名重庆市学术技术带头人及后备人选。学院拥有1个国家级实验教学示范中心，1个国家级科普基地，1个教育部重点实验室，1个住房和城乡建设部中科院研究中心，1个中国建筑学会建筑科普教育基地和重庆市建筑教育科普基地，1个重庆市级工程实践教育中心，1个重庆市生态景观协同创新中心。学院拥有3门国家级精品课程，1门国家级精品资源共享课程，7部国家级规划教材；23部住房和城乡建设部"十四五"规划教材，2门重庆市级精品课程，1门重庆市级精品线上课程，5门重庆市一流课程，已申报国家级5门一流课程。学院获得本领域首个国家科技进步奖，获得国家优秀教学成果奖4项，获得国家及省部级科技进步奖13项，国际国内设计奖项数百项。

建筑工程学院于2000年更名为土木工程学院，学院设有土木工程一级学科博士后流动站、土木工程一级学科博士点。土木工程学科为国家"双一流"建设学科。现有土木工程、建筑环境与能源应用工程、测绘工程、城市地下空间工程、智能建造5个本科专业。其中，土木工程专业和建筑环境与能源应用工程专业入选国家首批一流本科专业。有国家级人才32人次，其中中国工程院院士3名、长江学者特聘教授4名。2019年周绪红院士团队的科研成果获国家科技进步一等奖。岩土工程为国家重点学科，土木工程为重庆市一级重点学科，岩土工程、结构工程、防灾减灾与防护工程、供热、供燃气、通风及空调工程为原建设部重点学科。

城市建设学院2000年更名为城市建设与环境工程学院。2019年整合原城市建设与环境工程学院环境科学与工程、生态学、市政工程学科和原资源及环境科学学院的环境科学学科资源组建重庆大学环境与生态学院。学院环境科学与工程学科是学校"双一流"重点建设学科，给水排水、环境工程、环境生态工程为国家一流专业。在国内相关专业排名中，给排水科学与工程专业排名全国第一，环境生态工程专业排名全国第二。现有国家"985"科技创新平台、国家"211"重点建设学科、三峡库区环境与生态教育部重点实验室等12个国内领先的国家及省部级基地平台。

管理工程学院2000年5月更名为建设管理与房地产学院。2019年5月更名为管理科学与房地产学院并独立承担管理科学与工程一级学科建设任务。学院开设工程管理、财务管理、工程造价、房地产开发与管理、智能建造5个本科专业。工程管理专业五次以优异成绩通过国家"工程管理专业教育评估"，是教育部批准的国家级高等学校特色专业。工程管理、房地产开发与管理、财务管理是国家一流本科专业；在《中国大学及学科专业评价报告2018—2019》中，工程造价、房地产开发与管理专业为全国第一。学院拥有1个国家级（本科）教学团队，荣获国家级教学成果奖4项。现有重庆大学建设经济与管理中心、重庆大学城乡建设与发展研究院（智库）2个省级科研平台。

材料科学与工程系并入重庆大学材料科学与工程学院后分成建筑材料工程系和装饰材料工程系。2000年以来获国家级科技进步二等奖1项，省部级科技奖多项，"土木工程材料课程"获评国家级精品课程及国家级精品资源共享课程。

二、哈尔滨建筑大学

2000年6月哈尔滨建筑大学与哈尔滨工业大学合校组成新的哈尔滨工业大学后，在新的院系设置中，以原哈尔滨建筑大学的学科、专业为主体组成的学院共有4个：土木工程学院、市政工程学院、建筑学院和交通科学与工程学院。原哈尔滨建筑大学的各个学科专业，开始以新的形式，在新的平台上，开启了新的发展阶段。

合校20多年来，这4个学院在师资队伍建设、学科专业建设、科学研究和人才培养等方面都取得了令人瞩目的成就，为我国经济社会发展，特别是建筑业、房地产业和工程建设领域的发展作出了卓越的贡献。

师资队伍建设方面，欧进萍、任南琪、曲久辉校友、彭永臻校友、马军、梅洪元、杜修力校友先后当选为中国工程院院士；王宝贞当选为国际水科学院院士；王焕定获全国高等学校教学名师奖；何钟怡、任南琪先后获全国模范教师称号；马军获中国青年科学家奖；张素梅、陈忠林、范峰、翟长海先后获中国青年科技奖；梅洪元、张伶伶被评为全国工程勘察设计大师；任南琪、李惠、郑文忠、王爱杰、田禹、范峰、孙澄、谭忆秋先后入选教育部"长江学者奖励计划"特聘教授；马军获"长江学者成就奖"工程科学奖；翟长海、鲍跃全、郭婉茜先后入选教育部"长江学者奖励计划"青年学者；任南琪、李秋胜、李惠、康健、冯玉杰、谭忆秋、王爱杰、范峰、郭安薪、翟长海、刘铁军先后获国家杰出青年科学基金；郭安薪、翟长海、刘铁军、邢德峰、梁恒、陈文礼、尤世界先后获国家优秀青年科学基金；许国仁、王爱杰、李惠、翟长海、冯玉杰先后入选国家"万人计划"科技创新领军人才；邢德峰、唐亮先后入选国家"万人计划"青年拔尖人才；李惠、郑文忠、孙澄先后入选"百千万人才工程"国家级人选；王迎入选国家青年千人计划；李惠入选教育部跨世纪优秀人才计划；陈忠林、段忠东、冯玉杰、王爱杰、郑文忠、吴斌、西宝、范峰、谭忆秋、田禹、肖仪清、许国仁、冯德成、刘红军、咸贵军、邢德峰、关新春、郭安薪、孙澄、韩宝国、冷红、薛小龙、翟长海、高小建、武岳、梁恒、刘铁军、赵雷先后入选教育部新世纪优秀人才计划；任南琪城市水质转化规律与保障技术团队、李惠城市工程结构抗灾韧性与智能防灾减灾团队先后入选国家自然科学基金委创新研究群体；任南琪城市水质保障与水资源可持续利用团队、李惠结构健康监测与控制团队先后入选教育部"创新团队发展计划"；李惠智能土木工程创新团队、冯玉杰水中污染物定向转化与资源/能源回收创新团队先后入选科技部重点领域创新团队。

学科专业建设方面，土木工程、力学2个一级学科，结构工程学科、防灾减灾工程与防护工程、市政工程、环境工程4个二级学科被评为国家重点学科；经国家发展和改革委员会批准，先后成立了城市水资源开发利用（北方）国家工程研究中心、寒区低碳建筑国家地方联合工程研究中心、污泥安全处置与资源化技术国家工程实验室、生物能源开发利用国家地方联合工程研究中心；经科技部批准，成立了城市水资源与水环境国家重点实验室；经教育部批准，先后成立了结构工程灾变与控制教育部重点实验室、寒区城乡建设可持续发展协同创新中心；重大工程材料服役安全研究评价设施被列为国家重大科技基础设施；土木工程学科、力学、环境科学与工程学科进入全国首批"双一流"建设学科；城乡规划、给排水科学与工程、环境工程、建筑环境与能源应用工程、建筑学、交通工程、土木工程、道路桥梁与渡河工程、工程管理等9个本科专业入选国家级一流本科专业建设点名单。

科学研究方面，作为第一完成人共获国家科技奖19项。其中，谢礼立等（2015）获国家科技进步一等奖；马军等（2002、2005）、凌贤长等（2017）、谭忆秋等（2018）、王爱杰等（2020）获国家技术发明二等奖；欧进萍等（2003、2007、2013）、任南琪等（2004）、张杰等（2005）、李惠等（2006、2018）、韩洪军等（2009、2012）、范峰（2012、2016）、郑文忠等

（2014）、冯德成（2017）的成果先后获国家科技进步二等奖。

人才培养方面，高大文、隋铭皓、江进的学位论文分别获全国百篇优秀博士学位论文；马勇、张涛、赵雷、田家宇、郭建华的学位论文分别获全国百篇优秀博士学位论文提名。

哈尔滨工业大学作为国家"211工程"、国家"985工程"首批重点建设的大学和首批入选"双一流"建设高校的大学，为土木建筑类学科专业提供了更高的平台、更多的机遇，将促进哈工大土木建筑类学科更快更好地发展。

三、沈阳建筑工程学院

沈阳建筑大学迄今已经走过了70余载的办学历程，具有光荣的革命传统和优良的校风。从建校、发展到不断壮大，她时刻与祖国的建设与发展同呼吸、共命运。70多年来，沈阳建筑大学培养了12万余名各类优秀人才，为国家建设事业作出了突出贡献。

沈阳建筑大学始建于1948年，隶属关系数度改变。1977年7月，国务院同意，组建了辽宁省唯一的高等建筑学府——辽宁建工学院。1984年7月，学校更名为沈阳建筑工程学院，直属建设部。2000年，学校在全国高校办学体制调整中划转辽宁省，实施"中央与地方共建，以地方管理为主"的办学管理体制。2004年5月，经教育部批准更名为沈阳建筑大学。

在改革开放40余年中，尤其是在建设部直接领导的近20年里，沈阳建筑大学完善了本科和研究生培养体系，学校的建筑学、土木工程等学科跻身全国同类院校一流行列，学校在专业建设、课程建设、学科建设、科学研究、国际交流、人才培养和服务社会上取得了显著成就。学校加强党的领导，突出办学特色，建立并完善大学制度，办学质量显著提升，涌现出了一大批优秀毕业生，他们奋斗在祖国的各条战线上，在改革开放的大潮中成为弄潮儿，成为国家建设事业的骨干和中坚力量！

2010年，辽宁省政府与住房和城乡建设部共建沈阳建筑大学，为沈阳建筑大学的发展创造了良好的条件。21世纪初的20年，学校突破办学条件的发展瓶颈，通过土地置换，建成了新校园，办学条件和育人环境实现了跨越式的发展。

2013年，学校被国务院学位委员会批准为博士学位授权单位，土木工程、建筑学、机械工程、城乡规划学、风景园林学等5个一级学科同时获得博士学位授权，实现了几代建大人为之奋斗的梦想。

近年来，经国务院博士后管理委员会专家评审，批准学校建立土木工程、机械工程和建筑学3个博士后科研流动站，土木工程等5个一级学科获批辽宁省一流学科重点建设学科。2018年，学校召开第二次党代会，确定了新的发展目标。

2020年，学校制定了"十四五"规划。预计到2025年，学校将全面建成行业特色鲜明、学科优势凸显、社会高度认同的研究应用型大学。到21世纪中叶，建成国际知名、国内一流的建筑大学。

学校坚持走内涵式发展道路，坚持人才强校、质量立校、特色兴校、依法治校的发展战略，积极提升办学质量，整体提升学校的核心竞争力，促进学校各项事业全面发展。在省委省政府的领导下，在住房和城乡建设部的关怀下，学校党委正带领全校师生团结一心，锐意进取，奋力开启迈向国际知名、国内一流建筑大学目标的新征程！

四、西北建筑工程学院

2000年2月，根据国务院部门所属高校管理体制调整方案，西北建筑工程学院与西安公路交通大学、西安工程学院合并组建长安大学。2000年4月18日，学校举行了三校组建成立长安大学大会。长安大学直属教育部主管，是国家首批"211工程"重点建设大学。

2002年5月30日，国务院学位办公室批准，学校新增建筑与土木工程为工程硕士招生领域。2003年8月31日，陕西省学位委员会批准，学校新增城市规划与设计等18个专业为硕士学位授权点。同年9月8日，国务院学位委员会批准，学校新增地质与地质工程为一级学科博士学位授权点，结构工程等7个学科专业为二级学科博士学位授权点。2004年6月26日，国务院学位办公室批准，学校新增材料力学等5个学科专业为工程硕士招生领域；构造地质学等5个学科专业为高校教师硕士学位培养点。2005年3月28日，国务院学位委员会批准，学校在交通运输工程一级学科下新增自主设置交通工程和交通新能源与节能工程2个二级学科博士、硕士学位点，在地质资源与地质工程一级学科下新增自主设置地质灾害科学与工程、油气田地质与开发和资源与环境遥感3个二级学科博士、硕士学位授权点。2006年1月25日，国务院学位委员会批准，学校新增土木工程等3个学科为一级学科博士学位授权点；供热、供燃气、通风及空调工程等12个学科专业为二级学科博士学位授权点；机械工程等9个学科为一级硕士学位授权点；建筑设计及其理论等28个学科为二级学科硕士学位授权点。

从2000年12月开始，在上级有关部门的大力支持和帮助下，学校陆续在西安市北郊草滩农业经济技术开发区内征地2000余亩。2002年10月开工建设，经过多年努力，建成长安大学渭水校区。渭水校区作为主校区，布局合理、设施配套、环境优美，是一座适宜大学生健康成长的现代化大学校园。

组建成立长安大学20余年来，学校坚持社会主义办学方向，紧扣立德树人根本任务，秉承"工科优势突出、理科基础深厚、文科繁荣发展"的学科布局理念，担当"人才培养的摇篮、科学研究的殿堂、社会服务的基地、文化传承创新的高地"的崇高使命，坚持"特色鲜明、国际知名的研究型大学"的目标，成为我国交通运输、国土资源、城乡建设三大行业领域高层次人才培养、高水平科学研究、高质量社会服务的重要基地。现今学校有校本部和渭水2个校区，太白山、梁山和渭水3个教学实习基地，校园面积3745亩。下设23个院部、83个本科专业；拥有9个博士后科研流动站，9个一级学科博士点，33个一级学科硕士点，6个国家重点学科；专任教师2200余人，中国科学院、中国工程院、新加坡工程院院士4人。

2013年2月5日，教育部与住房和城乡建设部联合下发《关于共建长安大学的意见》，就鼓励和支持长安大学提出五条意见，为加快长安大学的建设和发展添翼助力。至此，长安大学成为教育部与交通运输部、自然资源部、住房和城乡建设部、陕西省"四部一省"共建的国家"世界一流学科建设高校"，国家"211工程"重点建设大学，国家"985工程"优势学科创新平台建设高校。

五、南京建筑工程学院

2001年5月19日，原南京化工大学和南京建筑工程学院合并组建为南京工业大学。工程管理、土木工程、给排水科学与工程、建筑环境与能源应用工程、建筑学、城乡规划等专业自2001年起分别通过住房和城乡建设部多轮专业评估。土木工程、建筑环境与能源应用工程、测绘工程、建筑学、工程管理、地质工程等专业，2019年被评为国家一流本科专业建设点，城乡规划、交通工程、城市地下空间工程等专业，2020年被评为国家一流本科专业建设点。

2001年，获建筑设计及其理论二级学科硕士学位授予权。2003年，获防灾减灾及防护工程、地质工程二级学科硕士学位授予权。2006年，获土木工程一级学科硕士学位授予权，建筑历史与理论、城市规划与设计、大地测量学与测量工程等3个二级学科硕士学位授予权。2011年，获建筑学、城乡规划学、风景园林学等3个一级学科硕士学位授予权。

2003年，获建筑与土木工程领域专业学位硕士授予权。2010年，获地质工程专业学位硕士授予权。2011年，获工程管理硕士专业学位授予权。2013年，获城市规划专业学位硕士授予权。2014年，获建筑学硕士专业学位授予权。2019年，获资源与环境、土木水利、交通运输3个专业学位硕士授予权。

2006年获岩土工程二级学科博士学位授予权。2011年获土木工程一级学科博士学位授予权。

2009年，设立土木工程博士后流动站。

2001年以来，先后建立江苏省土木工程与防灾减灾重点实验室、江苏省绿色高性能材料与结构实验室、江苏省绿色建筑工程技术中心、住房和城乡建设部装配式建筑产业基地、中建-南工智慧建造研究中心、江苏省土木工程防震技术研究中心、江苏省交通基础设施安全服役保障技术工程研究中心等省部级人才培养、科学研究、社会服务平台。

岩土工程学科被遴选为江苏省"十一五"重点学科。公共安全与节能、土木工程防灾与节能、土木工程被分别遴选为江苏省高校优势学科。

通过长期努力，逐步形成了新材料结构及新型结构、地下工程及基础设施韧性技术、工程结构及灾害防御技术、桥梁智慧建造与运维、建筑环境与水资源应用、智慧建造与管理、地基基础工程设计与施工技术、交通新基建理论研究与道路工程应用等特色方向。

近五年获得包括国家自然科学基金重点项目、国家重点研发计划在内的各类基金项目200余项，科研经费超亿元；获得了包括国家科技进步二等奖，江苏省科学技术一等奖、二等奖，中国公路学会科技进步一等奖，中国产学研合作创新成果一等奖，中国专利奖在内的多项奖励；主编国家工程建设强制规范《木结构通用规范》等国家和省级标准30余项，参编重要标准15部。

学校加强校企融合，推动政产学研深入合作，重视科研成果转化，与中国建筑等行业龙头企业和国家级南京江北新区等地方政府开展战略合作，科技成果在昆明新国际机场航站楼、第十届园博会木结构主展馆、常泰长江大桥防船撞研究、南京博物院智慧运维等百余项重大工程中得到应用，为相关行业、区域工程建设和社会发展作出了积极贡献。

六、武汉城市建设学院

2000年5月26日，武汉城市建设学院与原华中理工大学、原同济医科大学合并成立华中科技大学。华中科技大学是教育部直属重点综合性大学，是国家"211工程"重点建设和"985工程"建设高校之一，也是首批"双一流"建设高校。在新的发展平台上，武汉城市建设学院相关学科获得了新的发展机遇。

合校后，原武汉城市建设学院建设管理系、道路与交通工程系土木工程、工程管理专业与相关专业共同组成土木工程与力学学院（现为土木与水利工程学院）。2008年，交通工程专业并入。该院现拥有"土木工程"（含智能建造与管理、道路与交通工程）一级学科博士和硕士学位授予权；土木工程专业、工程管理专业获批国家一流本科专业建设点。2000年以来，该院获国家科技进步二等奖8项，省部级科技奖60余项；年发表论文近300篇，其中被SCI收录200余篇；承担国家重点研发计划、国家自然科学基金、省基金、国际合作项目等纵向课题项目，服务高速公路、高速铁路、地铁、桥梁等大型建设工程，年科研经费超过8000万元。2020年10月，该学院更名为土木与水利工程学院。

原规划建筑系与原华中理工大学建筑学院合并成立华中科技大学建筑与城市规划学院，建有建筑学、城乡规划学2个一级学科博士点，工程景观及室内设计2个二级学科博士点，有学术型学位和专业学位在内的8个硕士学位培养点，开设5个本科专业；建有建筑学、城乡规划学2个一级学科博士后流动站。在全国第四轮学科评估中，建筑学、城乡规划学均排名全国第6（B+）。建筑学、城乡规划学入选"双万计划"国家一流本科专业，风景园林、环境设计入选"双万计划"省级一流本科专业。近五年来，获得国家自科、国家社科、教育部社科基金等国家级项目59项，其中国家自然科学基金重点项目1项；其他各类科研项目400余项。

原环境工程系与其他校区相关专业合并成立华中科技大学环境科学与工程学院，设有环境工程、给排水科学与工程、建筑环境与能源应用工程3个本科专业；具有环境科学与工程一级学科博士学位授权点和博士后流动站，具有环境科学、环境工程、市政工程、供热供燃气通风及空调工程4个二级学科博士学位授权点。环境科学与工程一级学科是湖北省首批一级重点学科，包括2个省部级重点实验室、1个省级教学示范中心和1个省级工程技术研究中心。环境科学与生态学为进入（Environment/Ecology）ESI全球前1%。

此外，电气工程及其自动化专业并入电气与电子工程学院，计算机科学与技术专业并入计算机科学与技术学院，法学专业并入法学院，公共事业管理并入公共管理学院。各学科在新的平台焕发了新的活力，揭开了新的篇章。

七、苏州城市建设环境保护学院

2000年2月，根据国务院部门所属高校管理体制调整方案，苏州城市建设环境保护学院由建设部主管划转为江苏省主管。2001年8月，经江苏省人民政府报教育部批准，苏州城市建设环境保护学院与苏州铁道师范学院合并组建苏州科技学院。2016年3月，经教育部批准，苏州科技学院更名为苏州科技大学。

2003年6月，经国务院学位委员会批准，学校成为新增硕士学位授予单位，首批4个二级学科硕士点中有城市规划、环境工程和结构工程3个学科；2010年，学校成为新增工程硕士培养单位，建筑与土木工程和环境工程为学校首批工程硕士培养领域。自2011年起，环境科学与工程、土木工程、城乡规划学等3个一级学科连续入选江苏高校优势学科建设一、二、三期工程；环境工程、结构工程二级学科、风景园林学和建筑学一级学科在"十一五"至"十三五"期间先后入选江苏省重点学科。2015年，学校成为全国首批承担援外硕士学历学位教育项目高校，培养环境工程国际硕士研究生。

经过多年的积累和发展，学校的土木工程、工程管理、建筑学、城市规划和给排水科学与工程等5个本科专业在2005—2009年期间、城乡规划学和建筑学硕士研究生培养分别于2014年和2018年通过国家土建类高等教育专业评估；2017年环境工程专业成为学校首个通过国家工程教育专业认证的本科专业。2020年，城乡规划、建筑学、环境工程、给排水科学与工程、土木工程5个专业入选国家首批一流本科专业建设点。风景园林、环境科学、工程管理、建筑电气与智能化等专业入选第二批国家一流本科专业建设点。

学校划转江苏省后，原建设部环境科学与工程重点实验室经省教育厅认定成为江苏省重点实验室，其后，又陆续新增了结构工程、环境功能材料和建筑智慧节能等江苏省重点实验室。2016年，经国家发展和改革委员会批准，城市生活污水资源化利用技术国家地方联合工程实验室成为学校首个国家级科研创新平台。

如今的苏州科技大学是一所以工为主、工理文管艺多学科协调发展的全日制普通高校，学校拥有石湖、江枫、天平三个校区，占地面积2300亩，现有全日制在校本科生近18000人，研究生2900余人，国际硕士研究生100余人。拥有专任教师1300余人，具有高级专业技术职务的教师600余人，其中国家"杰青"获得者、"长江学者"特聘教授等国家级人才工程入选者50余人。学校拥有17个硕士学位授权一级学科，14个硕士专业学位授权类别，"工程学"学科跻身ESI前1%；64个本科专业中，有13个专业入选国家一流本科专业建设点；现有省级以上科研平台21个。2017年学校获批江苏省博士学位授予立项建设单位。同年，住房和城乡建设部与江苏省人民政府批准共建苏州科技大学。

当前，原建设部所属七所高校正以习近平新时代中国特色社会主义思想为指导，以崭新面貌继续活跃在我国高等教育舞台上。以培养基础扎实、知识面宽的高素质创新型或应用型人才为己任，坚持立德树人，注重内涵建设，强化特色发展，不断提升办学实力。继续为我国培养合格社会主义建设者提供强有力保障，为住房和城乡建设领域高质量发展注入新动力，为实现中华民族伟大复兴的中国梦不懈奋斗！

图书在版编目（CIP）数据

部属建筑类高校发展与变迁／部属建筑类高校发展
与变迁编写委员会组织编写. —北京：中国建筑工业出
版社，2022.1（2022.9 重印）
　ISBN 978-7-112-26996-9

　Ⅰ.①部… Ⅱ.①部… Ⅲ.①建筑学—专业—高等学
校—发展—研究—中国 Ⅳ.①G649.21②TU-0

　中国版本图书馆CIP数据核字（2021）第267045号

封面题字：叶如棠
选题策划：沈元勤　高延伟
责任编辑：赵　莉　吉万旺
书籍设计：付金红　李永晶
责任校对：赵　菲

部属建筑类高校发展与变迁
部属建筑类高校发展与变迁编写委员会　组织编写
*
中国建筑工业出版社出版、发行（北京海淀三里河路9号）
各地新华书店、建筑书店经销
北京锋尚制版有限公司制版
北京中科印刷有限公司印刷
*
开本：880毫米×1230毫米　1/16　印张：32½　插页：26　字数：1121千字
2021年12月第一版　　2022年9月第二次印刷
定价：**168.00**元（含二维码资源）
ISBN 978-7-112-26996-9
　　　　（38791）